Steffen Albrecht

Australien

IWANOWSKI'S *i* REISEBUCHVERLAG

Im Internet:

www.iwanowski.de

Hier finden Sie aktuelle Infos zu allen Titeln,
interessante Links – und vieles mehr!

Einfach anklicken!

Schreiben Sie uns,
wenn sich etwas
verändert hat. Wir
sind bei der Aktuali-
sierung unserer
Bücher auf Ihre
Mithilfe angewiesen:
info@iwanowski.de

Australien
14. Auflage 2015

© Reisebuchverlag Iwanowski GmbH
Salm-Reifferscheidt-Allee 37 • 41540 Dormagen
Telefon 0 21 33/26 03 11 • Fax 0 21 33/26 03 33
info@iwanowski.de
www.iwanowski.de

Titelfoto: Sonnenuntergang am Ayers Rock, Northern Territory
Per-Andre Hoffmann / LOOK-foto

Alle anderen Farbabbildungen: siehe Bildnachweis Seite 598
Layout und Lektorat: Stefan Blank, www.stefanblank.com
Karten: Klaus-Peter Lawall, Unterensingen; Thomas Buri, Bielefeld
Titelgestaltung: Point of Media, www.pom-online.de
Redaktionelles Copyright, Konzeption und deren ständige Überarbeitung: Michael Iwanowski

Gesamtherstellung: Werbedruck GmbH Horst Schreckhase
Printed in Germany

ISBN: 978-3-86197-117-7

Inhaltsverzeichnis

Überblick

Reiserouten

Reiserouten

Reiserouten

Reiserouten

Reiserouten

Reiserouten

Weiterführende Informationen:

Interessantes

Karten:

Karten in den Umschlagklappen:

Willkommen in Australien

Australien begeistert Besucher aus aller Welt und gilt als Traumreiseziel. Dank immer weniger Zwischenstopps lässt sich die riesige Entfernung zwischen Europa und dem fünften Kontinent recht schnell zurücklegen, vor Jahren noch undenkbar und heute fast eine Selbstverständlichkeit.

Australien lockt mit seinen Naturwundern, dem einzigartigen Great Barrier Reef, dem Outback mit seiner unendlichen Weite und den Metropolen entlang der Küste, allen voran Sydney und Melbourne. Und Australien lockt mit seinen Menschen und Kulturen, vom weltoffenen, herzlichen Australier bis zu den Ureinwohnern.

Einzigartig ist auch Australiens Flora und Fauna: Wo sonst gibt es Kängurus, Koalas, Schnabeltiere und eine derart reiche Vogelwelt? In Australien existieren Pflanzen, die sonst nirgendwo auf der Welt zu finden sind.

Australien ist ein Land der Gegensätze: Seine Entstehung liegt Jahrmillionen zurück, und Zeugen dieser Vergangenheit finden sich überall. Auf der anderen Seite ist es ein junges und jugendliches Land, das erst vor rund 200 Jahren kolonialisiert und besiedelt wurde. Einwanderer aus vielen Nationen haben Australien geprägt und zu dem gemacht, was es heute ist: eine multikulturelle Nation, die ihren ganz eigenen Stil entwickelt hat. Das Land bietet Touristen sichere Verkehrswege, gute Hotels und Restaurants und eine herzliche Gastfreundschaft.

Wie soll eine Australienreise geplant und durchgeführt werden? Hier setzt das Reise-Handbuch an und liefert sinnvolle Vorschläge zur richtigen Reisezeit in unterschiedlichen Klimazonen, gibt Tipps zur Zeit- und Streckeneinteilung, beschreibt Sehenswürdigkeiten und Nationalparks. Das Buch richtet sich besonders an den Individualreisenden, der mit Mietwagen, Camper, öffentlichen Verkehrsmitteln oder auf organisierten Touren das Land bereist.

Ziel dieses Reise-Handbuchs ist es, dem Reisenden vielfältige Informationen zu geben, um die Planung des Reiseverlaufs und die Auswahl der Sehenswürdigkeiten zu erleichtern. Die dargestellten Routen sollen dabei als Leitfaden dienen. Sie führen zu den wichtigsten und interessantesten Teilen des Landes.

Zusätzlich werden Alternativrouten aufgezeigt, die oft mindestens genauso reizvoll sind, aus Zeitmangel oder reisetechnischen Gründen (z. B. kein geeignetes Fahrzeug) für einen Teil der interessierten Leser leider ausscheiden.

Die reisepraktischen Hinweise werden in regelmäßigen Abständen erneuert. Die Empfehlungen zu Unterkünften und Restaurants stellen stets eine Auswahl dar und erheben keinen Anspruch auf Vollständigkeit. Auch die Preisangaben sind in vielen Fällen allenfalls eine Orientierung. Wir leben in einer schnelllebigen Zeit, wodurch die Angaben in einigen Punkten sicher schon wieder überholt sind. Australien ist ein in vielen Bereichen teures Reiseland geworden und gerade im Tourismus gibt es große Veränderungen: Hotels und lokale Veranstalter werden umbenannt, verkauft oder verschwinden einfach vom Markt. Der Blick auf die angegebenen Internetseiten ist im Vorfeld oder unterwegs vielfach sinnvoll, um aktuelle Informationen zu erlangen.

Das Buch ist so aufgebaut, dass dem eigentlichen Reiseteil ein Einblick in Geschichte und Kultur vorausgeht, aber auch andere Aspekte des Reisezieles, ebenso allgemeine Tipps zur Planung und Ausführung einer Reise (Gelbe Seiten, Allgemeine Reisetipps von A–Z). Im Anschluss folgt der Reiseteil, in dem auf alle wichtigen und wesentlichen Sehenswürdigkeiten eingegangen wird, sowie regionale Reisetipps für das Zielgebiet.

Australien ist ein großes, weites und wunderbares Land und lädt zur großen Entdeckerreise ein. Das Reise-Handbuch Australien kann hoffentlich zum Gelingen Ihrer Reise beitragen.

Australien heißt Sie mit einem freundlichen „G'Day!" willkommen.

Steffen Albrecht

Ludwigsburg,
im November 2014

☞ Alle Karten zum Gratis-Download – so funktioniert's
    In diesem Reisehandbuch sind alle Detailpläne mit sogenannten QR-Codes versehen, die per Smartphone oder Tablet-PC gescannt und bei einer bestehenden Internet-Verbindung auf das eigene Gerät geladen werden können. Alle Karten sind im PDF-Format angelegt, das nahezu jedes Gerät darstellen kann. Für den Stadtbummel oder die Besichtigung unterwegs hat man so die Karte mit besuchenswerten Zielen und Restaurants auf dem Telefon, Tablet-PC, Reader oder als praktischen DIN-A-4-Ausdruck dabei. Mit anderen Worten – der „gewichtige" Reiseführer kann im Auto oder im Hotel bleiben und die Basis-Infos sind immer und überall ohne Roaming-Gebühren abrufbar.

I. LAND UND LEUTE

Australien auf einen Blick

Fläche	7.692.024 km² (Weltrang 6, ca. 21,5 mal so groß wie D)
Einwohner	22,5 Mio. Ew.
Einwohnerdichte	2,9 Ew. pro km²
Bevölkerung	78 % Europäer verschiedener Abstammung, ca. 548.000 Aborigines (ca. 2,4 % der Bevölkerung), Einwanderer aus 163 verschiedenen Nationen.
Staatssprache	Englisch, daneben viele Bezeichnungen in den Sprachen der Urbevölkerung.
Hauptstadt	Canberra (370.000 Ew.) im Bundesstaat Australian Capital Territory (ACT)
Religion	17,1 % Anglikaner, 25,3 % Katholiken, 5 % Uniting Church, 2,8 % Presbyterianer, des weiteren Moslems, Buddhisten – insgesamt 40 verschiedene Religionen.
Flagge	Blau mit dem britischen Union Jack im linken oberen Feld, in der Mitte fünf Sterne und einen Stern links unten.
Nationalfeiertag	Australia Day am 26. Januar
Staatsform	Parlamentarische föderative Monarchie, unabhängiges Mitglied des britischen Commonwealth mit Königin Elizabeth II. als Staatsoberhaupt, Bundesparlament mit Sitz in Canberra.
Städte	Sydney 4,6 Mio. Ew., Melbourne 4,14 Mio. Ew., Brisbane 2,07 Mio. Ew., Perth 1,7 Mio. Ew., Adelaide 1,2 Mio. Ew., Hobart 215.000 Ew., Darwin 128.000 Ew.
Arbeitslosigkeit	ca. 5 %
Handelspartner	China, Japan, USA, Großbritannien, Deutschland, Neuseeland, Südostasien.
Zukunfts-aussichten	Positives Wirtschaftswachstum dank ergiebiger Boden-schätze, florierender Tourismus.
Problematik	Umweltprobleme (Dürre- und Hitzeperioden, Ozonloch), Abhängigkeit von Südostasien, illegale Einwanderung.
Währung	1 Australischer Dollar (A$) = 100 Cents

Allgemeiner Überblick

21,5 mal so groß wie Deutschland

Australien liegt auf der Südhalbkugel zwischen dem 10. und 44. Breitengrad und dem 113. und 154. Längengrad. Es ist der kleinste, flachste und (nach der Antarktis) trockenste Kontinent der Erde und umfasst einschließlich der vorgelagerten Insel Tasmanien ein Staatsgebiet mit einer Gesamtfläche von 7.692.024 km². Es ist damit ungefähr 21,5 mal so groß wie Deutschland.

Darüber hinaus beansprucht Australien einen Teil der Antarktis für sich, das sogenannte „Australian Antarctic Territory".

Die größte Ost-West-Ausdehnung beträgt zwischen Cape Byron im Osten und Steep Point im Westen 4.500 km. Die Gesamtausdehnung von Nord nach Süd, von Cape York in Queensland bis zur Südspitze Tasmaniens, misst rund 3.900 km. Der Kontinent hat damit ungefähr die gleiche Fläche wie die der USA (ohne Alaska und Hawaii). Allerdings beträgt die Küstenlänge ein Vielfaches derer der Vereinigten Staaten – insgesamt 36.735 km! Im Norden wird Australien durch die Timorsee begrenzt, im Osten durch den Südpazifik, im Westen durch den Indischen Ozean und im Süden durch den südlichen Ozean.

Die **Einwohnerzahl** strebt stetig auf die 23-Mio.-Marke zu, das entspricht einer Bevölkerungsdichte von rund 2,9 Einwohnern pro Quadratkilometer (zum Vergleich Deutschland: 240 Ew./km²). Davon leben die meisten in den Städten und Metropolen der Bundesstaaten New South Wales (Sydney), Victoria (Melbourne), South Australia (Adelaide), Queensland (Brisbane) und Western Australia (Perth).

Die **Oberflächengestalt** ist überwiegend flach, wobei drei Großlandschaften zu unterscheiden sind: das Ostaustralische Hochland mit der rund 3.000 km langen Great Dividing Range (einer Bergkette, die sich von Nord nach Süd erstreckt), die mittelaustralische Senke und das Westaustralische Tafelland.

Entgegengesetzte Jahreszeiten

Die **Jahreszeiten** sind denen der Nordhalbkugel entgegengesetzt. Klimatisch liegt rund ein Drittel Australiens in den Tropen, das bedeutet während der Sommermonate monsunartige Regenfälle und hohe Luftfeuchtigkeit. Das Zentrum und Teile der Küstenregion zählen zu den Subtropen mit heißen Sommern und warmen Wintern. Im Süden, in den Staaten New South Wales, Victoria und Südwestaustralien, herrscht mediterranes, gemäßigtes Klima. Möglichkeiten zum Wintersport gibt es in den Snowy Mountains (New South Wales) und den viktorianischen Alpen mit Erhebungen über 2.000 m in den Monaten Juni und Juli.

Die **Aborigines**, wie in Australien die Ureinwohner genannt werden, kamen vor rund 50.000 Jahren von Südostasien auf den australischen Kontinent. Die Europäer, allen voran James Cook, entdeckten Australien erst im 18. Jahrhundert. Die ersten Siedler erreichten den Kontinent am 26. Januar 1788. Dieser Tag wird noch heute als „Australia Day" gefeiert – für die Ureinwohner ein Trauertag, denn durch die weißen Siedler ging viel von ihrer Kultur für immer verloren.

Australien ist ein **typisches Einwanderungsland**: Einer von zehn Bewohnern ist nach dem Zweiten Weltkrieg „Down Under" angekommen, darunter viele politische Flüchtlinge aus Osteuropa und Asien.

Das Land ist eine selbstständige Nation im Schoße des Commonwealth, das heißt, die Königin von England ist noch offizielles Staatsoberhaupt. Der Staat hat sein eigenes Parlament, dessen Entscheidungen souverän sind. *Selbstständige Republik*

Die Wirtschaftsstruktur des Landes hängt vom Export landwirtschaftlicher Güter und Bodenschätzen ab. Der Aufbau einer Gewinn bringenden, weiterverarbeitenden Industrie ist oberstes Ziel, um die wertvollen Rohstoffe selbst zu nutzen und Gewinn bringende Fertigprodukte zu verkaufen.

Historischer Überblick

Am heutigen **Schmelztiegel der Nationen** ist erkennbar, dass die Bevölkerungszusammensetzung aus vielen Entdeckungen und Besiedlungen heraus entstanden ist. Die Australier sind weit davon entfernt, ein einheitliches Volk zu sein – zu groß sind die Unterschiede zwischen den Ethnien und Kulturen aufgrund der Einwanderungswellen aus aller Welt. Die ersten Menschen, die auf den Kontinent einwanderten,

waren die Ureinwohner, in Australien „Aborigines" oder „Aboriginal People" genannt. Sie hatten schon lange, bevor der weiße Mann das Land entdeckte, eine eigene Kultur entwickelt. Ihr Leben war hervorragend an die Erfordernisse des Landes angepasst, ihre soziale Ordnung war gut entwickelt, und ihre Fähigkeiten und Naturkenntnisse verblüffen bis heute. Die weiße Besiedlung Australiens hatte eine verheerende Auswirkung auf die indigenen Völker: Ganze Stämme wurden ausgerottet, und ihre Zahl verminderte sich innerhalb weniger Jahre rapide.

Felszeichnung der Aborigines

Die Ureinwohner Australiens

Die Aborigines (lat. ab original = von Beginn an) waren von der übrigen Welt lange Zeit getrennt. Neuere Funde gehen davon aus, dass sie bereits vor ca. 60.000 Jahren über eine damals noch existierende Landbrücke von Südostasien in den australischen Kontinent eingewandert sind. Ihre damalige Anzahl wird auf 750.000 bis 1,5 Mio. geschätzt. Sie lebten (und leben zu einem kleinen Teil noch heute) als Jäger *Eigene Kultur der Aborigines* und Sammler und zogen als Nomaden durch das Land. Die Entwicklung zur Sesshaftigkeit wurde von ihnen nie vollzogen, angesichts des Reichtums und der Größe des Landes war dies auch nie notwendig – das Land gab ihnen, was sie brauchten. Ihre gesellschaftliche Organisation ist entwickelt, aber nur bis zum Niveau des Stammes. Jedem Stamm gehörte ein bestimmtes Stück Land, von dessen Ertrag gelebt wurde. Die Ureinwohner kannten den Begriff des Eigentums nicht, stattdessen sahen sie sich als Hüter des Landes.

Als Unter-
menschen
behandelt

Mit dem Eintreffen der ersten Sträflingstransporte der Briten und der dann folgenden Siedler nach 1788 begann das **traurigste Kapitel** in der langen Geschichte der Aborigines. Die Besiedlung durch den weißen Mann hatte einen verheerenden Einfluss auf die Ureinwohner, sie wurden gejagt und als Untermenschen behandelt. Dabei hatten sich die Siedler viel von dem Wissen der Aborigines zu Nutze gemacht. Versuche, Stämme umzusiedeln, beschworen Konflikte herauf, denn die religiösen Bindungen zu ihren Gebieten waren stark. Von den Anfang des 18. Jahrhunderts geschätzten 300.000 Aborigines waren 1947 nur noch rund 75.000 übrig geblieben. Erst in den späten 1950er-Jahren wurde eine menschenwürdigere Behandlung der Ureinwohner zum Thema in Australien, allerdings unterbrochen von Ereignissen wie den Atombombenversuchen der Briten von Maralinga, die von 1953–1964 in der Wüste Südaustraliens stattfanden. Ein Schutz bzw. eine Umsiedlung der dort lebenden Aborigines fand damals nicht statt.

1960 wurden den Ureinwohnern **Bürgerrechte** zuerkannt (u. a. Wahlrecht), aber erst 1967 ermöglichte eine Verfassungsänderung, dass sie bei Volkszählungen erfasst wurden. Durch das 1976 beschlossene „Aboriginal Land Rights Act" wurden den ursprünglichen Besitzern bedeutende Stammesterritorien zurückgegeben. Bis in die 1970er-Jahre wurden Kinder von ihren Familien getrennt. Sie wurden in Missionsstationen und bei weißen Familien aufgezogen – man spricht von der „Stolen Generation". 1983 wurde den Aborigines ein wichtiges Heiligtum, der Uluru (Ayers Rock), übergeben, weitere Gebiete folgten. Heute zählen sich rund 2,4 % der Bevölkerung zu den Aborigines, insgesamt rund 548.000 Personen (Aborigines und Torres Strait Islanders).

„Traumzeit"

In vielen Jahrtausenden wuchs die Verbundenheit der Aborigines mit ihrem Land. Aus der Traumzeit entstanden ihre Gebräuche, Riten und übersinnlichen Glaubensvorstellungen. In der „Dreamtime", wie die Traumzeit bei ihnen heißt, entstiegen die Vorfahren der Aborigines der Nacht, um die Erde zu formen. Nach den Legenden der Ureinwohner war Australien einst ein ödes Land ohne besondere Landschaftsmerkmale. Die Gestalten der Traumzeit machten lange und abenteuerliche Reisen und schufen dabei Gebirge, Flüsse, Wasserlöcher (Billabongs), Felsen, Pflanzen und Tiere. Darin hinterließen sie ihren Geist, der von nun an bei den Menschen weiterlebte. Die Wesen der Vergangenheit verließen nach getaner Arbeit die Erde und fuhren auf in den Himmel. Die Geschichten der Traumzeit wurden von Generation zu Generation durch Sprache, Gesang und Tanz weitergegeben.

Damals lebten die **Nomadenstämme** in einfachen Hütten oder unter Windschirmen, die aus Zweigen und Rinde aufgebaut waren. Zur Jagd wurden Langspeere, Bumerangs und Speerschleudern (Woomera) verwendet. Die Frauen trugen oft eine aus Hartholz gefertigte Keule (Nulla Nulla) bei sich, die sie als Waffe verwendeten. Der Bumerang wurde neben der Jagd zum Kampf als Werkzeug und für sportliche Wettkämpfe verwendet. Man unterscheidet den zurückkehrenden und den nicht zurückkehrenden Bumerang (Kylie).

Die Kunst der Aborigines zeigt sich im Schnitzen, Gravieren und Bemalen von Waffen, Rindengefäßen, Seelenhölzern (Tjurungas) sowie anderen Kultobjekten mit geometrischen und figürlichen Motiven. Typisch ist die Darstellung von Tieren, Geistern und Jagdszenen. Im Röntgenstil werden auch innere Organe wiedergegeben. Riesige **Felsmalereien** in Höhlen und an Felsvorsprüngen stellen Urzeitwesen (Wandjinas mit mundlosen Gesichtern) oder Regenbogenschlangen (Ungud, Erschafferin alles Lebendigen und Ursache von Regen und Fruchtbarkeit) dar. Gemalt wurde mit gelben und roten (Ockererde), schwarzen (Holzkohlenstaub) und weißen (Tonerde-) Farben. Viele Felsbilder wurden (und werden noch heu-

Dotpainting-Malerin bei der Arbeit

te) in jährlichen, rituellen Handlungen erneuert. Felsgravuren (Engravings) stellen eine Vorstufe der Malerei dar, sind bei weniger entwickelten Stämmen zu finden und, was Motive und Darstellungen betrifft, häufig sehr einfacher Natur.

Gefühle und Erlebnisse werden bei den Aborigines durch Musik, Gesang und Tanz (Coroboree) ausgedrückt. Auch die Geschichten der Traumzeit wurden nur mündlich, oft durch Gesang, weitergegeben – ein Grund dafür, dass immer mehr Geschichten für immer verloren gehen. Die Melodien klingen für unsere Ohren oft monoton, sei es durch die vielen Wiederholungen oder durch die Rhythmusinstrumente: **Didgeridoos** sind 1 bis 2 m lange Blasrohre, die aus hohlen Eukalyptusstämmen gefertigt werden. Die Rinde wird abgeschält und die Oberfläche verziert. Die hohl klingenden Töne werden durch Atmungstechnik und Lippenbewegungen variiert. **Schlaghölzer** werden gegeneinander oder an das Didgeridoo geschlagen und bestimmen den Rhythmus. Das **Schwirrholz** (Bullroarer) wird bei festlichen Anlässen an einer Schnur über dem Kopf geschwungen und erzeugt einen heulenden Ton.

Musik und Tanz

Da die Legenden und Mythen der Stämme nur in der jeweiligen Stammessprache weitergegeben wurden, ging im Laufe der letzten zwei Jahrhunderte durch Entwurzelung und Umsiedlung viel von den Legenden der Aborigines verloren.

Im Folgenden einige wenige Wörter aus verschiedenen Aborigine-Sprachen, die zeigen sollen, wie kompliziert die Vokabeln sind – so gibt es beispielsweise für die verschiedenen Tageszeiten (morgens, mittags, abends) dutzende von Ausdrücken.

baapanannia	Sonnenaufgang	**ilchar-atnitta**	Hand
booroowal	Tag	**ngingeranggi**	Husten
chooka-chooka	Traum	**neeyangarra**	Adler
doolomai	Gewitter	**thonku mundil**	Nacht
elleenanaleah	Schönheit	**ungunyer-pollip**	Schulter
goonagulla	Himmel	**wariatanbirik**	Hügel
hootoworri	Wolke	**willawatta-thuyi**	Frau

Die Ureinwohner besaßen außergewöhnliche und umfassende Kenntnisse über Pflanzen und deren Nutzung. Das **Wissen um Naturheilverfahren** und ökologische Zusammenhänge wird seit einigen Jahren von Wissenschaftlern erforscht, leider können nur noch wenige Alte ihr Wissen mitteilen. Beim Eintreffen der Weißen haben Missionare versucht, die Ureinwohner zum christlichen Glauben zu bekehren. In vielen Fällen gelang dies auch, jedoch ging ihr Glaube an die Naturgötter *Missions-* und die eigene Religion nie verloren. Mit der Aufgabe der Missionsstationen (1982 *stationen* in Hermannsburg/NT) kehrten viele Ureinwohner in ihre traditionellen Stammesgebiete zurück und leben heute in eigenen Gemeinden (Communities oder Outstations), teilweise nach traditionellen Maßstäben.

Heutige Situation der Aborigines

Der Reisende, der Kontakt zur Urbevölkerung sucht, wird häufig enttäuscht. Die schwarze Bevölkerung will weitestgehend in Ruhe gelassen werden. Kontakte beschränken sich auf zufällige Begegnungen. Allein bei Touren, die von Aborigines geführt werden oder in deren Stammesgebiete führen, ist eine intensivere Zusammenkunft möglich.

Viele Australier vertreten eine liberale Haltung gegenüber den Aborigines. In einer *Haltung der* eindrucksvollen Rede erkannte Premier Keating zum Jahr der Ureinwohner 1993 *weißen* („Year of the Indiginous People") die Benachteiligung der Aborigines an – ein wich*Bevölkerung* tiger Schritt zum Verständnis zwischen den Völkern. Wie überall gibt es aber in Australien eine lautstarke Minderheit, welche die grundverschiedene Lebensweise der Urbevölkerung nicht anerkennen will. **Rassismus** wird zuweilen offen gezeigt: Politiker geben abwertende Äußerungen von sich, und auch die Worte vom „faulen Schwarzen" fallen immer wieder. Gelder, die in Aborigine-Gemeinden fließen (viele sprechen von „Guilt Money" – Geld zur Wiedergutmachung), werden als zu hoch und ungerechtfertigt betrachtet. Dabei wird oft vergessen, dass vieles von dem, was in über 40.000 Jahren gewachsen ist, in nur 200 Jahren zerstört wurde – eine Tatsache, die nicht ohne Folgen bleiben kann. Gegen die ihrer Meinung nach ungerechte Behandlung setzen sich Teile der Ureinwohner zur Wehr: So werden alljährlich am Australia Day Aktionen und Protestkundgebungen veranstaltet.

Was bedeutet die Aboriginal-Flagge?

Unterwegs wird einem irgendwann, bestimmt wahrscheinlich auch häufiger, die dreifarbige Aboriginal-Flagge begegnen. Oben schwarz, unten rot und in der Mitte ein gelber Punkt. Harold Thomas, der erste Aborigine, der an einer australischen Kunstakademie sein Examen ablegte, hatte bei dem Design folgende Gedanken: Rot sind die Mutter Erde und der Ocker, der für Zeremonien benutzt wird. Gelb ist die Sonne, der beständige Geber und Erneuerer des Lebens. Schwarz ist die Traumzeit, in der alles entstanden ist. Zusammen symbolisieren die Farben die Grundlage des Lebens der Aborigines.

1971 wurde die Flagge erstmals bei einer Demonstration in Adelaide gehisst. Kurz darauf wurde sie auf einem Zelt der Aboriginal-Zeltmission in Canberra verwendet. Seit dieser Zeit ist die Flagge ein Symbol der Ureinwohner. Sie hat ihnen Einheit, Stärke und Stolz verliehen. Wann immer heute die Aborigines für ihre Rechte eintreten – die Flagge ist dabei.

Bei der Behandlung der Ureinwohner gewinnt man den Eindruck, dass Teile der Staatsgewalt mit zweierlei Maß messen: In den Städten des Northern Territory sieht man oft Polizeifahrzeuge mit einem Gitterkasten, in den betrunkene Aborigines verladen werden. Grundlage dafür ist der „Police Protection Act", der eine willkürliche Festnahme gestattet.

Aufgrund des 1976 erlassenen **Aboriginal Land Rights Act** wurden den Ureinwohnern wichtige Stammesterritorien zurückgegeben. Beispiele wie das Arnhemland im NT beweisen, dass eine Selbstverwaltung sehr wohl funktionieren kann, und zukünftige Rassenunruhen lassen sich wahrscheinlich nur durch das Zugeständnis der ethnischen Souveränität vermeiden.

Aboriginal-Künstler lösen sich aus der Isolation und erzielen in der Kunst- und Kulturwelt erstaunliche Erfolge. Tanz- und Musikgruppen, Schriftsteller und Maler machen sich zum Sprachrohr der Aborigines und heben sie in das Bewusstsein der übrigen Welt. Die Gemälde und Zeichnungen der Aborigines sind begehrte und wertvolle Sammlerobjekte. Die Muster erscheinen auch auf Stoffen und Kleidungsstücken.

Erfolge in der Kunstwelt

Die Entdeckung Australiens

„Die Wache im Großmast schrie: Land! Land! Und dieser Schrei ward fröhlich von der ganzen Mannschaft wiederholt. Die Küste erschien uns flach und ebenmäßig, und wir folgten ihr einige Meilen. Gegen Abend ward Anker geworfen und am Morgen schiffte man die sechshundertfünfzig Sträflinge aus. Alsbald verbrannte man ihre Lumpen, um zu verhindern, dass, wenn auf dem Schiff der Keim einiger ansteckender Krankheiten existierte, er in die Kolonie eindränge."
George Barrington (1791)

Im alten Kontinent Europa wurde schon im 13. Jahrhundert vermutet, dass auch auf der anderen Erdhälfte große Landmassen vorhanden sein müssen. Diese nannte man „terra australis incognita" – das unbekannte Land im Süden.

Captain James Cook

Australien lag fernab der großen Entdeckerrouten, denen die Forscher im 16. Jahrhundert gefolgt waren, und blieb lange im Dunkel der Geschichte. **1606** landete das holländische Schiff „Duyfken" mit dem Forscher Willem Jansz an der Küste von Queensland im Golf von Carpentaria. In seinen Berichten war die Rede von „grausamen, schwarzen Wilden" und Wüsten. Er war bei Landgängen in Scharmützel mit Ureinwohnern geraten und verlor dabei einige Mitglieder seiner Mannschaft. **1616** erreichte sein Landsmann Dirk Hartog die Westküste Australiens, das daraufhin Neuholland genannt wurde. In der Shark Bay hinterließ er jene berühmt gewordene Zinntafel, die er als Beweis seiner Landung an einen Baum genagelt hatte. In den folgenden Jahren landeten weitere Holländer an verschiedenen Stellen des Kontinents – unglücklicherweise immer an wüstenartigen oder schwer erforschbaren Landstrichen, sodass ihre Berichte meist negativer Art waren. Die „Nichterschließung" Australiens durch die Holländer gleicht daher einer Kette von misslichen Zufällen. **1642** entdeckte der Holländer Abel Janszon Tasman die Insel Tasmanien, zunächst Van-Diemen-Land genannt, und driftete, von Winden abgetrieben, nach Neuseeland. Eine zweite Reise, zwei Jahre später, ermöglichte eine ungefähre Aufzeichnung der Küste von Cape York bis zum Ashbury River in Westaustralien. **1688** landete ein englischer Abenteurer, William Dampier, an der Nordwestküste Australiens und nannte es Neubritannien.

Entdecker Captain James Cook
Man könnte nun glauben, dass der größte Teil der Küsten schon bekannt war, als Captain James Cook, der allgemein als der Entdecker Australiens gilt, **1770** mit seinem Schiff HMS Endeavour folgte. Es blieb aber Cook vorbehalten, die bedeutendsten und zur Besiedlung geeignetsten Gegenden des Landes zu entdecken. Von Neuseeland kommend, erblickte er die australische Küste zum ersten Mal bei Kap

Everard im heutigen Bundesstaat Victoria. Er folgte der Küste in nördlicher Richtung und ergriff im Namen der Königin von England Besitz vom heutigen New South Wales und Queensland. Bei seiner Weiterfahrt entlang der Ostküste durchfuhr er mit Mühe die Klippen des Great Barrier Reef, um an der Nordostspitze abermals zu ankern. Cook benannte das Gebiet nach dem Herzog von York Cape York. Trotz der günstigen Berichte, die Cook und Gefährten in der Heimat abgaben, zögerte die britische Regierung und zeigte sich zunächst wenig begeistert für die neuen Besitzungen. Es bedurfte des amerikanischen Unabhängigkeitskrieges und des Verlustes englischer Besitztümer in Amerika, bis erstmals eine Besiedlung Australiens in Erwägung gezogen wurde. London sah das Land zunächst als einen Aufenthaltsort für die Sträflinge an, welche die britischen Gefängnisse überfüllten.

Aufenthaltsort für Sträflinge

Im **Mai 1787** legte eine Flotte von elf Schiffen, die sogenannte „First Fleet", unter dem Kommando von Captain Arthur Philipp, von England ab. Unter den 1.030 Personen befanden sich 736 Sträflinge. Sie landeten am **18. Januar 1788** in der Botany Bay. Wegen ungünstiger Siedlungsbedingungen wurde acht Tage später in Port Jackson vor Anker gegangen, dem heutigen Standort des Sydney Harbour. Philipp nannte die erste Siedlung Sydney Cove – man schrieb den **26. Januar 1788**, den Tag der Ankunft der ersten Flotte und heutiger australischer Nationalfeiertag (Australia Day). Damals nahm Philipp auch Besitz von Tasmanien und der gesamten Ostküste. Bis 1792 hielt er das Amt des ersten Gouverneurs von New South Wales inne. 1825 wurden die Grenzen der neuen Kolonie nach Westen bis zum heutigen Westaustralien ausgedehnt.

1801–1803 umschifften Flinders und Bass den Kontinent erstmalig. Von da an wurde das Land Australien genannt. (Bereits Jahrhunderte zuvor war vermutet worden, dass es einen Kontinent im Süden – eine Terra Australis – geben müsste. Von diesem lateinischen Ausdruck – Südland – wurde der Name „Australien" abgeleitet.)

Besiedlung und Kolonisierung

Die ersten Jahre der Besiedlung gestalteten sich mühsam. Durch die monatelangen Überfahrten litten die Menschen an Krankheiten und Schwäche. Die landwirtschaftliche Nutzung der neuen Kolonie New South Wales ging wegen mangelnder Erfahrung und Ausrüstung von Siedlern und Sträflingen nur schleppend voran.

Sträflingsdeportationen

Zwischen **1788 und 1868** wurden insgesamt über 160.000 Strafgefangene von England nach Australien verschifft. Darunter auch solche, die nur wegen unbedeutender Delikte in Großbritannien aufgefallen waren, darunter auch Kinder und Jugendliche. Am Aufbau der neuen Kolonien waren die Sträflinge maßgeblich beteiligt: Der Architekt Francis Greenway gestaltete beispielsweise einige der bedeutendsten Gebäude Sydneys. Viele der Sträflinge blieben zeitlebens in Australien, wurden aus der Gefangenschaft entlassen und beteiligten sich an der Besiedlung und Erforschung des Kontinents. Auf Druck der öffentlichen Meinung in Australien

Sträflinge wurden zu Siedlern

stellte London die Deportationen **1835** ein, in Westaustralien allerdings erst **1868**. 1813 fanden Siedler einen Weg über die Blue Mountains in die fruchtbaren Ebenen des Hinterlandes, um neues Weideland urbar zu machen. Gleichzeitig, mit der Fortsetzung der Entdeckungen, wurden Städte gegründet: **Melbourne 1835**, **Adelaide 1836**. Viehzüchter und Bauern folgten den von den Forschern entdeckten Routen und begannen mit der Schafzucht – Wolle der Merinoschafe wurde zum ersten Exportartikel.

Selbstständigkeit der Kolonien

1825 wurde Tasmanien eine selbstständige Kolonie, **1829** Westaustralien (unter der Rechtsprechung von New South Wales bis 1834), **1850** Victoria, **1856** Südaustralien, **1859** Queensland. **1863** wurde das Northern Territory der Verwaltung Südaustraliens unterstellt.

Der Goldrausch

Ebenfalls zu dieser Zeit ereignete sich ein Vorfall, welcher sehr großen Einfluss auf die Bevölkerungsentwicklung der Kolonien haben sollte. **1851** wurden in Ballarat (VIC) bedeutende Goldvorkommen entdeckt, wenig später in Bendigo (VIC). Auswanderungswillige strebten nach Australien, und in zehn Jahren stieg die Bevölkerung auf über 1 Mio. Einwohner an. **1892/93**, als die Goldvorkommen in Coolgardie und Kalgoorlie (WA) entdeckt wurden, gab es eine erneute, große Einwanderungswelle. Die Ausbeutung der Vorkommen brachte gleichzeitig die Entwicklung der Eisenbahnen und die Entstehung der ersten Industrien (Fabriken, Milchverarbeitung) mit sich. Australien vollzog in weniger als einem halben Jahrhundert den Schritt zu einem modernen Staat.

Das erste Bundesparlament

1850 stimmte das britische Parlament einem Gesetz zu, das den Kolonien die Macht verlieh, ihre eigene Verfassung festzulegen. Damit und mit der Entwicklung von besseren Verkehrswegen zeichnete sich eine Bewegung zugunsten der Zusammenfassung der einzelnen Kolonien zu einem gemeinsamen Bundesstaat ab. Dieser wurde als Mitglied des britischen Commonwealth am **1. Januar 1901** ausgerufen. Vorläufige Hauptstadt war Melbourne, in der am **9. Mai 1901** das erste Bundesparlament vom Herzog von York und Cornwall (dem späteren König Georg V.) eröffnet wurde.

Die Erforschung des Kontinents

Die Erforschung des Inselkontinents hat über 100 Jahre gedauert. Dies ist nicht weiter verwunderlich, bedenkt man die immense Fläche von 7,7 Mio. km², die extremen Klimabedingungen im Outback, die undurchdringlichen Regenwälder im

Norden und die mangelhafte Ausrüstung der ersten Forschungsteams. Nur nach und nach wurden die verschiedenen Teile des Landes erschlossen. Erstes Ziel war zunächst die Entdeckung neuer Weideflächen. Deshalb wurden zunächst die Küsten- und Gebirgsregionen im Südosten erforscht. Die Great Dividing Range wurde 1813 von den Entdeckern Wentworth, Blaxland und Lawson überquert. Die fruchtbaren Täler um Bathurst eigneten sich vorzüglich zum Aufbau der Schafzucht. Die Flusssysteme im Südosten, Murray, Darling und Murrumbid-

Burke and Wills Expedition

gee, wurden in den Folgejahren kartografiert. Einen Namen machte sich hierbei der Engländer Charles Sturt. Die These vom riesigen Binnenmeer, das man in der Mitte Australiens vermutete, wurde dabei widerlegt.

1838 wagte John Eyre zum ersten Mal die Ost-West-Durchquerung. Am Lake Eyre, im heutigen Südaustralien, wandte er sich nach Westen und erreichte drei Jahre später die heutige Stadt Albany am King George Sound. Er war der erste Forscher, der dabei die trostlose Nullarbor Plain von Ost nach West durchquerte. Die Aborigines waren in den Entdeckerjahren nicht nur feindlich gesinnt. In vielen Fällen, wie bei Eyre, ermöglichte nur ihre Begleitung die erfolgreiche Durchführung der Expedition.

Der Deutsche Ludwig Leichhardt emigrierte 1842 aus Deutschland, um dem Kriegsdienst zu entkommen. 1844/45 trieb er genügend Geld und Leute auf, um das Gebiet von Brisbane bis Darwin zu erkunden. Die Expedition erwies sich als außerordentlich beschwerlich und galt längst als verschollen, als sich Leichhardt und die verbliebenen Kameraden in Port Essington einfanden. Nach ihrer Rückkehr wurden sie in Sydney als Helden gefeiert. Seine zweite große Expedition, diesmal von Ost nach West, endete vermutlich tragisch. Die Spur der Forscher verlor sich, und Leichhardt blieb für immer verschwunden. *Expeditionen des Ludwig Leichhardt*

Einen tragischen Ausgang nahm auch die Expedition von Robert O'Hara Burke, W. J. Wills und William King. Sie brachen 1860 von Melbourne auf, um die erste Süd-Nord-Durchquerung zu schaffen. Die Regierung hatte dafür eine hohe Belohnung ausgesetzt. Die Gruppe erreichte zwar den Golf von Carpentaria, fand aber das Versorgungslager am Cooper Creek auf dem Rückweg bereits verlassen. Burke und Wills starben den Hungertod, während sich King, unterstützt von Aborigines, retten konnte. John Stuart erreichte 1862 die Nordküste beim heutigen Darwin und legte damit den wichtigen Grundstein für den Bau der Telegrafenleitung. Der spätere Stuart Highway folgte auf ähnlicher Route. Die Gebrüder Forrest durchquerten Australien **1872** erstmals von Ost nach West im Landesinneren. Die Telegrafenleitung von Nord nach Süd über Alice Springs wurde im gleichen Jahr fertig gestellt. Im Nordwesten erforschten die Forrest-Brüder wenige Jahre später die Kimberley-Region.

Entdeckung des Pintubi-Stammes

An der Erforschung des Binnenlandes haben zu großen Teilen Giles, MacKinley, MacIntyre und Warburton beigetragen. Dass es noch viel zu entdecken gab, zeigte die Entdeckung des Pintubi-Stammes im Jahre **1959**, der bis dahin noch nie ein weißes Wesen zu Gesicht bekommen hatte.

Abenteuer lassen sich auch in neuerer Zeit noch erleben: **2009** umrundete die Deutsche Freya Hoffmeister auf einer 13.750 km langen Expedition den Kontinent paddelnd im Kanu. Outback-Touren lassen sich noch heute im Allradfahrzeug unternehmen und erfordern trotz moderner Navigationsinstrumente noch immer ein wenig Abenteuergeist.

Bevölkerung

Schulkinder in Perth heute

Die Einwanderung nach Australien erlebte am Ende des 19. Jahrhunderts einen tiefen Wandel. Durch eine wirtschaftliche Rezession mehrte sich der Widerstand der weißen Bevölkerung gegen die ungehemmte Zuwanderung der vielen Asiaten, insbesondere die der Chinesen. Das Parlament beschloss daraufhin die „White Australia Policy" – für nichteuropäische Immigranten wurde beispielsweise das Schreiben eines Diktats in einer europäischen Sprache zur Pflicht. Die Bevölkerungszahl nahm in den Folgejahren nur gering zu.

1942 folgte der Angriff der Japaner auf Darwin und Broome und versetzte die australische Gesellschaft in einen Schockzustand. „Mutter England" war mit sich selbst beschäftigt und konnte nicht zu Hilfe gerufen werden. So begann die australische Regierung nach dem Krieg, die Einwanderung voranzutreiben. Man war der Meinung, dass nur ein bevölkerungsstarkes Australien in der Lage sei, sich zu verteidigen. Die Einwanderungspolitik sah vor, dass mindestens die Hälfte der Einwanderer Briten sein mussten. Bis **1965** kamen über 2 Mio. Menschen nach Australien, die meisten aus Großbritannien (ca. 900.000), Italien, Deutschland und den Niederlanden. Mehr als eine halbe Mio. Australier haben heute deutsche Vorfahren. **1966** wurde die Immigration Policy gelockert, die Folge war der Zustrom vieler Asiaten (aus Indonesien, Vietnam, China etc.) und Südeuropäer (Griechen, Italiener, Jugoslawen, Libanesen). Australien, das bis dahin zu 90 % aus Angelsachsen bestand, sah sich mit großen Umwälzungen konfrontiert. Ganze Stadtteile, Schulen und Geschäfte waren nun in den Händen der Neuankömmlinge. So gilt z. B. Melbourne heute als drittgrößte griechische Stadt der Welt.

Die deutschen Einwanderer und Nachfahren gründeten über 300 deutsche Vereine im ganzen Land. Nach **1945** bis heute zog es rund 200.000 Deutsche nach „Down Under". Seit dem Zweiten Weltkrieg sind mehr als 4 Mio. Menschen nach Australien eingewandert. Um jedoch in das Land zu kommen, muss zunächst das strenge und langwierige Auswahlverfahren der Einwanderungsbehörde bewältigt werden.

300 deutsche Vereine im ganzen Land

Australische Kriegsbeteiligungen

1914 folgte Australien zusammen mit Neuseeland im ANZAC („Australian and New Zealand Army Corps") der Mutter England in den Ersten Weltkrieg. Im April 1915, an der Seite der Briten, mussten sie im Kampf gegen die Türken in Gallipoli eine verlustreiche Niederlage erleben. Die Australier beklagten 8.587 Opfer. Am 25. April, dem „Anzac Day", wird alljährlich der Toten (im Volksmund „Anzacs") gedacht. Im Ersten Weltkrieg fielen insgesamt 60.000 Australier, davon allein 23.000 an der Westfront. 1918 erhielt Australien Deutsch-Neuguinea zugesprochen. In Australien wurde durch den Ersten Weltkrieg erstmals so etwas wie Gemeinschaftsgefühl und Nationalbewusstsein geschaffen.

1938 folgte Australien unter Premier Robert Menzies dem amerikanischen Beispiel und verhängte ein Wirtschaftsembargo gegen Japan, danach wurde die Mobilmachung von rund 1 Mio. Soldaten durchgeführt. Die drohende japanische Invasion ließ noch bis 1942 auf sich warten. In der Zwischenzeit kämpften und fielen australische Soldaten in Europa (besonders auf Kreta), Nordafrika und Malaysia. Die Japaner rückten unaufhaltsam näher: Nach dem Überfall auf den amerikanischen Stützpunkt Pearl Harbour/Hawaii nahmen sie am 15. Februar Singapur ein. Am **19. Februar 1942** wurden Darwin und Broome in Nordaustralien bombardiert, später folgten Cairns und Townsville. Vororte von Sydney wurden von U-Booten beschossen. Eine Alliierten-Flotte unter US-General MacArthur stoppte die japanischen Aggressoren in der „Schlacht im Korallenmeer". Im australischen Neuguinea wurde die japanische Infanterie kurz vor dem wichtigen Stützpunkt Port Moresby im September 1942 zurückgeschlagen. Die sogenannten Dschungelsoldaten wurden zu australischen Helden stilisiert. Der Zweite Weltkrieg kostete 35.000 Australiern das Leben.

8.000 Australier starben in japanischer Kriegsgefangenschaft

1951 gründete Australien mit Neuseeland und den USA den ANZUS (Australia New Zealand USA) Sicherheitspakt. **1954** trat Australien der SEATO (South East Asia Treaty Organisation) bei, mit ein Grund für die Beteiligung am Vietnamkrieg. Australier kämpften auch in Korea und in Sarawak (Malaysia). Die US-Stützpunkte in Australien sind heute höchst umstritten – die Proteste richten sich insbesondere gegen atomgetriebene Schiffe und U-Boote, die in australische Häfen einlaufen. Eine starke Friedensbewegung demonstrierte gegen das Engagement Australiens im Golfkrieg **1991**, als im Auftrag der UNO gekämpft wurde. Seit **1999** stellen die Australier das größte Kontingent an Friedenstruppen in Osttimor und 2003 schickte das Land 2.000 Mann in den Irakkrieg. Ende **2012** befanden sich in Afghanistan im Rahmen der „International Security Assistance Force" (ISAF) 1.550 Soldaten.

Wirtschaft

Auswirkungen der Weltwirtschaftskrise

Von 1929–1933 litt Australien unter der Weltwirtschaftskrise. Die Abhängigkeit von **Weizen- und Wollexporten** begann sich zu rächen: Als die Preise weltweit nachgaben, stieg die Arbeitslosigkeit und besonders Haushalte mit niedrigen Einkommen kamen in Existenznöte. Hatte sich Australien lange Jahre ganz auf seine Landwirtschaft und den Export agrarischer Produkte verlassen, so begann man nach dem Zweiten Weltkrieg mit dem Aufbau einer Industrie, die jedoch bis heute weitgehend auf dem reinen Abbau und Export von den reichlich vorhandenen Rohstoffen (Eisenerz, Bauxit, Blei, Zink, Kupfer, Uran u. a.) basiert. Bei der **Uranförderung** gerät die Regierung in Gewissensnöte: Da die Vorkommen oft in den Reservaten der Ureinwohner liegen, sind lange Verhandlungen nötig. Australien selbst betreibt kein Kernkraftwerk kommerziell, es existieren zwei kleine Forschungsreaktoren in Lucas Heights (30 km von Sydney). Die 1990er-Jahre waren von einer Konsolidierung und Öffnung der Wirtschaft geprägt. Maßgeblichen Anteil daran hatte die Labour-Regierung unter Paul Keating, die eine breite Privatisierungsoffensive staatlicher Betriebe durchgesetzt hat. Die Kooperation mit den südostasiatischen und südpazifischen Staaten wurde durch die Mitgliedschaft und Stärkung der APEC (Asian Pacific Economic Cooperation) gestärkt.

Im letzten Jahrzehnt bis in die jüngste Zeit treffen immer wieder Dürreperioden oder Überschwemmungen die Landwirtschaft, während die Metropolen von einem Bauboom und vom Rohstoffhunger Chinas profitieren. Die globale Finanzkrise 2008 traf Australien kaum – im Gegenteil: Dank eines hohen Zinsniveaus, politischer Stabilität und guter Zukunftsprognosen wurde Geld bevorzugt in sicheren „Aussie-Dollars" angelegt. Viele Jahre ohne nennenswerte Rezession sind eine stolze Bilanz, doch Gefahren lauern: Ein hohes Preisniveau im Inland und Exportprobleme heimischer Produkte sind die Folge. Seit 2010 leidet auch der Tourismus unter Dollarstärke und Hochpreisigkeit: Für die „Locals" ist es oftmals günstiger, den Urlaub in Bali oder in den USA zu verbringen, als im eigenen Land.

info

Warum ist Australien so teuer?

Australien-Reisende wissen zwar, dass der fünfte Kontinent kein billiges Reiseland ist, doch ist man angesichts der vor Ort verlangten Preise teilweise regelrecht geschockt. Dinge des Alltags wie Lebensmittel, Restaurantbesuche oder Eintrittsgelder sind – je nach Region – gerne mal doppelt so teuer wie in Deutschland. Doch woran liegt dies?

- Die boomende Minen-Industrie hat das Lohnniveau enorm angehoben und andere Wirtschaftssektoren mussten nachziehen, um Mitarbeiter halten zu können.
- Die Einführung eines Mindestlohns unter der Labour-Regierung Rudd/ Gillard (2007–2013) mit hohen Zulagen an Wochenenden und Feiertagen erhöhte das Lohnniveau immens. Um diese Löhne zu finanzieren, mussten allerorten entsprechend die Preise erhöht werden.
- Der immer noch recht starke Aussie-Dollar und ein schwacher Euro verhindern für Touristen attraktive Reisepreise.

Zeittafel

v. Chr.:	
ca. 50.000	Die ersten Aborigines wandern von Norden nach Australien ein.
ca. 30.000	Funde belegen erste Siedlungen und Gräber der Urbevölkerung.
ca. 10.000	Tasmanien löst sich vom Kontinent ab.
600–1400	
n. Chr.	Chinesen, Malayen und Araber reisen bereits nach Australien.
1606	Der Holländer Willem Jansz landet an Queenslands Küste, der Portugiese Luis de Torres durchfährt die Torres Strait.
1616	Der Holländer Dirk Hartog landet an der Küste Westaustraliens.
1642	Abel Tasman, ebenfalls ein Holländer, entdeckt Tasmanien.
1688	Der Brite William Dampier erkundet die Nord- und Westküste. Wegen negativer Berichte wird von weiteren Forschungsreisen vorerst abgesehen.
1770	James Cook geht am 29. April in der Botany Bay mit der Endeavour vor Anker. Im Namen Großbritanniens annektiert er den Ostteil, den er New South Wales nennt.
1788	Captain Arthur Philipp erreicht am 26. Januar mit der First Fleet, einem Sträflingstransport, nach achtmonatiger Fahrt Port Jackson, das spätere Sydney. Phillip wird erster Gouverneur der neuen Kolonie New South Wales.
1793	Die ersten freien Siedler treffen ein.
1797	John MacArthur führt das Merinoschaf ein.
1802/1803	Flinders und Bass umsegeln den Kontinent und nennen ihn nach der Terra Australis („Südliches Land") Australien.
1807	Zum ersten Mal wird Wolle nach England exportiert.
1813	Wendworth, Blaxland und Lawson überqueren auf der Suche nach Weideland die Blue Mountains.
1825	Die Kolonie Tasmanien wird gegründet, es folgt 1829 Westaustralien.
1835	Gründung von Melbourne.
1844/1845	Der Deutsche Ludwig Leichhardt schafft die erst Süd-Nord-Durchquerung entlang der Küste. Er verschwindet bei einer weiteren Expedition spurlos.
1851	Goldfunde in Victoria lösen einen Einwanderungsboom aus. Bereits 1860 hat Australien über 1 Mio. Einwohner.
1859	Der Norden von New South Wales wird als Queensland zur eigenständigen Kolonie.
1860	Die Burke-und-Wills-Expedition endet tragisch, nachdem sie von Melbourne aus den Golf von Carpentaria erreicht hat – beide verhungern.
1861	John Stuart durchquert Australien von Adelaide bis ins spätere Darwin – die Grundlage für die Telegrafenleitung von Südaustralien über Alice Springs nach Darwin im Jahre 1872.
1868	Der letzte Sträflingstransport landet in Westaustralien.
1892/1893	Goldfunde in Westaustralien (Coolgardie und Kalgoorlie) führen zum zweiten Goldrausch.

1901	Australien wird am 1. Januar zum Commonwealth ernannt. Das erste Bundesparlament tagt in der vorläufigen Hauptstadt Melbourne. Die Bevölkerung zählt (ohne Aborigines) 3,7 Mio. Einwohner. Die White Australia Policy beginnt.
1908	Canberra wird zum Ort der künftigen Hauptstadt gewählt. Ab 1911 entwirft der Amerikaner Walter Burley Griffin die Stadt.
1914–1918	Australien tritt in den Ersten Weltkrieg ein und kämpft an der Seite Englands.
1917	Die transkontinentale Eisenbahnverbindung von Adelaide nach Perth wird fertiggestellt.
1920	Qantas (Queensland And Northern Territory Aerial Service) wird in Longreach gegründet.
1927	Canberra wird neue Bundeshauptstadt.
1928	Der „Royal Flying Doctor Service" wird gegründet.
1932	Eröffnung der Sydney Harbour Bridge.
1939–1945	Australien beteiligt sich am Zweiten Weltkrieg und ist 1942 durch die japanischen Bombardierungen auf Darwin und Broome direkt betroffen. Die „Schlacht im Korallenmeer" wirft die Japaner zurück.
1945–1960	Mehr als 3 Mio. Einwanderer werden von Einwanderungsprogrammen der australischen Regierung angelockt. Unter Führung der Liberal Party (Robert Menzies) floriert die Wirtschaft.
1950–1953	Australien beteiligt sich am Koreakrieg.
1951	Der ANZUS-Pakt zwischen Australien, Neuseeland und den USA wird abgeschlossen, es folgt der SEATO-Pakt 1954.
1952	Im Northern Territory werden Uranvorkommen entdeckt.
1956	Olympische Spiele in Melbourne.
1965–1972	Australier kämpfen im Vietnamkrieg. Nach Antikriegsprotesten und einem Regierungswechsel werden die Truppen 1972 von Labour-Chef Graham Whitlam heimgeholt.
1962	Wahlrecht für Aborigines.
1963	Im Streit um West-Neuguinea kommt es zu Spannungen zwischen Australien und Indonesien.
1966	Abschaffung des englischen Pfunds – Einführung des Australischen Dollar.
1967	Die „White Australia Policy" wird aufgehoben, zum ersten Mal werden die Ureinwohner bei der Volkszählung mitgezählt.
1970	Die transkontinentale Eisenbahnverbindung Sydney – Perth ist durchgehend.
1972	Die Labour-Party gewinnt die Wahlen und stellt bis 1975 die Regierung. Abschaffung der allgemeinen Wehrpflicht.
1973	Eröffnung des Sydney Opera House.
1974	Der Wirbelsturm Tracy verwüstet Darwin.
1976	Der „Aboriginal Land Rights Act" regelt die Rückgabe wichtiger Stammesterritorien an die Urbevölkerung.
1975–1983	Malcolm Fraser von der Liberal Party gewinnt die Wahlen. Unter ihm kommt es zu einem Abbau sozialstaatlicher Leistungen.
1985	Ayers Rock wird den Aborigines zurückgegeben und heißt offiziell „Uluru".

1983–1992	Wahlsieg der Labour-Partei unter Bob Hawke. Er regiert bis 1992.
1986	Queen Elizabeth II. unterzeichnet den „Australia Act". Damit werden Legislative und Exekutive zur Angelegenheit Australiens. Die australische Wirtschaft schlittert in eine tiefe Rezession – es folgen Streiks, Arbeitslosigkeit und der Rückzug ausländischer Investoren.
1987	Nach schweren Zusammenstößen zwischen Aborigines und der Polizei fordern die Ureinwohner im Oktober 1987 die Souveränität ihres Volkes.
1988	Australien feiert 200-jähriges Bestehen mit großen Festlichkeiten.
1992	Bob Hawke wird in einer Kampfabstimmung von der eigenen Partei gestürzt. Finanzminister Paul Keating wird neuer Premierminister. Kontroversen über die Bindungen zur britischen Monarchie beim Besuch der Queen im Februar 1992.
1993	Wahlsieg der Labour-Partei unter Keating. Regierungsprogramm mit zukunftsweisenden Reformen auf politischem und wirtschaftlichem Gebiet.
1996	Wahlsieg der Liberaldemokraten unter John Howard.
1999	Das Volk entscheidet: Die Queen von England bleibt Staatsoberhaupt von Australien.
2000	Olympische Spiele in Sydney.
2001	Howard verweigert afghanischen Flüchtlingen die Einfahrt in australische Gewässer.
2002	Rekord-Dürreperiode und Buschbrände im Südosten.
2003	Australien folgt den USA und Großbritannien in den Irak-Krieg. Freihandelsabkommen mit China. Wirtschaftsaufschwung hält an.
2004	Arbeitslosenquote bei 5,8 %. John Howard von der Liberal Party wird zum vierten Mal als Regierungschef bestätigt, mit größerer Mehrheit als je zuvor.
2005	Australiens Wirtschaft floriert. Die Konjunktur wird von der Konsumfreude der Australier und dem hohen Rohstoffbedarf der Weltmärkte angetrieben.
2007	Die konservative Regierung unter John Howard wird durch eine Labourregierung unter Kevin Rudd abgelöst. Die Wirtschaft Australiens boomt. Arbeitslosenquote unter 4 %.
2008/2009	Die Wirtschafts- und Finanzkrise erfasst kurz Australien.
2010	Julia Gillard übernimmt den Vorsitz der Labour Partei und wird als erste Frau Ministerpräsidentin. Die Rohstoffexporte boomen und sorgen für einen starken Austral-Dollar.
2011	Flutkatastrophe und Überschwemmungen in Queensland. USA und Australien bestätigen, dass im Zuge der verstärkten US-Präsenz in der Region bis zu 2.500 US-Soldaten im Norden Australiens stationiert werden sollen
2012	Einführung einer CO_2-Steuer zum 1. Juli.
2013	Hitzewelle und Überschwemmungen zum Jahresanfang. Die Konservativen unter Tony Abbott gewinnen die Wahlen.
2014	Diskussion um Umweltthemen, Abschaffung der CO_2-Abgabe und den Schutzstatus des Great Barrier Reef, das durch neue Kohleverladehäfen bedroht ist.

Geografischer Überblick

Geologie
von Dipl.-Geologe Gerrit Wirth, München

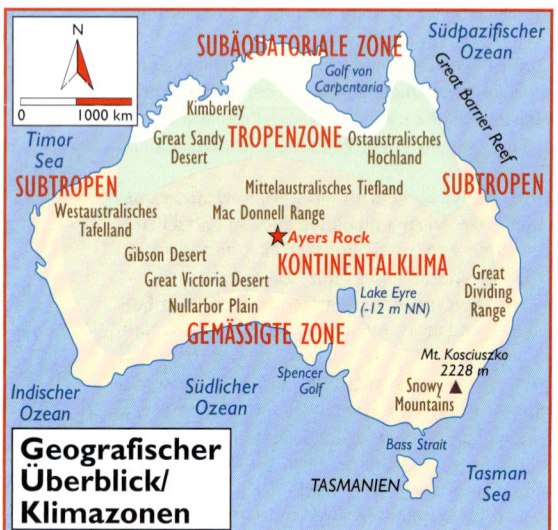

Geografischer Überblick/ Klimazonen

Die von rotem „Bulldust" bedeckten, bis an den Horizont reichenden Landschaften im endlosen australischen Outback, die surrealen Schluchten der Bungle Bungle Range oder die grandiose Kulisse der MacDonnell Ranges – das geologische Geschehen der letzten 3,5 Mrd. Jahre hat markante Spuren im Gesicht der australischen Landmasse hinterlassen. Der rote und zugleich flachste Kontinent der Erde beherbergt neben Landschaften von archaischer Schönheit einige der ältesten Landoberflächen und Flusssysteme dieser Erde sowie enorme Rohstoffreserven.

Die eigenständige geologische Entwicklung Australiens begann vor mehr als 230 Mio. Jahren, im späten Perm, mit dem allmählich einsetzenden Zerfall des großen Südkontinents **Gondwana**. Von diesem „Land der Gonds" – aus Afrika, Madagaskar, Südamerika, Indien, der Antarktis und Australien sowie Neuseeland bestehend – lösten sich zunächst Afrika, Madagaskar und Indien. Durch fortschreitende Dehnungsvorgänge entstand dabei zwischen Indien und dem heutigen Westaustralien der westaustralische Trog. Vor ungefähr 40 Mio. Jahren trennte sich schließlich Australien endgültig von den benachbarten Anteilen (Antarktis, Neuseeland) der verbliebenen Gondwana-Masse und trat eine Reise nach Norden an, die erst vor etwa 15 Mio. Jahren mit der Kollision Australiens und der Asiatischen Platte endete.

Urkontinent Gondwana

Heute lassen sich in Australien mehrere geologische Großstrukturen unterscheiden, deren z. T. eigenständige Morphologie das Ergebnis eines jeweils abweichenden geologischen Aufbaus ist:

Von West nach Ost breiten sich auf einer Fläche von mehr als 900.000 km² die leicht gewellten, im Durchschnitt 200–400 m hohen Ebenen des Westaustralischen Schildes in das Landesinnere aus. Dieses Schild wird aus zwei stabilen Erdkrustenblöcken präkambrischen Alters (ca. 3,9 Mrd.–570 Mio. Jahre alt) aufgebaut – dem Yilgarn-Kraton im Süden sowie dem Pilbara-Kraton im Norden. Hier finden sich zum überwiegenden Teil Gesteine magmatischen Ursprungs (meist Granite) und metamorpher Entstehung (vorwiegend Gneise und Granulite), darunter die Meeberri-Gneise in der Umgebung von Newman/Pilbara, die mit etwa 3,65 Mrd. Jahren Alter ältesten Gesteine Australiens. Einzelne Hügelketten mit präkambrischen Gesteinen vulkanischer Herkunft, meist Basalten und Diabasen, erheben sich aus den weitflächigen Granit- und Gneisarealen. Diese oft Gold führenden vulkanischen Gesteine werden von präkambrischen Sedimenten, wie z. B. Dolomiten oder Kalksteinen, begleitet. In Dolomiten des mittleren Westens, unweit der Kleinstadt Marble Bar, wurden einige der ältesten bekannten Lebensspuren gefunden – 3,6 Mrd. Jahre alte Algenfossilien. Einige hundert Kilometer westlich, in der Shark Bay, entstehen noch heute vergleichbare Sedimentstrukturen durch die Stoffwechseltätigkeit von Blaualgen (Stromatoliten).

3,6 Mrd. Jahre alte Algenfossilien

Östlich des Westaustralischen Schildes dehnen sich große Becken aus, welche im Paläozoikum (570 Mio.–248 Mio. Jahre) und im Mesozoikum (248 Mio.–65 Mio. Jahre) mit marinen und terrestrischen Sedimenten verfüllt wurden. Einige dieser Sedimentbecken, wie das Officer-Becken, das Amadeus-Becken und das Eucla-Becken, reichen mit ihren Sedimentgesteinen bis weit in das Northern Territory und South Australia. Durch die seit Jahrmillionen arbeitende Verwitterung wurden die Konglomerate, Sand-, Ton- und Kalksteine zu den endlosen Ebenen im „Outback" Australiens einnivelliert. Diese Sedimentbecken sind heute von den Sand- und Schuttmassen der großen australischen Wüsten (Great Sandy Desert, Gibson Desert, Victoria Desert, Tanami Desert) bedeckt.

Aus diesen gelegentlich leicht welligen Steppen- und Wüstenlandschaften erheben sich **im Landesinneren einige mittelgebirgsartige Gesteinskomplexe** vorwiegend präkambrischen Alters. Diese Mittelgebirgszüge, wie z. B. die MacDonnell Ranges, die Harts Range oder die Musgrave Ranges, werden von einigen Geologen der „transaustralischen Faltungszone" zugeordnet. Aus dem Verwitterungsschutt dieser präkambrischen Mittelgebirge entstanden jüngere, altpaläozoische Sedimentgesteine, die heute zwischen diesen Ost-West-verlaufenden Bergketten an einigen Stellen zu Tage treten, etwa bei den Olgas, am Ayers Rock und im Watarrka Nationalpark (Kings Canyon).

Als geologisch eigenständiger Komplex von ebenfalls präkambrischem Alter (ca. 2–1,75 Mrd. Jahre alt) bedeckt das **Kimberley-Becken** im Norden Westaustraliens mit seinen Sedimentgesteinen ein Areal von mehr als 160.000 km². Die von den Bergketten der King Leopold Ranges umrahmten Hochplateaus locken mit landschaftlichen Sehenswürdigkeiten, wie z. B. dem Mitchell-Plateau. Das Kimberley-Becken wird u. a. mit dem Arnhem-Land-Plateau im Northern Territory, den Granitaufbrüchen bei Tennant Creek (Devils Marbles/Devils Pebbles) und weiteren Sedimentbecken im Norden dem bis zur Cape York Halbinsel reichenden nordaustralischen Orogengürtel zugerechnet. Am Südrand des Kimberley-Beckens befinden sich die für den Reisenden gut zugänglichen Schluchten der Südkimberleys. Die malerischen Kalksteinwände der Geikie Gorge, der Windjana Gorge und des Tunnel Creeks sind die **spektakulärsten Reste** eines ca. 360 Mio. Jahre alten „Großen Barriere-Riffs" aus dem Zeitalter des Devons (Devonian Reef).

Zahlreiche landschaftliche Sehenswürdigkeiten

Im **östlichen Drittel des Kontinents** begann im frühen Jura, vor ca. 190 Mio. Jahren, durch Absenkungsvorgänge im Untergrund die Formung des „Great Artesian Basin". Die anhaltende Senkung ließ dort vor allem während des Jura und der Kreide, vor ca. 130–65 Mio. Jahren, ausgedehnte Flusssedimente ablagern, gelegentlich durchsetzt von marinen Ablagerungen und Kohleflözen. Heute stellt die geologische Mulde des Großen Artesischen Beckens einen der bedeutendsten Grundwasserspeicher der Welt dar. Durch Lösungsprozesse im Untergrund ist das zirkulierende, mit Mineralien angereicherte Grundwasser beim Austritt an artesischen Quellen im Landesinneren Australiens allerdings sehr salzhaltig.

Wasser-scheide Australiens   **Weiter im Osten** wurden die im Paläozoikum und dem anschließenden Mesozoikum (248–65 Mio. Jahre) abgesetzten Meeres- und Flusssedimente später einer intensiven Einengung, begleitet von gelegentlichem Vulkanismus, unterworfen. Die so entstandene Great Dividing Range, geologisch als „tasmanische Faltungszone" bezeichnet, zieht sich heute als wichtigste Wasserscheide Australiens von der Cape York Halbinsel bis Tasmanien.

Die bis heute andauernde Ära des Känozoikums (65 Mio. Jahre heute) brachte in den letzten Jahrmillionen ausgedehnte Verwitterungs- und Abtragungprozesse mit sich. In weiten Teilen Australiens breiteten sich die australischen Sand-, Stein- und **Salzwüsten** aus, die von ausgetrockneten, nur episodisch Wasser führenden Flüssen wie dem Finke River oder dem Coopers Creek – zwei der ältesten Flusssysteme der Erde – durchzogen werden. Häufig enden diese Entwässerungssysteme in einer der zahllosen Salzsenken oder Tonpfannen. Als wertvollste Produkte der tief greifenden Verwitterungsvorgänge entstanden die Bauxitvorkommen im Norden Australiens (Kimberleys, Cape York) und vor etwa 15–20 Mio. Jahren die Opale von Coober Pedy. Der auflebende Vulkanismus hinterließ im Osten Australiens markante Landschaften wie die Atherton Tablelands oder die Glasshouse Mountains. Mit dem Anstieg des Meeresspiegels nach dem Ende der letzten Eiszeit vor *Größtes Barriereriff der Welt* ca. 10.000 Jahren erhielt Australien ungefähr seine heutige Küstenlinie, Korallen eroberten den neu entstandenen Lebensraum. Das Great Barrier Reef breitete sich aus und begleitet heute als das größte Barriereriff der Welt auf einer Länge von über 2.000 km die tropische Ostküste Australiens.

Mit der endgültigen Trennung der australischen Landmasse vom ehemaligen großen Südkontinent Gondwana begann die lange **Isolation Australiens** und damit die Evolution einer einzigartigen Tier- und Pflanzenwelt (sogenannte Endemiten). Als noch heute lebende Relikte jener Gondwana-Zeit gelten neben den einzigen beiden Eier legenden Säugetieren der Welt (der australische Ameisenigel und das Schnabeltier) auch die an der Ostküste und auf Tasmanien wachsenden Südbuchen und Podocarpus-Bäume.

Geografie

Australien ist mit einer Fläche von 7.692.024 km² (5,7 % der globalen Landfläche) der kleinste Erdteil, rund 21,5-mal größer als Deutschland. Es liegt zwischen 10° und 44° südlicher Breite, die West-Ost-Erstreckung reicht von 113°–154° östlicher

Länge. Große Teile befinden sich im Bereich der Wendekreiswüsten der Südhalb-kugel. Verglichen mit anderen Kontinenten ist Australien der flachste. Größere Er-hebungen befinden sich fast ausschließlich in den Randgebieten der Küstenregio-nen. Ausnahme sind die MacDonnell Ranges (1.510 m) und die Musgrave Ranges (1.513 m) im Zentrum.

Nach der Oberflächengestalt lässt sich Australien in **drei geografische Großräume** gliedern:

Das Ostaustralische Hochland

Es erstreckt sich über 4.000 km im Osten des Kontinents von Cape York (Queens-land) im Norden bis zur Bass Strait, die den Südzipfel des Kontinents von Tasma-nien trennt. Den Höhenzügen der **Great Dividing Range** sind Küstenstreifen un-terschiedlicher Breite vorgelagert – im Süden Queenslands bis zu 160 km, im süd-lichen New South Wales bisweilen nur 1,5 km. Im äußersten Süden finden die Ge-birge Tasmaniens ihre Fortsetzung in den südlichen Ausläufern der rund 3.000 km langen Great Dividing Range. Nördlich daran anschließend liegen die Snowy Moun-tains in NSW, die einzige alpine Region, auch „Australische Alpen" genannt. In die- *Höchster* ser Bergkette befindet sich auch der höchste Berg des Kontinents, der Mount *Berg des* Kosciuszko mit 2.228 m. Die Great Dividing Range (Großes Scheidegebirge) geht *Kontinents* nach Westen hin sanft in das Mittelaustralische Tiefland über, im Osten dagegen fällt es steil zur Küstenebene ab. In Queensland verbreitert sich die Range auf bis zu 500 km, mit Höhen von 500 bis 600 m, darunter viele erloschene Vulkane. Das Hochland bringt feuchte Luftmassen, die vom Meer her kommen, zum Abregnen und führt zu außerordentlicher Fruchtbarkeit.

Das Mittelaustralische Tiefland

Das flache Land wird durch das Ostaustralische Hochland und das Westaustrali-sche Plateau begrenzt. Es wird auch „zentrales Becken" genannt. Es reicht vom Golf von Carpentaria im Norden bis zum Spencer Golf im Süden. In frühen geolo-gischen Zeitaltern war es vom Meer und später von großen Binnenseen überflutet. Die tiefste Senke findet sich im Bereich des Lake Eyre (-12 m NN). Zahlreiche Flüs-se, die an den Westausläufern der Great Dividing Range entspringen, finden ihre Mündung in diesem abflusslosen Becken. Die **ausgetrockneten Salzseen** sind oft jahrzehntelang ohne Wasser. Nach episodischen Starkregenfällen kommt es zu Überschwemmungen der Flussbetten und Salzseen (z. B. Lake Eyre, Lake Frome, *Brutplätze* Lake Gairdner), die dann zu Brutplätzen von unzähligen Pelikanen und anderer *für Pelikane* Wasservögel werden.

Im Süden schließen sich die Ebenen des **Darling** und **Murray River** an. Der Mur-ray ist mit 2.575 km der längste Fluss des Kontinents und die wichtigste Trinkwas-serquelle Südaustraliens. Die Beckenlandschaft der Murray-Darling-Region stellt mit ihren teilweise tief eingeschnittenen Flussbetten und weiten Überschwem-mungsgebieten eine der interessantesten Landschaften dar. Andere Flüsse, wie der

Artesische Quellen im Outback

Snowy River, der ebenfalls in den Australischen Alpen entspringt, sind nahe ihres Ursprungs für Wasserkraftwerke und Bewässerungsreserven aufgestaut worden.

Mehr als die Hälfte aller Flüsse entwässern nicht in den Ozean, sondern versickern oder trocknen aus. So dehnt sich im Süden das abflusslose Gebiet bis direkt an die Küste aus. Auf eine Distanz von ca. 1.600 km ist die Südküste ohne einen Zufluss aus dem Landesinneren. Die nicht ständig wasserführenden Flüsse werden „Creeks" genannt.

Unter der Oberfläche der mittelaustralischen Senke befinden sich große Vorräte an artesischem Grundwasser, d. h. in porösem Stein eingelagerte Wassermengen, die unter hohem Druck stehen und entweder aus Quellen oder Brunnen an die Oberfläche kommen. Das Wasser des **Great Artesian Basin** entstammt den nach Westen führenden Abflüssen der Great Dividing Range. Auf einem langen, unterirdischen Weg (ca. 2 Mio. Jahre) nimmt das Wasser Sedimente und Mineralien auf. Dort, wo es an die Oberfläche tritt (natürlich oder angebohrt), hat es meist einen salzigen oder mineralischen Geschmack und ist für den Menschen ungenießbar. Die Ausbreitung der Viehzucht über weite Teile des Inlandes ist im wesentlichen der Entdeckung und Förderung dieser Wasservorräte zu verdanken.

Das Westaustralische Tafelland

Das westliche Plateau hat eine durchschnittliche Höhe von 200–800 m und nimmt über die Hälfte des Kontinents ein. Die höchsten Erhebungen sind am Westrand die Darling Range, Hamersley Range und die Kimberley Region. Im Osten ist das Plateau durch die MacDonnell Ranges und die Musgrave Ranges unterbrochen. Die Inselberge Uluru, Olgas und Mount Conner überragen das Plateau ebenfalls. Im Norden und Südwesten liegen Flusssysteme mit ganz- oder teiljähriger Wasserführung. Die übrigen Gebiete bestehen aus spärlich bewachsenen Wüsten (Great Victoria Desert, Gibson Desert und Great Sandy Desert), die noch Reste einstiger Flusssysteme zeigen.

Klima und Klimazonen

Im Vergleich zur nördlichen Halbkugel erscheinen die Jahreszeiten in umgekehrter Reihenfolge:

Frühling	Sept.–Nov.
Sommer	Dez.–Febr.
Herbst	März–Mai
Winter	Juni–Aug.

Unterschiedliche Jahreszeiten, wie man sie in Mitteleuropa kennt, kommen nur im Süden Australiens vor. Im Norden herrschen wegen der Nähe zum Äquator bereits tropische Temperaturen mit geringen jahreszeitlichen Schwankungen, das Zentrum ist von kontinentalem Klima mit geringen Niederschlägen geprägt. Die heißesten Monate sind der Nov./Dez. im Norden, der Jan. im größten Teil des Landes und der Febr./März im Süden und Tasmanien. Die kühlsten Monate sind von Juni–Aug. Für die unterschiedlichen Klimazonen gelten deshalb unterschiedlich gute Reisezeiten.

Hitzewellen

Insgesamt werden die Temperaturverhältnisse durch die riesige Landmasse im Inneren beeinflusst (kontinentales Klima): Auf einen Kilometer Küstenlänge kommen 384 km² Land (zum Vergleich: Europa 121 km²). Im Outback herrschen im Sommer Durchschnittswerte von 30–35 Grad, Hitzewellen mit Temperaturen von über 40 –45 Grad gibt es im Sommer in allen Landesteilen. An der Küste dauern sie selten länger als Tage, im Landesinnern oft 20 Tage oder mehr. Die längste Hitzeperiode wurde im nordwestaustralischen Marble Bar 1923/24 gemessen: An 161 aufeinander folgenden Tagen stieg das Quecksilber über 37,8 Grad. Den Hitzerekord soll das Städtchen Cloncurry in Queensland mit 53 Grad im Schatten halten.

Hitzerekord: 53 Grad im Schatten

Interessant ist, dass das Wetter trotz der gleichmäßig hohen Temperaturen immer noch ein beliebtes Smalltalk-Thema ist: „Isn't it hot today?" Ist von Temperaturen über 100 Grad die Rede, meinen die Einheimischen die alte Einheit Fahrenheit (100 °F = 38 °C).

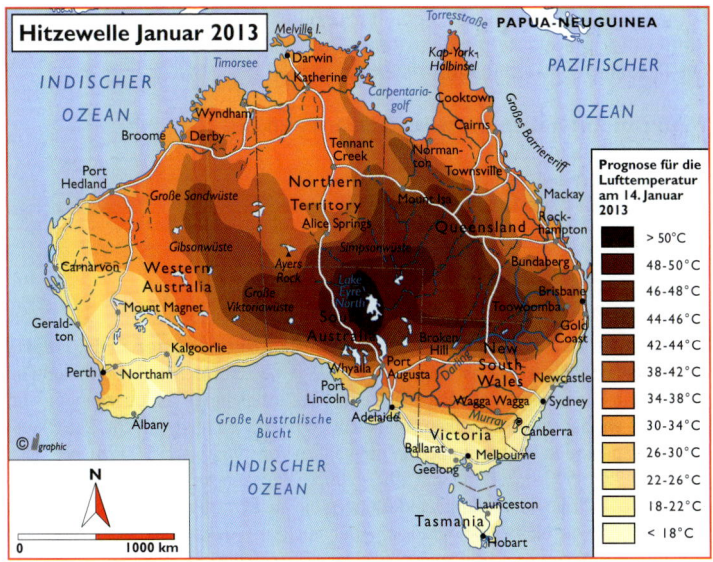

info

Mögliche Ursache der Hitzewellen

Dass der fünfte Kontinent von Klimaextremen nicht verschont bleibt, zeigen alljährlich wiederkehrende Überschwemmungen, verursacht meist durch tropische Wirbelstürme, aber auch außergewöhnliche Hitzewellen, wie zuletzt im Sommer 2012/13.

Interessanterweise können australische Wetterforscher den Ursprung dieser Hitze recht genau ausmachen: Das Gebiet um den Ort Meekatharra in Westaustralien ist nach einem Bericht der Zeitung „Sydney Morning Herald" einer der Orte, in dem die Hitzewellen entstehen. In der Sprache der örtlichen Ureinwohner bedeutet Meekatharra „Ort mit wenig Wasser". Am 8. Januar 2013 zeigte das Thermometer in dem auf immerhin 500 Meter Meereshöhe liegenden Ort die Rekordtemperatur von 47,1 Grad Celsius. Würde der Ort auf Meereshöhe liegen, entspräche dies etwa 51 Grad. Für die Wetterexperten sind die Messwerte aus Meekatharra Frühindikatoren, auf deren Basis mögliche Hitzewellen berechnet werden. Denn sind die Luftmassen in dieser Region erst einmal richtig aufgeheizt und es bläst zudem eine Luftströmung aus nordwestlicher Richtung, so treibt die Hitzeblase binnen weniger Tage in Richtung Adelaide, Melbourne und Sydney. Kühlere Luftströmungen aus dem Süden prallen an dieser Heißluftfront regelrecht ab. Durch die Hitze trocknet das Land regelrecht aus und die Gefahr von ausgedehnten Buschbränden steigt.

Funktionierende Frühwarnsysteme wie durch SMS auf das Mobiltelefon verhindern in den meisten Fällen den Verlust von Menschleben. Reisende sollten sich in betroffenen Gebieten regelmäßig über die zu bereisende Route informieren, sei es über Radio, Internet oder lokale Einrichtungen wie Besucherzentren und Touristenbüros.

Wetter in Australien: www.weatherzone.com.au.
www.weather.com.au.
www.weatherchannel.com.au.
Meteorologisches Institut: www.bom.gov.au.

Niederschläge und Trockenzeiten

Australien ist nach der Antarktis der **trockenste Kontinent der Erde**. Der fallende Niederschlag ist höchst ungleich verteilt: In den tropischen Regionen und im gemäßigten Süden regnet es relativ viel, in der zentralen Mitte fast überhaupt nicht. Alle Jahre wieder wird Australien von Naturkatastrophen heimgesucht. Zu schweren Dürreperioden kam es zuletzt in den Jahren von 1965 bis 1967, 1981 bis 1983, 1989 bis 1991, 1993–1994 und von 2002–2003. Die Häufigkeit von Buschfeuern ist unterschiedlich, sie nimmt zum Landesinnern hin ab. Etwa alle drei Jahre entstehen größere Feuer in NSW und Victoria. Aber auch in Queensland, Westaustralien und Tasmanien kam es schon zu großflächigen Buschfeuern.

Überschwemmungen durch Starkregen in Verbindung mit Wirbelstürmen kommen im Schnitt alle drei bis fünf Jahre vor. Zuletzt gab es in den Jahren 2011, 2012 und Anfang 2013 großflächige Überflutungen vor allem in Queensland und in New South Wales.

Die globale Erwärmung und der Treibhauseffekt spielen hier sicherlich eine Rolle. Klimaforscher gehen davon aus, dass das El-Niño-Klimasyndrom zu einer Häufung von Dürreperioden und die „Gegenbewegung" La Niña zu einer Häufung von Regenfällen und Überschwemmungen führen.

Australien lässt sich in **vier Klimazonen** einteilen:

Die Tropenzone

ist die dem Äquator nächstgelegene Zone und erstreckt sich bis zum Wendekreis des Steinbocks (Tropic of Capricorn). Feuchtheiße Temperaturen mit monsunartigen Regenfällen im Sommer und gleichmäßig warme Temperaturen im Winter sind die wichtigsten Kennzeichen. Man unterscheidet zwischen der **Wet Season** (Nov.–März) und der **Dry Season** (Mai–Okt.). In der Regenzeit fallen ausgiebige Regenfälle, denen die Flussbetten oft nicht gewachsen sind. Es kommt zu großflächigen Überschwemmungen, oft im Zusammenhang mit Wirbelstürmen (Cyclones). Straßen werden in dieser Zeit häufig unpassierbar – sogenannte „Floodways" entstehen und ganze Städte sind von der Außenwelt abgeschnitten.

Ausgiebige Regenfälle

Die Subtropen

stellen einen relativ schmalen Bereich entlang den Küstengebieten von Queensland und Westaustralien dar. Die Temperaturen werden angenehmer, obwohl der Tropeneinfluss mit seinem ganzjährig feuchtheißen Klima noch zu spüren ist.

Kontinentalklima

herrscht in der Mitte des Kontinents. Im Sommer ist es tagsüber extrem heiß, die Winter sind warm mit kühlen, biswelen frostigen Nächten. Regen ist ausgesprochen selten, wenn er fällt, dann kurz und heftig. Flussbetten schwellen dann rapide und meterhoch an, Pisten werden fortgespült. Das Wasser versickert so schnell, wie es gekommen ist, zurück bleiben Wasserlöcher, frisch ergrünte Pflanzen und sehr schlechte Pisten.

Gemäßigte Zone

Im Süden leben die meisten Menschen – wohl auch wegen der angenehmen Temperaturen. Heiße Sommer und milde Winter lassen den Vergleich mit mediterranem Klima zu. Meist weht gegen Abend ein frischer Wind aus antarktischen Regionen (z. B. der „Southerly Buster" in Sydney oder der „Fremantle Doctor" in Perth).

info

Unterwegs in der Regenzeit („Wet Season")

Floodway-Crossing

Wer als Reisender in Nordaustralien während der Regenzeit (Nov.–März) mit dem eigenen Fahrzeug unterwegs ist, sollte sich vor einer Etappe unbedingt über den Straßenzustand informieren. Informationen erteilen die zuständigen örtlichen Polizeistellen, Ranger-Stationen, Automobilklubs und Rasthäuser. Nichts ist schlimmer als das Steckenbleiben in einem „Floodway" und das Warten auf Hilfe. Trifft man unvermutet auf eine Flussdurchfahrt, sollte vorher zu Fuß durchgewatet werden. Geringe Wassertiefen können i. d. R. mit herkömmlichen Fahrzeugen bewältigt werden. Ist das Wasser zu tief oder der Untergrund schlammig, ist ein 4-WD („Four-Wheel-Drive"= Geländewagen mit Vierradantrieb) unbedingt notwendig. Im Zweifelsfall sollte auf ein solches Fahrzeug gewartet werden (bevor man ohne Hilfe absäuft).

Die Regenzeit, die normalerweise von Dez.–März dauert, kann sich saisonal auch verschieben. Ob und in welchem Maße eine „Wet Season" tatsächlich eintritt, lässt sich kaum vorhersagen. So sind es in typischen Dürrejahren oft nur ein bis zwei Monate (Febr./März) mit starkem Regenfall. Andererseits gibt es Jahre, wo noch im April heftige Wirbelstürme und tropische Regengüsse zu Überschwemmungen und Straßensperrungen führen. In der Folge werden manche Pisten im tropischen Norden, beispielsweise die Gibb River Road in der Kimberley-Region, erst Mitte Juni für Fahrzeuge geöffnet.

Flora und Fauna

Für viele ist, und das nicht zu Unrecht, das Außergewöhnliche und Reizvolle an Australien seine Natur. Auf dem Inselkontinent existieren zahlreiche Pflanzen und Tiere, die es nirgendwo sonst auf der Erde gibt. Durch die Jahrtausende lange Isolierung des Landes konnten sich Arten und Gattungen entwickeln, fortpflanzen und ausbreiten, die vielleicht durch äußere Einflüsse ausgestorben wären.

Flora

Die **Pflanzenwelt Australiens** kann entsprechend der Klimazonen eingeteilt werden:

Im tropischen Norden gibt es ausgedehnte, teils dichte, teils offene Regenwälder mit Lianen und Farnen. Weite Gebiete sind auch savannenartig eher spärlich bewachsen. Im Küstenbereich wachsen Mangroven bis in das Meer hinein. Sie haben sich hervorragend an den Gezeitenwechsel und das Salzwasser angepasst. Die Sümpfe sind Lebensraum unzähliger Tiere (Muscheln, Krebse, Vögel, Krokodile) und Pflanzen. Zu den Besonderheiten des Regenwaldes zählen auch viele Orchideenarten. In Tasmanien dagegen wachsen kühl-gemäßigte Regenwälder, die südlichsten der Welt.

Eukalyptus-Baum

Fast überall, besonders jedoch in gemäßigten Gebieten des Südens und den Küstenregionen, finden sich große **Eukalyptuswälder.** Fast 90 % des australischen Baumbestandes wird durch die etwa 550 Arten gebildet. Man unterscheidet die Gum Trees (glatter Stamm), Boxes (rauer, gemusterter Stamm), Stringy Barks (Rinde schält sich streifenartig), Iron Barks (dunkle, harte Rinde) und Bloodwoods (rotes Harz). Eine bekannte Art ist der Jarrah in Westaustralien, eines der härtesten Hölzer der Welt. Andere Arten, wie der Swamp Gum auf Tasmanien, werden bis zu 80 m hoch. Die höchsten Bäume der Welt sind die **Karri-Eukalpyten** im Südwesten und der Mountain Ash Tree im Südosten mit Höhen von über 100 m. In den ausgetrockneten Flussbetten im Landesinneren ist der River Red Gum häufig zu finden. Im Roten Zentrum sieht man die hochaufragenden, isoliert stehenden Ghost Gums mit einem markanten schneeweißen Stamm. Erwähnenswert sind ferner die ausgedehnten Eukalyptuswälder der Blue Mountains (im Hinterland von Sydney). Eukalyptusblätter werden auch als Heilpflanzen für Inhalationen verwendet. Die Desert Oak, eine Unterart des Eukalyptus, ist wie viele andere Pflanzen im Landesinneren in der Lage, Wasser für sehr lange Zeit zu speichern. Der Baum lässt normalerweise die Zweige hängen, nur nach Regenfällen geht er auf. Mallee-Eukalypten sind ebenfalls typisch für Trockengebiete. Viele Eukalypten sind auf Buschfeuer vorbereitet – sogenannte Angsttriebe unter der Rinde schlagen nach Feuern aus.

Heilpflanze Eukalyptus

Der **Grasbaum** (Grass Tree) kommt vornehmlich im Südwesten vor. Sein Wipfel besteht aus einem großen Büschel, aus dessen Mitte in der Blütezeit helle Schilfblätter wachsen.

 Tipp

Hat man als Reisender nicht die Zeit und Gelegenheit, auf Wanderungen in der Natur die Tier- und Pflanzenwelt zu beobachten, so bieten sich Besuche in Tierparks, Zoos und botanischen Gärten an. Der Erwerb eines **Handbuchs** zur Identifizierung der Pflanzen und Tiere ist ebenfalls hilfreich (siehe Literaturverzeichnis). In vielen **Besucherzentren** der National Parks sind die vorkommenden Pflanzen und Tiere genau beschrieben, und Ranger sind gerne bereit, Fragen zu beantworten.

Akacia (Wattles) – nicht zu verwechseln mit der nördlichen Akazie (einer Robinie) – kommen in rund 850 verschiedenen Arten vor und sind meist eher strauchartig. Die Goldene Akazie (Golden Wattle) ist das nationale Blumensymbol Australiens. Im trockenen Landesinneren sind der Mulga und Wichetty Bush weit verbreitet.

In den **Trockengebieten** (Scrub Land, Bush) gedeihen nur besonders angepasste Pflanzen. Wüsten im Sinne der reinen Sandwüste gibt es kaum, fast immer ist ein Bewuchs vorhanden. Das stachlige Spinifex-Gras ist im Landesinnern weit verbreitet, es wächst praktisch überall, selbst da, wo jahrelang kein Regen gefallen ist, und dient als Nahrungs- und Lebensgrundlage für viele Wüstentiere. Die Ausbreitung des Stachelkaktus war lange Zeit ein Problem, da er viele Gebiete praktisch unzugänglich gemacht hat. Mit biologischen Bekämpfungsmethoden (Kaktusmotte) wurde dem Einhalt geboten.

Hat man als Reisender das Glück, Regen im Outback zu erleben, wird man staunen, wie grün die Wüste in kürzester Zeit werden kann.

Fauna

Känguru im Outback

Für viele reduziert sich die australische Tierwelt auf die Tiere **Känguru** und **Koala**. Tatsächlich kommen in Australien so viele seltene und verschiedenartige Tiere vor, dass man sich wundert, mit welcher Selbstverständlichkeit diese vielerorts gesehen und beobachtet werden können.

Kängurus gehören zur Gattung der Beuteltiere. Sie tragen ihre Jungen (Joeys) bis zu acht Monate im Beutel umher. Es gibt rund 170 Arten von Beuteltieren, die in 13 Gruppen untergliedert sind. Zur größten Gruppe gehören die Kängurus (Kurzform Roos), von denen wiederum rund 45 Arten existieren. Sie kommen in ganz Australien vor, bevorzugt auf Grasland oder in Wäldern. Das Känguru ist neben dem Emu das Wappentier auf der Flagge des Commonwealth. Die kleinsten sind die Kängururatten mit nur etwa 23 cm Größe, die größten die Red Kangaroos, die bis zu 2 m groß werden und 9 m weit springen können.

Eine eigene Gruppe stellen die **Wallabies** mit einer Größe von 45 cm bis 1,20 m dar. Daneben gibt es die Baumkängurus, die auf Bäumen leben, auf dem Boden aber auf Nahrungssuche gehen. Die Pflanzen fressenden Hüpfer können in freier Wildbahn in der Morgen- oder Abenddämmerung am besten beobachtet werden, oft auch auf Campingplätzen der Nationalparks, wo sie ihre Menschenscheu teils völlig verloren haben.

Tipp

Nachtfahrten außerhalb von Städten sollten nach Möglichkeit vermieden werden, da Kängurus magisch vom Licht der Scheinwerfer angezogen werden und dann unvermittelt im Kühler landen. Das Gleiche gilt für weidendes Vieh. Die Aussies montieren deshalb sogenannte „Roo-Bars" oder „Bull-Bars" als zusätzliche Stoßstange an ihre Autos. Da man als Reisender im Mietfahrzeug meist ein Versicherungsrisiko trägt, sollte grundsätzlich nur bei Tag gefahren werden.

Der **Koala** ist trotz seines Aussehens kein Bär, sondern ebenfalls ein Beuteltier. Es gehört zu den bekanntesten und beliebtesten Tieren Australiens. Das Wort „Koala" stammt von den Aborigines und bedeutet so viel wie „kein Wasser". Koalas trinken in der Tat nur sehr wenig Wasser und dösen die meiste Zeit des Tages in den Eukalyptusbäumen. Dessen Blätter stellen ihre bevorzugte Nahrungsquelle dar und sollen eine narkotisierende Wirkung haben. Koalas verlassen die Bäume nur selten und sind durch ihre Krallen gute Kletterer. Die Zahl der bis zu 60 cm

Fühlt sich nur wohl im Eukalyptus-Baum: der Koala

großen Tiere ist nur schwer abzuschätzen, soll aber bei rund 400.000 liegen. Ihr allgemeiner Gesundheitszustand gibt Anlass zur Sorge: Rund die Hälfte (in manchen Gebieten bis zu 80 %) sind von der Infektionskrankheit Chlamydia befallen. Durch sie können die Tiere erblinden oder zeugungsunfähig werden. In Koalakliniken (z. B. in Port Macquarie) versucht man, kranken und angefahrenen Koalas zu helfen. Das „Nationalmaskottchen" Koala leidet außerdem am Rückgang seines natürlichen Lebensraums, den Eukalyptuswäldern. In anderen Gebieten, z. B. auf Kangaroo Island (Südaustralien), treten Überpopulationen auf und gefährden durch ihren ungezähmten Blätterhunger (durchschnittlich 1 kg pro Tag) den Bestand der Vegetation.

Koalakliniken helfen

Ein weiteres Beuteltier ist der **Wombat**. Die vorwiegend im Westen und Süden (z. B. Wilsons Promontory Nationalpark) lebenden Tiere werden bis zu 1 m lang und sind wegen ihrer Wühltätigkeit bei Farmern verhasst.

Tasmanische Teufel, ebenfalls Beuteltiere, sind Fleischfresser und sehen aus wie kleine schwarze Hunde. In vielen Zoos des Festlands und auf Tasmanien können sie beobachtet werden. Dagegen ist der Tasmanische Tiger (oder Beutelwolf) ausgerottet, wenn auch in tasmanischen Urwäldern immer wieder welche gesehen werden sollen.

Possums (oder Opossums) sind nachtaktive Kleinbeuteltiere, die vorwiegend auf Bäumen leben und wegen ihres Fells (Adelaide Chinchilla) gejagt werden. Wegen ihrer starken Vermehrung und Pflanzenfresslust sind sie höchst unbeliebt. Weitere kleine Beuteltiere, wie z. B. das nachtaktive Numbat oder das Bilby, bekommt man in freier Wildbahn kaum zu sehen. Sie sind, wie viele andere Kleintiere (Insekten, Eidechsen) vom Aussterben bedroht – ein Opfer eingeführter Tierarten wie Katzen oder Füchse.

Wappentier Australiens Der flugunfähige **Emu,** das zweite Wappentier Australiens, gleicht dem afrikanischen Strauß. Die schnell laufenden Tiere werden bis zu 1,90 m groß und leben vorwiegend in den trockenen Savannen Australiens. Eine farbenfrohe Unterart des Emus ist der **Kasuar** (Cassowary), der nur noch selten in den tropischen Regenwäldern des Nordostens vorkommt. Bei beiden Arten übernimmt das Männchen die Aufzucht der Jungen. Nur äußerst selten sieht man den afrikanischen Strauß (bis 2,50 m). Einige Exemplare wurden in den 1930er-Jahren auf Straußenfarmen in Südaustralien in die Freiheit entlassen.

In der Tierwelt einzigartig ist das **Schnabeltier** (Platypus). Die scheuen Tiere kommen in Flüssen und Seen Ostaustraliens, Tasmaniens und auf Kangaroo Island vor. Kennzeichen der Kloakentiere sind der entenartige Schnabel, Krallen mit Schwimmhäuten und ein seehundartiges Fell. Die Weibchen brüten Eier aus und säugen später ihre Jungen – der lateinische Name lautete daher lange „Ornithorhynchus Paradoxus".

Der australische Wildhund ist der **Dingo,** der vermutlich von Aborigines nach Australien eingeführt wurde. Im Laufe der Jahre wurde er immer weiter in das Landesinnere zurückgedrängt. Er kann nicht bellen und ist meist recht scheu. Manchmal beobachtet man ihn auf Campingplätzen beim Durchstöbern von Abfalleimern. Der Dingo kommt trotz des Dingozauns mittlerweile in ganz Australien vor. Dieser Zaun mit einer Länge von 5.614 km sollte ursprünglich die Schafzucht im Süden schützen. Der Dingo ist ein Wildtier – bitte keinesfalls füttern! Sein Nicht-Vorhandensein hat auf Tasmanien und Kangaroo Island eine reiche einheimische Tierwelt bewahrt.

In den Regenwäldern und im Landesinnern leben häufig **Warane**. Die Großechsen, die in vielen Arten vorkommen, werden von den Australiern alle Goanna genannt. Die größten werden bis zu 2 m lang und sind mit ihren langen Krallen gute Kletterer. Daneben existiert eine Vielzahl kleiner und kleinster Eidechsen (Lizards).

Die **farbenprächtige australische Vogelwelt** ist einmalig. Einer der bekanntesten Vögel ist der „lachende Hans", der **Kookaburra**. Mit seinen typischen Lauten ist der leicht zu erkennen. Der **Leierschwanz** (Lyrebird), ein Laufvogel, ist als guter Stimmenimitator berühmt. Es gibt über **300 Papageienarten**, die in großen Schwärmen und allen Farben sogar in den Städten die Bäume bevölkern. Die häufigste Art sind die **Wellensittiche** und die **Kakadus**. Der schwarze Kakadu ist selten, kann aber mit etwas Glück auch in der freien Wildbahn beobachtet werden (z. B. Kakadu Nationalpark). Nicht zu vergessen ist daneben die Vielzahl an Was-

Der „lachende" Hans

servögeln, Pelikanen und Schwänen in den Küstenregionen. Das Landesinnere ist Heimat zahlreicher Greifvögel, u. a. Bussarde, Falken und Adler. Der **Wedgetail Eagle** gehört zu den größten Raubvögeln der Welt.

Nicht vergessen werden darf die fantastische Unterwasserwelt Australiens. Auf Tauch- und Schnorchelsafaris am Great Barrier Reef oder am Ningaloo Reef erhält man einen Eindruck von der unglaublichen Artenvielfalt an **Fischen und Pflanzen**. An Bord vieler Schiffe sind wasserfeste Tafeln erhältlich, mit deren Hilfe man direkt im Wasser Korallen- und Fischarten identifizieren kann. Der bekannteste Süßwasser- und Speisefisch ist der Barramundi, ein Barsch, der in mehreren Arten vorkommt.

Pinguine und Seehunde leben an den Küsten Victorias (Philipp Island), Südaustraliens (Kangaroo Island) und Tasmaniens (Bruny Island).

Galahs (Papageien) sind meist ganz oben zu finden

Meist sind es die kleineren Arten (Fairy Penguins), die so weit nördlich der Antarktis gefunden werden.

👉 Tipp

Wer die Tierwelt sehen will, sollte die eine oder andere Nacht direkt in einem National Park verbringen, z. B. auf einem Campingplatz. Am frühen Morgen oder in der **Abenddämmerung** ist dann die Chance zur erfolgreichen Tierbeobachtung am größten. Fernglas mitnehmen!

Gefährliche Tiere

Ja, es gibt sie, die gefährlichen Tiere. Doch in der Praxis werden Reisende nur äußerst selten eine tatsächlich gefährliche Begegnung erleben.

Krokodile sind in Australien noch in großer Zahl vorhanden, ihr Verbreitungsgebiet sind die Flussläufe im Norden und Nordosten. Auf der Suche nach Nahrung wagen sie sich auch manchmal bis ins Meer. Man unterscheidet zwei Arten: Das **Leistenkrokodil** (Saltwater Crocodile), das bis zu 6 m lang wird und die gefährlichere Art ist, und das **Johnstonkrokodil** (Freshwater Crocodile), das bis zu 3 m lang wird und außerhalb der Brutzeit als scheu gilt. Die Begriffe „Saltie" und „Freshie" sind irreführend, denn beide Arten können bis in die Mündungsgebiete der Flüsse vordringen, nicht aber ständig im Salzwasser leben.

Trifft man bei Ausflügen auf Warntafeln, die das Baden verbieten, so sollte man sich tunlichst daran halten – und sei das Gewässer noch so verlockend! Das Zelten in unmittelbarer Ufernähe sollte ebenfalls unterlassen werden. Im tropischen Norden gibt es als Delikatesse Krokodilsteak, das von Zuchtfarmen stammt. In freier Wildbahn sind die Tiere geschützt. Krokodile können am besten im Kakadu Nationalpark und in Queenslands Norden beobachtet werden.

Unter den vielen **Schlangen** Australiens gibt es auch giftige Arten, die vorwiegend im tropischen Norden und im Landesinnern leben. Bekannt sind der hochgiftige Taipan und verschiedene Ottern. Die Gefahr eines lebensbedrohlichen Schlangenbisses wird jedoch in der Regel überschätzt. Die scheuen Tiere verschwinden normalerweise, bevor man darüber stolpert. Kinder sollten sich in der freien Natur nicht auf „Schatzsuche" begeben, damit ruhende Tiere nicht aufgeschreckt werden. Abhängig von den klimatischen Verhältnissen muss auch in Städten mit Reptilien gerechnet werden.

Als Reisender sieht man Schlangen meist tot am Wegesrand liegen, und Begegnungen sind äußerst selten. Die Urangst des Menschen vor Schlangen wird jedoch immer existent sein. Deshalb hier ein paar Verhaltensregeln:

Wie kann man sich vor Schlangen schützen?

• Auf Wanderungen festes Schuhwerk und lange Hosen tragen.
• Zelte und Fahrzeuge immer ordentlich verschließen.
• Beim Gehen fest auftreten, sodass die Erschütterungen die Schlangen zur Flucht bewegen.
• Felsspalten und unübersichtliches Gelände meiden. In der Dunkelheit den Weg mit einer Taschenlampe ableuchten.
• Bei Begegnungen mit Schlangen sich ruhig verhalten und hektische Bewegungen vermeiden. Einen großen Bogen gehen oder selbst den Rückzug antreten.

Verhalten **nach einem Schlangenbiss**:
• Schlange möglichst identifizieren.
• Bissstelle desinfizieren. Keinesfalls die Wunde „aussaugen".
• Viel Trinken, um den Kreislauf zu stabilisieren.
• Bein oder Arm wenig bewegen und ruhigstellen, Kinder tragen.
• Möglichst umgehend einen Arzt oder Ranger aufsuchen, damit ggf. ein Antiserum gespritzt werden kann.

Andere Kriechtiere sind **Skorpione** und **Spinnen**, von denen es auch giftige Arten gibt. Skorpione kommen nur im Outback vor. Ihre Stiche durch den Schwanzstachel sind schmerzhaft und können für Kinder lebensbedrohlich werden. Giftige Spinnen sind die Rotrückenspinne (Redback Spider) und die Trichternetzspinne (Funnel Web Spider), die im Gebiet um Sydney vorkommt. Die meisten Spinnen sind jedoch ungefährlich und für das ökologische Gleichgewicht von großer Bedeutung.

Begegnungen mit **Haien** lösen im offenen Gewässer immer leichtes Unbehagen aus. In tropischen Gewässern, wie dem Great Barrier Reef, sind es durchweg die kleineren und ungefährlichen Arten, wie die sogenannten **Reef Sharks** (Riffhaie). *Riffhaie sind* Anders sieht es in den kühleren Meeren Südaustraliens aus. Dort leben die großen *ungefährlich* Arten, wie der Weiße Hai, der bis zu 7 m lang wird und als aggressiver Räuber gilt. Attacken auf Taucher oder Schwimmer sind indes selten und nach Meinung von Forschern das Resultat einer Verwechslung. Die Haie sind auf der Suche nach Seehunden, ihrer eigentlichen Beute. Die Gefahr, von einem Hai gefressen zu werden, ist rein statistisch kleiner, als vom Blitz getroffen zu werden.

Korallen und **Seesterne** sollten an den Korallenriffen grundsätzlich weder betreten noch berührt werden. Von Okt.–April ist wegen Würfelquallen (Box Jelly Fish oder Marine Stinger) das Baden an den Stränden der Nord- und Nordostküste verboten. Die Quallenart sondert ein Nervengift ab, das zu Lähmungen und zum Tode führen kann. An mit Netzen (Stinger Nets) gesicherten Stränden kann bedenkenlos gebadet werden. Kommt es zu Berührungen mit Quallen, helfen Essigumschläge.

Moskitos werden im tropischen Norden insbesondere in den Regenmonaten (Dez.–März) zur Plage. Ihre Stiche können das Denguefieber übertragen. Sorgfältige Schutzmaßnahmen (lange Bekleidung in den Abendstunden, Mückenschutzmittel, Moskitonetze) sind empfehlenswert.

Ökologische Probleme

Durch **menschliche Eingriffe** ist der Natur Australiens erheblicher Schaden entstanden. Insbesondere die Einführung und nachfolgende Auswilderung von eingeführten Tierarten, die zur Gattung der Räuber zählen, hat zu einer Bedrohung der sensiblen Flora und Fauna geführt. Die Größe des Landes verhindert zudem eine Kontrolle der Bestände an eingeführten und einheimischen Tieren.

Kamele wurden 1840 nach Australien gebracht, um bei der Erschließung des Binnenlandes zu helfen. Bis etwa 1920 wurden die einhöckrigen Dromedare beim Bau von Eisenbahnen und Straßen verwendet und schließlich überflüssig. Die meisten Kamele wurden von ihren Besitzern buchstäblich in die Wüste geschickt, wo sie *Kamele* sich in Ermangelung natürlicher Feinde munter vermehrten. Ihre Zahl verdoppelt *vermehren* sich im Durchschnitt alle acht Jahre. Heute weist das Land die größte Population *sich unge-* wilder Kamele weltweit auf. Sie beeinträchtigen die Arbeit der Farmer und konkur- *bremst* rieren mit Nutztieren wie Rindern und Schafen um Wasser und Nahrung. An manchen Wasserlöchern fänden sich zeitweise bis zu 200 Kamele ein, wird berichtet. Für den abenteuerlustigen Touristen werden Kameltouren ins Outback angeboten.

info

Die Krötenplage

1935 importierte die australische Regierung eine kleine Kolonie Kröten der Gattung „Bufo Marinus" aus Venezuela. Sie sollten der Bekämpfung einer Maikäfer-Plage dienen. Statt dessen vermehrten sie sich nahezu ungehemmt und sind nun selbst eine Plage. Die Aga-Kröte, im Englischen „cane toad" (Zuckerrohr-Kröte) genannt, gilt als **Paradebeispiel einer Bioinvasion**. Die Vorstellung, eine biologische Geheimwaffe gegen Insektenschädlinge einsetzen zu können, erwies sich als vollkommen falsch. Statt deren Population zu vermindern, flogen die Maikäfer einfach davon.

Die fetten Kröten vermehren sich bis heute im tropischen Klima prächtig und besetzen Australien systematisch von Süd nach Nord und dringen immer weiter in den Nordwesten vor. Inzwischen bevölkern sie praktisch die gesamte Ostküste und große Teile des Northern Territory entlang der Küsten und Feuchtgebiete. Sie bewegen sich mit geschätzten 30 km pro Jahr vorwärts und erreichen bald die Kimberley Region.

Ihr Drüsensekret ist giftig und sie fressen alles: Mäuse, Frösche, Eidechsen, Insekten, Pflanzen und angeblich sogar ihre eigenen Jungen. Durch ihr Gift bedrohen sie die heimische Tierwelt massiv. Schlangen, Krokodile, Vögel sterben, wenn sie die Kröten fressen. Nun soll die Kröte, die bis zu 25 cm groß wird, biologisch bekämpft werden. In Australien fehlen ihr natürliche Feinde. Die hässlichen Kröten haben eine typische warzige, oliv bis braunrote gefärbte Haut und Giftdrüsen, die ihr praktisch alle Feinde vom Leibe halten. Sie können auch in Salz- und Brackwasser leben. Ein Weibchen legt bis zu 30.000 Eier im Monat.

Pferde haben sich bei der Erschließung des Landes verdient gemacht. Nach ihrer Freilassung haben sie sich in freier Wildbahn zügig vermehrt. Mittlerweile ziehen große Herden wilder Pferde (Brumbies) durch die Steppen des Landes. In der Folge gibt es mittlerweile feste Abschussquoten für Kamele und Wildpferde.

Im Northern Territory lebt außerdem eine große Zahl ausgewilderter **Wasserbüffel**, die durch ihre Präsenz in den sensiblen Feuchtgebieten erheblichen Schaden anrichten. **Wildschweine** (Feral Pigs) wühlen die Böden um und sind mitunter überaus angriffslustig. **Wilde Ziegen** sind in vielen Regionen ein Problem: Sie fressen alles, urinieren in Wasserstellen (was sonst kein Tier macht) und zerstören durch ihre Kletterkünste neben empfindlicher Felsvegetation auch Zeichnungen der Aborigines in Höhlen und Felsüberhängen.

Katzen als ernsthafte Bedrohung **Füchse** und ausgewilderte **Katzen** (Feral Cats, von denen allein 4 Mio. vorhanden sein sollen) sind als Fleischfresser ohne natürliche Feinde und stellen eine ernsthafte Bedrohung für einheimische Tierarten dar. Um sie zu kontrollieren, werden Giftköder (poisoned baits) ausgelegt oder per Flugzeug verteilt. Es wurden schon Katzen mit über 1 m Länge erlegt.

Nicht unbedingt ein ökologisches Problem, aber im Alltag allgegenwärtige „**Plagen**", gibt es auch:
- Zum Beispiel die **Fliegen** im sommerlichen Outback. Sie finden im Rinderdung einen idealen Nährboden. Nach einer Frostnacht tritt sofort Besserung ein, sonst hilft ein Fliegennetz, das man sich über den Hut streift.
- Ein echtes Ärgernis sind **Moskitos** (Mozzies), vor allem im tropischen Norden und in der Regenzeit. In wenigen Gebieten des Nordens und im Westen tauchen auch Sandfliegen (Sandflies) auf – kleine Mücken mit einem schmerzhaften Biss, dessen Juckreiz lange anhält.

 Tipp

Wer in Nordaustralien unterwegs ist, sollte Insektenstiche und damit eine Gefährdung durch mögliche Krankheitserreger vermeiden. Es ist nie völlig auszuschließen, dass Krankheiten durch einen Stich übertragen werden. Am besten deshalb in der Dämmerung **Insektenschutzmittel** (Insect Repellent, z. B. RID oder Aeroguard) verwenden und darauf achten, dass ein **Moskitonetz** über dem Bett oder an den Fenstern des Hotels bzw. Campers vorhanden ist. Offiziell gibt es keine Malaria in Australien.

Nur langsam entwickelt der Australier ein Bewusstsein für ökologische Zusammenhänge. Man kann als Besucher noch heute erstaunt sein, wie wenig Umweltbewusstsein in vielen Bereichen gezeigt wird, und sei es nur der „Müllstreifen" der nicht recycleten Aluminium-Bierdosen entlang der Highways, der Besuchern bitter aufstößt.

Kultureller Überblick

Gesellschaftlicher Überblick

Musik

Dass Australier musikalisch sind, bewies als Erste die berühmte Sopranistin Nellie Melba mit ihrem Europa-Debüt 1887. Ihre Nachfolgerin Joan Sutherland wurde nicht weniger berühmt und stand noch 1990 auf Sydneys Opernbühne. Allerdings gelangten nur wenige Künstler zu Bekanntheit und Ruhm außerhalb der australischen Grenzen. Auch war das Interesse der einheimischen Bevölkerung an klassischer Musik und Ballett lange Zeit äußerst bescheiden. Erst durch den Bau von Kulturstätten (z. B. Sydney Opera, Adelaide Festival Centre) und die Einrichtung von „Art Festivals" wie in Sydney, Adelaide, Melbourne, Perth und Brisbane wurde das Kunstinteresse der Bevölkerung geweckt. Die Australian Broadcasting Commission (ABC) veranstaltet in ganz Australien **Klassikkonzerte** und hat Sinfonieorchester in allen Bundesstaaten unter Vertrag.

Kulturstätten wecken das Kunstinteresse

Die australische Countrymusik hat gegen die starke Rock-Pop-Konkurrenz einen schweren Stand. Im „Nashville Australiens", dem Städtchen Tamworth (ca. 450 km nördlich von Sydney), findet jedes Jahr ein Country-Festival statt. Die Lieder von John Willamson, Ralph Harris oder Slim Dusty handeln vom einfachen Leben, von Outback, Frauen und Liebe. Alte Volkslieder haben sich bis heute gehalten und werden auf Festen und am Lagerfeuer gern gesungen.

Die heimliche Nationalhymne ist und bleibt **Waltzing Matilda**. Von Text und Melodie existieren verschiedene Fassungen, der Sinn ist jedoch stets derselbe.

Waltzing Matilda
Once a jolly swagman camp'd by a billabong
Under the shade of a coolibah tree,
and he sang as he watched and waited till his billy boiled,
Who'll come a waltzing Matilda with me?
Refrain:
Waltzing Matilda, waltzing Matilda,
You'll come a waltzing Matilda with me?
And he sang as he watched and waited till his billy boiled,
You'll come a waltzing Matilda with me?
Down came a jumbuck to drink at the billabong,
Up jumped the swagman and grabbed him with glee,
And he sang as he shoved that jumbuck in his tuckerbag,
You'll come a waltzing Matilda with me.
Up rode the squatter mounted on his thoroughbred,
Down came the troopers, one, two, three.
Whose the jolly jumbuck you've got in your tuckerbag?
You'll come a waltzing Matilda with me.
Up jumped the swagman, sprang into the billabong,
„You'll never catch me alive" said he.
And his ghost may be heard as you pass by that billabong,
You'll come a waltzing Matilda with me?

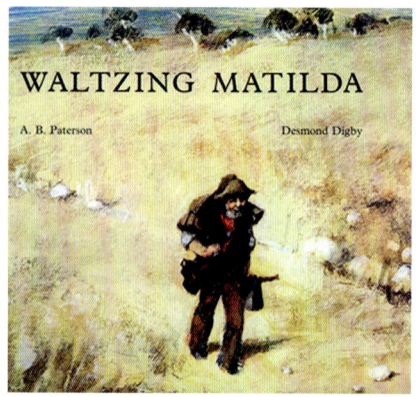

Das Lied bringt zum Ausdruck, dass es der Australier eher mit dem „Underdog", dem Benachteiligten, hält. Patterson hat dieses Lied im Jahr 1895 geschrieben und damit eine tatsächliche Begebenheit unsterblich gemacht: Der Swagman, ein Landstreicher, liegt am Ufer im Schatten eines Baumes und döst vor sich hin, während über dem Lagerfeuer sein Billy (Teekessel) hängt. Seine Habseligkeiten sind im Bündel verschnürt, das er verträumt Matilda nennt. Waltzing Matilda heißt also im übertragenen Sinn nichts anderes als „auf der Walz sein". Der Swagman im Lied fängt sich dann ein Jumbuck (Schaf) ein und wird vom Squatter (Schafzüchter) gestellt. Es gelingt ihm jedoch die Flucht in den Billabong (Wasserloch), wo er lieber ertrinkt, als gefangen genommen zu werden. Seinen Gesang hört man noch heute dort … Von dem Ereignis am Combo-Wasserloch erfuhr Banjo Patterson bei dem Besuch eines Freundes auf der Dagworth Station in der Nähe von Winton. Robert MacPherson, der Farmbesitzer, ist identisch mit dem Squatter im Lied.

Die heutige **Nationalhymne** ist die „Advance Australia Fair". Das Loblied „God Save The Queen" hat weitgehend ausgedient und wird nur noch von Anhängern der Krone auf privaten Feiern gesungen.

Malerei

Die Kunst der Aborigines ist Europäern wegen ihrer Einzigartigkeit besser bekannt als die der weißen Australier. Neben den vielen unbekannten, aber nicht namenlosen Künstlern ist der schwarze Maler **Albert Namatjira** (1902–1959) hervorzuheben, der alte Motive mit neuen Techniken (Wasserfarben) mischte. Er lebte den Großteil seines Lebens in der Missionsstation von Hermannsburg bei Alice Springs. 1954 hatte er als erster Ureinwohner eine Audienz bei Königin Elizabeth II. Auch die weißen Maler verwendeten meist Landschaftsmotive und machten damit die Naturwunder Australiens über dessen Grenzen hinaus bekannt. Bekannte Maler waren beispielsweise die aus Deutschland emigrierten **Conrad Martens** und **Hans Heysen**.

Einzigartige Kunst der Aborigines

Die National Art Gallery in Canberra und die Art Gallery in Melbourne beherbergen die umfangreichsten Kunstsammlungen des Kontinents. Bilder der Aborigines können in vielen Galerien erworben werden. Wenn sich die Gelegenheit und Möglichkeit bietet, den Künstler selbst zu treffen, sollte dies genutzt werden. Denn hinter jedem Bild verbirgt sich eine Geschichte, die nur der Künstler selbst kennt.

Architektur

Trotz der relativen Jugend des Landes hat sich in einigen Bereichen ein eigener Architekturstil entwickelt. Viele Häuser verbinden eine praktische Bauweise mit einfacher Schönheit. Im Zusammenspiel mit der weitläufigen Landschaft, großen Gärten und einheimischen Pflanzen fügen sich die Gebäude, selbst in den Städten, harmonisch in die Natur ein. In zahlreichen Stadtteilen, aber auch in ländlichen Gegenden, begegnet man noch kolonialen Bauten, die durch die eingewanderten Europäer geprägt sind. Wurde in den Anfangsjahren noch in bekannten Stilen (Gotik, Klassizismus) gebaut, so besannen sich die Architekten später darauf, auch neue, australische Bauformen einfließen zu lassen.

Eigener Architekturstil

Bekannte Baumeister der Gründerjahre waren **Francis H. Greenway** (1777–1837), **Harold Annear** (1866–1933) und **Edmund Blacket** (1817–1883). Victorianische Elemente (Veranden, Balkone, Verzierungen) sieht man fast im ganzen Land, besonders jedoch in den Großstädten. Mit seinen modernen, für die damalige Zeit revolutionären Ideen gewann der Amerikaner **Walter Burley Griffin** den Wettbewerb um die Gestaltung der künstlich angelegten Hauptstadt Canberra. Die 1973 fertig gestellte Sydney Opera, die vom dänischen Architekten **Jørn Utzon** entworfen wurde, ist eines der bekanntesten Bauwerke des Kontinents.

Medien

Nur abgebrühte TV-Fans können sich mit den australischen Fernsehprogrammen anfreunden. Derart häufige Unterbrechungen mit derart schlechter (lokaler) Werbung bekommt man sonst kaum irgendwo zu sehen. Zwischen dem staatlichen Fernseh- und Rundfunksender **ABC** (Australian Broadcasting Corporation) und den Privatsendern besteht in dieser Hinsicht kaum ein Unterschied. Im ethnisch orientierten Sender **SBS** (Special Broadcasting Service) werden ausländische Programme in vielen Sprachen gesendet, darunter auch in Deutsch, allerdings mit häufig wechselnden Sendezeiten. In Hotels ist der Empfang von **BBC** oder **CNN** fast immer möglich. Dem Australier kommt das Fernsehen durch die lückenlosen Übertragungen von nationalen und internationalen Sportereignissen entgegen.

Moderne Medienland-schaft

Moderne Medien haben durch die rasante Ausbreitung des Internets und E-Mail-Kommunikation Einzug in Australien gehalten. Die Ursache liegt zum einen im äußerst modernen Telefonsystem, das mit digitaler Übertragung und Glasfaserkabeln weltweit führend ist. Zum anderen scheinen die Australier, darunter selbst ältere Semester, den Neuerungen sehr aufgeschlossen gegenüber zu stehen. Australien ist durch die moderne Medienlandschaft der übrigen Welt ein ganzes Stück näher gerückt. Reisende können in Internetcafés und über mobile **WiFi- (WLAN)-Verbindungen** per Smartphone oder Tablet-PC vielerorts Kontakt mit daheim aufnehmen, Fotos übermitteln und die neuesten Nachrichten erhalten.

Verfassung

Staatsober-haupt: Queen Elizabeth II.

Seit der ersten verfassungsgebenden Bundesversammlung 1901 trägt das Land den offiziellen Namen **Commonwealth of Australia** und hat als Verfassung eine konstitutionelle Monarchie. Australien ist unabhängiges Mitglied des Commonwealth of Nations und akzeptiert als Folge dessen Königin Elizabeth II. als offizielles Staatsoberhaupt. Die Queen wird in Australien durch einen Generalgouverneur vertreten, der zwar von ihr ernannt wird, in letzter Zeit aber immer aus Australien stammt. Der Generalgouverneur ernennt die Gouverneure der einzelnen Bundesstaaten und hat Exekutivrechte, die allerdings kaum über seine Repräsentationspflichten hinausgehen.

Das Parlament, das seit 1927 in Canberra tagt, besteht aus zwei Kammern, dem „House of Representatives" und dem „Senat". Die Mitglieder des Repräsentantenhauses werden vom Volk alle drei Jahre gewählt und entsprechend der Bevölkerungszahl der Bundesstaaten in das Parlament berufen. Der Senat besteht aus zwölf Abgeordneten pro Bundesstaat und zwei pro Territory (NT, ACT), die alle sechs Jahre gewählt werden. Die Hälfte der Senatoren tritt nach drei Jahren ab und wird neu gewählt. Die Aufgaben des Bundesparlaments bzw. der gewählten Regierung sind Gesetzgebung, Außenpolitik, Verteidigung, Gesundheitswesen usw. In Australien besteht seit 1913 Wahlpflicht. Der Premierminister wird von der regierenden Mehrheitspartei oder Koalition gewählt.

Unter dem **Bundesparlament** (Federal) stehen die **Länderparlamente** (State-) und **Kommunalparlamente** (Local). Australien besteht aus sechs Bundesstaaten (NSW, QLD, VIC, SA, WA, TAS), zwei (internen) Territorien (ACT, NT) und externen Territorien (Norfolk Island, Christmas Island, Macquarie Island, Cocos Island, Lord Howe Island und ein Teil der Antarktis). Jeder Bundesstaat verfügt über ein eigenes Parlament, das mit Ausnahme Queenslands aus zwei Kammern besteht. Den Länderparlamenten unterliegen Schulwesen, Polizei, Transportwesen, Straßenbau usw. Kommt es zu Autoritätskonflikten, hat das Bundesparlament das Sagen. Die Kommunalverwaltungen beschränken sich auf Entscheidungen lokaler Belange (Wasserversorgung, Stadtplanung usw.).

Politik

In Australien gibt es zwei große Parteien, die **Australian Labour Party** und die **Liberal Party** (Nachfolgerin der United Australia Party). Die Labour Party wurde bereits 1891 gegründet. Die Liberalen lassen sich mit den konservativen Parteien anderer Länder vergleichen. Hinzu kommen einige politische Unabhängige mit geringer Bedeutung für die Landespolitik.

Canberra Parlament

1927 wurde **Canberra** Regierungssitz und Hauptstadt Australiens. Einen ersten wirtschaftlichen Aufschwung erlebte Australien in den 1950er- und 1960er-Jahren unter konservativer Führung. Erst 1972, nach 23 Jahren der Opposition, gelangte wieder eine Labour-Regierung an die Macht. Ihr damaliger politischer Führer war Gough Whitlam. Trotz breit angelegter Reformen (Abschaffung der Wehrpflicht, Sozialgesetzgebung) wurde die Wahl 1975 gegen die konservative liberale Partei verloren. Whitlam hatte schlecht gewirtschaftet und Australien hoch verschuldet. Zahlreiche Skandale und die Wirtschaftskrise Anfang der 1970er-Jahre taten ein Übriges.

Mit der Liberal Party regierte **Malcolm Fraser** bis 1982 und baute in dieser Zeit Australiens Wirtschaft aus, bis auch ihn die Rezession der 1980er einholte. Zu den wirtschaftlichen Problemen kamen Dürrekatastrophen. So wechselte die Führung des Landes abermals 1983, diesmal war es **Bob Hawke**, der die Labour Party zum Wahlsieg führte. Hawke war bei der Bevölkerung außerordentlich populär, stellte er doch den typischen, sehr volksnahen Australier dar. Er vertrat eine stärkere Bindung zu den USA und verkündete eine Loslösung von der britischen Krone. Unter ihm beendet 1986 der Australia Act alle Exekutiv- und Legislativrechte Großbritanniens in Australien.

1988 feierte Australien die Ankunft der ersten Flotte (26. Januar 1788) den 200. Geburtstag. Die damit verbundenen Hoffnungen, Großbritannien würde die Zügel aus der Hand geben, erfüllten sich nicht: Australien ist noch immer konstitutionelle Monarchie, die Königin von England ist noch immer auch die Königin von Australien. Zwar wird bei offiziellen Anlässen „God Save The Queen" seit 1984 nicht mehr gesungen, bei privaten Feiern und unbedeutenden Anlässen jedoch kann die Lobeshymne auf die Queen noch gehört werden. Im Dezember 1991 übernahm der frühere Finanzminister Paul Keating (Labour-Partei) nach einer Kampfabstimmung das Regierungsruder von seinem Vorgänger Bob Hawke.

John Howard, Premierminister seit 1996, sorgte für eine Überprüfung der Aborigine-Landrechte: Bodenschätze sollen weiterhin abgebaut werden dürfen, Minengesellschaften leichter an Abbaurechte gelangen. Die radikale rechte Partei „One Nation" versuchte, Profit aus einem latent vorhandenen Rassismus zu ziehen. 1999 entschied das australische Volk mit knapper 55-%iger Mehrheit, dass die Queen weiterhin das Staatsoberhaupt Australiens bleibt.

Olympische Spiele in Sydney 2000 präsentierte sich Australien nach ausschweifenden Millenniumsfeuerwerken bei den Olympischen Spielen in Sydney von seiner allerbesten Seite. Im Jahr 2003 folgte Australien den US-Amerikanern in den Irak-Krieg, entgegen aller Bevölkerungsproteste. Bedeutsam ist das Freihandelsabkommen, das im selben Jahr mit China geschlossen wurde. Australien erhielt dadurch als eines der ersten Länder überhaupt unbeschränkte Exportrechte für den größten Wachstumsmarkt der Welt.

Im Herbst 2007 verlor die Regierung von John Howard die Parlamentswahlen. **Kevin Rudd** wurde Premierminister einer Labour-Regierung. Die neue Regierung verkündete Änderungen in der Sozial- und Umweltpolitik, setzte auf eine verstärkte Zusammenarbeit mit den pazifischen Nachbarn und entschuldigte sich erstmals offiziell bei den Aborigines für das ihnen durch weiße Australier zugefügte Unrecht, was Howard stets abgelehnt hatte. Ein eindrucksvoller Wirtschaftaufschwung erfasste das Land: Australien besitzt das, was die wachsende Weltbevölkerung begehrt: Rohstoffe. Rudd erfuhr heftigen Gegenwind, als er mit Hilfe einer CO_2-Steuer Australien vom Ruf des Klimakillers befreien wollte und eine Steuer auf Profite im Bergbau einführen wollte. Der Aufschwung wurde 2009 durch die weltweite Wirtschafts- und Finanzkrise jäh, aber nur kurz gebremst. Nach innenpolitischen Querelen übernahm Labour-Frau **Julia Gillard** 2010 den Posten der Parteichefin und der Ministerpräsidentin. Im September 2013 gewannen die Konservativen unter Tony Abbott die Macht im Land zurück. Als eine der ersten Maßnahmen machte er die CO_2-Steuer rückgängig.

Bildungswesen

Die Schulpolitik obliegt den Bundesstaaten. Neben den staatlichen (freien) existieren auch private (kostenpflichtige) Schulen. Schulpflicht besteht von 6–15 Jahren, in Tasmanien bis 16 Jahre. Praktische und technische Ausbildungen werden in den TAFE-Schulen (Technical And Further Education) gelehrt, sowohl als Begleitmaßnahme zur beruflichen Ausbildung als auch zur Fort- und Weiterbildung Berufstätiger.

School of the Air

Eine in der Welt einmalige Einrichtung stellt die **School of the Air** dar, die den weit außerhalb auf Farmen lebenden Kindern Unterricht erteilt. Die Lehrer sprachen zu ihren „unsichtbaren" Schülern früher über Funk, heute geht es via Internet. Die wiederum können antworten und am Unterricht einer normalen Klasse teilnehmen. Von Zeit zu Zeit werden Klassenkameraden auch ausgetauscht, d. h., ein in der Stadt lebender Schüler geht für eine Woche auf die Farm und das Farmerkind in die Stadt. Ist die Farm nicht an die Funkschule angeschlossen, werden Lehrer auch für eine gewisse Zeit ins Outback geschickt, um vor Ort zu unterrichten.

Das in den 1950er-Jahren eingeführte Schulsystem hat sich außerordentlich gut bewährt und vermittelt, ähnlich einem Fernstudium, wichtiges Grundwissen. In einigen Städten des Outback (z. B. Alice Springs, Katherine, Broken Hill, Mount Isa) kann man die Schule außerhalb der Ferien besichtigen.

Sport

Die Australier sind, anders kann es nicht ausgedrückt werden, eine sportverrückte Nation. In kaum einem anderen Land wird das nationale Sportgeschehen mit so viel **Begeisterung und Hingabe** verfolgt wie in Down Under. Und steht ein australischer Sportler durch den Gewinn einer Goldmedaille oder einen besonderen Sieg ganz oben auf dem Treppchen, so schwillt auch die Brust des australischen Bürgers vor Stolz an. Das Gefühl, auf dem Erdball etwas abseits zu liegen, ist dann wie weggewischt, und der fünfte Kontinent wird zum weltweit beachteten Mittelpunkt. Höhepunkt der Entwicklung waren sicherlich die Olympischen Sommerspiele im Jahr 2000 in Sydney. Erfolgreichen Sportlern ist der Ruhm als Nationalhelden sicher: Man denke nur an Dawn Fraser (Schwimm-Olympiasiegerin 1956, 1960 und 1964), Pat Cash (Wimbledonsieger), Ian Thorpe (Schwimm-Olympiasieger), Cadel Evans (Tour de France-Gewinner) und viele Sportgrößen der Nationalsportarten Cricket, Aussie Rules Football, Radsport, Pferderennen und Golf. Gleich mehrere Sportarten konkurrieren um das Etikett des beliebtesten Nationalsports. Dass die Mehrzahl davon keine olympischen Sportarten sind, macht sie um so interessanter.

Das dem amerikanischen Baseball ähnliche **Cricket** wirkt auf den unkundigen Betrachter unendlich langweilig, lockt aber die Massen in das Stadion und vor den Fernseher. Der Versuch, die undurchsichtigen Cricketregeln zu erklären oder erklärt zu bekommen, endet meist kläglich. Geht es für das Team nicht um internationale Ehren, so tritt das Spiel selbst in den Hintergrund. Cricketspiele sind Familienereignisse, man geht hin, um zu plaudern, Fotos zu zeigen, Bier zu trinken usw.

Undurchsichtige Cricketregeln

Bei den Spielen um den **Cricket World Cup** (eigentlich eine Angelegenheit der Commonwealth-Staaten) ist das ganze australische Volk Feuer und Flamme. Endet die Cricketsaison, beginnen im Herbst die Football- und Rugbyspiele.

Football nach australischen Regeln

Die Saison des **Australian Rules Football** um den AFL-Cup dauert von März–Sept. und wird praktisch nur in den Staaten Victoria (Schwerpunkt Melbourne und Stadtteile), South Australia und Western Australia gespielt. Es handelt sich um ein ausgesprochen lebhaftes Spiel, das mit viel Körpereinsatz verbunden ist – insgesamt dem Rugby nicht unähnlich. Ziel im „Footie" ist es, einen eiförmigen Ball zwischen und über die Torpfosten der gegnerischen Mannschaft zu kicken. Die Fans gelten als fair und sehr loyal gegenüber ihren Mannschaften. In New South Wales und Queensland wird Rugby in der Rugby League gespielt, ebenfalls ein körperlich harter Ballsportwettbewerb, der in den Wintermonaten ausgetragen wird.

Pferderennen sind vielleicht die populärste Sportart überhaupt, geht man von der Zahl der Sportseiten aus, die sie am Wochenende einnehmen. Vor allem wegen der Möglichkeit des Wettens werden Pferderennen allabendlich in den Pubs übertragen. Der **Melbourne Cup** ist der alljährliche Höhepunkt und lässt das öffentliche Leben für kurze Zeit ruhen. Das Pferderennen von Birdsville (QLD) lenkt die Aufmerksamkeit sogar auf ein ansonsten müdes und vergessenes Outback-Nest.

Volkssport **Golf** und **Tennis** sind Volkssport in Australien. Viele Plätze sind öffentlich und für jedermann zugänglich. Durch das günstige Klima kann das ganze Jahr über gespielt werden. **Boccia** (Bowling) ist unter den älteren Herrschaften beliebt. Die städtischen Plätze sind schon von weitem an den tadellos weiß gekleideten Spielern erkennbar – für das Kugelspiel existieren strenge Kleidungsvorschriften!

Australier haben eine große Vorliebe für den **Wassersport** in allen seinen Ausführungen – immerhin leben rund 70 % der Bevölkerung an den Küsten. Wellenreiten (Surfing) erfreut sich an allen Stränden mit guter Brandung großer Beliebtheit. Der Sport erfordert viel Geduld und Mobilität, denn eine gute Welle muss erst am richtigen Küstenabschnitt ausgekundschaftet werden, bevor man dann für mehrere Stunden ins Wasser geht. Windsurfen hat sich bis heute nicht richtig verbreiten können. An den Stränden Westaustraliens (Margaret River, Lancellin) sind es eine Hand voll Freaks, die, meist aus Europa kommend, die traumhaften Bedingungen genießen.

Die **Rettungsschwimmer** der Surf-Rescue oder Life Guard spielen an den Stränden eine wichtige Rolle. Nur wenn sie da sind, fühlt sich der Australier wirklich sicher. Die bewachten Badeabschnitte sind von gelb-roten Fahnen begrenzt. In gefährdeten Gebieten hält zusätzlich eine Shark-Watch nach Haifischen Ausschau, bei Gefahr ertönt eine Sirene. Zu den besonderen Erlebnissen zählt, wenn die braun gebrannten Lebensretter in ihren Ruderbooten gegen die Brandung ankämpfen und sich gegenseitig Rennen liefern, wie es beispielsweise bei den Surf-Carnivals der Fall ist.

Der **Schwimmsport** hat eine lange Tradition in Australien und zählt landesweit zu den populärsten Sportarten – die Erfolge bei vielen Olympischen Spielen beweisen dies eindrucksvoll. In den über 1.000 öffentlichen Schwimmbädern kann meist schon in den frühen Morgenstunden geschwommen werden, wobei die Freibäder im warmen Norden normalerweise ganzjährig geöffnet sind. *Über 1.000 öffentliche Schwimmbäder*

Segeln hat nicht erst mit dem Sieg des America's Cup Aufwind bekommen. Hunderttausende von Australiern gehen mit ihren Booten am Wochenende oder nach der Arbeit aufs Wasser, angesichts der unendlich langen Küsten und der guten Winde kein Wunder.

Skifahren ist ein Sport, der nicht so recht zu Australien passen mag. Abfahrtslauf und Langlauf können in den Snowy Mountains, den Victorian Alps sowie in Tasmanien in den Wintermonaten ausgeübt werden. Die Gebiete sind einigermaßen schneesicher – aber wer geht schon nach Australien zum Skifahren?

Der **Breitensport** wartet mit einer Reihe von Veranstaltungen auf: Internationale Marathonläufe finden in Melbourne und Sydney statt, dazu unzählige Volksläufe und Volkswanderungen. Immer mehr Zulauf erhalten so genannte Multi-Sports-Events, seien es Triathlons oder Surf-Carnivals (Kombination verschiedener Wassersportarten).

Das moderne Australien

Mit der Unabhängigkeit des Landes beginnt Australiens moderne Geschichte bis zur heutigen Zeit. Die letzten großen **Einwanderungswellen** nach dem Zweiten Weltkrieg lassen aus dem Land einen **Vielvölkerstaat** werden. Australien beteiligt sich an den beiden Weltkriegen, dem Vietnamkrieg und Einsätzen in Bosnien und im Irak. Das Land übernahm eine tragende Rolle im Osttimor-Konflikt.

Innenpolitische Turbulenzen gehören zum Alltag in Australien, immer wieder werden die Frage nach der nationalen Identität und die Loslösung von der britischen Krone diskutiert. Umweltpolitische Themen wie eine Emissionssteuer auf den CO_2-Ausstoß und der **Klimawandel** sorgen für Diskussionen. Der Aufstieg und die Expansion Chinas auf den Weltmärkten verhelfen der rohstoffreichen Nation Australien zu einer wirtschaftlicher Stärke mit Vor- und Nachteilen. Das Land ist teuer geworden – für Touristen und Einheimische gleichermaßen. *Teures Land für Touristen*

2. AUSTRALIEN ALS REISEZIEL

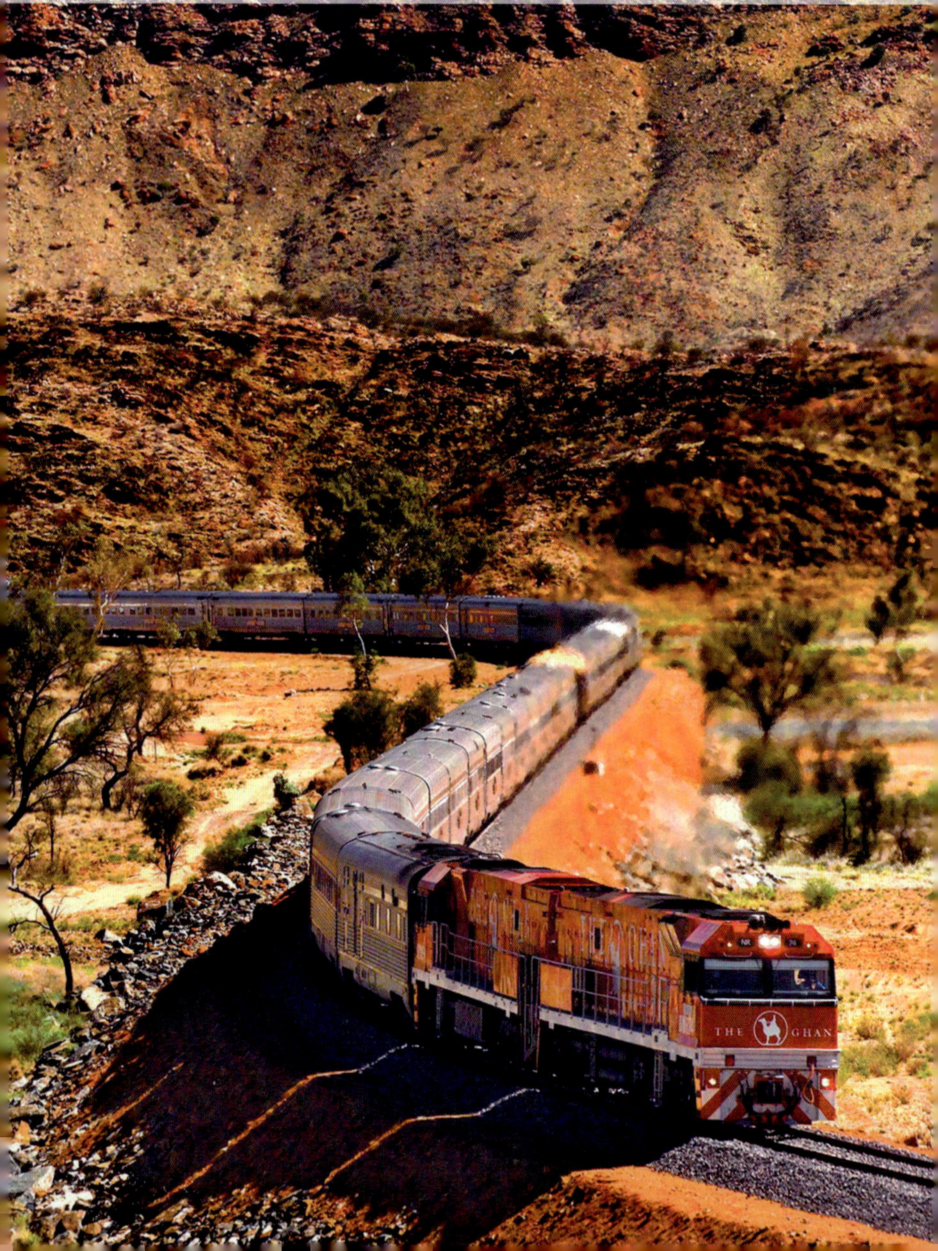

Allgemeine Reisetipps von A–Z

Abkürzungen

ACT	Australian Capital Territory	**VIC**	Victoria
NSW	New South Wales	**QLD**	Queensland
TAS	Tasmanien	**SA**	South Australia
WA	Western Australia	**NT**	Northern Territory
N	Nord	**S**	Süd
O	Ost	**W**	West
4-WD	4 Wheel Drive/Allrad	**CP**	Caravan Park
EZ	Einzelzimmer	**DZ**	Doppelzimmer
YHA	Youth Hostel/JH	**Hwy.**	Highway
St.	Street	**Rd.**	Road
Pt.	Point	**Tce.**	Terrace
H/R	Hin und zurück		

Adressen

Das australische Fremdenverkehrsamt „Tourism Australia" und die Bundesstaaten versenden heute kaum noch gedruckte Informationen. Was man benötigt, findet man auf den umfangreichen, weitgehend deutschsprachigen Internetseiten der verschiedenen Fremdenverkehrsämter. Die besten Routentipps und Hinweise erhält man am ehesten bei einer persönlichen Beratung bei spezialisierten Reiseveranstaltern.

• **Tourism Australia**, Neue Mainzer Straße 22, 60311 Frankfurt, ☎ 069-2740060, Broschürenversand: 069-95096173, www.australia.com.

• In Australien: Die **Fremdenverkehrsämter** der einzelnen Bundesstaaten haben in den Metropolen des Landes Zweigstellen, die Informationsmaterial ausgeben und Auskünfte erteilen. Des Weiteren hat fast jede Stadt und Region „Tourist Offices" oder „Visitor Centres", die mit Rat und Tat zur Seite stehen. Umfangreich sind auch hier die Internetseiten der jeweiligen Bundesländer und Touristen-Informationen:

  - **New South Wales**: www.visitnsw.com.
  - **Northern Territory**: www.australiasoutback.de.
  - **South Australia**: www.southaustralia.com.
  - **Queensland**: www.tq.com.au, www.queensland-australia.eu.
  - **Victoria**: www.visitvictoria.com, www.visitmelbourne.com.
  - **Westaustralien**: www.westernaustralia.com, www.westaustralien.de.
  - **Tasmanien**: www.discovertasmania.com.

Alkohol

Die gesetzlichen Vorschriften hinsichtlich Konsum und Erwerb sind von Staat zu Staat verschieden, im Allgemeinen jedoch sehr streng. Alkohol wird nur an Personen über 18 Jahre abgegeben.

Vorsicht im Straßenverkehr: Landesweit gilt die 0,5-‰-Grenze. Einige Autovermieter legen in ihren Mietbedingungen 0,2 oder gar 0,0 ‰ fest (unbedingt den

Vertrag genau lesen!) – da kann schon jedes Glas ein Glas zu viel sein, sollte es zum Unfall kommen!

Ausschank: Alkoholische Getränke werden in Gaststätten (Pubs, Hotels, Restaurants, Nachtklubs) mit Alkohollizenz von Montag bis Samstag von 10–22 Uhr ausgeschenkt. Die Ausschankzeiten am Sonntag sind unterschiedlich. Restaurants, Nachtlokale und Hotelbars haben flexiblere Öffnungszeiten.

Angeln

In den Fischgründen Australiens kann fast überall geangelt werden. Hochseeangeln ist an den Küsten populär und praktisch nur innerhalb der Marine Parks (= Meeresnationalparks) eingeschränkt. In den Binnengewässern (Flüsse, Seen, Mündungsgebiete) müssen Fangquoten und Schonzeiten beachtet werden. Angelscheine werden von den örtlichen Behörden gegen (geringe) Gebühren ausgestellt. Australier sind leidenschaftliche Angler und helfen interessierten Novizen gerne weiter. Köder (bait) können in vielen Läden und Supermärkten (im Tiefkühlregal) erworben werden.

Anreise

➤ Mit dem Flugzeug

Flugpreise: Die Flugpreise schwanken je nach Saisonzeit, Zielflughafen, Fluggesellschaft, Gültigkeit, Flugklasse (Economy-, Business-, First-Class) erheblich. Erkundigen Sie sich bei Ihrem Reiseveranstalter über die aktuell gültigen Tarife und Sondertarife wie günstige Fly & Drive-Angebote. Lockvogelangebote in Tageszeitungen sind mit Vorsicht zu genießen – der supergünstige Flug ist meist ausgebucht, führt nicht zum gewünschten Zielort oder ist nur zu wenigen Terminen verfügbar. Auch sollte die Wahl der Fluggesellschaft mit Bedacht gewählt werden: Was nützt der supergünstige Flug, wenn man aufgrund schlechter Flugverbindungen völlig gerädert oder mit zig Stunden Verspätung ankommt? Last-Minute-Preise sind im Linienflugbereich i. d. R. nicht verfügbar. Echte Schnäppchenpreise erhalten Sie in der Low Season von April (nach Ostern) bis Ende Juni.

Als renommierte und zuverlässige Fluggesellschaften mit guten Verbindungen gelten u. a. Singapore Airlines (www.singaporeair.com), Thai Airways (www.thaiair.de), Cathay Pacific (www.cathaypacific.com), Emirates (www.emirates.com), Etihad (www.etihadairways.com), Qatar Airways (www.qatarairways.com), Korean Air (www.koreanair.com) und Qantas (www.qantas.com.au). Die schnellste Verbindung nach Australien bietet zur Zeit Emirates für Frankfurt – Dubai – Perth mit rund 16 Std. reiner Flugzeit.

Flughäfen: Australien hat sieben internationale Flughäfen: Sydney, Melbourne, Adelaide, Perth, Darwin, Cairns und Brisbane. Nicht jeder Flughafen wird von jeder Airline angeflogen: Darwin z. B. nur von Singapore Airlines/Silk Air, Malaysia Airlines und Qantas/Jetstar. Grundsätzlich gibt es zwei Möglichkeiten, nach Australien zu fliegen: entweder über Asien oder über Nordamerika. Eine Kombination beider Flugrouten ist das sogenannte **Round The World-Ticket**, welches mit einem deutlichen Aufpreis verbunden ist.

- **Über Asien**: Dies ist der übliche Weg (ca. 20–22 Std. Flugzeit). Je nach Zeit und Interesse können Zwischenstopps (sogenannte Stopover) in Dubai, Abu Dhabi, Katar, Bangkok, Singapur, Kuala Lumpur, Hongkong, Seoul oder anderen asiatischen Städten eingelegt werden. **Wichtig**: Beachten Sie die Pass- und Visabestimmungen der asiatischen Länder! Sogenannte Gabelflüge sind möglich, d. h.: Der Ankunftsort muss nicht gleich Abflugort sein (z. B. Hinflug nach Melbourne, Rückflug von Cairns).
- **Über Nordamerika**: Diese Route stellt den längeren Weg dar. Auch hier bieten sich attraktive Stopover-Möglichkeiten an: USA (Los Angeles), Südsee-Inseln (Fiji, Tonga, Samoa, Tahiti, Cook Inseln), Neuseeland. Das Umsteigen in den USA erfordert wegen der aufwendigen Kontrollen Geduld und Gelassenheit. Auch Kinder müssen einen maschinenlesbaren Reisepass haben (kein Kinderausweis erlaubt!). Fluggesellschaften: Air New Zealand (www.airnewzealand.de, nur via Neuseeland) und Qantas.
- **Round The World** (RTW – Weltreiseflüge): Ausgetüftelte Kombinationen mit verschiedenen Fluggesellschaften ermöglichen beispielsweise den Hinflug über Asien und den Rückflug via Neuseeland, Tahiti, Osterinsel, Chile (z. B. OneWorld Explorer Pass). Die Gültigkeit eines RTW-Tickets beträgt ein Jahr, die Anzahl der Unterbrechungen ist begrenzt. Fluggesellschaften: Qantas, British Airways, Cathay Pacific, Qatar Airways, Lan/Tam (OneWorld Allianz), Air New Zealand, Singapore Airlines, Lufthansa (Star Alliance).

Buchung: Alle Fluggesellschaften haben Büros in Deutschland (Frankfurt) und in Australien (Sydney, Melbourne, Adelaide, Brisbane, Perth). Günstige Preise, die nur im Paket mit Landleistungen (z. B. Fly & Drive-Angebote) verkauft werden dürfen, vermitteln Ihnen die namhaften Reiseveranstalter (z. B. Veranstalterkooperation „Best of Australia", www.best-of-australia.de). Internetbuchungen bieten auf der Langstrecke bei Linienflügen keine Preisvorteile gegenüber Reisebüros und es fehlt die Beratung. Eine frühzeitige Buchung ist empfehlenswert, vor allem für die Sommerferien (Juli/Aug./Sept.) und die Winterferien (Dez./Jan.). Flüge können etwa 340 Tage im Voraus gebucht werden.

Flugsteuern und -gebühren: Alle anfallenden Gebühren, Steuern, Treibstoffzuschläge werden bereits in das Ticket inkludiert (zuzüglich zum reinen Flugpreis). Vor Ort ist in Australien also nichts mehr zu bezahlen. Die „Nebenkosten" können sich leicht auf über 700 Euro pro Person und Ticket addieren (je nach Zahl der Flüge und angeflogenen Ländern und Flughäfen). Kinder zahlen dieselben „Taxes" wie Erwachsene. Die Kerosinzuschläge sind bis zur Ticketausstellung variabel – in Zeiten hoher Ölpreisfluktuation macht eine frühzeitige Bezahlung also durchaus Sinn.

Vielflieger-Programme: Jede Airline hat ein Vielflieger-Programm. Werden Sie dort Mitglied (am besten vor der Abreise) und sammeln Sie die Meilen – es verhilft Ihnen vielleicht früher oder später zu einem Freiflug oder einem Upgrade in die Business-Class. Meilenprogramme sind jedoch in erster Linie ein Knebelinstrument zur Kundenbindung. Wählen Sie immer die Airline, die Ihnen die beste Verbindung, einen guten Preis und Ihre gewünschten Zielflughäfen bietet! Die Mitgliedschaft erwerben Sie am besten online im Internet bei der Airlines direkt. Lassen Sie die Vielfliegernummer danach gleich in die Buchung eintragen.

Gepäck: Beachten Sie unbedingt die strikten Gepäcklimits mit 20–23 kg pro Person. Einige Airlines bieten 30 kg pro Person, in Business-Class 30–40 kg pro Person. Das Handgepäck (ein Stück pro Person!) darf die Maße 48 x 42 x 25 cm (zusammen max. 115 cm) und 5–7 g Gewicht nicht überschreiten. Es dürfen keine Messer oder Scheren in das Handgepäck. Gaskartuschen oder Benzinflaschen (für Kocher) werden nicht befördert. Flüssigkeiten im Handgepäck dürfen max. 100 ml haben und müssen separat in einem verschließbaren Plastikbeutel verpackt sein.

Sitzplatzreservierungen: Viele Fluggesellschaften bieten die Möglichkeit, Sitzplätze vorab zu reservieren. Teilweise ist dies bereits gleich bei der Flugbuchung möglich, allerdings kostenpflichtig bei einigen Fluggesellschaften (z. B. Qantas). Sondersitzplätze mit mehr Beinfreiheit (z. B. am Notausgang) können oft gegen Aufpreis reserviert werden. Fragen Sie Ihren Reiseveranstalter nach der Sitzplatzkonfiguration des Fluggeräts. Bei einigen Airlines ist eine Sitzplatzreservierung nur möglich, wenn zuvor die Mitgliedschaft im Vielfliegerprogramm (online) beantragt wurde oder das Ticket bezahlt und ausgestellt ist.

Online-Check-In: Nutzen Sie den Online-Check-In, der je nach Airline 24–48 Std. vor Abflug im Internet möglich ist. Sie drucken sich bereits zu Hause die Bordkarte (inkl. Sitzplatz-Nr.) aus und geben am Flughafen nur noch Ihr Gepäck an einem separaten Schalter ab.

Kindersitze im Flugzeug: Infants (Kleinkinder unter 2 Jahre) haben bei Zahlung von nur 10 % des Flugpreises keinen Sitzplatzanspruch. Ist der Flieger voll, müssen sie auf dem Schoß der Eltern sitzen bzw. können im Bassinett (Kinderschale an der Wand) schlafen. Wenn Sie einen Sitzplatz kaufen (Kinderpreis mit 25 % Ermäßigung) so klären Sie mit der Fluggesellschaft, ob ein Kindersitz im Flugzeug mitgebracht werden darf.

Mahlzeiten: Melden Sie Sonderwünsche, wie vegetarisches Essen, vorher an.

➤ Mit dem Frachtschiff

Für Reisende mit wirklich viel Reisezeit oder ausgeprägter Flugangst besteht per Frachtschiff die Möglichkeit, auf dem Seeweg nach Australien zu gelangen. Allerdings sind Frachtschiffpassagen keine Billigreisen – der Tagessatz liegt bei rund 100 bis 300 Euro. Auf einem Frachter dürfen maximal zwölf Passagiere reisen, denn es ist kein Arzt an Bord. Um die erforderlichen Visa muss sich der Passagier selbst kümmern. Der Zeitplan der Reise kann nicht immer garantiert werden, häufig verzögert sich die Reise aufgrund von Streikaktionen in Häfen.
Info: www.nsb-reisebuero.de, www.internaves.de und andere.

Ausrüstung

Ausrüstung für Ihre Reise ist in Europa in vielen Outdoorläden erhältlich, wo Sie auch gut beraten werden (z. B. www.globetrotter.de, www.naturzeit.com u. a.). In Australien gibt es solche Läden in allen größeren Städten. Für Wasser- und Benzinkanister und ähnliche spezifische Gegenstände empfehlen sich „Army Disposal Shops" und Camping- und Outdoor-Shops.

Auswandern

Australien ist als Auswanderungsland seit jeher beliebt, doch die Auflagen und Quoten der Einwanderungsbehörde sind streng. Das Thema ist weit und umfassend und bietet stets viel Stoff für Diskussionen. Eine Vertiefung ist deshalb in diesem Buch nicht möglich. Nähere, ausführliche Informationen erteilt die Einwanderungsbehörde (www.immi.gov.au). Tipps und Diskussionsforen finden sich überdies im Internet, z. B. unter www.australien-info.de.

Auto fahren

Ohne Auto wären viele Australier, die außerhalb der Großstädte leben, vollkommen hilflos. Die Entfernungen machen einen fahrbaren Untersatz notwendig. Ein täglicher Weg zur Arbeit von 100 km pro Weg ist nichts Ungewöhnliches in ländlichen Regionen. Die Verkehrsverhältnisse erlauben jedoch eine genaue Planung: Für 100 km benötigt man bei 100 km/h exakt eine Stunde – so gesehen kürzer, als mancher auf den chronisch verstopften Straßen Mitteleuropas tagtäglich unterwegs ist. Dies gilt natürlich nicht für die Metropolen Australiens, wo dichter Verkehr und Staus zur Tagesordnung gehören.

Der Anteil an Allradfahrzeugen im ländlichen Raum verblüfft jeden Neuankömmling. Weltweit werden, auf die Bevölkerungszahl umgerechnet, nirgendwo mehr 4-WD-(Four Wheel Drive-)Autos gekauft als auf dem fünften Kontinent und dies obwohl die Hauptverbindungsstraßen gut asphaltiert sind. Der Grund ist leicht erklärbar: Viele Pisten sind kaum auf irgendwelchen Karten eingezeichnet und in Privatbesitz. Sie führen zu Farmen, Grundstücken, Häusern und Gärten und werden selten gepflegt. Viele Australier bemühen ihren 4-WD auch nur an Wochenenden, wenn es hinaus ins nahe Hinterland geht. Geschätzt werden vor allem die Fahrzeuge vom Typ Toyota Landcruiser, der einen formidablen Ruf genießt.

Linksverkehr heißt die Devise! Geschaltet wird mit der linken Hand, Blinker- und Scheibenwischerhebel sind vertauscht. Ein Automatikfahrzeug (z. B. bei Mietwagen und Campern) mag sinnvoll erscheinen, wenn man sich nicht sicher fühlt. Das Verkehrsaufkommen ist außerhalb der großen Küstenstädte niedrig, in den Städten kann es schon mal hektischer werden.

Die Hauptstraßen und Highways sind asphaltiert (Bitumen) und gut ausgebaut. Die Pisten im Outback sind i. d. R. ebenfalls gut befahrbar, in entlegenen Gebieten und bei extremen Witterungsverhältnissen (in der Regenzeit und nach Regenfällen) sollte man sich über den Straßenzustand informieren und/oder über einen Geländewagen verfügen. Gravel- oder Unsealed Roads sind nicht asphaltierte Straßen, die normalerweise gut befestigt sind. Der Zusatz „Corrugated" deutet auf eine Waschbrettpiste hin.

Auf allen Dirt Roads, wie die Staub- und Schotterstraßen zusammenfassend genannt werden, sollte vorausschauend und mit angemessenem Tempo gefahren werden (max. 80 km/h). Die Bremswege sind länger als auf Asphalt. In Kurven droht bei Geländewagen und Wohnmobilen wegen des höheren Schwerpunkts bei

überhöhter Geschwindigkeit Über-
schlagsgefahr. Wegen der starken Staub-
entwicklung und Steinschlaggefahr sollte
auf ein Überholen auf Outback-Pisten
verzichtet werden, von hinten kommende, schnellere Fahrzeuge müssen passieren können.

Hier heißt es „vorsichtig sein"

- **Vorfahrtsregeln**: An Kreuzungen gilt
  „Rechts vor Links". Im Kreisverkehr hat
  der Kreisel Vorfahrt.
- Die **Höchstgeschwindigkeit** ist in
  den Städten auf 50 oder 60 km/h begrenzt, auf Landstraßen und Autobah-
  nen gilt 100 km/h oder 110 km/h. An Schulen gilt von 8.30–16 Uhr Tempo 30–40.
  Achtung: Radarkontrollen sind relativ häufig anzutreffen.
- **Promillegrenze**: Der maximal erlaubte Alkoholgehalt im Blut beträgt 0,5 ‰.
  Kontrollen werden an Wochenenden verstärkt durchgeführt (Slogan: „If you
  drink and drive you're a bloody idiot"). Manche Autovermieter schreiben in ihren
  Mietverträgen auch eine Grenze 0,00 ‰ vor, d. h., kein Tropfen darf angerührt
  werden. Der Versicherungsschutz erlischt bei Zuwiderhandlungen. Man sollte
  unbedingt den genauen Mietvertrag im Wortlaut durchlesen!
- **Anschnallpflicht**: Bitte beachten Sie die Anschnallpflicht! Auch Kinder müssen
  in geeigneten Rückhaltesystemen nach australischen Standards gesichert sein
  (Baby Seats bis ca. 3 Jahre, Booster Seats von 3–7 Jahre, siehe auch Stichwort
  „Kinder").
- An **Zebrastreifen** haben Fußgänger immer Vorrang.
- Im Falle eines **Unfalls** notieren Sie sich von allen Beteiligten die Namen und
  Adressen sowie die Autokennzeichen. Bei Verletzten muss die Polizei gerufen
  werden. Machen Sie Fotos und eine Unfallskizze und dokumentieren Sie den
  Fahrzeugschaden an allen Autos. Geben Sie nie ein Schuldanerkenntnis ab. Infor-
  mieren Sie den Vermieter schnellstmöglich binnen 24 Std. und klären Sie mit ihm
  die weitere Vorgehensweise bezüglich Reparatur oder Weiterfahrt.

Folgende **Straßenschilder** sind wichtig:

Crest	Kuppe
Dip	Senke
Floodway	nach Regenfällen möglicherweise überfluteter Straßenabschnitt
Grid	im Boden eingelassenes Viehgitter, sollte auf Pisten wegen möglicher Auswaschungen langsam passiert werden
Soft Shoulder	unbefestigter Straßenrand

- **Führerschein**: Der deutsche, österreichische oder Schweizer Führerschein sowie der EU-Führerschein (im Kartenformat) genügt alleine nicht. Das Mitführen
  eines gültigen internationalen Führerscheins ist Pflicht. Dieser gilt nur in Verbindung mit dem gültigen nationalen Führerschein – es müssen also beide Führerscheine mitgeführt werden. Den Internationalen Führerschein erhält man bei der
  Führerscheinstelle (bitte rechtzeitig beantragen). Wer noch den alten „grauen

Lappen" oder den rosa EU-Führerschein besitzt, muss gleichzeitig den neuen EU-Kartenführerschein beantragen.

- **Rastanlagen und Roadhouses**: Auf Landstraßen und Highways gibt es in regelmäßigen Abständen Rest Areas, oft mit Toiletten und Informationstafeln. Speziell in Westaustralien kann an den regelmäßig auftauchenden 24h-Rest Areas direkt am Highway übernachtet werden. Tankstellen und Rasthäuser (Roadhouses) bieten die Gelegenheit, Erfrischungsgetränke und Reisebedarf zu kaufen. Oftmals gibt dort auch Unterkünfte (teilweise auf einfachem Trucker-Niveau) oder einen Campingplatz. Angeschlossene Werkstätten helfen bei kleinen Problemen häufig sofort weiter.
- **Wartung**: Achten Sie darauf, regelmäßig den Ölstand und das Kühlwasser zu prüfen. Die Vermieter schreiben teilweise Intervalle von 500 km vor, was ein wenig übertrieben erscheinen mag. Ebenso sollte der Reifendruck regelmäßig geprüft werden. Die Wartungsarbeiten lassen sich idealerweise bei jedem Tankstopp vornehmen.

Autokauf

Als Alternative zum Mietwagen lohnt bei längerem Aufenthalt (ab ca. drei Monaten Aufenthalt) der Kauf eines Fahrzeugs. Brauchbare fahrbare Untersätze werden ab ca. A$ 3.000 angeboten, für ein technisch einwandfreies Fahrzeug sollte aber erheblich mehr investiert werden. Angebote findet man in den Wochenendausgaben der Zeitungen, bei Autohändlern und in Backpacker-Hostels/Jugendherbergen. Beim Kauf ist die Mitgliedschaft im ADAC bzw. im australischen Automobilclub sehr hilfreich. Die Mitarbeiter stehen dann mit Rat und Tat zur Seite.

Gewisse Kenntnisse in Sachen Fahrzeugtechnik sind jedoch unerlässlich, da ein gekauftes Auto immer deutlich älter und damit pannenanfälliger als ein klassischer Mietwagen oder Mietcamper ist. Fragen Sie sich selbst: Was nützen die schönste Urlaubszeit und ein paar gesparte Dollar, wenn ich dauernd Ärger mit dem Fahrzeug habe und aus Furcht vor der nächsten Panne kaum noch wage, die nächste Etappe in Angriff zu nehmen?

Empfehlenswerter erscheinen daher spezielle Langzeitmieten. Fordern Sie bei Ihrem Reiseveranstalter hierfür ein Angebot an. Häufig unterbreiten die bekannten Vermieter hierfür attraktive Angebote, bei denen beispielsweise die Versicherungskosten bei einem bestimmten Maximalbetrag „gedeckelt" werden. Sie haben dann die Sicherheit, ein neuwertiges, gut gewartetes und voll versichertes Fahrzeug zu erhalten. Im Falle eines Defekts erhalten Sie in kürzester Zeit ein Ersatzauto.

Automobilclubs

Jeder Bundesstaat hat seinen eigenen Automobilclub, der in jeder größeren Stadt eine Geschäftsstelle unterhält. Vertragswerkstätten im ganzen Land helfen im Fall einer Panne. Die Automobilclubs beraten außerdem beim Autokauf und halten in den Geschäftsstellen sehr gutes Kartenmaterial, Unterkunftsverzeichnisse und sonstige Informationen bereit. Die Adressen der einzelnen Büros finden Sie bei den Städten im Reiseteil oder im Internet unter:

NSW	www.mynrma.com.au.
NT	www.aant.com.au.
VIC	www.racv.com.au.
QLD	www.racq.com.au.
SA	www.raa.com.au.
WA	www.rac.com.au.

Mietwagen- und Campervermieter sind i. d. R. Mitglied im Automobilklub, und die Pannendienste dürfen in Anspruch genommen werden (bei Anmietung klären).

 Tipp

Bringen Sie die Mitgliedskarte Ihres eigenen Autoclubs (z. B. ADAC) mit, um Kartenmaterial sowie Unterkunftsverzeichnisse zu günstigen Mitgliederpreisen zu erhalten.

Autostopp

Hitch-Hiking ist die billigste Form des Reisens, aber nicht unbedingt weit verbreitet. Probleme entstehen meistens beim Herauskommen aus großen Städten und in entlegenen Gebieten, wo kaum Autos fahren. Dort sollte man sich auf stundenlanges Warten in der Hitze einrichten. Die Chance, einmal in einem Road Train (übergroßer Lkw) mitfahren zu dürfen, ist als äußerst gering einzustufen, da es den Fahrern der Lastwagen meist verboten ist, Anhalter mitzunehmen. In Victoria und Queeensland ist Autostopp offiziell verboten. Mitfahrgelegenheiten gegen Benzinbeteiligung werden in Jugendherbergen und Hostels angeboten.

Autoverleih

Autovermietungen gibt es in allen größeren Städten, an Urlaubsorten und an den Flughäfen. Bei den großen Anbietern kann man sicher sein, neuwertige und gepflegte Fahrzeuge zu erhalten. Daneben gibt es eine Vielzahl regionaler und lokaler Vermieter, deren Fahrzeuge jedoch meist Gebiets- und Kilometerbeschränkungen unterliegen. Vorteil der großen Anbieter: Im Falle einer Panne ist das nächstgelegene Depot und damit ein Ersatzwagen nicht weit. Da lässt sich ein möglicherweise etwas höherer Preis leicht verschmerzen.

Namhafte Vermieter sind z. B. Hertz (www.hertz.de), Europcar (www.europcar.de), Budget (www.budget.de), Thrifty (www.thrifty.com), Avis (www.avis.de). Dank deren australienweiter Verbreitung mit vielen Stationen können Sie sicher sein, im Fall einer schwerwiegenden Panne wie einem Motorschaden schnell ein neues Auto gestellt zu bekommen. Die Übernahme und Abgabezeiten sollten exakt auf Ihre Flüge abgestimmt werden. Ein Miettag bei Mietwagen beträgt immer 24 Stunden, d. h., eine Abholung um 9 Uhr bedingt eine Abgabe um 9 Uhr. „Überstunden" werden schnell als ein zusätzlicher Miettag berechnet. Bei Campern gilt die Kalendertag-Regel – jeder Miettag, auch der Anmiet- und Abgabetag, zählen als jeweils voller Tag (so ist eine Abholung um 9 und eine Abgabe um 16 Uhr möglich).

Mindestmietalter: Fahrzeuge werden an Personen ab 21 abgegeben. Für Mieter unter 25 Jahren wird bei einigen Vermietern ein Zuschlag verlangt. Mancher Billigvermieter wie Jucy (www.jucy.com.au), Spaceship (www.spaceship-camper.com. au), Cheapa Campa (www.cheapacampa.com.au) oder Mighty Campers (www. mightycampers.com.au) vermietet bereits ab 18 Jahren.

Führerschein: Ein gültiger nationaler und internationaler Führerschein muss bei der Anmietung von jedem Fahrer vorgelegt werden. Der rosa EU-Führerschein und auch die neuen EU-Führerscheine ersetzen die internationalen Führerscheine nicht! Entscheidend ist nicht, was das Depot des Vermieters akzeptiert. Entscheidend ist die Notwendigkeit, bei Verkehrskontrollen oder Unfällen einen englischsprachigen Führerschein vorweisen zu können. Tipp: Kontrollieren Sie die Gültigkeit des internationalen Führerscheins vor Ihrer Abreise. Alle Fahrer müssen in den Mietvertrag eingetragen werden.

Versicherung: Der Versicherungsschutz ist bei normalen Pkw (2-WD = zweiradgetrieben) auf geteerte Straßen begrenzt. Schäden, die durch das Befahren von ungeteerten Pisten entstehen, sind nicht gedeckt. Im Reisealltag ist das Befahren von kurzen unbefestigten Straßenabschnitten (z. B. Baustellenumleitung) oft unvermeidbar und wird in Maßen auch von den Vermietern geduldet (Empfehlung: Reinigung des Fahrzeugs vor Abgabe, um Ärger zu vermeiden). Diese Versicherungseinschränkung gilt nicht für Geländewagen (4-WD), allerdings ist auch hier für bestimmte Outback-Regionen die Erlaubnis des Vermieters einzuholen.

Versicherungsrecht in Australien: Die gesetzlich vorgeschriebene Haftpflichtversicherung deckt nur Schäden an Personen, nicht an Sachen. Das bedeutet in der Praxis: Sollten Sie einen Unfall verursachen, so haften Sie in der Höhe der abgeschlossenen Versicherung für Sachschäden an Ihrem und am gegnerischen Fahrzeug. Sollte Ihnen jemand Ihr Fahrzeug beschädigen und derjenige ist nicht versichert, so tragen Sie auch in diesem Fall die Schäden an Ihrem Fahrzeug bis zur Höhe des Selbstbehalts der jeweils abgeschlossenen Versicherung.

Es empfiehlt sich daher, die angebotenen Zusatzversicherungen (je nach Vermieter unterschiedlich benannt) abzuschließen, um die Selbstbeteiligung bei selbst- und nicht selbst verschuldeten Unfällen auf ein verantwortbares Maß zu reduzieren. Dies ist immens wichtig, um nicht mit bis zu A$ 7.500 (übliche Standard-Selbstbeteiligung bei Campern, wenn keine Zusatzversicherung bezahlt wird) bei einem Schadensfall zur Kasse gebeten zu werden. Die jeweils geltende Selbstbeteiligung muss beim Vermieter als Kaution hinterlegt werden.

Mietpreise: Die Mietpreise schwanken je nach Vermieter, Saisonzeit und Kategorie, sodass Durchschnittspreise nur schwer anzugeben sind. Ein Kompaktwagen ist bereits ab A$ 60/Tag erhältlich, wobei Zusatzversicherungen separat bezahlt werden müssen. Die Mindestmietdauer beträgt i. d. R. drei Tage, bei Einwegmieten 5–14 Tage (je nach Entfernung). Bei Einwegmieten (Oneway Rental) wird bei einigen Vermietern eine hohe Rückführgebühr (Drop Off Charge) verlangt. Einen Überblick über die aktuellen Mietwagenkategorien und Preise erhalten Sie in den Katalogen der Reiseveranstalter.

Tipps

- Buchen Sie Ihr Fahrzeug am besten bereits in Europa. Die Reiseveranstalter haben i. d. R. günstigere Preise ausgehandelt, und Sie vermeiden ein Währungsrisiko. Das Auto steht dann auch am gewünschten Ort zur gewünschten Zeit zur Verfügung. Einwegmieten und mögliche Zuschläge sind ebenfalls vorab geregelt. Einige Anbieter bieten die Hotelanlieferung des Mietwagens an – leider funktioniert dies in den seltensten Fällen reibungslos. Besser ist daher die Übernahme im Stadtbüro, wo man zusätzlich auf einen Tausch des Autos bestehen kann.
- Lieber eine Mietwagenkategorie höher wählen – der zusätzliche Komfort ist den geringen Aufpreis wert.
- Fast alle Mietwagen haben CD-Spieler eingebaut. Ob die CD-Spieler auch MP3-fähig sind, kann nicht garantiert werden.
- Verzichten Sie in Großstädten (Sydney, Melbourne) auf einen Mietwagen – es herrscht permanente Parkplatznot.
- Mietpreise und Einweggebühren sind im Northern Territory und in Westaustralien bei Mietwagen immer deutlich teurer. Vergleichen Sie: Oft ist dort ein kleiner Camper oder ein Allrad-Camper günstiger als ein Mietwagen.
- Weitere Tipps und Hinweise finden Sie beim Stichwort „Camper".

Kilometerbegrenzung: Aufgrund der großen Entfernungen empfiehlt es sich immer, das Fahrzeug mit unbegrenzten Kilometern (Unlimited km) zu buchen. Bei Anmietungen in ländlichen Gebieten (Country Areas) und entlegenen Gegenden (Remote Areas wie NT oder Nord-WA) genehmigen manche Vermieter nur 100 oder 200 Freikilometer pro Tag. Jeder Extrakilometer kostet dann, und das kann in Australien teuer werden. Für Einwegmieten ist eine Vorausreservierung sinnvoll.

Mietvertrag: Bei Abholung unterzeichnen Sie einen rechtsgültigen Mietvertrag mit dem Vermieter. Zusatzversicherungen zur Reduktion der Selbstbeteiligung werden vor Ort oder bereits bei Buchung abgeschlossen. Eine Kaution, meist in Höhe des noch anfallenden Selbstbehalts, wird per Kreditkarte (Visa, Mastercard) hinterlegt. Bei manchen Vermietern erfolgt eine tatsächliche Abbuchung des Betrages, bei anderen wird nur ein Abzug der Karte genommen. Eventuelle Rückbuchungen können zu Währungsverlusten zu Ungunsten des Mieters führen. Die örtlichen Steuern (Stamp Duty, ca. 2 % des Mietpreises) werden manchmal noch separat berechnet, während die Mehrwertsteuer (GST, 10 %, auch auf Zusatzleistungen) bereits im Preis enthalten ist. Lesen Sie den Mietvertrag bei Übernahme genau durch, auch wenn es dem Angestellten offenkundig zu lange dauert.

Annahme/Abgabe: Mietwagen können i. d. R. am Flughafen oder in einem Stadtbüro angenommen und abgegeben werden. Aufgrund der Gebühren (Airport Fees), welche am Flughafendepot verlangt werden und für die gesamte Miete berechnet werden, ist es günstiger, den Mietwagen im Stadtbüro zu übernehmen. Die Abgabe kann ohne Zusatzkosten am Flughafen erfolgen.

Fahrzeugübernahme: Vor der Übernahme sollte das Fahrzeug zusammen mit dem Personal genauestens auf Schäden (auch Glasschäden und Unterboden) untersucht und eventuelle Schäden schriftlich festgehalten werden. Achten Sie auf intakte, neuwertige Reifen (auch Reserverad kontrollieren). Kontrollieren Sie, ob der Wagen voll getankt ist. Lassen Sie sich bei Geländewagen den Allradantrieb genau erklären. Bei Campern lassen Sie sich die Campingausrüstung, Funktion von Dusche/WC, Abwassereinrichtungen, Klimaanlage und Bettenbau erklären. Und schließlich: Beachten Sie den Linksverkehr beim Losfahren!

Autoverschiffung

Ob sich die Verschiffung des eigenen Autos oder Wohnmobils tatsächlich lohnt, erfordert eine umfangreiche Berechnung unter Einbeziehung aller Nebenkosten und Unwägbarkeiten:
- Was kostet ein Mietauto/Mietcamper im Vergleich zur Verschiffung?
- Wie lange ist mein Fahrzeug unterwegs?
- Erhalte ich vor Ort Ersatzteile für mein Modell?
Angebote für die Verschiffung holen Sie sich am besten bei den großen Speditionen wie Hapag Lloyd (www.hapag-lloyd.de) ein.

Backpacker-Hostels und Jugendherbergen

siehe „Unterkunft"

Behinderte auf Reisen

Behindertengerechte Einrichtungen sind in ganz Australien vorhanden, dies betrifft sowohl Hotels, Restaurants sowie Wanderwege in vielen National Parks. Fluggesellschaften müssen auf die Art der Behinderung hingewiesen werden, um bestmögliche Unterstützung zu gewährleisten. Hertz und Avis bieten Fahrzeuge mit Handbedienung auf besondere Anfrage.

Detaillierte Informationen für Rollstuhlfahrer enthält das Handbuch „Easy Access Australia – A Travel Guide to Australia" (www.easyaccessaustralia.com.au) sowie die von Städten und Regionen herausgegebenen Mobility Maps mit Behinderten-Wegen und -Einrichtungen (erhältlich bei den Touristeninformationen).

Touren: www.wheeltours.com.au.

Bekleidung

- **Kleidung**: Reisen Sie in den australischen Sommer, so sollte Ihre Kleidung leicht und leger sein. Am besten eignet sich luftige Baumwollbekleidung. Synthetikkleidung (sogenannte Funktionswäsche) trocknet zwar schnell, neigt aber zu unangenehmer Geruchsbildung. Kurze Hosen sind in der Hitze fast unumgänglich. Praktisch sind sogenannte Zip-off-Hosen, bei denen sich die Hosenbeine per Reißverschluss abnehmen lassen. Ein leichter Regenschutz sollte nicht fehlen. Im australischen Winter und im Süden gehören ein warmer Pullover und eine wind- und wasserfeste Jacke in das Reisegepäck. Moskitodichtes Gewebe für Hosen und Hemden (z. B. G1000-Gewebe von Fjällräven) ist ein sagenhafter Mückenschutz. Eine besondere Abendgarderobe ist in Australien kaum jemals notwendig, jedoch sollten in Restaurants lange Hosen und Halbschuhe getragen werden. In guten Restaurants, Casinos, der Sydney Oper, Bars und Nachtklubs ist gepflegte Kleidung Pflicht. Mit kurzen Hosen, verstaubter Outback-Kleidung und Sandalen sind Sie fehl am Platze.

- **Schuhe**: Für Wanderungen genügen normalerweise leichte Wanderschuhe. Lassen Sie Ihre schweren Trekkingstiefel daheim, wenn Sie nicht gerade einen Fernwanderweg auf Tasmanien in Angriff nehmen wollen. Wenn es warm ist, sind bequeme Sandalen, Laufschuhe oder Badeschlappen das häufiger gebrauchte Schuhwerk.
- **Sonnenschutz**: Vor der Sonne schützt ein breitkrempiger Hut, wie der australische Akubra Hat, am besten – er ist außerdem ein beliebtes Souvenir.

Benzin

Die Benzinversorgung ist landesweit sehr gut, kaum jemals liegen zwischen einzelnen Tankstellen oder sonstigen Versorgungsstationen mehr als 200 km, sieht man einmal von klassischen Outback-Pisten ab. Einzig auf der Canning-Stock-Route müssen beispielsweise Spritdepots angelegt werden.

Bleifreies Benzin (unleaded) und **Diesel** (manchmal noch Distillate genannt) ist in entlegenen Gebieten teurer und Tankstellen sind seltener. Denken Sie stets daran, rechtzeitig zu tanken. An praktisch allen Tankstellen, außer entlegenen Outback Stations (genug Bargeld für Outback-Touren mitnehmen!), werden Kreditkarten akzeptiert. Die „Roadhouses" an den Highways verfügen zudem oft über Restaurants, Lebensmittelverkauf und Werkstätten. Aktuelle Benzinpreise gibt es im Internet: www.fuelwatch.com.au.

Bootsausflüge

- **Flusskreuzfahrten** auf dem Murray River: Auf dem fünftlängsten Fluss der Erde werden mehrtägige Flusskreuzfahrten mit komfortablen Schaufelraddampfern angeboten. Der Murray und Umgebung zählen zu den touristisch eher unbekannten Gebieten und sollten ggf. Beachtung in Ihrer Reiseplanung finden.
- **Hausboote**: Der Hausboottourismus ist besonders unter Australiern populär. In Südaustralien können entlang des Murray in zahlreichen Orten Hausboote gemietet werden. Zum Führen eines Hausboots sind keine besonderen Vorkenntnisse erforderlich, lediglich ein Autoführerschein wird verlangt. Motorboote können auch in der Inselwelt der Whitsundays (QLD) gemietet werden, auch hier sind keine Vorkenntnisse erforderlich.
- **Kreuzfahrten**: Viele Kreuzfahrtschiffe legen auf ihren Routen um die Welt auch in Australien an, dabei erreichen sie Australien ungefähr im März/Apr. Mehrtägige Kreuzfahrten mit kleineren Schiffen (ca. 30–70 Passagiere) führen durch das Great Barrier Reef in Queensland. Die komfortablen Schiffe ankern unterwegs, um den Passagieren die Gelegenheit zu geben, durch die faszinierende Korallenwelt zu schnorcheln und zu tauchen. Die beliebteste Route führt ab/bis Cairns.

Sehr gefragt, aber teuer sind Kreuzfahrten entlang der abgelegenen Kimberley-Küste in Westaustralien, z. B. von Broome nach Darwin (unbedingt frühzeitig buchen).

- **Tagesausflüge**: Das Dorado für Tagesausflüge an das Great Barrier Reef ist Cairns. Vom einfachen Boot bis zum superschnellen Luxuskatamaran wird tagtäglich eine Vielzahl an Touren angeboten. Die Schnorchelausrüstung ist meist im Preis eingeschlossen.
- **Bootsausflüge** werden auch auf vielen Flüssen und Seen des Landes angeboten. Berühmt sind Kakadu National Park/NT, Katherine Gorge/NT, Lake Argyle/WA, Hafenrundfahrt in Sydney/NSW und Hobart/TAS und Swan River in Perth/WA.
- **Segeln**: Segelyachten können im Inselgebiet der Whitsundays gechartert werden – sowohl mit Skipper als auch ohne, Segelkenntnisse sind wünschenswert, ein Schein wird nicht verlangt. An vielen Stränden werden Hobbycat-Katamarane verliehen.

Busreisen – Fernbusse

Mit dem Bus reist man in Australien recht preiswert, allerdings ist die Konkurrenz durch Billigflüge groß geworden. Die Busse verfügen über Klimaanlage, Liegesitze, DVD-Player und Toilette. In allen Bussen herrscht Rauchverbot. Lange Strecken werden häufig nachts zurückgelegt und können leicht über 20 Std. dauern.

Das größte Busunternehmen Australiens ist Greyhound (www.greyhound.com.au). Angeboten werden landesweite, tägliche Verbindungen zu allen wichtigen Orten Australiens. Rundreisepässe und Kilometerpässe ermöglichen freie Planung bei günstigen Preisen. Ergänzt wird das Angebot durch Ausflüge, z. B. zum Ayers Rock oder in den Kakadu National Park sowie Pässe, welche Übernachtungen in Jugendherbergen (YHA) einschließen. Regionale Busunternehmen wie Firefly Express (www.fireflyexpress.com.au), Premier (www.premierms.com.au, nur Ostküste) und Tasmania Redline Coaches (www.tasredline.com.au, nur Tasmanien) vervollständigen das Angebot, sodass fast jeder Teil des Landes per Bus erreicht werden kann. Preisvergleiche auf viel befahrenen Strecken (z. B. Sydney – Melbourne) lohnen sich. Das Bussystem Australiens ist sehr verlässlich und pünktlich. Der größte Nachteil ist, dass meist nur größere Orte angefahren und z. B. National Parks links liegen gelassen werden.

Einzelfahrten: Jede Strecke und Verbindung kann einzeln gebucht werden. Auf populären „Rennstrecken", wie z. B. Sydney – Melbourne, lohnt der Preisvergleich mit regionalem Flugverkehr und Billigfliegern.

Rundreisepässe (Flexi Pass): Für bestimmte Regionen oder ganze Landesteile (z. B. Ostküste und Zentrum, Westaustralien von Perth bis Darwin, Rund um Australien) werden Rundreisepässe angeboten. Sie ermöglichen innerhalb einer bestimmten Geltungsdauer (sechs oder zwölf Monate) das Busfahren in einer Richtung mit unbegrenzten Stopps (Hop-On Hop-Off). Die Pässe können je nach Anbieter auch in Verbindung mit Übernachtungen in Jugendherbergen oder Backpacker-Hostels gebucht werden.

Kilometerpässe (Kilometer Pass): Für flexibles Reisen eignen sich auch Kilometerpässe, die von 2.000 bis 20.000 km angeboten werden. Die Zahl der gefahrenen km wird jeweils abgezogen, bis nichts mehr übrig bleibt. **Buchung und Infos**: im Internet unter www.greyhound.com.au, vor Ort in allen Backpacker-Hostels, Streckenreservierung unter ☎ 132030.

Für Backpacker interessant sind die Touren von OZ Experience: Der Veranstalter bietet flexible Rundreisepässe mit Routen, bei denen die wichtigsten Sehenswürdigkeiten angefahren und besucht werden. Bei dieser Mischung aus Linienbus und Sightseeing-Bus kann ebenfalls fast täglich ein- und ausgestiegen werden. Information und Buchung bei guten Reiseveranstaltern oder unter www.ozexperience.com.

 Tipps für Linienbus-Reisen und Fernbusse

- Sitzplatzreservierungen müssen 24–48 Std. vor Abreise telefonisch oder im Internet getätigt werden. Sollte der eigene Namen nicht auf der Liste des Busfahrers stehen, so wird man normalerweise nicht mitgenommen.
- Die Busse sind durch die Klimaanlagen chronisch unterkühlt. Am besten man nimmt, vor allem nachts, immer eine warme Jacke, eine Decke oder einen Schlafsack mit an Bord.
- Inhaber eines Jugendherbergsausweises (Concession) erhalten 10 % Ermäßigung auf die Fahrten und Pässe.
- Unter www.hm-touristik.de können in der Kategorie „Bausteine" Greyhound-Buspässe online bestellt werden.

Geführte Busreisen – Rundreisen mit Reiseleitung

Verschiedene Reiseveranstalter haben sich auf Rundreisen bzw. Gruppenreisen spezialisiert. Da für eine Rundreise nur begrenzt Zeit zur Verfügung steht und die Teilnehmerzahlen limitiert sind, sollte eine solche Reise bereits in Europa bei einem bewährten Reiseveranstalter gebucht werden. Natürlich kann eine Rundreise nur einen Teil des Landes abdecken, auch werden je nach Route erhebliche Distanzen zurückgelegt. Jedoch ist das Reisen in der Gruppe ungleich unterhaltsamer und eine mit den örtlichen Gegebenheiten vertraute Reiseleitung wesentlich informativer als eine Individualreise. Nicht zuletzt reduziert sich der eigene Organisationsaufwand auf ein Minimum.

Man kann in Australien die folgenden Rundreisearten unterscheiden:
- **Busrundreisen**: Von Tagesausflügen bis zu über 30-tägigen Australienumrundungen hat der Markt praktisch alles zu bieten. Unterschiede gibt es im Komfort der Hotels, in der Qualität der Reiseleitung (deutsch/englischsprachig), der Gruppengröße und in der Zahl der Stopps und inkludierten Ausflüge. Mehrere Busreisen, auch in Verbindung mit Neuseeland, können kombiniert werden. Der führende Anbieter ist AAT Kings (www.aatkings.com).
- **Studienreisen und Sondergruppen**: Zu einer Busrundreise kommen hier eine qualitativ hochwertige, deutschsprachige Reiseleitung, die Ihnen viel von Australien vermitteln kann, und eine kleine Gruppengröße. Die täglichen Fahr-

strecken sind geringer, da lange Strecken mit dem Flugzeug zurückgelegt werden bzw. die Begrenzung auf einen Landesteil festgesetzt ist. Studienreisen gehen ab/bis Europa zu einem festen Preis. Spezialisten stellen für kleinere Gruppen, Individualreisende und spezielle Interessengruppen maßgeschneiderte Reisen zusammen (s. Stichpunkt Reiseveranstalter).

- **Outback-Safaris**: s. „Outback-Safaris"
- **Tagesausflüge**: Für den Reisenden in Australien ist die Teilnahme an Tagesausflügen interessant, die in großer Zahl angeboten werden und die vor Ort bei lokalen Reiseveranstaltern gebucht werden können. Das Ausflugsangebot ist groß – man sollte deshalb stets das Preis-Leistungs-Verhältnis genau prüfen. Die Führungen sind ausschließlich in englischer Sprache, die Teilnehmerzahlen begrenzt.

Camper

Mit dem gemieteten Wohnmobil (der Einfachheit halber „Camper" genannt) zu reisen, stellt eine der angenehmsten Möglichkeiten dar, Australien kennenzulernen. Die Campingplätze liegen oft in den schönsten Gegenden und bieten gute bis sehr gute sanitäre Anlagen. Nur mit dem Camper können Sie auch in National Parks (am „Busen der Natur") nächtigen.

- **Camperübernahme**: Die Camperübernahme und -abgabe findet ausnahmslos in den größeren Städten statt (Sydney, Melbourne, Adelaide, Alice Springs, Darwin, Cairns, Brisbane, Perth, teilweise auch in Broome). Die Depots befinden sich i. d. R. zwischen Flughafen und Innenstadt. Direkt am Flughafen gibt es keine Depots. Es sind i. d. R. keine Transfers im Mietpreis enthalten. An besten nehmen Sie nach Ankunft ein Taxi oder den Flughafen-Shuttlebus zum Depot (bitte Depotadresse bereithalten).
- **Fahrzeugfunktionen/-ausstattung**: Lassen Sie sich das Fahrzeug genau erklären. Bei Allradfahrzeugen betrifft dies die Inbetriebnahme des Allradantriebs (Freilaufnaben sperren, Allradantrieb mit/ohne Untersetzung einschalten), Reserverad ausbauen, Werkzeug, Aufbau von Dachzelten, Funktion von Hubdächern, Kühlboxen, Kochern. Bei Campern und Motorhomes lassen Sie sich zudem die Funktion von Dusche, Toilette, Abwassersystem, Klimaanlage/Heizung und Gastanks erklären. Üblicherweise ist im Mietpreis die komplette Fahrzeugausstattung (Geschirr, Kochgeschirr, Besteck, Leintücher, Bettdecken oder Schlafsäcke) enthalten. Einige Vermieter gehen jedoch nach amerikanischem Vorbild dazu über, für diese Erstausstattung und für die Meldung zusätzlicher Fahrer eine Zusatzgebühr zu erheben. Prüfen Sie diese eventuellen Nebenkosten vorab – ein günstiger Grundpreis sagt oft nur die halbe Wahrheit.
- **Preise und Versicherungen**: Man unterscheidet Standard-Raten, Flex-Raten, All-Inclusive-Raten, Mieten mit unbegrenzten Kilometern und limitierten Kilometern. Hinzu kommen pro Anbieter ca. fünf verschiedene Modelle.
- **All-Inclusive Miete**: Wählen Sie bei der Buchung des Fahrzeugs einen All-Inclusive-Mietpreis, so entfallen bei der Anmietung Diskussionen und Überlegungen, welche Versicherung die beste ist. Sie sind dann immer bestmöglich versichert (geringstmöglicher Selbstbehalt). Einweggebühren (außer Zusatzgebühren für Mieten von/nach und ab/bis Broome), lokale Steuern (2 % des Mietpreises), Campingtisch und Campingstühle sind im All-Inclusive-Preis bereits enthalten. Sie zahlen vor Ort tatsächlich nur den Treibstoff.

- **Standardmietpreise** indes enthalten nur eine Basisversicherung mit normalerweise A$ 7.500 Selbstbeteiligung (SB). Einweggebühren, lokale Steuern, Campingtisch/-stühle müssen extra bezahlt werden, ebenso bei einigen Anbietern zusätzliche Fahrer oder Teile der Fahrzeugausstattung. Zur Reduktion der sehr hohen SB werden vor Ort Zusatzversicherungen angeboten.

👉 Wichtig!

Die SB fällt in jedem Fall an – egal ob Sie schuld am Unfall sind oder nicht. Man kann sich in Australien nicht darauf verlassen, dass der Unfallgegner versichert ist. Im eigenen Interesse sollte man daher eine Zusatzversicherung abschließen, welche die SB auf ein erträgliches Maß reduziert. Die Deckungssummen der Personen-Haftpflichtversicherung, welche in Australien Pflicht ist, variieren von Staat zu Staat.

Achtung: Wird keine Zusatzversicherung abgeschlossen, so bucht der Vermieter den maximalen Selbstbehalt (volle A$ 7.500) von der Kreditkarte ab, bei mehreren Mieten gegebenenfalls sogar bei jeder Miete erneut. Eine Rückbuchung erfolgt erst bei unversehrter Rückgabe des Fahrzeugs. Hierbei kann durch Währungsschwankungen zu Gewinnen oder Verlusten kommen. Die meisten Kreditkarten sind mit diesem Limit bereits überfordert – nicht selten stellt man bei Fahrzeugübernahme im Depot oder spätestens beim zweiten Tanken fest, dass der Verfügungsrahmen der Karte überschritten ist.

Empfehlung: All-Inclusive Rate gleich bei Buchung abschließen. Sie sind damit bestmöglich mit A$ 0,00 Selbstbehalt versichert.

- **Kaution**: Bei der Abholung des Fahrzeugs muss bei allen Vermietern eine Kreditkarte zur Hinterlegung einer Kaution (= Höhe des anfallenden Selbstbehalts) vorgelegt werden. Sie erhalten diese Kaution zurück, wenn das Fahrzeug vollgetankt und zum vereinbarten Zeitpunkt unbeschädigt zurückgeben. Wird keine Zusatzversicherung abgeschlossen, wird der maximale Selbstbehalt von Ihrer Kreditkarte tatsächlich abgebucht.
- **Schadensüberprüfung**: Überprüfen Sie das Fahrzeug bei der Übernahme sehr genau auf Schäden (Windschutzscheibe, Dach, Beulen, Reifen) und halten Sie vorhandene Mängel schriftlich fest! Achten Sie auf intakte, neuwertige Reifen (auch Reserverad kontrollieren). Kontrollieren Sie, ob der Wagen voll getankt ist.
- **Kilometerbegrenzung**: Die Fahrzeuge werden mit unbegrenzten Freikilometern angeboten. Bei Langzeitmieten genügen u. U. auch 150 km/Tag, wie es von manchen Vermietern angeboten oder verhandelt werden kann.
- **Einwegmieten** sind gegen Gebühr (A$ 200–250) bei allen Vermietern möglich. Einige Vermieter erlassen die Einweggebühr bei Mieten über 21 Tagen Dauer und bei Buchung des All-Inclusive-Pakets. Die Abgabe und/oder Annahme eines Campers in Broome kostet immer zwischen A$ 500 und A$ 750 Aufpreis. Für viele Einwegstrecken gilt eine Mindestmietdauer (z. B. Perth – Darwin 21 Tage, Sydney – Cairns 14 Tage).

Fahrzeugtypen:
- **Camper** und **Motorhomes** (2-WD): Man unterscheidet Camper/Campervans (ausgebaute Kleinbusse mit Hoch- oder Aufstelldach, für 2–3 Personen, mit oder ohne Dusche/WC) und Motorhomes (Alkovenfahrzeuge mit Bett über dem Führerhaus, immer mit Dusche/WC, für 2–6 Personen). Bei Fahrzeugen mit Dusche/WC und Klimaanlage im Wohnbereich muss auf Campingplätzen immer eine „Powered Site" angefahren werden, da 240 V Außenstrom für die Elektrikfunktionen erforderlich ist. Diese zweiradgetriebenen Fahrzeuge (2-WD) dürfen nicht auf unbefestigten Straßen gefahren werden. Da die Wassertanks oft am Unterboden befestigt sind, werden diese leicht beschädigt.
- **HiTop Campervan** (2–3 Berth): Kleinbus mit Hochdach oder Aufstelldach, meist auf Toyota-Basis, Benzin- oder Dieselmotor, Schaltgetriebe, Klimaanlage (nur während der Fahrt), 2–3 Schlafplätze, festes Hochdach oder Aufstelldach, ohne Dusche/WC, empfohlen für zwei Erwachsene, evtl. mit einem Kind (je nach Sitzplatzzahl).
- **2 Berth Campervan**: Kleinbus (Ford Transit oder Mercedes Sprinter-Basis) Turbo-Dieselmotor, Schaltgetriebe oder Automatik, Klimaanlage (auch im Stand bei Außenstrom), Dusche/WC, empfohlen für zwei Erwachsene.
- **2–6-Berth Motorhome**: Geräumiges Alkovenfahrzeug (Ford oder Mercedes-Basis) mit 2–6 Schlafplätzen, Turbo-Dieselmotor, Schaltgetriebe oder Automatik, mit Dusche/WC, Klimaanlage (auch im Stand bei Außenstrom), empfohlen für 2–6 Personen.
- **Allrad-Camper** (4-WD): Reisende, die das Outback Australiens in seiner ganzen Vielfalt kennen lernen wollen, sei die Anmietung eines 4-WD-Campers (auf Basis des Toyota Landcruiser HZJ oder Toyota HiLux) empfohlen. Diese Fahrzeuge dürfen auf allen üblichen Straßen und Pisten genutzt werden (außer Simpson Desert und Canning Stock Route). Teilen Sie Ihrem Veranstalter und dem Vermieter Ihre geplante Route bei Buchung mit! Die Fahrzeuge werden mit praktischem Aufstelldach angeboten. Die komfortable Variante sind Allradcamper auf Pick-Up-Basis (z. B. Apollo Adventurer), welche auch über eine Klimaanlage im Wohnbereich verfügen.

Allradcamper (Bushcamper) im Einsatz

Ein sinnvolles Extra bei den Allrad-Campern ist ein „Satellite Beacon" (offizieller Name: „Emergency Position Indicating Radio Beacon", kurz EPIRB), der bei Aktivierung (im äußersten Notfall) ein Ortungssignal sendet. Manche Anbieter bieten auch ein UHF-Radio (Funk) zur Miete. Allrad-Camper eignen sich meist nur für zwei Personen. 3–4 Personen können im Prinzip nur gemeinsam reisen, wenn ein normaler 4-türiger Toyota Landcruiser mit Dachzelt sowie zusätzlichem Zelt genutzt wird (z. B. Britz Adventurer). Die meisten Allrad-Camper haben sparsame und robuste Dieselmotoren. Achten Sie auf eine gute Tankkapazität: 140–180 Liter dürfen es ruhig sein. Der Allradantrieb ist i. d. R. zuschaltbar, ebenso wie eine Untersetzung in schwerem Gelände.

 Tipps zur Reise mit dem Camper

- Lassen Sie sich angesichts der Anbieter-, Raten-, und Modellvielfalt von einem kompetenten Reiseveranstalter beraten. Er kennt am besten die Tricks und Feinheiten der Campermiete sowie auch das richtige Fahrzeug für Ihre Bedürfnisse. Namhafte und gute Vermieter sind Britz (www.britz.com.au), Kea (www.keacampers.com), Apollo (www.apollocamper.de). Aufgrund der begrenzten Verfügbarkeit ist eine Vorabreservierung über Ihren Reiseveranstalter unbedingt empfehlenswert. Dies hilft auch im Falle von Reklamationen und Sie erhalten dort auch die günstigeren Preise.
- Wegen der besseren Unterbringung im Campmobil sind weiche Reisetaschen den sperrigen Hartschalenkoffern vorzuziehen. Packen Sie ein paar wichtige Dinge ein: Wäscheleine, etwas Waschpulver, ein paar Wäscheklammern, Taschenlampe, Taschenmesser, Verbandspäckchen.
- Das Leben spielt sich draußen ab: Vergessen Sie im Camperdepot bei der Übernahme nicht, einen Tisch und Campingstühle einzupacken, sofern nicht im Mietpreis enthalten. Die Schlafsäcke der Camper taugen kaum für kalte Outback-Nächte im australischen Winter – besser den eigenen Schlafsack mitnehmen oder sich Decken geben lassen.
- Ein paar der Lieblings-Musik-CDs für lange Etappen sollten mit ins Gepäck – ein Radioempfang ist in vielen Gebieten nicht möglich. Bewährt hat sich die Mitnahme eines kleinen MP3-Spielers, der mittels eines FM-Transmitters (zusätzlich besorgen) über eine freie UKW-Frequenz die Musik abspielt. Reisende mit Kindern berichten zufrieden über per DVD-Player und reichlich DVDs „ruhig gestellte Kinder".
- Meiden Sie Billigvermieter, die Sie nirgendwo in den Katalogen der Reiseveranstalter finden. Dort werden die abgenutzten Fahrzeuge der bekannten Vermieter noch gefahren, bis sie vollends zusammenbrechen. Wartungsmängel (Bremsen, Lenkung) und Pannen sind gefährlich und ärgerlich. Ersatzfahrzeuge können nicht gestellt werden.
- Beachten Sie den Linksverkehr beim Losfahren! Vermeiden Sie unbedingt Nachtfahrten – die Gefahr von Tierkollisionen ist immens.
- Reisen Sie nicht unter Zeitdruck. Tagesetappen von 250 km sind meist mehr als genug, wenn Sie unterwegs auch was sehen möchten. Planen Sie für den Fall einer Panne auch einen Puffertag ein.

Was tun im Pannenfall?

Als Mieter haben Sie eine Sorgfaltspflicht. Ölstand, Kühlwasser, Keilriemenspannung sowie Reifendruck und Reifenzustand sollten regelmäßig kontrolliert werden. Einige Vermieter verlangen, dass für die üblichen Inspektionen (z. B. alle 10.000 km) eine Vertragswerkstatt angefahren werden muss. Dies wird Ihnen bei Fahrzeugübernahme erklärt und sollte tunlichst beachtet werden. Doch selbst bei bester Wartung können Pannen vorkommen. Halten Sie möglichst immer Rücksprache mit dem Vermieter, falls Reparaturen erforderlich sind.

Kümmern Sie sich umgehend, falls etwas nicht richtig funktioniert. Eine Reklamation, dass z. B. der Kühlschrank nicht richtig funktionierte, hat nach vier Wochen Mietdauer wenig Sinn (und Erfolg). Meist kann das nächste Depot des Vermieters oder eine Vertragswerkstatt angefahren werden. Bewahren Sie sämtliche Reparaturbelege zur Erstattung bei Camperabgabe auf. Alle namhaften Vermieter sind Mitglied im Automobilclub, d. h.: Pannenhilfe wird Ihnen normalerweise gewährt, sofern man sich nicht vollkommen abseits üblicher Routen befindet.

Sollte gar nichts mehr gehen, so bewahren Sie zunächst Ruhe. In entlegenen Gebieten bleiben Sie immer beim Fahrzeug und gehen Sie nicht auf Wanderschaft. Warten Sie auf Hilfe oder andere Fahrzeuge. Benachrichtigen Sie den Vermieter. Dieser ist bemüht, Ihnen ein Ersatzfahrzeug zu besorgen. Das kann im großen Australien jedoch mal ein paar Tage dauern. Bewahren Sie deshalb Ruhe und versuchen Sie in einem solchen Fall auf eigene Faust ein Ersatzprogramm zu organisieren – wie die Teilnahme an einer organisierten Tour.

Camping

- **„Wildes Campen"** ist offiziell nicht erlaubt, wird aber außerhalb von Städten und besiedelten Gebieten gestattet. Oft genügt es, kurz um Erlaubnis zu fragen – falls jemand in der Nähe ist. Lagerfeuer sollten wegen der Buschbrandgefahr äußerst umsichtig entfacht werden. Lose herumliegendes Holz darf nur außerhalb der National Parks gesammelt werden.
- **Campingplätze in National Parks** (NP-Campgrounds) bieten keine oder nur einfache sanitäre Anlagen, die aber üblicherweise gut gepflegt sind. Die Plätze sind meist gegen geringe Gebühr (ca. A$ 10–25 pro Person/Stellplatz) benutzbar. Wer in der freien Natur oder in National Parks kampiert, sollte immer einen Kocher mitnehmen.
- **Caravan Parks**: Der Wunsch nach einer Dusche treibt die meisten Camper auf die kommerziellen Caravan Parks oder Holiday Parks, die zahlreich vorhanden sind. Ihre Ausstattung ist mit Zeltplätzen, elektrischen Anschlüssen, Grills, Waschmaschinen, Schwimmbädern und Kiosk meist komplett. Die sanitären Anlagen (Amenities) sind fast immer sehr sauber und gepflegt. In den größeren Städten liegen die Caravan Parks nicht selten weit außerhalb des Zentrums und haben nur eine begrenzte Zahl von Stellplätzen. Man unterscheidet Unpowered Sites (Stellplätze ohne Strom) und Powered Sites (Stellplätze mit Strom), welche von größeren Wohnmobilen benötigt werden. Für Mietwagenreisende interessant sind auch die komfortablen Cabins auf den Caravan Parks. Es handelt sich hierbei um feststehende Bungalows mit Klimaanlage und Dusche/WC. In der Budgetversion nutzt man die sanitären Anlagen des Campingplatzes. Die Preise liegen zwischen A$ 15–25 pro Person ohne Strom

und A$ 20–30 pro Person/Stellplatz mit Strom. Auf vielen Plätzen können Cabins (mit oder ohne eigene Dusche/WC) gemietet werden (ca. A$ 80–140 pro Cabin/Nacht). Die Caravan Parks der Ketten Big4 (www.big4.com.au) und Top Tourist Park (www.toptouristparks.com.au) bieten einen hohen Standard und können normalerweise bedenkenlos empfohlen werden. Ein umfassendes Verzeichnis der Campingplätze ist über die Automobilclubs des jeweiligen Bundesstaates und die Tourist-Informationen erhältlich.

Caravan Park Eighty Mile Beach

• **Zelten**: Die günstigste Art zu reisen ist per Mietwagen plus Zelt. Zelten ist angesichts der meist warmen Witterung auf dem Festland kein Problem. Angst vor Spinnen oder Schlangen braucht man keine haben, allerdings sollte das Zelt immer verschlossen werden. Beim Zelt ist das Moskitonetz das Wichtigste, außerdem sollte das Überzelt regendicht sein. Im Outback und im Gebirge kann es im Winter empfindlich kühl werden, deshalb sollte der Schlafsack einigermaßen warm sein und eine Iso-Matte darunter liegen. Gaskartuschen für Kocher sind in größeren Orten erhältlich, für entlegene Gebiete oder längere Reisen empfiehlt sich ein Benzinkocher. Gasflaschen können an Tankstellen, „Hardware"-Läden und Caravan Parks nachgefüllt werden. Reisen Sie mit dem Auto, so sollten Sie sich einen Esky (Kühlbox) zulegen. Eisblocks zur Kühlung gibt es z. B. an Tankstellen. In entlegenen Gebieten dürfen Wasserkanister und Essensvorräte nicht fehlen.

 Hinweis

Eine Reservierung der Campingplätze ist normalerweise nicht erforderlich. Ausnahme sind die stadtnahen National Parks (z. B. Wilsons Promontory NP bei Melbourne) in der Ferienzeit sowie an „Long Weekends" sowie sehr populäre Ferienziele (z. B. Monkey Mia und Broome in Westaustralien von Apr.–Okt.).

Diplomatische Vertretungen

In Australien
Deutschland, Österreich und die Schweiz haben Botschaften in Canberra und Konsulate in den wichtigsten Städten. Sie sind behilflich, wenn Dokumente oder Geldmittel verloren gehen oder rechtlicher Beistand erforderlich ist.
• **Deutsche Botschaft**, 119 Empire Circuit, Yarralumla, Canberra, ☎ 02-62701911, www.canberra.diplo.de.
• **Österreichische Botschaft**, 12 Talbot St, Forrest, Canberra, ☎ 02-62951533, www.bmeia.gv.at/botschaft/canberra.
• **Schweizer Botschaft**, 7 Melbourne Ave, Forrest, Canberra, ☎ 02-61628400, www.eda.admin.ch.

Australische Botschaften

- **In Deutschland**: Wallstraße 76–79, 10179 Berlin, ☎ 030-8800880, www.germany.embassy.gov.au.
- **In Österreich**: Mattiellistraße 2–4, 1040 Wien, ☎ +43-1-506740, www.australian-embassy.at.
- **In der Schweiz**: Australian Immigration & Trade Service, Postfach 457, 3800 Interlaken, ☎ +41-33-8260026, www.aits-australia.ch. Visa-Anträge müssen über die Botschaft in Berlin abgewickelt werden.

Sämtliche Visa-Anträge und Informationen sind auf der Internetseite der australischen Botschaft in Berlin aufgeführt.

Ein- und Ausreisebestimmungen

Für die Einreise nach Australien sind ein Reisepass (Mindestgültigkeit: sechs Monate sowie über das Rückreisedatum hinaus) und ein Visum erforderlich. Kinder sollten im Reisepass der Eltern eingetragen sein und müssen über einen Kinderausweis verfügen. Bei Flügen via USA oder Thailand benötigen Kinder ebenfalls einen richtigen Reisepass mit Lichtbild.

Visum

Das reguläre **Touristenvisum** für Aufenthalte bis zu drei Monaten ist kostenlos und gilt zwölf Monate für mehrmalige Einreise. Reiseveranstalter bieten bei Buchung einen kostenlosen Visa-Service für das Besuchervisum an. Dies geschieht zusammen mit Ihrer Flugbuchung auf elektronischem Weg, d. h., anhand der Reisepassnummer wird das Visum über das Reservierungssystem der Fluggesellschaft zugeteilt. Die Visaeinholung kann auch selbst über die Internetseite der Botschaft getätigt werden.

Langzeit Touristenvisa (Long-Stay) für Aufenthalte bis zu sechs Monate, Geltungsdauer maximal vier Jahre für mehrmalige Einreise, sind gebührenpflichtig. Der Antrag kann im Internet heruntergeladen werden. Der Reisepass mit vollständig ausgefülltem Visaantrag, der Überweisungsbeleg mit Bankstempel und ein frankierter Rückumschlag müssen beigefügt sein.

Visaverlängerung in Australien: Soll das Visum in Australien verlängert werden, müssen Sie sich an das Department of Immigration and Ethnic Affairs (in allen Großstädten) wenden.

Working Holiday Visum

Das Working Holiday Visum ist für junge Leute gedacht, die in Australien reisen und arbeiten möchten. Hiermit dürfen Reisende bis zu ein Jahr lang in Australien leben und arbeiten. Ein zweites Working Holiday Visa ist möglich. Working Holiday Maker können für jeweils sechs Monate für den gleichen Arbeitgeber arbeiten. Wer länger als sechs Monate arbeiten will, muss den Arbeitgeber wechseln. Um ein Working Holiday Visum zu erhalten, müssen Reisende z. B. deutsche Staatsbürger sein. Antragsteller müssen zwischen 18 und 30 Jahre alt sein und können den Antrag bis zu einem Tag vor dem 31. Geburtstag stellen. Zudem müssen genügend

Geldmittel vorhanden sein, um die Reise nach und die Rückreise von Australien zu finanzieren zu können. Der Visumsantrag sollte spätestens vier Wochen vor dem vorgesehenen Ausreisetermin beantragt werden. Die Einreise muss nach Erteilung innerhalb eines Jahres erfolgen. Während des Aufenthaltes ist ein kürzeres Studium wie der Besuch einer Sprachschule bis zu vier Monaten erlaubt, jedoch ein längeres Studium verboten. Für diesen Fall ist ein Student Visa erforderlich. Der Visumsantrag muss online beantragt werden und ist mit einer Kreditkarte zu bezahlen. Nach Ankunft in Australien muss unverzüglich ein Büro der Einwanderungsbehörde aufgesucht werden, ansonsten kann keine Arbeitsgenehmigung vorgewiesen werden.

Weitere Infos auf den Websites der jeweiligen Botschaften (s. „Diplomatische Vertretungen").

Formulare
Im Flugzeug erhalten Sie eine Einreisekarte („Passenger Incoming Card") und ein Zollformular (Customs Form), das Sie wahrheitsgemäß ausfüllen müssen. Die Einreisekarte wird bei der Passkontrolle zusammen mit dem Reisepass vorgelegt.

Zoll
Das Zollformular enthält Fragen zu den mitgeführten Gütern, Devisen und Lebensmitteln. Zollfrei dürfen persönliche Gegenstände und Sportgeräte, 250 Zigaretten (oder 250 g Tabak), 1,125 Liter Alkohol (inkl. Wein oder Bier) und A$ 5.000 in bar ohne Deklaration eingeführt werden. Der Zoll darf auch Datenträger auf sittenwidriges Material überprüfen. Daher ist es möglich, dass Laptops und Digitalkameras kontrolliert werden. Nicht eingeführt werden dürfen Drogen, geschützte Tiere und Pflanzen und Lebensmittel jeglicher Art. Geben Sie bei der Einreise unbedingt alle Waren an, bei denen Sie sich nicht sicher sind. Zuwiderhandlungen kosten ein Bußgeld. Keine Beschränkungen gibt es für die Reisekasse, allerdings müssen Beträge über A$ 5.000 in australischer oder anderer Währung bei Ein- oder Ausfuhr angegeben werden.

Quarantänebestimmungen
Australiens einzigartige Flora und Fauna ist potenziell von Schädlingen und Erregern bedroht. Verboten sind daher die Einfuhr lebender Tiere, Muscheln, Felle, Häute, Elfenbein, frischer Lebensmittel (Fleisch, Obst, Gemüse, Milchprodukte) und Pflanzen (Saatgut, Nüsse, Blumen etc.). Die Quarantänebestimmungen sind streng. Teilen Sie den Behörden bei der Einreise unbedingt und ehrlich alle Waren mit, die möglicherweise unter die strengen Auflagen fallen. Zuwiderhandlungen werden mit sofortigen Geldbußen geahndet. Nähere Informationen erteilt der Australian Quarantine Inspection Service (www.dfat.gov.au).

Ausreise
Die australische Ausreisesteuer wird bereits mit dem Ticketpreis vorab bezahlt. Vor der Ausreise muss eine „Outgoing Passenger Card" (Inhalte ähnlich der Einreisekarte) ausgefüllt und bei der Passkontrolle abgebeben werden. Die Karten werden i. d. R. mit der Bordkarte ausgegeben oder liegen am Ausreise-Gate aus.

Wichtig: Internationale Langstreckenflüge müssen offiziell meist nicht rückbestätigt werden. Eine Reconfirmation, d. h. der Anruf bei der Fluggesellschaft am Vortag des Abflugs, ist trotzdem sinnvoll, um festzustellen, ob es Flugzeitenänderungen in den vergangenen Tagen oder Wochen gegeben hat.

 Tipps

Machen Sie von allen wichtigen Dokumenten (Reisepass, Führerschein, Kreditkarte) eine **Kopie** und bewahren Sie diese getrennt auf oder scannen Sie Dokumente ein und senden Sie diese an eine zugängliche E-Mail Adresse.

Offiziell muss der Reisepass nur bis über das Rückreisedatum hinaus gültig sein. Bei Stopover-Programmen in Asien oder Flügen via Asien müssen jedoch die unterschiedlichen Pass- und Einreisebestimmungen der besuchten Länder beachtet werden. So muss der Reisepass fast in allen asiatischen Ländern noch mindestens sechs Monate gültig sein. Viele asiatische Fluggesellschaften verweigern ansonsten die Beförderung.

Einkaufen

Kaufhäuser, Einkaufsarkaden und Fußgängerzonen gibt es in allen größeren Städten. Lohnende und schöne Andenken sind Edelsteine (Opale, Diamanten), Lederwaren (Känguruleder), Kunstwerke der Aborigines und Buschkleidung (Akubra-Hüte, Dryza-Bone-Mäntel). Dutyfree-Läden für zollfreien Einkauf gibt es an Flughäfen und in Großstädten. Beim Einkauf müssen der Reisepass und das Flugticket gezeigt werden. Der Kauf in diesen Läden ist nur möglich, wenn die Abreise innerhalb vier Wochen liegt. Supermärkte wie Woolworth und Coles sind in den größeren Städten vorhanden, sehr gut bestückt und preisgünstig. Die Versorgung abgelegener Regionen wird durch kleinere Lebensmittelläden oder Rasthäuser (Roadhouses) gewährleistet.

 Tipp: Tourist Refund Scheme

Auf Güter, die mindestens A$ 300 kosten und in einem Geschäft höchstens 30 Tage vor Verlassen Australiens gekauft wurden, erfolgen Rückerstattungen der GST-Steuer. Verlangen Sie vom Händler eine „Tax Invoice" (Steuerrechnung), wenn Sie Waren von A$ 300 und mehr einkaufen. Diese Steuerrechnung muss zusammen mit den Waren am Flughafen bei der Ausreise vorgewiesen werden. Sie erhalten dort eine Rückerstattung der GST (10 %). Die gekauften Güter können vor Abreise aus Australien benutzt werden. Die Rückerstattung bezieht sich jedoch nur auf Güter, die beim Verlassen des Landes als Handgepäck mitgenommen werden.

Eisenbahn

Die Fernreisezüge der Great Southern Railway (GSR) tragen klangvolle Namen: „The Ghan", „The Indian Pacific" oder „The Overlander". Passagiere reisen mit ihnen sehr komfortabel: In der ersten Klasse (Gold Kangaroo Service) sind auf den Langstrecken geräumige Schlafwagen und mehrgängige Mahlzeiten inklusive. Günstiger und auch für den schmalen Geldbeutel empfehlenswert sind die Schlafwagen der zweiten Klasse (Red Kangaroo Service) bzw. Sitzwagen der 2. Klasse (Red Kangaroo Daynighter Seat, teilweise sehr eng). Bei einigen Fahrstrecken werden auf Anfrage auch Autos befördert (Motorail). Relativ dichte Bahnnetze bestehen in New South Wales (Countrylink), Victoria (V-Line) und Südwestaustralien (Westrail).

Wichtige Bahnstrecken im Überblick
(alle Angaben für einfache Fahrt, Änderungen vorbehalten):

Fernzüge
- **Sydney – Melbourne**: „XPT/Sydney-Melbourne-Express", 961 km, 10,5 Std., tgl., 1. und 2. Klasse.
- **Sydney – Perth**: „The Indian Pacific" über Broken Hill, Adelaide, Kalgoorlie, 4.352 km, Schlafwagen und Sitzwagen.
- **Sydney – Canberra**: „Xplorer", 326 km, 4,5 Std.; tgl., 1. und 2. Klasse.
- **Brisbane – Cairns**: „Spirit of Queensland", 1.681 km, 1. und 2. Klasse, Schlafwagen und Sitzwagen.
- **Brisbane – Longreach**: „Spirit of the Outback", 1.326 km, Schlafwagen und Sitzwagen.
- **Melbourne – Adelaide**: „The Overlander", 774 km, 12 Std., Schlafwagen und Sitzwagen.
- **Adelaide – Alice Springs**: „The Ghan", 1.559 km, 23 Std., Schlafwagen und Sitzwagen.
- **Alice Springs – Darwin**: „The Ghan", 1.420 km, 24 Std., Schlafwagen und Sitzwagen.
- **Adelaide – Perth**: „The Indian Pacific", 2.659 km, Schlafwagen und Sitzwagen.
Infos zu Fahrplänen und Abteil-Kategorien: www.greatsouthernrail.com.au.

Nostalgiezüge im Outback
- **Cairns – Forsayth**: „Savannahlander" (www.savannahlander.com.au).
- **Croydon – Normanton**: „Gulflander" (www.gulflander.com.au).

Ausflugsfahrten
- **Cairns – Kuranda**: Kuranda Scenic Railway (www.ksr.com.au), spektakulär durch den Regenwald, tgl.
- In den Bundesstatten VIC und SA gibt es ferner einige **Dampfeisenbahnen**, die an Wochenenden verkehren

Reservierungen für die klassischen Fernzüge sind unerlässlich und sollten bereits vor Reisebeginn bei Ihrem Reiseveranstalter in Europa vorgenommen werden. Buchungen werden bis sechs Monate im Voraus angenommen. Zentrale Reservierungsnummer in Australien: ☎ 132232, www.gsr.com.au, www.railaustralia.com.au.

Elektrizität

Die Stromspannung beträgt 240/250 Volt, Wechselstrom 50 Hz. Die Steckdosen haben drei längliche Schlitze, die Stecker entsprechend drei längliche Pole. Deshalb benötigen Sie einen Adapter. Europäische Geräte können problemlos benutzt werden. Handys und Videoakkus lädt man am besten unterwegs per Adapter am Zigarettenanzünder des Fahrzeugs (Ausstecken nicht vergessen) oder im Hotelzimmer.

Ermäßigungen

- Kindern unter zwölf Jahren werden bei Transportunternehmen, Unterkünften (im Zimmer der Eltern) und Eintrittsgeldern Preisnachlässe gewährt. Kinder unter zwei Jahren erhalten bei internationalen und nationalen Flügen 90 % Ermäßigung (kein Anspruch auf Sitzplatz und Freigepäck), im Land reisen Kinder unter vier Jahren häufig gratis.
- Jugendliche und Studenten erhalten bei Vorlage eines internationalen Studentenausweises Ermäßigungen bei Eintrittsgeldern und Transportunternehmen. Die Vorlage eines Jugendherbergsausweises verhilft auch manchmal zu Preisreduktionen, z. B. bei Busfahrten.
- Für australische Senioren gibt es oft Senior Discounts, die teilweise auch von Ausländern beansprucht werden können (den Versuch ist's wert).

Essen und Trinken

Eine typisch australische Küche, so wie man z. B. italienische oder französische Küchen kennt, hat sich nie entwickelt. Vielmehr erinnert die Landesküche an die englische – was angesichts der Einwanderersituation auch nicht verwunderlich ist. Die Briten waren die ersten, die ihre Essgewohnheiten über den Kontinent ausbreiten konnten. Zu diesen Gewohnheiten zählt zum Beispiel ein ausgesprochen reichhaltiges **Frühstück** mit Bacon & Eggs (gebratener Speck und Spiegelei), wahlweise Bohnen (Beans) oder Hash Browns (Kartoffel-Rösti) dazu. Richtig lecker wird es, wenn Australier bereits zum Frühstück Spaghetti verzehren. Nun, der Tag wird lang, und eine ordentliche Grundlage hat noch niemandem geschadet. Wer es gern europäischer hätte, dem werden Toast, Marmelade, Honig oder eine große Auswahl an sogenannten „Cereals" (Müsli, Cornflakes) serviert. Für unseren Geschmack gewöhnungsbedürftig ist der sehr beliebte Brotaufstrich Vegemite, ein braunes Hefeextrakt, dessen Geschmack an einen Suppenwürfel erinnert. Die Krönung ist ein Vegemite-Toast mit Marmelade.

Mittags zum **Lunch** genügt den Aussies leichte Kost, wie ein Sandwich oder Salate. In den großen Städten und Metropolen empfiehlt sich dazu der Besuch einer Food Mall – Imbisshallen in Kaufhäusern mit einer Unzahl von Ständen und Gerichten verschiedenster Herkunft und Nationalität: Vom chinesischen Reisgericht über italienische Pasta ist dort alles zu bekommen. In den Küstenstädten besuchen Sie ruhig einmal die Fish-&-Chips-Bude an der Strandpromenade, um sich an frittiertem Fisch (meist frisch) und Pommes Frites, eingewickelt in Zeitungspapier, satt zu essen. Überall zu finden sind selbstverständlich Fast-Food-Ketten, allen voran McDonald's.

Die wichtigste Mahlzeit des Tages ist das **Abend-essen** (Dinner), das fast immer ein mehr oder weniger großes Stück Fleisch (Rind oder Lamm) beinhaltet. Kängurufleisch wird kaum verzehrt, der Australier verschmäht das eigene Wappentier. Auf den Speisekarten findet man zunehmend auch Kamelfleisch und Krokodilfleisch (aus Farmbeständen). Beilagen sind traditionell Kartoffeln, Gemüse und Zwiebeln. An den Küsten werden Ihnen köstliche Meeresfrüchte serviert: Speisefische, Austern, Krabben (Crabs), Hummer (Lobster) und Garnelen (Prawns) werden schmackhaft zubereitet.

Die obligatorische **Teepause**, morgens gegen 10 Uhr und nachmittags um 17 Uhr, wurde bis Mitte des 20. Jahrhunderts peinlich genau eingehalten. Dazu zählte auch, dass man die Arbeit zur Teatime unterbrach. Heute ist der Tee immer mehr dem Kaffee gewichen, wobei auch italienischer Espresso und Cappuccino gerne getrunken werden.

Lunch-Angebot in Sydney

Durch die Einwanderung verschiedenster Nationalitäten veränderte sich die kulinarische Landschaft entscheidend: Seit dem Zweiten Weltkrieg führten Chinesen, Vietnamesen, Italiener, Griechen, Ungarn, Deutsche und viele andere Nationalitäten zu einer echten Bereicherung der Restaurant-Szene. Nicht nur, dass es vor allem in den Großstädten zur Gründung vieler Spezialitätenrestaurants kam – auch die Möglichkeit, Zutaten und Gewürze zu erstehen, verbesserte sich dadurch enorm.

Alkoholische Getränke dürfen nur von Gaststätten (Pubs, Hotels, Restaurants, Nachtklubs) mit Alkohollizenz ausgeschenkt werden (Licenced Restaurant). Gaststätten ohne Lizenz tragen das Schild BYO (= Bring Your Own), was bedeutet, dass der Gast seine alkoholischen Getränke selbst mitbringen darf, um sie im Lokal zu konsumieren. Vor Ort ist dann häufig eine „Entkork-Gebühr" (Corkage) zu bezahlen.

Die Öffnungszeiten der Pubs (oft auch Hotel genannt) sind relativ strikt: Abends wird um 22 oder 23 Uhr geschlossen, sonntags bleiben lizenzierte Restaurants oder Bars oft ganz geschlossen.

Überblick
- **Schneller Imbiss**: Die Amerikanisierung hat auch bei den Essgewohnheiten der Australier nicht halt gemacht. In den Städten sind Fast-Food-Ketten (McDonald's usw.) wie Pilze aus dem Boden geschossen. Imbissbuden (Take Aways) bieten neben den englischen Fish and Chips (Fisch und Pommes Frites) auch Pies (gefüllte Teigtaschen), Sandwiches und Hamburger mit allem Drum und Dran (... with a lot).
- **Zum Sattwerden**: In den Kaufhäusern und Einkaufspassagen der Großstädte befinden sich im Untergeschoss meist **Food Malls**, eine Aneinanderreihung ver-

schiedener Restaurants oder Imbiss-Stände. Bekannte amerikanische Steakhäuser findet man nur in den Hauptstädten.

- Pubs und Hotels bieten **Counter Lunches** an: preiswerte und gute Mittagessen, die direkt am Tresen eingenommen werden.
- **Internationale Küche**: Die verschiedenen Einwandererkulturen spiegeln sich in den vielen guten Restaurants wider, die vornehmlich asiatische und europäische Gerichte anbieten.
- **Seafood**: Hervorragende Fischgerichte und Meeresfrüchte (Langusten, Krabben, Austern, Sushi) können sowohl in kleinen Küstenorten als auch in den Hauptstädten (zu allerdings recht hohen Preisen) geordert werden.
- **Für Selbstversorger**: Die Auswahl an frischen Lebensmitteln (Obst und Gemüse) ist in Supermärkten und auch an Straßenständen sehr gut. Die Preise können zumindest in den Küstenregionen als günstig gelten. Im Landesinnern muss der Reisende häufiger auf Konserven und haltbare Produkte (Longlife Products) zurückgreifen und teilweise deutlich höhere Preise bezahlen. Die günstigen Fleischpreise haben Australier zu leidenschaftlichen Barbecue-Fans werden lassen. Fast jeder Park und Campingplatz bietet Münzgrills, wo ein zünftiges Barbie (BBQ) veranstaltet werden kann.

Getränke

- **Bier** ist das Nationalgetränk der Australier. Jeder Staat hat seine Marke, dementsprechend wird es verteidigt und getrunken: Die Australier stehen den Deutschen im Bierkonsum in nichts nach, er scheint wegen der massenhaft anfallenden Bierdosen sogar noch offensichtlicher. Bekannte Biersorten sind Fosters (überregional), Victoria Bitter („VB" aus VIC), XXXX (Four Ex aus QLD), Swans (WA), Tooheys (NSW), Emu (SA) und viele Sorten mehr. Bier wird zumeist in Kartons zu zwölf oder 24 Dosen oder Flaschen verkauft. Kleine Flaschen heißen Stubbies und haben einen abdrehbaren Kronkorken.
- **Australischer Wein** kommt aus den traditionellen Weinanbaugebieten Südaustralien (Barossa Valley), New South Wales (Hunter Valley), Victoria (Yarra Valley), Western Australia (Swan Valley) und Tasmanien (Huon Valley). In rund 500 Betrieben werden Rot- und Weißweine, Portweine und Sekt gekeltert. Kostenlose Weinproben werden bei vielen Weinbaubetrieben (Winery oder Vineyard) angeboten. Neben den traditionellen Weinen gibt es den bekannten Apfelwein (Cider), der mit oder ohne Alkohol hergestellt wird.
- An **nichtalkoholischen Getränken** werden Säfte (Zitrusfrüchte, Mango, Apfel, Trauben), Limonaden und Cola angeboten. Erwähnenswert ist Fruchtsirup (Cordial) in verschiedenen Geschmacksrichtungen, der mit Wasser verdünnt wird. Getränkepulver eignet sich ebenfalls hervorragend zum geschmacklichen Aufpeppen von Wasser.

Ein **Pfandsystem** für Getränkedosen existiert bislang nur in South Australia (5 Cent pro Dose). Recycling oder Mehrweg sind ansonsten Fremdwörter.

Alkohol

Alkoholische Getränke zum Mitnehmen sind nur in lizensierten Restaurants, Pubs und Bottle Shops erhältlich.

Tipps

Dress Code: In guten Restaurants wird sehr wohl auf gepflegte Kleidung geachtet. Kurze Hosen, staubige Outback-Klamotten, Sandalen oder Wanderstiefel sind fehl am Platze! Andererseits ist es keinesfalls erforderlich, mit Anzug und Krawatte aufzutreten. Ein gepflegtes Polohemd, Hemd oder Bluse genügen im Reisegepäck, um „ordnungsgemäß" gekleidet zu sein. Zu Geschäftsessen oder Einladungen sollte der Dress Code auf der Einladung beachtet werden. Ein Black Tie Dinner erfordert zwingend einen dunklen Anzug mit Krawatte für den Herrn und ein schickes Abendkleid für die Dame.

Aktuelle Szenetipps: Die neuesten kulinarischen Tipps, aktuelle Szenekneipen und -restaurants entnimmt man am besten der lokalen Tagespresse (z. B. „Sydney Morning Herald", „The Melbourne Age" usw.) oder speziellen Veröffentlichungen (z. B. „This Week in Melbourne" usw.). In den Metropolen ist eine Tischreservierung unbedingt empfehlenswert. Die Telefonnummern finden Sie in den Publikationen, online oder in den Yellow Pages (Gelbe Seiten).

Fahrrad fahren

Siehe „Sport und Freizeit"

Feiertage

1. Januar	New Years Day
26. Januar	Australia Day (oder letzter Montag im Jan.)
Good Friday	Karfreitag
Ostermontag	Easter Monday
Osterdienstag	nur in Victoria
25. April	ANZAC-Day (Kriegsveteranentag)
2. Montag im Juni (in WA variabel)	Queen's Birthday
7. Oktober	Tag der Arbeit (Labour Day, ACT und NSW)
25. Dezember	Weihnachtsfeiertag
26. Dezember	Weihnachtsfeiertag (Boxing Day)

Daneben gibt es in den Bundesstaaten zusätzliche, regionale Feiertage. Fällt ein Feiertag auf einen Sonntag, wird er am darauf folgenden Montag nachgeholt. Nur am 25. Dezember ist wirklich alles geschlossen, an den übrigen Feiertagen kann immer irgendwo eingekauft oder etwas besichtigt werden.

Ferien

Australische Sommerferien finden zwischen Dez. und Jan. (sechs Wochen) statt, dazu kommen zwei Wochen Osterferien, zwei Wochen im Juli sowie zwei Wochen im Sept./Okt. Hinzu kommen einige „Long Weekends", beispielsweise rund um die genannten Feiertage.

Hinweis

In den Ferien und an langen Wochenenden, insbesondere in Großstadt-nähe, muss mit vollen Unterkünften/Campingplätzen und Transport-mitteln gerechnet werden – deshalb rechtzeitig reservieren. Australi-sche Familien reisen leidenschaftlich gerne, an die Gold Coast ebenso wie ins Outback oder nach Tasmanien – viele freundschaftliche Begeg-nungen sind die Folge.

Flugsafaris

Eine Besonderheit sind mehrtägige, exklusive Flugsafaris in kleinen Gruppen. Mit dem „eigenen" Flugzeug werden die Highlights des Kontinents angeflogen. Ein be-kannter Anbieter ist Chinta Tours, www.chinta.com.au.

Fotografieren/Filmen

Digitalbilder können in vielen Internetcafés nach Hause versandt oder in Online-Archiven („Cloud") abgelegt werden. Fotoläden drucken Bilder aus oder brennen Ihnen eine CD-ROM, sodass die Speicherkarten wieder frei werden. Trotzdem die Empfehlung: Nehmen Sie genügend Speicherkarten mit. Laden Sie die Akkus im-mer rechtzeitig (12V-Fahrzeugladegerät und Ladegerät + Steckdosenadapter mit-nehmen) und nehmen Sie Ersatzakkus mit. Bewährt haben sich zum Abspeichern der Karten außerdem mobile Festplatten oder das eigene Notebook/Netbook.

Es versteht sich von selbst, dass Menschen, insbesondere die Ureinwohner des Landes, nur nach vorherigem Fragen fotografiert oder gefilmt werden dürfen – Voyeurismus mit der Kamera ist fehl am Platze.

Fußgänger

Fußgänger (Pedestrians) haben in Australien an Zebrastreifen grundsätzlich Vor-recht, und jeder Autofahrer hält sich daran. In allen größeren Städten gibt es Fuß-gängerzonen, die gleichzeitig auch die Haupteinkaufsstraßen darstellen.

Merke: Zuerst rechts schauen, dann links!

Gästefarmen

Wer das typisch australische Landleben kennen lernen und dem Trubel der Stadt entfliehen will, für den mag der Aufenthalt auf einer bewirtschafteten Farm (als „Farmhost") das Richtige sein. Gäste müssen natürlich nicht arbeiten und leben in komfortablen Zimmern. Die Palette erstreckt sich von einfachen bis zu recht kom-fortablen Unterkünften, in der Größe von kleinen Höfen in den Küstenregionen bis zu riesigen Outback-Stations. Viele der Farmen bieten ihren Besuchern ein breites Programm an Urlaubsaktivitäten: Reiten, Buschwanderungen, Tierbeobachtungen, Angeln, Tennis usw. Der Tagespreis liegt bei A$ 70 bis 180 pro Person und schließt

Unterkunft, Verpflegung und Aktivitäten ein. Die Anreise bzw. der Transfer können auf Anfrage meist organisiert werden. Die Möglichkeit, als Gast in einer Familie zu wohnen, gibt es ebenfalls. Normalerweise ähnelt das den aus Großbritannien bekannten Bed-&-Breakfast-Häusern.

Infos: www.aftagriculturaltourism.com.au, www.bnbnq.com.au.

Geldangelegenheiten

Währungseinheit ist der Australische Dollar (1 A$ = 100 Cents). Es gibt 100-, 50-, 20-, 10- und 5-Dollar-Scheine, 2- und 1-Dollar-Münzen, 10-, 20-, 50-Cent-Münzen.

Welche Geldmittel sind empfehlenswert?

- **Bargeld**: Ein geringer Geldbetrag sollte bereits in Europa in Australische Dollar (A$) getauscht werden, um nach Ankunft in Australien „flüssig" zu sein (Taxi oder Bustransfer vom Flughafen zum Hotel).
- **Kreditkarte**: Für die Anmietung von Mietwagen und Camper ist eine Kreditkarte zwingend notwendig. Diese kann auch für Einkäufe aller Art (Supermärkte, Tankstellen, Hotels, Restaurants etc.) verwandt werden. Die am meisten verbreiteten Kreditkarten sind Visa und Mastercard/Eurocard. An Bankautomaten kann mit der Kreditkarte plus Geheimzahl Geld abgehoben werden, was meist mit Gebühren verbunden ist. Bei Zahlung mit Kreditkarte wird man meist gefragt: „Credit or Savings?" Sie müssen dann Credit antworten, da Sie ja über kein Guthabenkonto (Sparbuch) in Australien verfügen.
  Achtung: Sie benötigen seit August 2014 an den Bezahlterminals auch die Geheimzahl Ihrer Kreditkarte!
- **Geldkarten** (Maestro Karte, früher EC-Karte genannt): An fast allen Bankautomaten kann mit der Geldkarte + Geheimzahl Bargeld abgehoben werden. Dazu muss meist die Taste „Credit Card" gedrückt werden, obwohl es sich nicht um eine solche handelt. Die Gebühren sind günstiger als beim Bargeldabheben mit einer Kreditkarte, allerdings erfolgt die Belastung des Kontos sofort. Es empfiehlt sich, immer gleich größere Beträge abzuheben, da die Gebühren pro Abhebung anfallen. Kunden der Deutschen Bank heben bei Westpac ohne Gebühren ab.
  Achtung: Geldkarten mit V-Pay-Logo funktionieren im außereuropäischen Ausland nicht mehr! Auch die Maestro-Karten einiger Banken sind außereuropäisch gesperrt. Bitte prüfen Sie Ihre Karte und fragen Sie ggf. Ihre Bank!
- **Reiseschecks**: Weitere Geldmittel können in Form von A$-Reiseschecks mitgeführt werden – sie können jederzeit in Banken zu Bargeld getauscht werden. Reiseschecks werden bei Verlust ersetzt und stellen deshalb ein sichereres Zahlungsmittel als Bargeld dar. Die Einlösung von Reiseschecks in Banken ist meist mit einer Gebühr verbunden, die Post tauscht teilweise ohne Gebühren ein. Aufgrund dieser Einschränkungen und der Möglichkeit, Bargeld per Maestro-Karte zu holen, ist der Reisescheck an sich ein Auslaufmodell.
- **Sparbuch**: Bei einem längeren Aufenthalt wird die Einrichtung eines Sparbuchs (Passbook Savings Account) interessant. Geld kann dann von Deutschland auf dieses Konto überwiesen und landesweit bei allen Filialen der Bank abgehoben werden. Bei der ANZ-Bank (www.anz.com.au) ist die Einrichtung eines Sparbuchs inklusive Bankkarte und Internet-Banking beispielsweise kostenlos.

Die großen Banken Australiens – ANZ, Westpac, Commonwealth und National – unterhalten Filialen in fast allen Städten und Orten des Landes.

Sperrung von Karten

Wer Kreditkarte, Geldkarte oder das Handy verliert, sollte schnell die zentrale Sperrnummer 116116 anrufen. Aus dem Ausland ist die Nummer mit der internationalen Landesvorwahl erreichbar. Der Service gilt rund um die Uhr. Die Anrufe werden von Callcenter-Mitarbeitern entgegen genommen. Zunächst erstellen sie gemeinsam mit dem Anrufer eine Liste der gestohlenen oder verlorenen Karten. Anschließend verbinden sie den Anrufer nacheinander mit den Sperrdiensten der Kartenherausgeber. Damit ein Missbrauch ausgeschlossen ist, müssen sich die Anrufer gegenüber den jeweiligen Kartenherausgebern legitimieren. Das geschieht durch dort gespeicherte persönliche Daten.

Im Falle des Kartenverlustes sollte sofort eine der folgenden Nummern benachrichtigt werden:

American Express	☎	1800-230100
Visa	☎	1800-805341
Mastercard	☎	1800-120113
Diners Club	☎	1300-360060

Hinterlegen Sie für alle Fälle daheim eine Kopie Ihrer Kreditkarte, der Reisepässe und Handy-Daten. So können Bekannte notfalls von daheim aus weiterhelfen.

 Tipp

Geben Sie Ihre Kreditkarte nie unbeaufsichtigt aus Ihren Händen. Dies gilt vor allem für die Bezahlung in Restaurants – weltweit, auch in Australien, sind dadurch Betrugsfälle bekannt geworden. Ebenso sorgsam sollte die Kreditkarte im Internet eingesetzt werden (achten Sie hier auf die verschlüsselte Übertragung der Daten).

Gesundheit

Die medizinische Versorgung ist modern und flächendeckend. Ärzte und Zahnärzte sind hoch qualifiziert, und die Krankenhäuser sind gut ausgerüstet. In den abgelegenen Gebieten hilft der gemeinnützige **Royal Flying Doctor Service**, der den Arzt per Flugzeug zum Kranken befördert. Die Australier sind durch die staatliche Gesundheitsorganisation Medicare versichert.

- **Krankenversicherung**: Leider besteht zwischen Medicare und den deutschen Krankenversicherern kein Abkommen, d. h., der Abschluss einer Reisekranken- und Reiseunfallversicherung ist notwendig und empfehlenswert. Für nicht Versicherte kann der Besuch beim Arzt oder der Aufenthalt in einem Krankenhaus zur kostspieligen Angelegenheit werden.
- **Medikamente** sind in den Apotheken (Chemists, Pharmacies), teilweise auch in Supermärkten erhältlich. Bestimmte Medikamente werden nur auf Rezept eines zugelassenen australischen Arztes ausgegeben.
- **Mückenschutz**: Schützen Sie sich vor Stechmücken (Moskitos, Sandfliegen), da diese möglicherweise Krankheiten übertragen können. Hotelzimmer und Wohn-

mobile verfügen meist über fest installierte Moskitonetze, Zelte ebenfalls. Tragen Sie in der Dämmerung langärmelige, helle Kleidung und tragen Sie Insektenschutzmittel auf freie Hautflächen auf. Insect Repellents sind in jedem Supermarkt und Drogerien erhältlich (gut und wirksam ist das Produkt „RID"). Gegen die Fliegen im Outback hilft entweder das Mittel „Aerogard" oder ein Fliegennetz, das man sich über den Kopf streift.

- **Sonnenschutz**: Die UV-Strahlung der Sonne wirkt aufgrund des südpolaren Ozonlochs selbst bei bedecktem Himmel in erhöhtem Maße. Wegen seiner hellhäutigen Bevölkerung hat Australien zusammen mit Neuseeland die höchste Hautkrebsrate der Welt. Sonnenschutzmittel ist ein absolutes Muss in Australien und sollte stets reichlich und regelmäßig aufgetragen werden. Sonnencreme mit dem hohen Schutzfaktor 50+ ist in Australien preisgünstiger als in Europa. Zusätzlich sind bedeckende Kleidung (T-Shirt oder bei empfindlicher Haut langarmiges Hemd), Sonnenhut mit breiter Krempe (ideal ist der australische Akubra-Hut) und eine gute Sonnenbrille ratsam.
- **Wasser**: Wegen der großen Hitze und des entstehenden Flüssigkeitsverlustes muss viel getrunken werden. Auf Wanderungen und auch im Auto sollte stets ein ausreichender Wasservorrat mitgeführt werden. Wasser kann fast überall, wo nicht ausdrückliche Hinweise dies verbieten, aus der Leitung getrunken werden.
- **Rauchen** ist in öffentlichen Gebäuden häufig verboten, ebenso auf Inlandflügen und in Bussen. Zuwiderhandlungen kosten bis zu A$ 500 Strafe. Auch die Langstreckenflüge nach Australien sind rauchfrei. Starken Rauchern sei die Mitnahme von Nikotinpräparaten empfohlen (Pflaster, Kaugummi).
- **Schlangen**: In Australien leben einige der giftigsten Schlangenarten der Welt. Die Gefahr, gebissen zu werden, wird jedoch meist überschätzt. Schlangen sind sehr scheue Tiere und fliehen aufgrund der Bodenerschütterung vor den Menschen. Sollte es trotzdem zu einer Begegnung oder gar einem Biss kommen: Prägen Sie sich das Aussehen der Schlange ein, desinfizieren Sie die Wunde (nicht aussaugen!), Bissregion (Arm, Bein) ruhig stellen und möglichst schnell ärztliche Hilfe aufsuchen. Bei Wanderungen gilt: Festes Schuhwerk tragen, laut und damit fest auftreten und Vorsicht bei Felsspalten, dunklen Wegen und Steinhaufen walten lassen. Nachts sollte eine Taschenlampe benutzt werden.
- **Umgang mit der Hitze**: Der menschliche Körper benötigt eine gewisse Zeit, um sich den klimatischen Bedingungen in Australien anzupassen. Mit der Zeit werden die Schweißdrüsen trainiert, mehr zu produzieren und Salz zu sparen. Der Kreislauf lernt, größere Mengen Wasser aus dem Magen-Darm-Trakt aufzunehmen und es zu den Schweißdrüsen zu transportieren, wo es zur Kühlung des Körpers verdunstet. Untrainierte, dicke Menschen vertragen Hitze i. d. R. schlechter und brauchen eine längere Zeit der Anpassung. Die durch das Schwitzen verlorene Flüssigkeit muss unbedingt wieder ersetzt werden. Durst ist dabei nur ein unvollständiger Hinweis auf den tatsächlichen Wasserbedarf. Trinken Sie über den Durst hinaus, bis eine deutliche Hellfärbung des Urins zu beobachten ist. Dunkler, konzentrierter Urin ist ein Anzeichen für unzureichende Wasserversorgung. Vor dem Genuss von Alkohol ist in den Tropen zu warnen, da dieser zusätzlich dehydriert.
- **Impfempfehlung**: Generell ist eine Auffrischung von Tetanus, Diphtherie und Polio zu empfehlen, falls dies nicht innerhalb der letzten zehn Jahre erfolgte. Bei ausgedehnten Rundreisen sollte eine Hepatitis A-Impfung durchgeführt werden.

Infektionen durch das Denguefieber, einer durch Moskitos übertragenen Arbovirus-Erkrankung, haben in den letzten Jahren zugenommen. Ross-River-Fieber kommt in Westaustralien vor, gehäuft in den Monaten Mai und Juni. Bei dieser Erkrankung handelt es sich wie beim Denguefieber um eine Arbovirus-Infektion mit guter Prognose. Bei Unwohlsein und Fieber suchen Sie in den tropischen Regionen Australiens möglichst schnell einen Arzt auf. Aktuelle Hinweise: www.travelmed.de.

- **Thrombosegefahr auf Langstreckenflügen**: Raucher, Übergewichtige, Bluthochdruck-Patienten und Frauen, welche die Pille einnehmen, sind gefährdete Zielgruppen. Einfache Vorsichtsmaßnahmen helfen, die Gefahr von Beinthrombosen zu vermeiden: viel Flüssigkeit während des Fluges trinken (Wasser), möglichst wenig Alkohol, möglichst viel Bewegung (Aufstehen, Anspannungsübungen der Muskulatur), evtl. Kompressionsstrümpfe tragen. Weitere Prophylaxemaßnahmen (z. B. Einnahme von Blut verdünnenden Medikamenten) sollten Sie mit Ihrem Hausarzt besprechen.
- **Ohrendruck**: Während des Fluges herrscht in der Kabine ein Luftdruck wie in 2.500 bis 3.000 Meter ü. d. M. Linderung für empfindliche Ohren bei der Landung verschaffen „Earplanes": Die Ohrstöpsel werden ein halbe Stunde vor der Landung eingesetzt und haben ein Ventil, welches Luftdruckveränderungen ausgleicht. Erhältlich in Apotheken für rund 8 Euro, www.earplanes.de.

Heiraten

Die Australienreise mit Hochzeit und Honeymoon zu verbinden, wird immer populärer. Das Prozedere zum Heiraten in Australien ist relativ einfach. Jeder anerkannte „Celebrant of Marriage" kann in Australien Hochzeiten auch für Ausländer vornehmen. Er muss dazu mindestens vier Wochen im Voraus kontaktiert werden. Eine Liste der Celebrants ist gegen Rückporto über die Botschaft oder das Fremdenverkehrsamt der jeweiligen Stadt erhältlich. Gute Reiseveranstalter schnüren Ihnen Ihr individuelles Hochzeitspaket und übernehmen den „Papierkram" für Sie.

Inlandsflüge

Ohne das dichte inneraustralische Flugnetz wäre so manche Australienreise kaum durchzuführen. Fast alle größeren und kleineren Städte sind miteinander regelmäßig, oft sogar mehrmals pro Tag verbunden. Qantas mit der Tochtergesellschaft Jetstar hat auf bestimmten Strecken ein „Fast-Monopol". Daraus resultieren Engpässe am Flugmarkt, insbesondere auf den bei Touristen beliebten Strecken in Richtung Rotes Zentrum (Sydney – Alice Springs/Uluru – Cairns). Die Fluggesellschaft Virgin Australia hat sich auf vielen Strecken zu einem ernsthaften Konkurrenten der Qantas entwickelt. In Zusammenhang mit einem internationalen Flugschein werden von einigen Fluggesellschaften (Qantas, Emirates, Etihad, Singapore Airlines) vergünstigte Inlandsflüge angeboten. Hierbei muss die Buchung aller Strecken vorab und zusammen mit dem Langstreckenticket erfolgen.

Internet-Buchung für Inlandsflüge: Qantas, Jetstar und Virgin Australia bieten im Internet teilweise sehr günstige Tarife für typische „Rennstrecken" wie Sydney – Melbourne an. Doch Vorsicht: Die billigsten Tarife sind nicht umbuchbar und

Jet Lag

Jeder Mensch folgt seiner inneren Uhr. Der Organismus des Menschen ist in vielen Bereichen so aufgebaut, dass er einem bestimmten Rhythmus folgt, der sich jeden Tag wiederholt. Bei einem Flug über mehrere Zeitzonen wird der biologische Rhythmus deutlich durcheinander gebracht. Die gesundheitlichen Auswirkungen haben sogar einen eigenen Namen, denn Jet Lag. „Lag" heißt übersetzt so viel wie „Zeitunterschied, Rückstand oder Verzögerung". Bei Flugreisen, bei denen Reisende an ihrem Zielort einen anderen Hell-Dunkel-Rhythmus haben, kommt es deshalb in den meisten Fällen zu „Meinungsverschiedenheiten" zwischen der inneren Uhr und dem örtlichen Tagesablauf. Bei einem Flug nach Australien rechnet man mit 4–7 Tagen Anpassung, bis sich ein normaler Tagesrhythmus wieder eingestellt hat. Typisch in dieser Zeit: Mitten am Tag ist man müde und nachts hellwach. Der Appetit stellt sich nicht zu den ortsüblichen Essenszeiten ein. Verdauungsprobleme (auch eine Folge des langen Sitzens), Konzentrationsschwäche und Gereiztheit können weitere Symptome sein. Interessant ist, dass bei Flügen nach Osten die Jet-Lag-Symptome stärker auftreten als bei Flügen nach Westen. Das liegt daran, dass bei Westflügen wie Deutschland–USA der Tag verlängert wird. Damit wird die innere Uhr leichter fertig als mit einer Verkürzung des Tages.

Linderung verschaffen folgende **Tipps**: Vor dem Abflug in Richtung Osten einige Tage vorher ein bis zwei Stunden früher zu Bett gehen als üblich. Das verschiebt die Schlafphase nach vorne. In Australien das Sonnenlicht nutzen: Gehen Sie tagsüber so lange wie möglich nach draußen. Das senkt den Melatoninspiegel wirksam ab und hilft, die Tagesmüdigkeit zu bewältigen. Verzichten Sie in der Umstellungszeit auf den Mittagsschlaf und bleiben Sie wach, auch wenn Sie müde sind. Legen Sie dafür eine Erholungspause ein. Stellen Sie schon während des Fluges Ihre Uhr auf die Ortszeit des Zielortes ein. Passen Sie auch Ihre Mahlzeiten schon während des Fluges an die am Zielort übliche Abfolge an. Ein umfangreiches Essen im Flugzeug nur dann einnehmen, wenn auch am Zielort „Essenszeit" ist. Wer außer der Reihe Hunger verspürt, sollte nur einen kleinen Happen essen und lieber mehr Wasser (keinen Alkohol) trinken. Von Medikamenten, welche die Auswirkungen der Zeitverschiebung verhindern oder abmildern sollen, muss abgeraten werden. Künstlich hergestellte Müdigkeit oder Wachheit bringt keinen nachhaltigen Erfolg.

nicht erstattungsfähig. Der Betrag wird sofort von Ihrer Kreditkarte abgebucht. Änderungen sind nicht möglich, d. h., Ihr Ticket verfällt (100 % Stornokosten) bei einer Änderung oder einem verpassten Flug. Allzu leicht geht hier Geld verloren! Es empfiehlt sich die Reservierung aller Strecken vor Abflug nach Australien.
Infos:
Qantas, ☏ 131313, www.qantas.com.au.
Jetstar, ☏ 131538, www.jetstar.com.
Virgin Australia, ☏ 136789, www.virginaustralia.com.au.

Hinweise

- Die Flughäfen von Sydney, Melbourne, Brisbane und Perth verfügen über einen internationalen und nationalen Terminal, die voneinander getrennt liegen. Dem Taxi- oder Busfahrer muss deshalb angegeben werden, um welchen Flug es sich handelt. Qantas-Flugnummern QF 001 bis QF 399 sind internationale Flüge (Abflug und Ankunft beim „International Terminal"), QF 400 und darüber sind nationale Flüge (Abflug und Ankunft beim „Domestic Terminal"). Der Wechsel von Domestic zu International und umgekehrt sollte mit mindestens 90 Min. kalkuliert werden (inkl. Check-in-Zeit).
- Jetstar und Virgin Australia fliegen national oder international.
- Finden Sie sich 60 bis 90 Min. vor Abflug am Flughafen ein. Insbesondere in den Metropolen Sydney und Melbourne muss beim Check-in teilweise mit erheblichen Wartezeiten gerechnet werden.
- Auch wenn eine Rückbestätigung (Reconfirmation) nicht zwingend gefordert ist: Im Falle von Flugzeitenänderungen ist sie garantiert hilfreich.
- Nutzen Sie den Online Check-In oder die praktischen Check-In Automaten. Geben Sie dort Ihren Namen und Buchungscode („Filekey" der Buchung) ein und Sie erhalten daraufhin Ihre Bordkarte. Ihr Gepäck geben Sie an einem speziellen Gepäckschalter auf. Sie ersparen sich dadurch das Warten an den regulären Check-In-Schaltern.

Internet

Australien ist im World Wide Web mit Mio. Seiten präsent. Zur ergänzenden Reiseplanung (z. B. „Wie lautet das Programm der Sydney Opera im Juli?") empfiehlt sich der Blick in das Internet. Im allgemeinen Teil dieses Reise-Handbuchs finden Sie die wichtigsten Internetadressen von Fremdenverkehrsämtern, Informationsstellen, Autoclubs usw. aufgeführt.

Buchung und Zahlung über das Internet
Bitte beachten Sie, dass Sie bei der Buchung von Reiseleistungen über das Internet Risiken bezüglich der Zahlungsabwicklung eingehen. Dies gilt vor allem dann, wenn Sie Reiseleistungen direkt in Australien buchen. Meist wird Ihnen der komplette Betrag von der Kreditkarte sofort abgebucht, egal ob Sie morgen oder in zehn Monaten reisen. Im Falle einer Stornierung kann es dann schwer oder gar unmöglich werden, das Geld zurückzuerhalten. Wer seine Kreditkartendaten leichtfertig über das Internet übermittelt, handelt immer dann riskant, wenn die Daten nicht verschlüsselt versendet werden.

Internet unterwegs: Wer mit Laptop, Notebook, Netbook, Tablet-PC oder Smartphone reist, freut sich über einen drahtlosen Internetzugang (WiFi = WLAN). In Hotels muss hierfür leider oftmals bezahlt werden. Gratis ist es oft in Cafés, bei McDonald's oder Starbucks.

Mobiles Internet: Die Provider Telstra und Vodafone bieten Prepaid-SIM-Karten für den mobilen Internetzugang an. Die Netzabdeckung lässt allerdings oft zu wünschen übrig. Zudem gibt es meist eine Volumenbegrenzung und keine Flat-Rates bei diesen Tarifen. Populär und oft sehr günstig sind Internetcafés in den Städten. Von dort kann jeder den Lieben daheim seine Eindrücke von Down Under mailen. Preis pro Stunde: ca. A$ 6. E-Mail: Eine Gratis-E-Mail-Adresse können Sie sich z. B. unter www.web.de oder www.gmx.de anlegen.

Apps: Zahlreiche Bundesstaaten bieten mittlerweile hilfreiche Apps an, die Sie mit Informationen über Land und Leute versorgen. Idealerweise sollten diese Apps auch offline funktionieren. Erhältlich zum Download im iTunes Store (für Apple-Nutzer), Google Play Store (Android) oder im Windows Marketplace.

Nachrichten aus der Heimat erhalten Sie unter www.spiegel.de, http://kurier.at, www.swissinfo.org und anderen Nachrichtenportalen.

 Tipp

Nutzen Sie das Internet in erster Linie als **Informationsquelle**. Der heimische Reiseveranstalter bucht Ihnen gerne die gewünschte Leistung. Ihr Geld ist dann gemäß den strengen europäischen Reisegesetzen abgesichert.

Verlangen Sie zusammen mit jeder Bestätigung einen **Reisepreis-Sicherungsschein**. Dieser sichert Ihre Zahlung im Falle der Insolvenz des Reiseveranstalters.

Falls Sie trotzdem gerne direkt im Internet buchen: Fragen Sie Ihren australischen Leistungsträger ruhig einmal, wie Ihre Zahlung „in case of bankruptcy" (**Insolvenz**) abgesichert ist. Australische Anbieter haben keinerlei Sicherungsverpflichtung wie beispielsweise deutsche, österreichische oder Schweizer Reiseveranstalter.

Jobben

Ohne offizielles Work Permit oder Working Holiday Visa (s. „Einreise") darf nicht gearbeitet werden. Beliebte Beschäftigungen sind die des Erntehelfers (Wein, Obst usw.) oder Kellners in den Touristenzentren. Die besten Tipps kursieren üblicherweise in den Backpacker-Hostels und Jugendherbergen (s. a. Literaturverzeichnis).

Karten und Navigation

Eine grobe Übersichtskarte ist diesem Reisehandbuch beigefügt. Detailliertes Kartenmaterial und Reiseatlanten von Hema Maps (www.hemamaps.com.au, in Deutschland: www.hemamaps.de) sind in Buchläden, Fremdenverkehrsämtern und bei den Büros der Automobilklubs erhältlich. Mitglieder des ADAC, ÖAMTC und

TCS erhalten gegen Vorlage des gültigen Mitgliedsausweises bei den Filialen des Autoklubs kostenlose bzw. reduzierte Landkarten und Atlanten.

Ein **GPS-System** (Global-Positioning-System) mit allen Outbackpisten und Routen wird von Hema angeboten. Ein umfangreiches App mit allen Landkarten inklusive Navigationsfunktion ist ebenfalls von Hema für iPad-Nutzer erhältlich.

Die in vielen Mietwagen und Wohnmobilen installierten **Navis** zeigen indes nur die Hauptrouten und Stadtpläne an, was natürlich für viele Reisen ausreichend ist. Eventuell kann auch Ihr eigenes Navigationssystem (TomTom) mit australischen Landkarten geladen werden.

Kinder

Australien lässt sich mit Kindern ausgezeichnet bereisen und erleben, wenn man einige Hinweise zum Reisen mit Kindern beachtet:

- Den Langstreckenflug verkraften die Kleinen meist besser als Erwachsene. Achten Sie auf kurze Flug- und Umsteigezeiten. Ein Flug von Sydney nach Perth oder Darwin ist mit zwölf Jahren und 4,5 Std. Dauer nicht unbedingt lang. Die Zeiten, in den man 30 Std. über Land unterwegs war, sind bei guter Planung vorbei. Kinder finden den Flug dank der Unterhaltungsprogramme an jedem Sitzplatz (Inseat-Video, mittlerweile Standard bei guten Airlines) recht kurzweilig.
- Kinder erhalten bei Langstreckenflügen bis zum Alter von zwei Jahren 90 % Ermäßigung (ohne Sitzplatzanspruch), 2–12 Jahre 25 %.
- Die Zeitumstellung wird dann am besten verkraftet, wenn man seinen normalen Tagesrhythmus weiterlebt. Dazu muss man die Kinder am ersten Tag „zwingen", wach zu bleiben und trotz heftiger Müdigkeit erst beispielsweise um 20 Uhr (australischer Zeit) ins Bett zu gehen.
- In Hotels schlafen Kinder bis 12 oder 14 Jahre im Zimmer der Eltern meist kostenlos.
- Reisen im Wohnmobil macht Kindern Freude. Ein täglicher „Ortswechsel" wird vermieden und die Kinder gewöhnen sich schnell an diese Art des Reisens. Tagesetappen sollten 300 km nicht überschreiten. Reisende berichten von guten Erfolgen mit „ruhig gestellten Kinder" dank der Mitnahme von tragbaren DVD-Spielern und einigen DVD-Filmen.
- Englischsprachig geführte Touren helfen Schulkindern, ihre Englischkenntnisse zu verbessern.
- Kleine Kinder sollten nicht unbeaufsichtigt „in die Büsche" gehen. Sie könnten dabei über Schlangen stolpern, die ihre leichten Schritte nicht wahrnehmen.
- Kinder lieben australische Tierparks mit Koalas, Kängurus und Krokodilen.
- Das Gesundheitswesen und die Nahrungsmittel sind mit unseren vergleichbar. Es gibt in Australien nichts, was es bei uns nicht auch geben würde (und umgekehrt), inklusive Nutella.

Maße und Gewichte

Australien verwendet das metrische System. Kilometer-, Gewichts-, Mengen- und Temperaturangaben sind uns geläufig. Im Sprachgebrauch werden aber oft noch die alten Einheiten „feet", „miles", „pounds", „pints" und „Fahrenheit" verwendet.

1 Meter = 3,28 feet	**1 Liter** = 1,8 pints
1 Kilometer = 0,62 miles	**0° Celsius** = 32° Fahrenheit
1 Kilogramm = 2,2 pounds	

Motorräder

Reisen mit dem Motorrad sind eher selten. Grundsätzlich ist eine geländegängige Enduro dem reinen Straßenmotorrad vorzuziehen. Einen landesübergreifenden Vermieter gibt es nicht.

- **Kauf**: Für den Kauf eines Motorrads gilt im Wesentlichen dasselbe wie für den Autokauf. Hierzu bieten Händler und der private Markt in den großen Städten ein gutes Angebot. Beim Kauf von anderen Reisenden können eventuell Ausrüstungsgegenstände vom Vorbesitzer übernommen werden.
- **Mieten**: Leihmotorräder sind relativ selten, unterliegen meist einem Kilometerlimit und müssen bei der Ausgangsstation zurückgegeben werden. Einwegmieten werden kaum angeboten oder sind mit hohen Rückführgebühren verbunden. Normalerweise sind Mietmotorräder teurer als der günstigste Mietwagen. Ihr Zustand sollte genau geprüft werden, insbesondere Reifen, Bremsen, Kette, Ölstand und Batterie.
- **Verschiffung**: Die billigste Möglichkeit, sein eigenes Motorrad nach Australien zu bringen, ist die Verschiffung. Sie dauert i. d. R. sechs Wochen. Neben dem internationalen Führerschein und der Zulassung benötigt man ein „Carnet de Passage", das der ADAC (bei Mitgliedschaft) ausstellt. Das Motorrad muss zum Schutz vor Diebstahl und Beschädigung möglichst kompakt in eine Holzkiste verpackt werden. Der Frachtpreis richtet sich nach dem Volumen der Kiste. Bei geschickter Zerlegung kann z. B. eine BMW 1200 GS auf 2,0 m³ reduziert werden. Über Tarife und Einzelheiten informieren die großen Speditionen, wie z. B. Hapag Lloyd (www.hapag-lloyd.de) oder DHL (www.dhl.de). Tipps zum Motorradfahren in Australien findet man auf der umfassenden Website www.outback-guide.de.

Nachtleben

Ein ausgeprägtes Nachtleben mit Theatern, Kinos, Musicals, Restaurants, Kneipen und Nachtklubs ist in den großen Metropolen des Landes zu finden. Die Nächte mit dem meisten Trubel sind freitags und samstags. Selbst in entlegenen Outback-Regionen sind dann die Pubs voll. Die Öffnungszeiten der Pubs sind von 11–23 Uhr, sonntags wird früher geschlossen. Eine Fortsetzung des Nachtlebens findet in den Nachtklubs statt, die meist bis 4 Uhr geöffnet sind.

National Parks (NP)

Der erste National Park (NP) Australiens wurde bereits 1879 eröffnet (Royal National Park, NSW). Heute existieren über 2.000 National Parks, Wilderness Areas, State Parks, State Forests und State Reserves. Damit stehen insgesamt 814.000 km² unter Naturschutz (10,6 % der Landfläche). Viele davon sind weit von den großen Städten entfernt und können nur mit dem eigenen Fahrzeug angesteuert werden, manchmal nur mit 4-WD.

Im Schutzstatus steht der **National Park** an oberster Stelle, wobei es auch hier unterschiedliche Einstufungen gibt und das System teilweise löchrig ist. So wird beispielsweise im Kakadu National Park (NT) eine Uranmine betrieben, im D'Entrecasteaux NP (WA) industriell Sand gefördert. Untergeordnet sind z. B. **State Forests**, wo kontrollierter Holzabbau betrieben wird. **Wilderness Areas** bleiben vollkommen sich selbst überlassen, selbst Zufahrtsstraßen gibt es nur in sehr begrenztem Umfang.

13 Gebiete sind als Welterbe der UNESCO (World Heritage Area) ausgewiesen. Dies sind Willandra Lakes (NSW), Tasmanian Wilderness (TAS), Kakadu NP (NT), Uluru NP (NT), Lord Howe Island Group (NSW), Great Barrier Reef (QLD), Wet Tropics of Queensland (QLD), Central Eastern Rainforest Reserves (NSW & QLD), Purnululu NP (WA), Shark Bay (WA), Fraser Island (QLD), Australian Fossil Mammal Sites Riversleigh (QLD) und Naracoorte (SA).

Der Zweck eines geschützten Gebiets liegt dabei nicht nur im Naturschutz, sondern auch in der gezielten Steuerung von Touristenströmen zur Bewahrung von Flora, Fauna und Kultur.

Die bekanntesten National Parks im Überblick

New South Wales
- **Blue Mountain NP**: Bergkette, Eukalyptuswälder (westlich von Sydney).
- **Koskiuszko NP**: alpines Hochland (südwestlich von Sydney).
- **Mungo NP**: Wüstenlandschaft, Aborigine-Archäologie (südlich von Broken Hill).
- **Mutawintji NP**: Wüstenlandschaft, Aborigine-Felsgravuren (nördlich von Broken Hill).

Victoria
- **Alpine NP** und **Buffalo NP**: alpines Hochland (nordöstlich von Melbourne).
- **Gariwerd NP** (Grampians): Sandsteingebirge, Aborigine-Kultur (nordwestlich von Melbourne).
- **Port Campbell NP** (Great Ocean Road): Steilküste (südwestlich von Melbourne).
- **Wilsons Promontory NP**: Granitfelsen, Strände (südöstlich von Melbourne).

Queensland
- **Great Barrier Reef Marine Park**: Korallenriffe, Inseln und Tierwelt.
- **Fraser Island NP**: Sandinsel, Regenwälder, Strände (nördlich von Brisbane).
- **Lamington NP**: gemäßigte Regenwälder (südwestlich von Brisbane).
- **Eungella NP**: Regenwälder, Tierwelt (nordwestlich von Mackay).
- **Cape Tribulation NP**: Tropische Regenwälder (nördlich von Cairns).

Northern Territory
- **Uluru-Kata Tjuta NP** (Ayers Rock/Olgas): Sandsteinfelsen, Aborigine-Kultur.
- **West MacDonnell NP**: Felsschluchten, Bergkette (westlich von Alice Springs).
- **Nitmiluk NP** (Katherine Gorge): Felsschlucht, Aborigine-Kultur (östlich von Katherine).

• **Kakadu NP**: Tierwelt, Aborigine-Kultur (westlich von Darwin).

South Australia
• **Flinders Chase NP** (Kangaroo Island): Küstenlandschaft, Tierwelt (südlich von Adelaide).
• **Flinders Ranges NP**: Berg- und Wüstenlandschaft, Tierwelt (nordöstlich von Port Augusta).
• **Witjira NP**: Artesische Quellen (südöstlich von Alice Springs).

Western Australia
• **Cape Le Grand NP**: Granitfelsen, Strände (westlich von Esperance).
• **Walpole-Nornalup NP**: Karriwälder (südöstlich von Perth).
• **Nambung NP** (Pinnacles): Kalksteinformationen, Dünen (nördlich von Perth).
• **Kalbarri NP**: Küstenlandschaft, Schluchten (nördlich von Geraldton).

Auf dem Weg in die Bungles

• **Cape Range NP/Ningaloo Marine Park**: Korallenriff, Tierwelt (westlich von Exmouth).
• **Karijini NP**: Felsschluchten, Aborigine-Kultur (südlich von Port Hedland).
• **Purnululu (Bungle Bungle NP)**: Felsformationen (südlich von Kununurra).

Tasmania
• **Cradle Mt.-Lake St. Clair NP**: Alpine Bergregion (westlich von Launceston).
• **South West NP**: Kühle Regenwälder, Wildnisgebiet (westlich von Hobart).
• **Franklin-Lower Gordon Wild Rivers NP**: Wildnisgebiet, Rafting (westlich von Hobart).
• **Mt. William NP**: Tierwelt, Strände (östlich von Launceston).

Informationen und Karten sind in den einzelnen Besucherzentren der National Parks (Visitor Centre) oder über folgende Adressen erhältlich:
- NSW: www.npws.nsw.gov.au.
- VIC: www.parkweb.vic.gov.au.
- QLD: www.nprsr.qld.gov.au.
- NT: www.parksandwildlife.nt.gov.au.
- SA: www.environment.sa.gov.au oder www.parks.sa.gov.au
- WA: www.parks.dpaw.wa.gov.au.
- TAS: www.parks.tas.gov.au.

Notruf

Die landesweite Notrufnummer lautet 000 für Krankenwagen, Feuerwehr und Polizei.

Öffnungszeiten

Geschäfte sind normalerweise geöffnet Mo–Fr 9–17 Uhr, Sa 9–12 Uhr. Je nach Stadt kann Do oder Fr bis 21 Uhr eingekauft werden. Viele Läden, insbesondere kleine Lebensmittelgeschäfte und große Supermärkte, haben auch sonntags und bis spät abends geöffnet – es gibt keinen festgelegten Ladenschluss. Nur am 25. Dezember (Weihnachten) ist wirklich fast alles dicht.
Banken: Mo–Do von 9.30–16 Uhr, Fr von 9.30–17 Uhr.
Post: Mo–Fr 9–17 Uhr.

Outback-Safaris

Als Outback-Safari oder Camping-Safari werden geführte Rundreisen in geländegängigen Fahrzeugen bezeichnet. In kleinen Gruppen reisen Besucher unter einheimischer Führung in die entlegenen Gebiete des Kontinents. Das Angebot reicht von Tagesausflügen bis zu mehrwöchigen Expeditionen, wobei Reisen mit Hotel- oder Zeltübernachtung angeboten werden. Von den Teilnehmern werden gute Laune und, bei Zeltsafaris, eine Portion Eigeninitiative erwartet. Besonders beliebt sind Safaris im Zentrum (Red Centre), in Nordaustralien (Kimberley-Region, Darwin/Kakadu National Park) und nach Cape York/QLD. Gefahren wird je nach Gruppengröße in Fahrzeugen vom Typ Toyota Landcruiser oder Allradbussen. Ein bekannter Anbieter ist z. B. Wayoutback Tours (www.wayoutback.com.au).

 Tipp

Aufgrund der kleinen Gruppengröße und einer begrenzten Zahl von Abfahrtsterminen sollten Outback-Safaris bereits im Voraus gebucht werden.

Post/Porto

Jede Stadt verfügt über ein Postamt. In kleinen Orten übernimmt oft ein Ladengeschäft die Aufgaben der Post. Die Hauptpostämter in den größeren Städten heißen General Post Office (GPO). Am Schalter gibt es aktuelle Sondermarken. Weitere Infos: www.auspost.com.au.

Pubs

Pubs (oft auch „Hotel" genannt) sind die Kneipen Australiens und der Treffpunkt der Bevölkerung. Im Inneren steht meist eine Riesentheke, an der sich alle versammeln. Von morgens ab 11–22 oder 23 Uhr bekommt man dort kaltes Bier (am liebsten in Krügen = Jugs), um die Mittagszeit warme Mahlzeiten (Counter Lunches) und viel Gesellschaft. In der „Happy Hour" am Spätnachmittag werden in manchen Pubs Getränke zum halben Preis angeboten. Viele Pubs verfügen auch über einfache Zimmer, in denen übernachtet werden kann.

Radio

Einen Radioempfang gibt es in entlegenen Regionen praktisch nicht, allenfalls am Abend lassen sich die Sender des staatlichen Rundfunks **ABC** über Mittelwelle (AM) empfangen. In den Städten gibt es Privatsender. Die **Deutsche Welle** ist mit einem guten Weltempfänger auf Kurzwelle zu empfangen – die Frequenzen können kostenlos bei der Deutschen Welle bestellt werden. Die Rundfunk- und Fernsehgesellschaft **SBS** sendet allmorgendlich eine halbe Stunde Nachrichten auf Deutsch.

Reiseveranstalter

Ein ausführliches Verzeichnis der deutschen, österreichischen und Schweizer Reiseveranstalter, die Australien in ihren Programmen haben, ist vom Fremdenverkehrsamt **Tourism Australia** (www.tourism.australia.com) erhältlich. Die Veranstalterkooperation **Best of Australia** (www.best-of-australia.de) hat einen der umfangreichsten Kataloge auf dem deutschsprachigen Markt und berät umfassend.

Die Vorteile der Buchung über Reiseveranstalter:
- Kompetente Beratung und aktuelles Know-how durch regelmäßige Reisen.
- Günstige Flugpreise und Fly & Drive-Angebote mit speziellen Veranstalterraten.
- Ganz wichtig: Reisepreis-Sicherungsschein (= Kundengeldabsicherung) bei Firmenpleiten im Fall der Reiseabsage. Im Falle von Rechtsstreitigkeiten oder Reklamationen haben Sie Ihren Vertragspartner im eigenen Land.

Individuelle Reisen durch Australien bieten u. a. folgende Unternehmen:
- **hm touristik**, Livry-Gargan-Straße 10, 82256 Fürstenfeldbruck, ☎ 08141-1485490, info@hm-touristik.com, www.hm-touristik.de.
- **Kangaroo Tours**, Westring 25, 44787 Bochum, ☎ 0234-3252530, info@kangaroo-tours.de, www.kangaroo-tours.de.
- **Karawane Reisen**, Schorndorfer Straße 149, 71638 Ludwigsburg, ☎ 07141-284850, south-pacific@karawane.de, www.karawane.de.
- **Pacific Travel House**, Schwanthaler Straße 100, 80336 München, ☎ 089-5432180, info@pacific-travel-house.de, www.pacific-travel-house.com.
- **TravelEssence**, Heidestraße 65, 60385 Frankfurt/Main, ☎ 069-90437573, info@travelessence.de, www.travelessence.de.
- **WIGWAM**, Naturreisen & Expeditionen, Lerchenweg 2, 87448 Waltenhofen, ☎ 08379-92060, info@wigwam-tours.de, www.wigwam-tours.de.

Reisezeit

Aufgrund der australischen Klimazonen gelten für unterschiedliche Zielgebiete auch unterschiedliche Reisezeiten. So herrscht im australischen Frühling und Sommer (Nov.–März) im Norden tropisches Klima. Im Süden ist es warm bis heiß mit recht milden Nächten. Im australischen Herbst und Winter (April–Sept.) ist es im nördlichen und mittleren Australien warm, die Nächte können kühl sein. Im Süden gibt es kühle Tage mit gelegentlichen Schauern, jedoch meist Sonnenschein. Schneefall kommt nur in den Bergregionen im Südosten vor. Hier kann es dann aber durchaus heißen: „Ski und rodel gut". Weitere Informationen s. S. 36 ff.

Souvenirs

In den Souvenirshops der Touristenhochburgen türmen sich Plüschkoalas, T-Shirts, Hüte u. v. m. Eine Spezialität sind Aboriginal-Kunstgegenstände und Opale.

Aboriginal-Kunst: Galerien und Geschäfte mit Aboriginal-Kunstgegenständen findet man in allen größeren Städten, vor allem aber im NT und SA. Kunstvoll verzierte Bumerangs, Malereien, Schnitzereien, Didgeridoos und Schlaghölzer sind die beliebtesten Souvenirs. Die Gemälde, entweder auf Rinde oder auf Canvas gemalt, erzielen inzwischen sehr hohe Preise. Jedes Bild hat seine eigene Geschichte, die man am besten vom Künstler selbst erzählt bekommt, sofern er in der Nähe ist. Fragen Sie ruhig nach der Herkunft der Gegenstände und wem der Verkaufserlös zugute kommt – es gibt mittlerweile auch schon Fernostprodukte.

Opale: Wie bei allen Edelsteinen, so bestimmt auch bei Opalen die Qualität den Preis. Der Preis für ein Karat Opal schwankt zwischen A$ 20 und A$ 2.000. Grundsätzlich gilt: Je mehr Farbe ein Opal hat und je klarer er ist, desto wertvoller ist er. Die wertvollsten sind jedoch die seltenen schwarzen Opale aus Lightning Ridge (NSW). In den meisten Fällen finden Sie bunte Opale aus Coober Pedy (SA). Opalkauf ist **Vertrauenssache**: Nur der „Solid Opal" ist wirklich wertvoll und haltbar, da er durch und durch Opal ist. Bei der „Doublette" wird hinter eine dünne Opalschicht eine Schicht Glas oder Onyx geklebt. Die „Triplette" ist zusätzlich auf der Oberschicht des hauchdünnen Opals mit Kristallquarz überzogen. Dies lässt sich bei losen Steinen gut erkennen, nicht aber bei eingefassten. Fragt man einen australischen Verkäufer, ist der Opal eine ausgezeichnete Wertanlage – wenn man ihn nicht in einem trockenen Safe liegen lässt. Opale brauchen Luftfeuchtigkeit, sonst werden sie brüchig. Wer selbst nach Opalen suchen möchte, sollte sein Glück in Coober Pedy versuchen.

Sport und Freizeit

Fahrradfahren

In Australien gilt Helmpflicht für Fahrradfahrer. Um Australien mit dem Fahrrad zu bereisen, bedarf es aufgrund der Hitze und der Entfernungen einer guten Kondition, zuverlässiger Ausrüstung und nicht zuletzt eines starken Willens. In ein solches Abenteuer sollten sich nur erfahrene und wohl vorbereitete Pedalritter stürzen. Die Küstenregionen im Südosten, die Ostküste und Tasmanien eignen sich sicher noch am besten für Radtouren. Autofahrer nehmen relativ gut Rücksicht auf Radfahrer. An den Highways ist meist ein 1–2 m breiter Randstreifen vorhanden, in den Städten existieren vielerorts Radwege.

- **Beförderung**: Fahrräder werden im Flugzeug innerhalb der Freigepäckgrenzen (20–23 kg, bei einigen Airlines 30 kg, Inlandsflüge generell 20–23 kg) nach Australien befördert. Ein stabiler Karton (vom heimischen Radhändler) ist von Vorteil. Der Transport in Überlandbussen ist gegen geringe Gebühr (A$ 10–20) möglich, sollte aber angemeldet werden. Nicht immer ist garantiert, dass das Fahrrad im gleichen Bus mitfährt.
- **Fahrradverleih**: In vielen Städten können Fahrräder (Push-Bikes) für Stadtrundfahrten und Ausflüge gemietet werden.

- Ein Anbieter organisierter **Mountainbike-Touren** mit Begleitfahrzeug ist Remote Outback Cycle Tours (www.remoteoutbackcycletours.com.au, in Deutschland über Karawane Reisen buchbar). Highlights sind die Touren über die Gibb River Road oder durch das südaustralische Outback.

Golf

Golf ist Volkssport in Australien und dementsprechend verbreitet. Auf zahlreichen öffentlichen Golfplätzen kann gegen eine geringe Green Fee gespielt und eine Ausrüstung geliehen werden. Mit einem Mitgliedsausweis oder Schreiben des heimischen Clubs erhält man zuweilen auch in private oder exklusive Clubs Zutritt. Speziell in Queensland gibt es hervorragende Anlagen.

Tauchen

Australien ist ein Eldorado für Taucher. An erster Stelle steht das 2.000 km lange **Great Barrier Reef** an der Ostküste. Aber auch das **Ningaloo Reef** in Westaustralien, Höhlen, Riffe und unzählige Schiffswracks im Süden locken Taucher aus aller Welt an. Tauchkurse werden vor allem in Cairns und Townsville (QLD) und in Exmouth (WA) angeboten. Ausrüstung kann vor Ort geliehen werden. Wem die Zeit oder die Lizenz zum Tauchen fehlt, sollte auf jeden Fall einmal zum Schnorcheln gehen – die Unterwasserwelt ist beeindruckend. Bitte beachten Sie, dass bei Tauchanfängern eine medizinische Untersuchung vorgeschrieben ist. Es empfiehlt sich, diese bereits im Heimatland vornehmen zu lassen.

 Tipp

Spezielle **Tauchreisen** bietet Pacific Travel House an, nicht nur am spektakulären **Great Barrier Reef**, sondern auch in der Südsee. Infos unter www.pacific-travel-house.de.

Wandern

oder „Bushwalking", wie es die Australier nennen, ist praktisch in allen National Parks und State Parks auf ausgewiesenen Routen möglich. Meist wird neben der Kilometerangabe auch die ungefähre, recht großzügig errechnete Gehzeit angegeben. In Tasmanien, New South Wales, Victoria und Südwestaustralien sind Wanderungen wegen des gemäßigten Klimas das ganze Jahr über möglich. Im Outback und im tropischen Norden sollte man sich im Sommer auf kürzere Spaziergänge beschränken. Besondere Fernwanderwege sind als „Great Walks of Australia" in einer eigenen Broschüre von Tourism Australia publiziert.

 Tipp

- Starten Sie am frühen Morgen. Dies hat den Vorteil gemäßigter Temperaturen und besserer Chancen zur Wildbeobachtung.
- Wichtig: Führen Sie stets ausreichend Wasser (mind. 1 Liter pro Person pro Stunde) und Sonnenschutz (Sonnencreme, Hut, Sonnenbrille) mit.
- Es wird oft ein An- und Abmelden beim Ranger bzw. Nationalparkbüro verlangt. Vergessen Sie dann das Rückmelden nicht!

Sprache und Verständigung

In ganz Australien und Tasmanien wird Englisch gesprochen. Das australische Englisch lehnt sich stark an das britische Englisch an, hat aber in Aussprache und Wortschatz einige Besonderheiten. Der australenglische Dialekt **„Strine"** ist nur schwer verständlich, wird aber zum Glück nur von wenigen gesprochen. Vor allem die Betonung im australischen Englisch ist gewöhnungsbedürftig: Der Aussie verschluckt gerne Buchstaben oder ganze Silben, so z. B. bei dem Gruß „G'day!" (= Good day). Abkürzungen sind äußerst beliebt wie „Brekky" für Breakfast, „Mozzy" für Moskito usw. Findet der Australier etwas besonders (sei es gut oder schlecht), setzt er oft das Wort „bloody" (= verdammt) davor. Als „Mate" wird fast jeder männliche Mitbürger bezeichnet, solange er jung genug aussieht. Die lockere australische Art wird durch das häufig verwendete „No Worries!" (= Alles klar! Keine Sorge!) deutlich.

Als Reisender kommt man mit einem Grundwissen an Englisch gut zurecht. Wissenslücken werden durch Entgegenkommen leicht überbrückt.

Nachfolgend einige besondere Ausdrücke

Alice	Abk. für Alice Springs
Anzacs	Kriegsveteranen aus dem Australia and New Zealand Army Corps
Aussie	Australier
back of beyond	Outback
banana bender	Bewohner von Queensland
barbie	Abk. für Barbecue = Grill
billabong	Wasserloch
billy	Teepot – billy tea = Tee über offenem Feuer
bitumen	Asphaltstraße
blackfellow	Ureinwohner
bloke	Typ, Mann, Freund
bore	Bohrloch, Brunnen
bucks	Dollars
Buckley's chance	keine Chance
bull dust	feiner Outback-Staub
bunyip	Ungetüm in Aborigine-Legenden
brumby	wildes Pferd
BYO	Abk. für „Bring Your Own" für Restaurants ohne Ausschanklizenz
chips	Pommes Frites
cocky	kleiner Farmer
corrugated road	Waschbrettpiste
counter lunch	Mittagessen, das an der Theke eingenommen wird
coon	Ureinwohner (abwertend)
cuppa	Tasse Tee
damper	im Outback gebackenes Brot
Deli	Lebensmittelgeschäft

dill	Idiot
dirt road	Piste, nicht asphaltierte Straße
Distillate	alter Ausdruck für Dieselkraftstoff
Down Under	Australien
early bird	Frühaufsteher
esky	Kühlbox
facilities	sanitäre Einrichtungen
fair dinkum	ehrlich
Fill-Up Station	Tankstelle
Footy	Football
fossicking	Edelsteine suchen
gravel road	Schotterstraße
Hi! Hiya!	Hallo, wie geht's?
How ya goin mate – ooright?	Wie geht's – alles klar?
hang on	Moment noch!
Jackaroo	Outback-Cowboy
jelly can	Reservekanister
joey	Baby-Känguru
jug	Bierkrug
Koorie	Aborigines im Südosten
licenced	Restaurant mit Alkoholausschanklizenz
lolly water	Limonade
LPG	Flüssiggas
mozzy	Moskito
Never-Never	Outback im Northern Territory
New Australian	nicht-britische Einwanderer
nips	Japaner
Ooright!	In Ordnung! (= allright)
outback	Hinterland, abseits der Zivilisation, unerschlossene Region
OZ	Abk. für Australien oder Australier (= Aussie)
petrol	Benzin
pokies	Spielautomaten (Pokermaschinen)
Pommies	Engländer (abwertend)
pot	großer Bierkrug (¼ Gallone)
pub	Kneipe (=„Public House")
rego	Abk. für „Registration" = Kfz-Zulassung
road train	Lastwagen mit mehreren Anhängern
scrub	Buschgebiet
sealed road	geteerte Straße
See ya!	Man sieht sich!
She'll be right!	Alles in Ordnung!
shout (It's your shout)	Aufforderung, eine Runde zu spendieren
singlet	ärmelloses T-Shirt oder Unterhemd
station	große Farm im Landesinneren
station manager	Farmer
stockman	Outback-Cowbow oder Farmhelfer

stubby	kleine Bierflasche
surfie	Wellenreiter
swag	Outback-Schlafrolle
swagman	Landstreicher, Vagabund
Tassie	Tasmanien oder Tasmanier
thongs	Billigbadeschuhe
track	Piste
unsealed road	nicht asphaltierte Straße
ute	Kleinlaster (= utility truck)
walkabout	Aborigine-Streifzug durch das Land, auch Reise
waxhead	Surfer
wet season	„The Wet" = Regenzeit im Norden
Willy Willy	kleiner Wirbelsturm, Windhose
X-ing	„Pedestrian Crossing" = Fußgängerüberweg
X-Mas (Christmas)	Weihnachten
yabbie	Flusskrebs
yank	Amerikaner

Strände

Sydney – Bondi Beach

Entlang der über 36.000 km langen Küstenlinie liegen unzählige Strände und Badebuchten. Der Zugang ist fast nirgendwo eingeschränkt oder kostet Eintritt. Wo die schönsten Strände liegen, lässt sich kaum sagen. Die einsamsten finden sich im kaum besiedelten Westaustralien. Fast jede Großstadt hat „ihre" Strände: Berühmt sind die Strände Sydneys wie Bondi-Beach oder Manly-Beach. Viele Strände werden von Rettungsschwimmern (Surf Rescue) überwacht und durch Fähnchen markiert. Innerhalb der gelben Markierungen ist der Strand bewacht, und ein gefahrloses Baden ist normalerweise möglich. Sturmwarnungen sollten beachtet werden. An einsamen und abgelegenen „Beaches" sollte man sich vorsichtig ins Wasser begeben, da Strömungen und Wellen gefährlich werden können. Einheimische geben oft die besten Tipps über „Traumstrände". Und: Wo die „Locals" baden, kann es der Tourist normalerweise auch.

Der beliebteste Wassersport ist das Wellenreiten (Surfen). In vielen Küstenorten kann man sich in Surf-Shops ein Brett ausleihen. Spaß bereitet Anfängern das „Body-Board", bei dem auf dem Bauch liegend der Wellenkamm hinuntergesurft wird. Stehend surfen ist eine Kunst für sich und erfordert jahrelanges Training.

FKK ist im britisch prüden Australien nicht üblich, „oben ohne" zieht meist eine umgehende Verwarnung nach sich. Wer FKK mag, sollte sich dazu außerhalb der „Family Beaches" begeben. Vielerorts hat man ohnehin den ganzen Strand für sich alleine, wenn man außerhalb der Städte die Küste anfährt oder ein paar hundert Meter geht. Okt.–April kann an der Nord- und Nordostküste wegen der dort auftretenden, giftigen Quallenarten (Box Jelly Fish) nicht gebadet werden. Dies trifft nicht auf das vor der Küste gelegene äußere Great Barrier Reef zu.

Taxis

In allen Städten gibt es Taxis. Taxistände befinden sich an Bahnhöfen, Flughäfen, größeren Hotels und Einkaufszentren. Die Telefonnummern der Taxigesellschaften sind in den „Gelben Seiten" verzeichnet. Im Allgemeinen wird eine Grundgebühr erhoben, die zum Fahrgeld (per Taxameter) gerechnet wird. Taxis sind relativ günstig, für längere Fahrten sollte vor Fahrtantritt ein Festpreis ausgehandelt werden. Taxifahrer erwarten kein Trinkgeld, nehmen es aber gern.

Telefonieren

Die größte australische Telefongesellschaft ist **Telstra**. Das vollständig privatisierte Kommunikationsunternehmen ist technisch auf dem neuesten Stand, sodass selbst Ferngespräche aus dem tiefsten Outback glasklar in Übersee ankommen. Im ganzen Land sind Transmitter-Masten aufgestellt worden, sodass eine flächendeckende Festnetzkommunikation erreicht wurde. **Optus** ist der Telstra-Konkurrent und vor allem in den Städten und im Mobilfunksektor stark im Kommen.

 Hinweis

Alle Rufnummern sind achtstellig. Für das ganze Land gibt es vier Vorwahlen (Erklärung der Abkürzungen s. S. 58):

02	NSW
03	VIC, TAS, Süd-NSW
07	QLD
08	SA, WA, NT, West-NSW

Telefonzellen: Moderne Telefonzellen nehmen sowohl Münzen als auch Telefonkarten. Diese werden überall dort verkauft, wo ein kleines Fähnchen (Phone Cards Sold Here) flattert. Alte Apparate nehmen nur Münzgeld. Mit beiden Arten sind internationale Selbstwählanrufe (IDD – International Direct Dial) möglich. Kreditkartentelefone sind relativ selten. Akzeptiert werden Visa, American Express, Diners Club. In Hotels und Restaurants stehen orangefarbene Telefone, die nur Münzgeld nehmen, aber auch internationale Gespräche ermöglichen.

Telefonkarten: Man unterscheidet die Telstra Smart Phone Card (Wert A$ 5/10/20/50) für die Nutzung an Telefonzellen und die Phone Away Card (Wert A$ 10/20/50/100). Bei letzterer erhalten Sie eine kostenlose Zugangsnummer plus Kartennummer, mit der Sie auch von Hotelapparaten preisgünstig telefonieren können.

Günstig telefonieren: Mit einer Telefonkarte Comfort der Telekom (in Deutschland erhältlich), EZI Phone Call Card, Banana Card, Global Gossip Card u. a. telefoniert man ab A$ 0,16/Min. nach Deutschland und hat kostenlose Zugangsnummern, welche besonders bei Hotelapparaten sinnvoll sind (meist wird dann nur die Gebühr für ein Ortsgespräch berechnet). Erhältlich sind die Karten z. B. in Internetcafés und Zeitungsläden. Von Deutschland aus telefoniert man sehr günstig nach Australien, indem man beispielsweise die Vorwahl 01051 vor die Rufnummer setzen (ab 0,08 Euro/Min.). Infos und Tarife: www.billiger-telefonieren.de.

Teuer telefonieren: Vermeiden Sie Überseegespräche vom Hotel aus. Das geht richtig ins Geld! Kaufen Sie vorher eine der o. g. Telefonkarten, sodass Sie kostenlose Zugangsnummern nutzen können. Auch das Telefonieren mit heimischen Handys sowie das Mailboxabhören ist sehr teuer. Am besten Sie legen die Mailbox vor Ihrer Abreise still.

Funktioniert mein Handy in Australien? D1, D2-Vodafone- und E-Plus-Handys funktionieren in den größeren Städten und entlang der Küsten relativ zuverlässig. Sobald Sie jedoch in unbesiedelte Gebiete gelangen, ist es vorbei mit der Kommunikationsfähigkeit. Auch australische Handys funktionieren im Outback nicht. Ausnahmen: teure Satellitentelefone und Telefonzellen an Roadhouses.

Mobilfunk-Tipps

- Vermeiden Sie häufiges **Telefonieren mit dem eigenen Handy**! Das sogenannte Roaming (Telefonieren in ausländischen Netzen) ist die mit Abstand teuerste Variante. Sie bezahlen in diesem Fall die Gebühren des australischen Funknetzes plus Auslandsaufschlag des deutschen Netzbetreibers (ca. + 25 %). Eine Liste der Roaming-Preise findet man auf den Homepages der einzelnen Mobilfunkbetreiber. Achtung auch bei Anrufen auf Ihr Handy in Australien: Der Anrufer bezahlt nur die Kosten für das Telefonat in das deutsche Mobilfunknetz. Die Gebühren für das australische Netz gehen auf Ihre Rechnung.
- Legen Sie sich deshalb bei einem längeren Aufenthalt eine **Prepaid-Card** zu und tauschen Sie diese gegen die SIM-Karte in Ihrem Handy. Sie sind so ohne hohe Roaming-Kosten erreichbar. Die australischen Gesellschaften Optus, Vodafone und Telstra verkaufen diese Karten für A$ 30 bis A$ 100 Gesprächsguthaben. Die Gültigkeit ist auf wenige Monate beschränkt, danach verfällt das Guthaben. Telstra bietet eine Touristen-Pre-Paid-Karte (Communic) an. Das Paket besteht aus einer SIM-Karte und einer Nachladekarte. SMS-Versand ist möglich.
- Die heimische **Mailbox** sollte ausgeschaltet werden, sonst wird es teuer. Da der Anruf erst zum Handy geleitet wird und dann wieder zurück nach Deutschland zum Anrufbeantworter des Netzbetreibers, fallen auch hier Roaming-Gebühren an. Auch das Abhören der Mailbox ist mit einem Auslandsgespräch verbunden.
- Nehmen Sie die **Betriebsanleitung** Ihres Handys mit. Für den Fall eines Diebstahls notieren Sie sich die eigene Rufnummer, Kartennummer, Kundenkontonummer, das vereinbarte Geheimwort und die Hotline-Nummer des Betreibers (eventuell zu Hause einer Vertrauensperson geben, die man dann im Notfall aus dem Festnetz anrufen kann). Diese Angaben werden für eine Sperrung des Anschlusses benötigt.
- **Speichern Sie Rufnummern** immer mit der Landesvorwahl +49 für Deutschland, +43 für Österreich, +41 für die Schweiz. So entfällt das Wählen von 001149 etc. vor jeder Rufnummer. Die erste Ziffer der Ortsvorwahl (meist die 0) entfällt dann.

WiFi im Hotel: Hotels bieten in Australien leider selten ein Gratis-WLAN (englisch: WiFi) an. Deutlich günstiger sind Internetcafés in den Städten oder auch das Gratis-WLAN bei McDonald's oder Starbucks. Von dort kann jeder den Lieben daheim seine Eindrücke von Down Under mailen.

Internationale Durchwahl: Deutschland: 001149 bzw. +49, Österreich: 001143 bzw. +49, Schweiz: 001141 bzw. +41. Dann die Ortsnetzkennzahl ohne 0.

Gebühren: Ein internationales Gespräch kostet ca. A$ 1,60/Minute (an Wochenenden günstiger). Ortsgespräche kosten mindestens A$ 0,50 (unbegrenzte Zeitdauer).

Wichtige Nummern
• Notruf für Polizei, Krankenwagen und Feuerwehr: 000
• 1800-Nummern sind kostenlose Servicenummern (Tollfree Numbers).
• 13(00)xxxx-Nummern kosten den Ortstarif.
• Lokale Auskunft: 013, internationale Auskunft: 0103, nationale Auskunft: 0175.

Bequeme R-Gespräche (Gebühr bezahlt Empfänger) sind über folgende Nummern möglich: für Deutschland: 1800-881490, für die Schweiz: 1800-881041, für Österreich: 1800-881430. Es meldet sich jeweils die Telefongesellschaft des angerufenen Landes in der Landessprache. Das Verfahren heißt Country Direct.

Satellitentelefonie: Reisende, welche unter allen Umständen und überall, auch im tiefsten Outback erreichbar sein wollen oder im Notfall mit 100%iger Sicherheit einen Notruf senden möchten, sollten sich ein Satellitentelefon mieten. Dies kann bereits in Deutschland bei folgendem Anbieter geschehen: GSM Profi, Andreas Meier, ☎ 0651-12190, www.gsm1900.de. In Australien liefern verschiedene Anbieter die Sat-Telefone an jeden gewünschten Ort – lassen Sie sich direkt ein Angebot unterbreiten, z. B. von Landwide Satellite Solutions (www.landwide.com.au). Für eine 3-Wochen-Miete ist mit ca. A$ 900 zu rechnen.

Internet-Telefonie: Reisen Sie mit dem Notebook, Laptop, Netbook, Tablet-PC (iPad o. ä.) oder Smartphone, so lohnt sich die Installation von skype (www.skype.de). Überall, wo Sie einen drahtlosen Internet-Zugang haben (WiFi = WLAN), können Sie ohne Kosten in die ganze Welt mit anderen Skype-Nutzern telefonieren.

Trinkgeld

Trinkgelder sind in Australien nicht üblich, werden aber in der Regel dankend, mancherorts mit etwas Verwunderung angenommen. Sind Sie mit dem gebotenen Service zufrieden, so geben Sie ein Trinkgeld, sind Sie es nicht, so lassen Sie es.

Uhrzeit

Australien ist in drei verschiedene Zeitzonen eingeteilt:
1. **Eastern Standard Time** (EST): NSW, ACT, VIC, QLD, TAS (+10 Std. MEZ)
2. **Central Standard Time** (CST): SA, NT = -0,5 Std. zur EST
3. **Western Standard Time** (WST): WA = -2 Std. zur EST

Okt./Nov.–März gilt in allen Staaten außer NT, QLD und WA **Sommerzeit** – die Uhren werden dann um eine Stunde vorgestellt. Die Zeitverschiebungen bringen auch einige Kuriositäten mit sich: So muss z. B. bei Durchquerung der Nullarbor Plain die Uhr zweimal um je 45 Min. verstellt werden. Broken Hill hat, obwohl in New South Wales gelegen, die Zeit von South Australia. Da das Ganze einigermaßen verwirrend ist, sollten Sie sich nach Überqueren einer Staatsgrenze oder nach der Flugankunft in einer neuen Stadt zunächst über die gerade geltende Uhrzeit informieren. Flugzeiten werden immer mit den jeweils geltenden lokalen Uhrzeiten angegeben.

Unterkünfte

Die Unterkunftsmöglichkeiten umfassen eine breite Palette – vom Luxushotel bis zur Herberge für Rucksackreisende ist das Angebot breit gefächert. Die Verfügbarkeit stellt höchstens in der australischen Urlaubssaison (Dez./Jan.) und an den sogenannten „Long Weekends" (Wochenenden mit Feiertagen im Anschluss) ein Problem dar, dann kann es heißen „Sorry, no Vacancies" – „Wir sind leider ausgebucht". Ansonsten ist es für den Reisenden meist kein Problem, ein Zimmer zu bekommen.

Zimmerausstattung: Hotelzimmer verfügen i. d. R. über Klimaanlage, Tee-/Kaffeekocheinrichtungen (Wasserkocher), Bügeleisen, Bügelbrett, Fön, TV, Radio, Telefon. Außerdem kann man fast überall Wäsche waschen lassen (Laundry Service). Apartments sind mit einem, zwei oder drei Schlafzimmern deutlich größer und haben eine vollständig ausgestattete Küchenzeile, oft auch eine Waschmaschine und Trockner.

Preisklassifizierung der Unterkunftsempfehlungen (Preis pro Zimmer)

$	unter A$ 60	Budgetunterkunft, z. T. Mehrbettzimmer (Hostel, Jugendherberge)
$$	A$ 75–140	Motel, einfaches Hotel oder Bed-&-Breakfast-Haus
$$$	A$ 140–220	Mittelklasse-Hotel/Motel
$$$$	A$ 220–350	gute bis sehr gute Hotels und Resorts
$$$$$	über A$ 350	Luxushotels, Inselresorts, exklusive Lodges

 Hinweis

Diese Preisklassifizierung stellt einen groben Richtwert dar, da die Preisgestaltung der einzelnen Hotels durch Zimmereinrichtung, Lage, Ausstattung und Saisonzeiten/Veranstaltungen/Messen variabel ist.

Die Klassifizierung der Hotels und Motels durch Sterne (1–5) ist in Australien nicht einheitlich geregelt, die Einstufung erfolgt jedoch meist nach den Grundsätzen des australischen Autoclubs. Dennoch: Preise und Qualität innerhalb einer Klassifizierungsgruppe können erheblich schwanken.

➤ Unterkunftskategorien

Luxushotels

In den Metropolen des Landes findet man die Namen bekannter Luxushotelketten wie Sheraton, Hilton, Hyatt. Daneben existieren klassische Luxushotels, wie beispielsweise das Windsor in Melbourne oder das Observatory Hotel in Sydney, die jedoch meist auch großen Hotelketten angegliedert sind. Luxushotels liegen preislich bei A$ 300 bis A$ 500 DZ/Nacht. Dafür wird dann auch der erstklassige Service eines 5-Sterne-Hauses mit internationa-

Auch nicht schlecht: Deluxe Campingsafari-Unterkunft

lem Niveau geboten. Wenn schon Luxus, dann sollte auch auf die richtige Lage des Zimmers geachtet werden: Nichts ist schöner (und teurer) als ein Zimmer mit Opera View in Sydney!

Badehotels und Ferienresorts

Auf den Inseln des Great Barrier Reef sowie an den Küsten des nordischen Queensland und Westaustraliens findet man ausgesuchte, sehr luxuriöse Badehotels und Ferienanlagen, die höchsten Ansprüchen genügen (ab A$ 250 DZ/Nacht). Hier kann sich der Reisende, der das Land auf – meist anstrengenden – Rundreisen erfahren hat, hervorragend entspannen, bevor es zurück nach Europa geht. Die Wettersicherheit ist groß, allein in der Regenzeit muss in der tropischen Zone mit kurzen, starken Regenfällen und seltenen Wirbelstürmen gerechnet werden.

Hotels

Preisgünstiger und weit verbreitet sind Hotels der gehobenen Mittelklasse (A$ 150–250 DZ/Nacht) wie Novotel, Travelodge, Mercure, Holiday Inn, Quality Hotels, Ibis, Comfort Inn Hotels u. a. In den Städten liegen viele Häuser zentral und verkehrsgünstig. Die Hotels bieten mit Restaurants, Bars, Klimaanlagen, Pools und Wäscheservice einen hohen Komfortstandard. Bei preisgünstigeren Unterkünften müssen Abstriche hinsichtlich der Ausstattung und Lage gemacht werden.

Motels

In allen Städten, Kleinstädten und selbst entlegenen Dörfern gibt es preiswerte Motels. Sie haben sich ganz auf die Bedürfnisse der Pkw-Reisenden eingestellt, d. h., man kann mit dem Auto meist bis vor die Tür fahren. Nachteil: Sie liegen meist an viel befahrenen Ein- und Ausfallstraßen. Restaurant, Swimming-Pool, Teeküchen (tea and coffee making facilities), Fernseher und Klimaanlagen sind ein weit verbreiteter Standard. Billige Motels sind meist eine gute Alternative zu Doppelzimmern in Backpacker-Hostels – preislich gibt es kaum noch einen Unterschied.

Apartments

Apartments gibt es in den Hauptstädten und Touristenzentren. Die fast immer als Selbstversorger-Ferienwohnungen (self contained) ausgelegten Häuser sind im Regelfall komplett mit Küchenzeile, TV, Radio, Klimaanlage ausgestattet, dazu werden in Ferienresorts sportliche Aktivitäten (z. B. Golf oder Tennis) gegen Aufpreis angeboten. Für den Touristen, der durch das Land reist, kommen Selbstversorger-Apartments erst ab ca. drei Nächten in Frage, da meist eine Mindestmietdauer vorgeschrieben wird. Bei mehreren, gemeinsam Reisenden oder Familien werden Mehrbett-Apartments (2–3 Schlafzimmer) preislich interessant, nicht zuletzt durch die Möglichkeit, sich selbst zu bekochen und dadurch die Reisekasse zu schonen.

Cabins

Für preisbewusste Reisende oder Familien, die ohne Wohnmobil oder Zelt unterwegs sind, lohnt sich der Weg auf die Caravan Parks. Fast alle verfügen über feststehende Hütten oder Bungalows (Cabins), die mit 4–6 Schlafplätzen (inkl. Bettwäsche), Klimaanlage, Küche und Dusche/WC ausgestattet sind. Der Zustand der Cabins ist bei den bekannten Ketten Big4 (www.big4.com.au) und Top Tourist Park (www.toptouristparks.com.au) gut und man kann von gepflegter Sauberkeit ausgehen. Bei den günstigeren Budget-Cabins werden die sanitären Anlagen des Campingplatzes genutzt. Meiden Sie On-Site Vans – alte Wohnwagen, die auf Campingplätzen manchmal noch vermietet werden, aber meist ziemlich runtergekommen sind und deshalb langsam aussterben. Der Preis für eine Cabin liegt bei ca. A$ 80 bis A$ 120 pro Nacht.

Hotelgutscheine/Hotelpässe

Hotelgutscheine eignen sich sehr gut für Individualreisende. Anbieter von Hotelpässen ist Choice (www.choicehotels.com.au) und Best Western (www.bestwestern.com.au). Sie reisen kreuz und quer durch den Kontinent und bezahlen ihr Hotelzimmer mit im Voraus erworbenen Hotelgutscheinen. Der Übernachtungspreis ermäßigt sich durch einen solchen Hotelpass erheblich. Nachteil: Man ist an eine bestimmte Kette gebunden und verliert dann doch wieder die Flexibilität.

Jugendherbergen und Backpacker Hostels

sind preiswerte, unabhängige Herbergen mit offener und gastfreundlicher Atmosphäre für junge und jung gebliebene Rucksacktouristen. Die praktisch in jedem Ort vorhandenen Hostels sind im Vergleich zu Jugendherbergen weniger restriktiv, was beispielsweise die Öffnungszeiten angeht. Es stehen Mehrbettzimmer (Dormitories), Doppel- und Einzelzimmer zur Verfügung. Die Preise schwanken zwischen A$ 20 und A$ 80, je nach Ausstattung, Lage und Zimmerkategorie. Eine Selbstkocherküche und Waschmaschinen sind vorhanden, Bettzeug kann geliehen werden, ein eigener Schlafsack sollte vorhanden sein.

Da der Standard der einzelnen Hostels je nach Eigner und Mitarbeiterstab stark schwankt, sollte man sich vor der Bezahlung die Zimmer zeigen lassen. Achten Sie auf Ihre Wertsachen in den Hostels. In Mehrbettzimmern herrscht eine offene Atmosphäre, und Langzeitreisende sind eher knapp bei Kasse! Ein gutes Netzwerk geprüfter Backpacker-Hostels pflegt **Nomads** (www.nomadsworld.com).

Es gibt ca. 150 Youth Hostels in Australien, die der **Youth Hostel Association** (YHA, www.yha.com.au) angegliedert sind. Um zu übernachten, benötigt man die Mitgliedschaft im Internationalen Jugendherbergswerk. Wer über keinen JH-Aus-

Tipps

- Ausgezeichnete und äußerst umfangreiche Unterkunftsverzeichnisse (Accomodation Guides) werden von den Automobilclubs der einzelnen Bundesstaaten herausgegeben (nur in Australien erhältlich). Die Fremdenverkehrsämter der Bundesstaaten verfügen ebenso wie die lokalen Tourist Offices über verlässliches Informationsmaterial.
- Reisen Sie ohne vorgebuchte Hotels durch das Land, so rufen Sie wenigstens ein oder zwei Tage vorher bei einem Hotel an, um eine Reservierung zu tätigen. Dies vermeidet eine Sucherei am Ankunftsort und beugt der Gefahr vor, ganz ohne „Bett" dazustehen. Bei einer telefonischen Reservierung wird häufig eine Kreditkartennummer erfragt.
- Wenn alle Stricke reißen und Sie abends noch keine Unterkunft haben: Checken Sie den nächsten Campingplatz und fragen Sie nach einer freien Cabin oder einem freien Stellplatz, sodass notfalls im Auto übernachtet werden kann.
- Bei begrenzter Reisezeit ist es ratsam, die Unterkunft vorab zu buchen. Dies gilt insbesondere für den Tag nach Ankunft im Land (oder nach einem Inlandsflug in einer Stadt) und wenn die Orientierung in der fremden Umgebung noch fehlt. In Städten sollte eine zentrumsnahe Unterkunft gewählt werden, sind doch die meisten Sehenswürdigkeiten der Städte auch dort angesiedelt.
- Sind Sie über den Zimmerstandard oder die Sauberkeit eines Hotels/Motels im Zweifel, scheuen Sie sich nicht, das Zimmer vor Bezug zu begutachten. Viele Hotels laden dazu geradezu ein („Inspections Welcome").

weis verfügt, kann in Australien eine YHA-Mitgliedschaft in jeder Jugendherberge erwerben. Das Alter spielt dabei keine Rolle. Mit einem Jugendherbergsausweis kommt man außerdem in den Genuss von Preisnachlässen, beispielsweise bei Bustickets. Übernachtungen kosten für Mitglieder A\$ 25 bis 60 (je nach Lage und Zimmerkategorie), Nichtmitglieder zahlen ein paar Dollar mehr.

Die Ausstattung der Häuser ist sehr gut: Mehrbett-, Doppel- und Einzelzimmer, Küche, gemeinschaftliche Sanitärräume und Waschmaschinen sind die Regel. Die Öffnungszeiten sind flexibel geregelt, eine Folge der starken Backpacker-Hostel-Konkurrenz.

Veranstaltungen

Der Sport spielt bei den Veranstaltungen die Hauptrolle. Ob Cricket, Football, Rugby, Pferderennen, Tennis, Surfen oder Regatten – die Australier sind eine sportbegeisterte Nation. Kunst- und Kulturveranstaltungen finden in den Metropolen statt. Landwirtschaftsausstellungen (Country Fairs, Field Days, Royal Shows) sind als Familienereignisse in ganz Australien beliebte Ausflugsziele. Nachfolgend die wichtigsten Veranstaltungen (die genauen Daten sollten von den Fremdenverkehrsämtern erfragt werden):

Januar	26. Januar: Australia Day (Veranstaltungen und Festlichkeiten im ganzen Land), Australian Tennis Open (Melbourne), Solar Challenge (Solar-Autorennen von Darwin nach Alice Springs), Perth Cup (Pferderennen), Surf-Carnivals der Lebensretter (entlang der Ostküste), Festival of Sydney (Kunst- und Kulturfestival), Schützenfest in Hahndorf (South Australia).
Februar	Cricket World Cup (nur für Mannschaften aus den Commonwealth-Staaten), Royal Hobart Regatta (Tasmanien), Perth Festival (Kulturfestival).
März	Adelaide Festival (Kunst und Kultur), Barossa Valley Weinfest (alle zwei Jahre/ungerade Jahreszahl), Blue Gum Festival (Kultur und Sport, Tasmanien), Begonia-Festival (Blumenfest in Ballarat/Victoria), Vintage-Festival (Weinfest, Hunter Valley/New South Wales), Canberra-Festival (Sport- und Kulturveranstaltung), Melbourne Moomba (Kunst- und Kulturtage), Formel 1 Grand Prix (Melbourne).
April	Sydney Cup (Regatta), Motorrad Grand Prix (Sydney oder Phillip Island), Royal Easter Agricultural Show (Sydney).
Mai	Camel Cup (Rodeo und Kamelrennen in Alice Springs), Adelaide Cup (Pferderennen).
Juni	Sydney Film Festival, Pacific Festival (Kunst und Kultur, Townsville), Finke Desert Race (Automobilrallye, Northern Territory).
Juli	Beer Can Regatta (Bierdosenregatta, Darwin), Doomben Ten Thousand (Pferderennen, Brisbane).
August	Australische Skimeisterschaften (Thredbo, New South Wales), Mt. Isa-Rodeo (Queensland), Royal Agriculture Show (Brisbane).
September	Birdsville-Race (Pferderennen, Birdsville/Queensland), Grand Final Australian Football (Finalspiele in Melbourne), Henley On Todd Regatta (Trocken-Segeln in Alice Springs), Shinju Matsuri (Perlen-Festival in Broome/Western Australia).
Oktober	Jacaranda Festival (Blumenfest, Grafton/New South Wales), Horse Racing Carnivals (Sydney und Melbourne), Trout Season (Eröffnung der Forellensaison, Snowy Mountains/New South Wales).
November	Australian Open Golf (Melbourne), Melbourne Cup Week (Pferderennen „Race of the Nation").
Dezember	Sydney – Hobart (Yacht Regatta), Carols by Candlelight (Weihnachten bei Kerzenschein im ganzen Land), Hopman-Tennis-Cup (Perth).

Waschen

Angesichts der Gepäck- und Platzlimits kann kein Mensch Wäsche für mehrere Wochen mitnehmen. Es muss also zwischendurch mal gewaschen werden: Die meisten Motels, Caravan Parks, Jugendherbergen und Backpacker-Hostels bieten die Möglichkeit, an Münzwaschautomaten in der sogenannten **Laundry** selbst Wäsche zu waschen. Wäschetrockner und Wäscheleinen tun das Übrige. Ein paar Wäscheklammern im Gepäck sind hilfreich. Gute Hotels bieten üblicherweise einen Wäscheservice an.

Wasser

Im trockenheißen Outback sollten pro Person und Tag mindestens fünf Liter Trinkwasser gerechnet werden. Bei Touren abseits der Zivilisation muss zusätzlich eine Reserve von 20 Liter pro Person und für Fahrzeuge einige Liter Ersatzkühlwasser eingeplant werden. Jedes Jahr verdursten im Outback einige Menschen qualvoll. Auch wenn Sie keine Outback-Durchquerung planen: Ein 5-Liter-Kanister Wasser im Auto ist immer ratsam, selbst wenn man damit nur einem Radler „in the middle of nowhere" hilft, seine Trinkflaschen zu füllen. Auch bei einer Panne am Highway können Wartezeiten lang werden. Verlassen Sie im Notfall niemals das Fahrzeug, und warten Sie, bis Hilfe kommt (bei einer Suche aus der Luft kann ein Auto entdeckt werden – eine einzelne Person jedoch nicht!). Bei Wanderungen ebenfalls immer Wasser mitführen. Wasser ist in vielen Regionen Australiens wertvoller als Gold. Hinweise zum Wassersparen sollten daher bei der Körper- und Kleiderwäsche berücksichtigt werden.

 Tipp

Als ideale Wasserbehälter haben sich Cola-Plastikflaschen erwiesen – sie sind nahezu unzerstörbar und zudem sehr leicht. So kann die unförmige Wasserflasche daheim bleiben. Wasserkanister mit 5 oder 10 Litern Fassungsvermögen sind in großen Supermärkten erhältlich.

Wasserqualität: Leitungswasser kann zwar fast überall getrunken werden, ist aber manchmal kaum genießbar. Oft ist es extrem chloriert oder schmeckt sehr mineralisch, wenn es aus unterirdischen Reservoirs stammt. Wasser aus Brunnen, Seen oder Bächen sollte im Zweifelsfall mit „Micropur" oder einem Katadyn-Filter entkeimt werden. „Bore Water" aus artesischen Quellen ist nicht zum Trinken geeignet.

Zeitungen

Jede Stadt hat „ihre" Zeitung. Die größeren Städte haben neben der Tageszeitung noch Boulevardpresse und Abendzeitungen. Die bekanntesten Tageszeitungen sind „Sydney Morning Herald", „Melbourne Age", „West Australian" und die einzige überregional erscheinende Zeitung „The Australian". Gute Nachrichtenmagazine sind „Time" und „Bulletin". Internationale Presse ist i. d. R. schwer zu bekommen.

Das kostet Sie das Reisen in Australien

Auf den **Grünen Seiten** können Sie sich anhand der dargestellten Preisbeispiele ein Bild von den Kosten Ihrer Reise nach Australien und Ihres Aufenthalts im Land machen. Sie sollten diese Preise als Orientierung verstehen. Viele Preise schwanken, weshalb hier eine Preisspanne angegeben ist, die als Richtschnur dienen soll. Generell sollte man sich bei der Planung einer Australienreise darüber im Klaren sein, dass Australien ein hochpreisiges Reiseland ist – vergleichbar etwa mit Norwegen, Schweden oder der Schweiz. Übernachtungskosten, Lebensmittelpreise, Eintrittsgelder und Restaurantbesuche können – je nach Region und Angebot – bis zu doppelt so teuer sein gegenüber vergleichbaren Europareisen.

Wechselkurse (Stand November 2014)
1 € = 1,45 A$, 1 A$ = 0,69 €
1 CHF = 1,20 A$, 1 A$ = 0,83 CHF

Beförderung

➤ Internationale Flüge
• Gabelflug „Point to Point", z. B. mit Emirates ab € 1.100 inkl. Steuern/Gebühren (Saisonzeit Mai/Juni) bis € 1.600 (Saisonzeit Dez./Weihnachten)
Die Flughafensteuern, Gebühren sowie Treibstoffzuschläge belaufen sich derzeit auf etwa € 580 bis € 750 pro Person, je nach Zahl der Flüge und angeflogenen Flughäfen. Die Höhe der Treibstoffkostenzuschläge wird von den Fluggesellschaften sehr variabel gehandhabt, abhängig von den jeweils geltenden Kerosinpreisen.

Sonderangebote: Australien zum Schnäppchenpreis
Bei Buchung von Flug + Landprogramm sind spezialisierte Australien-Veranstalter in der Lage, spezielle Flugtarife anzuwenden, die als solche nicht veröffentlicht werden dürfen. Preislich besonders interessant sind die Reisemonate April–Juni – hier können Reisende noch echte „Schnäppchen" buchen. Insgesamt sind die „billigen" Zeiten für eine Australienreise jedoch vorbei.

 ## Open Return Ticket

Für junge Leute bis 30 bzw. 32 Jahren können mittels der Open Return Tickets preiswerte und flexible Flüge angeboten werden. Diese Tickets sind i. d. R. ein Jahr gültig. Der Rückflugtermin braucht beim Kauf noch nicht festgelegt zu werden, sollte aber ca. 4 Wochen vorher gebucht werden. Infos: www.openreturnticket.de, www.studententickets.de.

➤ Inlandsflüge
Inlandsflüge bucht man am besten zusammen mit dem internationalen Langstreckenflug. Qantas, Cathay Pacific (www.cathaypacific.com), Emirates (www.emirates.com), Etihad (www.etihadairways.com) und Singapore Airlines (www.singaporeair.com) haben hierfür die besten Preise. Der Flugpreis ist von der Strecke, vom Buchungsdatum und von den Tarifkonditionen abhängig.

Einige Inlandsflüge, allerdings häufig nicht umbuchbar oder erstattungsfähig, findet man unter www.qantas.com.au, www.jetstar.com und www.virginaustralia.com.

➤ Mietwagen

Kategorie Compact (z. B. Toyota Corolla, inkl. unbegrenzte km): ab € 39/Tag. Es empfiehlt sich, die Kaskoversicherung mit dem geringstmöglichen Selbstbehalt gleich bei Buchung in Deutschland zu bezahlen, da dies dann günstiger ist.

➤ Camper

• High Top Camper (Kleinbus mit festem Hochdach inkl. unbegrenzter km): € 75–180/Tag je nach Saisonzeit und Mietdauer zzgl. Versicherung.
• 4-Berth Motorhome (Alkoven-Wohnmobil inkl. unbegrenzte km): € 120–300/Tag je nach Saisonzeit und Mietdauer zzgl. Versicherung.

Bei Campern empfiehlt es sich generell das „All-Inclusive"-Paket zu buchen. Darin sind alle Nebenkosten, die bestmögliche Versicherung mit € 0,00 Selbstbehalt und Einweggebühren enthalten. Sie bezahlen vor Ort dann nur noch den Treibstoff und vermeiden jegliche Diskussionen. Bei frühzeitiger Buchung und Langzeitbuchung erhält man Rabatte auf den Grundpreis.

➤ Allrad-Camper

4-WD Camper (Toyota Landcruiser mit Aufstelldach inkl. unbegrenzter km): € 140–320/Tag je nach Saison und Mietdauer zzgl. Versicherung.

➤ Geführte Rundreisen

• Klassische Australienreise (24-Tage-Hotel-Busrundreise mit 4-Sterne Hotels und deutschsprechender Reiseleitung, inkl. Flüge ab/bis Deutschland): ab ca. € 7.500 pro Person im DZ.
• Tropical Queensland (14 Tage-Busrundreise ab Sydney/bis Cairns mit englischsprachiger Reiseleitung): ab ca. € 2.500 pro Person.

➤ Bausteinprogramme

• 4 Tage Red Centre Camping Safari ab/bis Alice Springs: € 450 pro Person
• 3 Tage Kakadu Camping Safari ab/bis Darwin: € 400 pro Person.

➤ Taxifahrt

Flughafen – Stadt: A$ 30–80 (je nach Entfernung und Verkehrsaufkommen). Es empfiehlt sich in den allermeisten Fällen, den Flughafenbus zu nehmen, da dieser deutlich günstiger ist und unabhängig von Staus und Rush-Hour denselben Preis hat.

➤ Flughafen-Shuttle-Bus

Flughafen – Stadt: A$ 18–25 pro Person und Strecke (je nach Stadt).

➤ Bahnfahrt

Sydney – Perth (Indian Pacific): Coach Class-Sitzwagen: € 939 p. Pers.
Adelaide – Alice Springs (The Ghan): Coach Class-Sitzwagen: ab € 469 p. Pers.

➤ Buspässe

Kilometerpässe und Tagespässe bietet Greyhound ab € 250.

➤ Öffentliche Verkehrsmittel

Busse und Straßenbahnen/U-Bahnen in Großstädten: Einzelticket A$ 2,50–4,20, Tagesticket A$ 15–22.

Übernachten

Campingplätze	A$ 25–65 für 2 Personen
NP-Campground	A$ 20–45 für 2 Personen
Jugendherbergen/Hostels	A$ 20–30 p. P./Nacht im Mehrbettzimmer
Mittelklasse-Hotels	Doppelzimmer A$ 80–250 pro Person
Luxushotels	Doppelzimmer A$ 200–600 pro Person
Ferienresorts	Doppelzimmer A$ 150–450 pro Person

Benzin

Großstädte und Umgebung: A$ 1,45–1,90 pro Liter
Entlegene Gebiete: A$ 1,60–2,50 pro Liter
Infos: www.fuelwatch.com.au, www.travelmate.com.au

Lebensmittel

1 Liter Milch	A$ 2,50
1 Liter Cola	A$ 2,50
6 Dosen Bier	A$ 8,00–14
1 Flasche südaustralischer Wein	A$ 8–25
1 Kilo Äpfel	A$ 2,50–4,50
1 T-Bone Steak	A$ 6–12
1 Packung Toastbrot	A$ 2,50
1 Pfund Butter	A$ 1,80–2,80
1 Beutel Eis (für Kühlbox)	A$ 1,50–2,50

Eintrittsgelder

National Parks	A$ 10–25
in einigen Bundesstaaten	
Passangebote für alle Parks	
Museen	A$ 0–40
Freizeiteinrichtungen	
(z. B. Zoos, Aquarien, Themenparks)	A$ 25–50

Steuern

Auf alle Waren und Dienstleistungen (außer Grundnahrungsmittel) wird vor Ort die Goods & Sales Tax (GST) in Höhe von 10 % erhoben. Die Steuer ist bereits in allen Preisen, die ausgewiesen sind, enthalten.

Als Tourist hat man die Möglichkeit, im Rahmen des TRS (Tourist Refund Scheme) einen Teil der bezahlten GST zurückzuerhalten.

3. REISEN IN AUSTRALIEN

Großes, weites Land

„You need exactly six month to see Australia" – mit diesen Worten empfing mich beim ersten Australienbesuch ein armenischer Taxifahrer in Sydney. Dass man selbst in sechs Monaten nicht alles gesehen haben kann, ist zweifellos keine neue Erkenntnis. Der Kontinent ist riesig und würde selbst bei unbegrenzter Reisezeit immer Neues bereithalten und Unbekanntes zu Tage fördern.

Je nach Saisonzeit kann eine solche Rundreise auch im Norden beginnen oder enden. Stopover in Asien lassen sich natürlich ebenfalls einbauen, kosten aber die entsprechenden Extratage an Reisezeit.

Als Europäer hat man bei dem ersten Australienbesuch kaum eine Vorstellung von der Größe und der Weite des Landes. Noch einmal zum Vergleich: Australien ist so groß wie Kontinental-USA (ohne Alaska), und kein Mensch würde versuchen, die USA in drei Wochen zu umrunden. Dies sollte auch in Australien tunlichst unterlassen werden. Bei der begrenzten Urlaubszeit, die zur Verfügung steht, stellt sich die Frage, wie denn dieser riesige Kontinent überhaupt in drei, vier, fünf oder sechs Wochen erkundet werden soll – einem Zeitraum, welcher der üblichen Urlaubszeit entspricht. Insbesondere die Reisenden, die mit dem Fahrzeug unterwegs sind (egal ob Camper, Mietwagen oder eigenes Fahrzeug), sollten sich eine ungefähre Routenplanung zurechtlegen. Es ist sicherlich nicht immer erforderlich, die Tagesetappen im Einzelnen und en détail im Voraus festzulegen, doch meist ergibt sich durch Flugtermine für Inlands- und Langstreckenflüge und die Anmiettage der Fahrzeuge ein „Beinahe-Zwang" zur Routenplanung. *Routenplanung zurechtlegen*

Zusätzlich zu den **Hauptrouten** werden **Alternativrouten** beschrieben. Diese verlaufen entweder parallel oder eignen sich als Abstecher oder Abkürzungen. Oft sind sie genauso interessant, aus verschiedenen Gründen aber nicht von allen Reisenden durchführbar. Sei es, dass die zur Verfügung stehende Zeit nicht ausreicht, sei es, dass man sonst ein anderes Teilstück doppelt fahren müsste, oder sei es, dass aufgrund der Straßen- oder Wetterverhältnisse ein Allradfahrzeug (4-WD) notwendig wäre, aber nicht zur Verfügung steht.

Die **Kombinationsmöglichkeiten** verschiedener Verkehrsmittel sind in Australien beinahe unbegrenzt. Flugzeug, Auto, Eisenbahn, Bus und Schiff stehen oft in unmittelbarer Konkurrenz zueinander, sodass letztendlich persönlicher Geschmack, Zeit und Geldbeutel entscheiden. *Verkehrsmittel kombinieren*

Reisezeit: Aufgrund der verschiedenen Klimazonen, die Australien durchziehen, gelten für unterschiedliche Gebiete auch unterschiedlich günstige Reisezeiten. Diese sollten bei der Reiseplanung beachtet werden.

Tipp

- Man sollte eine **Rundreise** großzügig planen und nicht auf die Minute genau. Es kommt immer wieder vor, dass man an besonders schönen Plätzen einen Tag länger verweilt, einen attraktiven Tagesausflug entdeckt oder wegen einer Panne eine Zwangspause einlegen muss.
- Die **Entfernungen** dürfen nicht unterschätzt und die Reise mit Inlandsflügen geplant werden. Die Flugfrequenzen der australischen Gesellschaften sind im Allgemeinen gut. Engpässe gibt es bei den Flügen in und aus dem Roten Zentrum (z. B. Alice Springs – Cairns) – hier hilft nur eine frühzeitige Buchung.
- In den Metropolen benötigen Besucher kein Fahrzeug. Dort herrscht viel (Links-)Verkehr und, wie bei uns, chronische Parkplatznot. Mit den öffentlichen Verkehrsmitteln und zu Fuß erreicht man fast alles.
- Nicht vergessen: Es ist Urlaub! Man sollte nicht alle Highlights des Kontinents in die knapp bemessene Reisezeit packen. Hier und da sollten ein paar freie Tage zum Entspannen und Erholen eingeplant werden. Kilometer-Weltmeister können andere werden.

Reiseplanung und -vorschläge

Bei üblichen 3–4 Wochen Reisezeit sollte man sich auf wenige Gebiete konzentrieren und mit Flugverbindungen innerhalb des Landes operieren. Zusätzlich sollte die Möglichkeit eines Gabelfluges in Betracht gezogen werden, um nicht am gleichen Ort ein- und auszureisen. An den jeweiligen Orten können Mietwagen/Geländefahrzeuge/Camper oder kürzere Bausteinprogramme oder Ausflüge gebucht werden, um die Umgebung mit lokaler Reiseleitung kennen zu lernen.

Reisebeispiele

Klassische Erstbesucher-Tour

- Hinflug nach Sydney
- 2–4 Übernachtungen Sydney mit Citytour und Hafenrundfahrt
- Flug Sydney – Alice Springs
- 3–5 Tage Camping-Safari oder Hotelrundreise im Roten Zentrum, alternativ Mietwagen- oder Campertour
- Flug Alice Springs – Cairns
- 3–5 Tage (Bade-)Aufenthalt in Trinity Beach, Palm Cove oder Port Douglas mit Riff- und Regenwaldausflügen, evtl. Allradtour nach Cape York (6–12 Tage)
- 10–20 Tage Mietwagen/Campertour oder geführte Hotel-Bus-Rundreise von Cairns nach Brisbane entlang der Ostküste
- Rückflug von Brisbane

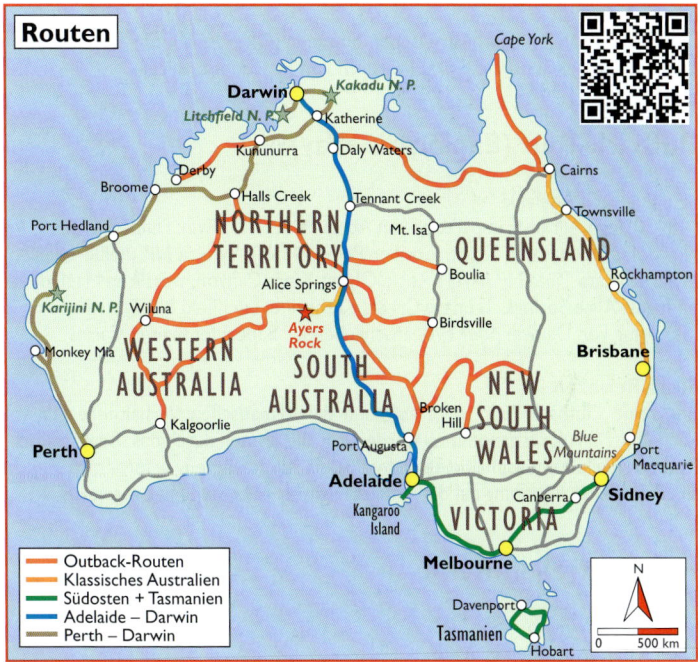

Routen

Legende:
- Outback-Routen
- Klassisches Australien
- Südosten + Tasmanien
- Adelaide – Darwin
- Perth – Darwin

© *graphic*

Beste Reisezeit

Ganzjährig mögliche Tour („Reef, Rock and Opera"). Nov.–März herrscht jedoch im tropischen Norden Regenzeit (kurze heftige Regenfälle, gelegentlich Wirbelstürme, tropische Hitze) und im Zentrum muss mit sehr großer Hitze gerechnet werden. Die Reise kann um einen Abstecher in das Top End (ab/bis Darwin mit Kakadu National Park) sowie eine Reise entlang der Great Ocean Road (Melbourne – Adelaide) erweitert werden.

Südosten und Tasmanien

- Hinflug nach Sydney
- 3 Übernachtungen Sydney mit Citytour und Hafenrundfahrt
- 10–20 Tage Mietwagen/Campertour von Sydney über Melbourne (Australische Alpen) und die Great Ocean Road nach Adelaide. Abstecher nach Kangaroo Island. Alternativ: geführte Hotel-Bus-Tour
- Flug von Adelaide nach Hobart
- 7–14 Tage Tasmanien-Rundreise: geführt oder mit Mietwagen/Camper
- Rückflug Hobart – Melbourne – Europa

Beste Reisezeit

Die ideale Tour für den australischen Sommer (Okt.–April). Ein Badeaufenthalt kann z. B. an der Sunshine Coast (nördlich von Brisbane) erfolgen.

Outback-Tour (Explorer's Way)

- Hinflug nach Adelaide
- 18–30 Tage Allrad-Campertour von Adelaide nach Darwin: Flinders Ranges, Arkaroola, Oodnadatta Track, Coober Pedy (Opale), Witjira NP (heiße Quellen), Uluru – Kata Tjuta NP (Ayers Rock, Olgas), Kings Canyon, westliche MacDonnell Ranges, Alice Springs, Tennant Creek, Katherine, Litchfield NP, Darwin
- Rückflug von Darwin oder evtl. anschließender Badeaufenthalt in Cairns

Beste Reisezeit

Eine reine Outback-Tour sollte aufgrund der klimatischen Verhältnisse nur von April–Okt. in Angriff genommen werden. Für die Routen durch das südaustralische Outback (viele nicht asphaltierte Pisten) ist ein Allradfahrzeug erforderlich. Für die Nord-Süd-Durchquerung auf dem Stuart Highway reicht ein Mietwagen aus.

Westaustralien-Reise

- Hinflug nach Perth
- 2–4 Übernachtungen in Perth
- 21–40 Tage Mietwagen/Campertour oder geführte Hotel-Bus-Rundreise von Perth über Kalbarri, Monkey Mia, Coral Bay/Exmouth (Ningaloo Reef), Broome, Gibb River Road, Kununurra, Katherine, Kakadu NP nach Darwin
- Rückflug von Darwin oder evtl. Badeaufenthalt in Cairns

Beste Reisezeit

Die Reise sollte aufgrund der Regenzeit im tropischen Norden am besten von März–Nov. unternommen werden. Die Gibb River Road von Broome nach Kununurra kann nur mit Allradfahrzeugen von Mai–Okt. befahren werden. Walhaie lassen sich am Ningaloo Reef von März–Juni beobachten. Der Südwesten ist am besten von Okt.–März zu bereisen.

 Stopover-Programme

Ohne Aufpreis gestatten es die meisten Fluggesellschaften, den Langstreckenflug von Europa nach Australien (oder umgekehrt) einmal per „Stopover" zu unterbrechen. Beliebte Stopover-Ziele sind Dubai, Abu Dhabi, Singapur, Kuala Lumpur oder Hongkong. Je nach gewünschtem Stopover-Ziel muss die passende Fluggesellschaft gewählt werden. Im Stopoverpaket sollten enthalten sein: Hoteltransfers, Hotelübernachtungen, evtl. Stadtrundfahrt. Die Abholung durch eine Agentur am Flughafen vermeidet einige Aufregung in den durchaus hektischen Metropolen.

Kombination verschiedener Verkehrsmittel und Ausflüge

Als Reisender wird man über die Fülle der angebotenen Ausflüge und Kombinationsmöglichkeiten staunen. Um vorab die Reiseplanung zu erleichtern, sind nachfolgend Touren und Tipps aufgeführt:

Mietwagen und **Camper** (Wohnmobile) können in allen großen Städten angemietet und abgegeben werden. Sie sind das individuellste Reisemittel, da auch abgelegene Gebiete besucht werden können. Selbstfahrer sollten für Outback-Routen sicherheitshalber ein bis zwei Tage länger als empfohlen rechnen. Die Durchschnittsgeschwindigkeit fällt im Outback rapide ab, und manchmal wird man durch höhere Gewalt (Pannen, Überschwemmungen) aufgehalten. Für Reisen auf den gängigen, asphaltierten Highways empfehlen sich Pkw oder Camper (Wohnmobile), für nicht geteerte Outback-Pisten Allrad-Wagen oder -Camper.

Wohnmobil oder Mietwagen?

info

Diese viel diskutierte Frage steht für viele Reisende am Anfang der Reiseplanungen. Vor- und Nachteile gibt es für jede Fahrzeug- und Reiseart:

Wohnmobil – Vorteile

- Wohnmobil-Reisende sind in ihrer Reiseplanung äußerst flexibel, denn das eigene „Bett" ist stets dabei.
- Campingplätze sind überall vorhanden, nur in den seltensten Fällen ist eine Reservierung erforderlich.
- „Wildes Campen" und Übernachten auf einfachen NP-Campgrounds ist häufig möglich.
- Camper-Touren sind relativ preiswert, da Caravan Parks günstig sind und Selbstverpflegung möglich ist.
- Das tägliche Koffer ein- und auspacken entfällt.
- Mögliche Einweggebühren entfallen z. T. bei längeren Mieten.
- Die meisten Campmobile (außer Hi-Top Camper) haben sparsame Dieselmotoren.

Wohnmobil – Nachteile

- Fahrzeuge sind im Grundpreis und bei den Versicherungskosten deutlich teurer als Mietwagen.
- Große „Motorhomes" sind vor allem in den Städten unhandlich.
- Campingplätze bieten nur sanitäre Gemeinschaftsanlagen, hier leidet die Privatsphäre.
- Campertouren sind mit mehr Arbeit verbunden: Fahrzeug aufräumen, Abwasser/Wasser auffüllen/ablassen, selbst kochen und abspülen.

Mietwagen – Vorteile

- Die Tagespreise für Mietwagen sind für Mieten an der Ost- und Südküste (Metropolitan Areas) günstig.
- Wer mit dem Mietwagen plus Zelt reist, hat eine unschlagbar preiswerte Kombination gewählt.
- Bei vorgebuchten Hotels entfallen Unwägbarkeiten und die Frage „Wo übernachte ich heute?"
- Hotels bieten einen komfortablen Übernachtungsstandard.

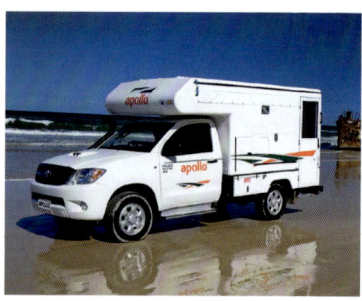

Unterwegs mit dem Camper

Mietwagen – Nachteile

- Zu den reinen Mietwagenkosten addieren sich Übernachtungskosten in Hotels sowie die Kosten für Restaurantbesuche.
- Selbstverpflegung ist nur bedingt möglich.
- Eine Mietwagentour führt meist von Stadt zu Stadt. Übernachtungen innerhalb von National Parks (mit Tierbeobachtungen in den Morgen- und Abendstunden) entfallen daher.
- Täglicher Hotel Check-In/Check-Out sowie Koffer ein- und auspacken nerven auf Dauer.
- Mietwagen werden meist nur mit Benzinmotoren angeboten (Ausnahme: große Allradfahrzeuge) – bei größeren Fahrzeugkategorien sind diese nicht unbedingt sparsam.
- Mietwagen im Northern Territory und in Westaustralien (Remote Area) sind teurer und häufig mit hohen Einweggebühren verbunden.

Kosten

Die Kostendifferenz zwischen Mietwagen (plus Hotel plus Essengehen) gegenüber Camper (plus Campingplatzkosten plus Selbstverpflegung) lässt sich nicht genau beziffern. Dazu sind die Unterschiede durch Saisonzeiten, Fahrzeugmodelle, Hotelkategorien und Nebenkosten zu unterschiedlich. Wer bereits in anderen Ländern mit dem Wohnmobil unterwegs war und gerne campt, sollte dies in Australien genauso tun. Das Land ist mit seinen unzähligen Campingplätzen bestens darauf eingerichtet. Viele Australier sind selbst leidenschaftliche Camper. Wer gerne komfortabel nächtigt und bequem reist, sollte dieses mit dem Mietwagen und vorgebuchten Hotels tun. Die Infrastruktur ist auch hierfür ausgezeichnet.

Fazit

Letztlich ist die Wahl des richtigen Fahrzeugs eine „Glaubensfrage" und eine Entscheidung der persönlichen Präferenz. Aufgrund der touristischen Infrastruktur ist häufig eine Mischung verschiedener Transportmittel und Reisearten ideal.

Inneraustralische Flüge sind für den Reisenden mit begrenzter Zeit nahezu unumgänglich, um die großen Distanzen zu überwinden. Empfehlenswert sind Flüge von der Küste in das Zentrum (Alice Springs, Uluru), nach Western Australia (Perth, Broome), in den tropischen Norden (Darwin) oder an die Ostküste (Cairns).

Zugverbindungen: Eisenbahnfans und Sammler berühmter Bahnstrecken werden nicht darum herumkommen, mit mindestens einem der Klassiker zu fahren. Das endlose Australien kommt besonders gut im „Indian Pacific" von Sydney bis Perth

Schnelles Fortbewegungsmittel Inlandsflug

(3.961 km, 65 Std.) zur Geltung. Dabei wird auch das längste gerade Schienenstück der Welt – 478 km ohne eine einzige Kurve – unter die Räder genommen. „The Ghan" (2.979 km, ca. 47 Std.) von Adelaide nach Darwin gehört ebenfalls zu den Zügen mit internationaler Bedeutung.

Überlandbusse: Das Reisen per „Linienbus" gehört zu den preisgünstigsten und flexibelsten Möglichkeiten, Australien kennen zu lernen. Regelmäßige Verbindungen und komfortable Busse trösten über die zuweilen endlos langen Fahrten hinweg.

Geführte Bus-Rundreisen werden von vielen australischen Reiseveranstaltern angeboten. Bei Gruppenreisen sollte auf kleine Gruppengröße und evtl. deutsch- *Deutsch-* sprachige Reiseleitung geachtet werden. Rundreisen reichen von Tagestouren, *sprachige* mehrtägigen Bausteinprogrammen bis zu 34-tägigen Reisen, die beinahe den ge- *Reiseleitung* samten Kontinent abdecken. Jegliche organisatorische Arbeit wird den Reisenden abgenommen, und man kann sich ganz auf das Reiseerlebnis konzentrieren. Ein weiterer Vorteil liegt in der landeskundigen Reiseleitung, die das eine oder andere versteckte Highlight zeigt.

Flugsafaris: Wer in möglichst wenig Zeit möglichst viel sehen möchte, für den empfehlen sich 3- bis 14-tägige Flugsafaris, wie sie von ausgesuchten Veranstaltern angeboten werden. Im „eigenen" Flugzeug fliegt man in kleinen Gruppen zu den Höhepunkten des Kontinents. Die zugegeben nicht ganz billige Art des Reisens schließt jeglichen Komfort und Luxus ein.

Kreuzfahrten: Flusskreuzfahrten werden auf dem längsten Fluss Australiens, dem Murray River, angeboten. Kreuzfahrtschiffe, die durch das Great Barrier Reef *Kreuzfahrten* kreuzen und verschiedene Inseln anlaufen, legen meist in Cairns ab. Auch entlang *entlang* der Kimberley-Küste (Nordwestaustralien) werden interessante Kreuzfahrten *wilder Küsten* entlang der wilden Küste angeboten.

Badeaufenthalte: Weil sich durch die klimatischen Bedingungen und die großen Entfernungen Strapazen kaum vermeiden lassen, kann im Anschluss ein Badeaufenthalt an der Küste Queenslands gebucht werden. In den luxuriösen Ferienanlagen wie auf Lizard Island oder Heron Island kann man sich hervorragend entspannen und erholen – gutes Wetter ist fast garantiert!

Abendliches Lagerfeuer bei einer Outback-Safari

Outback-Safaris: Eine geführte Outback-Safari im Geländefahrzeug dauert je nach Umfang 2–21 Tage. Ausgangspunkte sind meist Alice Springs oder Darwin. Urlauber übernachten in einfachen Bushcamps oder Safarizelten. Für längere Touren gilt, dass eine Mindestteilnehmerzahl erreicht werden muss bzw. nur zu bestimmten Terminen gestartet wird.

Rundflüge werden in vielen Gegenden Australiens angeboten. Besonders eindrucksvoll und empfehlenswert sind sie über Uluru, Olgas, Bungle Bungles oder Sydney. Ballonfahrten werden in Alice Springs und in Cairns angeboten.

Stadtrundfahrten: In den Metropolen gibt es Stadtrundfahrten mit „Hop-On Hop-Off-Bussen". Sie fahren den ganzen Tag auf bestimmten Routen, die an den Sehenswürdigkeiten vorbeiführen. Man kann nach Belieben aus- und einsteigen.

> ### ☞ Hinweis
>
> Reservierungen für Hotels, Mietwagen, Inlandsflüge usw. tragen dazu bei, Wartezeiten oder Suchereien zu vermeiden. Gerade bei knapp bemessener Reisezeit empfiehlt sich das beratende Gespräch und die Buchung über einen Reiseveranstalter oder das Reisebüro.

Reisezeit

Entsprechend der geografischen Lage Australiens gelten für unterschiedliche Gebiete **unterschiedlich gute Reisezeiten.**

Ostküste und Westküste

Die Küsten haben im Prinzip ganzjährig Reisezeit. Für die nördlichen Küsten in Ost (z. B. Brisbane – Cairns) und West (Perth – Darwin) gilt die Zeit von April–Okt. als die beste Zeit. Dez.–März drohen Regenzeit (Wet Season) und tropische Hitze. Die Grenze in den gemäßigten Bereich markiert der Wendekreis des Steinbocks (Tropic of Capricorn), welcher auf allen Karten verzeichnet ist. Die südliche Ostküste (z. B. Sydney – Brisbane) lässt sich am besten im Sommer (Okt.–März) bereisen.

Südküste

Im Süden des Kontinents (z. B. Melbourne – Adelaide) ist der australische Sommer (Okt.–März) die beste Reisezeit. Im Herbst und Winter (Mai–Sept.) kann es kühl und windig werden, in den Australischen Alpen und auf Tasmanien fällt auch Schnee.

Tropischer Norden

Die beste Reisezeit für den tropischen Norden ist die Zeit von April–Okt./Nov., also außerhalb der Regenzeit. Das Klima ist eher gemäßigt, die Temperaturen erträglich. Nachts ist eine Abkühlung spürbar. Mit tropischen Regengüssen, Wirbelstürmen, Straßensperrungen ist nicht zu rechnen. Trotzdem klettern die Temperaturen auf angenehme 25–30 Grad.

Die Regenzeit im tropischen Norden reicht von Nov./Dez.–März/April. Das Klima ist während dieser Zeit feuchtheiß, Gewitter und heftige, kurze Regenfälle sind an der Tagesordnung. Von Zeit zu Zeit kommt es sogar zu Wirbelstürmen (Cyclones). *Unpassierbare* Straßen können nach starkem Regen durch „Floodways" unpassierbar werden. *„Floodways"* Man sollte sich deshalb immer über den Straßenzustand informieren, bevor eine abgelegene Wegstrecke in Angriff genommen wird. Auskünfte erteilen lokale Polizeibehörden, Ranger und Roadhouses. An der **Nord- und Nordostküste** (nördlich von Rockhampton) treten von Dez.–März giftige Quallen (Box Jelly Fish, Marine Stinger) auf, die das Baden in unmittelbarer Küstennähe vereiteln. Bei Schnorchel- und Tauchexkursionen am äußeren Great Barrier Reef (Outer Reef) und auf Inseln besteht diese Gefahr nicht.

Ist die zur Verfügung stehende Reisezeit begrenzt und die Flexibilität klein, so sollte man möglichen Unwägbarkeiten aus dem Weg gehen und die Route so legen, dass die Wet Season entweder kurz bevorsteht oder bereits vorüber ist.

Outback/Zentralaustralien

Die Trockenzeit (Dry Season) im australischen Winter (April–Okt.) eignet sich am besten für Outback-Reisen. Die Temperaturen sind tagsüber immer noch angenehm hoch, nachts kann es aber empfindlich kühl werden.

Kein Australier bereist das Outback im australischen Sommer von Nov.–Febr. – es ist einfach viel zu heiß! Dass es unter Europäern dennoch beliebt ist, in dieser Zeit zu reisen, liegt wohl daran, dass es einfach noch zu viele falsch Informierte gibt.

Zusammenfassend kann gesagt werden, dass Australien ganzjährig Reisezeit hat *Ganzjährig* – es kommt nur darauf an, in welches Gebiet man reist. Leider ist das Wetter auch *Reisezeit* in Australien nicht immer vorhersehbar, Regen- und Trockenzeit können sich auch um einige Wochen verschieben – beispielsweise durch das zyklisch wiederkehrende El-Niño Klimaphänomen. Für den Reisenden bedeutet dies, dass er mit einem gewissen „Restrisiko" hinsichtlich der Planung leben muss.

Reisezeittabelle

Monat	Südküste	Outback/Zentrum	Trop. Norden	Ostküste	West-küste	TAS
Dez./Jan.	+	-	-	o	o	+
Feb./März	+	o	o	o	o	+
April/Mai	o	+	+	+	+	o
Juni/Juli	-	+	+	+	+	-
Aug./Sep.	o	+	+	+	+	o
Okt./Nov.	+	o	o	+	o	+

+ ... gut geeignet   o ... bedingt geeignet   - ... weniger geeignet

Reisen im Outback

... wo freier Raum der Freiheit Raum lässt ...

Fragt man einen Australier nach dem „Outback", so kann es passieren, dass er mit einer ausholenden Handbewegung landeinwärts deutet. In der Hauptsache steht „Outback" für die ausgedehnten Wüsten- und Buschlandschaften im Inneren des Kontinents. Obwohl es sich dabei um keinen genau definierten Raum handelt, weiß doch jeder, was damit gemeint ist.

Das Zentrum wird wegen der roten Erde als das **Red Centre** bezeichnet. Vielleicht spielte bei der Namensgebung auch die Backofenhitze im Sommer eine Rolle. Das Outback ist in seinen Landschaftsformen außerordentlich vielschichtig. Neben den reinen **Sandwüsten** trifft man auf spärlich bewachsene **Steppen** und **Savannen**, grüne Schluchten und Wasserlöcher, faszinierende Bergketten (Ranges) und Tafelberge. Nicht zu vergessen sind die ausufernden **Regenwaldzonen** des tropischen Nordens, die ebenfalls unter den Begriff „Outback" fallen.

Farmer kämpfen ums Überleben

Die wirtschaftliche Nutzung des Landesinneren ist sehr eingeschränkt. Nur durch extensive Weidewirtschaft ist ein gewisser Ertrag erzielbar. Die Kosten sind aufgrund der Entfernungen enorm, und der Lebensstandard bleibt durch die schwierige Versorgung relativ niedrig. Nicht selten hängt das Überleben der Bevölkerung von staatlichen Subventionen ab. Die Zeiten, in denen jeder Farmer über ein eigenes Flugzeug verfügte, um kurz in die Stadt zu fliegen, sind längst vorbei. Im Gegenteil, viele Farmer kämpfen aufgrund von Dürreperioden, Überschwemmungen und schwankenden Weltmarktpreisen seit Jahren um das Überleben.

Entfernungstabelle

Entfernung in km	Adelaide	Albany	Alice Springs	Ayers Rock	Brisbane	Cairns	Canberra	Darwin	Hobart	Kununurra	Melbourne	Perth	Port Hedland	Sydney
Adelaide	-	2673	1533	1578	2045	3352	1196	3022	1001	3219	731	2781	3783	1412
Albany	2673	-	3588	3633	4349	5656	3846	4614	3674	3787	3404	409	2057	3970
Alice Springs	1533	3588	-	443	3038	2457	2706	1489	2534	1686	2264	3696	3416	2830
Ayers Rock	1578	3633	443	-	3254	2900	2751	1932	2579	2129	2309	3741	3859	2875
Brisbane	2045	4349	3038	3254	-	1716	1261	3463	1944	3660	1674	4457	5390	1001
Cairns	3352	5656	2457	2900	1716	-	2568	2882	3251	3079	2981	5764	4809	2495
Canberra	1196	3846	2706	2751	1261	2568	-	4195	918	4392	648	3954	4956	286
Darwin	3022	4614	1489	1932	3463	2882	4195	-	4023	827	3753	4205	2557	4034
Hobart	1001	3674	2534	2579	1944	3251	918	4023	-	4220	270	3782	5333	1142
Kununurra	3219	3787	1686	2129	3660	3079	4392	827	4220	-	3950	3378	1730	4516
Melbourne	731	3404	2264	2309	1674	2981	648	3753	270	3950	-	3512	4514	872
Perth	2781	409	3696	3741	4457	5764	3954	4205	3782	3378	3512	-	1648	4073
Port Hedland	3783	2057	3416	3859	5390	4809	4956	2557	5333	1730	4514	1648	-	5080
Sydney	1412	3970	2830	2875	1001	2495	286	4034	1142	4516	872	4073	5080	-

Im Outback leben weniger als 1 % der Bevölkerung, davon wiederum prozentual mehr Aborigines. Das Leben ist hart und entbehrungsreich: Soziale Kontakte und Kulturleben sind nur bei Besuchen in den wenigen Zentren des Outbacks möglich, allein die technische Entwicklung (Funk, Fernsehen, Telefon, Internet) brachte ein wenig Abhilfe.

Für Reisende galt bis in die 1970er-Jahre selbst das Befahren der Hauptrouten als Abenteuer. So wurde beispielsweise der **Eyre-Highway** durch die Nullarbor Plain nach Westaustralien erst 1976 geteert, der **Stuart Highway** nach Alice Springs war bis 1987 eine raue Piste. Es existiert eine Unmenge von Pisten, Tracks und Wegen, die in entlegene Gebiete führen. Zum Teil handelt es sich dabei um längst vergessene Viehtriebspfade (Stock Routes) aus der Kolonialzeit, die man als Reisender meiden sollte. Die für den Autotouristen interessanten Routen werden zumeist in regelmäßigen Abständen gepflegt und beschildert. Diese Aufgabe übernehmen entweder der Staat, Privatbesitzer oder Roadhouse-Eigner.

Vorsichts-regeln beachten! Die Erforschung des Outbacks mit dem eigenen Fahrzeug übt auf viele einen außerordentlichen Reiz aus. Das **Gefühl der Freiheit** in der menschenleeren Weite und die Herausforderung, ganz auf sich allein gestellt zu sein, eröffnet uns Mitteleuropäern, die wir aus dicht besiedelten Landstrichen stammen, ganz neue Perspektiven. Weil aber da draußen im Notfall keine „gelben Engel" zur Stelle sind, sollten man sich gewissenhaft vorbereiten und einige Vorsichtsregeln beachten. Neben der notwendigen Reisevorbereitung werden nachfolgend auch die wichtigsten Outback-Routen vorgestellt.

Camping

Camping unterliegt im Outback kaum Beschränkungen und gehört zu den besonderen Erlebnissen einer Australienreise. Die Geräusche der Natur und der unglaubliche Sternenhimmel der südlichen Hemisphäre sind nachts die einzigen Wahrnehmungen in dieser faszinierenden Landschaft.

Regeln für ein „Bushcamp"

Campieren ist grundsätzlich überall erlaubt, wo es sich um kein Privatland handelt. Auf privatem Farmland wird wildes Campieren meist geduldet – kein Farmer wird etwas dagegen haben, dass man auf seinem Land links oder rechts der Piste übernachtet. Dennoch: Falls möglich, sollte man um Erlaubnis fragen. Fäkalien sollten vergraben werden. In National Parks darf nur auf ausgewiesenen Campgrounds übernachtet werden. Dort müssen die sanitären Anlagen in Anspruch genommen werden, selbst wenn die Plumpsklos zunächst gewöhnungsbedürftig erscheinen. In Aborigine-Gebieten kann, sofern kein Permit für die Durchfahrt verlangt wird, ebenfalls links und rechts der Piste übernachtet werden. Besser ist es, die der Urbevölkerung zugesprochenen Gebiete zu umfahren bzw. zügig zu verlassen. Vielen Roadhouses ist ein Campingplatz angeschlossen, der zwar manchmal recht einfach ausgestattet ist, aber für eine Dusche und etwas Komfort gerne angefahren wird. Wegen der Erosionsgefahr ausgetrockneter Böden sollten die Pisten nicht verlassen bzw. die Übernachtungsstelle unweit der Piste eingerichtet werden.

Lagerfeuer sollten wegen der Buschbrandgefahr vorsichtig entfacht werden – ganz nach dem Motto: „The bigger the fire, the bigger the fool", auf Deutsch: „Je größer das Feuer, desto größer der Idiot". In vielen National Parks ist es grundsätzlich verboten, offene Feuerstellen einzurichten. Dann muss mit einem Gas- oder Benzinkocher das Essen zubereitet werden. Oft ist auch das Sammeln von Holz in den National Parks verboten. Man sollte dann schon unterwegs das eine oder andere herumliegende Gehölz am Straßenrand mitnehmen.

Die Lagerstelle darf wegen plötzlich auftretender Springfluten nicht in ausgetrockneten Flussbetten angelegt werden, denn Regenfälle können hunderte Kilometer entfernt vonstatten gehen, und es sind schon Leute in der Wüste ertrunken. Selbstverständlich wird der Lagerplatz so verlassen, wie man ihn aufgefunden hat (oder wünscht, ihn aufzufinden): Aller Müll muss mitgenommen und in entsprechende Müllbehälter entsorgt werden.

Reisevorbereitung

- **Straßenzustand**: Grundsätzlich sollte man sich vor der Abfahrt über den Straßenzustand der zu befahrenden Piste erkundigen. Häufig können kurze Strecken auch mit herkömmlichen Fahrzeugen– ohne Allradantrieb – gemeistert werden.
- **Fahrzeug**: Falls Fahrten auf nicht asphaltierten Pisten (unsealed roads) und Strecken in abgelegene, vom Verkehr unberührte Gebiete geplant sind, so sollte ein 4-WD-Fahrzeug benutzt werden. Ein Geländewagen ist aufgrund seiner Konstruktion (Allrad, Bodenfreiheit, robuste Reifen und Stoßdämpfer) für Sand- und Schotterpisten sowie für Schlamm- und Wasserdurchfahrten schlichtweg unerlässlich.

- **Permits**: Für einige Streckenabschnitte durch Aborigine-Reservate ist ein Permit, eine Durchquerungserlaubnis, erforderlich. Diese sollte mindestens zwei Monate im Voraus beantragt werden, kann aber (z. B. in Alice Springs) für bestimmte Strecken auch sofort ausgestellt werden (vorher anrufen). Die Gebiete und zuständigen Stellen stehen im Reiseteil (ab Kapitel 4).
- **An- und Abmeldung**: Eine Meldung beim zuständigen Polizei- oder Nationalparkbüro ist bei extremen Routen oder Bedingungen für Wanderer als für Autotouristen empfohlen.

 Hinweis

Wichtig: Rückmeldung nicht vergessen! Für eine gestartete Suchaktion tragen Urlauber selbst die Kosten! Als Grundregel gilt: Auf den Pisten bleiben! Querfeldeinfahren schadet nicht nur der sensiblen Vegetation und trägt zur Bodenerosion bei – im Notfall wird man in der „Pampa" nicht mehr gefunden.

Unterwegs mit dem Allrad-Camper

- **Ausrüstung**: Wer vorhat, eine oder mehrere Outback-Routen mit dem Fahrzeug zu erkunden, sollte dies mit einem 4-WD-Geländewagen tun. Für bestimmte Strecken sind Genehmigungen (auch bei 4-WD) des Fahrzeugvermieters notwendig. Mit 2-WD-Mietwagen ist es nicht erlaubt, auf Unsealed Roads zu fahren.
- **Ersatzteile**: Folgende Ersatzteile sollten für (extreme) Outbackunternehmungen abseits der üblichen Pisten an Bord sein (eine gewisse Kenntnis im Umgang damit wird vorausgesetzt): Ersatzrad (evtl. 2), Flickzeug, ein guter Wagenheber (HiJack), Luftpumpe oder Kompressor, Keilriemen, Kühlwasserschlauch, Sicherungen, Kraftstoff- und Luftfilter, Abschleppseil und sogenannte „Snatch Straps" (Bergungsgurte), Klappspaten, Werkzeug, Feuerlöscher, Verbandskasten. Ferner dürfen Kanister für Wasser und Benzin nicht fehlen. Diese Liste beschreibt den Idealfall, erhebt aber keinen Anspruch auf Vollständigkeit. Entsprechend dem Umfang der geplanten Unternehmung müssen weitere Ersatzteile ergänzt werden.
- Allradmietwagen und Allrad-Campern fehlt i. d. R. eine gute **Outback-Ausrüstung**, da extreme Unternehmungen nicht im Sinne der Vermieter sind. Jedoch sind die Fahrzeuge so robust und gut gewartet, dass mit etwas Vorsicht kaum Schwierigkeiten zu erwarten sein dürften. Expeditionsreife Pisten (z. B. Canning-Stock-Route, Simpson Desert) sind von vielen Vermietern ohnehin vom Fahrtgebiet ausgeschlossen. Auf den gängigen Outback-Pisten ist möglicherweise mit mehreren Stunden oder (im schlimmsten Fall) einigen Tagen Wartezeit zu rechnen. Bei einer Panne müssen der Autoclub oder eben besser ausgerüstete Outback-Reisende aushelfen – so jedenfalls ist die Philosophie der Fahrzeugvermieter, die sich weitgehend bewährt hat. Abseits der Zivilisation muss man ein gewisses, nicht auszuschließendes Restrisiko in Kauf nehmen.

- Wer auf Nummer sicher gehen will, ordert zum Fahrzeug einen **Satellite Beacon**, einen Notfallsender, der nur im echten Notfall aktiviert werden darf. Kosten für Rettungsaktionen, ob gewollt oder ungewollt, gehen zu Lasten des Fahrers. Doch keine Angst: Auf den üblichen Outback-Routen ist von April–Okt. mit regelmäßigem Verkehr zu rechnen, sodass Hilfe im Falle einer Panne meist schnell verfügbar ist. Vorsichtige Naturen schließen sich zudem einem anderen Fahrzeug an oder vereinbaren einen Treffpunkt am späten Nachmittag.
- Das eine oder andere **Ausrüstungsteil** kann man sich bei Bedarf noch selbst besorgen: Preiswerte Teile wie Kanister, Zelte, Kühlboxen usw. findet man beispielsweise in sogenannten „Army Disposal Shops". Die notwendige Beschaffungszeit sollte in den Zeitplan einkalkuliert werden.
- **Kommunikation**: Handys funktionieren im Outback nicht. Wer möchte, kann sich in Australien ein Satellitentelefon mieten. Die Gesprächsgebühren sind allerdings horrend hoch, aber es dient der Sicherheit.
- **Karten**: Unerlässlich sind gute Karten. Das in Australien (von den staatlichen Automobilklubs) erhältliche Kartenmaterial genügt für populäre Pisten. Für bestimmte Strecken halten Autoclubs, Roadhouses oder Touristenbüros handgeschriebene, kopierte Blätter bereit (Mud-Maps), die den aktuellen Pistenverlauf mit Sehenswürdigkeiten gut skizzieren. Ein Kompass ist in abgelegenen Gebieten stets eine wertvolle Hilfe. Wer es ganz genau wissen will, kann sich ein GPS (Global Positioning System) kaufen oder ausleihen, das per Satellit den Standort metergenau bestimmt. Dies setzt allerdings Erfahrung im Umgang mit solchen Geräten und entsprechenden Karten mit Skalierung voraus. Es sollte nur nach gründlicher vorheriger Einweisung verwendet werden.

Wertvolle Hilfe: ein Kompass

Fahren im Outback

Das **Fahrverhalten** wird bei Geländefahrzeugen durch den hohen Schwerpunkt entscheidend verändert. Auf Pisten sollte ständig mit Überraschungen gerechnet werden: Eine einzige zu forsch überfahrene Bodenwelle kann bereits zum Achsenbruch oder Überschlag führen. Auf häufiger befahrenen Routen warnen manchmal kleine Fähnchen oder Warntafeln vor möglichen Gefahrenquellen. Auf deren Vollständigkeit kann man sich leider nicht verlassen. Straßenränder fallen manchmal stark ab und sind weichsandig (soft shoulder). Man sollte deshalb eher etwas in der Mitte fahren und vor Kurven das Tempo entscheidend reduzieren. Wasserdurchfahrten sollten erst nach Kenntnis der Wassertiefe und des Untergrundes (evtl. durchwaten) in Angriff genommen werden. Auf extremen Sandpisten ist es empfehlenswert, den Luftdruck zur Verbesserung der Traktion zu vermindern. Allerdings sollte, sobald der Untergrund wieder fest ist, die fehlende Luft nachgefüllt werden, ansonsten wird das Fahrverhalten gefährlich schwammig, und die Pannenanfälligkeit steigt (ein Kompressor sollte hierfür an Bord sein).

Vor Kurven Tempo reduzieren

Einsatz des Vierradantriebs

Die Freilaufnaben sollten bei losem Untergrund rechtzeitig auf „Lock" umgeschaltet werden – sofern dies nicht automatisch passiert. Der zuschaltbare Allradantrieb kann dann jederzeit aktiviert werden. Auf Pisten sollte generell im 4-WD-Modus gefahren werden – das Fahrverhalten wird dadurch stabilisiert. Die Getriebeuntersetzung muss nur bei äußerst steilen oder sandigen Passagen aktiviert werden. Es ist sinnvoll, die Handhabung und das Einschalten des Allradantriebs einmal auf einem verkehrsarmen Wegstück zu probieren. Kupplung schonen! Die großvolumigen Dieselmotoren können äußerst drehzahlarm gefahren werden. Ein solcher Motor kann kaum jemals abgewürgt werden. Bei Fahrzeugübernahme sollte man sich den Allradantrieb und Ersatzreifenmontage erklären sowie vorhandenes Bordwerkzeug zeigen lassen.

Nachtfahrten sollten grundsätzlich unterlassen werden, da die Gefahr einer Kollision mit Tieren (Kängurus, Rinder) enorm groß ist.

Generell gilt: Spezielle Outback-Unternehmungen, die den Rahmen des Üblichen sprengen, sollten nicht allein unternommen werden. Wer auf den gängigen Outback-Pisten bleibt, dürfte keine Probleme haben.

Versorgung im Outback

Man sollte immer so viel Verpflegung und Wasser mitnehmen, um im Fall einer Panne einige Tage am Rastplatz/Fahrzeug verbringen zu können. Der Wasservorrat

Die Alternative: Bushtucker-Food der Aborigines

sollte deshalb, wo immer möglich, aufgefüllt werden. Das Gleiche gilt für Treibstoff: Die Versorgung stellt i. d. R. selbst in entlegenen Gebieten kein Problem dar, vor großen „trockenen" Etappen stehen Warnschilder. Die Öffnungszeiten der Versorgungsstellen entlang bestimmter Tracks und Pisten (Roadhouses, Aborigine-Gemeinden) sind teilweise unzuverlässig. Deshalb immer auf einen ausreichenden Treibstoffvorrat achten! Außerdem werden dort draußen nicht überall Kreditkarten und Reiseschecks akzeptiert – also genügend Bargeld mitnehmen!

Verhalten im Notfall

Sollte der unverhoffte und gefürchtete Fall der Panne eintreten, die nicht behoben werden kann, beim Fahrzeug bleiben und sich vor der Sonne schützen. Man sollte nie versuchen, durch Gewaltmärsche querfeldein Hilfe zu finden. So mancher ist dabei schon verdurstet und hätte dabei nur beim Fahrzeug ausharren müssen, bis ein anderes Auto vorbeikommt.

Routen

„This is big country and no Sunday drive", stand einmal einleitend in einer Broschüre der South Australian Tourism Commission. In der Tat handelt es sich bei der Mehrzahl der bekannten Outback-Routen um keine sonntägliche Spazierfahrt, sondern um kilometerlange, einsame Routen, die mit Bedacht befahren werden wollen. Der Reisende wird durch die atemberaubenden Landschaften des grenzenlosen Outback für alle Mühen entschädigt. All diejenigen, die beim Wort „Outback" an trostlose und langweilige Einöde denken, werden beim Erlebnis des australischen „Bush" eines Besseren belehrt, denn er ist vielfältiger und variantenreicher, als viele glauben.

 Hinweis

Der Zustand der Pisten ist immer stark wetterabhängig (heftige Regenfälle verwüsten gute Pisten im Nu) und abhängig davon, wann der letzte „Grader"-Trupp sie mit Bulldozern maschinell geglättet hat. Ein 4-WD ist deshalb immer von Nutzen und verleiht ein sicheres Gefühl.

Die wichtigsten und interessantesten **Outbackrouten** im Überblick:

- **Birdsville Track**: Verläuft von Marree (SA) nach Norden bis Birdsville (QLD), 514 km. In Birdsville findet alljährlich am ersten Septemberwochenende das Birdsville-Pferderennen statt, das die Massen aus nah und fern anlockt. Die bekannte Piste, die früher dem Viehtrieb diente, ist im australischen Winterhalbjahr (Apr.–Nov.) relativ einfach zu befahren.

- **Oodnadatta Track**: Der Track beginnt in Marree (SA). Vorbei am Lake Eyre South, einem ausgetrockneten Salzsee, führt er zunächst nach William Creek (Abzweig nach Coober Pedy möglich) und dann nach Oodnadatta, einer Bahnstation des Old Ghan. Die Piste endet in Marla am Stuart Hwy. Die Gesamtlänge von Marree bis Marla beträgt 619 km.

- **Strzelecki Track**: In Lyndhurst (südlich von Marree) beginnt der Strzelecki-Track und führt nach Innamincka an der QLD-Grenze (459 km). Die Piste wurde durch die Erschließung der Moomba-Gasfelder vor Innamincka immer weiter verbessert. Von Innamincka, wo Burke und Wills bei ihrer schicksalhaften Expedition starben, kann entweder nordwärts nach Birdsville oder in südlicher Richtung nach Milparinka (NSW) gefahren werden.

- **Simpson Desert**: Die Durchquerung der Simpson Desert vom Stuart Hwy. (ab Marla über Oodnadatta – Hamilton – Dalhousie Springs) nach Birdsville ist als schwer einzustufen. Die in großen Teilen aus Sand und Dünen bestehende „Piste" (mehrere Routen sind möglich) ist 4-WD-pflichtig und am besten zusammen mit anderen Fahrzeugen zu befahren. Die Streckenlänge variiert je nach Route zwischen 930 und 1.200 km. Von Vermietern wird eine „Simpson Desert Crossing" nicht genehmigt!

- **Plenty Highway**: 70 km nördlich von Alice Springs zweigt der Plenty Hwy. nach Osten in Richtung QLD-Grenze ab. Die Piste ist einsam und stellenweise rau. Deshalb ist, genauso für den Sandover Hwy., ein guter 4-WD notwendig. Der Plenty Hwy. setzt sich nach rund 800 km in Boulia in der Kennedy Developmental Road nach Hughenden fort. Die weitere Strecke nach Ravenshoe im Atherton Tableland stellt zumindest in der Trockenzeit kein Problem dar. Der Sandover *Einsame und raue Piste*

Hwy. zweigt vom Plenty Hwy. nach Norden ab und endet südlich von Camooweal bzw. Mount Isa.

- **Outback Queensland**: Viele Pisten und Highways im Outback von Queensland, wie z. B. der Matilda (Landsborough) Hwy. sind aufgrund der vielen Rinderfarmen gut gepflegt und (mit Einschränkung) auch für Pkw befahrbar. Passiert werden interessante Stätten, wie beispielsweise der Qantas-Geburtsort Longreach.

- **Savannah Way** (Gulf Track): Die Route ist eine exzellente Alternative für die Fahrt von Darwin nach Cairns, sollte aber auch nur mit einem 4-WD in Angriff genommen werden. Sie beginnt in Roper Bar (östlich von Mataranka) und endet in Normanton (Gulf Savannah Country), mit Fortsetzung nach Cairns.

Zweitgrößter Meteoritenkrater der Welt

- **Tanami Road**: Der über 1.000 km lange Track zweigt nördlich von Alice Springs in nordwestlicher Richtung nach Halls Creek/WA am Great Northern Hwy. ab. Die Piste ist gut gepflegt und führt an geologisch interessanten Punkten wie dem Wolfe Creek Crater als zweitgrößtem Meteoritenkrater der Welt vorbei.

- **Great Central Road** (Warburton-Laverton Road, fälschlicherweise oft Gunbarrel Hwy. genannt): Er führt von Uluru über die Giles-Wetterstation nach Laverton in Westaustralien (1.200 km). Fortsetzungen sind von dort nach Perth oder Kalgoorlie möglich. Die Piste führt durch Aborigine-Gebiete, für die ein Permit benötigt wird.

- **Gunbarrel Highway**: Schwieriger zu fahren, weil nicht mehr gepflegt, ist der Gunbarrel Hwy., der ab Warburton weiter nördlich verläuft und in Wiluna/WA am Great Northern Hwy. endet – 1.450 km ab Uluru – diese Route ist für 4-WD-Mietwagen mit schlechter Ausrüstung (z. B. kein zweites Ersatzrad) nicht empfehlenswert und genehmigungspflichtig.

- **Canning Stock Route**: Ausgangspunkte zur Durchquerung der Great Sandy Desert und der Gibson Desert auf der alten Viehroute sind je nach Richtung Halls Creek in Nordwestaustralien oder Wiluna in Westaustralien. Die extrem schwere Route sollte nur mit erstklassigen Navigationskenntnissen und im Konvoi mehrerer Fahrzeuge befahren werden. Von vielen Vermietern wird das Befahren der Canning-Stock-Route nicht genehmigt. Veranstalter bieten Touren an.

Nur in der Trockenzeit befahrbar

- **Cape-York-Halbinsel**: In der Trockenzeit kann das erste geteerte Teilstück (Cairns–Cape Tribulation, dichter Regenwald) auch mit einem Pkw befahren werden. Die Ausblicke auf den Pazifik und die Strände entlang der Küste gehören zu den schönsten Australiens. Ab Cape Tribulation ist eine Weiterfahrt nach Norden zur historischen Stadt Cooktown nur noch mit 4-WD möglich. Die gut befahrbare Piste (Flussdurchquerungen teilweise mit Fähren) führt von Lakeland über Laura (Felsmalereien), Musgrave, Coen und Bamaga (Aborigine-Community) bis Cape York, dem nördlichsten Punkt des Kontinents. Die Routen nach Cape York sind nur in der Trockenzeit (Mai–Okt.) befahrbar. Sobald der Regen einsetzt, sind viele Flüsse unpassierbar. Die Old Telegraph Road wird von Vermietern i. d. R. nicht genehmigt und ist nicht empfehlenswert. Nachteil aller Cape-York-

Selbstfahrertouren ist, dass derselbe Weg zurückgefahren werden muss.

- **Gibb River Road**: Wer von Broome (WA) nach Darwin (NT) oder umgekehrt unterwegs ist, kann alternativ zum geteerten Great Northern Hwy. die Gibb River Road von Derby bis Kununurra fahren (667 km). Die abwechslungsreiche Route durch die Kimberley-Region ist in der Trockenzeit (Mai–Okt.) gut fahrbar. Für Abstecher

Auf dem Weg nach Cape York

(z. B. Mitchell Plateau/Kalumburu Mission) ist unbedingt ein 4-WD erforderlich, ebenso für die Bungle Bungles (Purnululu NP).

- **Alice Springs und Rotes Zentrum**: Für nicht asphaltierte Straßen empfiehlt sich auch hier wegen der höheren Robustheit der Fahrzeuge ein 4-WD. Die Hauptrouten (z. B. Uluru, Kings Canyon, Teile der West MacDonnell Ranges) sind geteert.

Von Fliegen und anderen Outback-Plagen

info

Fliegen sind, obwohl es so scheint, keine Plage. Denn Plagen kommen und gehen. Die Fliegen indes sind irgendwann gekommen und nie wieder gegangen. Für die ganz besonders ärgerlichen Momente ist es dann gut, wenn man ein Fliegennetz dabei hat, das man sich über den Hut stülpen kann. Im australischen Sommer ist es besonders schlimm, angenehmer ist der Winter, sobald die Nächte kalt werden.

Moskitos (Mozzies) weiten sich im tropischen Norden an Gewässern zu echten Plagen aus, sobald die Dämmerung einsetzt. Schutz bieten dicht gewebte Jacken und Hosen sowie Insektenschutzmittel. Zimmer, Zelt oder Fahrzeug sollten abends peinlich genau untersucht werden, um nicht auch während des Schlafs ein Opfer der Blutsauger zu werden. Auch wenn offiziell keine Gefahr der Krankheitsübertragung besteht: Man sollte sich entsprechend schützen, denn eine Garantie gibt es nie.

Von ganz anderer Natur ist der **Bulldust** – feiner Outback-Staub, der markante kilometerlange Staubfahnen hinter den Fahrzeugen herzieht. Dieser kriecht in jede Fuge und bedeckt allmählich alles mit einer rotbraunen Schicht. Der Kampf dagegen ist zwecklos und sollte erst gar nicht angetreten werden – der Staub gehört zum Outback wie die Kängurus.

4. SYDNEY UND UMGEBUNG

Klassische und Große Rundreise

Die **Klassische Rundreise**, die dem ersten Teil des Buches zu Grunde liegt, führt durch den Ostteil des Kontinents: Dies schließt den Süden, das Zentrum, den Norden und die Ostküste ein. Die vorgeschlagene Fahrtroute führt durch die interessantesten Gebiete und schönsten Landschaften.

Die **Reise- und Ortsbeschreibungen** beginnen in **Sydney** und verlaufen dem Uhrzeigersinn entsprechend entlang der Südküste nach **Melbourne** und **Adelaide**. Die Reiseroute führt dann über den Explorer Hwy. (Stuart Hwy.) nach Norden – über **Coober Pedy** wird der **Uluru National Park** und **Alice Springs** erreicht. Von dort führt die Reise entweder weiter in den tropischen Norden nach **Darwin** oder richtet sich ostwärts an die Queensland-Küste. Über **Cairns**, **Townsville**, **Brisbane** folgt die Route der Küste bis Sydney. Die Rundreise kann selbstverständlich auch in anderer Richtung, in Teilstrecken oder mit anderen Ausgangspunkten unternommen werden.

Die **Große Rundreise** beschreibt zusätzlich zur „Klassischen Rundreise" die Staaten **Westaustralien** (ab Kapitel 18) und **Tasmanien**. Diese Teile des Landes werden von vielen Reisenden bei einem Zweit- oder Drittbesuch bereist und erfreuen sich zunehmender Popularität. Ergänzend werden einige außergewöhnliche australische Inseln (Lord Howe Island, Norfolk Island, Christmas Island, Coco Island u. a.) beschrieben.

Populäre Ziele

Sydney und Umgebung

Geschichte der Stadt

Sydneys Entwicklung liegt in der Geschichte begründet: Am 26. Januar 1788 wurde die Sydney Cove, nur 100 m von der heutigen Oper entfernt, als Ankerplatz der ersten Flotte, der „First Fleet" ausgewählt. Allerdings waren die Neuankömmlinge nicht aus freien Stücken gekommen: Unter den 1.030 Passagieren befanden sich 736 Sträflinge, die aus den überfüllten britischen Gefängnissen verbannt worden waren. Flottenführer Captain Arthur Philips nannte die erste Siedlung **Sydney Cove**. Das Leben in der Sträflingskolonie war hart und entbehrungsreich. Besserung trat erst mit dem fünften Gouverneur, Lachlan Macquarie, ein. Er gab den Strafgefangenen eine Chance zur Selbstverwirklichung. Francis Greenway, ein Architekt, der wegen minderschwerer Vergehen nach Australien geschickt worden war, entwarf einige der historischen Gebäude, die heute zu den Sehenswürdigkeiten der Stadt zählen.

Erste Siedlung

Die Siedler, die im 19. Jahrhundert zu Tausenden in das Land strömten, erkannten nach beschwerlichen Reisen die Fruchtbarkeit des Hinterlandes. Die Blue Mountains stellten dabei lange Zeit eine unüberwindbare Hürde dar. Sydney wuchs

Redaktionstipps

➤ Nach Ankunft am Flughafen von Sydney muss der Transfer in die Innenstadt entweder mit dem **Airport Rail Link** (Zug) oder per Taxi erfolgen. Da man nach dem langen Flug meist sehr müde ist, empfiehlt sich ein Taxi.

➤ Für einen ersten Überblick bietet sich eine geruhsame **Hafenrundfahrt** an. Abfahrtspunkt ist Circular Quay oder Darling Harbour. Ein kleineres, persönliches Schiff (z. B. die „Enigma X") ist insgesamt beschaulicher, als mit 200 fernöstlichen Mitreisenden ein Mittagsbuffet teilen zu müssen. Alternativ kann mit der öffentlichen Fähre eine Fahrt nach Manly an den Pazifik unternommen werden – preislich besteht allerdings kaum ein Unterschied (S. 159).

➤ Eine geführte, halbtägige **Stadtrundfahrt** ist für die Orientierung eine empfehlenswerte Sache. Flexibler ist die Tour mit dem Sydney **Hop-On Hop-Off Bus**, der beliebiges Ein- und Aussteigen ermöglicht (S. 157).

➤ Bei Interesse sollte man rechtzeitig Karten für Vorstellungen im **Sydney Opera House** reservieren – die Vorstellungen sind schnell ausverkauft – oder tagsüber eine „Backstage"-Tour unternehmen (S. 147).

➤ Der spektakuläre **Bridge Climb** auf die Harbour Bridge ist ein unvergessliches Erlebnis und bietet grandiose Ausblicke. Mittlerweile werden die Touren auch in der Dämmerung und nachts angeboten. Vorausbuchung lohnt (S. 145).

➤ Ein Abendessen bei grandioser Aussicht erlebt man im **Sydney Tower Restaurant**. Das ist zwar, wie vieles in Sydney, eine teure Sache, aber lohnend! Am besten frühzeitig einen Tisch reservieren! (S. 150).

schnell und wurde von den ehrgeizigen Einwanderern zu dem gemacht, was es heute ist: eine lebendige, farbenfrohe Weltstadt, der es Zeit ihres Bestehens verwehrt geblieben ist, Hauptstadt Australiens zu werden.

Sydney heute

Sydney ist zweifellos ein **Höhepunkt jeder Australienreise** – die Weltstadt, die anderen Metropolen so fern liegt, wird geliebt und verehrt. Sie erstreckt sich an den nördlichen und südlichen Ufern des Parramatta River, der in der Port-Jackson-Bucht in das Meer mündet. Geprägt wird Sydney in erster Linie durch die einmalige Lage des Naturhafens (Sydney Harbour). Mit einer Küstenlänge von 240 km stellt dieser den natürlichen Mittelpunkt der Stadt dar. Rings um den Hafen befinden sich die Wohn- und Geschäftsviertel Sydneys. Sydney nimmt einschließlich seiner Vororte die enorme Fläche von 1.730 km² ein und hat mittlerweile rund **4,6 Mio. Einwohner**, fast ein Sechstel des gesamten Kontinents, mit steigender Tendenz. Traditionelle Wohngebiete befinden sich vor allem im Südteil der Stadt, am bekanntesten sind die Vororte Parramatta im Westen, Strathfield, Leichhardt und Paddington im Süden sowie Bondi und Vaucluse an der Pazifikküste. In Nord-Sydney liegen das Bankenviertel und die begehrten Wohngebiete rund um Manly.

Teures
Pflaster

Sydneysider sind **lebensfreudige Menschen**: Für viele beginnt der Tag erst richtig nach Büroschluss, und die Arbeitszeit von „Nine to Five" ist für viele Australier eine ziemlich fixe Angelegenheit. Wenn die Segelboote nicht nur an Wochenenden, sondern allabendlich im Hafen kreuzen, beginnt man, das Faszinierende dieser Stadt zu begreifen. Die Stadt genießt australien- und weltweit eine außerordentliche Popularität, welche nicht zuletzt durch die Olympischen Spiele im Jahr 2000 erzeugt wurde. Als logische Folge hat sich die Stadt zu einem teuren Pflaster für Einwohner und Besucher entwickelt: Die Immobilienpreise und die Lebenshal-

Hinweis

Einen großen **Stadtplan von Sydney** finden Sie in der hinteren Umschlagklappe.

tungskosten markieren Spitzenwerte im Vergleich mit anderen australischen Metropolen, allenfalls Perth ist noch teurer.

Das Stadtbild wird, vom Wasser aus gesehen, von der optisch herausragenden **Sydney Oper** und der markanten **Harbour Bridge** geprägt. Dort, im CBD (Central Business District), befinden sich die meisten Sehenswürdigkeiten. Vom betriebsamen **Circular Quay** legen Fähren und Ausflugsboote ab. Die Kulisse von Downtown Sydney ist durch die gläsernen Hochhaustürme einer florierenden Geschäfts- und Handelsmetropole geprägt. Straßen liegen wie schattige Schluchten unter diesen Wolkenkratzern und sind vom emsigen Treiben des Verkehrs und der Menschen belebt. Dazwischen, wie Oasen der Ruhe, liegen großzügige Parks verstreut. Historische Gebäude und Stadtteile, wie das ehemalige Lagerviertel **The Rocks**, wurden liebevoll restauriert und sind nun regelrechte Besuchermagneten.

Sydney ist reich an Besuchermagneten

Das alte Hafenviertel **Darling Harbour** ist mit Aquarium, Marine Museum und Einkaufskomplex ebenfalls ein Touristentreffpunkt. Das Kulturleben findet nicht nur in Sydneys berühmter Oper statt: Unzählige Theater, Kinos, Kneipen und Nachtclubs sorgen für lange Nächte. Bunte Neonreklamen und nächtliches Straßenleben erzeugen Stimmung im Rotlichtviertel **Kings Cross**.

Sehenswürdigkeiten

Sydney hat, touristisch gesehen, zwei Schwerpunkte:
• die **City** (Downtown, CBD) mit Oper, Circular Quay, Rocks, Macquarie Street und dem Downtown-Bezirk,
• den **Darling Harbour**-Bezirk mit vielen Attraktionen und Sehenswürdigkeiten.

 Besuchsprogramm Sydney in drei Tagen

1. Tag: Frühstücken im Hotel oder einem nahen Coffee Shop. Spaziergang durch den Botanischen Garten zur Sydney Oper. Hafenrundfahrt um die Mittagszeit (Lunch Cruise). Nachmittags Spaziergang durch „The Rocks". Am späten Nachmittag Bridge Climb.

2. Tag: Vormittags Besuch des Darling Harbour mit Sydney Aquarium. Mittagessen an der Cockle Wharf. Nachmittags Fähre nach Manly an den Pazifik. Abendessen im Sydney Tower.

3. Tag: Weitere Stadtbesichtigung oder Tagesausflug in die Blue Mountains.

Die meisten Sehenswürdigkeiten Sydneys liegen dicht beieinander und sind gut zu Fuß erreichbar. Hat man nur wenig Zeit, so bietet sich die Fahrt mit dem **Sydney Explorer Bus** an. Ebenso wenig sollte eine Hafenrundfahrt in Ihrem Besuchsprogramm fehlen.

City – Downtown

Circular Quay: idealer Ausgangspunkt für einen Stadtrundgang

Einen Stadtrundgang beginnt man am besten an zentraler Stelle – dem **Circular Quay**. Dies ist der Hauptverkehrsknoten am Hafen für Fähren, Züge und Busse. Die meisten Ausflugsboote beginnen hier ihre Rundfahrten. Im Eingangsbereich treten häufig Straßenkünstler auf und nutzen den regen Publikumsverkehr. Gegenüber liegt das aus Sandstein erbaute **Customs House (20)** (31 Alfred Street), ein koloniales Schmuckstück aus dem Jahr 1844. Bis 1990 diente es der Zollbehörde und wurde dann grundlegend saniert. Im Inneren befindet sich eine interessante Ausstellung über die Stadt und im obersten Stockwerk ein gepflegtes Café mit Terrasse und Blick auf den Hafen. Ums Eck, an der Stelle des ersten Hauses des Gouverneurs steht heute das informative **Museum of Sydney**, das eine Ausstellung über die Geschichte der Stadt zeigt.

Museum of Sydney, *Ecke Bridge St./Phillip St., ☎ 02-92515988. Tgl. 10–17 Uhr, Erwachsene A$ 15, Kinder A$ 8.*

Der **Sydney Harbour** ist ein weit verzweigter Naturhafen. Er umfasst eine Fläche von rund 55 km². In seiner Mitte liegt die kleine Insel Fort Denison („Pinchgut" genannt), eine ehemalige Gefängnisinsel, die Mitte des 19. Jahrhunderts als Verteidigungsbastion gegen mögliche russische Angreifer ausgebaut wurde. Das Fort kann auf speziellen Bootsausflügen (ab Circular Quay) besucht werden. Eine weitere alte Gefängnisinsel ist **Goat Island**, die nur auf Touren mit dem NPWS (National Park & Wildlife Service) besucht werden kann.

Die **Homebush Bay** mit dem **Sydney Olympic Park** und den olympischen Stätten liegt einige Kilometer westlich. Sie ist die letzte große Hafenbucht, bevor sich der Parramatta River verengt. Neben den organisierten **Hafenrundfahrten** ist alternativ auch die Fahrt mit einer der Fähren möglich (z. B. zum Badevorort Manly am Pazifik und zurück) – auch so lässt sich die Stadt vom Wasser aus erleben. Der Segler Bounty, der vor den Rocks vor Anker liegt, bietet ebenfalls Hafenrundfahrten an.

Sydney vom Wasser aus

Die unübersehbare **Sydney Harbour Bridge** wird wegen ihrer Form liebevoll „Coathanger" (Kleiderbügel) genannt. Sie verbindet den südlichen Innenstadtbezirk mit den nördlich gelegenen Vororten und dem Bankenviertel North Sydney. Nach ihrer Fertigstellung im Jahre 1932 kostete die Überfahrt für Autos 6 Pence, für Pferd und Reiter ganze 3 Pence. Die Brücke erstreckt sich über 1.150 m vom südlichen Dawes Point zum 503 m entfernten Milson Point im Norden. Zur achtspurigen Straße kommen zwei Bahngleise, eine Fahrrad- und eine Fußgängerspur. Chronische Verkehrsüberlastungen haben den Bau einer zweiten Verbindung notwendig werden lassen – den **Sydney Harbour Tunnel**, der südlich der Oper (Fortsetzung des Eastern Distributor, Hwy. 1) unter die Erde geht. Der südöstliche *Lohnende* Pfeiler der Brücke heißt **Pylon Lookout (4)** und ist begehbar. Im oberen Teil be- *Aussicht* findet sich eine Ausstellung über den Bau und die Geschichte der Brücke. Die Aussicht auf Hafen, Oper und Innenstadt lohnt die 200 Stufen auf jeden Fall. Der Zugang zum Pfeiler erfolgt über die Cumberland Street in den Rocks.
Pylon Lookout, *South East Pylon Sydney Harbour Bridge*, ☎ *02-92401100, www. pylonlookout.com.au. Tgl. 10–17 Uhr, Erwachsene A$ 13, 5–12 Jahre A$ 8,50.*

Besser noch (aber natürlich auch teurer) ist der spektakuläre **Bridge Climb**, bei dem man (angeseilt) bis hinauf auf den höchsten der Eisenbogen steigt. Am höchsten Punkt wird die Brücke überquert und auf der anderen Seite geht es wieder hinunter. Allen, außer den ganz Höhenängstlichen, sollte dieses Erlebnis die rund 200 Dollar wert sein. Seit der Eröffnung im Jahr 1999 ist der Bridge Climb Sydneys größte Touristenattraktion geworden. Übrigens sind Fotos von oben mit der eigenen Kamera leider nicht erlaubt – es könnte was auf die Fahrbahn fallen. Die gesamte Tour dauert rund drei Stunden (vorher unbedingt die Toilette aufsuchen) und beginnt 24 Stunden am Tag in der Cumberland Street. Vorausbuchungen sind unerlässlich und pünktliches Erscheinen zum gebuchten Termin ist wichtig.
BridgeClimb Sydney, *3 Cumberland St.,* ☎ *02-82747777, www.bridgeclimb.com. Tgl. 24 Std., Erwachsene ab A$ 198, (nachts) bzw. A$ 248 (tags).*

The Rocks

Unterhalb der Brücke liegt das historische Viertel **The Rocks**, einst Ursprung der *Historisches* australischen Besiedlung. Die Lager- und Verwaltungshäuser waren Anfang der *Lagerviertel* 1980er-Jahre in einem derart schlechten Zustand, dass sogar von Abriss die Rede war. Rechtzeitig zur 200-Jahr-Feier Australiens besannen sich die Stadtväter eines Besseren und restaurierten die Backsteingebäude originalgetreu. Sie bieten heute eine Vielzahl von Läden, Pubs und Restaurants, und die engen Gassen haben sich zu einer Touristenattraktion entwickelt. Die zentrale Straße ist die George Street.

Das **Sydney Visitor Centre (1)** befindet sich in 106 George Street im einstigen Sailor's Home von 1864. Dort erhält man alle Informationen über Sehenswürdigkeiten, Stadtpläne, Führungen und Verkehrsmittel. Zwei Häuser weiter, in **Cadman's Cottage (2)** (110 George Street, ☎ 02-92475033), im ältesten Privatgebäude Sydneys von 1816 befindet sich das Sydney Harbour National Park Information Centre. Das NSW National Park Centre befindet sich in 102 George Street.

The Rocks: alte Lagerhäuser wurden zu einer Touristenattraktion

Zeitgenössische Kunstwerke von so bekannten Künstlern wie Andy Warhol, Robert Rauschenberg, Christo sowie Aborigine-Kunstgegenstände sind im **Museum Of Contemporary Art Australia (3)** ausgestellt. Wechselnde Ausstellungen werden durch bunte Fahnen an der Frontfassade angekündigt.
Museum Of Contemporary Art Australia, *140 George St.,* ☎ *02-92452400, www.mca.com.au. Mo–Mi 10–17, Do 10–21, Fr–So 10–17 Uhr, Eintritt frei.*

Am Circular Quay West legen heute noch regelmäßig Kreuzfahrtschiffe am Overseas Passenger Terminal an, was den Blick vom Harbour Rocks Hotel zur Oper dann ziemlich versperren kann. An Wochenenden ist der untere Abschnitt der George Street von rund 150 Verkaufsständen des Rocks Market eingenommen. Im Angebot sind vor allem Schmuck und Kunsthandwerk. Auch im Argyle Department Store (Ecke Argyle Street/Playfair Street) findet man eine Reihe hübscher Boutiquen und Geschäfte. Im **Westpac Museum** zeigt Australiens älteste Bank den Bankalltag anno 1890.
Westpac Museum, *6 Playfair St,* ☎ *02-92511419. Mo–Fr 9–17, Sa und So 10–16 Uhr, Eintritt frei.*

Passiert man den Circular Quay West und folgt der Hickson Road in Richtung Hafenbrücke, so gelangt man in die kleine Bucht **Campbell's Cove**. Die alten Lagerhäuser des Händlers Robert Campbell wurden zwischen 1838 und 1861 erbaut. In dem restaurierten Gebäude sind heute Restaurants untergebracht. In der zweiten Reihe, wo der Schornstein in die Höhe ragt, befindet sich die 1936 erbaute **George Street Electric Light Station**, ein Kraftwerk, welches nie wirklich in Betrieb genommen wurde. Mehrere Ausflugsboote beginnen ihre Touren am Circular Quay West oder in Campbell's Cove.

Restaurants in renovierten Lagerhäusern

Vorbei am schicken Park Hyatt Hotel, einem 5-Sterne-Hotel mit der vielleicht besten Lage (Opera House View Rooms) in Sydney, erreicht man **Dawes Point Park (5)**, direkt unterhalb der Brücke. Auf den hängenden Stahlstreben unterhalb der

Brücke gelangen die Brücken-Kletterer zum ersten Pylonen und damit zum Stahlbogen. Die Stelle war in den 1850er-Jahren als Verteidigungsbastion geplant worden. Heute bietet sich von dem leicht erhöhten Platz ein herrlicher Blick auf den Circular Quay und das Opernhaus. Das schicke Boutique-Hotel **Pier One** befindet sich an der Landspitze Dawes Point.

Die Hickson Road „unterquert" die Hafenbrücke und führt in die **Walsh Bay** zu den **Finger Wharfs**. Sie wurden als Verladewerften von 1906–1922 von Joseph Walsh erbaut, um Exportprodukte wie Wolle nach England zu verladen. Lange Jahre lagen sie brach und wurden dann in Wohn-, Geschäfts-, Restaurant- und Theaterbauten (Theatre Wharf) umgewandelt.

Das **Sydney Observatory (6)** stammt aus dem Jahre 1858. Besichtigungen des astronomischen Museums sind täglich möglich, nachts kann der südliche Sternenhimmel bei vorheriger Anmeldung betrachtet werden.
Sydney Observatory, *Watson Rd., Observatory Hill,* ☎ *02-99213485, www.syd neyobservatory.com.au. Tgl. 10–17 Uhr, Erwachsene A$ 18, 4–15 Jahre A$ 12.*

Sydney Opera House (7)

Folgt man dem East Circular Quay, gelangt man zum Sydney Opera House. Das Gebäude zählt zu Australiens größten und sicherlich meistfotografierten Touristenattraktionen. Das Gebäude fasziniert durch seine einzigartige Konstruktion und Farbgebung aus jeder Perspektive. Die ursprünglichen Kosten des vom dänischen Architekten Jørn Utzon entworfenen Gebäudes beliefen sich auf A$ 7 Mio., stiegen aber bis auf 102 Mio. zur Fertigstellung im Jahre 1973 – eine Entwicklung, die schon früh zur Entlassung des Architekten führte.

Sydney Opera House – eine der größten Attraktionen Australiens

Die Sydney-Oper ist mehr als ein einfaches Opernhaus: Zu den vier Konzertsälen kommen fünf Restaurants, sechs Bars, eine Bücherei, Archiv, Foyer und Aufenthaltsräume. Der größte Saal, die **Concert Hall** mit 2.690 Sitzplätzen, ist gleichzeitig der imposanteste Gebäudeteil. 18 verstellbare Acrylringe befinden sich über der Bühne und sorgen für eine hervorragende Akustik bei Opern und Konzerten. Zweitgrößter Saal ist das **Opera Theatre** mit 1.547 Sitzplätzen. Das **Drama Theatre** und das **Playhouse** sind kleinere Säle, in denen Theaterstücke und Dramen gezeigt werden. Jeden Sonntag finden um die Oper herum ein kleiner Markt *Beliebter* und kostenlose Vorstellungen statt. Von der Highschool-Band bis zum Jongleur ist *Treffpunkt* alles vertreten, was sich nebenbei ein paar Dollar verdienen will – auch für Sydneysider ein beliebter Treffpunkt am Nachmittag.

Sydney Opera House, *Bennelong Pt.,* ☎ *02-92507250, www.sydneyoperahouse. com. Führungen werden tgl. von 9–17 Uhr angeboten, Erwachsene A$ 37. Karten für die Oper sollten im Voraus bestellt werden (☎ 02-92507777) – fast jede Vorstellung ist ausgebucht. Vor Ort können Karten auch telefonisch unter Angabe einer Kreditkartennummer bestellt werden. Sie werden dann bis eine Stunde vor Vorstellungsbeginn an der Kasse hinterlegt.*

Royal Botanic Gardens (8)

Der Botanische Garten erstreckt sich vom Bennelong Point im Norden bis zum Cahill Expressway im Süden. Er bietet eine Fülle einheimischer und exotischer

Pflanzen, nicht nur für Blumenfreunde ein schöner Anblick. In zwei pyramidenförmigen Gewächshäusern wachsen tropische Pflanzen. Um die Mittagszeit ist der Park voller Geschäftsleute und Büroangestellter. In der Dämmerung, kurz vor Schließung des Parks, erscheinen hunderte von Fledermäusen (Fruit Bats), und auch Possums können beobachtet werden. Das **Government House (9)** (1838), die Residenz des amtierenden Gouverneurs, befindet sich im Park, ist aber nicht zugänglich.

Der Botanische Garten mit beeindruckender Skyline

Folgt man der Küstenlinie um die Farm Cove-Bucht, gelangt man zu **Mrs. Macquarie's Point**. Von dort hat man einen schönen Blick auf die Oper und den Downtownbezirk mit seiner Skyline. Auch Sonnenuntergänge wirken hier besonders gut. Im **Conservatorium of Music (10)** an der Macquarie Street gibt es jeden Mittwoch um 12 Uhr kostenlose Konzerte. Der Bau wurde 1914 vom Architekten Francis Greenway während seiner Strafgefangenschaft entworfen.

Royal Botanic Gardens, *Mrs. Macquaries Rd.,* ☎ *02-92318111, www.rbgsyd.nsw. gov.au. Okt. 7–19.30, Nov.–Feb. 7–20, März 7–18.30, April und Sept. 7–18, Mai und Aug. 7–17.30, Juni und Juli 7–17 Uhr, Eintritt frei.*

Art Gallery of New South Wales (11)

An den Botanischen Garten schließt sich ein weiterer Park an: **The Domain**. In ihm befindet sich die **Art Gallery of NSW**. Die Kunsthalle zeigt Werke australischer, europäischer und japanischer Künstler sowie Exponate von Aborigine-Künstlern. Das Museum zählt neben den Nationalgalerien von Melbourne und Canberra zu den besten Sammlungen des Kontinents. Im Auditorium befinden sich ein Buchladen und ein ruhiges Café. Im Domain finden im Dez. und Jan. Open-Air-Konzerte statt.

Eine der besten Sammlungen des Kontinents

Art Gallery of New South Wales, *Art Gallery Rd.,* ☎ *1800-679278, www.artgallery.nsw.gov.au. Tgl. 10–17 Uhr, Eintritt frei.*

Macquarie Street

State Library of New South Wales (12)
Die Staatsbibliothek hat einen riesigen Bestand an Büchern, Karten und Berichten. Ergänzt wird das Angebot durch regelmäßige Literaturlesungen und Filme. Erwähnenswert ist das Mosaik in der Eingangshalle, das die „terra australis" in den Darstellungen von Abel Tasman zeigt. Es liegen auch deutschsprachige Zeitungen im Lesesaal aus.
State Library, *Macquarie St., ☎ 02-92731414, www.sl.nsw.gov.au. Mo–Do 9–20, Fr 9–17, Sa und So 10–17 Uhr, Eintritt frei.*

Parliament House (13)
Das NSW Parliament House ist das älteste Regierungsgebäude Australiens. Der reich verzierte Bau wurde von Gouverneur Macquarie gestaltet. Besichtigungen und Führungen werden Dez.–Febr. (sitzungsfreie Zeit) angeboten, das Gebäude selbst ist täglich von 9–17 Uhr geöffnet. An das Parlament schließen sich die verschiedenen Flügel des 1814 aus Sandstein erbauten Sydney Hospital an.

Das **Old Mint House (14)**, nördlich gelegen, ist Sydneys ältestes öffentliches Gebäude. Zu sehen gibt es seit einer ausgiebigen Renovierung 2004 Teile der ersten Münzprägeanstalt Australiens, die Caroline Simpson Library & Research Collection, einen Shop und ein Café. Hier ist auch der Historic Houses Trust (HHT) untergebracht. *Sydneys ältestes öffentliches Gebäude*
The Mint, *10 Macquarie St., ☎ 02-82392288, www.sydneylivingmuseums.com.au/the-mint. Mo–Fr 9–17 Uhr, Eintritt frei.*

Die **Hyde Park Barracks (15)** am **Queens Square** wurden 1819 vom Sträflingsarchitekten Francis Greenway entworfen. Der Verwendungszweck des im georgischen Stil errichteten Hauses wurde im Laufe der Jahre immer wieder verändert, heute ist es ein Museum, welches das Leben der Strafgefangenen in der Gründerzeit Australiens darstellt.
Hyde Park Barracks, *Queens Square, Macquarie St., ☎ 02-82392311, www.sydneylivingmuseums.com.au/hyde-park-barracks-museum. Tgl. 10–17 Uhr, Erwachsene A$ 10, Kinder A$ 5.*

Der **Hyde Park** ist der zentrale Park der Stadt. Sehenswert ist der Archibald Fountain, ein Brunnen im Art Déco Stil im Nordteil des Parks. Er erinnert an die australisch-französische Allianz im Ersten Weltkrieg. Das **Anzac War Memorial**, ein Denkmal zu Ehren der Gefallenen des Ersten Weltkriegs, steht im Süden des Parks. Noch heute werden die Kriegsveteranen als „Anzacs" bezeichnet. *Zentral gelegene Parkanlage*

Australian Museum (16)
Das Australian Museum ist das größte naturgeschichtliche Museum Australiens. Es bietet eine Fülle an Exponaten und Ausstellungen aus den Bereichen Flora und Fauna, australische Geschichte, Aborigine-Kultur und vieles mehr. Die Möglichkeit einer kostenlosen Museumsführung ist wgen des Umfangs des Museums empfehlenswert.
Australian Museum, *6 College St., ☎ 02-93206000, www.australianmuseum.net.au. Tgl. 9.30–17 Uhr, Erwachsene A$ 15, 5–15 Jahre A$ 8.*

George Street und Pitt Street

Durch den Hyde Park gelangt man auf der Park Street in die Innenstadt, den **Central Business District** (CBD). Die Straßen George Street und Pitt Street führen nach Norden und sind die beiden wichtigsten Einkaufs- und Geschäftsstra-

Geschäfts-
bezirk
„Downtown"

ßen. Die **Pitt Street Mall** (zwischen Market und King Street) ist die populärste Fußgängerzone der Stadt und verfügt über einige elegante Einkaufsarkaden, z. B. The Strand von 1892 (zwischen George Street und Pitt Street Mall). Am **Sydney Square** (Bathurst Street/George Street) steht die **St. Andrews Cathedral** aus dem Jahre 1868. Die im gotischen Stil aus Sandstein erbaute Kirche ist das älteste anglikanische Gotteshaus Australiens.

An der Ecke George Street/Park Street befindet sich die imposante **Town Hall (17)** von 1889. In dem Gebäude finden noch offizielle Sitzungen des Bürgermeisters (Lord Mayor) statt. Die Town Hall Station ist ein wichtiger Verkehrsknotenpunkt der U-Bahn.
Sydney Town Hall, *483 George St.,* ☏ *02-92659189. Mo–Fr 8–18 Uhr, geführte Touren müssen im Voraus gebucht werden.*

Das **Queen Victoria Building (18)** (QVB) ist nicht zu übersehen. Das im romanischen Stil erbaute Haus von 1898 nimmt fast einen ganzen Häuserblock ein und wurde nach umfangreicher und teurer Renovierung 1986 als Shopping Centre wieder eröffnet, nachdem es kurz vor dem Verfall stand. Das QVB bietet auf drei Stockwerken annähernd 200 schmucke Boutiquen, Cafés und Restaurants. Das gewölbte Dach lässt natürliches Licht ins Innere scheinen. Am Südende steht eine Statue von Queen Victoria, und eine verspielte Uhr zeigt jede Stunde eine andere Szene der englischen Geschichte.

An der Ecke Pitt Street/Market Street, im **Centrepoint Shopping Centre**, ragt der **Sydney Tower (19)** 325 m in die Höhe – das höchste Gebäude der Stadt und der beste Aussichtspunkt auf die lebhafte Großstadt. Hier bieten sich mehrere

Bester
Aussichtspunkt
der Stadt

Möglichkeiten, die Stadt von oben zu entdecken: Mutige gehen mit einer Tour auf den „Skywalk", einen Steg, der um den Tower herumführt. Nicht so Mutige sind mit der Aussichtsplattform zufrieden. Bei klarer Sicht sieht man immerhin bis in die Blue Mountains. Hungrige lassen sich das Sydney Tower Buffet nicht entgehen, ein sich drehendes Restaurant mit 360-Grad-Panorama.
Sydney Tower, *Ecke Pitt Street Mall/Market St.,* ☏ *02-93339222, www.sydney towereye.com.au. Tgl. 9–22.30 Uhr, Aussichtsplattform Erwachsene A$ 26,50, 4–15 Jahre A$ 16. Skywalk Erwachsene A$ 70, 8–15 Jahre A$ 49. Buchung über die Website lohnt sich wegen der ordentlichen Ermäßigung.*

Nördlich folgt das **General Post Office** (GPO). Auf dem benachbarten Martin Place finden in einem kleinen Amphitheater unter der Woche (12.15 Uhr) Gratiskonzerte und Veranstaltungen statt – ein gern besuchter Treffpunkt der Geschäftswelt während der Mittagspause. Das Treiben an der australischen Börse – **The Australian Stock Exchange** – ist von einer Besuchergalerie aus zu beobachten (Mo–Fr 9–17 Uhr, Eingang gegenüber dem Australia Square, 20 Bridge St.).

Darling Harbour

Westlich des Hauptgeschäftsbereichs liegt das ehemalige Industriegebiet Sydneys um die **Darling-Harbour-Bucht**, das durch eine Vielzahl an Attraktionen zu einem Touristenmagneten geworden ist. Die meisten neuen Gebäude wurden erst anlässlich der 200-Jahr-Feier im Jahr 1988 gebaut. Ein zentrales Visitor Centre und mehrere Schautafeln informieren über alle Attraktionen. Infos: www.darlinghar bour.com.au.

Sydney Aquarium (1)

Gleich unterhalb der Fußgängerbrücke Pyrmont Bridge steht das Sydney Aquarium, laut Guinnessbuch das größte der Welt – mit Sicherheit eines der eindrucksvollsten. Von außen wie eine große Welle geformt, beherbergt das Innere ausgedehnte Unterwasseraquarien. Besondere Attraktion ist die „Open Ocean Section", in der die Besucher durch transparente Acrylröhren wandeln und dabei Haien, Rochen und Wasserschildkröten in die Augen blicken. Eine Nachbildung des Great Barrier Reef mit Korallen fehlt ebenso wenig wie ein Becken mit Delfinen und Seelöwen. *Das größte Aquarium der Welt*

Sydney Aquarium, *Darling Harbour East Side,* ☎ *02-82517800, www.sydneyaqua rium.com.au. Tgl. 9.30–19 Uhr, Erwachsene A$ 40. Ticketkauf über die Website lohnt sich wegen der ordentlichen Ermäßigung.*

Im Anschluss befindet sich die moderne **Cockle Bay Wharf**, ein Restaurantkomplex mit ausgezeichneten Einkehrmöglichkeiten. Überquert man zu Fuß oder per Bus die **Pyrmont Bridge** (zum Stadtteil Pyrmont), so gelangt man auf die westliche Seite des Darling Harbour. Hafenrundfahrten legen je nach Anbieter mal auf der einen, mal auf der anderen Seite der Bucht an.

Australian National Maritime Museum (2)

Im See- und Schifffahrtsmuseum, das nördlich des **Harbourside Shopping Centre** liegt, wird dem Besucher all das nahe gebracht, was Australien mit der

---

 Tipp

Unterwegs zum **Darling Harbour** mit Light Rail, Fähre, Bus oder zu Fuß:

- Die Straßenbahn **Light Rail** fährt von der Central Station über Haymarket (Chinatown), Exhibition Centre, Convention Centre, Star City Casino zum Fish Market. Halt am Fischmarkt ist möglich. Tickets in der Bahn oder an den Stationen.
- Die meisten **Fähren** starten am Circular Quay und fahren an den Aquarium Pier.
- Bei Anfahrt mit dem **Bus** Aussteigemöglichkeiten in der Market-, Park-, Druitt-, Bathurst- oder Liverpool Street.
- Zu **Fuß** wird der Darling Harbour am schnellsten über die Market Street erreicht.

Sydney – Darling Harbour

★ Sehenswürdigkeiten
1 Sydney Aquarium
2 Australian National Maritime Museum
3 Harbourside Shopping Centre
4 Sydney Convention Centre
5 Exhibition Centre
6 Sega World Sydney

7 IMAX-Kino
8 Chinese Gardens of Friendship
9 Chinatown
10 Powerhouse Museum

0 Unterkunft
1 Ibis Hotel Darling Harbour

0 Restaurants
1 Harbourside Marketplace
2 Cockle Bay Wharf

© graphic

Seefahrerei und dem Meer verbindet – Aboriginal-Kanus, historische Segler, ein ausgemustertes, australisches-U-Boot und ein australischer Zerstörer.
Australian National Maritime Museum, *Darling Harbour, 2 Murray St.,* ☎ *02-92983777, www.anmm.gov.au. Tgl. 9.30–17 Uhr, Erwachsene A\$ 15, Kinder A\$ 10.*

Harbourside Shopping Centre (3)
Der moderne Gebäudekomplex ist voller Restaurants, Imbissstände und Souvenirgeschäfte. Entlang der Uferpromenade finden sich fast täglich Straßenkünstler ein, um die Touristen zu unterhalten.

Im Anschluss daran befinden sich das **Sydney Convention Centre (4)** und das Kongresszentrum **Exhibition Centre (5)** – beliebte Konzert-, Messe- und Tagungsorte. Im Hintergrund ragen die Hotels Mercure und Ibis empor.

Folgt man der Parkanlage nach Süden, gelangt man in den stets lebhaften, kreisrunden **Tumbalong Park** und zur **Sega World Sydney (6)**. So heißt der welterste Indoor-Themenpark, der für die ganze Familie geplant wurde. Fahrgeschäfte, Kinos, Abenteuer-Spielplätze und natürlich unzählige Videospiele sind vorhanden. *Indoor-Themenpark für die ganze Familie*

Das hochaufragende, ellipsenförmige **IMAX-Kino (7)** liegt unübersehbar direkt am Wasser und hat die größte Leinwand der Welt. Mehr als acht Stockwerke hoch wird dem Zuschauer das ultimative Filmerlebnis vermittelt (Vorstellungen stündlich ab 10 Uhr).

Chinese Gardens of Friendship (8)
Die **chinesischen Gärten** befinden sich im Süden des Darling Harbour Geländes. Der größte chinesische Garten außerhalb Chinas (tgl. 9.30–17 Uhr) wurde vom chinesischen Landschaftsarchitekten Guangdong gestaltet und bildet eine Oase der Ruhe in der hektischen Großstadt (Monorail Station Haymarket).

Südlich davon: Das **Sydney Entertainment Centre** für die großen Rock- und Popkonzerte und Indoor-Events.

Chinatown (9)
Sydneys Chinatown ist keine Berühmtheit, dennoch finden sich im Bereich um die Dixon Street einige asiatische Geschäfte und günstige Restaurants. Chinatown wird von den Straßen George Street, Hay Street, Harbour Street und Goulbourn Street eingerahmt. *Kleine Chinatown*

Powerhouse Museum (10)
Das gut gelungene Powerhouse Museum behandelt die Bereiche Technik, Verkehr und Wissenschaften. Viele Ausstellungen animieren zum Mitmachen und Experimentieren – selbst Museumsmuffel haben hier ihren Spaß.
Powerhouse Museum, *500 Harris St., Ultimo,* ☎ *02-92170111, www.phm.gov.au. Tgl. 10–17 Uhr, Erwachsene A\$ 15, 4–15 Jahre A\$ 8.*

The Star Casino
Der große Casino- und Theaterkomplex (Pyrmont St./Pirraama Rd.) ist rund um

die Uhr geöffnet. 200 Spieltische, 1.500 Spielmaschinen, zwei Theater, ein Nacht-club, mehrere Restaurants, Bars und ein Hotel sind dafür da, tagein tagaus den Leu-ten das Geld aus den Taschen zu locken. Information: www.star.com.au.

Sydney Fish Market

Im Stadtteil Pyrmont lädt der Fischmarkt zum Mittagessen ein. Am besten am Vor-mittag besuchen und danach dort essen gehen. Zahlreiche Restaurants servieren Seafood vom Feinsten. Zu Fuß ist der Markt über die Union Street/Miller Street er-reichbar. Die Straßenbahn Light Rail fährt direkt hin. Information: www.sydneyfish market.com.au.

Außerhalb des Stadtzentrums

Kings Cross

Nachtaktives Viertel

Das einstige „Sündenbabel" der Stadt liegt 2 km östlich des Zentrums und ist leicht per U-Bahn erreichbar. Die Zustände des nachtaktiven Viertels haben sich in den letzten Jahrzehnten enorm verbessert. Hauptstraße ist die Darlinghurst Road. The Cross bietet einige ausgezeichnete Restaurants. Rucksackreisende finden noch im-mer einige preiswerte Hostels, aber auch eine Reihe guter Hotels sind eine preis-wertere Alternative zur Innenstadt. Von der Bahnstation Kings Cross Station fah-ren Züge zum bekannten **Bondi Beach**.

Manly

Pazifik-Vorort mit Charme

Der begehrte Vorort ist mit der Schnellfähre JetCat nur 12 Min. vom Circular Quay entfernt. Die Fahrt mit der langsameren Fähre (Pier 2 und 3) ist eine etwas günstigere Alternative zu den kommerziellen Hafenrundfahrten. Ist das Wetter gut, sollten man die Badesachen einpacken: Der manchmal wellenreiche Pazifik-strand Manly Beach ist nach einem Spaziergang durch die Fußgängerzone „The Corso" schnell erreicht. Im Shopping-Komplex **New Manly Wharf** gibt es eine gute Auswahl an Seafood-Restaurants. Für engagierte Wanderer führt der **Manly Scenic Walkway** 8 km nach Süden, teilweise durch das überraschend grüne und unbevölkerte Landesinnere (per Bus geht's dann zurück in die Stadt). Von Manly aus fahren Busse zu den herrlichen **Northern Beaches** (bis Palm Beach).

Eine Attraktion ist **Manly Sealive Sanctuary**, das in das Meer hineingebaut wurde. Von einer Plattform kann man Haie, Rochen, Schildkröten und vieles mehr betrachten. Taucher füttern die Haie im Becken.
Manly Sealive Sanctuary, *West Esplanade,* ☎ *02-82517877, www.manlysea lifesanctuary.com.au. Tgl. 9.30–17 Uhr, Erwachsene A$ 25, 4–15 Jahre A$ 15. Ticketkauf über die Website lohnt sich wegen der ordentlichen Ermäßigung.*

Bondi Beach

Der berühmte Bondi Beach, der der Stadt am nächsten gelegen ist, steht für ganze Generationen australischer Strandkultur – kein anderer Strand besitzt diesen le-gendären Ruf. Der Vorort Bondi war in den 1920er-Jahren ein Arbeiterviertel. Noch heute bestehen einige Gebäude der Strandpromenade **Campbell Parade** aus rotem Backstein, wenngleich sich heute Cafés, Restaurants und Geschäfte da-

Fitness-Tipp

Ein offizieller Jogging-Parcour mit Übungsstationen führt entlang der Klippen. Wer will, kann den 6 km langen **Bondi to Coogee Walk** entlang der Küste (nach Süden) unternehmen.

rin befinden. Herausragend ist der spanisch anmutende **Bondi Pavilion** von 1928, in dem heute von Zeit zu Zeit Veranstaltungen stattfinden. Der Strand, an dem „oben ohne" bei Frauen offiziell geduldet ist, ist durch die Lebensretter der **Life** *Party am* **Guard** ständig überwacht. Surfer schätzen die gute Brandung. Richtig lebhaft geht *Strand* es in den Sommermonaten und da besonders an den Wochenenden zu. An Weihnachten verwandelt sich der Strand in eine riesige „Besäufnis-Fete". Die Anfahrt zum Bondi Beach erfolgt ab Circular Quay mit dem Bus Nr. 380 oder per Zug zunächst nach Bondi Junction, dann weiter zum Strand mit dem Bus Nr. 380/381.

Taronga Zoo
Der Taronga Zoo ist einer der **schönsten Australiens** mit einer großartigen Flora und Fauna. Besonders hervorzuheben sind das Koala-Gehege und das Platypus-Aquarium. Von den Hügeln um den Bradley Head hat man einen guten Blick auf den Hafen. Man sollte sich genügend Zeit für den Besuch nehmen, denn der Park umfasst 30 ha.
Taronga Zoo, *Bradley Head, Mosman, ☎ 02-99692777, www.taronga.org.au. Tgl. 9.30–17 Uhr, Erwachsene A$ 46, 4–15 Jahre A$ 23. Ticketkauf über die Website lohnt sich wegen der ordentlichen Ermäßigung. Das „Combined Ticket" schließt die Fährpassage H/R mit ein.*

Reisepraktische Informationen Sydney

ℹ Information
Mehrere **Broschüren** *mit aktuellen Tipps (z. B. „This Week in Sydney" oder „Where Magazine") liegen in Hotels und Informationsbüros und sogar bereits am Flughafen aus. Informationen über Sehenswürdigkeiten und Veranstaltungen erteilen daneben folgende Stellen:*
Sydney Visitor Centre *(The Rocks Information Centre), The Rocks, Harrington St., ☎ 02-82730000 oder 1800-067676, www.sydney.com, www.cityofsydney.nsw.gov.au. Tgl. 9.30–17.30 Uhr.*
Sydney Visitor Centre Darling Harbour, *Palm Grove, tgl. 9.30–17.30 Uhr.*
Tourism New South Wales, *55 Harrington St., The Rocks, ☎ 02-132077, www.visitnsw.com. Informationen über Sydney und den Bundesstaat NSW.*
National Park & Wildlife Service, *59 Goulburn St., ☎ 02-99955550, www.nationalparks.nsw.gov.au. Infos, Karten und Permits für alle NSW-National Parks.*
Konsulate
Deutsches Konsulat, *13 Trelawney St., Woollahra, ☎ 02-93287733.*
Österreichisches Konsulat, *Level 10, 1 York St., ☎ 02-92513363.*
Schweizer Konsulat, *101 Grafton St., ☎ 02-83834000.*

Tipp

Wer beruflich oder länger in Sydney weilt, sollte sich angesichts der beinahe unendlich scheinenden Ausflugs- und Ausgehmöglichkeiten der 4-Mio.-Metropole einen speziellen Sydney-Städteführer zulegen. Am besten vor Ort nach der aktuellsten Auflage Ausschau halten.

Wichtige Telefonnummern

Vorwahl von New South Wales: 02
Telefonauskunft: *013 für Sydney, 0175 für Australien, 0103 International.*
Notruf: *000 (gebührenfrei).*
Krankenhaus: *u. a. Sydney Hospital, 8 Macquarie St., ☎ 02-93827111.*
Post
General Post Office *(GPO), 130 Pitt St. ,Mo–Fr 8.15–17.30, Sa 10–14 Uhr.*

Überregionale Verkehrsmittel

Flughafen: *Der 9 km südlich gelegene Flughafen Mascot Airport (= Kingford Smith Airport) verfügt über einen nationalen und internationalen Terminal.*
Sydney Airporter *(KST Sydney Airport Shuttle), ☎ 02-96669988, www.kst.com.au. Flughafenbus, der Reisende direkt zum Hotel bringt und dort auch wieder abholt (gilt nur für Stadthotels), A$ 15 pro Person und Strecke.*
Bahnverbindung Airport Link, *☎ 02-83378417, www.airportlink.com.au. Die Bahnverbindung führt vom Flughafen (Domestic und International Terminal) in die Stadt. Haltestellen sind dort Central Station, St. James, Circular Quay, Wynyard und Town Hall. Die Züge fahren von 5–24 Uhr, alle 15 Min.. Fahrpreis A$ 18 pro Strecke.*
Achtung! *Je nach Verbindung muss an der Central Station umgestiegen werden – das ist Zeit raubend und nervig, besonders, wenn man nach 20 Std. Flug schnell zum Hotel möchte. Deshalb im Zweifel eher ein Taxi nehmen, auch wenn es teurer ist.*
Taxi: *Ein Taxi vom Flughafen in die City kostet A$ 40–60, je nach Zeitdauer und Stau!*

Überlandbusse

Da die preisgünstigen Überlandbusse ab Sydney häufig voll belegt sind, empfiehlt sich eine rechtzeitige Reservierung und Rückbestätigung des Sitzplatzes. Überlandbusse fahren vom Sydney Coach Terminal an der Central Station (Ecke Eddy Ave./Pitt St.). Dort befindet sich auch der Traveller's Information Service (☎ 02-92819366), wo man garantiert das günstigste Ticket kaufen kann. Preisvergleiche auf den populären „Rennstrecken" Sydney – Melbourne, Sydney – Adelaide und Sydney – Brisbane lohnen sich.
Greyhound, *Shop 4–7, Central Station, ☎ 02-92977011, www.greyhound.com.au.*

Züge

Vom Bahnhof Central Station (Pitt St., ☎ 02-92178812) fahren alle regionalen und Interstate-Züge ab. Eine frühzeitige Reservierung des klassischen Überlandzugs Indian Pacific von Sydney nach Adelaide/Perth oder des Ghan sind unerlässlich.
Indian Pacific: *2x wöchentlich Sydney – Perth via Broken Hill und Adelaide.*
Canberra Express: *tgl. Sydney – Canberra.*
XPT/Countrylink: *tgl. Sydney – Brisbane.*
The Overland: *tgl. Sydney – Melbourne.*

Öffentlicher Nahverkehr

Das städtische Nahverkehrssystem der **State Transit** *funktioniert mit seinen Bussen, Fähren und Zügen ausgezeichnet. Vororte werden von den Zügen der CityRail bedient. Dreh- und Angelpunkt ist der Circular Quay im Herzen der Innenstadt.*
Die **Route 555** *fährt eine kostenlose Schleife durch die Innenstadt (Central Station – George Street – Circular Quay).*
Die **Nahverkehrszüge** *fahren auf acht verschiedenen, farblich markierten Routen. Alle Strecken beginnen im innerstädtischen U-Bahn-Netz. Die Tickets müssen vor der Abfahrt gelöst werden.*
Die Mehrzahl aller **Fähren** *beginnen ihre Fahrt am Circular Quay (am Nordende von Pitt St., George St. Philipp St.). State Transit Ferries fahren nach Darling Harbour, Taronga Zoo, Kirribilli, Mosman, Manly und Neutral Bay. JetCats (Tragflächenboote) fahren nach Manly.*
Tickets: *Ein Einzelfahrschein (Single Ticket) kostet je nach Zone ab A$ 2,30, ein Tagesticket ab A$ 21. Bei einem längeren Aufenthalt (z. B. zum Arbeiten oder Sprachkurs) lohnt der Kauf des eine Woche gültigen Travelpass wie MyMulti (für Busse, Züge und Fähren) ab A$ 43 pro Woche.*
Infos: ☎ 02-131500, www.sydneybuses.info und www.transportnsw.info.

Tipp

Einzelne Fahr- und Fährtickets sind teuer. Besser ist es, bei einem mindestens 3-tägigen Aufenthalt den **Sydney Pass** *vorab zu erwerben (siehe unten).*

Metro Light Rail: *Die Straßenbahn fährt von der Central Station über Chinatown und Darling Harbour zum Star City Casino/Hotel, 24 Std. am Tag. Ein Einzelfahrschein kostet je nach Zone ab A$ 3,50, Tagesticket ab A$ 9. Auch ein Halt am schönen Fischmarkt ist möglich.* **Haltestellen**: *Central Station, Capital Square, Haymarket Station, Exhibition Station, Convention Centre, Darling Harbour, Pyrmont Bay, Star City Casino, John Street Square, Fish Market, Wentworth Station.*
Infos: ☎ 02-85845288.

City Sightseeing Sydney and Bondi City Tour – *Hop-On Hop-Off Bus,* ☎ *02-95678400, www.city-sightseeing.com. Eine gute Möglichkeit, die Stadt zu erkunden, ist der Hop-On Hop-Off-Bus, der ein- und aussteigen an den festgelegten Haltestellen beliebig möglich macht. Das 24 oder 48 Std. gültige Ticket kostet ab A$ 24 pro Person. Wer nur zum* **Bondi Beach** *möchte, nimmt die Buslinie 380 oder 382.*

Sonstige Verkehrsmittel
Taxis
Legion Cabs, ☎ 02-131451, www.legioncabs.com.au.
RSL, ☎ 02-95811111, www.rslcabs.com.au.

Autoverleih

Die großen Autovermietungen haben neben den Stadtbüros auch Büros am Flughafen. Während des Aufenthalts in Sydney sollten Besucher auf ein Auto verzichten (Großstadthektik, keine Parkplätze, Linksverkehr). Am besten erst mieten, wenn die Stadt anschließend verlassen wird.

Avis, 30 Pitt St., ☎ 02-92430588, www.avis.com.au.
Hertz, Ecke William St./Riley St., ☎ 02-93606621, www.hertz.com.
Thrifty, 75 William St., ☎ 02-83746177, www.thrifty.com.au.

Camper

Die Vermietfirmen haben nur ein Büro, das außerhalb des Zentrums und auch nicht direkt am Flughafen liegt. Zur Vermietstation nimmt man am besten ein Taxi oder öffentliche Verkehrsmittel. Auf ausgedehnte und unnötige Stadtfahrten mit Campmobilen sollte man verzichten: Camper übernehmen und die Reise „raus aus der Stadt" beginnen!

Britz/Maui, 653 Gardeners Rd., Mascot, ☎ 02-83380708, www.britz.com.au.
Apollo Camper, 1356 Botany Rd., Botany, ☎ 02-95563550, www.apollocamper.de.

Automobilclub

National Roads And Motorists Association (NRMA), 74–76 King St., ☎ 132132, www.nrma.com.au, www.mynrma.com.au. Kartenmaterial und Unterkunfts- und Campingplatzverzeichnisse werden an Mitglieder eines europäischen Automobilclubs (z. B. ADAC) kostenlos bzw. ermäßigt abgegeben. Der NRMA vermittelt auch Versicherungen für den Autokauf und ist bei der technischen Begutachtung von Gebrauchtfahrzeugen behilflich.

 ## Achtung! Mautstraßen in Sydney

Folgende Straßen sind **gebührenpflichtig**:
- M2 Nordwest (E-Tag oder ☎ 1376269).
- M4 West (E-Tag oder ☎ 1300-880099).
- M5 South-West (E-Tag oder ☎ 1300-658652).
- M7 North/South (www.westlinkm7.com.au, ☎ 138655).
- Cross City Tunnel (www.crosscity.com.au, ☎ 02-90333999).
- Harbour Bridge und Harbour Tunnel (www.rta.nsw.gov.au, ☎ 131865).
- Eastern Distributor M1 (E-Tag, www.easterndistributor.com, ☎ 02-83562200).
- Lane Cove Tunnel und Falcon Street Gateway (keine Barzahlung, www.connectormotorways.com.au, ☎137626).

An den Mautstellen gibt es keine Möglichkeit zur Barzahlung. Das Auto bzw. Nummernschild muss dann im Internet oder telefonisch mitsamt einer Kreditkarte registriert werden, dann wird automatisch abgebucht. Andernfalls heißt es bei Fahrzeugrückgabe bezahlen, mitsamt einer Bearbeitungsgebühr des Vermieters. Bitte fragen Sie Ihren Vermieter, wie dies bei ihm geregelt ist.

Autokauf

In der Parramatta Rd. reiht sich ein Autohändler an den anderen. Reisende kaufen/verkaufen Fahrzeuge auch auf dem Backpackers Car Market in der Kings-Cross-Tiefgarage (Ecke Ward Avenue/Elisabeth Bay Rd.).

Organisierte Ausflüge
Hafenrundfahrten

Captain Cook Cruises, Matilda Cruises und Majistic Cruises veranstalten zu unterschiedlichen Tageszeiten verschiedene Hafenrundfahrten. An Bord der **Bounty** *(Anlegestelle bei The Rocks) hat man Gelegenheit, auf einem historischen Dreimaster durch den Hafen zu segeln. Sehr persönlich und empfehlenswert: die deutschsprachig geführten Hafenrundfahrten auf der „Enigma X" (Waratah Tours, ☎ 02-99084697, www.waratahad ventures.com.au. Unbedingt vorab buchen).*

Busausflüge

Ausflüge nach Canberra, Hunter Valley, Blue Mountains, Hawkesbury River, zum Olympiagelände (Homebush Bay) usw. werden von vielen Veranstaltern angeboten. **AAT Kings**, *www.aatkings.com, bietet Bus-Touren in die Blue Mountains an.* **Waratah Tours**, ☎ *02-99084697, www.waratahadventures.com.au. Deutschsprachige Touren in kleinen Gruppen in Sydney und Umgebung.*

Rundflüge

Helikopterrundflüge mit Sydney Helicopters, ☎ 02-96374455, www.sydneyhelicopters. com.au. Spektakuläre Rundflüge über Sydney, bis in die Blue Mountains – empfehlenswert und ein krönender Abschluss einer Australienreise!

Aussichtspunkte

Sydney Tower *(s. S. 150),* **Harbour Bridge Pylon Lookout** *(s. S. 145) und* **Sydney Bridge Climb** *(s. S. 145) bieten hervorragende Ausblicke über die Stadt – bis hin zu den Blue Mountains.*

Hotels/Motels

Sydney bietet ein wirklich großes Angebot an Unterkünften jeder Kategorie. Große Hotelketten sind im Zentrum angesiedelt, während die meisten Motels etwas außerhalb, vor allem rund um Kings Cross, liegen. Empfehlenswert ist jedoch eher ein Aufenthalt Downtown (Nähe Oper) oder im Darling Harbour Bezirk, da dann die Hauptsehenswürdigkeiten besser zu Fuß bzw. auch mit dem Bus erreicht werden können. Um die Reise reibungslos zu gestalten, empfiehlt sich unbedingt die Vorausbuchung der Unterkunft.
The Sebel Pier One $$$$$ **(1)**, *11 Hickson Rd., Pier One, Walsh Bay, ☎ 02-92989999, www.sebelpierone.com.au. einzigartiges „Overwater-Hotel" der Spitzenklasse, gleich neben der Harbour Bridge. Es gibt Zimmer mit Glasboden über dem Wasser, moderne und klassische Designerzimmer.*
Park Hyatt Sydney $$$$$ **(2)**, *7 Hickson St., The Rocks, ☎ 02-92561234, www. sydney.park.hyatt.com. Luxushotel unterhalb der Brücke, eines der besten Hotels in Sydney.*
The Langham $$$$$ **(5)**, *89 Kent St. (oberhalb der Rocks), ☎ 02-92562222, www. sydney.langhamhotels.com.au. Das frisch renovierte, architektonisch interessante Luxus-*

hotel hat mit Abstand die schönsten Zimmer Sydneys und einen fabelhaften Swimming-Pool.

Old Sydney Holiday Inn $$$$ (3), 55 George St., The Rocks, ☎ 02-92520524, www.holidayinn.com. Komfort-Hotel mit toller Lage in den oberen Rocks.

Ibis Hotel Darling Harbour $$$$ (s. Karte S. 152), 70 Murray St./Pyrmont, Darling Harbour, ☎ 02-95630888, www.ibis.com. Hotel mit ausgezeichneter Lage am Darling Harbour – leider sehr kleine Zimmer.

Swiss Grand Resort & Spa Bondi Beach $$$$, Campbell Parade/Beach Rd., ☎ 02-93655666. Bestes Hotel am Bondi Beach.

Harbour Rocks Hotel $$$ (4), 34–52 Harrington St. (The Rocks), ☎ 02-82209999, www.harbourrocks.com.au. Altes Gebäude (ohne Aufzug) in toller Lage direkt in den Rocks, aber leider sehr wenige Zimmer

Travelodge Wentworth Avenue $$$ (6), Ecke Wentworth Avenue/Gouburn St., ☎ 1300-886886, www.travelodge.com.au. Preiswertes Hotel mit guter, noch zentraler Lage.

Arts Hotel $$$, 21 Oxford St., Paddington, ☎ 02-93610211, www.artshotel.com.au. Persönlich geführtes Mittelklasse-Hotel im schönen Stadtteil Paddington. Gratis-Parkplätze, gratis Mietfahrräder, gratis Internet und W-Lan.

Manly Paradise Beachfront $$$, 54 North Steyne, Manly, ☎ 02-99775799, www.manlyparadise.com.au. In nur 14 Minuten mit dem JetCat ist Manly erreicht – und man wohnt dann direkt am Pazifikstrand!

👉 Hinweis
Hotelpreise in Sydney

An Silvester/Neujahr und zum Mardi Gras (Homosexuellen-Festival, Ende Febr.) steigen die Übernachtungspreise um 50–250 %. Generell herrscht in Sydney ein für australische Verhältnisse sehr hohes Preisniveau. Dies betrifft vor allem die mittleren Hotelkategorien (2–4 Sterne). Im 5-Sterne-Bereich indes gibt es faktisch ein Überangebot – zu viele Hotels wurden für die Olympiade gebaut. Für den Reisenden bedeutet dies, dass er oft für ein paar Dollar mehr ein wesentlich besseres Hotel erhält.

🛏 Jugendherbergen/Backpacker-Hostels

Auch für Budgetreisende bietet Sydney ein breites Angebot an günstigen Unterkünften. Während die Jugendherbergen etwas verstreut liegen, befinden sich die meisten Backpacker-Hostels in der Umgebung von Kings Cross (Victoria St., Orwell St.). Wie immer gilt: Das Zimmer vor Bezahlung zeigen lassen!

YHA Central $ (7), 11 Rawson Place (Central Station), ☎ 02-92189000, www.yha.com.au. Super-Jugendherberge, zentrale Lage, alle Einrichtungen, Einzel-, Doppel- und Mehrbettzimmer. Mit Pool und Sauna. Reservierung empfehlenswert.

Sydney Beachhouse $, 4 Collaroy Street, Collaroy Beach (nördlich von Manly), ☎ 02-99811177, www.sydneybeachouse.com.au. Die einzige Jugendherberge Sydneys direkt am Strand – tolle Lage! Bus Nr. L90 vom Queen Victoria Building oder Bus 151/155/157 von Manly.

⚠ Camping

Wer gerne campt, sollte dies auf den Campingplätzen der National Parks rund um die Broken Bay (40 km nördlich), im Royal NP (30 km südlich) oder in Katoomba (Blue Mountains) tun. Sydney selbst hat nur wenige Plätze, die einigermaßen stadtnah liegen:

Lane Cove River CP, *Plassey Road, North Ryde (ca. 20 km nordwestlich, Richtung Chatswood), ☎ 02-98889133, www.lcrtp.com.au. Relativ nah zur Innenstadt gelegener CP, von dem es per Bus und Bahn in ca. 30 Minuten in die Innenstadt geht.*

Restaurants

*Für das leibliche Wohl sorgen in Sydney eine Fülle guter Restaurants. Als Speziali- täten gelten Meeresfrüchte. Berühmt sind die **Sydney Rock Oysters** (Muscheln), **Balmain Bugs** (Hummer), Krabben und Fisch – alles frisch aus dem Pazifik. Die multi- kulturelle Bevölkerung der Stadt sorgt für eine fassettenreiche Menüpalette. Sydney hat wahrscheinlich die größte Auswahl asiatischer Küche in Australien. In guten Restaurants wird durchaus Wert auf **gepflegte Kleidung** gelegt. Besonders in den Szenerestau- rants (siehe örtliche Tagespresse) der Sydney High Society sollten die Herren mit Jackett erscheinen, um nicht deplatziert zu wirken. **Trinkgelder** (Tips) sind mittlerweile üblich, insbesondere, wenn die Speisekarte den Hinweis „Service not included" trägt. Um die Mittagszeit haben viele Restaurants günstige Festpreise für ihre Menüs. In den „Food Courts" bieten viele **Imbissstände** eine große Auswahl, und für A$ 8–12 wird man schon satt. Preiswert sind auch **asiatische Restaurants** (Oxford St.) und das Univer- sitätsviertel Newtown (King St.). Bei der Auswahl aktueller Restaurants und Pubs hilft die Tagespresse mit regelmäßigen Beilagen (z. B. „Good Living" im „Sydney Morning Herald") oder das Internet unter www.sydney.citysearch.com.au, www.eatability.com.au, www.best restaurants.com.au.*

Queen Victoria Building, *Market Street, im Untergeschoss reiche Auswahl an Im- bissständen und günstigen Restaurants.*
Harbourside Marketplace und **Cockle Bay Wharf**, *Darling Harbour, reiche Auswahl an Restaurants und Imbissständen im lebhaften und schönen Darling Harbour. Die Cockle Bay Wharf ist eine Spur edler und eleganter, z. B.* **Nick's**, *☎ 1300-989989, www.nicks-seafood.com.au (s. Karte S. 152).*
Sydney Fish Markets, *Pyrmont Bridge Rd., Pyrmont. Hier gibt's den frischesten Fisch zu kaufen und in Restaurants zu essen (bis 16 Uhr geöffnet). Am besten die Light Rail- Straßenbahn nehmen.*
Harbour View Hotel (1), *18 Lower Fort St., The Rocks, ☎ 02-92524111, www.har bourview.com.au. Edles Pub-Restaurant am südlichen Ende der Harbour Bridge.*
Campbells Storehouses (2), *The Rocks. Hier befinden sich vier Restaurants unter einem Dach. Im Sommer sitzt man draußen und genießt den Blick auf die Oper. Hervorragende Fischgerichte offeriert das* **Waterfront Restaurant**, *☎ 02- 92473666, www.waterfrontrestaurant.com.au.*
Lord Nelson Brewery (3), *Ecke Kent St./Argyle St., The Rocks, ☎ 02-92514044, www.lordnelsonbrewery.com. Seit 1842 wird hier Bier gebraut. Restaurant und Pub befin- den sich auf zwei Ebenen und sind abends ein beliebter Treffpunkt.*
Customs House (4), *Circular Quay, direkt gegenüber dem Circular Quay befindet sich im Dachgeschoss des historischen Gebäudes ein schönes Café/Restaurant.*
Golden Century (5), *393 Sussex St., Haymarket, ☎ 02-92123901, www.goldencen tury.com.au. Ausgezeichnetes Seafood-Restaurant in Sydneys Chinatown*
Captain Cook Cruises *(und andere Anbieter) bieten morgens, mittags und abends die Möglichkeit, während einer Hafenrundfahrt zu speisen – je nach Zahl der Teilnehmer oft eine Massenveranstaltung. Abfahrt am Circular Quay.*

Botanic Gardens Restaurant, *in den Royal Botanic Gardens. Inmitten des Botanischen Gartens lässt sich gut zu Mittag essen*
Manly Pier Pavilion Restaurant, *Commonwealth Parade, Manly, ☎ 02-99484999. Hervorragende Küche mit Blick auf den Hafen*

▼ Unterhaltung

Unter den vielen Schauplätzen von Theater, Musicals und Konzerten seien im Folgenden die wichtigsten genannt. Die Tagespresse (Freitagsausgabe des „Sydney Morning Herald", Donnerstagsausgabe des „Daily Telegraph") und die kostenlosen Broschüren (z. B. „Drum Media", „3-D World" u. a.) helfen bei der Auswahl. Aktuelle Tipps natürlich auch im Internet: www.streetsofsydney.com.au, www.citysearch.com.au und andere.
Am **Halftix-Schalter**, *201 Sussex St./Darling Harbour/Cockle Bay Wharf, ☎ 1300-302017, www.halftix.com.au, können Restkarten für die Show am selben Abend zum halben Preis erworben werden. Mo–Fr 12–17.30, Sa 12–17 Uhr.*

Theater und Oper
Sydney Opera House, *Bennenong Point: Opern, Tanz, Ballett, Theater und Konzerte finden in vier verschiedenen Sälen statt. Die Ensembles sind hochkarätig besetzt – ein Muss für Opernfreunde! Die Eintrittskarten sind auf den guten Plätzen teuer und müssen frühzeitig vorbestellt werden.*
Karten können telefonisch am **Opera House Box Office**, *☎ 02-92507777, oder im Internet, www.sydneyoperahouse.com, bestellt werden. Abholung bei Nennung des Namens und der Kreditkartennummer abends eine Stunde vor Vorstellungsbeginn am Ticket-Office der Oper.*
Weitere bekannte Theater, in denen vornehmlich Musicals gespielt werden, sind **Her Majesty's Theatre**, *107 Quay St., ☎ 02-92123411, und das* **Theatre Royal**, *MLC Centre, King St., ☎ 02-92248333, www.theatreroyal.net.au.*
Im **Wharf Theatre**, *Pier 4, Hickson Rd./Walsh Bay, The Rocks, ☎ 02-92501777, www.sydneytheatre.com.au, sind die Sydney Dance Company und Sydney Theatre Company zu Hause.*

Kino
*Die großen Kinozentren befinden sich in der George St. (***Hoyts Cinema Centre**, **Village Cinema**, **Greater Union***) und Pitt St. (***Pitt Cinema Centre***). Daneben existiert eine Fülle kleinerer Theater und Programmkinos. Eine Attraktion ist das* **IMAX-Kino** *im Darling Harbour.*

Casino
Das **Sydney Harbour Casino** *(Pirrana Rd., Darling Harbour) ist ein ultramoderner Unterhaltungskomplex, der rund um die Uhr für Zocker (und Zuschauer) geöffnet ist.*

Livemusik und Pubs
Wie in allen Großstädten des Landes trifft sich die Geschäftswelt auch in Sydney allabendlich zum Bier in Pubs und Kneipen. Livemusik gehört dazu. Freitagabend sind fast alle Pubs brechend voll.
Hard Rock Café, *121–129 Crown St., Darlinghurst. Der Klassiker mit Restaurant und Rockmusik.*

Lord Nelson Brewery Hotel, Ecke Kent St./Argyle St., The Rocks, ☎ 02-92514044, www.lordnelsonbrewery.com. *Der älteste Pub Australiens verfügt über eine hauseigene Brauerei – sehr stilvoll und empfehlenswert.*

Pumphouse Bar, 17 Little Pier St., Darling Harbour, ☎ 02-82174100, www.pump housebar.com.au. *Guter Pub mit Biergarten.*

The Bourbon, 24 Darlinghurst Rd., Kings Cross, ☎ 02-90358888, www.thebourbon. com.au. *Auf mehreren Ebenen kann 24 Std. tgl. gegessen, getrunken oder getanzt werden.*

Friend in Hand Pub, 58 Cowper St., Glebe, ☎ 02-96602326, www.friendinhand. com. *Einer der besten Pubs der Stadt, tolle Einrichtung und Stimmung. Nebenan das Restaurant „No Names" mit preiswerten Nudelgerichten. Von Zeit zu Zeit wird Irish Folk gespielt.*

Greenwood Plaza, 90 Pacific Hwy. (gegenüber North Sydney Railway Station). *Alte Kirche, die zum Pub umgebaut wurde.*

Kinsela's, 383 Bourke St., Darlinghurst, ☎ 02-93313100, www.kinselas.com.au. *Großer Unterhaltungskomplex mit Nachtclub, Restaurant, Bars, Cafés und Discothek.*

Veranstaltungen

Kaum ein Monat vergeht, in dem nicht irgendein Festival stattfindet. Höhepunkt ist das **Festival of Sydney**, *www.sydneyfestival.org.au, im Januar, das genau in die europäische Hauptreisezeit fällt. Einen ganzen Monat lang wird ein Programm mit Musicals, Konzerten (u. a. Freiluftkonzerte im Domain-Park), Straßentheatern, Oldtimerparaden und vielem mehr geboten. Am 26. Januar (Australia Day) ist schließlich die ganze Stadt auf den Beinen. Im Februar findet das 2-wöchige Homosexuellen-Festival* **Mardi Gras**, *www.mardigras.org.au, statt, das in einer farbenprächtigen, ausgeflippten Parade gipfelt. Informationen zu* **Sportveranstaltungen** *im Olympiastadion, vor allem Rugby: www. austadiums.com.*

Einkaufen

Geschäftszeiten: *Mo–Fr 9–17.30, Do/Fr bis 21, Sa 9–16, So (nur im Zentrum) 10–16 Uhr. Im überschaubaren Innenstadtbereich südlich des Circular Quay kann nach Lust und Laune eingekauft werden. Haupteinkaufsstraßen sind die George Street, Pitt Street und Market Street. Hier stehen auch die großen Kaufhäuser David Jones und Grace Bros.*

Einkaufszentren/Shopping Malls

sind das **Centrepoint** *(am Fuße des Sydney Tower, Ecke Pitt St./Market St.), das* **Mid City Centre** *(Ecke George St./King St.) und das* **MLC Centre** *(Ecke Castlereigh St./King St.). Sehenswert ist das* **Queen Victoria Building** *(QVB), das einen ganzen Häuserblock im Stadtzentrum (Ecke George St./Market St.) einnimmt. Die über 200 Geschäfte im Inneren sind sieben Tage die Woche geöffnet. Edle Boutiquen und Geschäfte sucht man am besten im Nobelvorort* **Double Bay**. *Secondhandmode und studentische Szeneläden trifft man hingegen in der* **Oxford Street** *(Paddington) und der* **Glebe Point Road** *(Glebe) an.*

Souvenirs

Eine hübsche Einkaufspassage ist die Strand Arcade (zwischen George St. und Pitt St.) aus dem Jahr 1892. Kleine Boutiquen und Andenkenläden findet man im historischen Viertel The Rocks, während der Darling Harbour Marketplace ein Überangebot an touristischem Allerlei bietet. Schön ist dort das Northern Territory Outback Centre (Darling Harbour).

Galerien und Aborigine-Kunst

Sehenswert sind z. B. die Galerien **Original Australian Art Gallery** *(Argyle Centre, The Rocks) und* **Aboriginal Artist Gallery** *(477 Kent St.). Mehr Auswahl und bessere Preise erhält man jedoch im Zentrum des Landes wie in Alice Springs).*

Weine

aus ganz Australian verkauft das Australian Wine Centre (1 Alfred St.). Weinproben sind möglich.

Factory Outlet

Kleidung namhafter Hersteller (Sportsgirl, Esprit u. a.) kann günstig im Fabrikverkauf im Birkenhead Point Shopping Centre (Cary St., mit der Fähre nach Birkenhead zu erreichen) erworben werden. Tgl. geöffnet.

Märkte

Paddy's Market *(Haymarket und Flemington). Fr–So 10–16.30 Uhr, großer Markt mit Souvenirs, Kleidung, Lebensmitteln und Kunsthandwerk.*
The Rocks Market *(George St., The Rocks). Kunsthandwerklicher Markt, jeden Sa und So 9–16 Uhr.*

Dutyfree

Zollfreier Einkauf ist bereits in der Stadt möglich, wenn man Reisepass und Flugschein vorweisen kann. Filme dürfen bereits benutzt werden, wenn die Abreise (internationaler Flug) innerhalb von vier Wochen stattfindet. Andere Ware muss bis zum Abflug verschlossen bleiben (Zollkontrolle beim Abflug).

Strände

Sydney verfügt über ausgezeichnete Pazifik- und Hafenstrände, deren Ruf durch eine zunehmende Wasserverschmutzung allerdings gelitten hat. Die wenigsten Sydneysider lassen sich jedoch von ihrem Wochenendvergnügen abhalten und bevölkern die Strände in Scharen. Die Strände werden von „Life Guards" und Haipatrouillen überwacht. „Oben ohne" wird geduldet. Hafenstrände werden wegen ihrer sanften Wellen und Strömungsfreiheit vor allem von Familien geschätzt.
Camp Cove: *Kleiner Strand, bei Vaucluse, südlich des Hafeneingangs und des Sydney Harbour National Parks. Hier landete Captain Arthur Philipp mit der First Fleet 1788 zum ersten Mal.*
Nielsen Park: *Beliebter Strand bei Vaucluse, an einem bewaldeten Park gelegen, ideale Picknickmöglichkeiten.*
Balmoral Beach: *Sandstrand auf der Nordseite der Port Jackson Bucht.*
Pazifikstrände sind ein Paradies für Surfer. Aufgrund der Strömungen sollten Schwimmer vorsichtig sein.
Bondi Beach: *Berühmtester Strand Sydneys. Anfahrt mit U-Bahn bis Bondi Junction, dann mit dem Bus Nr. 380 bis Bondi Beach. Tamarama Beach (Bus Nr. 391) und Bronte Beach (Bus Nr. 378) liegen südlich von Bondi.*
Manly *besitzt einen kleinen Hafenstrand und Ozeanstrände (Manly Beach, Curl Curl, Dee Why, Coolaroy). Anfahrt mit der Fähre Nr. 3 oder JetCat ab Circular Quay.*

Umgebung von Sydney

Blue Mountains

Die wichtigsten Städte der Blue Mountains, Glenbrook, Springwood, Wentworth, Katoomba und Blackheath, liegen auf dem Blue Mountains-Kamm und sind durch den Great Western Highway miteinander verbunden. Zu allen Seiten dehnt sich der **Blue Mountains National Park** aus – der viertgrößte in New South Wales.

Die Berge der **Great Dividing Range** waren für die ersten Forscher und Siedler für viele Jahre nach Ankunft der ersten Flotte eine unüberwindliche Barriere auf dem Weg zur Erschließung neuen Weidelandes. Erst 1813 überquerten William Charles Wendworth (später Gouverneur von NSW), Gregory Blaxland und William Lawson die Blue Mountains. Das größte Problem bestand darin, eine geeignete Route zu finden, die dem Höhenzug folgt und nicht an senkrechten Felswänden endet. Die Bäche, die sich in die Landschaft gegraben haben, fließen in alle Himmelsrichtungen, sodass durch sie keine Orientierung möglich war. 1815 schließlich war eine Route in das heutige Bathurst gefunden.

Erforschung der Blue Mountains

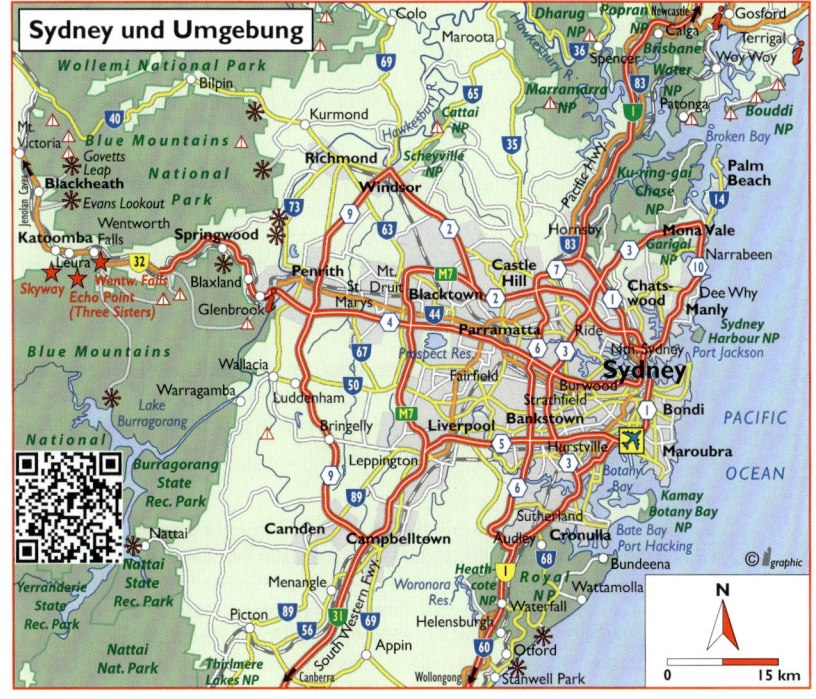

Sydney und Umgebung

Den üblichen Erklärungen zufolge stammt der Name „Blue Mountains" (Blaue Berge) von den blauen Dämpfen, die aus den ätherischen Ölen der Eukalyptusbäume entstehen und die Landschaft in einen blauen Dunst hüllen. Tatsächlich sorgen der Staub- und Wassergehalt der Luft, die Höhenlage und der Lichteinfall für einen blauen Dunstschleier. Oben in den Bergen – der Hauptort Katoomba liegt immerhin auf 1.017 m Höhe – herrscht im Sommer ein **angenehm frisches Klima**. Allerdings kann das Wetter blitzschnell umschlagen, es kommt vor, dass man in Sydney in der Sonne schwitzt und in den Blue Mountains im Nebel friert.

Das nur 65 km von Sydney entfernt gelegene Hochplateau ist für Sydneysider und Touristen ein **populäres Ausflugsziel** und eignet sich vorzüglich für einen Tagesausflug. In den ruhigen Eukalyptuswäldern, abseits der bekannten Aussichtspunkte, können schöne Wanderungen in Schluchten, Täler und zu Wasserfällen unternommen werden.

Glenbrook ist das Eingangstor in die Blue Mountains. Im Blue Mountains Information Centre (Great Western Hwy.) erhalten Besucher umfangreiche Informationen und Vorschläge für Rundfahrten und Wanderungen. 11 km weiter westlich liegt der Künstlerort **Springwood**, in dem sich Galerien, Boutiquen und Antiquitätengeschäfte niedergelassen haben. In Wentworth (45 km westlich von Sydney) zweigt *Spektakuläre* eine Straße zu den spektakulären **Wentworth Falls** ab, die 300 m in die Tiefe *Wasserfälle* stürzen. Benannt nach ihrem Entdecker William Wentworth sind die Wasserfälle auch von der Wentworth Bahnstation über den Darwin Walk erreichbar. Mehrere Wanderwege führen durch das Wentworth Falls Reserve und hinein in den Blue Mountains NP, u. a. der Valley of the Waters Track (2 Std.) oder der National Pass (2,5 Std.). Eine NP-Hütte (Valley Road) bietet Schutz und informiert über den Park.

Three Sisters

Um dorthin zu gelangen, folgt man in Leura (60 km westlich von Sydney), kurz vor Katoomba, dem Cliff Drive. Er führt entlang der spektakulären Prince Henry Cliffs zum berühmten Echo Point. Der Aussichtspunkt bietet einen atemberaubenden Blick in das breite, steil abfallende Jamison Valley und die dreigeteilte Felsformation Three Sisters. Sonnenuntergänge wirken hier besonders stimmungsvoll.

Katoomba

Unter den 26 Ortschaften der Blue Mountains ist Katoomba mit 14.000 Einwohnern die größte und wichtigste. Katoomba bildet praktisch mit Leura eine Stadt. Im Visitor Centre am Echo Point ist gutes Kartenmaterial für Wanderungen in der näheren Umgebung und durch die Täler erhältlich.

Westlich von Katoomba

Vor der kleinen Stadt Blackheath (14 km nordwestlich von Katoomba, auf 1.065 m *Guter* Höhe gelegen) zweigt eine Straße zum Aussichtspunkt Evans Lookout ab. Der Blick *Ausblick* schweift von hier über das Grose Valley, den „Grand Canyon" der Blue Mountains. Ein weiterer Abstecher führt zum Viewpoint **Govetts Leap**, der einen Blick auf das Grose Valley und die Bridal Veil Falls eröffnet. Dort befindet sich eine National Forrest Station mit einer Ausstellung. Über eine weitere Straße gelangt man zu Bennetts Lookout und den bizarren Anvil-Felsen.

Spektakuläre Ansicht: die Blue Mountains

🚶 Wanderungen im National Park

- Wanderungen in das Tal sind über die supersteile **Giant Stairway** (916 Stufen) möglich. Über den Wanderweg Federal Pass gelangt man zur Scenic Railway (9–17 Uhr), die ihre Passagiere in steiler Fahrt wieder auf die Höhe bringt. Obwohl die Kabelbahn nur 310 m lang ist, überwindet sie 207 m Höhenunterschied. Insgesamt ca. 2,5 Std. Gehzeit. Die Wanderung lässt sich über den Dardanelles Pass und den Prince Henry Cliff Walk auf 4 Std. ausdehnen.
- Über dem Taleinschnitt **Cook's Crossing** verkehrt die Seilbahn Skyway in luftiger Höhe. Sie ermöglicht einen fantastischen Blick auf die Felsnadel Orphan Rock und den Katoomba-Wasserfall. Am Westende der Seilbahn, in der Violet Street, befindet sich der Scenic World Complex mit IMAX-Kino und Restaurant.
- Wanderungen durch das **Jamison Valley** (südlich von Katoomba), das Kanimbla Valley (westlich) und das Grose Valley (nördlich) können auf mehrere Tage ausgedehnt werden. Dann allerdings sollte man gut vorbereitet mit Wasservorrat und guten Karten starten.
- Der **Historic Six Foot Walk Track** ist eine Tages- oder Mehrtageswanderung in die entfernten Winkel des Cox's River Tals, bis hin zu den Jenolan Caves (42 km).

Jenolan Caves und Kanangra Boyd National Park

42 km südlich des Highways (in Hartley nach links Richtung Lowther abbiegen) befinden sich die fantastischen Tropfsteinhöhlen Jenolan Caves – insgesamt neun verschiedene Höhlen. Sie wurden 1866 erstmals für Besucher geöffnet. Der Jenolan River durchquert die Höhlen unterirdisch. Achtung: Die letzten Meter der Straße in das Jenolan Valley sind tgl. von 11.45–13.15 Uhr Einbahnstraße und für den Autoverkehr aus dem Valley heraus geschlossen. Mit dieser Maßnahme soll es eintreffenden Reisebussen ermöglicht werden, gegenverkehrsfrei auf der schmalen Straße zu den Höhlen zu gelangen. Über die geteerte Oberon Road ist aber auch zu dieser Zeit ein Verlassen des Valleys möglich.

Jenolan Caves, ☎ *1300-763311, www.jenolancaves.org.au. Führungen finden tgl. 9.30–17 Uhr jede halbe Stunde statt, ab ca. A$ 32 je nach Dauer und Art der Tour.*

Sehenswert: Kanangra Walls

Ein paar Kilometer weiter führt eine Piste in den **Kanangra Boyd NP**, der im Süden und Osten an den Blue Mountains NP grenzt. Einzig und allein die steile Felswand der Kanangra Walls ist per Fahrzeug zugänglich, der Rest erschließt sich nur dem tapferen Wanderer. Ein NP-Office in Oberon informiert näher über den Park. So ist z. B. eine Wanderung auf dem 42 km langen Six Foot Walk Track von den Jenolan Caves durch beide National Parks bis nach Katoomba möglich. 2–3 Tage sollten eingeplant werden, es muss ausreichend Wasser mitgeführt werden.

Reisepraktische Informationen Blue Mountains

ⓘ Information

Blue Mountains Visitor Information Centre, *Great Western Hwy., Glenbrook,* ☎ *1300-653408, www.visitbluemountains.com.au, tgl. 9–17 Uhr.*
Katoomba Visitor Centre, *Echo Point, Katoomba, tgl. 9–17 Uhr.*
Lithgow, *Great Western Hwy.,* ☎ *02-63503230, www.tourism.lithgow.com, tgl. 9–17 Uhr.*
Oberon, *Ecke Ross St./Edith Rd.,* ☎ *02-63360666, www.oberonaustralia.com, tgl. 10–16 Uhr.*

🚗 Anreise

Auto: *Über die ständig verstopfte Parramatta Rd. auf den Western Freeway, daran anschließend auf dem Great Western Hwy. über Penrith nach Katoomba.*
CityRail *bietet regelmäßige Zugverbindungen von der Sydney Central Station nach Katoomba. Die Fahrzeit beträgt ca. 2 Std. In Katoomba unternimmt der* **Explorer Bus** *eine geführte Rundfahrt.*

Auf dem Weg in die Blue Mountains passiert man u. a. den Vorort Parramatta (24 km westlich von Sydney) und die zweitälteste Siedlung des Kontinents. Zahlreiche Kolonialgebäude sind im Stadtkern erhalten. Zwei Drittel aller Einwohner Sydneys leben übrigens westlich der Harbour Bridge.

Hotels/Motels

Katoomba und Umgebung bieten schöne Hotels, Motels und B&Bs mit kolonialem Charme. Für zwei oder mehr Übernachtungen wird häufig eine Ermäßigung gewährt. Oft fällt ein Wochenendzuschlag an (Fr–So).

Lilianfels Hotel $$$$, Lilianfels Ave., Echo Pt., ☎ 02-47801200, www.lilianfels.com. au. Elegantes Landhotel in herrlicher Lage über dem Jamison Valley.

The Mountain Heritage $$$$, Apex St., Katoomba, ☎ 02-47822155, www.moun tainheritage.com.au. Hotel mit toller Lage und Panoramablicken. Auch der Besuch im Jamison View Restaurant lohnt.

Megalong Wilderness Riding Lodge $$$, Megalong Rd., ☎ 02-47878188, www. megalongcc.com.au. 2.000 ha große Farm mit Gästehaus, Museum und Restaurant.

Shelton-Lea B&B, $$$,159 Lurline St., Katoomba, ☎ 02-47829883, www. sheltonlea.com. Gemütliches B&B, in einem schönen Garten gelegen. Die Suiten haben einen eigenen Kamin. Hilfsbereite Gastgeber und leckeres Frühstück.

Blue Mountains YHA $, 207 Katoomba St, Katoomba, ☎ 02-47821416, www.yha. com.au. Zentral gelegene Jugendherberge.

Camping

Katoomba Falls CP, Katoomba Falls Rd., ☎ 02-47821835. Bei den Wasserfällen gelegener Campingplatz mit Cabins.

Weitere CPs befinden sich in Blackheath (**Blackheath CP**, Prince Edward St., ☎ 02-47878101), Oberon (**Jenolan CP**, ☎ 02-63360344) und in Lithgow (**Lithgow Tourist Park**, ☎ 02-63514350).

Restaurants

The Paragon Café, 65 Katoomba St., ☎ 02-47822928. Berühmtes Café-Restaurant im Art-Déco-Stil.

Das **Hydro Majestic Hotel**, www.hydromajestic.com.au, und das **Lilianfels Hotel** bieten sehr gute Gourmetrestaurants mit wohl sortierten Weinkellern.

Organisierte Ausflüge

Um einen Eindruck der „Blauen Berge" zu bekommen – ohne sich dem Großstadtverkehr Sydneys auszusetzen – empfiehlt sich ein organisierter Tagesausflug. Ratsam ist ein Ausflug in kleinen Gruppen. Bei Allradtouren werden auch entlegenere Regionen der Blue Mountains besucht – fernab des Touristentrubels.

Über den Great Western Hwy./Mid Western Hwy./Stuart Hwy. erreicht man das Outback von New South Wales und Victoria sowie die westlichste Stadt des Staates: **Broken Hill**. Ein empfehlenswerter Anbieter ist:

Blue Mountains Adventure Company, 84 Bathurst Rd., Katoomba, ☎ 02-47821271, www.bmac.com.au. Großes Aktivprogramm mit Abseiling, Mountainbiken, Canyoning, Caving und Klettern.

5. SYDNEY – MELBOURNE

Von New South Wales nach Victoria

Zwei Varianten bieten sich im Wesentlichen für die Fahrt von Sydney nach Melbourne an, wobei auch eine Kombination beider möglich ist:

a) Über die **Hauptstadt Canberra** und die **Australischen Alpen**. Die Route führt durch eine sehr abwechslungsreiche, weil bergige Landschaft und bringt Besucher zu den höchsten Gipfeln des Kontinents. Herrliche National Parks und einsame Bergwälder werden passiert – ein Paradies für Wanderer und Naturfreunde. *Höchste Gipfel Australiens*

b) Die Reise **entlang der Küste**, die zwar etwas länger dauert, aber in ihrer Vielfältigkeit zu den schönsten Routen des Kontinents zählt. Verschwiegene Strände und großartige National Parks sorgen für eine kurzweilige Fahrt.

Über Canberra und die Australischen Alpen

 Streckenhinweis
Entfernungen

Sydney – Goulbourn:	197 km
Thredbo – Bright:	340 km
Goulbourn – Canberra:	92 km
Bright – Lakes Entrance:	216 km
Canberra – Thredbo:	240 km
Lakes Entrance – Wilsons Prom NP:	320 km

Routenvorschlag
In sieben Tagen von Sydney nach Melbourne mit Canberra und Australischen Alpen
1. Tag: Sydney – Canberra
2. Tag: Canberra und Umgebung
3. Tag: Canberra – Kosciuszko NP (Jindabyne/Thredbo)
4. Tag: Kosciuszko NP
5. Tag: Kosciuszko NP – Alpine Way – Bright
6. Tag: Mt. Buffalo NP
7. Tag: Bright – Melbourne

Die schnelle Variante von Sydney nach Melbourne: Über den gut ausgebauten Hume Hwy. ist die australische Hauptstadt Canberra schnell erreicht. Wer es weiterhin eilig hat, folgt dem Hume Hwy. auf direktem Weg nach Melbourne.

Die ausführliche Variante: Weitaus schöner ist es, von Sydney zunächst dem Princes Hwy. nach Süden zu folgen und dort den **Royal NP** zu besuchen. Dann folgt die Fahrt über den Hume Hwy./Federal Hwy. (evtl. mit Abstecher in den **Morton NP**) in das Landesinnere nach **Canberra**. Nach einer ausführlichen Besichtigungsfahrt durch die **Snowy Mountains** und den **Alpine NP** kehrt man über **Omeo** und **Bairnsdale** zur Südküste zurück (evtl. mit Abstecher über **Bright** und den **Mt. Buffalo NP**). Im Süden sollte der **Wilsons Promontory NP** auf dem Programm stehen – es lohnt sich. *Die Snowy Mountains besichtigen*

© *graphic*

Sehenswürdigkeiten unterwegs

Streckenhinweis

Man verlässt Sydney über den Hwy. 31 (Hume Hwy.) oder den Southern Freeway (Hwy. Nr. 1) in Richtung Süden (dabei den Hinweisschildern „South Coast" oder Wollongong folgen). Hinter den Vororten Bankstown, Liverpool und Campbelltown folgt langsam eine lichter werdende Bebauung.

Morton National Park

Wildnis mit Schluchten und Bergen

Am Hume Hwy. folgt bei **Mittagong** die Zufahrt nach **Bundanoon**, einer schottisch angehauchten Gemeinde mit alljährlich stattfindenden Highland-Games. Von hier oder bereits von Vale aus erfolgt die Zufahrt in den 162.386 ha großen **Morton NP** am Wog Wog Entrance. Der Park ist Teil der Southern Highlands. Im Ostteil des Parks fallen die Fitzroy Falls von einem Sandsteinplateau herab. Bei den Wasserfällen befindet sich auch das Visitor Centre (Fitzroy Falls Visitor Centre, Nowra Rd., ☎ 02-48877270), wo die Campingpermits, auch für Bundanoon, erteilt werden. Ein Wanderweg entlang des Ettrema Creek führt hinein in eine unerschlossene Wildnis voller farnbewachsener Gullies, Schluchten und Berge. Die **Budawang Ranges** im südlichen Teil gehören zu den unberührten Wilderness Areas. In ihrem Herzen bauen sich gewaltige Sandsteinformationen und Tafelberge auf.

Nach Einbruch der Dunkelheit ist die kleine Glühwürmchenhöhle **Bundanoon Glow Worm Glen** einen Besuch wert (25 Min. zu Fuß von der Stadt, Ausgangspunkt ist das Ende der William St.). NP-Campingplätze befinden sich bei Gambell's

Die umliegenden National Parks

Die Region ist reich an National Parks, die mal mehr, mal weniger gut erschlossen sind. In jedem Fall sollte man genug Zeit für den Besuch investieren, da allein die Zufahrt über die Pisten sehr Zeit raubend sein kann.

- **Macquarie Pass NP**: Der kleine Park liegt am Hwy. 48 (Illawara Hwy.) direkt an der gleichnamigen Passstraße zwischen Wollongong und Vale. Hier wachsen Australiens südlichste, subtropische Regenwälder. Auf einer kurzen Wanderungen zu den Cascade Falls (2 km) erlebt man die Wälder auf eindrucksvolle Art.
- **Budderoo NP**: Über die Jamberoo Pass Rd. (von Kiama kommend) erreichen Wanderer einen Teil des NPs, der ebenfalls für seine Regenwälder bekannt ist. Ein schöner Spaziergang führt in den Minnamurra Rainforest oder zu den Wasserfällen Carrington Falls (6 km südlich von Robertson).
- **Budawang NP**: Südlich an den Morton NP schließt sich das Wildnisgebiet des Budawang NP an. Sandsteinfelsen und ein nicht einfacher Wanderweg auf den Mt. Budawang sind die wichtigsten Kennzeichen des Parks. Die Zufahrt über raue Schotterpisten erfolgt auf der Westseite (20 km von Braidwood).

Rest und den Fitzroy Falls. Bundanoon selbst verfügt über B&B-Unterkünfte und eine Jugendherberge.

Goulbourn

Goulbourn wurde 1833 von Schafzüchtern gegründet. Die Farmen beherrschen noch heute die Umgebung. Auf der **Pelikan Sheep Farm** (Anmeldung über das lokale Tourist Office) können Interessierte mehr über die Verarbeitung der Wolle erfahren. Das **Garroorigang Historic Home** von 1857 war früher ein Pub (☎ 02-48221912, tgl. 9.30–13 und 14–16.30 Uhr, Erwachsene A$ 12, Kinder A$ 5).

 Streckenhinweis
Von Goulbourn führt der Federal Hwy. (Hwy. 23) nach Canberra. Man passiert den meist ausgetrockneten Lake George mit Picknickplätzen am Seeufer.

Canberra

Geschichte

Verglichen mit den meisten anderen Hauptstädten der Erde ist das 1913 gegründete Canberra sehr jung. Nach der Etablierung des Commonwealth Of Australia im Jahre 1901 war Melbourne bis 1927 mangels Alternativen Sitz des ersten Bundesparlaments. Die Frage nach einer gemeinsamen Hauptstadt, die frei von jeglichen Rivalitäten war, wurde bereits diskutiert. Zunächst buhlten Sydney und Melbourne

Hauptstadt
Australiens

Australian Capitel Territory (ACT)

Das ACT ist mit 2.538 km² Australiens kleinstes Territorium (kein Bundesstaat) und hat 316.000 Einwohner, wovon die meisten in der Hauptstadt Canberra selbst leben. Landschaftlich liegt das ACT westlich der Great Dividing Range. Warme Sommer und kühle Winter prägen das subalpine Klima in einer durchschnittlichen Höhenlage von 600 m.

um das nationale Parlament. Bald jedoch wurde klar, dass nur eine neue, neutrale Hauptstadt die Einigkeit des jungen Staates Australien verwirklichen könnte. 1908 war der ideale Standort in den sanften Hügeln des NSW-Hinterlandes gefunden.

Canberra Parlament

Den weltweiten Architektenwettbewerb gewann 1912 der Amerikaner Walter Burley Griffin mit seinen Plänen einer **weitläufigen „Gartenstadt"**. Griffins Plan sah außerdem einen großen, künstlich gestauten See vor. Der Bau der Stadt zog sich bis 1927 hin, das Jahr der Parlamentseröffnung. Der Name „Canberra" heißt so viel wie „Treffpunkt" (Meeting Place). 1963 wurde der **Lake Burley Griffin**, der den Molonglo River staut, fertiggestellt. Trotz seiner beachtlichen Größe von 11 km² scheint er sich wie selbstverständlich in die Architektur der Stadt einzufügen.

Überblick

Die Stadt teilt sich in **zwei Hälften**:
- Der **nördliche Stadtteil** bildet das **Civic Centre** (CBD) mit dem City Hill als zentralem Platz. Kerzengerade führt die breite Northbourne Ave. als Hauptstraße nach Norden. Sehenswert sind das Stadtzentrum mit Geschäftsstraßen, das **Universitätsviertel**, das War Memorial und die Aussichtspunkte **Black Mountain** (mit Telecom Tower) und **Mt. Ainslie**.
- Der **südliche Stadtteil** ist durch den **Lake Burley Griffin** vom Nordteil getrennt. Die Commonwealth Ave. (Verlängerung der Northbourne Ave.) führt geradewegs zum Capital Hill, auf dem das eindrucksvolle Parlamentsgebäude thront. Unterhalb, im „Parlamentsdreieck", liegen Old Parliament, National Library, Questacon, High Court und National Gallery.

Sämtliche Straßen sind nach streng geometrischen Maßstäben angelegt worden. Im Laufe der Jahre haben sich die ursprünglichen Stadtteile um weitläufige Wohngebiete erweitert. Alle wichtigen nationalen Organisationen und Verbände haben ihren Sitz in der Hauptstadt. So setzt sich die Bevölkerung fast ausschließlich aus Angestellten und Beamten zusammen.

Canberra

N

0   800 m

Sehenswürdigkeiten
1 Visitor Information Centre
2 Parliament House
3 Old Parliament House
4 Australian National Library
5 High Court
6 National Portrait Gallery
7 Questacon
8 National Gallery of Australia
9 National Capital Exhibition
10 Australian War Memorial
11 Mt. Ainslie
12 National Botanic Gardens
13 Black Mountain
14 National Film Sound Archive
15 National Museum of Australia

Unterkünfte
1 Mercure Canberra
2 Canberra YHA
3 Practically Lakeside B&B

Restaurants
1 Blue Olive
2 Café the Artisan

Sehenswürdigkeiten

National Museum of Australia (15)

Auf der Landzunge, die in den Lake Burley Griffith hineinragt, wurde im Jahr 2000 das architektonisch eindrucksvolle, riesige neue Nationalmuseum eröffnet. Die Bereiche Geschichte und Technik werden in interaktiven Ausstellungen präsentiert.
National Museum of Australia, *Acton Peninsula*, ☎ *1800-026132, www.nma.gov. au. Tgl. 9–17 Uhr, Eintritt frei.*

Parliament House (2)

Das alles überragende Parlament mit dem unübersehbaren, 4-füßigen Fahnenmast liegt im Südteil der Stadt und wurde 1988, anlässlich der 200-Jahr-Feier Australiens, von der Königin von England eröffnet. Tatsächlich war es schon 1912 in den Plänen Griffins am heutigen Standort vorgesehen. Vom Capital Hill blickt man entlang der schnurgeraden Straßen und Alleen in das Stadtzentrum, auf das alte Parlamentsgebäude und das Kriegsdenkmal. Die Flagge auf der anmutigen Edelstahlkonstruktion besitzt die Größe eines Doppeldeckerbusses. Bürgerfreundlich ist das Parlament täglich zur Besichtigung geöffnet, Führungen finden häufig statt.

Anmutige Stahlkonstruktion

Parliament House, *Capital Hill,* ☎ *02-62775399, www.aph.gov.au. Während Sitzungszeiten Mo und Di 9–17, Mi und Do 8.30–17 Uhr, sonst tgl. 9–17 Uhr. Kostenlose Führungen tgl. 10, 13 und 15 Uhr.*

Old Parliament House (3)

Das alte Parlament, weiß getüncht in neoklassizistischem Stil, liegt dem neuen Parlament quasi „zu Füßen" und ist ebenfalls der Öffentlichkeit zugänglich. Von 1927–1988 war es der Sitz des Nationalparlaments. Heute ist hier das Museum of Australian Democracy unterbracht.
Old Parliament House, *18 King George Terrace, Parkes,* ☎ *02-62708222, www. moadoph.gov.au. Tgl. 9–17 Uhr, Erwachsene A$ 2, Kinder A$ 1.*

Eingang der National Portrait Gallery

Die **Australian National Library (4)** mit einem Bestand von 5 Mio. Büchern und der **High Court (5)**, das höchste Gericht des Landes, liegen links und rechts des Alten Parlaments. Beide Gebäude können kostenlos besichtigt werden.

An der King Edward Terrace liegt die **National Portrait Gallery (6)**. In diesem im Dezember 2008 eröffneten Gebäude sind rund 400 Portraits von Persönlichkeiten des Zeitgeschehens ausgestellt, die das heutige Australien zu dem gemacht haben, was das Land darstellt. Damit soll allen Besuchern die Möglichkeit gegeben werden, Australien besser zu verstehen und damit die Geschichte, Kultur und Vielfalt des großen Kontinents. Daneben gibt es ein Café und einen Shop.
National Portrait Gallery, *King Edward Terrace, ☎ 02-61027000, www.portrait. gov.au. Tgl. 10–17 Uhr, Eintritt frei.*

Questacon (7)
Questacon, das frühere National Science & Technology Centre, ist das australische Wissenschafts- und Technikmuseum, gelegen am Südufer des Lake Burley Griffin. Hier geht es darum, Wissenschaft und Technik auf moderne Art und Weise begreiflich und fassbar zu machen. Spaß und Interaktion stehen im Mittelpunkt des modernen Museums, das mehr als 200 interaktive Exponate bietet.
Questacon, *King Edward Terrace, Parkes, ☎ 02-62702800, www.questacon.edu.au. Tgl. 9–17 Uhr, Erwachsene A$ 23, 4–16 Jahre A$ 17,50.*

National Gallery of Australia (8)
Dem High Court schließt sich in Richtung Kings Avenue Bridge die National Gallery an. Die eindrucksvolle und überaus sehenswerte Nationalgalerie besteht aus 14 Einzelgalerien, die sich auf drei Stockwerke verteilen. Obwohl es sich bei dem 1982 eröffneten Museum um eine junge Einrichtung handelt, ist durch Käufe und Spenden eine der besten Kunstsammlungen des Landes entstanden. Sie reicht von traditionellen Aborigine-Werken über Künstler des 19. Jahrhunderts bis hin zu internationalen Gemälden unserer Zeit. Im Garten sind Skulpturen ausgestellt. *Eine der besten Kunstsammlungen Australiens*
National Gallery, *Parkes Place, Parkes, ☎ 02-62406411, www.nga.gov.au. Tgl. 10–17 Uhr, Eintritt frei.*

National Capital Exhibition (9)
Auf der anderen Seite des Sees, am Regatta Point, ist die National Capital Exhibition einen Besuch wert. In Ausstellungen und Filmen werden Planung, Entwicklung und Bau der „künstlichen Stadt" Canberra dokumentiert.
National Capital Exhibition, *Barrine Drive, ☎ 02-62722902, www.national capital.gov.au. Mo–Fr 9–17, Sa und So 10–16 Uhr, Eintritt frei.*

Das **National Film & Sound Archive (14)** am McCoy Circuit ist in einem schicken Art-Déco-Gebäude untergebracht und dokumentiert die Film-, Fernseh- und Rundfunkgeschichte Australiens.
National Film & Sound Archive, *McCoy Circuit, Acton, ☎ 1800-067274, www. nfsa.gov.au. Tgl. 10–17 Uhr, Eintritt frei.*

Australian War Memorial (10)
Über die „endlos lange" **Anzac Parade** gelangt man zum Australian War Memo-

rial. Wer sich für australische Kriegsbeteiligungen in Gallipoli, den Weltkriegen, Vietnam, Korea und Irak interessiert, sollte sich die Ausstellung ansehen. Für Anzac-Veteranen (Australia and New Zealand Army Corps) stellt das War Memorial eine nationale Institution dar.

Australian War Memorial, *Anzac Parade. ☎ 02-62434211, www.awm.gov.au. Tgl. 10–17 Uhr, Eintritt frei. Ganztägig werden Führungen angeboten.*

Aussichtspunkte
Der Blick auf das industriefreie, großzügig angelegte Canberra und den Lake Burley Griffin entbehrt nicht eines gewissen Reizes.
* **Mt. Ainslie** (842 m, nördlich des War Memorial) **(11)**, über Mt. Ainslie Rd. zu erreichen.
* **Black Mountain (13)** (812 m, 3 km westlich) mit dem 195 m hohen **Telstra Tower** (über Clunies Ross St./Black Mt. Drive zu erreichen). Der Turm verfügt über ein Drehrestaurant und eine Cafeteria. Aussichtsplattform und Restaurant sind 9–22 Uhr geöffnet.

National Botanic Gardens (12)
Am Fuße der Black Mountain Rd. liegt der große Botanische Garten mit einer der umfassendsten Pflanzensammlungen des Kontinents in natürlicher Umgebung.
National Botanic Gardens, *Clunies Ross St., Acton, ☎ 02-62509540, www.anbg. gov.au. Tgl. von 8.30–17 Uhr, Eintritt frei.*

Australian Institute of Sports
Medaillenschmiede der Nation   Nördlich des Black Mountain im Stadtteil Bruce befindet sich das legendäre Australian Institute of Sports, die Medaillenschmiede der Nation. Das ultramoderne Sportzentrum mit Anlagen für fast alle Sportarten wurde 1981 eröffnet. Ein Teil des Instituts ist für Besucher geöffnet (Schwimmbad, Sauna, Tennisplätze).
Australian Institute of Sports, *Leverrier Crescent, Bruce, ☎ 02-62141010, www. ausport.gov.au. 90-Min.-Führungen tgl. 10, 11.30 13 und 14.30 Uhr. Erwachsene A$ 18, Kinder A$ 10.*

Reisepraktische Informationen Canberra

ℹ️ Information
Visitor Information Centre (1), *330 Northbourne Ave., ☎ 1300-554114, www.visitcanberra.com.au. Mo–Fr 9–17, Sa und So 9–16 Uhr.*
Environment Centre, *Kingsley St., Acton, ☎ 02-62480885, www.ecoaction.com.au.* Umweltschutzbehörde mit Informationen zu National Parks, Projekten, Problemen usw.

🚌 Öffentliche Verkehrsmittel
Vom nationalen Flughafen Canberra gibt es Direktflüge in alle anderen Großstädte des Landes. Der Airport Express Shuttle in das 7 km entfernte Stadtzentrum kostet A$ 12, ein Taxi ca. A$ 28. Busse des städtischen Verkehrsverbandes **Action** *verbinden das Stadtzentrum mit allen Stadtteilen – abends und an Wochenenden nur sehr selten. Der Busbahnhof befindet sich an der Ecke East Row/Alinga St.*

Stadtrundfahrt: *Der Hop-On Hop-Off Explorer Bus (A$ 35) fährt täglich von 10.15–16.15 Uhr auf einer 24 km langen Runde 19 Sehenswürdigkeiten an. Abfahrtspunkt ist das Jolimont Tourist Centre. Ganz nach Belieben kann man ein- und ausgestiegen.*

Überlandbusse

Der zentrale Busterminal mit Buchungsbüros ist das Jolimont Centre/65 Northbourne Ave. Alle Überlandbusse, die von Sydney nach Melbourne/Adelaide fahren, halten hier.

Hotel

Mercure Canberra $$$ (1), *Ecke Ainslie St./Limestone Ave.* ☎ *1800-475337, www.mercurecanberra.com.au. Großzügiges Mittelklasse-Hotel mit 127 Zimmern, Restaurant und Bar.*

Practically Lakeside B&B $$ (3), *14 Turner Place, Yarralumla (4 km südlich des Zentrums gelegen),* ☎ *02-62812824, www.practicallylakeside.com. In einem ruhigen Vorort gelegen, nur ein großes Zimmer mit eigenem Bad. Fahrräder stehen zur Verfügung. Zwei Nächte Mindestaufenthalt.*

Jugendherberge

Canberra YHA $ (2), *7 Akuna St.,* ☎ *02-62489155, www.yha.com.au. Komfortable Jugendherberge, auch Doppel- und Einzelzimmer, Spabereich und Sauna.*

Camping

Canberra South Motor Park, *Ecke Monaro Hwy./Canberra Ave., Fyshwick (5 km südöstlich),* ☎ *02-62806176, www.csmp.net.au. Campingplatz mit Motelzimmern, Cabins, Zeltplätzen.*

Restaurants

Schwerpunkte liegen im **Stadtzentrum** *(Civic Centre) in den Straßen East Row, Alinga St., Northbourne Ave./Garema Place (Fußgängerzone), Woolley St./Dickson und im Universitätsviertel Acton (2 km westlich).*

Blue Olive Café (1), *56 Alinga St. Gut zum Brunch oder Mittagessen, wird gerne von den Angestellten der umliegenden Büros besucht. Leckere Sandwiches und guter Kaffee.*

The Artisan (2), *16 Iluka St., südöstlich des Zentrums in Narrabundah gelegen.* ☎ *02-62326482, www.theartisanrestaurant.com.au. Di–Sa 12–2.30 und 18–22 Uhr. Fine Dining, auf der Karte stehen z. B. Cannelloni auf Hummerschaum oder Lamm mit Senfkruste und Artischockenpüree. Teuer, aber einen Versuch wert.*

Glebe Park Food Court, *15 Coranderrk St., Civic Centre. Reich bestückte Food Mall mit Imbiss-Ständen. Eingang am National Convention Centre.*

Aktivitäten

Der **Lake Burley Griffin** *ist Mittelpunkt aller Freizeitaktivitäten: Segeln und Rudern stehen im Vordergrund – an den Ufern gepflegte Parks und ein perfektes Radwegenetz. An der Acton Jetty (Nordufer) werden Segelboote, Kanus und Ruderboote verliehen.*

Fahrradverleih

Mr. Spokes Bike Hire, *Barrine Drive, Acton,* ☎ *02-62571188, www.mrspokes.com.au, verleiht Fahrräder. Mit der Karte „Canberra Cyclemap" können Stadt und Umgebung erkundet werden. Ein Schwimmbad und Tennisplätze stehen im Australian Institute Of Sport der Öffentlichkeit zu Verfügung.*

Umgebung von Canberra

Die Umgebung Canberras ist von einer **weitläufigen Hügellandschaft** geprägt, deren zahlreiche National Parks einen Großteil des ACT einnehmen. Südlich von Canberra folgt man dem Wasserlauf des Murrumbidgee River und passiert das historische Lanyon Homestead (32 km) – ein Zeugnis früher Kolonialarchitektur.
Lanyon Homestead, *Tharwa Drive, Tharwa,* ☎ *02-62355677, www.museumsand galleries.act.gov.au. Di–So 10–16 Uhr, Erwachsene A$ 7.*

Mt. Stromlo Observatory

Sternwarte 15 km südwestlich von Canberra befindet sich das Mt.-Stromlo-Observatorium (www.rsaa.anu.edu.au), das 2003 durch ein verheerendes Buschfeuer völlig zerstört wurde und mittlerweile wieder aufgebaut wurde. Die High-Tech-Teleskope dienen vornehmlich der wissenschaftlichen Erforschung des Weltalls. Nach dem Observatorium auf Maui/Hawaii zählt Mt. Stromlo zu den weltbesten astronomischen Einrichtungen, was vor allem der klaren Luft, der geringen Bevölkerungsdichte („no light pollution") und der Höhe zugeschrieben wird. Das hübsche Café **Scope Mt. Stromlo** (www.scopemountstromlo.com.au) lädt zur Einkehr ein.

Tidbinbilla Nature Reserve

Einige Kilometer südlich befindet sich der Naturpark von Tidbinbilla, auf dessen Wanderwegen Koalas, Kängurus und Wasservögel zu beobachten sind. Ranger bieten geführte Touren an, für individuelle Erforschungen stehen im Visitor Centre Karten zur Verfügung. In Zusammenarbeit mit der NASA wird die **Canberra Deep Space Tracking Station** betrieben (www.cdscc.nasa.gov). Mit hochtechnischen Antennen und Messgeräten hoffen Forscher, Signale aus den Tiefen des Alls aufzufangen. Über aktuelle Erkenntnisse informiert ein kleines Besucherzentrum (tgl. 9–17 Uhr, Eintritt frei).

Mount Ginini im Namadgi National Park

Namadgi National Park

Im Süden des ACT nimmt der Namadgi NP fast die Hälfte des gesamten Capital Territory ein. Die Anfahrt erfolgt über das Städtchen Tharwa (27 km südlich von Canberra). Der NP grenzt an den Kosciuszko NP, erreicht aber nicht dessen Höhen. Mit einer durchschnittlichen Höhe von 1.900 m ist es dennoch beträchtlich kühler als in Canberra. Die Landschaft besteht aus spärlich bewachsenen Hochebenen und sanften Berghügeln.

Eine Stichstraße führt an den Stausee **Corin Dam**, während eine Piste den Park weiter südlich durchquert. Campingmöglichkeiten bestehen am Ororat Crossing und am Mt. Clear. Informationen über die Wanderwege im Park sind im Namadgi Visitor Centre (3 km südlich von Tharwa) erhältlich.

Snowy Mountains

Die Snowy Mountains sind Teil der **Great Dividing Range**, die sich in ihrem südlichen Teil bis auf über 2.000 m erhebt. Sie werden deshalb auch „Australische Al- *Australische*
pen" genannt. Das Gebiet erstreckt sich über eine Länge von rund 160 km in süd- *Alpen*
westlicher Richtung bis an die Grenze Victorias. Seine Entstehung verdanken die
„Snowys" eiszeitlichen Gletschern – erkennbar an den typischen Endmoränen der
Täler.

Das **Snowy Mountain Hydro-Electrical Scheme** (www.snowyhydro.com.au),
ein gigantisches Wasserkraftprojekt, umfasst 16 Staudämme, Kraftwerke (eines
davon unterirdisch) und riesige Stauseen (Lake Eucumbene, Lake Jindabyne, Dart-

mouth Dam). Führungen zu den
Kraftwerken Tumut I, Tumut II und
Murray I sind möglich. Die Berge sind
von einem Tunnelsystem durchzogen,
das z. T. auch den Skifahrern als Zu-
bringer dient. Nach über 25 Jahren
Bauzeit wurde das Projekt 1974 fertig
gestellt. Die Regen- und Schneefälle
füllen die Wasserreservoirs im Winter und sorgen für konstanten Wasserstand der Flüsse, die die wichtige
Aufgabe haben, selbst weit entfernte
Teile des Kontinents zu bewässern:
Der Murray River ist beispielsweise
für die Trinkwasserversorgung Adelaides verantwortlich.

Der Talbingo Dam – Teil des Wasserkraftprojekts

Cooma

Der Monaro Hwy. führt von Canberra nach Cooma (114 km südwestlich), dem östlichen Eingangstor in die Snowy Mountains. Die Flaggen im **Centennial Park** stehen für die 27 Nationalitäten, die am Bau des Snowy Mountain Scheme beteiligt
waren. Das Snowy Scheme Information Centre in Cooma North bietet Führungen
an und verdeutlicht in einer Ausstellung den ganzen Gesamtkomplex. Das Cooma
Visitor Centre (☎ *1800-636525, www.visitcooma.com.au*) ist bei der Buchung von
Unterkünften oder Ausflügen sehr hilfsbereit.

👉 Streckenhinweis

Der Monaro Hwy./Cann Valley Hwy. verläuft von Cooma durch waldreiche
Gebiete direkt zur **Südküste**. Kurz nach der NSW/VIC-Grenze zweigt eine Piste in *Uner-*
den Coopracambra NP (35.000 ha) ab. Wanderungen sind u. a. in die Sandstein- *schlossene*
schluchten des **Genoa River** und auf den 1.002 m hohen **Mt. Kaye** möglich. Der *Gegend*
größte Teil des NP ist unerschlossen. In **Cann River**, einem 100-Einw.-Ort an der
Kreuzung Cann Valley Hwy./Princes Hwy. erhält man Infos über den NP. Der
Croajingolong NP ist an der Küstenroute Sydney – Melbourne beschrieben.

info

Ski fahren in Australien

Blick auf das Perisher Valley

In Höhen von über 2.000 m fällt in den Snowy Mountains im Winter (Juli–Sept.) genug Schnee, um immerhin 75 Skilifte zu betreiben. Die wichtigsten Skiorte innerhalb des Kosciuszko NP (westlich von Jindabyne) sind **Sawpit Creek**, **Smiggin Holes**, **Perisher Valley** und **Thredbo Village**. Von guten Skigebieten zu sprechen, wäre übertrieben – die Pisten sind relativ flach und kurz. Viele Australier zieht es deshalb nach Neuseeland oder in die USA. Die Snowy Mountains mit ihren sanften Hügeln locken jedoch immer mehr Langläufer (Cross Country Skiing) an. Auf Fernwanderwegen oder querfeldein sind tagelange Touren möglich. Die Temperaturen sinken bisweilen weit unter den Gefrierpunkt: Den australischen Minusrekord hält Perisher Village mit -22,3°C!

Unterkünfte in stilvollen Chalets und Motels sind in den genannten Skiorten recht teuer. Günstiger kann man in **Cooma** oder **Jindabyne** übernachten – Busse fahren täglich in die Skigebiete, die erst im Winter so richtig zum Leben erblühen. Ein besonderer Anblick, auch für Nicht-Skifahrer, sind die verschneiten Eukalyptuswälder im Winter. Immer populärer wird hier das Winterwandern, bei viel Schnee auch mit Schneeschuhen.

Achtung: Für einige Straßen in den Australischen Alpen sind im Winter Schneeketten vorgeschrieben – bei der Mietwagen-Annahme unbedingt nachfragen!

Jindabyne

Jindabyne (65 km westlich von Cooma) ist neu erbaut worden, nachdem der Stausee das alte Jindabyne überflutet hat. Die Kleinstadt ist ein idealer Ausgangsort für Ausflüge in den Kosciuszko NP. Die zahlreich vorhandenen Ferienapartments, Motels und Caravan Parks sind meist nur im Winter ausgebucht und im Sommer froh um jeden Gast. Bei der Auswahl ist das moderne Visitor Centre der Stadt behilflich. Dort ist auch ausführliches Kartenmaterial über den Kosciuszko NP erhältlich. Eine herrlich gelegene Unterkunft ist das **Novotel Lake Crackenback**, das sich bereits 15 km südwestlich von Jindabyne auf dem Weg in Richtung Thredbo/Kosciuszko NP (Alpine Way) am gleichnamigen See befindet.

Kosciuszko National Park

Der Kosciuszko NP nimmt mit 690.000 ha den größten Teil der Gebirgsregion ein und ist der größte National Park von NSW. Höchster Berg Australiens ist der **Mt. Kosciuszko** mit 2.228 m. Weitere zehn Berge sind über 2.000 m hoch. Die Hügel sind sanft geschwungen, und in höheren Regionen ist die Vegetation rar, häufig ist nur der kahle Granit zu sehen. Trotzdem teilen sich viele Pflanzen- und Tierarten den im Winter unwirtlichen Lebensraum. Die längsten und wasserreichsten

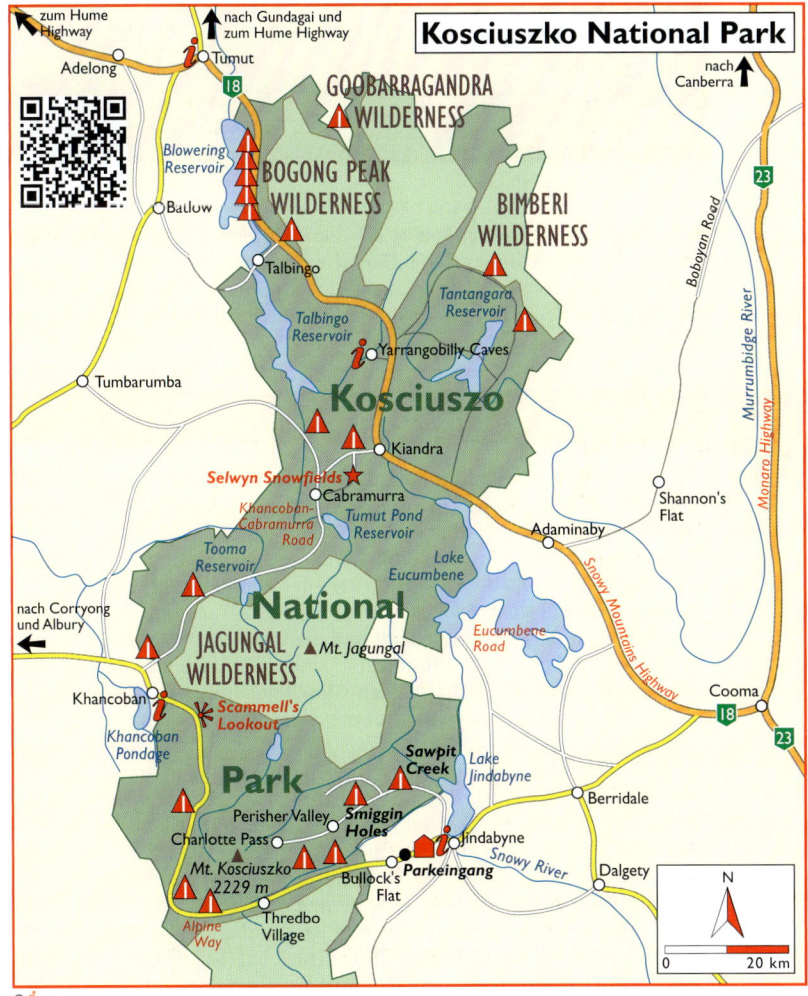

© igraphic

Wandern im Kosciuszko NP

Flüsse des Kontinents entspringen in den Snowy Mountains: **Murray**, **Murrum-bidgee**, **Tumut** und **Snowy River**. Der NP ist sommers wie winters ein Tummel-platz für Freiluftsportler: Wandern, Reiten, Wildwasser-Rafting, Ski fahren, Dra-chenfliegen, Mountainbiken usw. sind die beliebtesten Aktivitäten. Ausgangspunkt für Touren ist der **Skiort Thredbo**.

Wandern im Kosciuszko National Park

info

- Detaillierte **Wanderkarten** sind in den Tourist Infos in Jindabyne und Thredbo sowie im NPWS Office in Sawpit Creek erhältlich. Für Fernwan-derungen stehen 143 Hütten und 23 NP-Campgrounds zur Verfügung.
- Die **Besteigung des Mt. Kosciuszko** ist wegen der grandiosen Aussicht und des Gefühls, auf dem höchsten Berg des Kontinents gestanden zu ha-ben, beinahe ein Muss. Sie stellt selbst ungeübte Wanderer vor keine Pro-bleme, da der Berg mäßig ansteigt und die Wege zum Schutz vor Erosion weitgehend durch Gitterroste befestigt sind. Allerdings muss mit raschen Wetterumschwüngen und frostigen Gipfeltemperaturen gerechnet wer-den. Getränke und Verpflegung für die Tagestour nicht vergessen.

- **Ab/bis Thredbo**: Die einfachste Gipfelbesteigung (auch mit Kinderwa-gen möglich): Sessellift „Kosciuszko Express" (1,8 km, 560 Höhenmeter) besteigen, 15 Min. bergauf fahren, 6,5 km auf weitgehend gegittertem Weg und zum Schluss befestigtem Weg wandern – schon ist man oben. Gleicher Weg zurück. Die Gitterwege werden bei Nässe ziemlich rutschig.
- **Ab/bis Charlotte Pass**: Der längere und schwerere Main Range Track (The Lakes Walk) beginnt in Charlotte Pass und ist 32 km lang. Der Ab-wechslung halber kann der Main Range Track hin (12 km) und der Summit Walk zurück (9 km) gewandert werden.

Die **Summit Road zum Mt. Kosciuszko** zweigt 4 km nach Jindabyne vom Alpine Way ab und endet am Charlotte Pass. Auf dem Weg werden die Skiorte Sawpit Creek, Smiggin Holes und Perisher Village passiert. Letztgenannter Ort geriet 1997 in die Schlagzeilen, als ein Erdrutsch eine Lodge begrub. Am Rande des National Parks bietet beispielsweise das **Kosciusko Mountain Retreat** (*Sawpit Creek*, ☎ *02-64562224, www.kositreat.com.au*) mit Campingplatz, Cabins und Selbstversorger-Chalets eine preisgünstige Übernachtungsmöglichkeit.

Thredbo

Der Alpine Way ist durchgängig asphaltiert und durchquert ab Jindabyne den NP und führt bis Khancoban im Westteil des Parks. Auf halbem Weg liegt Thredbo, der wichtigste Skiort der Snowy Mountains. Im Sommer ist der Ort ein guter Ausgangspunkt für Wanderungen, u. a. für die leichte „Besteigung" des Mt. Kosciuszko. Wunderschön sind auch die Mountainbike Trails im Sommer – der Sessellift darf benutzt werden.

Wichtigster Winterort der Snowy Mountains

Reisepraktische Informationen Snowy Mountains

i **Information**
Snowy Mountains Visitor Centre, *Jindabyne*, ☎ *02-64572751, www.snowymountains.com.au. Ganzjährig besetzte Informations- und Buchungsstelle, die die gesamten Snowy Mountains betreut.*
Thredbo Accommodation Service, *Friday Dr., Thredbo*, ☎ *1800-020589, www.thredbo.com.au, www.snowymountains.com.au. Unterkunftsbuchung im Sommer und Winter.*

Hotels
Novotel Lake Crackenback Resort $$$$, *Alpine Way, Lake Crackenback (15 Min. Fahrzeit von Jindabyne in Richtung Thredbo)*, ☎ *1800-020524, www.lakecrackenback.com.au. Sehr gutes und direkt am See gelegenes Hotel – idealer Ausgangspunkt für Bergtouren rund um Thredbo.*
Thredbo Alpine Hotel $$$, *Friday Dr., Thredbo*, ☎ *02-64594200, www.rydges.com. Komfortables Hotel mit Restaurant.*

Camping
Jindabyne Holiday Park, *Lake Jindabyne*, ☎ *02-64562249, www.jindabyneholidaypark.com.au. Direkt am See gelegener Campingplatz, auch Cabins. Im Sommer werden zahlreiche Wassersportaktivitäten geboten.*

Jugendherberge
Thredbo YHA Lodge $, ☎ *02-64576376, www.yha.com.au. Doppel- und Mehrbettzimmer – im Winter teurer.*

Victorian Highlands

☞ **Streckenhinweis**
Folgt man dem Alpine Way/Murray Valley Hwy. nach Corryong (137 km) überquert man kurz vor der Stadt die Grenze zum Bundesstaat Victoria. Die Stadt ist das nördliche Eingangstor in das viktorianische Hochland und lebt von der umgebenden Rinder- und Forstwirtschaft. 8 km westlich von Corryong zweigt die recht einsame Bergstraße Corryong Rd. in den **Alpine NP** nach **Omeo** ab (146 km). Zu Rastpausen laden Parkplätze entlang des Corryong Creek ein. Alternativ, bei ausreichend Reisezeit, sollte ein **Abstecher nach Bright** und in den herrlichen **Mt. Buffalo NP** unternommen werden. Die Anfahrt erfolgt über Tallangatta, Kiewa Valley Hwy., Myrtleford.

info

Alpine National Park

Das Hochland Victorias (Victorian Highlands) besteht aus dem dreigeteilten Alpine National Park und dem Mt. Buffalo National Park. Die südlichsten Ausläufer der Great Dividing Range reichen mit Höhen von knapp 2.000 m bis weit in den Staat Victoria hinein – höchster Berg ist der Mt. Bogong mit 1.986 m. Skigebiete, die bei weitem nicht die Bekanntheit und Schneesicherheit der Snowy Mountains besitzen, gibt es in Mt. Buller, Mt. Hotham, Mt. Buffalo und Falls Creek.

Seit der Gründung 1989 umfasst der NP 6.460 km². Mit einer Kette von National Parks (Namadgi, Kosciuszko, Snowy River und Alpine NP) ist das Dach des Kontinents abgedeckt, wenngleich längst nicht flächendeckend.

Bekanntester Fernwanderweg ist der **Alpine Walking Track**, der von Walhalla (40 km nördlich von Morwell) bis an die Grenze NSW reicht. Die großen Skiresorts Mt. Buller, Mt. Hothan und Falls Creek sind dagegen im Sommer wie ausgestorben. Informationen über die National Parks erteilen die NP-Büros in Melbourne, Omeo, Orbost, Bairnsdale, Bright und Cann River. **Infos**: www.parkweb.vic.gov.au.

Bright

Stadt am Fuß des Mount Buffalo

Die breiten Baum-Alleen der historischen **Goldgräberstadt Bright** bieten einen erfrischenden Kontrast zu den viel gesehenen Eukalyptuswäldern der Bergregionen. Auch im Sommer herrscht hier, dank angenehmem Klima, ein munteres Treiben. Vor allem Rentner scheinen sich hier wohl zu fühlen. Das Gebiet rund um Bright ist Australiens Eldorado für Rennradfahrer und Mountainbiker und wird bevorzugt für Trainingsaufenthalte genutzt.

Ein großartiges Flair bietet Bright im Herbst, wenn sich die Blätter der baumbewachsenen Alleen verfärben und ein „Indian Summer Feeling" vermitteln.

Mount Buffalo National Park

Der kleine Mt. Buffalo NP erhebt sich wie eine Insel mit steilen Granitklippen über dem Umland. Die Passstraße auf das Plateau ist steil und mit vielen Kehren versehen. Wallabies und Wombats sind häufige Anblicke. Auf den vielen Wanderwegen (z. B. zur **Back Wall**, ca. 3–4 Std.) bieten sich grandiose Ausblicke auf die übrigen Berge der Alpen. Das insolvente Mount Buffalo Chalet – Zukunft weiterhin ungewiss – liegt traumhaft am Klippenhang.

Blick in den Mount Buffalo National Park

 Streckenhinweis
Von Mt. Buffalo nach Melbourne
Auf schnellem Wege gelangt man über den Hume Hwy. nach Melbourne, folgende Route: Myrtleford – Wangaratta – Seymour – Melbourne (insgesamt 267 km).
Von Bright nach Omeo: Die Great Alpine Rd. (Nr. 156) führt über die Skigebiete **Dinner Plain** (Skiort mit moderner Architektur) und **Mt. Hotham** (Skigebiet Hotham Hights, 1.868 m) nach Bright.

Reisepraktische Informationen Bright

Information
Bright Visitors Centre, *76a Gavan St.,* ☎ *1300-551117, www.brightvictoria. com.au, www.brightescapes.com.au.*
Mount Buffalo NP: *www.parkweb.vic.gov.au.*

Hotels
Bright Chalet $$$$, *113 Delany Ave.,* ☎ *03-57551833, www.bright chalet.com.au. Schöne „europäische" Unterkunft mit gutem Restaurant.*
Best Western High Country Motor Inn $$$, *13–17 Great Alpine Rd.,* ☎ *03-57551244, www.highcountry.bestwestern.com.au. Mittelklasse-Hotel.*
Das 1910 erbaute **Mount Buffalo Chalet***, das lange Jahre durch seinen Stil und seine Lage zu den schönen Natur-Resorts Australiens zählte, ist seit etwa 2007 geschlossen. Über eine Wiedereröffnung wird ständig diskutiert und vielleicht ist es bald so weit – es müssen sich nur die Geldgeber finden.*

Camping
Alpine Cabins Holiday Park (Big4), *1 Mountbatten Ave.,* ☎ *1800-033188, www.alpine-cabins-holiday-park.vic.big4.com.au. Großzügiger CP, mit Cabins. Ein* **NP-Campground** *befindet sich am Lake Catani, Nov.–April,* ☎ *03-131963, www.visit mountbuffalo.com.au.*

Omeo

Idyllisch gelegenes Bergdorf

Das kleine Bergdorf Omeo wird trotz seiner nur 700 Einwohner **The Capital of the Alps** (Hauptstadt der Alpen) genannt. Umgeben von idyllisch gelegenen Rinderfarmen und den Eukalyptuswäldern des Hochlands, zeigt das Städtchen jenen kolonialen Charme, den die modernen Ski-Resorts Australiens vermissen lassen. In den 1850er-Jahren zogen Goldvorkommen zahlreiche Goldsucher an. Nicht nur die Gegend, sondern auch der Alltag war einer der rauesten in der damaligen Zeit: Polizei und Straßen suchte man in der Abgeschiedenheit der Berge vergebens.

Die **Oriental Gold Claims** (Alpine Rd., 2 km westlich) weisen mit ihren Klippen auf die Stellen hin, wo chinesische Arbeiter im Fels nach Gold gesucht haben. Das **Log Gaol**, ein Gefängnis von 1858, ist noch in gutem Zustand und birgt eine kleine historische Ausstellung. 8 km nordöstlich an der Benambra-Corryong Rd. bietet **McMillans Lookout** mit 933 m Höhe einen guten Rundblick auf das Omeo Valley und die Snowy Mountains. 26 km nordöstlich (Abzweig bei Benambra) ragen „The Brothers" empor, drei fast identische Berggipfel, die nach den Brüdern Pentergast, frühen Siedlern, benannt wurden.

☞ Streckenhinweis
Von Omeo zur Küste nach Bairnsdale

Die Great Alpine Rd. windet sich von Omeo kurvenreich hinunter zur Küste nach Bairnsdale. Die Straße ist eines der schönsten Naturerlebnisse im südlichen Australien: Durch dichte Farn- und Eukalyptuswälder begleitet man den Tambo River auf seinem Weg zur Tasman-See.

Reisepraktische Informationen Omeo und Umgebung

Information
Omeo Region Visitor Information Centre, *179 Day Ave.,* ☎ *03-51591455, www.omeoregion.com.au.*

🛏 Hotels
Hilltop Hotel $$, *107 Day Ave.,* ☎ *03-51591303, Mittelklasse-Hotel.*
In der Umgebung gibt es außerdem zahlreiche nette Unterkünfte, z. B. am Ufer des Tambo River in Swifts Creek.
Snug as a Bug Motel and Guest House $$, *Great Alpine Rd./Ecke Creek St.,* ☎ *03-51591311, www.motelomeo.com.au. In einem Gebäude von 1879 installiertes Motel. Die Zimmer im Cottage hinter der Rezeption sind die schöneren.*

⚠ Camping
Omeo Caravan Park, *111 Old Omeo Hwy. (1 km nordöstlich),* ☎ *03-51591351, www.omeocaravanpark.com.au, mit Cabins und Kiosk.*

🍴 Restaurants
Albion Hotel, *6880 Great Alpine Rd., Swifts Creek,* ☎ *03-51594211. Gemütliches Country Pub in Swifts Creek mit guter Pizza, Steak und Curries.*

Alternativroute: Entlang der Küste

☞ **Streckenhinweis**
Entfernungen

Sydney – Royal NP:	30 km
Eden – Mallacoota:	86 km
Royal NP – Wollongong:	45 km
Mallacoota – Lakes Entrance:	206 km
Wollongong – Nowra:	80 km
Lakes Entrance – Wilsons Prom:	320 km
Nowra – Batemans Bay:	120 km
Wilsons Promontory NP –	
Batemans Bay – Eden:	139 km
Melbourne:	227 km

Man verlässt Sydney über den Princes Hwy. Richtung Süden. Nach Bankstown, Liverpool und Campbelltown erreicht man schnell weniger bebaute Vororte.

Routenvorschlag
Von Sydney nach Melbourne mit Küste und Bergen in acht Tagen:
1. Tag: Sydney – Royal National Park – Jervis Bay
2. Tag: Jervis Bay – Bega – Cooma – Jindabyne/Thredbo
3. Tag: Kosciuszko NP
4. Tag: Cooma – Monaro Hwy. – Cann River – Croajingolong NP (Point Hicks)
5. Tag: Cann River – Orbost – Lakes Entrance
6. Tag: Lakes Entrance – Wilsons Prom NP
7. Tag: Wilsons Promontory NP
8. Tag: Wilsons Prom – Melbourne

Royal National Park

Australiens ältester National Park (und der Welt zweiter, nach dem Yellowstone NP in USA) wurde bereits 1879 gegründet. Da er nur 30 km südlich von Sydney liegt (Anfahrt über den Princes Hwy.), sind seine Picknickplätze an Wochenenden oft von Erholung suchenden Sydneysidern übervölkert. Dank seiner Größe (15.014 ha) bietet er aber noch genug einsame Flecken. Das südliche Plateau, das zum Meer hin steil abfällt, gehört dabei zu den eher unerschlossenen Teilen. *Natur erholt* Verheerende Buschbrände zerstören immer wieder große Teile der Vegetation. *sich schnell* Erstaunlicherweise ist von den Verwüstungen ein oder zwei Jahre später kaum *nach* noch etwas zu sehen. Die Natur, die sich in Jahrtausenden an regelmäßig wieder- *Waldbränden* kehrende Feuer gewöhnt hat, erholt sich rasch.

Der erste Abzweig in den National Park führt nach **Audley** (Farnell Rd., ca. 4 km südlich von Loftus), wo sich auch das Besucherzentrum des NP befindet. Der Park wird abends um 20.30 Uhr dort abgeriegelt. Im Audley Boat Shed, ein paar Kilometer weiter, werden Fahrräder, Kanus und Ruderboote verliehen.

Royal National Park

Ausflüge und Wanderungen im Park

Zahlreiche, gut ausgeschilderte Wanderwege durchziehen den NP:

- **Coast Walk**: 26 km von Bundeena nach Otford entlang der gesamten Küstenlinie – eine anstrengende Zweitageswanderung.
- **Marley Beach**: Der Big Marley Trail führt von der Bundeena Rd. zum Little Marley Trail und weiter bis an den einsamen, strömungsreichen Marley Beach (6,5 km hin und zurück).
- **Wattamolla Beach**: einer der schönsten Strände, der mit dem Auto besucht werden kann, mit vorgelagerter, geschützter Lagune. Ein Kiosk ist an Wochenenden geöffnet.
- **Garie Beach**: Surfstrand mit meist guter Brandung, ebenfalls mit dem Auto anfahrbar. Von Garie North Head (2 km hin und zurück) Blick auf die südliche Küstenlinie.

Geschützte Strände befinden sich in **Bonnie Vale** und **Bundeena** am Port Hacking Inlet (Hacking River). Auf dem Hacking River sind Kanu-Touren möglich.

Die Rundfahrt durch den Park beginnt auf der Farnell Rd., führt dann auf dem Bertram Stevens Drive auf kurvenreicher Straße in Richtung Meer. Die Hauptstraße bleibt auf der erhöhten **Black Gin Ridge**. Von hier aus führen Stichstraßen nach **Wattamolla Beach** und **Garie Beach** hinunter an den Pazifik. Die Ausfahrt erfolgt entweder über die McKell Rd. zurück auf den Princes Hwy. oder weiter entlang der Küste (Lady Wakehurst Drive) in Richtung Stanwell Park.

Reisepraktische Informationen Royal National Park

i **Information**
Royal National Park Visitor Centre, *2 Lady Carrington Drive, Audley,* ☎ *02-95420648, www.environment.nsw.gov.au, tgl. 8.30–16.30 Uhr.*

Übernachten
Cronulla Beach YHA, ☎ *02-95277772, www.cronullabeachyha.com. Jugendherberge mit renovierten Zimmern und allem, was eine Jugendherberge zu bieten hat – inklusive Beach in der Nähe.*
Beachhaven B&B $$, *13 Bundeena Drive,* ☎ *02-95441333, www.beachhavenbnb. com.au, liegt in schöner Lage am Port Hacking Inlet. Von Bundeena verkehrt eine Fähre nach Cronulla (CityLink-Bahnverbindung nach Sydney).*

Camping
Sieben NP-Campgrounds *sind über den ganzen Park verstreut, wobei nur* **Bonnie Vale** *(nahe Bundeena) mit dem Auto erreichbar ist.*
Wichtig: *Wanderer benötigen für Bushcamps ein Ranger-Permit.*

Stanwell Park
Der Princes Hwy. setzt sich nach Süden fort. Dort liegt Stanwell Park. Von den Felsklippen des Lawrence Hargrave Lookout stürzen sich wagemutige Drachenflieger herunter. Die Flugschule vor Ort bietet Kurse und Tandemflüge an.

☞ **Streckenhinweis**
Man folgt dem Grand Pacific Drive (www.grandpacificdrive.com.au) über spektakuläre Brückenkonstruktionen entlang der Küste. Bis Wollongong folgen pazifische Badeorte wie Coalcliff, Clifton, Scarborough, Austinmer und Thirroul.

Wollongong

Die Industriestadt „The Gong" mit den Stahlwerken des nahen Port Kembla ist die drittgrößte Stadt von NSW. Wollongongs Hafen mit einer großen Fischfangflotte, einem Fischmarkt und mehreren Restaurants ist dennoch einen Besuch wert. Das Stadtzentrum wird von der Fußgängerzone **Crown Mall** (mit Tourist Information) geprägt. Als Sehenswürdigkeiten sind die **City Gallery** (Ecke Kembla St./Burelli St.) mit wechselnden Ausstellungen und der größte australische Buddhistentempel zu nennen.

Industriestadt

Streckenhinweis

Wenn man im weiteren Verlauf auf der Küstenstraße (Tourist Drive Nr. 10) bleibt, dann passiert man die Orte **Warrawong**, **Windang** (am Lake Illawarra), **Warilla** und **Shellharbour**. Übernachtungsmöglichkeiten bieten sich in allen Ferienorten in Hotels, Motels, Apartments und natürlich Caravan Parks.

Kiama

Kiama mit Leuchtturm

Die kleine Küstenstadt ist aufgrund ihrer eindrucksvollen **Küstenszenerie** ein großer Anziehungspunkt. Grüne Hügel prägen die Landschaft, soweit der Blick reicht. Die Tourist Information (☎ *1300-654262, www.kiama. com.au*) befindet sich auf der Anhöhe mit Leuchtturm. Von dort spaziert man zu den Blowholes, Felslöchern in den Klippen, wo anlandende Wellen, je nach Tidenhub, meterhoch in die Luft geschleudert werden. Eine Straße führt in westlicher Richtung hinauf zum Minnamurra Rainforest Centre, das Teil des Budderoo NP ist. Ein rollstuhltauglicher Weg führt zu den **Minnamurra Wasserfällen** (2,6 km).

Streckenhinweis

Auf der Fahrt in Richtung Süden passiert man den **Seven Mile Beach National Park** mit einem herrlichen Sandstrand, sofern man sich vom Princes Hwy. für eine Weile verabschiedet. Ein verzweigtes System aus Buchten, Halbinseln, Flussmündungen folgt in der Shoalhaven Region.

Nowra – Bomaderry (Shoalhaven Region)

Die Zwillingsstädte Bomaderry (nördlich des Shoalhaven River) und Nowra (südlich gelegen) sind die Zentren der **Shoalhaven Holiday Region**. Die breite Flussmündung dient dabei als Wassersportrevier (Windsurfen, Segeln, Angeln). In den Küstenorten Shoalhaven Heads, Greenwell Point, Culburra Beach kann in Caravan Parks übernachtet werden.

Jervis Bay

Populärer Küstenort

Die Bucht von Jervis Bay gehört zum Australian Capital Territory (ACT), so dass – korrekterweise – zur Hauptstadt Canberra ein Meereszugang und ein Strand gehören. Das fast geschlossene Inlet mit einer in Teilen zerklüfteten Küstenlinie und geschützten Sandstränden erfreut sich großer Popularität. Caravan Parks, Hotels, Motels und kleinere Cottages und B&Bs befinden sich in den Orten **Currarong**,

Callala Bay und **Huskisson**, rings um die Bucht (Tourist Drive Nr. 4). In letzterem befindet sich der empfehlenswerte **White Sands Holiday Park**, von dessen Strand sich oftmals Delfine beobachten lassen. **Hyams Beach** soll gar den weißesten Sandstrand der Welt besitzen (Zufahrt südlich von Vincentia am Südteil der Bucht).

Der **Jervis Bay NP** umfasst die südliche Halbinsel (beim Städtchen Jervis Bay) und verfügt am Cave Beach (Wreck Bay) über einen einfachen NP-Campground. Die Aborigines der **Wreck Bay Community** führen im Sommer interessante Führungen durch (*Wreck Bay Walkabouts*, ☎ *02-44421166*). Zum NP gehört außerdem ein botanischer Garten (Cave Beach Rd.).

Landeinwärts im Örtchen **Ulladulla** führt ein Wanderpfad auf den über 700 m hohen **Pidgeon House Mountain**. Bei Termeil zweigt eine schmale Straße vom Princes Hwy. in den waldreichen **Murramarang Küstennationalpark** ab. In Bailey Point befindet sich der schöne **Racecourse CP** direkt am Strand (☎ *02-44571078*). Nicht verpassen: den Abzweig zum herrlichen **Pebbly Beach** (8 km *Dolphin* Schotterstraße bis zum Strand, mit NP-Campground). In der Dämmerung sieht *spotting* man häufig Wallabies am Strand, die kaum menschenscheu sind. Delfine sind ein häufiger Anblick, wenn man am Strand entlangwandert.

Batemans Bay (Eurobodalla Nature Coast)

Im Norden der Batemans-Bucht liegen der Stadtteil **Surfside** mit den Teilorten **Catalina** und **Batehaven** an der Mündung des Clyde River. Die Strände sind in wenigen Minuten vom Zentrum aus erreichbar, für Golfer mag der herausragende 27-Loch-Kurs des Catalina Country Club eine Versuchung wert sein. Natürlich wurde auch an der Australier liebstes Hobby, das Angeln, gedacht: Unzählige Bootsrampen und Angelgeschäfte sind vorhanden. Im **Birdland Animal Park** (*55 Beach Rd.,* ☎ *02-44725364, www.birdlandanimalpark.com.au, tgl. 9.30–16 Uhr, Erwachsene A$ 24, 2–15 Jahre A$ 12*) leben einheimische Tierarten wie Wombats, Koalas und Kängurus auf einem 8 ha großen Gelände. 10 km südlich von Batemans Bay liegt **Old Mogo Town** (Princes Hwy., www.goldrushcolony.com.au), die Rekonstruktion einer Goldgräberstadt aus dem 19. Jahrhundert.

Der Küstenabschnitt der **Eurobodalla Nature Coast** ist ungefähr 110 km lang und nach Süden hin recht dünn besiedelt. Das Klima ist, zumindest im Sommer, angenehm warm und ohne allzu kalte Winter. Im Hinterland dehnen sich der **Deua NP** und der **Wadbilliga NP** mit ansteigenden Berglandschaften, verschwiegenen Bächen und tiefgrünen Wäldern aus. Beide Parks sind kaum erschlossen. Nähere Informationen erteilt das NP-Office in Narooma. Weitere Buchten und Strände *Vogelschutz-* folgen südlich von **Narooma**. Die vorgelagerte Insel **Montague Island** ist ein ge- *gebiet und* schütztes Gebiet mit Seevögeln, Pinguinen, Seehunden und ein gutes Tauchrevier. *Tauchrevier* Walbeobachtungen sind Juli–Nov. möglich. Führungen werden vom NP-Büro in Narooma (36 Princes Hwy., ☎ 02-44762888) angeboten. Das beschauliche **Tilba Tilba** (21 km südlich von Narooma) ist für die Herstellung berühmter Käsesorten bekannt.

Reisepraktische Informationen Batemans Bay

i **Information**
Tourist Information Centre, *Ecke Prince Hwy./Beach Rd.,* ☎ *02-44726900, www.southcoast.com.au.*

Übernachten
Von allen südöstlichen Küstenstädten hat Batemans Bay das größte Übernachtungsangebot. In der Ferienzeit und an langen Wochenenden sind Unterkünfte oft ausgebucht.
Esplanade Motor Inn $$$$, *23 Beach Rd., Lincoln Downs Country Resort,* ☎ *02-44720200. Komfortables Hotel/Motel mit Restaurant.*
Shady Willows YHA $, *Ecke Old Princes Hwy./South St.,* ☎ *02-44724972. Jugendherberge mit angeschlossenem Campingplatz.*

Camping
East's Riverside Holiday Park, *Wharf Rd.,* ☎ *1800-132787, www.easts-riverside-holiday-park.nsw.big4.com.au. Gut ausgestatteter Campingplatz am Ufer des Clyde River. Cabins vorhanden.*
Murramarang Beachfront Nature Resort, *Banyandah St., South Durras (10 km nördlich),* ☎ *1300-795813, www.murramarangresort.com.au. Großzügiger Campingplatz direkt am Strand mit Kängurus und Possums, Pool, Mountainbike-Verleih und Restaurant.*

Sapphire Coast

Bermagui ist der nächste Küstenort abseits des Hwy., der sich in die Bergregionen landeinwärts begibt. Unter Sportfischern hat sich Bermagui einen Namen durch die alljährliche Jagd auf Marlins gemacht. Die Küstenstraße mit den Strandorten **Bermagui South**, **Tanja** und **Tathra** führt weiter nach Süden. Mit seiner lieblichen Hügellandschaft, den Kuhweiden und den aufragenden Bergen im Hinterland erinnert **Bega** und Umgebung sehr an mitteleuropäische Hügellandschaften. Die Milchwirtschaft ist der Stadt wichtigste Einkommensquelle. Meereszugang besteht bei Tathra Beach (18 km).

Merimbula und **Eden** sind die letzten größeren Städte vor Erreichen der NSW/VIC-Grenze. Beide Orte werden auch gerne von Victorians aufgesucht, die ihre freien Tage oder ihre Ferien im milden Klima der Ostküste verbringen. Nicht verpassen sollte man den Küstennationalpark **Ben Boyd** mit guten Stränden und einer Campingmöglichkeit. 15 km südlich von Eden führt die Passstraße Mt. Imlay Rd. (nicht geteert) in den landeinwärts gelegenen **Mt. Imlay NP**. Ein Wanderweg (6 km H/R) führt hinauf auf den Gipfel, von dem sich ein großartiger Panoramablick über das gesamte, sehenswerte Umland bietet. Die Imlay Rd. (geteert) ermöglicht die Verbindung zum Monaro Hwy.

Populärer Küstenort

Streckenhinweis
Eine gut ausgebaute Straße führt von **Genoa** (63 km südlich von Eden, Princes Hwy.) zum Feriendorf **Mallacoota** mit CPs, gutem Strand und Wanderwegen.

Mallacoota-Croajingolong National Park

Der 87.500 ha große NP erstreckt sich über 100 km entlang der Südostküste und zählt zu den **schönsten National Parks Victorias**. Die Landschaft hat sich, seit sie Captain James Cook 1770 zum ersten Mal sah, kaum verändert: Dicht bewachsene Farnwälder und unberührte Strände, die von felsigen Landvorsprüngen unterbrochen werden, lohnen die Fahrt an das Meer.

Dort, wo die Flüsse **Genoa**, **Wingan**, **Thurra**, **Cann**, **Bemm** und **Snowy River** in den Ozean münden, bilden breite Becken (Inlets), die häufig von Menschenhand völlig unberührt sind und mit ihren Granitbouldern großartige Fotomotive abgeben. Die Zufahrten erfolgen jeweils vom Princes Hwy. Für zahlreiche Pisten innerhalb des NP sind Allradfahrzeuge erforderlich. NP Campgrounds befinden sich bei Shipwreck Creek (Zufahrt über Mallacoota), Wingan Inlet (Zufahrt über Princes Hwy.), Mueller Inlet, Thurra River, Peachtree Creek/Tamboon Hicks (Zufahrt über Cann River).

Im Croajingolong National Park

Wandern
Thurra River Camp: Dunes Walk (Dünenwanderung), 4 km H/R.
Beach Walk: Thurra River – Mueller Inlet Strandwanderung, 4 km H/R.
Point Hicks Lighthouse: 4,5 km H/R.
Wilderness Coast Walk: Fernwanderweg über 100 km von Sydenham Inlet (westlicher Croajingolong NP) nach Wonboyn im Nadgee Nature Reserve (NSW).

Tipp: Point Hicks Lighthouse

Wer über den Monaro Hwy. in Cann River ankommt, sollte auf direktem Weg nach Süden die Küste bei Point Hicks ansteuern. Die Straße ist zwar nicht geteert, aber in gutem Zustand, sofern es nicht tagelang zuvor geregnet hat. Am Strand bei Thurra River befindet sich ein einfacher NP-Campground und der Ranger kassiert am Abend die Gebühren. Eine lohnende Wanderung führt zum Leuchtturm von Point Hicks. Von dort eröffnet sich ein fantastischer Küstenblick. Eine Plakette am Denkmal verweist auf Lieutnant Hicks, der an Bord von Captain Cooks „HMS Endeavour" als Erster dieses Land entdeckte.

Reisepraktische Informationen Mallacoota-Croajingolong NP

i Information

Mallacoota Tourist Information, *57 Maurice Ave.,* ☎ *03-51580788, www.mallacoota.com.au.*
Department of Conservation, *Princes Hwy., Cann River,* ☎ *03-51586351 oder 131963, www.parkweb.vic.gov.au. Informationen über den Croajingolong NP und Reservierung von Campingplätzen.*

🛏 Übernachten

Melaleuca Grove Motor Inn & Holiday Units $$$, *Ecke Genoa/Mirrabooka Rd.,* ☎ *03-51580407. Kleines Mittelklasse-Motel.*
Mallacoota Hotel/Motel $$, *Maurice Ave.,* ☎ *03-51580455, www.mallacoota hotel.com.au. Eher einfach ausgestattetes Motel.*
Point Hicks Lighthouse $$, *Point Hicks (im NP, ca. 20 km Schotterstraße ab Cann River),* ☎ *03-51560432, www.pointhicks.com.au. Großartiger Küstenabschnitt mit NP-Campground und Möglichkeit, im und unterhalb des Leuchtturms zu nächtigen. Reservierung erforderlich.*

⚠ Camping

Beachcomber CP, *85 Betka Rd.,* ☎ *03-51580233. Campingplatz in Strandnähe mit Cabins und On-Site Vans.*
Diverse **NP-Campgrounds** *innerhalb des National Parks.*

👉 Streckenhinweis

In **Bemm River** (Abzweig 64 km westlich von Cann River, mit CP) finden Angler im **Sydenham Inlet** ideale Bedingungen. 76 km westlich von Cann River erfolgt der Abzweig durch lichte Eukalyptuswälder nach **Cape Conran** (herrlicher Strand, mit CP und Cabins). Entlang der Küste gelangt man in das Städtchen **Marlo** (15 km südlich von Orbost/Princes Hwy., mit CP). Dort mündet der Snowy River in die **Tasman-See**.

Snowy River National Park

Der 95.290 ha große **Snowy River NP** schließt sich südlich an den Kosciuszko NP (NSW) an, in dessen Gebiet auch der Snowy River entspringt. Der Fluss, der bei Marlo ins Meer mündet, prägt den NP durch seine tiefen Schluchten und wilden Zuflüsse. Hauptattraktion ist im Norden die spektakuläre **Little River Gorge** und **McKillops Bridge** (250 m lang), unter der man an weißen Sandstränden baden kann (NP-Campground vorhanden). Die Brücke ist auch Ausgangspunkt für mehrere Wanderwege, die den Park durchziehen. Der Südteil mit den Raymond Falls ist von Buchan erreichbar (4-WD empfohlen). Bei ausreichendem Wasserstand werden Rafting-Touren auf dem Snowy River angeboten. Infos beim NP-Büro in Orbost.

East Gippsland Region

Das südöstliche Victoria wird durch die Seenplatte der Gippsland Lakes geprägt. Die zusammenhängenden Binnenseen **Lake King** und **Lake Wellington**, die von etlichen Flüssen aus der Gebirgsregion gespeist werden, sind nur durch den schmalen Küstenstreifen (**The Lakes NP** und **Gippsland Lakes Coastal Park/ Ninety-Mile-Beach**) vom Meer getrennt. Der Landstrich erhielt seinen Namen vom polnischen Forscher Paul Strzelecki, der den frühen NSW-Gouverneur Sir George Gipps als Namenspaten gewann. Nicht nur die Küste, auch das Inland ist durch den Steigungsregen im alpinen Hinterland außerordentlich fruchtbar. Rinderzucht und Molkereibetriebe bestimmen das Bild. *Seenplatte entlang der Küste*

Von wirtschaftlicher Bedeutung sind aber auch die immensen **Braunkohleflöze** im Latrobe-Valley, das sich von Moe bis Traralgon im Landesinnern erstreckt. Mächtige Kohlekraftwerke verfeuern die mit einem schlechten Brennwert ausgestattete Braunkohle und decken damit rund zwei Drittel von Victorias Energiebedarf.

Lakes Entrance

Prächtiger Ausblick Richtung Meer in Lakes Entrance/Metung

Lakes Entrance, ein lang gezogenes „Straßendorf", liegt dort, wo die 400 km² großen Seen ihren einzigen Berührungspunkt mit dem Meer haben. Durch eine Fußgängerbrücke besteht Zugang zum **Ninety Mile Beach**, schier endlosen Sandstränden. In Lakes Entrance ist **eine der größten Fischfangflotte** Australiens stationiert. Boots- und Angelausflüge werden von den Anlegestellen an der Esplanade angeboten. Dort befinden sich auch ausgezeichnete Fischrestaurants. Von **Jemmy's Point** (2 km westlich, Ortsausfahrt am Princes Hwy.) können die Seen und das Meer überblickt werden. 55 km nördlich befinden sich bei Buchan die **Buchan-Tropfsteinhöhlen** (tägliche Führungen). Im nahen Feriendorf Metung (20 km westlich) können Segelboote gemietet werden, um auf eigene Faust das Inlet kennen zu lernen. *Unter Anglern beliebter Ferienort*

Reisepraktische Informationen Lakes Entrance

Information
Tourist Office, *Ecke Marine Parade/Esplanade,* ☎ *03-90138363, www. lakesentrance.com.*

Übernachten
Bellevue on the Lakes $$$, *201 Esplanade,* ☎. *03-51553055, www.belle-vue lakes.com. Mittelklasse-Motel an der Flusspromenade.*

Camping
Echo Beach Tourist Park, *31-33 Roadknight St.,* ☎ *03-51552238, www. echobeachpark.com. Zentral gelegener Campingplatz, auch Cabins – einer von vielen in Lakes Entrance.*

Aktivitäten
Neben vielfältigen Möglichkeiten für **Angler** *und* **„Boaties"** *kann man auch selbst Segelschiffe und Motoryachten anmieten (z. B. Riviera Nautic, Metung,* ☎ *03-51562243, www.rivieranautic.com.au).*

Bairnsdale

Neben seiner Funktion für die regionale Landwirtschaft (Schafzucht, Milchwirtschaft, Forstwirtschaft) ist die Stadt (14.600 Ew.) vor allem ein wichtiger Durch-
Schönste gangsort für die Touristen der Gippsland-Seenplatte. Wenige Kilometer südlich
Flusstäler mündet der Mitchell River in den Lake King. Seine Flusstäler werden als die schöns-
Victorias ten Victorias bezeichnet.

Im **Krowathunkoolong Keeping Place**, einer interessanten Ausstellung über die Gunai-Aborigines der Gippsland-Region, werden Geschichte, Kunst und Kultur dargestellt (*37 Dalmahoy St.,* ☎ *03-51521891, Mo–Fr 9–17 Uhr*). Sehenswert ist außerdem die in Schiffsform gebaute und mit Deckengemälden versehene St. Mary's Church des italienischen Architekten Floriani.

Paynesville und Koalas auf Raymond Island

Der ruhige Ferienort Paynesville liegt 16 km südlich und bietet eine Reihe von Campingplätzen, Bootsrampen und ruhigen Stränden. Vor der Stadt liegt im Lake King die Insel **Raymond Island**, auf der rund 300 Koalas leben. Sie können auf Spaziergängen ohne Probleme in den Eukalypten erspäht werden. Eine Autofähre verkehrt tagsüber ständig zwischen Paynesville und Raymond Island (Fahrzeit 5 Min.).

Von Bairnsdale aus besteht auch die Möglichkeit, den nahen **Mitchell River NP** (28 km nördlich) zu besuchen. Die Schlucht des Flusses, die sich durch grüne Regenwälder windet, kann auf zahlreichen Wanderwegen erkundet werden. Die eher unscheinbare **Den Of Nargun-Höhle** (mit Wasserfall) wird mit einer Aborigine-Legende in Verbindung gebracht. Nähere Informationen zum NP sind im Bairnsdale Tourist Office erhältlich. Ein einfacher NP-Campground ist vorhanden.

Mit der Fähre nach Raymond Island

Sale

Sale ist Hauptstadt der **Gippsland-Region** und westlichster Punkt der Seenplatte. Vom Port of Sale werden die Erdöl- und Erdgasfelder vor der Küste von VIC versorgt. Raffinerien und Pipelines sorgen für Aufbereitung und Weitertransport. Im Central Gippsland Information Centre (Princes Hwy., www.gippslandinfo.com. au) erfährt man Näheres über die Stadt und die NPs der Umgebung. Über eine Stichstraße (33 km) erreicht man den lang gestreckten **Ninety Mile Beach**, **Golden Beach** und **Paradise Beach** mit dem Feriendorf **Seaspray**. Ein Teil davon ist wegen der sensiblen Dünenlandschaft und einer reichen Vogelwelt als Gippsland Lakes Coastal NP geschützt.

🖝 Streckenhinweis

Im weiteren Verlauf führt der Princes Hwy. auf direktem Weg nach Melbourne. Dabei werden das Kohlerevier Latrobe-Valley und ausgesprochen ländliche Gemeinden passiert, in denen auch Wein angebaut wird.

The Grand Ridge Road

Um in den Wilsons Prom NP zu gelangen, ist alternativ zum South Gippsland Hwy. die Fahrt über die Grand Ridge Rd. möglich (Hyland Hwy., Nr. 188, Abzweig in Traralgon). Die schmale, kurvenreiche Straße folgt den Holzfällerpfaden von 1880 und führt durch teilweise dichten Regenwald. Der **Tarra Bulga NP** ist mit seinen mächtigen Eukalypten ebenfalls einen Besuch wert.

Wilsons Promontory National Park

Von Sale führt der South Gippsland Hwy. nach **Foster** (124 km südwestlich). Rechts der wenig frequentierten Straße liegen die grünen Hügel der Strzelecki Range. Von Foster sind es weitere 63 km bis **Tidal River**, dem Zentrum des National Parks. Die nächste öffentliche Verkehrsanbindung besteht durch Busse der V/Line in Foster. Der Parkeintritt und die Campingplatzgebühren sind an der Zufahrtsstraße zu entrichten.

Wilsons Prom: Whiskey Bay

Wilsons Promontory N.P.

„The Prom", wie der Wilsons Promontory NP im Volksmund genannt wird, ist der bekannteste NP Victorias. Er markiert an seiner felsigen Südspitze den südlichsten Punkt des australischen Festlandes. Typisch für den 49.000 ha großen Park sind seine abfallende Granitküste, weite Strände, malerische Buchten und die **große Tier- und Pflanzenvielfalt**. Auf den zahlreichen Wanderwegen lässt sich trotz der Popularität des Parks eine **intakte Natur** mit Eukalyptusbäumen, kalt-gemäßigten Regenwäldern, Vögeln, Kängurus, Wombats und vielem mehr beobachten. Die Tiere sollten nicht gefüttert werden – Möwen und Papageien sind ohnehin schon aufdringlich genug.

Große Teile des NP sind unerschlossen bzw. können nur auf mehrtägigen Wanderungen erkundet werden. **Tidal River** ist der „Hauptort" (Visitor Centre, teurer Laden, Post) mit einem riesigen Campingplatz (500 Stellplätze), vielen Hütten und Cabins (mit je 2–6 Betten).

info

Ausflüge und Wanderungen im Park

- **Squeaky Beach – Picnic Bay** (3,6 km H/R): Wanderung von Tidal River an den beliebten Strand mit herrlichen Ausblicken auf die Granitfelsen der Küste. Picnic Bay verfügt auch über eine separate Autozufahrt. Großartige Granitboulder in Picnic Bay.
- **Mt. Oberon Walk** (6,4 km H/R): Bergwanderung ab Mt. Oberon Parkplatz mit bester Aussicht vom 558 m hohen Berg.
- **Mt. Bishop** (3,6 km H/R): Bergwanderung ab Lilly Pilly Gully Parkplatz auf den Mt. Bishop (319 m) mit guten Ausblicken auf den Park.
- **South East Point Walk** (36,8 km H/R, 5–6 Std. pro Weg): 2-Tage-Wanderung vom Mt. Oberon Parkplatz zum Leuchtturm im Südosten. Die eigentliche Südspitze ist durch den South Point Walking Track (Abzweig bei Roaring Meg Campsite) erschlossen. Der Leuchtturm kann bei Voranmeldung bestiegen werden.
- **Sealers Cove – Refuge Bay – Waterloo Bay** (36 km, 2–3 Tage): Rundwanderung in den Ostteil des Parks ab/bis Mt. Oberon Parkplatz. Für die NP-Campgrounds ist ein Permit des Rangers erforderlich.

Reisepraktische Informationen Wilsons Promontory

Information

Tidal River Visitor Centre, *Tidal River,* ☎ *03-56809555, www.parkweb. vic.gov.au. Im Besucherzentrum erhält man Informationen über Flora und Fauna des Parks sowie Wanderkarten.*

Übernachten

In den Schulferien (Dez./Jan., Osterferien und an „Long Weekends") ist es nur schwer möglich, eine Unterkunft auf dem riesigen Campingplatz (500 Stellplätze) in Tidal River zu bekommen. Eine frühzeitige Reservierung ist immer ratsam. Sollten die Unterkünfte im Wilsons Prom ausgebucht sein, kann man in **Foster** *(Hotels),* **Fish Creek/ Waratah Bay** *oder* **Yannacki** *(CP) übernachten.*

Comfort Inn Foster $$$, *South Gippsland Hwy., Foster,* ☎ *03-56822022, www. comfortinn.com. Foster ist das dem NP nächstgelegene Städtchen mit Hotels/Motels, falls im NP alles voll ist.*

Waratah Bay Country House $$, *Thomason Rd. (12 km südlich von Fish Creek), Waratah Bay,* ☎ *03-56832575. Ca. 50 km vom NP entfernt liegende B&B-Unterkunft.*

Camping

Yanakie Caravan Park, *390 Foley Rd., Yanakie,* ☎ *03-56871295, www. yanakiecaravanpark.com.au. Dem NP vorgelagerter Campingplatz, auch Cabins.*

Tidal River Cabins und Flats *(2–6 Personen), Tidal River,* ☎ *03-56809500. Neu ist das luxuriöse Wilderness Retreat, direkt im Park, eine luxuriöse Zelt-Lodge.*

Campingplatz, ☎ *03-56809555. Außerdem existieren entlang der Wanderwege einfache NP-Campgrounds (nur zu Fuß erreichbar).*

Hinweise

Bei den Stellplätzen haben nur wenige einen Stromanschluss. Sowohl Tagesbesucher als auch Übernachtungsgäste benötigen ein NP-Permit.

Streckenhinweis

Der South Gippsland Hwy. führt auf direktem Weg nach Melbourne (227 km). Die Dandenong Ranges und die Mornington Peninsula sind im Kapitel „Umgebung von Melbourne" beschrieben.

☞ Achtung!

Bei der Einfahrt nach Melbourne muss die Autobahngebühr (City Link Tollway) per Telefon/Internet und Kreditkarte bezahlt werden (☎ 02-132629, www.citylink.com.au). Es gibt keine andere Möglichkeit, da Mietwagen und Camper nicht über die elektronische Erfassungsplakette verfügen. Also besser vorher bezahlen, damit hinterher kein Strafzettel blüht.

Melbourne

Zur Geschichte der Stadt

Bereits vor über 175 Jahren begann die Planung Melbournes. Der Gründungsvater John Batman kaufte 1835 von den halbsesshaften Koories (südöstlicher Aborigine-Stamm) das Land und gründete die Gemeinde Melbourne. Die Besiedlung erfolgte im Gegensatz zu NSW nicht durch Sträflinge, sondern durch freie Einwanderer (davon viele Bauern). In den Folgejahren herrschten raue Sitten im südlichen Victoria: Spekulantentum und Betrügereien waren in der durch den Goldrausch boomenden Stadt an der Tagesordnung. *Goldrausch in Victoria*

1851 wurde Melbourne zur **Hauptstadt der Kolonie Victoria** ernannt. Die Goldfunde von Ballarat und Bendigo in der Hügellandschaft Victorias führten zu einem massiven Bevölkerungsanstieg. Bereits 1860 wurden über eine halbe Mio. Einwohner gezählt. Erst zehn Jahre später, nach dem Ende des Goldrauschs, fiel die Bevölkerungszahl unter die von Sydney.

In der geschützten **Port Philipp Bay** und der Mündung des **Yarra** Flusses wurde das großzügige Stadtzentrum mit seinem schachbrettartigen Straßenmuster angelegt. Die Errichtung vieler Grünanlagen und Parks im englischen Stil hat Melbourne den Namen „Gartenstadt" gegeben. Es heißt sogar, dass die Stadtplaner damals entschieden haben, die Straßen so breit zu bauen, dass Schafe darauf weiden können. Zumindest haben die weitläufigen Straßen die Einführung der **Straßenbahn** (Tram) sehr begünstigt, sie ist bis heute das beliebteste Verkehrsmittel der Einwohner. Viele von Melbournes alten Gebäuden entstanden infolge des Goldrausches. Die Vororte St. Kilda, South Yarra und Toorak zeigen besonders schöne Beispiele der damaligen Baukunst.

Melbourne war von 1901–1927 **Hauptstadt Australiens**, ein Tatbestand, der Sydney niemals vergönnt war. Die Metropole ist neben Sydney das wichtigste Finanz- und Handelszentrum Australiens und neue Heimat vieler Auswanderer. Als drittgrößte griechische Gemeinde der Welt (ca. 200.000 Ew.) und mit einer großen Anzahl an Italienern, Chinesen, Vietnamesen und Maltesern hat Melbourne internationales Flair. Die Einwohner-

Redaktionstipps

➤ Besuch der **National Gallery of Victoria** und des Melbourne Museum – für Kunstliebhaber und Freunde moderner Architektur ein Muss (S. 209).
➤ Am Abend einen Bummel über die lebhafte Lygon Street oder spielerisches Vergnügen im beeindruckenden **Crown Casino-Komplex** an der South Bank des Yarra River. An Bord der Straßenbahn (Colonial Tram Restaurant) lässt es sich außergewöhnlich zu Abend essen (S. 216).
➤ An einem schönen Sonnentag Fahrt mit der Straßenbahn nach **St. Kilda**, dem Badevorort von Melbourne. Rund um das Stadtzentrum fährt eine Gratis-Straßenbahn (City Circle Tram Route) (S. 211).
➤ Zu Zeiten der **großen Sportereignisse** „Australian Tennis Open" und „Formel 1" ist mit hohen Preisen für Übernachtungen und ausgebuchten Hotels zu rechnen.

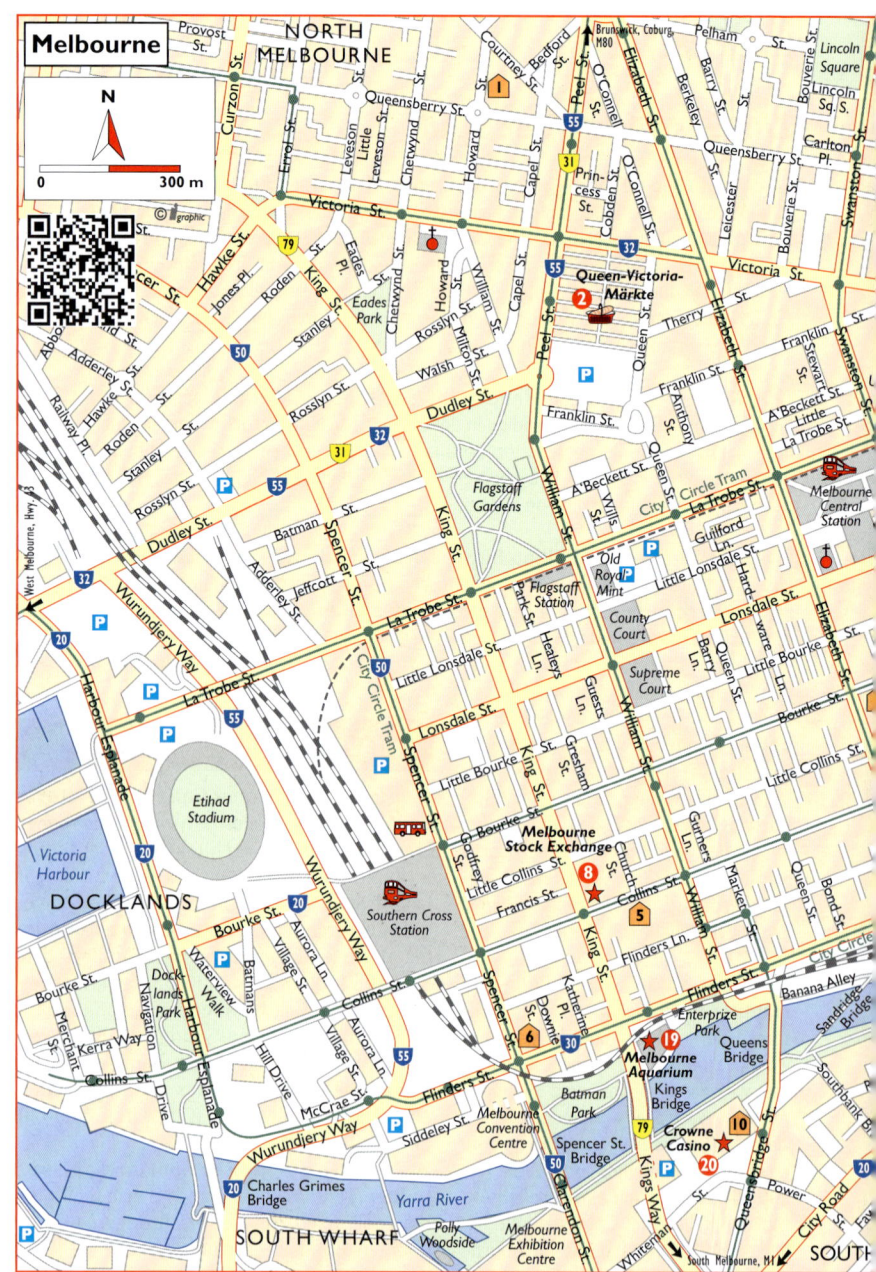

Unterkünfte

1 Melbourne Metro YHA
2 Downtowner on Lygon Hotel
3 Causeway Inn on the Mall
4 Hotel Lindrum
5 Intercontinental Melbourne at Rialto
6 Nomads All Nations Backpackers
7 Travelodge Southbank
8 Novotel St. Kilda
9 St. Kilda Coffee Palace Backpackers Inn
10 Crown Towers
11 The Windsor

Restaurants

1 Flower Drum
2 Young & Jackson's Hotel
3 Donovans

Sehenswürdigkeiten

1 Tourist Information
2 Queen-Victoria-Märkte
3 Old Melbourne Gaol
4 State Library of Victoria
5 Chinatown
6 State Parliament House
7 Old Treasury Building
8 Melbourne Stock Exchange
9 Town Hall
10 St. Paul's Cathedral
11 National Gallery of Victoria und Arts Centre
12 Performing Arts Museum
13 Royal Botanic Gardens
14 Melbourne Cricket Ground
15 National Tennis Centre
16 Captain Cook's Cottage
17 Melbourne Museum
18 Royal Exhibition Building
19 Melbourne Aquarium
20 Crown Casino

schaft setzt sich insgesamt aus über 140 Nationen zusammen. Heute ist Melbourne die zweitgrößte Stadt Australiens, im sogenannten Metropolitan Area leben 3,59 Mio. Einwohner – das sind rund 73 % der Bevölkerung von Victoria.

Melbourne hat sich im Laufe der Jahre zu einer **Kunst- und Kulturmetropole** entwickelt. Als Beispiel sei neben den Theatern und Galerien das Arts Centre genannt, das schon allein durch seinen enormen Umfang beeindruckt. Melbournes **Sportbegeisterung** findet am ersten Dienstag im November ihren alljährlichen Höhepunkt: Dann nämlich finden die Pferderennen um den **Melbourne Cup** statt. Der **Formel 1 Grand Prix** wird seit 1996 mit großem Erfolg und der entsprechenden Publicity alljährlich im März ausgetragen. 1956 war die Stadt Schauplatz der 16. Olympischen Sommerspiele. Es waren die ersten Spiele in der südlichen Hemisphäre, bis Sydney im Jahr 2000 folgte. Zusammen mit dem großen Casino- und Kongresszentrum ist Melbourne die Stadt der großen Veranstaltungen geworden. Neben Perth und Sydney zählt Melbourne zu den teuersten Städten Australien und nimmt wie diese einen Rang unter den Top Ten der teuersten Städte der Welt ein.

Highlight Melbourne Cup

Sehenswürdigkeiten

Melbourne ist durch die rechtwinklig angelegten Straßen in der Innenstadt recht einfach aufgebaut. Die meisten Sehenswürdigkeiten sind **zu Fuß** erreichbar – für die Stadtteile sind die **Straßenbahnen** eine wertvolle Hilfe.

Innenstadt

Melbourne Museum (17)
Der größte Museumskomplex der südlichen Hemisphäre wurde im Jahr 2000 eröffnet. Attraktionen sind die 30 m Forrest Gallery mit 82 Pflanzen- und 25 Tierarten, ein 19 m langes Blauwalskelett und das ausgestopfte legendäre Rennpferd Phar Lap. Gegenüber liegt das **Royal Exhibition Buliding (18)**, s. S. 211.
Melbourne Museum, *11 Nicholson St., nördlich des Stadtzentrums, Carlton,* ☎ *1300-130152, www.museumvictoria.com.au/melbournemuseum. Tgl. 10–17 Uhr, Erwachsene A$ 12, 3–16 Jahre Eintritt frei.*

State Library of Victoria (4)
Zentral in der Innenstadt befindet sich die State Library von 1856, die über den enormen Bestand von 12 Mio. Büchern, Manuskripten, Drucken und Zeitungen

 Tipp

Bei kostenpflichtigen Attraktionen (z. B. Aquarium) zuvor einen Blick in die Touristenbroschüren werfen, um in den Genuss der häufig angebotenen 10–20 % Ermäßigung zu kommen.

verfügt. Ausländische Zeitungen liegen ebenfalls aus.

State Library, *328 Swanston St.,* ☎ *03-86647000, www.slv.vic.gov.au. Mo–Do 10–21, Fr–So 10–18 Uhr.*

Old Melbourne Gaol (3)

Im alten Gefängnis der Stadt, das von 1841–1862 aus Basaltstein erbaut wurde, können das Leben und der Tod des berühmten Bushrangers Ned Kelly verfolgt werden.

Der Federation Square fällt auf Grund seiner Architektur auf

Old Melbourne Gaol, *377 Russel St. (gegenüber der Polizei),* ☎ *03-86637228, www.oldmelbournegaol.com.au. Tgl. 9.30–17 Uhr, Erwachsene A\$ 25, 3–15 Jahre A\$ 13,50.*

Ein Abstecher sollte zu den **Queen-Victoria-Märkten (2)** unternommen werden, die sich nördlich an die Innenstadt anschließen. Besonders an Wochenenden ist viel los, wenn Straßenmusikanten und Künstler für Stimmung vor der großen Markthalle sorgen. Am Südende der Swanston St. liegt der moderne **City Square**. Dort finden immer wieder Veranstaltungen und Demonstrationen statt. Das markante Gebäude am Platz ist die **Town Hall (9)** aus dem Jahre 1870.

An der Ecke Swanston St./Flinders St. steht die schöne **St. Paul's Cathedral (10)**. Der neugotische Bau wurde 1891 fertig gestellt. Leider geht der 95 m hohe Turm, wie so oft in Großstädten, zwischen den Hochhäusern regelrecht unter. Schräg gegenüber der Kathedrale befindet sich die imposante Flinders Street Station, von der aus Züge in die nähere Umgebung fahren. Der bekannteste (und mit der älteste) Pub der Stadt, Young and Jackson's Hotel, liegt gegenüber dem Bahnhof.

Imposante Fassade der Flinders Street Station

Gegenüber der Bahnstation befindet sich der **Federation Square** (www.fedsq.com). Die vom Melbourner Architekturbüro Bates & Smart entworfene Bebauung sticht optisch durch ihre Flächen und Winkelstellungen hervor. Unter der öffentlichen Plaza befindet sich ein großes Glasatrium. Am Federation Square befinden sich die **Tourist Information (1)**, Restaurants, Bars und Kinos.

Die Flinders Str. wird wegen des gebogenen Verlaufs des Yarra River auch „Banana Alley" genannt. Sie begrenzt das eigentliche Stadtzentrum nach Süden.

Melbourne Aquarium (19)

Folgt man der Flinders St. in Richtung Westen, so überqueren mehrere Brücken den Yarra River. Man gelangt auf Höhe des **Crown Casino (20)** (am südlichen Yarra-Ufer gelegen) zum Melbourne Aquarium, in dem Haie, Rochen, Pinguine und andere Meerestiere zu sehen sind.

Melbourne Aquarium, *Ecke Queenswharf Rd./King St. (Yarra River),* ☎ *03-99235999, www.melbourneaquarium.com.au. Tgl. 9.30–18 Uhr, Erwachsene A\$ 38, 4–15 Jahre A\$ 22, bei vorherigem Online-Kauf etwa 20 % günstiger.*

Melbourne Stock Exchange (8)

Etwas abseits des Rundgangs, in der parallel zur Flinders St. verlaufenden Collins St., kann man an der Börse das Finanzgeschehen Australiens beobachten. *(351 Collins St., für Besucher Mo–Fr 9–12 und 14–17 Uhr).*

Eines der schönsten Gebäude Australiens

Am anderen Ende der Collins Street. (Ecke Spring St.) steht das elegante **Old Treasury Building (7)**, ein neoklassizistischer Ziegelbau aus dem Jahre 1857, der als eines der schönsten Gebäude Australiens aus dem 19. Jahrhundert bezeichnet wird. In der Dauerausstellung sind die Geschichte des Goldrauschs und historische Momente in der Geschichte Victorias zu erleben. Daneben gibt es Raum für Wechselausstellungen.

Old Treasury Building, *20 Spring St.,* ☎ *03-96512233, www.oldtreasurybuilding. org.au. So–Fr 10–16 Uhr, Eintritt frei.*

Chinatown (5)

Wer die Chinatowns in den USA kennt, wird von der relativ kurzen und schmalen Little Bourke St. enttäuscht sein. Dennoch gibt es hier einige gute und preiswerte Restaurants sowie Geschäfte mit typischen Chinaimporten. In der Bourke St. befinden sich neben den unzähligen Geschäften der Fußgängerzone Bourke Street Mall das imposante **General Post Office** (Ecke Bourke/Elisabeth St.) und die hübsche Einkaufspassage Royal Arcade (Eingang Fußgängerzone).

State Parliament House (6)

Haus mit erdrückenden Ausmaßen

Am östlichen, höher gelegenen Ende der Bourke Street prangt das Landesparlament. Erbaut von 1856 bis 1892, war es von 1901–1927 Sitz des Bundesparlaments, bevor dieses nach Canberra umzog. Heute tagt darin das Landesparlament Victorias (Ober- und Unterhaus). Das Gebäude gilt als eines der schönsten neoklassizistischen Bauten Australiens und beeindruckt den Betrachter allein durch seine erdrückenden Ausmaße. Das reich verzierte Innere kann auf einer Führung besichtigt werden, ebenso können Sie Sitzungen des Unterhauses beiwohnen, die oft bis tief in die Nacht andauern.

State Parliament House, *Spring St.,* ☎ *03-96518568, www.parliament.vic.gov.au. Öffentliche Touren tgl. 9.30, 10.30, 11.30, 13, 13.30, 14.30, 15.30 und 16 Uhr. Während Sitzungstagen (dienstags): 9.30, 10.30 und 11.30 Uhr. Eintritt frei.*

Weihnachten in Melbourne – Carols by Candlelight

info

Australiens Klima und der australische Volkscharakter haben in Melbourne eine ganz neue Art des Weihnachtsfestes entstehen lassen: Carols by Candlelight – das Singen von Weihnachtsliedern bei Kerzenschein im Freien. Fast die gesamte Bevölkerung macht sich mit Kind und Kegel, Bier, Wein und Picknickkörben in die Stadtparks auf, um dort gemäß dem australischen Charakter zu singen und zu tanzen. Sobald es dunkel wird, ertönt eine Lautsprecherstimme und befiehlt „Light your candles now!“ – „Zündet jetzt eure Kerzen an!“ Und auf einen Schlag erleuchten tausende von Lichtern die Parkfläche, vom Fernsehen ins ganze Land übertragen

Weitere Museen

Die **Historic Royal Mint** (280 William St.) ist eine dokumentarische Ausstellung über die königliche Börse des späten 19. Jahrhunderts. Das **ANZ Banking Museum** (380 Collins St.) weist Interessenten in die Bankgeschichte Australiens ein. Philatelisten schließlich sollten sich **The Postmaster Gallery** (321 Exhibition St./Eingang La Trobe St.) mit ihrer großen Briefmarkenausstellung ansehen.

Rund um das Stadtzentrum

South Bank

Überquert man eine der Yarra-Brücken, so gelangt man zum Südufer des Yarra River, auf die South Bank mit ihren zahlreichen Restaurants, Einkaufszentren und dem imposanten **Crown Entertainment Complex (20)**. Dort befinden sich das Casino, das 5-Sterne-Crown-Hotel (Whiteman St.) und Konferenzzentren. Eindrucksvoll sind allabendlich zu jeder vollen Stunden die mächtigen Feuersäulen vor dem Casino. Den besten Blick genießt man vom **Eureka Tower**. Attraktion des

Die South Bank mit dem Yarra River

Gebäudes ist in der 88. Etage ein gläserner Würfel, der bis zu 3 m vor die Fassade gefahren werden kann, sodass man fast 300 m über dem Erdboden steht, einen fantastischen Ausblick und dabei das Gefühl hat, keinen Boden unter den Füßen zu haben. Zum Beweis, dass man sich tatsächlich in „The Edge" getraut hat, kann man sich bei dieser Mutprobe fotografieren lassen.

Eureka Skydeck, ☎ 03-96938888, www.eurekaskydeck.com.au. Tgl. 10–22 Uhr, Erwachsene A$ 19,50, 4–16 Jahre A$ 11.

National Gallery Of Victoria und Arts Centre (11)

Folgt man der St. Kilda Road ein Stück nach Süden, fällt der markante Turm des Victoria Arts Centre ins Auge. Der Komplex umfasst die vom australischen Architekten Sir Roy Grounds entworfene Nationalgalerie von 1968 und das große Kunst- und Kulturzentrum. Beeindruckend ist das größte Glasdach der Welt, das als Anbau nachträglich von Leonard French entworfen wurde. Kenner beschreiben das Museum als das beste und umfassendste der südlichen Hemisphäre. Es verfügt über eine umfangreiche Sammlung an Aborigine- und kolonialaustralischer Kunst. *Umfangreiche Sammlung an Aboriginal-Kunst* Sehenswert sind auch die Gemälde australischer Maler (Sidney Nolan, Russell Drysdale, Arthur Streeton), Werke von Henry Moore sowie Bilder von Picasso und Dürer.

National Gallery Of Victoria/Arts Centre, 180 St. Kilda Rd., ☎ 03-86202222, www.ngv.vic.gov.au. Tgl. außer Di 10–17 Uhr, Eintritt frei.

Volles Haus im Melbourne Cricket Ground

Im benachbarten **Performing Arts Museum (12)** (www.artscentremelbourne. com.au) wird eine umfangreiche Sammlung an Theaterrequisiten zur Schau gestellt. Jeden Sonntag findet ein großer Freiluftmarkt am Arts Centre statt.

Royal Botanic Gardens (13)

Der botanische Garten wurde bereits 1846, u. a. von dem deutschen Einwanderer Dr. Ferdinand Müller angelegt. Mit einer Fläche von 35 ha und über 10.000 Pflanzenarten zählt der Park zu den größten der Welt und ist ein beliebtes Naherholungsgebiet für die Melburnians. Eine „Australian Collection" zeigt die wichtigsten australischen Pflanzen.

Royal Botanic Gardens, *Birdwood Ave., South Yarra, ☎ 03-92522300, www.rbg.vic. gov.au. Tgl. 7.30–Sonnenuntergang, Eintritt frei.*

Im benachbarten **King's Domain Garden** (St. Kilda Rd.) steht der **Shrine of Remembrance**, ein tempelartiger Bau, der an die Opfer der Weltkriege, des Korea- und Vietnamkrieges erinnert. Der Turm kann bestiegen werden und bietet einen guten Blick auf die Stadt. Ebenfalls im King's Domain steht **La Trobe's Cottage**, das Haus des ersten Gouverneurs von Victoria. Das gesamte Haus wurde in Einzelteilen aus England 1839 per Schiff angeliefert.

Guter Ausblick auf die Stadt

Olympic Park

Die Swan-Street-Bridge führt zum Ostufer des Yarra in das sportliche Viertel Melbournes (Stadtteil Jolimont). Im Olympic Park befinden sich zahlreiche Sportstätten und Stadien sowie der **Melbourne Cricket Ground (14)** (mit dem National Sports Museum) und das **National Tennis Centre (15)**. Das Etihad Stadium, das Aussie Rules Football Stadion (AFL), befindet sich nur wenige Gehminuten von der Southern Cross Station entfernt auf der anderen Seite der Innenstadt (Docklands). **The National Sports Museum**, *☎ 03-96578879, www.nsm.org.au. Tgl. 10–17 Uhr, Erwachsene A$ 20, 5–15 Jahre A$ 10.*

In den Fitzroy Gardens wurde das Elternhaus von James Cook – **Captain Cook's Cottage (16)** – nach seinem Abbau in England originalgetreu wieder aufgebaut (*☎ 03-94194677, www.cookscottage.com.au, tgl. 9–17 Uhr. Erwachsene A$ 6, Kinder A$ 3*)

Stadtteile

Docklands
Im alten Hafen, nur 1 km westlich des Stadtzentrums (CBD = Central Business Distrikt) gelegen, entstand unter dem Namen Docklands ein völlig neuer Stadtteil. Auf einer Fläche von 200 ha entstand ein modernes Viertel aus Apartmenthäusern und Bürogebäuden. Die Docklands sowie die Einkaufsstraßen des **Harbour Town Shopping Centre** (Waterfront City) sind mit kostenlosen Straßenbahn „City Circle Line" erschlossen. Infos: www.docklands.com.

St. Kilda
In St. Kilda (Tram 15 und 16 ab Flinders Street Station) befindet sich der einzige Strand in City-Nähe, was den südlichen Stadtteil zu einem beliebten Ausflugsziel an Wochenenden macht. Im Verbund mit dem sonntäglich stattfindenden **Art and Craft Market**, Konzerten im Luna Park und dem **St. Kilda Festival** im Febr. (www.stkildafestival.com.au) ist die Szene ausgelassen und lebensfroh. Ein Bummel entlang der St. Kilda Beach Promenade sollte beim Melbourne-Besuch nicht fehlen.

Carlton
Im nördlich an die Innenstadt anschließenden Stadtteil Carlton befindet sich das 1880 erbaute **Royal Exhibition Building (18)** (Carlton Gardens) gegenüber des **Melbourne Museums (17)**, s. S. 206. Am 1. Januar 1901 wurde hier von dem späteren König Georg V. das erste Bundesparlament Australiens eröffnet, welches später in die Spring Street umzog. Von 1901–1927 tagte hier das viktorianische Landesparlament. In der lebhaften Lygon Street gibt's Restaurants und Kneipen. Das berühmte „Foster's"-Bier wird in der **Carlton & Unity Brewery** (16 Bourverie St., ☎ 03-93425511, www.fosters.com.au) gebraut.

Parkville
Rund 3 km nördlich des Stadtzentrums befindet sich der **Royal Melbourne Zoo**, einer der ältesten der Welt, eröffnet 1862. Der Besuch lohnt, da auf 22 ha Fläche u. a. Schnabeltiere, Koalas, Kängurus, Wombats, Schmetterlinge und viele Vogelarten *Im Zoo* gehegt und gepflegt werden. Wer Lust dazu hat, kann im Zoo sogar übernachten! *übernachten* **Royal Melbourne Zoo**, *Elliott Ave., Parkville,* ☎ *1300-966784, www.zoo.org.au. Tgl. 9–17 Uhr, Erwachsene A$ 30,80, 4–15 Jahre Eintritt frei am Wochenende, sonst A$ 13,60.*

Reisepraktische Informationen Melbourne

i Information

Melbourne Visitor Centre, 2 Swanston St., ☏ 03-96589658, www.visit melbourne.com, tgl. 9–18 Uhr. Informationen über die Stadt, Veranstaltungen, Restaurants und Hotels. Empfehlenswerte Broschüren sind: „Melbourne Official Visitor Guide", „This Week in Melbourne", und die Tageszeitung „The Age", www.theage.com.au.
Melbourne Visitor Booth, Bourke St., ☏ 03-96589658, Mo–So 9–17 Uhr.
Weiter **Infos** im Internet unter www.melbourne.citysearch.com.au, www.melbournetoday.com.au.
Department of Conservation and Environment, 240 Victoria Parade, ☏ 03-94124011, www.parkweb.vic.gov.au.

Konsulate

Deutsches Konsulat: 480 Punt Rd., South Yarra, ☏ 03-98646888.
Österreichisches Konsulat: 93 Nicholson St., Carlton, ☏ 03-93495999.
Schweizer Konsulat: 697 Toorak Rd., Kooyong, ☏ 03-98247527.

Wichtige Telefonnummern

Vorwahl von Victoria: 03
Telefonauskunft: 013 für Melbourne, 0175 für Australien, 0103 International.
Notruf: 000 (gebührenfrei).
Krankenhaus: Royal Melbourne Hospital, Grattan St., Parkville, ☏ 03-93427000.

Post

General Post Office (GPO), Little Bourke/Elizabeth St., ☏ 03-131318. Mo–Fr 8.30–17.30, Sa 9–17 Uhr.

Überregionale Verkehrsmittel

Flughafen: Vom internationalen Flughafen Tullamarine Airport (22 km nordwestlich der Stadt, www.melair.com.au) landen und starten sowohl internationale als auch nationale Flüge. Die Flughäfen **Essendon Airport** und **Moorabbin Airport** haben nur regionale Bedeutung.
Flughafenbus: Der Skybus (☏ 03-96707992, www.skybus.com.au) verkehrt rund um die Uhr von verschiedenen Haltestellen in der Stadt, meist unweit der Hotels. Haupthaltestelle ist der Coach Terminal in der Spencer St./Southern Cross Station. Preis A$ 18 einfach.
Taxi: Ein Taxi in die Innenstadt kostet ca. A$ 40–60 – je nach Rushhour (Ankunft morgens) kann es auch mehr werden.

Überlandbusse

Überlandbusse fahren ab und zur Southern Cross Coach Terminal, Spencer St. (www.southerncrossstation.net.au). Rund 300 Orte im Staat Victoria werden von V-Line per Bus oder Zug angefahren.
Greyhound: ☏ 03-96428562 oder 1300-473946, www.greyhound.com.au.
V/Line: ☏ 03-86085021 oder 1800-800007, www.vline.com.au.

Züge

Die Southern Cross Station (ehemals Spencer Street Station) ist der Hauptbahnhof für die Fernzüge.
The Overlander: *tgl. außer Mi/Sa Melbourne – Adelaide.*
Sydney Link: *tgl. Melbourne – Sydney.*
Sydney Express: *tgl. Melbourne – Sydney.*
Canberra Link: *tgl. Melbourne – Canberra.*
Innerhalb Victorias verkehrt **VicRail** *u. a. mit dem Gippslander (nach Bairnsdale, Ballarat, Ararata) und Great Northlander (Bendigo, Northland).*
Lokale und regionale Züge fahren ab/bis Flinders Street Station.

Fähre nach Tasmanien

Die **Spirit of Tasmania** *verkehrt regelmäßig von Melbourne nach Devonport und zurück. Die Fahrpreise schwanken je nach Kabinentyp, Fahrzeugtyp und Saisonzeit. Die Mitnahme von Campern und Mietwagen lohnt in der Regel nicht und muss vorher mit dem Vermieter geklärt werden.* **Transfer in Melbourne**: *Der Skybus bringt Passagiere vom Busterminal Southern Cross Station zum Fährhafen (Station Pier, Port Melbourne). Infos: www.spiritoftasmania.com.au.*

🚌 Öffentlicher Nahverkehr

Innerhalb der Stadt sind die Straßenbahnen, Züge und Busse der **PTV** *(Public Transport of Victoria) die beste Möglichkeit der Fortbewegung. Auf einen Mietwagen sollte mangels Parkplätzen verzichtet werden.*
Die **Straßenbahn** *mit den grünen und silbernen Wagen (die alten noch mit Holzsitzen) verkehren öfter als Busse, werden aber an Wochenenden teilweise von diesen ersetzt (unter gleicher Nummer und Streckenführung).*
Die **Vororte** *sind durch Busse und Züge mit der Innenstadt verbunden.*
Tickets: *Die Stadt ist in 2 Zonen eingeteilt: Zone 1 = Innenstadt, Zone 2 = mittlere und äußere Vororte. Zum Fahren benötigt man eine Myki „Smart-Card", die mit einem Geldbetrag aufgeladen wird, erhältlich überall dort, wo das „myki"-Logo vorhanden ist (Bahnstationen, alle 7-Eleven Geschäfte, Kioske). Die Abbuchung erfolgt automatisch beim ein- und aussteigen. Fährt man max. 2 Std., wird auch nur das 2-Std.-Ticket abgebucht (in Zone 1: A$ 3,58), darüber hinaus kommt das Tagesticket zum Einsatz (in Zone 1: A$ 7,16). Darüber hinaus ist das Myki Visitor Value Pack für A$ 14 erhältlich, das den Gegenwert eines Tagestickets, diverse Ermäßigungen und eine Info-Karte enthält. Infos: PTV Hub, Southern Cross Station, www.ptv.vic.gov.au.*

👉 Tipp

Gratis ist die **City Circle Tram** *(burgund-gold), die den ganzen Tag um das gesamte Stadtzentrum (CBD=Central Business District) fährt, tgl. 10–18 Uhr. Die Gratistour fährt zudem in die Docklands.*

Stadtrundfahrten

Der kostenlose **Melbourne Visitor Shuttle Bus** *stoppt an 13 Sehenswürdigkeiten der Stadt. Die Hop-On Hop-Off-Busse fahren täglich alle 30 Min. 9.30–16.30 Uhr, die komplette Rundfahrt dauert 90 Min. Haltestellen befinden sich unter anderem am Federation Square, William St., bei der Universität, beim Melbourne Museum. Ein Fahrplan ist im Visitor Centre oder unter www.thatsmelbourne.com.au zu finden.*

Sonstige Verkehrsmittel
Taxis
13CABS: ☎ *03-132227, www.13cabs.com.au.*
Silver Top: ☎ *03-131008, www.silvertop.com.au.*
Embassy: ☎ *131755, www.13cabs.com.au.*

Autoverleih
Alle großen Autovermieter haben Stationen in der Stadt und am Flughafen. Hinzu kommen noch einige lokale Anbieter, deren Einsatzbereich auf das Stadtgebiet beschränkt ist.
Avis, *20–24 Franklin St.,* ☎ *1800-225533, www.avis.com.au.*
Hertz, *97 Franklin St.,* ☎ *03-96636244, www.hertz.com.au.*
Thrifty, *390 Elisabeth St.,* ☎ *1300-367227, www.thrifty.com.au.*

Fahrradverleih: *Auf Fahrrädern können die Innenstadt, die Flussufer des Yarra und die Parks der Stadt erkundet werden. Eine Vermietstation befindet sich beispielsweise in St. Kilda, 150 Barkly St. (www.stkildacycles.com.au).*

Automobilclub
Royal Automobil Club of Victoria (RACV), *550 Princes Hwy., Noble Park North,* ☎ *03-131111, www.racv.com.au.*

Camper
Britz/Maui, *Central West Industry Park, Building 24, South Rd., Braybrook,* ☎ *03-83988855, www.britz.com.au.*
Apollo Camper, *189A South Centre Rd., Tullamarine,* ☎ *1800-777779, www.apollo-camper.com.*

 Autofahrer aufgepasst!

Melbourne Innenstadt: **Abbiegen**
Beim **Rechtsabbiegen** gilt in der Innenstadt (z. B. Elisabeth St.) eine Sonderregelung. Da die Straßenbahn fast immer Vorfahrt hat, muss an gekennzeichneten Kreuzungen beim Rechtsabbiegen zunächst am linken Fahrbahnrand gewartet werden. Ist der geradeaus fahrende Verkehr vorbeigefahren, kann nach rechts abgebogen werden.

Melbourne City Link Tollway: **Mautpflicht**
Wer mit dem Mietwagen/Camper nach Melbourne einfährt oder Melbourne verlässt, stößt auf der Autobahn (South Eastern Freeway und West Gate Freeway) zwangsläufig auf „mautpflichtige" Abschnitte. Australische Autofahrer werden elektronisch per „E-Tag" abkassiert. Touristen sollten einen Day-Pass kaufen, erhältlich bei der Post, am Flughafen, online unter www.citylink.com.au oder besser telefonisch unter ☎ 03-132629. Die Gebühr wird dann direkt von Ihrer Kreditkarte abgebucht. Es gibt keine Zahlstationen am Highway! Bei Nichtbeachten muss ein Bußgeld von etwa A$ 100 (zuzüglich A$ 50 Bearbeitungsgebühr des Vermieter) an den Vermieter bezahlt werden.

Organisierte Ausflüge

Ausflüge in die Umgebung Melbournes und Victorias werden u. a. von folgenden australischen Veranstaltern angeboten:

AAT King's, ☎ 03-96633377, www.aatkings.com. *Großes Angebot an Tages- und Mehrtagesausflügen.*

Bunyip Tours, *570 Flinders St.,* ☎ *1300-286947, www.bunyiptours.com. Großes Angebot an Tagestouren und mehrtägigen Touren in Kleingruppen, wie Great Ocean Road, Philipp Island oder Wilsons Prom.*

Magic Tours, ☎ *03-53420527, www.magictours.com.au. Deutschsprachige Kleingruppentouren Melbourne – Adelaide (sechs Tage), empfehlenswert, buchbar auch über Reiseveranstalter.*

Aussichtspunkt

Eureka Skydesk *im Eureka Tower: gigantischer Blick aus einer Höhe von 285 m Höhe auf die gesamte Stadt (s. S. 209, www.eurekaskydesk.com.au).*

Hotels/Motels

Als Finanz- und Handelsmetropole Australiens hat Melbourne eine sehr große Auswahl an Hotels und Motels aller Kategorien. Während es am Wochenende i. d. R. keine Kapazitätsprobleme gibt, kann es unter der Woche aufgrund von Kongressen oder Messen zu Engpässen kommen. Wie in allen Großstädten Australiens empfiehlt sich eine Vorausbuchung. Sehenswert sind vor allem die altehrwürdigen Luxushotels der Stadt (The Windsor, Intercontinental Melbourne at Rialto), die neben der Architektur auch besten Service bieten.

In den Stadtteilen Carlton, St. Kilda und South Yarra kann im Allgemeinen mit günstigeren Übernachtungspreisen als im Stadtzentrum gerechnet werden. In Melbourne gibt es eine breite Auswahl an Budgetunterkünften (Innenstadt, St. Kilda). Von St. Kilda werden von vielen Hostels Transfers in die Stadt angeboten. Alle Hotels der gehobenen Kategorie verfügen über Restaurants und Bars.

Intercontinental Melbourne at Rialto $$$$$ **(5)**, *495 Collins St.,* ☎ *03-86271400, www.melbourne.intercontinental.com. „Melbourne's Finest Hotel" wurde unter Aufsicht des National Trust gebaut. Zwei Gebäude aus dem 19. Jahrhundert sind durch ein Glasatrium miteinander verbunden und bieten modernsten Komfort.*

Crown Towers $$$$$ **(10)**, *8 Whiteman St., Southbank,* ☎ *1800-811653, www. crowntowers.com.au. Luxushotel oberhalb des Casino-Komplexes.*

The Windsor $$$$$ **(11)**, *111 Spring St.,* ☎ *03-96336000, www.thehotelwindsor. com.au. Das 1883 eröffnete Haus gehört zu den ersten Adressen in Melbourne – bester viktorianischer Stil.*

Hotel Lindrum $$$$ **(4)**, *26 Flinders St.,* ☎ *03-96681111, www.hotellindrum.com. au. Schönes Boutique-Hotel in zentraler Lage.*

Downtowner on Lygon Hotel $$$ **(2)**, *66 Lygon St., Carlton,* ☎ *1800-800130, www.downtowner.com.au. Gutes Mittelklasse-Hotel im Herzen der Lygon St.*

Causeway Inn on the Mall $$$ **(3)**, *327 Bourke St.,* ☎ *1800-650688, www. causeway.com.au. In der Fußgängerzone gelegenes Hotel – nicht für Autofahrer geeignet, da keine Parkplätze vorhanden.*

Travelodge Southbank $$$ **(7)**, *9 Riverside Quay, Southbank,* ☎ *1300-886886, www.travelodge.com.au. Mittelklasse-Hotel in guter Qualität am Südufer des Yarra.*

In St. Kilda

Novotel St. Kilda $$$$ (8), 16 The Esplanade, ☎ 1300-6688, www.novotelstkilda.
com.au. Strandhotel der gehobenen Kategorie.

Hinweis
Hotelpreise in Melbourne

Deutlich höhere Übernachtungspreise (bis zu 100 % Zuschlag) gelten während der Australian Tennis Open (Jan.) und zum Formel 1 Grand Prix (März). Es gilt, das Hotel rechtzeitig zu buchen, wenn man an diesen Top-Ereignissen teilnehmen will.

Jugendherbergen/Backpacker-Hostels

Melbourne Metro YHA $ (1), 78 Howard St., North Melbourne, ☎ 03-
93298599, www.yha.com.au. Moderne Jugendherberge mit Doppel-, Einzel- und Mehrbettzimmern, ca. 10 Gehminuten zum Melbourne Busterminal.
Nomads All Nations Backpackers $ (6), 2 Spencer St., ☎ 03-96201022, www.
nomadsworld.com.
Im Strandvorort **St. Kilda** haben sich die meisten Backpacker-Hostels angesiedelt. Die
Preise beginnen bereits bei A$ 15 pro Nacht für ein Bett, Doppelzimmer können jedoch
leicht bis A$ 50 kosten. Die Szene verändert sich durch Neueröffnungen und Besitzer-
wechsel sehr schnell.
St. Kilda Coffee Palace Backpackers Inn $ (9), 24 Grey St., ☎ 03-95345283,
www.coffeepalacebackpackers.com.au.

Camping

Melbourne Holiday Park (Big4), 265 Elisabeth St., Coburg East (ca. 10 km
nördlich), ☎ 1800-802678, www.melbournebig4.com.au. Sauberer CP mit Pool, auch Cabins. Bus- und Straßenbahnverbindung in die Innenstadt. Zur Zeit von Großereignissen
(z. B. Formel 1 Grand Prix) empfiehlt sich auch für den Campingplatz eine frühzeitige Reservierung. Cabins ab A$ 100/Nacht, Powered Site (mit Strom) ab A$ 60/Nacht.

Restaurants

Die Gastronomie der Stadt umfasst über **3.000 Einkehrmöglichkeiten**, die
über 70 verschiedene Länder repräsentieren. Chinesen findet man vor allem in der Little
Bourke St. (Melbournes Chinatown), Italiener in der Lygon St. (Stadtteil Carlton), Griechen
in der Lonsdale St. und Swan St., Spanier und Portugiesen in der Johnston St. (Stadtteil
Fitzroy), Asiaten in Richmond (Victoria St. zwischen Church St. und Hoodle St.). Fisch und
Meeresfrüchte erhält man in bester Auswahl im Stadtteil St. Kilda, für den **Mittags-
imbiss** bieten sich „Food Malls" in Kaufhäusern an. Sehr gut ist die Auswahl entlang der
Southbank. Wer vom Casino am Abend die Uferpromenade des Yarra (Südufer) entlang-
schlendert, findet garantiert ein passendes Restaurant.
Bei der Restaurantwahl helfen vor allem die Tagespresse („The Age", „Herald Sun") in der
Donnerstags- und Sonntagsausgabe sowie www.melbourne.citysearch.com.au.

Colonial Tramcar Restaurant, ☎ 03-96954000, www.tramrestaurant.com.au.
Restaurantwagen einer Straßenbahn von 1927 mit guter Küche, Reservierung notwendig.
Flower Drum (1), 17 Market Lane, ☎ 03-96623655, www.flower-drum.com. Nach
Ansicht von bekannten Gourmets das beste Chinarestaurant der Stadt – Reservierung ist
zwingend nötig.

Young & Jackson's Hotel (2), *1 Swanston St. (gegenüber Flinders Street Station),* ☎ *03-96503884, www. youngandjacksons.com.au. Günstige Mahlzeiten und gute Pub-Atmosphäre am Abend.*

Donovans (3), *40 Jacka Boulevard, St. Kilda,* ☎ *03-95348221, www.donovans house.com.au. Hervorragendes Seafood-Restaurant mit Blick auf die Port Phillip Bay.*

Besondere Speisung: unterwegs im Tramcar Restaurant

▼ Unterhaltung

Über **Veranstaltungen** *und* **Vorführungen** *gibt Melbournes größte Tageszeitung „The Age" in der Freitagsausgabe Auskunft, „Herald Sun" in der Donnerstagsausgabe. Daneben liefert die Gratisbroschüre „Melbourne Official Visitors Guide" und das Internet (www.melbourne.citysearch.com.au) aktuelle Informationen.*

Theater- und Konzertkarten *sind telefonisch (mit Kreditkarte bei späterer Abholung) über Ticketmaster (☎ 136122/Sportereignisse, 136166/Theater und Musik) oder bei Half Tix (nur Karten für Vorstellung am gleichen Abend, Melbourne Town Hall, Eingang Swanston St.) erhältlich. Alternativ: www.ticketmaster.com.au oder www.halftixmel bourne.com.*

Theater

Melbournes „Arts Precinct" befindet sich am Südufer des Yarra an der St. Kilda Rd.: Das **Victorian Arts Centre** *(100 St. Kilda Rd., www.artscentremelbourne.com.au) ist das Zentrum des kulturellen Lebens. Es besteht aus* **vier Theatern** *(Melbourne Concert Hall, State Theatre, Playhouse, George Fairfax Studio) und der* **National Gallery of Victoria**. *Von weitem ist das Arts Centre schon an seinem charakteristischen, 115 m hohen Turm zu erkennen, der 1984 gebaut wurde. Geführte Rundgänge in die Welt des Theaters finden Mo–Sa um 11 Uhr statt (A$ 20). Im Komplex befinden sich außerdem die* **Melbourne Concert Hall** *und das* **Theatre Building**.

Sidney Myer Music Bowl, *King's Domain, Alexandra Ave. Das offene Rund des Stifters und Kaufhausmagnaten Myer wurde 1959 eröffnet. Es finden Konzerte aller Art darin statt, Nov. und April auch Gratisvorstellungen.*

Kino und Film

Während des Melbourne Film Festival (www.miff.com.au) im Juni schlagen die Herzen der Kinofans höher. Die großen Kinozentren der Stadt befinden sich in der Bourke St. (Hoyts Cinema Centre, Village Cinema Centre, Midcity Cinema) und der Russell St. (Russel St. Cinema). Daneben existiert eine Fülle kleinerer Theater und Programmkinos.

Casino

Das **Crown Resort & Casino** *(Southbank) ist das größte Casino Australiens und täglich 24 Std. geöffnet. Am Südufer des Yarra (South Banks) befinden sich neben dem Kasino große Kongresseinrichtungen (Convention Centre), ein 5-Sterne-Hotel und das Einkaufszentrum* **Southgate Shopping Centre**.

Bars, Pubs und Livemusik

sind in allen Stadtteilen zu finden, vor allem in North Melbourne, Carlton, Fitzroy und St. Kilda. Das ausführliche Programm der vielen Auftritte erfährt man aus der Tagespresse oder Szeneblättern, wie z. B. „Beat", „Inpress" und „Storm". Empfehlenswert sind (je nach Programm):

Charles Dickens Tavern, *290 Collins St.,* ☎ *03-96541821, altenglischer Pub.*

The Club, *132 Smith St., Collingwood,* ☎ *03-94174039, Livemusik mit Aussie-Bands Fr und Sa.*

Bridge Hotel, *642 Bridge Rd., Richmond,* ☎ *03-94295734, www.thebridgehotel.com. au, klassischer Jazz-Pub.*

Limerick Arms Hotel, *364 Clarendon St.,* ☎ *03-98100052, www.limerickhotel. com.au, Pub von 1855.*

The Esplanade Hotel, *11 The Esplanade, St. Kilda,* ☎ *03-95340211, www.espy.com. au, seit vielen Jahren eine bekannte Größe in Melbourne – direkt an der Esplanade, mit Biergarten und jeder Menge Livemusik.*

Aktivitäten

Alljährlich im März findet das **Moomba-Festival** *statt, Australiens größtes Outdoor-Festival mit kostenlosen Veranstaltungen in den Alexandra Gardens am Yarra River.*

Tennis: *Wer auf den Spuren von Boris Becker und Steffi Graf im Melbourne Park (Batman Ave./Yarra Ufer,* ☎ *03-92861600) wandeln möchte, darf dies zwar nicht auf dem Centre Court tun, dafür aber auf den 20 öffentlichen Plätzen nebenan (nach Anmeldung). Die* **Australian Open** *(www.ausopen.org) finden dort alljährlich im Januar statt.*

Football: *Die Footballspiele der AFL-Liga (Australian Football League, www.afl.com.au) finden März–Sept. im Etihad Stadium statt und enden mit dem „Grand Final" in Melbourne am letzten Samstag im Sept. – für echte Fans ein Nationalfeiertag.*

Cricket: *Der andere Nationalsport kann Nov.–März im großartigen Melbourne Cricket Ground (www.mcg.org.au, „The G", Yarra Park) verfolgt werden. Dem Stadion ist das National Sports Museum (www.nsm.org.au) angeschlossen, das von allerlei Trophäenjägern und den Olympischen Spielen 1956 zu berichten weiß.*

Pferderennen: *Das berühmteste Pferderennen des Kontinents, der Melbourne Cup (www.melbournecup.com), findet jedes Jahr am ersten Dienstag im Nov. am Caulfield Racecourse statt – in Victoria ein offizieller Nationalfeiertag.*

Formel 1: *Im März lockt in Albert Park der Formel 1 Grand Prix (www.grandprix.com. au) über 100.000 Besucher einem 3-tägigen Motorsport-Festival an.*

Einkaufen

Geschäftszeiten: *Mo–Do/Sa/So 10–18, Fr 10–21 Uhr. Banken Mo–Fr 9.30–16.30 Uhr.*

Einkaufszentren/Shopping Malls

Die Haupteinkaufsstraßen sind die Bourke Street, Elisabeth Street und Swanston Street im **Herzen der Stadt**. *Zwischen Elisabeth und Swanston Street befindet sich die* **Bourke Street Mall** *– die Fußgängerzone Melbournes mit den großen Kaufhäusern David Jones und Myers. Gegenüber der Post befindet sich die* **Galleria Shopping Plaza** *mit weiteren Geschäften. Sehenswert ist das große Einkaufszentrum* **Melbourne Central** *mit einer riesigen Glaskuppel und 170 Geschäften (zwei Blocks von Lonsdale bis Latrobe St.).*

Das **Southgate Shopping Centre** *am Südufer des Yarra ist Teil des großen Hotel-und Casinokomplexes und bietet Tag und Nacht eine Fülle von Einkaufs- und Einkehrmöglichkeiten.*

Einkaufsarkaden *mit hübschen kleinen Läden sind die* **Block Arcade** *(zwischen Little Collins St. und Elisabeth St.) und die* **Royal Arcade** *(zwischen Little Collins St. und Bourke Street Mall).*

Souvenirs
Aboriginal-Kunst ist im Süden des Kontinents eher Mangelware. Die beste Adresse ist die **Aboriginal Gallery of Dreamings**, *11–15 Christensen St., Cheltenham (www.abori ginalgalleryofdreamings.com). Eine bessere Auswahl findet man eher in Alice Springs, Darwin oder Cairns.*

Mode-Boutiquen *namhafter australischer Designer findet man im Einkaufszentrum* **Australia On Collins** *(121–260 Collins St.) und im Nobelviertel* **South Yarra**. *Im* **Como Centre** *(Ecke Toorak/Chapel St.) und der* **Jam Factory** *(500 Chapel St., South Yarra) gibt es eine Riesenauswahl an kleinen Spezialgeschäften – Einheimische nennen den Ortsteil der Stadt wegen seiner vielen Boutiquen auch „Paris End".*

Märkte
Über den historischen Queen Victoria Market, der ein ganzes Straßenviertel im Nordwesten (Queen St./Franklin St.) einnimmt, kann vorzüglich gebummelt werden. An Wochentagen werden frische Lebensmittel (Obst, Gemüse, Fleisch, Fisch usw.), an Wochenenden Souvenirs und allerlei Waren an 600 Ständen feilgeboten. Vor den Hallen treffen sich Straßenkünstler und Musikanten. (513 Elizabeth St., ☎ 03-93205822, www.qvm.com. au. Di–Do 6–14, Fr 6–17, Sa 6–15, So 9–16 Uhr)

Strände
Als Hafenstadt hat Melbourne außer dem Strand von St. Kilda nur wenig schöne Beaches zu bieten. Wer über ein Fahrzeug verfügt, sollte gen Süden auf die Mornington-Halbinsel fahren.

Bummeln unter den Arkaden des Queen Victoria Market

Melbourne und Umgebung

Umgebung von Melbourne

Mornington-Halbinsel

Naherholungs-gebiet für Melburnians

Die Halbinsel im Süden Melbournes bildet die Ostküste der **Port Phillip Bay**. Sie ist ein wichtiges Naherholungsgebiet für die Melburnians an Wochenenden und in den Ferien. Beide Seiten der Halbinsel verfügen über schöne Strände: Die an der Port Phillip Bay sind eher ruhig (und leider auch schmutziger), die der Western Port Bay und an der Bass Strait verwöhnen Surfer mit guter Brandung.

Mornington

Mornington (55 km südlich von Melbourne) entstand bereits sehr früh, als die ersten Städter ihre Feriendomizile außerhalb Melbournes errichteten. Viele der alten Häuser, z. B. das **Old Post Office Museum** von 1863, sind heute zu besichtigen und unterstehen dem Denkmalschutz des National Trust.

👁 Tipp
Aussichtspunkt

Der beste Aussichtspunkt der Halbinsel ist **Arthur's Seat** (305 m). Der Berg kann entweder zu Fuß, mit einem Sessellift oder mit dem eigenen Fahrzeug von Dromana aus erklommen werden.

Die Mornington-Halbinsel ist allein schon wegen der Natur einen Besuch wert

Der Süden der Halbinsel

Die „Schleife" in den Süden lohnt in zweierlei Hinsicht: Zum einen tangiert man die Western Port Bay mit der **Coolart Reserve** (sehenswerte Gärten und Häuser), zum anderen erreicht man Cape Schanck am Südzipfel und den **Point Nepean National Park**. Die Dünen- und Klippenlandschaft wurde aufgrund der Erosionsgefährdung zum NP erklärt, Besucher müssen sich an die gut beschilderten Wanderpfade halten. Empfehlenswert ist der Bushrangers Bay Track (ab Cape Schanck) und der Coppins Track (ab Sorrento Ocean Beach). Der **Leuchtturm** von Cape Schanck steht in den Sommermonaten zur Besteigung offen und beherbergt ein kleines Museum. Wer will, kann im Cottage übernachten (www.capeschancklight house.com.au).

Sorrento

Sorrento ist die älteste Ansiedlung der Halbinsel. Bereits 1803 gingen hier die ersten Siedler an Land. Die Stelle ist als **„Collins Settlement Historic Site"** markiert und mit einigen Schautafeln versehen. Sorrento ist mit seinen guten Stränden heute ein populärer Badeort. Das **Marine Aquarium** verfügt über ein Wasserbecken mit über 200 Fischarten und Seehunden. Im Hafen werden Bootsfahrten zu den Delfinen vor der Küste angeboten (z. B. www.moonrakercharters.com.au). *Altes Ansiedlung*

Portsea

Der äußerste Westen der Mornington Peninsula lockt noch einmal mit tollen Stränden und guten „Surfs". Es sei dabei jedoch warnend an den früheren Prime Minister Harold Holt erinnert, der 1967 am Cheviot Beach in eine Strömung geriet und ertrank. Das Gebiet an der Westspitze mit dem **Fort Nepean** ist zum National Park erklärt worden. Die Befestigungsanlagen wurden bereits Mitte des

Tipp: Melbourne rechts liegen lassen

Wer von **Sydney** nach **Adelaide** unterwegs ist, kann die riesige Metropole Melbourne aussparen, indem wie folgt gefahren wird: Wilsons Promontory – Mornington Halbinsel – Fähre Sorrento – Queenscliff – Geelong – Great Ocean Road.

Fähre
Die moderne Autofähre „MV Queenscliff" fährt täglich etwa im Std.-Rhythmus von Sorrento nach Queenscliff (www.searoad.com.au).

Überreste des alten Forts am Point Nepean

19. Jahrhunderts zum Schutz der Stadt Melbourne errichtet. Im Ersten Weltkrieg wurde das deutsche Frachtschiff „Pfalz" von dort aus beschossen, kurz nachdem Australien (im Gefolge Englands) den Deutschen den Krieg erklärt hatte. Der Ausflug (6 km hin und zurück, Fußweg) lohnt, da die Festung noch relativ gut erhalten ist und die **intakte Küsten- und Dünenlandschaft** einfach schön ist.

Yarra Valley

60 km nordöstlich von Melbourne liegen einige der bekanntesten Weinanbaugebiete Victorias: Die besten Güter befinden sich im Bereich von **Yarra Glen**, **Healesville**, **Marysville**, **Seville** und **Lilydale**. Als Tagesausflug sollte man sich auf das Yarra Valley entlang des Maroondah Hwy. beschränken.

Weinbau im Yarra Valley

Bekannt für gute Weine
In der landschaftlich schönen Gegend mit bewaldeten Hügeln, Buschland und gepflegten Parks haben sich über 80 Winzer der Rebenzucht verschrieben. Berühmt ist DeBortoli (Pinnacle Lane, Dixons Creek), Fergusson's Winery (Wills Road, Yarra Glen), Domaine Chandon (Green Point, Maroondah Hwy., Coldstream) oder Eyton on Yarra (Maroondah Hwy., Coldstream). Die meisten der Weingüter führen auch hervorragende Speiserestaurants.

Healesville Sanctuary
Der 1921 von Sir Colin Mackenzie gegründete Wild- und Naturpark beeindruckt durch seine Größe und Vielfalt. Die Freigehege bieten einen hervorragenden Anschauungsunterricht in australischer Flora und Fauna.
Healesville Sanctuary, *Badger Creek Rd.,* ☎ *1300-966784, www.zoo.org.au/healesville. Tgl. 9–17 Uhr, Erwachsene A$ 30,80, 4–15 Jahre Sa und So frei, sonst A$ 13,60.*

Weingüter in Victoria

info

Der Anbau von Wein hat im Bundesstaat Victoria bereits eine lange Tradition. Auf der Mornington Halbinsel und rund um Geelong begannen Siedler bereits Mitte des 19. Jahrhunderts damit, Reben zu pflanzen. Weitere Gebiete folgten: das **Yarra Valley**, die **Macedon Ranges**, das victorianische Hochland (**High Country**), das Gebiet um die **Grampians** oder das nördliche **Goulbourn Valley** blicken zwar auf eine kurze Geschichte zurück, produzieren jedoch hervorragende Weine. Neben den beliebten Shiraz-Rotweinen werden vor allem Cabernet- und Chardonnay-Weine produziert. Im noch relativ jungen Weinbaugebiet am Murray River, das sich die Staaten South Australia, New South Wales und Victoria teilen, wird bereits über die Hälfte der australischen Trauben geerntet. In vielen Weingütern Victorias kann der Reisende nicht nur Wein kosten, sondern auch in traditionsreicher Atmosphäre speisen und schlafen.

Dandenong Ranges

Ein weiterer Tagesausflug bietet sich in den **Dandenong Ranges National Park** an. Das relativ überschaubare Gebiet stellt eine Berg- und Hügellandschaft 35 km östlich von Melbourne dar. Auf Wanderungen in den Wäldern der Dandenongs lassen sich Koalas, Wombats, Leierschwänze, Kookaburras und andere Vogelarten beobachten.

☞ Streckenhinweis

Die Fahrt in die Blue Dandenongs führt über den Burwood Hwy. (Hwy. 26) nach Osten. Zunächst passiert man den Ferntree Gully National Park (Ferntree Gullies = farnbewachsene, kleine Schluchten) und den Sherbrooke Forest, wo einige der größten Hartholzbäume der Welt (Mountain Ash Tree, Mountain Grey Gum, Sassafra und Blackwood) wachsen. Die Straße führt direkt durch die Baumriesen hindurch.

Belgrave und Emerald

Der kleine Ort Belgrave ist als die Heimat Australiens ältester Dampflokomotive, die den berühmten **Puffing Billy-Zug** (www.puffingbilly.com.au) antreibt, weit über seine Grenzen hinaus bekannt. Die Schmalspur-Dampfeisenbahn beginnt ihre 13 km lange Tour an der Belgrave Station, dann geht es durch tiefgrüne Farnwälder und über Holzbrücken (vorbei am Cardinia Reservoir) nach Emerald Lake Park.

Australiens älteste Dampflokomotive

Dandenong Ranges National Park

Auf dem Rückweg über die Maroondah Tourist Road lohnt bei gutem Wetter die Fahrt auf den 630 m hohen **Mt. Dandenong**, der Teil des Dandenong Ranges NP ist. Der kleine NP ist ein beliebtes Ausflugsziel und verfügt über einige sehr gute (rollstuhltaugliche) Wanderwege. Vom Berg aus genießt man bei klarem Wetter den Blick auf die Skyline Melbournes und die Port Phillip Bay. Im National Park gibt es Picknick-Einrichtungen. Kein Camping.

Phillip Island

Streckenhinweis

Mit dem Auto folgt man von Melbourne dem South Eastern Freeway (Hwy. 1) in Richtung Dandenong und weiter auf dem Hwy. 180/181 und die 420 über Cranbourne, Tooradin, Bass und San Remo nach Phillip Island – insgesamt 137 km Autokilometer und ca. 2 Std. Fahrzeit. Vom Küstenort San Remo führt eine 640 m lange Brücke auf die Insel zum Eingangsort Newhaven.

Phillip Island: beliebtes Ausflugsziel

Die 101 km² große Insel (129 km südöstlich) stellt wegen ihrer besonderen Flora und Fauna sowie guten Stränden ein beliebtes Ausflugsziel dar, ist aber auch aufgrund der bestehenden **Motorrad-Rennstrecke** sehr populär (Super Moto GP im April). Phillip Island wurde nach dem Vizeadmiral Arthur Phillip benannt, der die Insel gemeinsam mit George Bass im Jahr 1798 entdeckte. Bis 1820 war die Insel ein wichtiger **Militärstützpunkt**, später ein Ort für Seehund- und Walfänger. Bis in die heutige Zeit werden Schafe gezüchtet.

Auf der Insel angekommen, erreicht man über eine Brücke die nordwestlich von Newhaven gelegene Insel **Churchill Island**, deren Vogelwelt von den Wanderwegen gut zu beobachten ist. Der südlichste und mit 109 m höchste Punkt, **Cape Woolamai**, bietet großartige Aussichten auf die Insel und die Bass Strait. Von dem Felsvorsprung sind Sept.–Febr. auch Sturmvögel (Mutton Birds) zu beobachten. Am Westzipfel **Point Grant** liegen zwei Felsgruppen im Meer: The Nobbies und die Sealrocks (im Dez. mit bis zu 6.000 Seehunden). **Cowes** ist die Hauptstadt der Insel. Die Stadt an der Nordküste besitzt ein gutes Angebot an Übernachtungsmöglichkeiten und Restaurants. Ein weiterer Tierpark ist der **Phillip Island Wildlife Park** (Thompson Ave., tgl. 9–21 Uhr) mit Wombats, Wallabies, Schlangen, Tasmanischen Teufeln, Dingos und Koalas.

info

Die Pinguine von Phillip Island

Hauptattraktion der Insel ist und bleibt die allabendliche Pinguinparade – am besten zu sehen im **Phillip Island Nature Park**. Am Summerland Beach im Süden der Insel spült es im Sommer nach Sonnenuntergang Dutzende der kleinen Fairy Penguins an Land. Die Betrachter des Naturschauspiels warten auf die Pinguine, die über den Strand zu ihren Nestern watscheln. Fotografieren mit Blitz ist streng verboten.

Insgesamt wird das natürliche Erscheinen der Pinguine in einem Maß touristisch vermarket, dass es nicht mehr schön ist. Wer es dennoch mitmacht, sollte sich auf empfindlich kühle Abendstunden einrichten.

Tipp

Wer auf günstigem Wege Phillip Island und die obligatorische Pinguinparade kennen lernen möchte, sollte einen der vielen angebotenen Tagesausflüge ab/bis Melbourne buchen. Diese werden auch mit Übernachtung angeboten.

Hauptattraktion: die abendliche Pinguinparade am Strand

Reisepraktische Informationen Phillip Island

Information
Peninsula Visitor Information Centre, *359B Point Nepean Rd., Droma-na,* ☎ *03-59873078, www.visitmorningtonpeninsula.org.*
Phillip Island Information Centre, *Newhaven,* ☎ *1300-366422, www.visit phillipisland.com und www.penguins.org.au. Der 3-Parks-Pass mit Pinguinen, Koalas und Churchill Island Farm kostet A$ 42, Kinder 4–15 Jahre A$ 22*

Übernachten
Hilltonia Homestead $$$$, *282 Browns Rd., Rye/Sorrento,* ☎ *03-59852654, www.hilltonia.com.au. Stilvolle Bed-&-Breakfast-Unterkunft – empfehlenswert!*
Tropicana Motor Inn $$$, *22-26 Osbourne Ave, Cowes,* ☎ *03-59521874, www. tropicanamotorinn.com.au. Mittelklassehotel mit tropischem Garten und Pool.*
Sorrento Backpackers Hostel $, *3 Miranda Rd., Sorrento,* ☎ *03-59844323.*

Camping
Kangerong Holiday Park, *105 Point Nepean Rd., Dromana,* ☎ *1800-670859, www.kangerong.com.au.*
Beach Park Tourist CP, *2 McKenzie Rd.,* ☎ *03-59522113, www.beachpark.com.au. Großer, gut ausgestatteter Campingplatz mit On-Site Vans und Cabins.*

Von Victoria nach South Australia

Zwei Streckenvarianten bieten sich von Melbourne nach Adelaide an:

a) **Küstenroute**: Entlang der spektakulären Küstenstraße **Great Ocean Road** werden die berühmten „Zwölf Apostel" im Port Campbell NP passiert. Der Abstecher in den Grampians NP ist ausgesprochen lohnend. Von Warrnambool bis Murray Bridge geht die Fahrt entlang der Küste – mit Abstechern in verschiedene Küsten- und Inlandsnationalparks. *Vorbei an den berühmten „Zwölf Aposteln"*

b) **Inlandsroute** – die eher selten befahrene Variante: Über die Goldfelder des Landes mit den Städten Ballarat und Bendigo führt die Fahrt zum **Murray River**. Der längste Fluss des Kontinents bestimmt mit seiner abwechslungsreichen Landschaft den weiteren Verlauf der Fahrt: Echuca, Swan Hill, Mildura und Renmark sind nur ein paar der vielen Stationen auf dem Weg nach Adelaide. Von Mildura bietet sich auch ein Abstecher nach **Broken Hill im Outback** von NSW an.

Küstenroute: Über die Great Ocean Road

Streckenhinweis
Entfernungen

Melbourne – Geelong:	75 km
Geelong – Apollo Bay:	120 km
Apollo Bay – Port Campbell:	100 km
Port Campbell – Warrnambool:	65 km
Warrnambool – Mt. Gambier:	220 km
Mt. Gambier – Murray Bridge:	374 km
Murray Bridge – Adelaide:	83 km

Routenvorschlag
In zehn Tagen von Melbourne nach Adelaide (mit Kangaroo Island)
1. Tag: Melbourne – Geelong – Torquay
2. Tag: Torquay – Apollo Bay – Great Ocean Road – Port Campbell
3. Tag: Port Campbell – Halls Gap oder Dunkeld
4. Tag: Grampians NP – Aufenthalt
5. Tag: Grampians NP – Mt. Gambier – Beachport
6. Tag: Beachport – Coorong NP – Victor Harbor
7. Tag: Victor Harbor – Cape Jervis – Fähre Kangaroo Island
8. Tag: Kangaroo Island
9. Tag: Fähre Kangaroo Island – Cape Jervis – Victor Harbour – Adelaide
10. Tag: Adelaide

Aus Melbourne führt die West Gate Bridge auf dem Princes Hwy. nach **Geelong**. Ab Geelong zweigt der Surfcoast Hwy. (Hwy. 100) nach Süden ab. In Torquay beginnt die insgesamt 300 km lange **Great Ocean Road**, die erst in Warrnambool wieder in den Princes Hwy. übergeht. Sie bietet über weite Strecken, besonders aber zwischen Apollo Bay und Port Campbell, atemberaubende Küstenforma- *Ausfahrt aus Melbourne*

tionen, die ihre Höhepunkte in den **Zwölf Aposteln**, **Loch Ard Gorge** und der **London Bridge** haben. Nicht umsonst wird die Great Ocean Road eine der schönsten Küstenstraßen der Welt genannt.

Die Stadt **Werribee** (35 km südlich von Melbourne) ist vor allem durch den **Werribee Open Range Zoo** bekannt. Neben den typisch australischen Beuteltieren sind auf dem Gelände auch afrikanische Arten (Giraffen, Zebras, Nashörner) vertreten. Durch das große Freigehege fährt ein Bus. An den Tierpark grenzt das aristokratische Anwesen Werribee Park mit einem imposanten Gebäude der Kolonialzeit. Ein paar Kilometer östlich liegt Point Cook Coastal Park, ein Feuchtgebiet mit einer Vogelbeobachtungswarte am Spectacle Lake.
Werribee Open Range Zoo, ☎ 1300-966784, www.zoo.org.au/werribee. Tgl. 9–17 Uhr, Erwachsene A$ 30,80,10, 4–15 Jahre am Wochenende Eintritt frei, sonst A$ 13,60.

 Tipps

Übernachten

In den australischen Schulferien sind Unterkünfte in den Ferienorten entlang der Great Ocean Road Mangelware. Man sollte auf jeden Fall das Hotel oder selbst den Campingplatz im Voraus buchen.

Wandern

Nach dem Vorbild der tasmanischen Fernwanderwege wurde der **Great Ocean Walking Track** angelegt. Dieser führt von Cape Otway bis Princetown über 60 km und wird bis Apollo Bay ausgebaut. Infos: Department of Conservation in Melbourne. Mehrere Veranstalter bieten geführte Touren an (www.visitgreatoceanroad.org.au/greatoceanwalk).

Die Bellarine Peninsula

Fähre
Die moderne Autofähre „MV Queenscliff" fährt täglich im Std.-Rhythmus von Queenscliff nach Sorrento und verkehrt bei jedem Wetter (www. searoad.com.au, s. a. Mornington Halbinsel/Umgebung von Melbourne).

Ocean Grove und Barwon Heads
Die benachbarten Ferienorte sind durch den Barwon River voneinander getrennt. Die schönen Strände mit guter Brandung stehen bei Surfern hoch im Kurs. Alljährlich im März findet ein hoch dotiertes Pferderennen am Strand statt. Die raue See wurde vielen Schiffen zum Verhängnis, deren Wracks nun vor der Küste liegen.

Queenscliff
Queenscliff liegt am östlichen Ende der Bellarine-Halbinsel. Der Ort erlangte erste Bekanntheit, als 1882 das Fort Queenscliff (www.fortqueenscliff. com.au) zur Sicherung der Port Phillip Bay gebaut wurde. Dass es die Angst vor den Russen war, die den Bau antrieb, wird heute nicht mehr gerne erwähnt. Das Fort und der auf der Landzunge stehende Leuchtturm (Black Lighthouse) sind auf Führungen Sa und So um 13 und 15 Uhr zu besichtigen. Im letzten Jahrhundert entwickelte sich Queenscliff zum Badeort des Melbourner Geldadels, der per Dampfschiff herüberkam. Aus dieser Zeit stammt auch eine Reihe historischer Gebäude, von denen viele restauriert wurden. Sehenswert ist das **Queenscliff Hotel** (16 Gellibrand St.). Die alte Dampfeisenbahn **Bellarine Peninsula Railway** fährt 16 km von Queenscliff nach Drysdale und zurück (mehrmals täglich an Sonn- und Feiertagen ab Queenscliff Station).

Unterhalb der Landspitze The Rip befindet sich **Buckley's Cave**, wo sich ein Sträfling namens William Buckley 32 Jahre unter Eingeborenen aufhielt, nachdem er 1803 aus dem Gefängnis ausgebrochen war. Noch heute steht das australische Sprichwort Buckley's Chance für eine Chance unter hunderttausend.

Geelong

Die 160.000-Einwohner-Stadt an der **Corio Bay** (75 km südwestlich von Melbourne) wird als einstiger Rivale Melbournes auch „The Pivot" genannt. Mit der Schaffung einer Eisenbahnverbindung zwischen beiden Städten (1840) verlagerten sich schon früh Verwaltung und Handel nach Melbourne. Geelong hat sich zum wichtigsten Frachthafen Victorias entwickelt und ist ein bedeutender Industrie-Standort, u. a. produziert der Autohersteller Ford seit den 1970er-Jahren hier. Der Stadtkern ist durch seine historischen Gebäude und gepflegten Parks sehenswert. Der „National Trust" (34 High St.) gibt eine Informationsbroschüre über die wichtigsten Gebäude heraus.

Einstiger Rivale Melbournes

Das alte Gefängnis **Geelong Gaol** und das **Customs House** am Hafen (ältestes Gebäude der Stadt von 1855) sollte man sich anschauen. Hauptsehenswürdigkeit ist das **National Wool Museum** (*26 Moorabool St., ☎ 03-52724701, www. geelongaustralia.com.au/nwm. Mo–Fr 9.30–17, Sa und So 10–17 Uhr, Erwachsene A$ 8,25, Kinder A$ 4,50*), das wie viele andere Gebäude in Geelong aus viktorianischem Blue Stone (blauer Tonsandstein) erbaut wurde. In seinem Inneren informieren verschiedene Ausstellungen über Schafzucht, Wolleproduktion und -verarbeitung. Die **Geelong Gallery** (*Little Malop St., ☎ 03-52293645, www.geelonggallery.org.au. Tgl. 10–17 Uhr, Eintritt frei*) mit den Gemälden australischer Maler sollte bei ausreichender Zeit Bestandteil des Besuchsprogramms sein. Außerhalb der Stadt hat man vom **Brownhill-Lookout** an der Barrabool Road einen schönen Blick auf die Stadt und das Meer. Eastern Beach, das zu Geelong gehörende Seebad, wurde in den 1930ern im Art-Déco-Stil erbaut und ist nach seiner Restauration ein architektonisches Schmuckstück.

Ausstellung über Schafzucht

Torquay

Der berühmte Surf Beach in Torquay

Die Stadt Torquay ist zweifellos die **Surf-Metropole Australiens**. Obwohl sie mit gerade einmal 7.000 Einwohnern recht klein ist, wird der Torquay Surf Club mit schöner Regelmäßigkeit australischer Meister. An zwei Stränden können die Artisten auf dem Brett in den Wellen beobachtet werden: **Bells Beach** und **Jan Juc Beach**. Am Bells Beach finden an Ostern die „Rip Curl Easter Classics" statt, ein Surfwettbewerb der Weltklasse. Im **Surfworld Surfing Museum** (www.surf world.com.au) an der neuen Surfcoast Plaza kann man sich näher über den akrobatischen Sport informieren. In den Shops erhalten Surfies die typischen Szene-Accessoires mit den Kultmarken wie Billabong, Rip Curl, Hot Tuna, Quiksilver und dergleichen mehr.

Reisepraktische Informationen Torquay

i **Information**
Visitor Information Centre, *Surf City Plaza, ☎ 03-52614219, www.visit greatoceanroad.org.au/torquay, www.torquayvictoria.com.au, tgl. 9–17 Uhr.*

Übernachten
Surf City Motel $$$, *The Esplanade, ☎ 03-62613492, www.surfcitymotel. com.au. Eines der besten Hotels der Stadt mit zentraler Lage.*

Camping
Bernell CP, *55 Surfcoast Hwy.,* ☎ *03-52612493. Großzügig ausgestatteter Campingplatz, auch Cabins.*

Aktivitäten
Wandern
In Torquay beginnt der South Coast Walk, der über 25 km bis nach Aireys Inlet führt. Die erste Etappe endet am 3 km entfernten Bells Beach.
Rundflüge
Spektakuläre Rundflüge in offenen Tiger Mooth-Doppeldeckern werden ab Torquay zu den Zwölf Aposteln angeboten (☎ 03-52615100, www.tigermothworld.com).

Anglesea

Am Ortseingang beherrscht zunächst eine hässliche Braunkohlemine das Bild. Das dazugehörige Kraftwerk liefert Energie für die große Alcoa-Aluminiumschmelze in Geelong. In Anglesea selbst sollte man einen Blick auf den Golfplatz werfen, auf dem fast immer grasende Kängurus zu sehen sind, die sich von den umherflie-

Begegnung auf dem bekannten Golfplatz von Anglesea

genden Golfbällen nicht beeindrucken lassen. Der Strand von **Point Roadknight** ist gut geschützt und eignet sich gut zum Baden oder für Strandspaziergänge. Gute Thermik wird von zahlreichen Drachenfliegern genutzt, die sich über der Küste emporschrauben.

Reisepraktische Informationen Anglesea

Übernachten
Great Ocean Road Resort $$$, *105 Great Ocean Rd.,* ☎ *03-52633363. Eher luxuriöses Mittelklasse-Hotel mit eigenem Spabereich.*

Camping
Anglesea Beachfront Family CP, *35 Cameron Rd. (800 m südöstlich),* ☎ *03-52631583, www.angleseabeachfront.com.au. Campingplatz am Strand, auch Cabins.*

Aireys Inlet

Nur wenige Kilometer westlich (die Straße verabschiedet sich zeitweilig von der Küste) erkennt man das **Split Point Lighthouse**, das zum beschaulichen Urlaubsort Aireys Inlet gehört. Dieser ist eine der ältesten Siedlungen entlang der Great Ocean Road. Interessant ist die Möglichkeit, in den alten Unterkünften der Leuchtturmwärter zu nächtigen.

Reisepraktische Informationen Aireys Inlet

 Information
Aireys Inlet Tourist Information, ☎ 03-52896230, www.aireysinlet.org.au.

Übernachten
Lighthouse Keeper's Cottages $$$$$, *Federal St. (neben dem Leuchtturm), www.greatoceanroadholidays.com.au. Teure, aber einfache Unterkunft, unbedingt vorher reservieren.*
The Lightkeepers Inn $$$, *64 Great Ocean Rd.,* ☎ *03-52896666, www.light keepersinn.com.au, Stadt-Motel mit 20 Zimmern und beheiztem Pool.*

Lorne

Das populäre Feriemstädtchen Lorne ist im Sommer heftig frequentiert. In den Hotels entlang der Promenade können tausende von Urlaubern untergebracht werden – in der Hochsaison kommt es sogar zu Engpässen. Vor der Promenade (Mountjoy Parade) erstreckt sich ein guter Sandstrand, und einige gut erhaltene Kolonialbauten, wie z. B. das **Grand Pacific Hotel** von 1870, erinnern an die Vergangenheit.

Hinterland der Great Ocean Road

Über rund 50 km erstreckt sich der bewaldete **Angahook-Lorne Statepark** von Aireys Inlet nach Westen. Er reicht weit in das Hinterland und geht schließlich in die Otway Ranges über. Von Lorne aus lässt sich eine gute Rundfahrt durch dichte Regenwälder und farnbewachsene Schluchten in den westlichen Teil des Stateparks unternehmen. Mehrere Wanderwege sind ausgeschildert. Hauptattraktion sind die 30 m hohen **Erskine-Wasserfälle**, zu denen eine 8 km lange Straße führt. Wer möchte, kann auch von Lorne über einen 7,5 km langen Wanderweg zu den malerisch gelegenen Fällen wandern (ab Erskine River Caravan Park).

Gleichfalls sehenswert sind die **Cora-Lynn-Wasserfälle**, die in mehreren Kaskaden hinunterstürzen. Ein hervorragender Blick auf die gewundene Great Ocean Rd. bietet sich von **Teddy's Lookout** (Queens Park, 3 km landeinwärts über die Otway St.) – ein klassisches Fotomotiv!

16 km südwestlich von Lorne befindet sich an der Great Ocean Road in **Wye River** der schön gelegene und komfortable Wye River Valley Tourist Park (☎ 03-

52890241), der für seine reiche Tierwelt bekannt ist. Auf der kurvenreichen Straße bieten sich immer wieder herrliche Blicke auf die offene See – spätestens jetzt beginnt man zu verstehen, warum die Great Ocean Road als einer der besten „Coastal Drives" der Welt gilt. Nicht verpassen: **Cape Patton Lookout** (nach Kennett River).

Reisepraktische Informationen Lorne

Information
Visitor Information Centre, *15 Mountjoy Parade*, ☎ *03-52891152, www.visitgreatoceanroad.org.au/lorne, www.lornelink.com.au, tgl. 9–17 Uhr.*

Übernachten
Es gilt dasselbe, wie für alle Ferienorte entlang der Great Ocean Road und in der Nähe der Metropolen: Die Übernachtungsmöglichkeiten sind zahlreich, jedoch wird während der Schulferien (Dez.–Jan.) sehr häufig ein Mindestaufenthalt gefordert, und es ist häufig ausgebucht.
Comfort Inn Lorne Bay View $$$, *3 Bay St.*, ☎ *03-52891199, www.choicehotels. com.au, Mittelklasse-Hotel mit voll ausgestatteten Apartments.*
Mantra Lorne $$$, *Mountjoy Parade*, ☎ *03-52289777, www.mantralorne.com.au. Empfehlenswerte Art-Déco-Unterkunft auf dem Gelände des ältesten Hotels in Victoria.*

Camping
Lorne Foreshore Reserve CP, *Great Ocean Road (neben der Brücke)*, ☎ *03-52891382, www.lornecaravanpark.com.au. Campingplatz mit guter Lage, zentral zur Stadt und zum kontrollierten Surf-Strand.*

Restaurants
Es lohnt sich, einmal eines der günstigen Counter-Meals im **Lorne Hotel** *(Mountjoy Parade) zu probieren – der Speiseraum blickt direkt auf das Meer. Als Imbiss sind natürlich Fish & Chips immer eine Versuchung wert.*

Apollo Bay

Vorbei an den kleinen Küstenorten Kennett River, Wongarra und Skenes Creek erreicht man „The Paradise by the Sea" Apollo Bay, einen Ferienort, der in geschützter Lage gute Strände und mit den Otway Ranges ein bergiges Hinterland bietet. Apollo Bay wurde 1840 von den Kenty-Brüdern als Walfangstation gegründet (dort, wo sich heute der Golfklub befindet). In den Flussniederungen siedelten die ersten Farmer um 1860. Eine Fischfangflotte existiert noch heute und sorgt für ausgezeichnete Fischgerichte in den lokalen Restaurants.

Schöne Ausblicke auf die Küste

Der Panoramablick vom **Marriners Lookout** (3 km nördlich, Wasserfälle **Marriners Falls** 11 km nördlich) oder **Crows Nest Lookout** (Tuxion Road, 6 km nördlich) spiegelt die Vielfalt dieser Landschaft wider: unterhalb das gemütliche Apollo Bay und die zerklüftete Küste, links und rechts die dicht bewachsenen Hügel der Otways. Apollo Bay bietet eine Fülle von Hotels/Motels und Camping-plätzen. Trotzdem gilt auch hier der Anfangs erwähnte Tipp, in der Ferienzeit die Unterkunft frühzeitig zu reservieren.

Reisepraktische Informationen Apollo Bay

Information

Great Ocean Road Visitor Centre, *100 Great Ocean Rd.*, ☎ *03-52376529, www.greatoceanrd.org.au, tgl. 9–17 Uhr. Karten und Wandertipps über den Otway National Park, die Great Ocean Road und den Fernwanderweg Great Ocean Walk (von Apollo Bay bis Princetown).*

Übernachten

Great Ocean View Motel $$$$, *1 Great Ocean Rd.*, ☎ *03-52377049, www.greatoceanviewmotel.com.au. Komfortables Hotel mit Meerblick-Zimmern (1. Stock).*

Comfort Inn The International $$$, *37 Great Ocean Rd.*, ☎ *03-52376100, www.theinternational.info. Gutes Hotel im Zentrum.*

Apollo Bay Beachfront Motel $$$, *163 Great Ocean Rd.*, ☎ *03-52376666, www.beachfrontmotel.com.au. Mittelklasse-Motel. Die Räume werden als „umweltfreundlich" betitelt.*

Surfside Backpackers $, *Ecke Great Ocean Rd./Gambier St.*, ☎ *1800-3572633, www.surfsidebackpacker.com. Backpacker direkt am Beach, 5 Min. Fußweg bis in den Ort.*

Camping

Kooringal Tourist Park, *27 Cawood St. (1 km nördlich)*, ☎ *03-52377111. Guter Campingplatz mit Cabins.*

Marengo Holiday Park, ☎ *03-52376162, www.marengopark.com.au. Camping-platz mit Strandlage, 2,5 km südlich.*

Pisces Holiday Park, *311 Great Ocean Rd.*, ☎ *03-52376749, www.piscespark.com.au. Herrlich gelegener CP, 1,4 km nordöstlich.*

Restaurants und Unterhaltung

Bay Leaf Café, *131 Great Ocean Rd. Restaurant mit asiatischer Küche.*

Apollo Bay Fishermen's Cooperation, *Breakwater Rd. Hier wird fangfrischer Fisch angeboten.*

Great Otway National Park

Die Great Ocean Road verabschiedet sich für kurze Zeit in das bergige Hinterland der Otways, es bleibt das südliche Kap, das den Great Otway National Park bildet. Kühlgemäßigte Regenwälder, dicht und mit baumhohen Farnen bewachsen, sind ein Merkmal des 12.800 ha großen NPs. Das andere sind einsame Strände, steile Klippen und eine reiche Tier-welt (Wallabies, Pos-sums, Koalas, Wale). Mehrere Wanderwege von 2–14 km Länge durchziehen den NP, teil-weise verlaufen diese ent-lang der Küste (z. B. Cape Otway – Aire River, 11 km) oder durch den Re-genwald (z. B. Elliott Ri-ver Walk, 4 km ab Shelly-Beach Parkplatz).

Sehenswert ist der herr-lich gelegene Leuchtturm **Cape Otway Light-house** von 1848 (*www. lightstation.com, tgl. 9–17 Uhr*), der über die 14 km lange Cape Otway Light-house Road direkt von

Wanderweg durch kühlgemäßigten Regenwald

der Great Ocean Road angefahren werden kann. Ein Wanderweg führt von hier auch nach Point Franklin. In Hordern Vale zweigt eine kleine Straße nach **Aire River West** ab. Vorbei an dem Binnensee **Lake Craven** kann man zum Meer und in die Dünen wandern. An dem Inlet haben sich viele Vögel angesiedelt – mit etwas Glück sieht man hier Dingos.

Johanna Beach liegt bereits etwas außerhalb des eigentlichen NP. Der populäre Surfstrand verfügt über einen relativ großen Campground, der sich hinter den Sanddünen befindet. Der Veranstalter Bothfeet betreibt hier eine eigene Lodge, al-lerdings nur im Rahmen der geführten Wandertouren nutzbar. Bei **Castle Cove** befindet sich ein weiterer Aussichtspunkt, bevor sich die Great Ocean Road land-einwärts in Richtung Lavers Hill auf ihren höchsten Punkt windet.

Reisepraktische Informationen Great Otway NP

Übernachtungsmöglichkeiten bieten sich mehreren Unterkünften an (www.otwaysaccommodation.com.au), z. B. **Cape Otway Cottages,** *Hordern Vale Rd.,* ☎ *03-52379256, www.cape otwaycottages.com.au) oder auf einfachen NP-Campgrounds. Diese befinden sich in Blan-ket Bay (Zufahrt über Cape Otway Lighthouse Rd. und Blanket Bay Rd.), Aire River East (am Fluss) und Aire River West (an der Flussmündung), Johanna Beach, Parker Hill (nur zu Fuß erreichbar) und Point Franklin.* **Bimbi Park** *ist der einzige kommerzielle Camping-platz innerhalb des NP, 90 Manna Gum Drive,* ☎ *03-52379246, www.bimbipark. com.au.*

Lavers Hill

Die kleine Ortschaft verfügt über in dieser Region typische „Tearooms", in denen vorzüglicher Devonshire Tee angeboten wird. **Otway Fly Treetop Adventures**, ein 600 m langer Laufsteg in luftiger Baumwipfelhöhe, befindet sich nahe der Triplet Falls, ca. 15 Autominuten östlich von Lavers Hill. Ein Besucherzentrum informiert über die Regenwälder der Umgebung. Besucher können per „TreeTop Walk" in den Baumwipfeln auf 25 m Höhe herumlaufen oder eine Adrenalin fördernde „ZipLine Tour" machen.

Otway Fly Treetop Adventures, *360 Phillips Track,* ☎ *1800-300477, www. otwayfly.com. Tgl. 9–17 Uhr. TreeTop Walk: Erwachsene A$ 24, Kinder A$ 15. ZipLine Tour: Erwachsene A$ 110, 6–15 Jahre A$ 80.*

Reisepraktische Informationen Lavers Hill

Übernachten

Melba Gully Cottage B&B $$$, *20 Melba Gully (3 km westlich),* ☎ *03-52373208, www.melbagullygardenbandb.com.au. Edles Bed-&-Breakfast mit einem zauberhaften Garten.*

Otway Junction Motor Inn $$, *4730 Great Ocean Rd.,* ☎ *03-52373295, www. otwaymotorinn.com. Motel mit gutem Restaurant und mit herrlichem Blick auf die Otway Ranges.*

Melba Gully State Park

3 km westlich liegt der Melba Gully Statepark – ein 48 ha großes Naturschutzgebiet mit **grandioser Regenwaldvegetation**, u. a. dem **Big Tree**, einem 300 Jahre alten, moosbewachsenen Baumveteranen. Nachts sind Glühwürmchen ein häufiger Anblick. In den Bächen sollen sich auch Schnabeltiere aufhalten.

Moonlight Head und Shipwreck Coast

Höchste Klippen Australiens

Eine Schotterstraße (Abzweig nach Wattle Hill) und ein kurzer Fußmarsch führen zu den höchsten Klippen des australischen Festlands. Moonlight Head stellt auch den Beginn eines besonders schicksalsträchtigen Abschnitts der Küste dar: Die **„Shipwreck Coast"** wurde nach den vielen Schiffswracks benannt, die in den trügerischen Strömungen und bei schwerer See havariert sind.

Insgesamt wurden über 100 Wracks (auf 120 km Küstenlänge) gezählt. Die Anker der „Maria Gabriella" (gesunken 1869) und der „Fiji" (1891) sind zuweilen noch sichtbar. Der **Historic Shipwreck Trail** von Lavers Hill bis Port Fairy markiert an der Straße 25 Stellen, an denen Schiffe untergegangen sind. Immerhin sanken wohl 638 Schiffe vor den Küsten Victorias, von 240 weiß man, wo sie liegen. Alleine vor Port Fairy, wo die Shipwreck Coast beginnt, sanken 20 Schiffe.

„The Hinterland"

Die Australier verwenden für das Landesinnere häufig den Begriff „Hinterland". Ein solches existiert fast überall, auch nördlich der Great Ocean
Road. Aufgrund der fruchtbaren Böden haben sich die Bewohner ganz der
Landwirtschaft mit Viehzucht, Obst-, Wein- und Gemüseanbau verschrieben. Große Molkereibetriebe wie in Cobden versorgen Victoria und Teile
Südaustraliens. Das Hinterland ist geschichtsträchtig und reich an Kolonialarchitektur, wie in **Colac**, der größten der Hinterlandstädte, zu sehen
ist. Geografisch ist das Hinterland von einigen erloschenen Vulkanen und
Seen geprägt. Der riesige **Lake Corangamite** ist Australiens größter Salz-
wasser-Binnensee und für seine reiche Vogelwelt bekannt. Gleichwohl werden nur wenige Besucher den Weg in das Hinterland der Great Ocean Road
finden – die Küstenstraße ist einfach der bekanntere und wohl auch kurz-
weiligere Reiseabschnitt.

Princetown

Die kleine Stadt Princetown an der Mündung des Gellibrand River ist für ihren Vo-
gelreichtum bekannt. Vor der Küste, westlich von Loch Ard, liegt Mutton Bird Island, ein wichtiger Nistplatz für Sturmtaucher, die über den Nordsommer bis in die
25.000 km entfernte Beringstraße fliegen. Sept.–April können sie an ihren Nist-
plätzen in der Bass Strait beobachtet werden.

Port Campbell National Park

Der NP beschränkt sich auf einen relativ schmalen Küstenstreifen und endet nach
ca. 20 km in Peterborough. Die Great Ocean Road wurde durch die zerklüftete und
bizarr anmutende Felsküste in diesem Abschnitt zu einer Hauptsehenswürdigkeit
Australiens. Sämtliche „Attraktionen" sind gut beschildert, es gibt Aussichtspunkte
und Parkplätze. Die Motive wirken bei Sonnenuntergang besonders reizvoll.

*Haupt-
attraktion der
Great Ocean
Road*

- **Gipson Steps**: Den (recht rutschigen) Stufen durch die steilen Klippen folgt ein
  schöner Strand, von dem aus der weitere Küstenverlauf ersichtlich ist.
- **Zwölf Apostel**: Spektakuläre, steil aufragende Felsnadeln, von denen nur noch
  acht übrig sind.
- **Loch Ard Gorge**: Eine Felsschlucht, in der 1878 der Segelschoner „Loch Ard"
  sein Ende fand.
- **London Bridge**: Die wasserumtoste Felsbrücke war bis zu ihrem Einsturz am
  15. Januar 1990 mit dem Festland verbunden.
- **The Grotto**: Verschiedene Grotten, durch die das Meer rauscht.

Port Campbell

Der liebliche Ort verfügt über einen kleinen Hafen mit Krabbenfischerflotte und
einen sicheren Badestrand in der Two Mile Bay. Ein Wanderweg (Discovery Walk,

ca. 1,5 Std.) führt auf einen Aussichtspunkt. Guten Tauchern werden von lokalen Anbieter Wracktauchgänge angeboten. Die Küste und die Buchten bei der 210 Einwohner großen Gemeinde **Peterborough** tragen so klangvolle Namen wie „Bay of Martyrs" oder „Massacre Bay" – die Schiffswracks haben ihre Spuren hinterlassen. Beide Buchten verfügen jedoch über schöne Strände.

Reisepraktische Informationen Port Campbell

Information

Port Campbell Visitor Centre, 26 Morris St., ☎ 1300-137255, www.visit 12apostles.com.au, tgl. 9–17 Uhr. Informationen zum NP.

Übernachten

Port Campbell Motor Inn $$$, 12 Great Ocean Rd., ☎ 03-55986222, www.portcampbellmotel.com.au. Motel im Zentrum.
Kangaroobie Farm $$$, Great Ocean Rd., Princetown, ☎ 03-55988151, www.kangaroobie.com. Arbeitende Schaffarm, nur 6 km von den Zwölf Aposteln entfernt – ideal, um australische Landluft zu schnuppern. Unbedingt vorher reservieren.
Port Campbell YHA $, 18 Tregea St., ☎ 03-55986305. Jugendherberge.

Camping

Port Campbell Holiday Park, 1 Morris St., ☎ 1800-505466, www.pchp.com.au. Campingplatz mit Cabins.

Warrnambool

Warrnambool ist heute eine Mischung aus Ferienort und Industriestadt. 12 km vor dem Ortseingang befindet sich die Käsefabrik Allansford Cheeseworld (mit Verkauf). An die Geschichte der historischen Hafenstadt Warrnambool, die heute mit 25.500 Einwohnern die fünftgrößte in Victoria ist, erinnert das **Flagstaff Hill Maritime Village**. Es informiert über die Seefahrervergangenheit der ersten Victorianer, u. a. sind restaurierte Segelschiffe ausgestellt. Im angeschlossenen **Shipwreck Museum** erfährt man Näheres über die 28 Schiffe, die allein vor Warrnambool gesunken sind.

Seefahrer- geschichte im Museum

Flagstaff Hill Maritime Village, ☎ 1800-556111, www.flagstaffhill.com. Tgl. 9–17 Uhr, Erwachsene A$ 16, Kinder A$ 6,50.

Lady Bay ist eine geschützte Bucht und wurde schon 1840 als Walfangstation genutzt. Heute werden keine Wale mehr gejagt. Dafür kann man sie von Mai–Okt. von einer Aussichtsplattform am Logan Beach beobachten. Sie kalben während dieser Zeit in den flachen Wassern der Lady Bay.

Auf dem Weg nach Port Fairy (14 km westlich) erreicht man das **Tower Hill Game Reserve**, das sich direkt an einem vor 25.000 Jahren erloschenen Vulkan befindet. Der Krater kann mit dem Auto angefahren werden. Die Insel im Kratersee ist ein Wildreservat mit zahlreichen einheimischen Tierarten (tgl. 8–17 Uhr), von denen einige leider erst in der Dämmerung aktiv werden. Ein Info-Zentrum auf der Insel gibt nähere Auskünfte. Nur wenige Kilometer nördlich liegt die Stadt **Koroit** mit dem prozentual höchsten Anteil an irischen Auswanderern in Australien. Die Gegend erinnert mit ihren grünen Wiesen tatsächlich stark an Irland.

Reisepraktische Informationen Warrnambool

Information

Warrnambool Tourist Information, *Merri St.,* ☎ *1800-637725, www.visitwarrnambool.com, tgl. 9–17 Uhr.*

Übernachten

ibis STYLES Warrnambool Central Court Motel $$$, *581 Raglan Parade,* ☎ *03-55628555, www.centralcourt.com.au. Mittelklasse-Hotel.*
Gallery Apartments $$$, *206 Lava St.,* ☎ *03-55618222, www.warrnambollgalleryapartments.com.au. Persönlich geführte, kleine Unterkunft mit großen Apartments.*

Camping

Ocean Beach Holiday Village (Big4), *Pertobe St.,* ☎ *03-55614222. Campingplatz in Strandnähe, auch Cabins.*
Warrnambool Holiday Park, *Ecke Raglan Parade/Simpson St.,* ☎ *1800-650441, www.whpark.com.au. Großer CP mit Cabins.*

Grampians National Park (Gariwerd NP)

Streckenhinweis

In Warrnambool bzw. Killarney Fahrt über schmale Nebenstraßen meist schnurgerade nach Norden.

Dunkeld ist der südliche Zugangsort des **Grampians NP** und verfügt über ein kleines Besucherzentrum. Die östliche Umgebung der Grampians mit den Städten Ararat, Avoca, Moonambel und Redbank wird „The Pyrenees" genannt und ist für ihre **hervorragenden Weingüter** bekannt. Sind die Unterkünfte im Hauptort Halls Gap ausgebucht, empfiehlt sich der Aufenthalt in Dunkeld, z. B. im sehr schönen Royal Mail Hotel oder in den exklusiven Mount Sturgeon Cottages.

Der 167.000 ha große Grampians NP, der in der Sprache der Koori-Aborigines **Gariwerd** heißt, wurde 1836 von Major Thomas Mitchell entdeckt. Er benannte die Berge nach den schottischen Grampians in den dortigen Highlands. Die markanten Sandsteinerhebungen wurden in Mio. von Jahren geschaffen und bilden heute die westlichsten Ausläufer der Great Dividing Range. Die Bergketten beeindrucken durch ihre besondere Form: Vom flachen Westen her steigen sie sanft an, um dann umso steiler im Osten abzufallen. Die rampenähnlichen Berge erreichen dabei Höhen bis 1.168 m (Mt. William). Dazwischen liegen große Seen, tiefe Schluch- *Millionen Jahre alt*

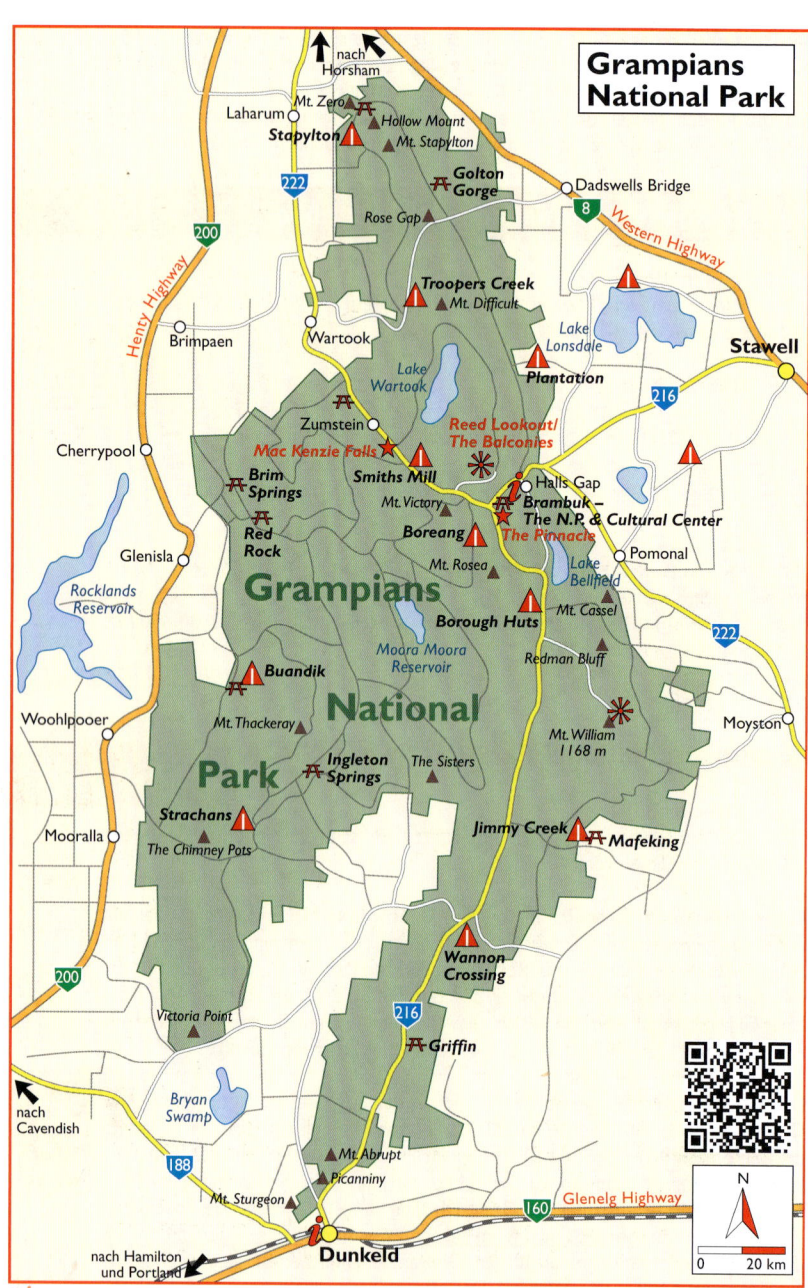

Grampians National Park

nach Horsham

Laharum · Mt. Zero · Stapylton · Hollow Mount · Mt. Stapylton

Golton Gorge · Dadswells Bridge

Rose Gap

Western Highway

Troopers Creek · Mt. Difficult

Brimpaen · Wartook · Lake Lonsdale · Stawell

Lake Wartook · Plantation

Zumstein · Mac Kenzie Falls · Reed Lookout/ The Balconies

Cherrypool · Brim Springs · Smiths Mill · Halls Gap · Brambuk – The N.P. & Cultural Center

Mt. Victory · The Pinnacle

Red Rock · Boreang · Mt. Rosea · Pomonal

Glenisla · Grampians · Lake Bellfield

Rocklands Reservoir · Borough Huts · Mt. Cassel

Moora Moora Reservoir · Redman Bluff

Buandik · National

Woohlpooer · Mt. Thackeray · Ingleton Springs · The Sisters · Mt. William 1168 m · Moyston

Park

Mooralla · Strachans · The Chimney Pots · Jimmy Creek · Mafeking

Wannon Crossing

Victoria Point · Griffin

nach Cavendish

Bryan Swamp

Mt. Abrupt · Picaninny

Mt. Sturgeon · Glenelg Highway

nach Hamilton und Portland · Dunkeld

N

0   20 km

ten und ausgedehnte Euka-
lyptuswälder (Red Gum
Woodlands). Eines der he-
rausragenden Merkmale
des NP ist seine überaus
**reiche Pflanzen- und
Tierwelt**. Das Visitor
Centre spricht von fast 900
verschiedenen Pflanzenar-
ten und 200 Vogelgattun-
gen. Vieles davon kann man
auf den ausgezeichneten
Wanderpfaden erleben, die
von wenigen Stunden bis
mehrere Tage dauern und
bestens markiert sind.

Aussichten im Grampians National Park

Halls Gap

Die überschaubare Stadt Halls Gap ist der Hauptort der Grampians. Sie bietet gute
Einkaufsmöglichkeiten, eine Tankstelle und Ausflugsangebote (Wandern, Klettern,
Reiten, Rundflüge). Man findet im Informationszentrum alle Infos, die man für kur-
ze oder lange Wandertouren benötigt. Wären die Leihfahrräder in besserem Zu-
stand, so könnten im National Park ideale Touren unternommen werden. Gerade
Mountainbiker finden hier hervorragendes Terrain.

Ausflüge und Wandern im National Park

info

Insgesamt sind über 160 km Wanderpfade angelegt und markiert. Für längere Wanderungen sollte man sich im Visitor Centre detailliertes Kartenmaterial besorgen (empfehlenswert: „The Grampians", CFL-Maßstab
1:125.000). Aufgrund der z. T. recht beachtlichen Höhen kann es zu kurz-
fristigen Wetterumschwüngen kommen. Die meisten Straßen innerhalb des
Parks sind geteert und bieten ausgeschilderte Scenic Drives. Im Park befinden sich einige wenige Pisten, die nur per 4-WD befahren werden können.
- **Gipfel des Mt. William** (1.168 m), erreichbar über die Mt. William Road:
  Vom Parkplatz muss auf der Straße den Berg hinaufgelaufen werden – die
  grandiose Aussicht entschädigt für die Strapazen. Gehzeit ca. 1,5 Std.
- **MacKenzie Falls**, Ausgangspunkt ist Zumstein (erreichbar über die Mt.
  Victory Rd.) – einer der schönsten Wasserfälle Victorias. Gehzeit ca. 2 Std.
- **Reid Lookout/The Balconies**, ab Parkplatz Reed Lookout – schöne Aus-
  sicht. Gehzeit ca. 1 Std.
- **The Pinnacle/Wonderland Ranges**, über Mt. Victory Rd., Wonderland
  Car Park – vielleicht der spektakulärste Walk mit tollen Felsformationen
  und wunderbarer Aussicht auf Halls Gap und Umgebung. Gehzeit ca. 2 Std.

Reisepraktische Informationen Halls Gap

i Information

Halls Gap Tourist Information, *Grampians Rd., ☎ 1800-065599, www. visithallsgap.com.au. Kartenmaterial und Routenvorschläge, u. a. zu Felsmalereien.*
Brambuk – The National Park & Cultural Centre, *277 Grampians Tourist Rd., ☎ 03-53614000, www.brambuk.com.au. Tgl. 9–17 Uhr, Eintritt frei. Interessante Ausstellungen und Vorführungen der Koori-Aborigines.*

Übernachten

In den Sommerferien sind die Kapazitäten dem Besucheransturm nicht gewachsen. Am besten im Voraus reservieren oder ausweichen nach Dunkeld (südliche Grampians) bzw. auf einen der vielen NP-Campgrounds.
Comfort Inn Country Plaza Halls Gap $$$, *141 Grampians Rd., ☎ 03-53564344, www.choicehotels.com.au. Gut gelegenes Motel.*
Royal Mail Hotel $$$, *Dunkeld, ☎ 03-55772241, www.royalmail.com.au. Altes Postgebäude, welches modern und komfortabel umgebaut wurde, am Südrand des Grampians NP gelegen.*
Mt. Sturgeon Cottages $$$, *Dunkeld, ☎ 03-55772558. Gemütliche alte Sandsteinhäuser, auf einer alten Schaffarm gelegen – empfehlenswert!*
Grampians YHA Eco Hostel $, *Ecke Buckler/Grampians Rd., Halls Gap, ☎ 03-53564544, www.yha.com.au. Schön gelegene, moderne Jugendherberge.*

⚠ Camping

Halls Gap CP, *Grampians Rd., ☎ 03-53564251, www.hallsgapcaravanpark. com.au. Campingplatz mit Cabins.*
Halls Gap Lakeside CP, *Tymna Drive (am Lake Bellfield), ☎ 03-53564281, www. hallsgaplakeside.com. Sehr schön am See gelegener Campingplatz mit Cabins.*
Insgesamt 18 einfache NP-Campgrounds sind über den gesamten Park verteilt. Die meisten davon sind auch per Auto erreichbar.

☞ Organisierte Ausflüge

Grampians Horse Riding, *☎ 03-53839255, www.grampianshorseriding. com.au, Reitausflüge im NP.*

☞ Streckenhinweis

Von Horsham (nördlicher Parkausgang) führt der Western Hwy. nach Dimboola, vorbei am **Little Desert National Park** an die Grenze zu Südaustralien. Der Park heißt zwar „Kleine Wüste", lässt sich aber aufgrund seiner Beschaffenheit nicht als echte Wüste deklarieren. Vielmehr regnet es hier so viel wie im Umland. Doch der tief reichende Sandboden kann die Feuchtigkeit schlechter speichern. Also sieht es hier aus wie in einer kleinen Wüste. Die Strecke ist recht eintönig und bietet kaum Höhepunkte. Allein der relativ unbekannte Little-Desert-National Park mag für diejenigen interessant sein, welche die übliche Küstenroute bereits kennen.

Outback Victoria

info

Nur eine Tagesreise von Melbourne entfernt und als Alternativroute in Richtung Adelaide möglich, liegt im Nordwesten Victorias die **Desert Wilderness**. Das Gebiet, das von Einheimischen wegen seiner unwirtlichen Verhältnisse „Dead Men's Graves" (Gräber der toten Männer) genannt wird, beeindruckt durch eine Flora, die sich in Jahrtausenden den extremen Dürrebedingungen angepasst hat.

Das Gebiet besteht im Wesentlichen aus zwei großen National Parks: **Little Desert NP** (Wimmera Region) und **Wyperfield NP** (Mallee Region), wobei ersterer günstig entlang dem Western Hwy. liegt und durchaus einen Abstecher wert ist. Obwohl sein Name Wüste verspricht, verblüfft der Little Desert NP (132.000 ha) im Outback von Victoria mit einer dort nie vermuteten Pflanzen- und Tiervielfalt. Eingangspforten in den südlich des Western Hwy. gelegenen Park sind die Städtchen Dimboola und Nhill (mit Informationsbüros). Voraussetzung für die Erkundung ist ein Allradfahrzeug, gutes Kartenmaterial und ein Wasservorrat. Tagesausflüge in den NP werden in der Ortschaft Nhill angeboten. Infos: www.parkweb.vic.gov.au.

Port Fairy (Great Ocean Road)

Weiß getünchte Cottages säumen die breiten Straßen von Port Fairy noch genauso, wie sie das zur Zeit der großen Seefahrer und Walfänger um die Jahrhundertwende getan haben. Heute werden im Mündungsgebiet des Moyne River nur noch Flusskrebse und Fische gefangen. Die Port-Fairy-Portland-Küste ist die Brutstätte der **Mutton Birds**, die auf ihrem Weg, von Alaska kommend hier brüten (Sept.–Apr.), rund 15.000 allein auf Griffith Island (mit Aussichtsplattform).

Von Port Fairy führt ein Abstecher in den **Mount Eccles NP** (50 km nordwestlich, www.parkweb.vic.gov.au). Das Gebiet ist vulkanischen Ursprungs und mit dem klaren **Lake Surprise** ein beliebtes Ausflugsziel mit markierten Wanderwegen. Ein einfacher NP-Campground sowie ein Besucherzentrum sind vorhanden.

Größte Koala-Population

Der NP verfügt neben Kangaroo Island über die größte Koala-Population in Australien. Ihr Bestand wird auf fast 10.000 Tiere geschätzt. Problematisch ist die Fresssucht der Beuteltiere: Rund 70 % der Eukalypten fehlen die Baumkronen. Da den Koalas dadurch bereits der Hungertod droht, wird den Weibchen nun eine Art Antibabyhormonimplantat eingesetzt.

Im weiteren Verlauf des Princes Hwy. bieten sich immer wieder Bademöglichkeiten an einsamen Stränden. Da der Hwy. sich des Öfteren von der Küste in das Hinterland verabschiedet, ist es wichtig, auf die kleinen, oft kaum sichtbaren Hinweisschilder zu achten.

Reisepraktische Informationen Port Fairy

ℹ️ Information

Visitor Information Centre, Railway Place, Bank St., ☎ 1300-656564, www.visitportfairy-moyneshire.com.au. Tgl. 9–17 Uhr.

🛏️ Übernachten

Skye Beachfront Retreat Apartment $$$$, 72 Griffith St. (1 km nordöstlich), ☎ 03-94823492, www.skye-retreat.com.au. Herrliche Strandapartments.
Comfort Inn Port Fairy $$$, 22 Sackville St., ☎ 03-55681082, www.comfortinn.com. Bestes Motel im Ort.
Port Fairy YHA $, 8 Cox St., ☎ 03-55682468, www.yha.com.au. Jugendherberge in historischen Gemäuern.

🔺 Camping

Gardens CP, 111 Griffith St., ☎ 03-55681060. Campingplatz, auch Cabins.

Portland

Die Stadt wurde 1834 von Edward Henty gegründet und rühmt sich, die älteste Siedlung Victorias zu sein. Das Haus des Gründers, das 1855 errichtete Burswood *Bedeutender* Cottage, kann neben vielen anderen historischen Gebäuden besichtigt werden und *Frachthafen* gilt bis heute als ein besonderes Beispiel kolonialer Architektur in Australien. Nach dem Stadtgründer wurde auch der nach Norden führende Henty Hwy. bezeichnet. Heute ist Portland ein bedeutender Frachthafen, insbesondere für den Export von Wolle und Schafen (z. B. in den Nahen Osten) und den Import von Koks für die nahe Portland Smelter, eine Aluminiumfabrik.

Die Landzunge **Cape Nelson** (12 km südwestlich von Portland) im gleichnamigen State Park ist wegen ihrer eindrucksvollen Küstenlandschaft sehenswert. Auf kurzen Walks können Seevögel beobachtet werden. Der aus Granit erbaute Leuchtturm von 1883 kann besucht werden (www.capenelsonlighthouse.com.au), für kleine Snacks sorgt hier Isabella's Café.

30 km westlich von Portland ist das **Cape Bridgewater** mit seinen 120 m hohen Felsklippen einer der höchsten Punkte der südlichen Küste. Vom Aussichtspunkt **Stoney Hill** sind Seehundkolonien und Wale zu sehen. Der nahe Shelley Beach ist ein Paradies für Muschelsammler, am Bridgewater Bay Beach (einer der schönsten Strände in Victoria) ist sicheres Baden möglich.

Blauwale vor der Küste: Der Veranstalter Heli Explore (☎ 03-55265444) organisiert Rundflüge zur Beobachtung von Blauwalen, den größten Lebewesen auf Erden. Sie ziehen Nov.–April (manchmal bis Mitte Mai) entlang der Küste und können dann recht unkompliziert beobachtet werden.

Reisepraktische Informationen Portland

i Information
Visitor Information Centre, *Lee Breakwater Road,* ☎ *1800-035567, www.glenelg.vic.gov.au, tgl. 9–17 Uhr.*
Department of Conservation, *8–12 Julia St.,* ☎ *03-55233232. Information über die landeinwärts gelegenen NPs und die Vogelinsel Griffith Island.*

🛏 Übernachten
Heritage Hotel Bentinck $$$$, *Ecke Bentinck/Gawler St.,* ☎ *03-55232188. Schönes Kolonialhotel von 1850.*
Comfort Inn Richmond Henty $$$, *101 Bentinck St.,* ☎ *03-55231032, www.richmondhenty.com.au. Gepflegtes Motel mit Meerblick.*
Best Western Whalers Rest Motor Inn $$$, *714 Henty Hwy.,* ☎ *03-55234077, www.whalersrest.bestwestern.com.au. Mittelklasse-Motel.*

⚠ Camping
Henty Bay Van & Cabin Park, *342 Dutton Way (6 km nordöstlich),* ☎ *03-55233716, www.hentybay.com.au. Campingplatz mit schöner Strandlage, auch Cabins.*

Discovery Bay Coastal Park

Von Portland bis Nelson an der Grenze zu South Australia erstreckt sich über rund 55 km der Discovery Bay Coastal Park: Weiße Strände, raue See, Seehundkolonien, Felspools, Sanddünen, Lagunen und Feuchtgebiete bestimmen das Bild. Allerdings sind nur wenige Stellen per Fahrzeug zugänglich. Stichstraßen führen zum **Swan Lake**, **Lake Mombeong** und **Noble Rocks**. Nur der abwechslungsreiche Fernwanderweg Great South-West Walk, der bis an die Grenze Südaustraliens und zurück führt (Portland-Nelson-Portland), erschließt die gesamte Küste.

Nelson

Nelson ist die letzte Siedlung der Great Ocean Road und gleichzeitig der letzte Ort vor Erreichen der südaustralischen Grenze. Die 200-Einwohner-Gemeinde Nelson liegt an der Mündung des Glenelg River und ist Ausgangspunkt für Besuche des nördlich gelegenen **Lower Glenelg National Park** (www.parkweb.vic.gov.au). Sehenswert ist vor allem die rund 15 km lange und stellenweise bis zu 50 m tiefe *Sehenswerte* Kalksteinschlucht **Glenelg River Gorge**. Der Glenelg River entspringt 400 km *Schlucht des* nordöstlich in den Grampians und fließt durch den ländlichen Western District *Glenelg* Victorias. Ausflüge in die Schlucht werden mit dem Schiff „Nelson Endeavour" an- *River* geboten, alternativ können auch Kanus geliehen werden. In Jahrtausenden hat die Natur Tropfsteinhöhlen geformt, die schönste von diesen ist **Princess Margaret Rose Cave**, die per Führungen besichtigt werden kann. Im National Park leben Graue Kängurus, Wallabies, Possums, Koalas und Echidnas. Wer sie sehen will, sollte früh aufstehen oder auf einem der zehn NP-Campgrounds nächtigen (z. B. bei der Princess Margaret-Höhle).

Reisepraktische Informationen Nelson

i **Information**
Visitor Information Centre, *Leake St.,* ☎ *08-8738405l. Informationen über den National Park und Kanu-Verleih. Nelson verfügt über Hotel-/Motelunterkünfte und über einen Caravan Park.*
Internet für die „Limestonecoast": www.thelimestonecoast.com.
Für die NP-Campgrounds müssen im **Lower Glenelg National Park Information Centre** *(North Nelson Rd.,* ☎ *08-8738405l) Permits eingeholt werden. Obwohl Nelson noch in Victoria liegt, gilt hier schon die Vorwahl von South Australia (08).*
Bootsausflüge
Nelson Endeavour River Cruises, ☎ *08-8738419l. 3,5-stündige Bootstour durch die Glenelg-Schlucht, Sept.–Mai tgl. 13, Juni–Aug. nur Mi–Sa 13 Uhr. Vor Ort gibt es auch einen Kanuverleih.*

Mount Gambier (South Australia)

Blick auf den „Blue Lake"

Kurz hinter Nelson verlässt man den Staat Victoria und erreicht als nächstgrößere Stadt das Landwirtschaftszentrum Mt. Gambier (480 km östlich von Adelaide). Die 21.500 Einwohner zählende Stadt ist am Ufer eines Vulkankegels gebaut worden, von dessen drei Kraterseen der **Blue Lake** der schönste und größte (204 m tief) der Gegend ist. Er versorgt The Blue Lake City mit Trinkwasser und kann auf einer 5 km langen Straße umfahren werden. Im Sommer leuchtet er in türkisblauen Farben. In der Stadt sind einige historische Gebäude zu sehen, darunter das **Old Court House**, das als kleines Museum fungiert.
Sehenswert auch die **State Saw Mill**, ein interessantes Beispiel für die vielen Sägewerke und Holz verarbeitenden Betriebe der Umgebung. Zum Stadtgebiet gehören die Tropfsteinhöhlen **Umpherston Cave** und **Engelbrecht Cave**, die beide gegen Voranmeldung besichtigt werden können. Für Höhlentaucher bieten sich einzigartige Gelegenheiten, in den Ponds und Sinkholes zu tauchen (Information über das Tourist Office).

28 km südlich liegt das beschauliche Fischerdorf **Port MacDonnell**. Auf dem Weg dorthin kann der Vulkan Mt. Schank erklommen werden, der das letzte Mal vor 8.000 Jahren ausgebrochen ist. Der Blick auf Küste und Inland ist lohnend. Eine weitere Stichstraße führt zu den Felsformationen der **Carpenter Rocks**.

Die Tropfsteinhöhlen des **Tantanoola Caves Conservation Park** liegen zwischen Mt. Gambier und Millicent. Bei Interesse an einer Führung bereits bei der Tourist Information in Mt. Gambier oder Millicent anmelden (tgl. 9–16 Uhr).

Reisepraktische Informationen Mount Gambier

Information
Lady Nelson Discovery & Visitor Centre, *Jubilee Hwy. East,* ☎ *1800-087187, www.mountgambiertourism.com.au. Großes Besucherzentrum mit interaktiver Ausstellung.*

Übernachten
Best Western Southgate Motel $$$$, *175 Commercial St.,* ☎ *08-87231175, www.southgatemotel.com.au. Modernes Motel.*
Mid City Motel $$$, *15 Helen St.,* ☎ *08-87257277, www.midcitymotel.com. Mittelklasse-Motel in der Stadt.*

Camping
Kalganyi Holiday Park, *Ecke Penola/Bishop Road,* ☎ *1800-651746, www.kalganyi.com.au. Schön gelegener Campingplatz, auch Cabins.*

Millicent

Millicent ist das Herz der holzverarbeitenden Industrie (Timber Country). Grundlage dafür sind die reichen Pinienwälder des Mt. Burr. Die **Millicent Tourist Information** (*1 Mt. Gambier Rd.,* ☎ *1300-045373, Mo–Fr 9–17, Sa und So 10–16 Uhr*) erteilt Informationen über den **Canunda National Park** (12 km südwestlich) oder die Tantanoola-Höhlen (21 km südöstlich).

Der Canunda NP befindet sich westlich der Stadt und erstreckt sich über 40 km an der Küste. Sanddünen und sanfte Klippen sind seine wichtigsten Merkmale. Der NP ist über das Fischerdorf **Southend** (am Nordende des Parks gelegen) und einige Sandpisten (z. B. ab Millicent über den Bevelaqua Ford Track) nur teilweise erschlossen. Ein NP-Campground bei Southend ist vorhanden.

Beachport und Robe

Beachport („alter" Hwy. 1) ist ein kleines Fischerdorf am Ende der Rivoli Bay, wo einstmals Walfänger lebten. Der Walfang und die Geschichte der Stadt sind im **National Trust Museum** im Wool and Grain Store (*Railway Terrace, www.nationaltrust.org.au. Tgl. 10–16 Uhr, Erwachsene A$ 5, Kinder A$ 2*) dargestellt. Heute ist Beachport ein Zentrum des Hummerfangs (Okt.–Apr.). Angler nutzen die zweitlängste Jetty Südaustraliens gerne für ihr Hobby. Am Rand der Stadt liegt der **Pool of Siloam**, der einen sechs Mal höheren Salzgehalt aufweist als das Meerwasser. *Zentrum des Hummerfangs*

Robe ist ein beliebter und in der Urlaubszeit überquellender Ferienort, dessen Geschichte bis in das 19. Jh. zurückgeht. 1857 gingen hier 16.000 Gold suchende

Chinesen an Land, die die £ 10 Einreisesteuer Victorias sparen wollten. Heute locken vor allem die schönen Strände (Long Beach) und die (salzigen) Binnenseen die Touristen an. Am Town Beach können zuweilen Pinguine beobachtet werden.

Südlich von Robe liegt der **Little Dip Conservation Park** – ein Dorado für Allradfahrer. Durch die Dünenlandschaft (evtl. Luft in den Reifen ablassen) erreicht man auf verschiedenen ausgeschilderten Tracks das Meer. Entlang des Strandes kann über **Stinky Bay** (hier werden tatsächlich stinkende Algen angeschwemmt) weiter nach Süden und über einen Loop zurück zum Hwy. gefahren werden. Nähere Infos über das Tourist Office in Robe.

Reisepraktische Informationen Beachport

Information
Beachport Visitor Information Centre, *Millicent Rd.,* ☎ *1300-045373, Mo–Fr 9–17, Sa und So 10–16 Uhr.*

Übernachten
Beachport Motor Inn $$$, *13 Railway Terrace,* ☎ *08-87358070, www.beachportmotorinn.com.au. Mittelklasse-Motel im Stadtzentrum.*
Robe Longe Beach Tourist Park YHA $, *70–80 Esplanade,* ☎ *1800-106106, www.yha.com.au. Jugendherberge direkt am Strand.*

Camping
Southern Ocean Tourist Park, *Somerville St., Beachport,* ☎ *08-87358153. Grüner Campingplatz am Rand der Bucht.*

Kingston S. E.

Hier grüßt der stählerne Hummer

Kingston S. E. (= „South East") hat sich ganz dem Hummerfang verschrieben – wie man schon am überdimensionalen **Stahlhummer** am Ortsausgang sieht. Das Informationszentrum (Big Lobster Tourist Complex, www.thebiglobster.com.au und www.kingstonsea.com) am Fuße des Hummers erteilt Auskünfte über die Stadt und Umgebung. Ist genug Zeit, dann sind die historischen Gebäude einen Blick wert, z. B. das **National Trust Museum** (15 Cooke St.). Schöne Strände gibt es an der Lacepede Bay. Am nahen **Cape Jaffa** kann der Leuchtturm besucht werden (tgl. 14–17 Uhr). 48 km nordöstlich liegt der **Jip Jip Conservation Park**, der durch seine monumentalen Granitfelsen beeindruckt.

Coorong National Park

Der parallel zum Princes Hwy. verlaufende NP erstreckt sich auf eine Länge von 145 km. Die lang gestreckte Salzwasserlagune mit den vorgelagerten Sanddünen der **Younghusband Peninsula** (oder „The Hummocks") trennen die Straße vom

Ozean. Der National Park hat sich zu einem Refugium für Wasservögel entwickelt, die dort weitgehend ungestört von menschlichen Ansiedlungen leben können. Der Coorong ist besonders bekannt für seine großen Pelikane, Schwäne und Kormorane. Ein ausführliches Faltblatt über den NP ist in Meningie, Salt Creek (Shell- & Mobil-Tankstelle) und Kingston S. E. erhältlich.

Es gibt folgende Möglichkeiten, an den **Ninety Mile Beach** (Ozeanstrand) hinter der Salzwasserlagune zu gelangen: von Goolwa, Meningie oder Salt Creek vom Hwy 1 oder von Kingston. Bei Allrad-Abenteuern auf Sandpisten besser zu zweit fahren oder sich einem anderen Fahrzeug anschließen!

 Information
www.environment.sa.gov.au

Reisepraktische Informationen Coorong National Park

Übernachten
Coorong Wilderness Lodge $$$$, *Hacks Point, Meningie,* ☎ 08-85756001, *www.coorongwildernesslodge.blogspot.de. Die Lodge wurde 2000 von Ngarrindjeri Aborigines errichtet und verfügt über ein Restaurant bzw. Café.*

Meningie

Der Hwy. 1 verabschiedet sich im weiteren Verlauf von der Küste und erreicht im beliebten Wassersport-Ort Meningie die riesigen Mündungsseen des Murray River: **Lake Albert** und **Lake Alexandrina**.

54 km nördlich von Meningie ist Tailem Bend und kurz darauf **Murray Bridge** erreicht. Von dort sind es bis nach Adelaide nur mehr 80 km über den gut ausgebauten South Eastern Freeway. Empfehlenswert ist ein Abstecher ab Mount Barker durch die liebliche Hügellandschaft der Adelaide Hills (Mt. Lofty Range) oder in das Barossa Valley mit der deutschstämmigen Stadt **Hahndorf**. Alternativ kann natürlich auch nach Süden auf die Fleurieu-Halbinsel zur schönen Stadt **Victor Harbour** oder nach **Cape Jervis** (Fähre nach Kangaroo Island) abgezweigt werden.

Alternativroute: Über die Goldfelder und den Murray River nach Adelaide

Streckenhinweis
Entfernungen

Melbourne – Ballarat:	113 km
Echuca – Swan Hill:	157 km
Ballarat – Bendigo:	103 km
Swan Hill – Mildura:	250 km
Bendigo – Echuca:	92 km
Mildura – Adelaide:	391 km

Erstes Teilziel der Etappe sind die Orte, an denen das erste Gold Australiens im Jahre 1851 gefunden wurde. Beim Verlassen von Melbourne über den Western Hwy. werden bald die Apfelplantagen von Bacchus Marsh passiert. An vielen Straßenständen kann man sich mit Reiseproviant eindecken. Dank der „kurzen" Distanzen im Staate Victoria ist Ballarat schnell erreicht.

Ballarat

In Ballarat spricht die Geschichte des Goldrausches für sich, wie man bereits an den reich verzierten und extravaganten Gebäuden entlang der Hauptstraßen (Sturt St. und Lydiard St.) sieht. Zur Blütezeit hatte die Stadt mehr als 70.000 Einwohner. Sagenhafte Goldfunde wie der 1858 gefundene „Welcome Nugget" mit 58 kg hatten ganze Heerscharen von Glücksjägern nach Victoria gelockt.

Hier geht's auch musikalisch zur Sache

Sovereign Hill

Ein Muss ist der Besuch von Sovereign Hill (3 km südlich), der einzigartigen Rekonstruktion einer **Goldgräbersiedlung** der Periode von 1854–1861. Viele Gebäude, wie Hotels, Banken, Geschäfte, Schule, Bücherei und Handwerksbetriebe, sind originalgetreu aufgebaut worden. Den realistischen Eindruck verstärken ungefähr 100 Schausteller, die in Originalkostümen die Stadt beleben. Am Abend folgt die sehenswerte Sound and Light-Vorführung „Blood on the Southern Cross". Besucher können sich selbst im **Goldwaschen** (Pan for real gold!) versuchen. Die Führung durch die unterirdische Mine dauert ca. 45 Min., für das gesamte Gelände sollten rund 2 Std. gerechnet werden. Das zum Komplex gehörende **Goldmuseum** liegt im Eingangsbereich, kann aber auch separat besucht werden.

Sovereign Hill, Main St., ☎ 03-53371100, www.sovereignhill.com.au. Tgl. 10–17 Uhr, Erwachsene A$ 49,50, 5–15 Jahre A$ 22.

Eureka Stockade

info

Von geschichtlicher Bedeutung ist die Eureka Stockade von 1854: Eine Gruppe von Goldgräbern unter Führung eines Iren und zweier Deutscher zettelte einen Aufstand gegen die ihrer Meinung nach ungerechtfertigten Schürfgebühren und das fehlende Wahlrecht an. Dem Aufstand wurde von der brutal vorgehenden Polizei ein schnelles Ende bereitet, insgesamt 35 Menschen verloren ihr Leben.

Die britischen Verwalter änderten daraufhin das geltende Recht und führten das „Miner's Right" ein, das eine gerechte Claimverteilung zu angemessenen Preisen ermöglichte. Der Aufstand war, sieht man von vereinzelten Aktionen der Aborigines ab, bis heute der **einzige Bürgerkampf** in der Geschichte Australiens.

Über den genauen Ablauf und die damaligen Zustände erinnern das **Eureka Centre** (602 Eureka St., ☎ 03-53331854, tgl. 9–17 Uhr) und ein Denkmal in der Stawell St. Vom Glanz vergangener Tage zeugt neben den schmucken Häusern die Hauptattraktion der Stadt, die hervorragend rekonstruierte Museumsstadt Sovereign Hill.

Wer am intensiveren Studium der Goldgräberzeit interessiert ist, findet in den Städten **Creswick** (18 km nördlich, historisches Museum), **Clunes** (34 km nordwestlich, erste Goldfunde anno 1851), **Avoca** (48 km nordwestlich) weiteres Anschauungsmaterial.

Reisepraktische Informationen Ballarat

Information
Ballarat Visitor Information, *43 Lydiard St. North,* ☎ *1800-446633, www.visitballarat.com.au und www.ballarat.com, tgl. 9–17 Uhr.*

Übernachten
Cardigan Lodge Motel $$$, *741 Remembrance Drive,* ☎ *03-53448302, www.cardiganlodge.com.au. Ruhiges Motel mit Restaurant und Swimming-Pool.*
Sovereign Hill Lodge YHA $, *Magpie St.,* ☎ *03-53371159, www.yha.com.au. Budgetunterkunft mit Blick auf das Goldgräberdorf Sovereign Hill.*

Camping
Ballarat Windmill Holiday Park, *56 Remembrance Drive,* ☎ *1800-256633, www.ballaratwindmill.com.au. Gut ausgestatteter Campingplatz mit Cabins.*
Lake Wendouree CP, *Gillies St. (2 km nördlich),* ☎ *03-53381381. Campingplatz an dem See, der Schauplatz der olympischen Ruderregatten von 1956 war.*

Spa Country

Östlich liegen die Städte Daylesford und Hepburn Springs – die Zentren des australischen Spa Country. Hunderte Mineralquellen, manche davon bereits 1895 entdeckt, befinden sich innerhalb eines 50-km-Umkreises. Das Daylesford Visitor Centre (www.daylesford.net.au) versorgt Besucher mit umfassenden Informationen. Zahlreiche Bed-&-Breakfast-Häuser bieten in der populären Feriensiedlung eine Unterkunft. Gleich südlich von Daylesford liegt der Lake Daylesford mit Wanderwegen und Mineralquellen, aus denen direkt getrunken werden kann.

Die Fahrt nach Norden führt von Ballarat über den Midland Hwy. – ländliche Regionen, in den heute, mehr als 150 Jahre nach dem Goldrausch, vor allem Landwirtschaft betrieben wird. 75 km nördlich erreicht man die Stadt Castlemaine. Innerhalb eines Jahres nach den ersten Goldfunden schnellte hier die Bevölkerungszahl auf 25.000 Einwohner hoch. Heute sind davon noch 5.000 übrig geblieben. Auf dem berühmten **Market Place** (heute ein Museum) wurden damals Lebensmittel zu allen anderen Goldgräberstädten verteilt. Das berühmte Bier „Castlemaine XXXX" *Eine der* wurde hier erstmals während der Goldgräberzeit gebraut. 30 Autominuten west- *bekanntesten* lich liegt **Maryborough**, eine der bekanntesten Goldgräberstädte. Dutzende his- *Goldgräber-* torischer, weitgehend gut erhaltener Gebäude säumen die Straßen. Eines davon ist *städte* der Bahnhof, von dem schon Mark Twain bei einem Besuch 1895 schrieb.

Nur wenige Kilometer nördlich von Castlemaine liegt **Maldon** (www.maldon.org.au), eine der schönsten und besterhaltenen Goldgräberstädte Victorias. Schon die Namen der umliegenden Hügel, „Nuggetty Hills", deuten auf die reichen Funde hin. Die bis in die heutige Zeit gut erhaltenen Gebäude (Post Office, Dabb's General Store u. a.) sind sehenswert. Es lohnt sich, in einem der historischen Hotels zu übernachten.

Bendigo

1851 wurde in Bendigo (80.000 Einwohner) zum ersten Mal Gold gefunden. In den folgenden 100 Jahren wurden insgesamt rund 25 Mio. Unzen (rund 714 t) Edelmetall abgebaut. Damit überdauerte Bendigo die meisten anderen Goldstädte, deren Vorkommen viel früher erschöpft waren. Die Stadt war und ist ein Handelszentrum im geografischen Mittelpunkt Victorias. Tatsächlich zählt Bendigo zu den schönsten und prächtigsten Städten Victorias. In kaum einer anderen Stadt stehen noch so viele Gebäude der Gründerzeit in einem derart gut erhaltenen Zustand.

Die meisten der historischen Gebäude befinden sich entlang der **Pall Mall**. So ist das renovierte **Shamrock Hotel** wegen seines überladenen Inneren und Äußeren ebenso sehenswert wie das **Post Office** und das alte **Gerichtsgebäude** (Law Courts). In der Bridge St. steht das kleine **Golden Dragon Museum** (*1–11 Bridge St., www.goldendragonmuseum.org, tgl. 9.30–17 Uhr*), welches über die chinesischen Einwanderer und Goldsucher berichtet, die im alten Victoria zu den geknechteten, aber willigen Arbeitern gehörten.

Die **Bendigo Art Gallery** (*42 View St., www.bendigoartgallery. com.au, Mo–Fr 10–17, Sa und So 14–17 Uhr*) ist eine der **ältesten Kunstsammlungen Victorias** mit internationalen Ausstellungen.

Die **Central Deborah Gold Mine** befindet sich ca. 2 km außerhalb des Zentrums. Man kann entweder selbstständig das oberirdische Gelände er-

Bendigo – vom Botanischen Garten aus gesehen

kunden (Surface Tour) oder bis in 61 m Tiefe fahren, um sich in die Einzelheiten des Goldabbaus einweihen zu lassen (Underground Adventure). Die Mine reicht bis auf eine Gesamttiefe von 422 m.

Central Deborah Gold Mine, *76 Violet St., ☎ 03-54438255, www.central-deborah.com. Tgl. 9–17 Uhr. Surface Tour: Erwachsene A$ 15, Kinder A$ 7,50. Underground Adventure: Erwachsene A$ 85, Kinder A$ 52,50.*

Reisepraktische Informationen Bendigo

Information
Bendigo Visitor Centre, *Pall Mall (im alten Post Office), ☎ 1800-813153, www.bendigotourism.com, tgl. 9–17 Uhr.*

Übernachten
Shamrock Hotel $$$, *Pall Mall, ☎ 03-54430333, www.hotelshamrock.com. au. Stilvolles Hotel der Jahrhundertwende mit schönem Restaurant, auch Budgetunter-künfte.*
Quality Inn Colonial $$$, *483–485 High St., ☎ 1800-067035, www.bendigocolo nial.com.au. Zentral gelegenes Motel.*

Camping
Ascot Holiday Park, *15 Heinz St., White Hills (4 km nördlich), ☎ 1800-062340, www.big4bendigo.com.au. Gepflegter Campingplatz mit Cabins.*

Restaurants
Bendigo verfügt über einige sehr schöne Pubs und Restaurants, die in alten Gebäu-den untergebracht sind. Dies sind z. B. das **Goldmines Historic Café** (*Marong Rd.*) in einem viktorianischen Haus von 1857 oder der **Rifle Brigade Hotel** mit eigener Bierbrauerei (*View St., www.riflebrigadehotel.com.au*).

Fahrt an den Murray River

Über den Midland Hwy. führt die Reiseroute nach **Echuca** an der Grenze zu NSW. Neben intensiver Viehwirtschaft ist das Gebiet auch Zentrum des Obstanbaus. Das Dreieck der sich in Echuca treffenden Flüsse **Campaspe**, **Goulbourn** und **Murray** trägt nicht unwesentlich zur Fruchtbarkeit der Böden bei, die größtenteils künstlich bewässert werden. So sind allein in der Rochester-Region rund 800 km² Anbaufläche aus dem Campaspe River und dem Waranga Reservoir bewässert. Die Murray-Goulbourn Factory ist der größte Erzeuger von Molkereiprodukten in Victoria.

Echuca-Moama

Echuca oder **Echuca-Moama** (nach der benachbarten Stadt in NSW) bewahrt sich seinen Ruf als **einst größter Binnenhafen Australiens** durch die auf dem Murray River verkehrenden Raddampfer. Sie sind noch heute ein herrlicher Anblick, wenn sie, von großen Schaufelrädern angetrieben, um die Flussbiegungen dampfen. Zu Zeiten, als die Landverbindungen noch wenig entwickelt waren, galt Echuca als wichtiger Umschlagplatz für landwirtschaftliche Erzeugnisse zwischen den Staaten NSW, VIC und SA. Über 80 Hotels hatten sich zu jener Zeit etabliert.

Sehenswert sind im restaurierten Hafenviertel Old Port das **Star Hotel**, **Bridge Hotel** und das **historische Museum**. Von den Verwaltungsgebäuden (Customs House, Old Goal), Hafenanlagen (Red Gum Wharf) und Lagerhallen ist ein beträchtlicher Teil noch in erfreulich gutem Zustand. Alljährlich im Okt. findet das 9-tägige Rich River Festival und im Febr. das Wasserskirennen Southern Ski Race statt. Autoliebhaber finden im **National Holden Museum** (*Warren St., www. holdenmuseum.com.au*) über 40 restaurierte australische Oldtimer.

Raddampfer in Sicht

Bootsausflüge
Kein Besuch von Echuca ist komplett ohne die Fahrt auf einem der historischen Raddampfer, wie z. B. die „Port of Echuca", die „PS Emmylou" oder „MV Mary Ann". Informationen und Abfahrtszeiten erfährt man im historischen Viertel Old Port.

Umgebung von Echuca
Nordöstlich von Echuca (über den Forest Drive) liegen ausgedehnte Eukalyptuswälder (mit der Baumart River Red Gum) und die Feuchtgebiete des **Barmah State Forest**. Im **Dharnya Visitor Centre** erhält man einen Einblick in die Entstehungsgeschichte der Wälder und die Kultur der Koorie-Aborigines der Region. Von Barmah aus können Fahrten mit Kingfisher Wetland Cruises unternommen werden, die in die Barmah Wetlands und Barmah Lakes schippert.

👉 Streckenhinweis

Bis Mildura folgt der Murray Valley Hwy. praktisch dem Fluss, entfernt sich aber von diesem zumeist und geht den direkten Weg, anstatt den unzähligen Windungen des Flusses zu folgen. Der Abschnitt des Murray zwischen Cobram und Koondrook (jeweils ca. 60 km westlich und östlich von Echuca) wird auch als das **Golden River Country** bezeichnet. Dutzende von Stränden, Billabongs (Wasserlöcher) und Picknickplätzen entlang des Flussufers laden zum Fischen, Campen und Verweilen ein. Die Städte und Bootsstege wurden allesamt aus dem Holz des lokalen Red Gum gebaut, das mit den Raddampfern flussauf- und -abwärts transportiert wurde.

Reisepraktische Informationen Echuca-Moama

ℹ️ Information

Echuca Tourist Information, *2 Heygarth St.,* ☎ *1800-804446, www.echucamoama.com, tgl. 9–17 Uhr. Informationen über Tages- und Ausflugsfahrten mit alten Raddampfern (z. B. „PS Emmylou"), Hausboot- und Kanuvermietungen.*

🛏️ Übernachten

Nirebo Motel $$$, *251 Hare St., Echuca,* ☎ *03-54822033, www.nirebo.com.au. Motel-Units, teilweise mit Blick auf den Murray.*
River Country Inn $$, *Meninya St., Moama,* ☎ *03-54825511, www.rivercountryinn.com.au. Mittelklasse-Motel.*
Bella Casa Houseboats, ☎ *03-54806211, www.bellacasahouseboats.com.au. Hausboot-Vermietung.*

⚠️ Camping

A Shady River Holiday Park (Big4), *Merool Lane, Moama, 2 km nördlich der Echuca Bridge,* ☎ *1800-674239. Caravan Park mit Cabins.*

Swan Hill

Die Stadt erhielt ihren Namen 1836 von dem Forscher Major Thomas Mitchell, der sich durch das Geschrei der Schwarzen Schwäne auf dem Murray gestört fühlte. Die Entwicklung zur Stadt wurde im Wesentlichen durch die Raddampfer vorangetrieben, die den Murray auf und ab fuhren. Die Geschichte und das damalige Leben der heute rund 10.000 Einwohner zählenden Stadt kann im **Swan Hill Pioneer Settlement Museum** (*Monash Drive,* ☎ *1800-981911, www.pioneersettlement.com.au. Tgl. 9.30–16 Uhr, Erwachsene A$ 28, Kinder A$ 20,50*) verfolgt werden. **Robinvale** (135 km nordöstlich von Swan Hill) ist einer der ersten Weinbauorte entlang des Murray.

Ruhige Kleinstadt

Der **Hattah Kulkyne National Park** (72 km südöstlich von Mildura) scheint sich auf den ersten Blick kaum von der Mallee-Scrub-Landschaft zu unterscheiden, die typisch für die südlich des Murray gelegenen Gebiete ist: trockene, rote Erde mit kleinen, vielstämmigen Malleebüschen. Rund um den See des NP erheben sich große Eukalypten (River Red Gum und Black Box), die Heimat von über 200 Vogelarten sind. Ein paar Wanderpfade sind angelegt, um in der Dämmerung die Tierwelt mit Emus, Kakadus und Kookaburras beobachten zu können. Informationen sind über ein Visitor Centre am Parkeingang erhältlich. Einfache NP-Campgrounds sind direkt am **Lake Hattah** oder am **Lake Mournpoul** vorhanden. Wegen einer giftigen grünen Algenart darf manchmal nicht in den Seen gebadet werden – bitte Warnschilder beachten.

Reisepraktische Informationen Swan Hill

Information
Swan Hill Region Information Centre, *Ecke McCrae/Curlewis St.,* ☎ *1800-625373, www.swanhillonline.com, tgl. 9–17 Uhr.*

Übernachten
BW Burke & Wills Motor Inn $$$, *370 Campbell St.,* ☎ *03-50329788, www.burkeandwills.bestwestern.com.au. Mittelklasse-Motel mit Swimming-Pool.*

Camping
Swan Hill Riverside CP, *1 Monash Drive,* ☎ *1800-101012, www.riverside-swanhill-holiday-park.vic.big4.com.au. Campingplatz direkt am Flussufer, mit Cabins.*

Mildura

Ideales Klima für Weinbau

In der stets warmen und sonnigen Stadt Mildura (20.700 Ew.) wurden im Jahre 1887 die kanadischen Brüder George und William Benjamin Chaffey von Alfred Deakin, einem Mitglied des Landesparlaments, eingeladen, um ihre Kenntnisse der Bewässerungstechnik auf Mildura zu übertragen. So wurde in mühsamer und jahrelanger Arbeit aus der einst trockenen Wüste ein fruchtbares Gebiet geschaffen. William B. Chaffey legte den Grundstein für die bis in die heutige Zeit erfolgreiche „Weinbauindustrie" mit bekannten Namen wie Lindemans, Mildara oder Trentham Estate.

Der Chaffey Clan, der aus Kalifornien emigrierte, hat die Stadt ganz im amerikanischen Stil angelegt, d. h. im Straßenraster verlaufen die Avenues von Nord nach Süd und die nummerierten Streets von West nach Ost. Das Wohnhaus der Chaffey-Familie kann als Teil des **Mildura Arts Centre** (*199 Cureton Avenue, www.mi. miluraartscentre.com.au*) besichtigt werden. Neben Wein werden Zitrusfrüchte in Mildura angebaut.

Wer die vermeintlich „längste Bar der Welt" mit 91 m Länge erleben will, ist richtig im **Working Man's Club** (*90/94–124 Deakin Ave., www.milduraworkers.com.au*).

Umgebung von Mildura

Südwestlich von Mildura wird der **Murray Sunset NP** gestreift. Zufahrt in den 6.330 km² großen NP ist über mehrere Pisten vom Sturt oder Calder Hwy. möglich. Mehrere Aboriginal-Fundstätten, alte Schafschererhütten und die kommerzielle Salzgewinnung an den Pink Lakes bis 1916 haben die Region ebenso schützenswert werden lassen wie riesige, unberührte Gebiete mit typischen Malleebüschen auf Sanddünen.

Einer der Pink Lakes im Murray Sunset NP

Beim Städtchen **Wentworth** (32 km nordwestlich, im Staat NSW) vereinigen sich der Murray und der Darling River, die beiden größten Flüsse des Kontinents. An diesem „Verkehrsknoten" können eine Reihe historischer Gebäude besichtigt werden, z. B. das alte Gefängnis Wentworth Gaol von 1879 (Beverly St.).

Reisepraktische Informationen Mildura

Information

Visitor Information & Booking Centre, *180–190 Deakin Avenue,* ☎ *03-50188380, www.visitmildura.com.au, Mo–Fr 9–17.30, Sa und So 9–17 Uhr. Informationen über die Stadt und die Region (The Region of Contrast), Weingüter und Hausbootvermietungen.*

Department of Conservation, *253 Eleventh St.,* ☎ *03-50223000, www.parks. nsw.gov.au. Informationen über die nördlich, in Richtung Broken Hill gelegenen NPs.*

Übernachten

Sunraysia Resort $$$$, *300 Tenth St.,* ☎ *03-50219600, www.sunraysia-resort.com.au. Großzügiges, modernes Hotel.*

Mildura City Backpacker $, *50 Lemon Ave.,* ☎ *03-50227922, www.milduracity backpackers.com.au. Backpacker-Unterkunft in der Stadtmitte.*

Camping

Golden River Holiday Park, *199–205 Flora Avenue,* ☎ *1800-621262. Schöner Campingplatz am Murray, auch mit Cabins.*

Bootsausflüge

Die **PS Melbourne** *(Mildura Wharf, www.murrayriver.com.au) ist einer der letzten verbliebenen Raddampfer in Mildura und fährt täglich bis zur Schleuse 11. Das Schiff wurde 1912 gebaut und fährt angeblich bis heute immer noch mit der ersten Dampfmaschine.*

Abstecher in das Corner Country

Broken Hill und Umgebung

Mungo National Park

110 km östlich von Wentworth ist der **Mungo NP** mit der „Wall of China" der vielleicht spektakulärste National Park (27.847 ha) der Region. Dort, wo während der letzten Eiszeit der Willandra Creek den Lake Mungo gebildet hatte, findet sich heute in den Dünen am einstigen Ostufer eine faszinierende erodierte, sehr fragile Sandsteinformation von 30 km Länge. Die Chinesen, die auf der (heute längst verlassenen) Mungo Station arbeiteten, erinnerte diese an die Chinesische Mauer. Das zum Willandra Lakes Weltkulturerbe gehörende Gebiet ist zudem die Fundstätte von über 40.000 Jahre alten **Aborigine-Relikten**, mithin die ältesten Australiens (Ranger-Führungen zu den Fundstellen werden auf Anfrage angeboten). Immer wieder erstaunlich ist die **reiche Tierwelt** (Kängurus, Emus, Wallabies) im Vergleich zu weiter nördlich gelegenen Regionen. Die Ursache ist in der Existenz des Dingo-Zauns zu sehen, der nördlich von Broken Hill verläuft.

Übernachtungen sind in der **Mungo Lodge** (*Motel und Restaurant,* ☎ *1300-663748, www.mungolodge.com.au*), einem einfachen NP-Campground oder auf Stockbetten in den alten Schafschererhütten möglich. Rund um die Wall of China führt eine 60 km lange Piste. Der Besuch muss im Rahmen einer geführten Tour unternommen werden.

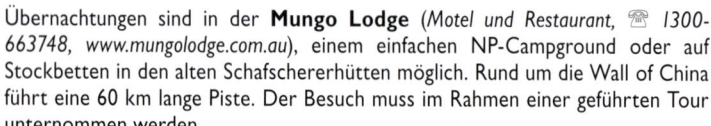

Reisepraktische Informationen Mungo National Park

ⓘ Information

Visitor Centre, *am Südwestende des NP,* ☎ *03-50231278, www.npws.nsw. gov.au.*
Harry Nanya Tours, ☎ *03-50272076, www.harrynanyatours.com.au, unternimmt Aborigine-Touren in den Mungo NP.*

Kinchega National Park

Die riesige **Menindee-Seenplatte**, die den größten Teil des Kinchega NP (214 km nördlich des Mungo NP) ausmacht, wird vom Darling River gespeist. Je nach Stärke der Regenfälle (in Queensland, wo der Darling River seinen Ursprung hat) sind die Seen mehr oder weniger wasserreich. Über Pipelines wird Broken Hill mit Wasser aus Menindee versorgt. Der NP ist eine **Oase für viele Wasservögel**, aber Kängurus und Emus sind der häufigere Anblick in der roten Buschlandschaft. Das Besucherzentrum befindet sich bei der historischen Schaffarm von 1850.

Seenplatte mit vielen Wasservögeln

Von Broken Hill bis in die Ortschaft **Menindee** (110 km) ist die Straße geteert, im NP sind die Straßen staubig und sandig. Menindee ist ein verschlafenes Outback-Dorf mit Übernachtungsmöglichkeit (*Burke & Wills Hotel,* ☎ *08-80914313*) und beliebter Ausflugsort für die Bewohner von Broken Hill. Auf den Seen wird Motorboot und Wasserski gefahren, gesegelt und geangelt.

Broken Hill

Broken Hill, die Stadt mit dem klangvollen Namen, ist vor allem durch ihre reichen **Bodenschätze** (Silber, Zink, Blei, Zinn) berühmt geworden. Die Bergwerksgesellschaft Broken Hill Proprietary (BHP), gegründet 1885, hat auf Australiens Weg zur Industrienation die Hauptrolle gespielt und ist heute das wichtigste Firmenimperium im Land. An erster Stelle der Sehenswürdigkeiten steht deshalb der Besuch einer unterirdischer Mine. Besucher der **Day Dream Mine** (*16 km nördlich von Silverton, www.daydreammine.com.au, Führungen tgl. 10 und 11.30 Uhr, Erwachsene A$ 30, Kinder A$ 10*) werden in große Tiefe geführt. Andere Minen erreichen Tiefen bis 1.500 m. In der Stadt fällt die Vielzahl der

Skulpturen im Naturpark Living Desert

gut erhaltenen historischen Gebäude auf. Lohnend ist der Besuch des **Sulphide Street Railway and Historical Museum** (Ecke Blende/Bromide St.), das die Entwicklung der Region darstellt und der Besuch des **Royal Flying Doctor Service** (*Broken Hill Airport, www.flying doctor.net*) sowie der **School of the Air** (www.schoolair-p.schools.nsw.edu.au). Geologisch Interessierte finden im **Albert Kersten Mining & Minerals Museum** (*Ecke Bromide/Crystal St., Mo–Fr 10–16.45, Sa und So 13–16.45 Uhr*) eine schöne Mineralienausstellung.

Kurios, dass sich gerade in Broken Hill **zahlreiche Künstler** mit ihren Galerien niedergelassen haben. 5 km nordwestlich der Stadt befindet sich der 1993 angelegte Naturpark **Living Desert** mit Künstlerskulpturen auf einem Hügel. Besonders im Licht der untergehenden Sonne sehr sehenswert. Der Eintritt pro Person kostet A$ 5, die am Eingang zur Living Desert Area passend gezahlt werden müssen.

Reisepraktische Informationen Broken Hill

Information

Visitor Information Centre, *Ecke Blende/Bromide St.*, ☎ *08-80803560, www.brokenhill.nsw.go.au, www.visitbrokenhill.com.au, tgl. 9–17 Uhr.*
Interessenten können sich für die **Postflüge** *(Bush Mail Run) im sogenannten Corner Country der drei Bundesstaaten anmelden.*
NPWS Office, *183 Argent St.*, ☎ *08-80803200, www.npsw.nsw.gov.au. Informationen über die NPs der Umgebung.*

Verkehrsverbindungen

Die Stadt liegt 1.160 km westlich von Sydney und 508 km nordöstlich von Adelaide. Regelmäßige Bus- und Flugverbindungen bestehen nach Adelaide, Sydney, Melbourne und Mildura. Für Bahnreisende des „Indian Pacific" ist der Stopp in Broken Hill obligatorisch: Zweimal pro Woche hält der Zug hier an und bietet den Passagieren die Möglichkeit zu einem mehrstündigen bis mehrtägigen Stopp.

Übernachten

Royal Exchange Hotel $$$$, *320 Argent St.*, ☎ *1800-670160, www.royalexchangehotel.com. Zweifellos das beste Hotel der Stadt.*
Comfort Inn Hilltop $$, *271 Kaolin St.*, ☎ *08-80882999, www.comfortinnhilltop.com.au. Mittelklasse-Motel.*
Tourist Lodge $, *100 Argent St.*, ☎ *08-80882086, www.thetouristlodge.com.au. Unterkunft im Stil einer Jugendherberge.*

Camping

Lake View CP, *1 Mann St.*, ☎ *08-80882250. Campingplatz, ca. 3 km außerhalb des Zentrums.*

Organisierte Ausflüge

Silver City Tours, *380 Argent St.* ☎ *1300-723583, www.silvercitytours.com.au. Tagestouren rund um Broken Hill, z. B. nach White Cliffs, Silverton Ghost Town und nach Menindee Lakes und Kinchega NP.*

Silverton (25 km westlich von Broken Hill) ist heute quasi eine Geisterstadt. Die wenigen Einwohner leben vom Tourismus, der ihnen durch die in einigen Filmen bekannt gewordene Kulissenstadt beschert wird (z. B. „Mad Max", „A Town like Alice" u.a.). Im alten Gefängnis sind Hinterlassenschaften der Vergangenheit ausgestellt, und die **Peter Browne Art Gallery** stellt allerlei seltsam anmutendes Kunsthandwerk aus.

Mutawintji (Mootwingee) National Park

Aboriginal-Kultur   130 km nordöstlich von Broken Hill erstreckt sich die Bergkette der **Bynguano Range**, vor vielen tausend Jahren schon Heimat der Aborigines, die in den Schluchten und Wasserlöchern Schutz und Nahrung fanden.

Ein **Kulturzentrum** und Pfade zu Felsgravuren sind nur mit Rangern bzw. lizenzierten Führern zu begehen. Die Schluchten können auf markierten Wanderwegen selbst erkundet werden. Ein NP-Campground ist vorhanden. Nähere Informationen erteilt das NPWS-Büro in Broken Hill.

White Cliffs

Ein harter Kern von Opalsuchern sprengt und gräbt heute noch in White Cliffs (300 km nordöstlich von Broken Hill) nach den kostbaren Steinen. Die Dug-Outs (Wohnhöhlen) der Miner und ein paar echte Outback-Originale machen den Besuch dennoch lohnend, insbesondere wenn die Gelegenheit zum Besuch einer anderen Opalstadt fehlt. Empfehlenswert ist die (unterirdische) Übernachtung im **Underground Motel** (www.undergroundmotel.com.au).

Sturt National Park

Am Dreistaateneck (Cameron Corner) von NSW, QLD und SA befindet sich der 3.500 km² große Wüstennationalpark Sturt (450 km nördlich von Broken Hill). Nur von wenigen Outback-Enthusiasten besucht, grenzt er an die roten Sanddünen der Strzelecki-Wüste im Westen und an die Gibber Plains (Ebenen mit „eingebackenen" Steinen) im Osten. Sogenannte „Jump Ups", flache Hügel der Grey Range, teilen den NP. 1844 erforschte Charles Sturt die Region erstmals auf der Suche nach dem großen Binnenmeer. 1880 waren es Goldfunde, die über 2.000 Glücksritter anlockten. Rote und Graue Kängurus, Fächerschwanzadler und Emus sind häufige Anblicke in der ansonsten

Jump-Up-Country bei der Olive Downs Station

wüstenhaften Umgebung. Der Dingo-Zaun verläuft durch den Park. 4-WD-Fahrer können nach Westen auf den **Strzelecki Track** stoßen, der im Süden in die Flinders Ranges übergeht oder weiter nördlich auf den Birdsville Track trifft.

Fortsetzung der Murray River Route nach Adelaide
Riverland of South Australia

Der Sturt Hwy. verläuft bis Renmark (147 km westlich von Mildura) schnurgerade und vom Ufer des Murray entfernt. Das eintönige Teilstück sollte man deshalb möglichst rasch hinter sich bringen. Kurz vor **Paringa** passiert man die Grenze zu South Australia und fährt in das sogenannte „**Riverland Of South Australia**" ein. Wer will, zweigt in Peterborough auf die B65/B80 nach Hawker in Richtung der Flinders Ranges ab. Wie an anderen Staatsgrenzen findet auch hier, zur Eindämmung der Fruchtfliege, eine strenge Straßenkontrolle statt. Frisches Gemüse und Obst müssen an der Grenze abgegeben oder auf der Stelle verzehrt werden. In dem Gebiet erfährt der **Hausboottourismus** seinen Höhepunkt: In den Städten Renmark, Berri, Loxton, Barmera und Waikerie kann man Hausboote mieten. Darüber hinaus fahren auch in diesem Abschnitt des Murray alte Raddampfer zu Ausflugszwecken. Interessant ist auch der Betrieb der zum Teil sehr alten Schleusen (Locks).

Nach Adelaide entlang des Murray River

info

Der Murray River

Die Geschichte der Flusserkundung nahm eigentlich in New South Wales ihren Anfang. Am 16. November 1824 wurde der Murray erstmals von den Forschern Hume und Howell gesichtet und beim Hume Dam im heutigen Albury (NSW) überquert. 1830 erreichte Charles Sturt nach einer Fahrt über den Murrumbidgee River und Darling River den Murray und benannte ihn nach dem damaligen Kolonialsekretär **Sir George Murray**.

Im Jahre 1836 war ein weiterer Abenteurer unterwegs: Major Thomas Mitchell. Er „taufte" verschiedene Stellen, deren Namen später von den Städten übernommen wurden, z. B. Swan Hill. 1852 wurde von Sir Henry Fox Young, dem Gouverneur von South Australia, eine Belohnung für denjenigen Dampfer ausgesetzt, der als erster den Murray bis Swan Hill bezwingen würde. Gleich zwei Schiffe, die „Mary Ann" und die „Lady Augusta", schafften es und lagen nur wenige Stunden auseinander. Der **Schiffsverkehr** auf dem Murray war damit eröffnet und ermöglichte durch den Transport von Baumaterial und Lebensmitteln die Gründung von Städten entlang des Flusses.

Gemächlich unterwegs auf dem Murray

Der Murray entspringt am Mt. Pilot in den Australischen Alpen am Fuße des **Mt. Koskiuszko** (2.228 m). Er hat eine Gesamtlänge von 2.560 km (Luftlinie 830 km) und fällt anfangs mit 150 mm/km, am Ende nur noch mit 25 mm/km. Von Albury bis zur Mündung benötigt ein Wassertropfen rund vier Wochen. Obwohl sich der Fluss mit seiner Länge in die ganz großen Ströme der Welt einreiht, führt er nur einen Bruchteil deren Wassermassen. Nur aufgrund technischer Einrichtungen (Pipelines, Pumpen etc.) und der geringen Bevölkerungsdichte kann sich z. B. South Australia zu 77 % mit **Trinkwasser aus dem Murray** versorgen. Wenn die Reservoirs in den Snowy Mountains (Dartmouth Dam), die den Murray speisen, in Dürreperioden geleert sind, kommt es im trockenen Land zwangsläufig zu dramatischen Wasserengpässen. Ganz zu schweigen von Wasserverunreinigungen durch giftige Algen, die sich durch Trockenheit und Überdüngung bilden und dann die Wasserversorgung Südaustraliens infrage stellen.

Hausboote auf dem Murray River

Der Murray scheint für diese gemächliche Art des Reisens wie geschaffen. Ohne Hektik lassen sich kleine Sandbuchten anlaufen, um den Abend am Lagerfeuer zu verbringen. Die Boote bieten Platz und Betten für 2–10 Personen. Ein spezieller Bootsführerschein ist nicht notwendig, jedoch ein gültiger Auto-Führerschein. In fast allen Städten entlang des Murray werden Hausboote vermietet – rechtzeitige Reservierung empfohlen.

Paringa

Paringa (143 km westlich von Mildura) ist die erste Stadt des Riverlands und hängt quasi mit Renmark zusammen. Die Wirtschaft der Gegend basiert vor allem auf Schafzucht, Landwirtschaft und Obstanbau. Kennzeichen der Stadt ist die aus dem Jahre 1927 stammende **Paringa Suspension Bridge**, die sich für große Hausboote und Flussdampfer öffnet. Über sie führt der Sturt Hwy. in Richtung Paringa. Vom Headings Cliff Lookout bietet sich ein hervorragender Blick auf Stadt, Land und Fluss.

Renmark

Der Name bedeutet in der Sprache der Aborigines „Roter Schlamm". Nach ihrer Arbeit in Mildura machten sich die Gebrüder Chaffey in Renmark daran, künstliche Bewässerungsprojekte zu entwerfen. So wurde hier der Anbau von Wein, Zitrusfrüchten, Kernobst (für Trockenfrüchte) und Gemüse zur wirtschaftlichen Stütze. *Bewässerung* Renmark besitzt zwei bekannte **Weingüter**: Renmano und Angoves. Viele der im *der Felder* Verlauf folgenden Obst verarbeitenden Betriebe bieten ihre Ware in Läden und an *durch den* Straßenständen an. Berühmt sind auch die Weine und Spirituosen, die in einigen *Murray River* Destillen direkt verkauft werden wie Berri Estate Wine Makers (www.berriesta teswinery.com.au) oder Angoves Family Winemakers (www.angove.com.au) in Renmark.

Reisepraktische Informationen Renmark

Information
Renmark Tourist Centre, *84 Murray Ave.*, ☎ *1300-661704*, *www.visit renmark.com oder www.murray-river.net.*

Übernachten
Renmark Hotel $$$, *Murray Ave.*, ☎ *08-85866755*, *www.renmarkhotel. com.au. Übernachten in einem Hotel, das 1879 das erste im britischen Königreich war, welches der Gemeinde gehörte und bis heute gehört.*

Camping
Renmark Riverfront Caravan Park, *Sturt Hwy.*, ☎ *1300-664612*, *www. big4renmark.com.au. Campingplatz am Flussufer mit Kanuvermietung.*

Berri und Loxton

Die Stadt Berri in der großen Murray-Schleife hat sich zum Verwaltungs- und Handelszentrum des Riverland entwickelt. Ein schöner Aussichtspunkt ist der Lookout-Tower (Ecke Vaughan Terrace/Sturt Hwy.). Auf der anderen Flussseite und mit der Fähre Twin Ferries (24 Std. Dienst) erreichbar, liegt die kleine Stadt Loxton.

Hauptattraktion ist das **Loxton Historical Village**, ein rekonstruierter Stadtteil mit schönen alten Häusern, Autos und Maschinen aus der Zeit von 1900–1930 (☎ *08-85847194, www.loxtonhistoricalvillage.com.au, Mo–Fr 10–16, Sa und So 10–17 Uhr, Erwachsene A$ 12,50, Kinder A$ 6,50*). Wer selbst einmal auf dem Murray paddeln will, kann Kanus ausleihen.

Der **Murray River NP** (ehemals Katarapko Game Reserve) besteht aus großen Flächen ursprünglicher Flusslandschaften, die von regelmäßigen Überflutungen genährt werden – ein beliebtes Ziel für Camper und Angler. Die Zufahrt erfolgt zwischen Berri und Barmera (Abzweig nach Winkie).

Barmera

Die Stadt wird auch **Aquatic Playground** (Wasserspielplatz) genannt, da der benachbarte **Lake Bonney** ein Mekka der Wassersportler ist. Der See wurde 1838 von Joseph Hawdonn entdeckt, als er Vieh von NSW nach Adelaide trieb. Er benannte ihn nach seinem Kompagnon Charles Bonney. Der 16,8 km² große See ist im Schnitt nur 3–4 m tief und damit ein idealer Badesee. Doch es wird gerne und laut mit „Speed Boats" und Jet Skis gefahren. Beliebte Veranstaltungen wie das **Milk Carton Race** und das **Dragon Boat Race** locken Besucher aus nah und fern an. In der Monash Road befindet sich die kleine **Country Music Hall of Fame.**

Beliebter Ferienort der Südaustralier

16 km westlich von Barmera befindet sich am nördlichen Murray Ufer das **Overland Corner Hotel** von 1859, ein wichtiger Kreuzungs- und Treffpunkt der Viehtreiber, die einst Rinder und Schafe von NSW nach Westen brachten. Heute ist ein kleines Museum im Inneren des Hotels untergebracht. Ein 8 km langer Wanderweg führt zu historischen Stätten und Aussichtspunkten von den Uferklippen.

Reisepraktische Informationen Barmera

Information
Barmera Travel and Visitor Information Centre, *Barwell Ave.,* ☎ *08-85882289, www.barmeratourism.com.au, Mo–Fr 9–17.15, Sa 9–12, So 10–13 Uhr.*

Übernachten
Barmera Lake Resort Motel $$$, *Lakeside Drive,* ☎ *08-85882555, www.barmeralakeresortmotel.com.au. Direkt am See gelegenes Motel mit Restaurant.*

Camping
Lake Bonney CP, *Lakeside Drive, Barmera,* ☎ *1800-034828. Campingplatz direkt am Wasser.*

Waikerie

Waikerie (45 km westlich von Barmera, 175 km östlich von Adelaide) bedeutet in der Sprache der Aborigines „viele Flügel". In den Lagunen und an den Ufern des Murray um Waikerie tummeln sich in der Tat außergewöhnlich viele Vögel. Die Stadt ist aufgrund der guten thermischen Bedingungen das Segelflugmekka Australiens. Wer mitfliegen möchte, informiere sich im **Waikerie Gliding Club** (*Sturt Hwy.,* ☎ *08-85412644, www.waikeriegliedingclub.com.au*). Die Stadt wurde 1894 gemeinsam mit zehn anderen Siedlungen auf Geheiß des damaligen Premiers Charles Kingston gegründet, der Arbeitslosen zu einer Tätigkeit verhelfen wollte. Eine der größten bewässerten Zitrusplantagen Australiens, die Golden Heights & Sunland Irrigation Area, kann besichtigt werden. In der Umgebung Waikeries werden zudem Honigmelonen, Tomaten und Wein angebaut. Mehr als 1 Mio. Zitrusbäume erstrahlen im September in herrlicher Blütenpracht. Waikerie ist ein weiterer Stützpunkt der Hausbootvermieter. Informationen dazu erteilt das Tourist Office (www.waikerietourism.com.au).

Lagunen des Murray

☞ **Streckenhinweis**
Vor Morgan muss mit der regelmäßig verkehrenden Autofähre der Murray überquert werden.

Morgan und Blanchetown

Morgan (früherer Name: „North West Bend" oder „Great Elbow") am Flussbogen des Murray ist eine ruhige Stadt. Man glaubt kaum, in einer ehemals lebhaften Binnenhafenstadt zu sein. Entlang der **Railway Terrace** erinnern noch einige Gebäude an die alten „Riverboat Days". Das **Port of Morgan Museum** ist im Gebäude der alten Bahnstation untergebracht. Von 1878 an bestand eine Bahnverbindung mit Adelaide, die jedoch mittlerweile eingestellt ist. 1940 wurde die Whyalla Pumping Station gebaut, die Murraywasser bis Adelaide pumpt. Die moderne Filteranlage wurde erst 1986 fertiggestellt.

Blanchetown gilt als der westlich gelegene Eintritt in das „Riverland". Das Städtchen wurde bereits 1850 geplant und 1863 zum Hafen erklärt. 1922 wurde hier die erste der sechs Murray-Schleusen („Lock 1") eröffnet. Sehenswert ist auch das **Blanche-**

Weiter geht's, den Murray hinunter

Volldampf voraus mit der „Murray Princess"

town Hotel aus dem Jahre 1858. Empfehlenswert ist ein Aufenthalt auf der **Schaffarm Portee Station** (www.portee.com.au), welche gemütliche Zimmer und Einblick in das australische Farmleben bietet.

 ## Swan Reach

84 km nördlich von Murray Bridge gelegen sind die hochaufragenden, gelben Sandsteinfelsen des Flussufers bei der großen Schleife **„Big Bend"** (5 km südlich) die eigentliche Attraktion. Hier leben hunderte weißer Kakadus in den Bäumen. Am

---

☞ Hinweis

Von Blanchetown nach Adelaide (Sturt Hwy.) empfiehlt sich ab Nurioopta die Fahrt durch das Weinbaugebiet **Barossa Valley**. Der Abschnitt des Murray von Blanchetown bis Murray Bridge wird Lower Murray genannt. Er zählt zu den schönsten Teilen des gesamten Stroms. Größere Lagunen und Feuchtgebiete (Swamps) sind Heimat unzähliger Wasservögel. Interessanterweise liegt das Flussbett in manchen Bereichen tiefer als der Meeresspiegel, d. h., dass sich der sehr langsam fließende Fluss eigentlich „bergauf" bewegt. Der weitere Straßenverlauf weist immer wieder auf **Aussichtspunkte** hin, von denen man einen guten Blick auf den Fluss werfen kann. Hausbootmieter finden in einsameren Uferregionen ruhige Ecken.

Flussufer befinden sich einige Campingplätze, wie z. B. Punyelroo CP (7 km südlich der Stadt am rechten Murray-Ufer).

Mannum liegt 32 km südlich. Die Stadt erlangte durch den 1853 gebauten Raddampfer „Mary Ann", der erstmals den Murray stromaufwärts fuhr, geschichtlichen Ruhm. Im Ort kann außerdem der Raddampfer „Marion" besichtigt werden, der auch Ausflugsfahrten durchführt. Mit ihr hat einst Captain W. R. Randell den Fluss befahren und Mannum gegründet. Der komfortable Raddampfer „Murray Princess" (Captain Cook Cruises) führt ab Mannum mehrtägige Flusskreuzfahrten durch.

Murray Bridge

Murray Bridge (14.800 Ew.) zählt zusammen mit Waikerie, Loxton, Berri und Renmark zu den wichtigsten Orten entlang des Murray River, der knapp 40 km südlich in den Lake Alexandrina und von dort aus in die Encounter Bay mündet. Die Stadt ist Ausgangspunkt für einige Flusskreuzfahrten. Murray Bridge ist für die Adelaider Bevölkerung ein beliebtes Ausflugszlel – für Reisende indes ist die Stadt Durchgangsstation auf dem Weg nach Adelaide oder zur Küste.

Beliebtes Ausflugsziel

Reisepraktische Informationen Murray Bridge

ℹ️ **Information**
Tourist Information, *3 South Terrace,* ☎ *08-85391142, www.murraybridge. sa.gov.au.*

🛏 **Übernachten**
Murray Bridge Motor Inn $$$, *5341 Old Princes Hwy. East,* ☎ *08-85321090, www.murraybridgemotorinn.com.au. Mittelklasse-Motel.*

⚠️ **Camping**
Avoca Dell CP, *199 Murray Drive (6 km östlich),* ☎ *08-85322095. Gepflegter, großer Platz, auch Cabins.*

🚢 **Flusskreuzfahrten**
Captain Cook Cruises, ☎ *1800-804843, www.captaincook.com.au, mit der „Murray Princess" und* **Proud Mary Cruises**, ☎*1800-677683, www.proudmary. com.au, mit der „Proud Mary" bieten auf rustikal anmutenden Raddampfern Flusskreuzfahrten auf dem Murray River an.*

Hier lässt sich die Dämmerung genießen

8. ADELAIDE UND UMGEBUNG

Adelaide

Zur Geschichte des Staates und der Stadt

Der Erste, der die Küste Südaustraliens zu sehen bekam und teilweise kartografierte, war 1627 der Holländer Peter Nuyts. Näher erforscht wurden die Küsten durch Matthew Flinders und Nicholas Baudin im Jahre 1802, das Inland durch Charles Sturt 1829/30 (über den Murray). Von den positiven Berichten angeregt, entschloss sich die britische Regierung, das Land durch **freie Siedler** zu erschließen. Damit ist Südaustralien der einzige Staat, der nicht als Sträflingskolonie seinen Anfang nahm. Auf diese sträflingsfreie Vergangenheit sind die Südaustralier sehr stolz.

Geschichte ohne Sträflinge

Der erste Gouverneur Südaustraliens, Captain John Hindmarsh, gelangte am 28. Dezember 1836 in der Holdfast Bay (im heutigen Glenelg) an Land und proklamierte den neuen Staat unter einem noch heute existierenden Eukalyptusbaum. Die Stadtgründung Adelaides ließ nicht lange auf sich warten. Der Landvermesser General William Light plante eine Hauptstadt für den südlichen Staat, die den Namen der damaligen **Queen Adelaide** tragen sollte. Sie sollte im Westen vom Meer (Golf St. Vincent) und im Osten von den Adelaide Hills begrenzt werden.

Unter den ersten Siedlern, die 1837 den Süden Australiens erreichten, waren bereits **viele Deutsche** – Protestanten aus Schlesien, die unter der Herrschaft König Friedrichs III. zu leiden hatten. Zunächst wurden Teile von **Kangaroo Island** urbar gemacht, später begann die landwirtschaftliche Nutzung im Gebiet des heutigen Adelaide. Bis 1850 waren schon 7.000 Deutsche angekommen und gründeten Städte wie **Klemzig** und **Hahndorf**. Die in den 1860ern gekommenen Lutheraner begannen im **Barossa Valley** Wein anzubauen, da das Klima für den eigentlich geplanten Tabakanbau ungünstig war. Andere Lutheraner, wie Friedrich Kempe oder Wilhelm Schwarz, zog es in das Landesinnere: Sie gründeten dort die Missionsstation **Hermannsburg** (heute im Northern Territory, nahe Alice Springs).

Redaktionstipps

➤ Eine Tour mit der Straßenbahn in das historische Strandbad **Glenelg** (S. 275).
➤ Ein abendlicher Bummel über die **Rundle Mall** mit ihren vielen Cafés und Restaurants (S. 274.
➤ Ein Tagesausflug in das **Barossa Valley** mit Weinprobe in einem der zahlreichen Weingüter (S. 281).
➤ Zumindest ein Tagesausflug nach **Kangaroo Island** (per Flugzeug hin und zurück) (S. 286).
➤ Besuch des **Tandanya Aboriginal Culture Institute** – eine Galerie mit eindrucksvollen Kunstwerken der Ureinwohner (S. 274).

Die Erschließung von Bodenschätzen begann 1841/42 mit der Entdeckung von Silber-, Blei- und Kupfervorkommen. Besonders das Kupfer aus Kapunda und der Yorke Peninsula begünstigte den wirtschaftlichen Aufschwung der jungen Kolonie, die 1857 ihr **eigenes Parlament** eröffnete.

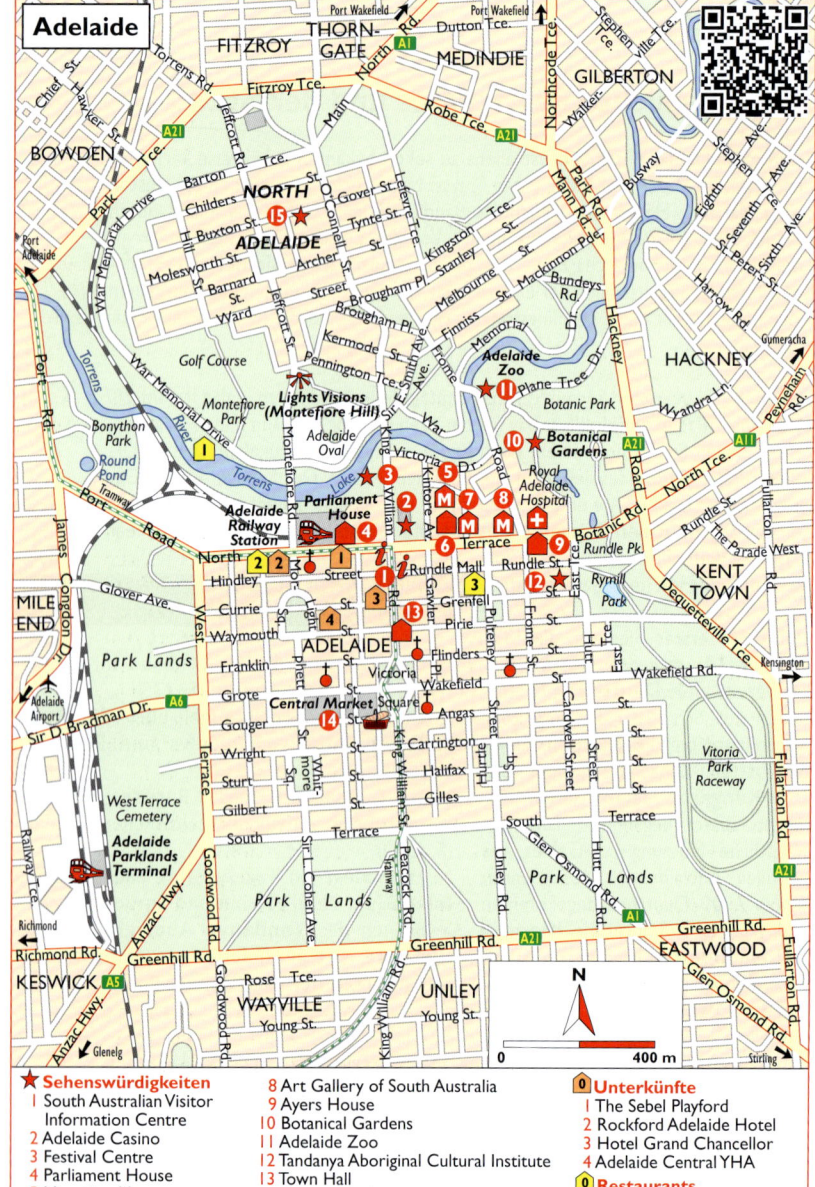

Adelaide

★ **Sehenswürdigkeiten**
1 South Australian Visitor Information Centre
2 Adelaide Casino
3 Festival Centre
4 Parliament House
5 Migration Museum
6 State Library
7 South Australian Museum
8 Art Gallery of South Australia
9 Ayers House
10 Botanical Gardens
11 Adelaide Zoo
12 Tandanya Aboriginal Cultural Institute
13 Town Hall
14 Central Market
15 North Adelaide

🅾 **Unterkünfte**
1 The Sebel Playford
2 Rockford Adelaide Hotel
3 Hotel Grand Chancellor
4 Adelaide Central YHA

🅾 **Restaurants**
1 Red Ochre Grill
2 The Original Barbecue Inn
3 Jasmin Indian Restaurant

Adelaide heute

Adelaide zählt unter den Großstädten Australiens, ähnlich wie
Perth im Westen, zu den weniger
bekannten und auch weniger besuchten Metropolen des Kontinents. „Adelheid", wie die Stadt
von deutschen Immigranten genannt wird, gilt deshalb noch ein
wenig als touristischer Geheimtipp. Wegen ihres im März/April
stattfindenden Kunst- und Kulturevents Adelaide Festival (www.ade
laidefestival.com.au) wird die Stadt
auch „The Festival City" genannt.

Die King William Road mit Statue

Mit ihrer **großzügigen und strengen Planung** erinnert vieles in Adelaide an die
europäischen Einwanderer. Breite, baumgesäumte Straßen, großzügige Gehwege, *Europäisch*
erhabene viktorianische Gebäude und geschäftiges Treiben stehen in wohltuendem *anmutende*
Kontrast zu den weitläufigen Parks rings um die Stadt. Der damalige Planer William *Metropole*
Light hatte den Stadtkern auf eine Quadratmeile begrenzt und rings um die Stadt
einen breiten Parkgürtel gelegt. Als die Innenstadt an die Grenze ihrer Kapazität
gelangte, mussten sich neue Wohn- und Geschäftsbezirke außerhalb der Parkanlagen ansiedeln. Was damals nicht gerne getan wurde und auf teilweise heftigen Widerstand der Bevölkerung gestoßen war, wird heute dankbar akzeptiert. Einen
Großteil der Freizeit verbringen die Adelaider in den Parks, in denen es Sportanla-
gen, Golfplätze, Reitwege und viele freie Flächen gibt. Selbst die Fahrt zur Arbeit
führt für viele Adelaider aus den Vororten durch den Grünstreifen in die City.

Das Leben in Adelaide läuft, im Vergleich zu Sydney oder Melbourne, ruhiger ab.
Hektik scheint den meisten Südaustraliern fremd. Selbst in der rush hour versinkt
die Millionenstadt in kein Verkehrschaos. Natürlich ist Adelaide wegen der hervor- *Ruhiges*
ragenden Weine seiner Umgebung bekannt geworden. Im bestens geeigneten süd- *Leben*
australischen Klima begannen deutsche Siedler mit dem Anbau von Weintrauben
und der Herstellung von Wein. Der Wein aus dem **Barossa Valley**, **Clare Valley**
und **Southern Vale** hat im Laufe der Jahre Qualität von Weltgeltung erlangt. Zwei
Drittel aller australischen Weine stammen aus South Australia, davon liegen viele
Anbaugebiete in unmittelbarer Nähe Adelaides. Interessierte (und nicht nur Wein-
kenner) sollten das **National Wine Centre** (*Ecke Botanic/Hackney Roads,* ☎
08-83133355, www.wineaustralia.com.au, tgl. 9–17 Uhr) besuchen.

Sehenswürdigkeiten

Orientierung: Sämtliche Sehenswürdigkeiten im Stadtzentrum Adelaides liegen
recht nahe beieinander und lassen sich bequem zu Fuß erreichen. Die beispielhafte

Stadtplanung macht die Orientierung äußerst einfach: Zentrale Straße (von Nord nach Süd) ist die **King William Street** mit dem großen **Victoria Square** in der Mitte. Begrenzt wird die Quadratmeile des Zentrums von der **North**, **South**, **East** und **West Terrace**, außen herum nichts als Parks und Grünflächen. Einzige Ausnahme ist das Gebiet nördlich der North Terrace, wo sich Festival Centre, Parlament, Museen, Universität und Krankenhaus anschließen.

Mischung aus Kunst, Musik und Theater

Stadtrundgang: Ausgangspunkt für einen Stadtrundgang ist am besten die North Terrace, wo sich die meisten Sehenswürdigkeiten befinden. Im westlichen Teil der North Terrace befindet sich das **Lion Art Centre** (*Ecke North Terrace/Morphett St.*, ☏ *08-82124276, www.nexus.asn.au tgl. 9–17 Uhr*), das im Gebäude der alten Fowler Factory von 1906 untergebracht ist. Eine bunte Mischung aus Kunstausstellungen, Musik und Theater macht den Besuch lohnend.

Das **Adelaide Casino (2)** (North Terrace) wurde einst nur als Bahnhof verwendet. Das aus „blauem" Sandstein erstellte Gebäude stammt aus dem Jahre 1929 und ist sowohl am Tage als auch bei Nacht einen Kurzbesuch wert.

Festival Centre (3)

Gleich hinter dem Casino schließt sich das Kulturzentrum (www.adelaidefestival centre.com.au) an. Es zählt zu den **besten Konzert- und Theaterstätten** Australiens. Kenner behaupten, die Akustik sei besser als die der Sydney Opera. Das moderne Festival Centre besteht aus verschiedenen Theatern (Playhouse, Amphitheater, Experimentaltheater) und einem großen Konzertsaal (Festival Theatre) und fasst insgesamt 5.000 Besucher. Immer wieder gelingt es der Stadt Adelaide, auch außerhalb der Festivalzeit, bedeutende Künstler und Ensembles zu verpflichten. Das Festival Centre ist täglich geöffnet, Di und Do werden um 11 Uhr Führungen hinter die Kulissen angeboten (Erwachsene A$ 15, bis 10 Jahre frei). Nördlich davon liegen die ruhigen Ufer des **Torrens River** mit dem Elder Park und dem Cricketstadion **Adelaide Oval**.

Blick in den Sitzungssaal des Parliament House

Bootsfahrt

Vom Elder Park aus kann mit kleinen Ausflugsschiffen eine 6 km lange Fahrt auf dem Torrens River bis zum Zoo und zurück unternommen werden. Die Fahrt führt in zahlreichen Windungen durch eine schöne Parklandschaft (www.thepopeye.com.au).

Parliament House (4)

An der Ecke North Terrace/King William St. fällt sofort das alte Parlament ins Auge. Der erste Teil des prachtvollen und mit korinthischen Säulen bewehrten Baus entstand bereits 1889, während der östliche Teil erst 1939 fertig gestellt wurde. Als Baumaterialien wurden Marmor aus Kapunda und Granit aus Victor Harbour verwendet. Besichtigungen außerhalb der Parlamentssitzungen sind Mo–Fr um 10 und 14 Uhr möglich. Der Gouverneur von South Australia muss zu seiner Arbeitsstelle nur die Straße überqueren, denn das Government House liegt gleich gegenüber.

Im östlichen Teil der North Terrace liegen das **Universitätsviertel** und diverse **Museen**:

Migration Museum (5)

Zunächst passiert man das Einwanderungsmuseum. Von der ersten Sträflingslandung im Jahr 1788 bis heute kann man die gesamte Geschichte der Einwanderung verfolgen.

Migration Museum, *82 Kintore Ave.,* ☎ *08-82077580, www.migration.historysa. com.au. Mo–Fr 10–17 Uhr, Sa und So 13–17 Uhr, Eintritt frei.*

State Library (6)

Im weiteren Verlauf der North Terrace liegen die Staatsbücherei und die Mortlock Library. Während erstere die größte öffentliche Bibliothek des Staates ist und auch ausländische Zeitungen bereithält, ist letztere auf die historische Entwicklung South Australias spezialisiert und unterhält eine umfassende Ahnenforschungsabteilung.

Größte öffentliche Bibliothek

South Australian Museum (7)

Gleich daneben liegt das südaustralische Museum. Zu sehen sind naturgeschichtliche Sammlungen (Dinosaurierskelette, Mineralien, Meteoriten, Flora und Fauna) und eine sehenswerte Aborigine-Abteilung.

South Australian Museum, *North Terrace,* ☎ *08-82077500, www.samuseum. sa.gov.au. Tgl. 10–17 Uhr, Eintritt frei.*

Art Gallery of South Australia (8)

Benachbart folgt die große Kunstgalerie des Staates. Sie zeigt eine Menge internationaler Exponate, darunter australische, europäische und asiatische Malereien, Zeichnungen und Skulpturen.

Art Gallery of South Australia, *North Terrace,* ☎ *08-82077000, www. artgallery.sa.gov.au. Tgl. 10–17 Uhr, Eintritt frei.*

Eingang der Art Gallery of South Australia

Gegenüber dem Krankenhaus (Royal Adelaide Hospital) liegt das schöne **Ayers House (9)** (www.ayershousemuseum.org.au). In dem 1846 gebauten Haus lebte Sir Henry Ayer, der sieben Legislaturperioden (1855–1897) Premierminister von SA war. Das aus blauem Tonsandstein erbaute Haus ist heute Museum, Sitz des National Trust SA und Restaurant. Ein Blick in das prunkvolle Innere ist täglich 10–16 Uhr außer montags möglich (*Erwachsene A\$ 10, 13–16 Jahre A\$ 5*). Geologisch Interessierte finden im **Tate Museum** eine große Sammlung an Fossilien und Mineralien (*Ecke Frome St./Victoria Drive, im Erdgeschoss der Universität, Mo–Fr 9–17 Uhr*).

Das Palmenhaus im Botanischen Garten

Botanical Gardens (10) und Bicentennial Conservatory

Wie jede andere Metropole Australiens besitzt auch Adelaide einen botanischen Garten. Er wurde bereits 1855 entworfen und gegründet. Man findet darin eine Fülle subtropischer und mediterraner Pflanzen. Besonders eindrucksvoll ist das größte Treibhaus der südlichen Hemisphäre, das eine Zusammenstellung tropischer Pflanzen und Regenwaldflora beherbergt. Das **Bicentennial Conservatory** ist ein preisgekrönter Bau, in dem der tropische Regenwald Australiens auf beeindruckende Art und Weise konserviert wird.

Botanical Gardens, *North Terrace,* ☎ *08-82229311, www.environment.sa.gov.au. Mo–Fr 8–Sonnenuntergang, Sa und So ab 9 Uhr, Eintritt frei.*

Adelaide Zoo (11)

Nördlich, an der Frome Road, liegt der große Zoo, der zu den schönsten seiner Art zählt. Hier leben viele einheimische Tiere, darunter auch gefährdete Arten. Daneben werden auch afrikanische und asiatische Tierarten gezüchtet.

Adelaide Zoo, *Frome Rd.,* ☎ *08-82673255, www.zoossa.com.au. Tgl. 9.30–17 Uhr, Erwachsene A\$ 32,50, 4–14 Jahre A\$ 18.*

Über die **Eastern Terrace** gelangt man in die Rundle Street und die daran anschließende Fußgängerzone **Rundle Mall**, Haupteinkaufsstraße der Stadt. Sie ist Australiens älteste Fußgängerzone und wurde vom damals wie heute politisch umstrittenen Premier Don Dunstan durchgesetzt. Für viele ist die Rundle Mall das einzig Positive, was er zustande gebracht hat.

Tandanya Aboriginal Cultural Institute (12)

Kunst, Kultur und Leben der Aborigines

Parallel zur Rundle Mall verläuft die Grenfell Street. Dort sollte das Aboriginal-Kulturzentrum der Tandanya besichtigt werden. Es vermittelt Kunst, Kultur und Leben der Ureinwohner – heute wie damals. Filme und gelegentliche Vorführungen werden ebenfalls angeboten.

Tandanya Aboriginal Cultural Institute, *253 Grenfell St.,* ☎ *08-82243200, www.tandanya.com.au. Tgl. 10–17 Uhr, Eintritt frei.*

King William Street

In der von Nord nach Süd verlaufenden Zentralstraße befinden sich weitere sehenswerte Bauten. Das prachtvolle **Edmund Wright House** (59 King

William St.) im Renaissancestil wurde 1876 von dem Architekten Edmund Wright für den südaustralischen Bischof gebaut. Besonders die Eingangshalle ist für ihre reichen Deckenverzierungen bekannt. Nachdem das Gebäude lange Jahre der Bank of SA gehörte, befinden sich heute Regierungsbüros und Verwaltungsämter darin. Südlich davon befinden sich die **Town Hall (13)**, ebenfalls im Renaissancestil erbaut, und die Hauptpost (GPO).

Victoria Square ist von neuen und alten Häusern gesäumt. In der Mitte sprudelt ein großer Springbrunnen. Vom Südende des Platzes fährt die einzige Straßenbahn Adelaides zum historischen Küstenort **Glenelg**. Über die Grote Street gelangt man vom Victoria Square zum **Central Market (14)** – ideal zum Einkauf von frischen Lebensmitteln oder zur Einnahme eines kleinen Imbisses.

Außerhalb des Stadtzentrums

North Adelaide (15)

North Adelaide ist der dem Zentrum nächste Stadtteil. Er liegt nördlich des Torrens River und ist am besten über die King William Street per Bus erreichbar. North Adelaide zählt zu den **ältesten Stadtteilen**. Deutlich wird dies durch hübsch restaurierte „Bluestone-Gebäude", alte Hotels und Gebäude mit schmiedeeisernen Verzierungen, Kunstgalerien und edle Restaurants. Die Melbourne Street gehört zu Adelaides feinsten Einkaufsstraßen. Sehenswert ist außerdem **St. Peter's Cathedral** in der Pennington Terrace. Die Kathedrale wurde nach siebenjähriger Bauzeit 1876 fertig gestellt. Die Ecke Pennington Terrace/Montefiore Rd. wird „Light's Vision" genannt. Man sagt, dass der Stadtplaner William Light von hier aus die Parklandschaft entlang des Torrens River entworfen hat.

Hübsch restaurierte „Bluestone"-Gebäude

Glenelg

Mit der Straßenbahn gelangt man vom südlichen Ende des Victoria Square in einer halben Stunde in den alten Küstenort Glenelg – ein lohnender Ausflug. Die Holdfast-Bay und Glenelg gelten als der **Geburtsort South Australias**. Am Old Gum Tree (MacFarlane St.) wurde 1836 die Unabhängigkeit des Staates proklamiert. Der Strand zählt zu den beliebtesten der Stadt. Die Promenade und Jetty wurden neu gestaltet und laden zum Flanieren ein. In Glenelg und näherer Umgebung finden sich viele Hotels, Motels und Apartments. Die Straßenbahn hat ihre Endstation in der Jetty Street.

Mit der Straßenbahn nach Glenelg

Port Adelaide

Der ehemals florierende Handelshafen von Adelaide (13 km nördlich, über die Port Road erreichbar) hatte im Laufe der Jahre viel von seinem Glanz und seiner Bedeutung verloren. An die gute alte Zeit in dem heute beschaulichen Hafen erinnern noch sehenswerte **Gebäude** und **Museen**. In aufwendigen Restaurationsarbeiten wurde ein Teil des Port Adelaide wiederhergestellt und ist so zu einer kleinen Tou-

Historische Segelschiffe im Hafen

ristenattraktion geworden. Mittlerweile legen jedes Jahr zahlreiche Kreuzfahrtschiffe in Adelaide an. Entlang der **Fisherman's Wharf** sind in den alten Lagerhäusern viele Geschäften und Restaurants entstanden. Fischverkauf findet direkt von den Booten statt (nur So 9–17 Uhr). Mehrere historische Segelschiffe liegen im Hafen und können z. T. besichtigt werden. Das interessante **South Australian Maritime Museum** (*126 Lipson St., ☎ 08-82076255, www.samaritimemuseum.com. au. Tgl. 10–17 Uhr, Erwachsene A$ 10, Kinder A$ 5*) umfasst als „Living Museum" vier restaurierte Gebäude, alte Schiffe und eine historische Sammlung. Der alte Leuchtturm von 1869, **The Port Lighthouse**, kann bestiegen werden.

Ebenfalls in der Lipson St. ist das **National Railway Museum** (*☎ 08-83411690, www.natrailmuseum.org.au. Tgl. 10–17 Uhr, Erwachsene A$ 12, 3–16 Jahre A$ 6*).

Reisepraktische Informationen Adelaide

i Information

South Australian Visitor Information Centre (1), *Ground Floor, 108 North Terrace, ☎ 1300-764227, www.southaustralia.com oder www.cityofadelaide.com. au. Mo–Fr 9–17, Sa 9–14, So 10–13 Uhr. Umfassende und freundliche Beratung über Adelaide und Südaustralien. Empfehlenswert ist die Broschüre „This Week in Adelaide" mit Veranstaltungen, Restaurant-Tipps etc. In der Rundle Mall befindet sich ein kleiner Stand mit Touristeninformationen.*
Adelaide Visitor Information Centre, *Kiosk in der Rundle Mall (Fußgängerzone), ☎ 08-82037611. Mo–Do 9–17, Fr 9–20, Sa 10–13, So 11–16, feiertags 11– 15 Uhr.*
Glenelg Visitor Information Centre, *Shop 22, Marina Pier, ☎ 08-82945833, www.glenelgsa.com.au.*
Port Adelaide Visitor Information Centre, *66 Commercial Rd., ☎ 08-84056560, www.portenf.sa.gov.au.*
National Wine Centre of Australia, *Ecke Botanic/Hackney Rd., www.wine australia.com.au, tgl. 10–18 Uhr. Exzellente Ausstellung über den Weinbau und die Weine Australiens.*
National Park and Wildlife SA Information Centre, *77 Grenfell St., ☎ 08-82041910, www.environment.sa.gov.au. Informationen über die NPs Südaustraliens und Ausgabe des NP Park Pass.*

Konsulate
Deutsches Konsulat, *23 Peel St., ☎ 08-82316320.*
Österreichisches Konsulat, *101 Port Wakefield Rd., Cavan, ☎ 08-81397336.*
Schweizer Konsulat, *64 Castle St., Parkside, ☎ 08-82718854.*

Wichtige Telefonnummern
Vorwahl für Adelaide und Südaustralien: 08
Telefonauskunft: *013.*
Notruf: *000 (gebührenfrei).*
Krankenhaus: *Royal Adelaide Hospital, North Terrace, ☎ 08-82224000.*
Behindertenhilfe: *Disability Information, 195 Gilles St., ☎ 08-82360555, www. dircsa.org.au.*

Post
General Post Office (GPO), *Ecke King William/Franklin St.,* ☎ *131320. Mo–Fr 8.30–17.30 Uhr.*

Überregionale Verkehrsmittel
Flughafenbus: *Vom Flughafen Adelaide nach Glenelg, West Beach und in die Innenstadt verkehrt der* **Adelaide Airport Flyer**, ☎ *1300-856444, www.adelaide airportflyer.com.*
Taxis *vom/zum Flughafen kosten ca. A$ 30.*

Überlandbusse
Die meisten Überlandbusse fahren von der **Central Bus Station** *(85 Franklin St.) ab.*
Greyhound, *85 Franklin St.,* ☎ *1300-473946, www.greyhound.com.au.*
V-Line Coach/Rail Service, *Franklin St.,* ☎ *1800-800007, www.vline.com.au.*

Züge
Vom **County & Interstate Rail Terminal** *in Keswick (2 km südöstlich des Zentrums, Richmond Rd.) fahren alle zwischenstaatlichen Züge ab, z. B. „The Ghan" oder der „Indian Pacific". Der Bahnhof an der North Terrace dient dem lokalen Zugverkehr in die Vororte.*
Information: *Booking Office, Keswick Station und Great Southern Railway (GSR),* ☎ *132147, www.gsr.com.au. Allgemeine Seite für ganz Australien: www.railmaps.com.au.*
Zugverbindungen: *siehe Kapitel 3, Stichwort „Eisenbahn".*
Innerhalb Südaustraliens *verkehren Züge nach Port Augusta und Mt. Gambier.*

Fähren
vgl. „Kangaroo Island"

Öffentlicher Nahverkehr
Das Netz der öffentlichen Verkehrsmittel Adelaides ist gut ausgebaut. Die **State Transport Authority** *(STA) unterhält Busse und eine Straßenbahn, die vom Victoria Square in den Vorort Glenelg fährt. Die Stadt ist in drei Tarifzonen eingeteilt. Ein Einzelticket über zwei Sektionen (ohne Umsteigen) kostet A$ 3,39, über mehrere Zonen (mit Umsteigen) A$ 5,10. Für häufigere Fahrten ist das „DayTrip Metroticket" ideal. Es gilt einen Tag lang und kostet A$ 9,70. Sowohl Einzel- als auch Tagesticket sind im Bus bzw. in der Straßenbahn erhältlich.*
Die **Straßenbahn** *vom Victoria Square in den Küstenvorort Glenelg fährt, je nach Tageszeit, alle 15–30 Min.*
Während der Geschäftszeit fahren die **City Loop Busse** *(Linie 99C) kostenlos und auf fixem Kurs durch die Innenstadt. Ebenfalls gratis ist die Straßenbahnnutzung zwischen der South Terrace und dem Entertainment Centre in der North Terrace.*
Infos: *Currie St. InfoCentre, Ecke King William/Currie St.,* ☎ *1300-311108, www.ade laidemetro.com.au und www.railmaps.com.au. Mo–Fr 8–18, Sa 9–17, So 11–16 Uhr. Hier gibt es Fahrpläne und Übersichtskarten.*

Stadtrundfahrten: *Halbtages- und Tagestouren durch die Stadt und die Umgebung bietet Adelaide Sightseeing (www.adelaidesightseeing.com.au) an.*

Einen geführten **Stadtrundgang** *bieten die ehrenamtlichen Adelaide Greeters kostenlos an. Die einheimischen Führer sind mindestens drei Tage im Voraus unter www.city ofadelaide.com.au oder ☎ 08-82037203 zu buchen.*

Sonstige Verkehrsmittel
Taxis
Adelaide Independent: ☎ *132211, www.aitaxis.com.au.*
Access Cabs (für Behinderte): ☎ *1300-360940.*

Autoverleih
Alle großen Autovermieter haben neben den Stadtbüros auch Stationen am Flughafen. Die Überfahrt nach Kangaroo Island wird i. d. R. gestattet.
Avis, *136 North Terrace,* ☎ *08-81143111, www.avis.com.au.*
Hertz, *233 Morphett St.,* ☎ *08-82312856, www.hertz.com.au.*
Thrifty, *23 Hindley St.,* ☎ *08-84108977, www.thrifty.com.au.*
Neben den großen Vermietern gibt es eine Reihe lokaler **Billiganbieter**, *die aufgrund älterer Fahrzeuge günstigere Tarife gewähren können.*

Fahrradverleih
Die großen Parks und die Ufer des Torrence River eignen sich hervorragend zum Radfahren. Die Initiative **Adelaide City Bikes** *verleiht tagsüber kostenlos Fahrräder an mehreren Stationen in der Stadt. Infos:* ☎ *08-81689999, www.bikesa.asn.au.*

Automobilclub
Royal Automobile Association of South Australia (RAA), *41 Hindmarsh Square,* ☎ *08-82024600, www.raa.net. Mo–Fr 8.30–17, Sa 9–12 Uhr. Gutes Kartenmaterial und Informationen (auch Straßenzustandsberichte) für Autotouristen.*
Pannenhilfe *(Emergency Road Service) unter* ☎ *131111. Straßenberichte auch unter www.transport.sa.gov.au.*

Camper
Britz/Maui, *376 Sir Donald Bradman Drive, Brooklyn Park,* ☎ *08-82344108, www.maui.com.au.*
Apollo Camper, *969 Port Rd., Cheltenham,* ☎ *08-84452165, www.apollocamper.com.*

 Organisierte Ausflüge
Viele Veranstalter bieten Halb- oder Ganztagesausflüge in Adelaide und der näheren Umgebung an. Das Barossa Valley, der Murray River und Kangaroo Island stehen dabei an erster Stelle. Buchung über das South Australia Travel Centre. Ausflüge nach Kangaroo Island siehe auch unter „Kangaroo Island".
KI Sealink Tours, ☎ *131301, www.sealink.com.au. Bustouren in großen Gruppen nach Kangaroo Island.*
Adelaide Sightseeing, *440 King William St.,* ☎ *1300-769762, www.adelaidesightseeing.com.au. Großes Tagesausflugsprogramm.*
Tauchen mit Weißen Haien *(im Käfig): www.rodneyfox.com.au.*

Hotels/Motels

The Playford $$$$$ (1), *120 North Terrace,* ☎ *08-82138888, www.theplay ford.com.au. Luxuriöses, modernes Spitzenhotel.*

Rockford Adelaide Hotel $$$ (2), *Ecke Hindley/Morphett St.,* ☎ *08-82118255, www.rockfordhotels.com.au. Empfehlenswertes, komfortables Hotel mit großen Zimmern, sehr zentral in der lebhaften Hindley Street gelegen.*

Hotel Grand Chancellor $$$ (3), *65 Hindley St.,* ☎ *08-82315552, www.grand chancellorhotels.com. Komfortables Mittelklasse-Hotel mit zentraler Lage, üblicher Holiday Inn-Standard.*

Stamfort Grand Glenelg $$$$, *Moseley Square, Glenelg,* ☎ *08-83761222, www. stamford.com.au/sga. Modernes Luxushotel mit Pub und Restaurant, direkt an der Promenade.*

Grand Mercure Mount Lofty House $$$$, *Adelaide Hills, 74 Summit Rd., Crafers,* ☎ *08-83396777, www.mtloftyhouse.com.au. Stilvolles Boutique-Hotel, ca. 30 Fahrminuten außerhalb der Stadt.*

Jugendherbergen/Backpacker-Hostels

Adelaide Central YHA $ (4), *135 Waymouth St.,* ☎ *08 84143010, www. yha.com.au. Zentral am Light Square gelegene Jugendherberge.*

Glenelg Beach Hostel $, *1–7 Mosley St.,* ☎ *08-83760007, www.glenelgbeach hostel.com.au. Persönlich geführtes Hostel im Vorort Glenelg.*

Camping

Nach der internationalen Ankunft in Adelaide kann problemlos sofort ein Camper übernommen und die kurze Entfernung an den nahen Adelaide Shores CP gefahren werden. Die Stadt kann dann per öffentlichen Bus (Linie 278) besichtigt werden.

Adelaide Shores Caravan Resort, *1 Military Rd., West Beach (ca. 10 km westlich der Innenstadt),* ☎ *1800-444567, www.adelaideshores.com.au. Großer gepflegter Platz, direkt am schmalen West Beach, auch Cabins/On-Site Vans und ein Schlafsaal. Tennisplätze und Golfplatz gegenüber.*

Restaurants

Die Broschüren des Tourist Office und die Beilage „The Guide" in der Donnerstagsausgabe des „Advertiser" enthält die aktuellen Restaurantempfehlungen. Für das Mittagessen empfiehlt sich ein Besuch in den **Food Malls** *der Einkaufszentren, im* **Myer Centre** *(Rundle Mall) oder in* **Central Markets**, *(zwischen Gouger und Grote Streets). Hier gibt es ein gutes, internationales Speisen an Imbissständen zu verträglichen Preisen.*

Red Ochre Grill (1), *War Memorial Drive, North Adelaide,* ☎ *08-82118555. Sehr gutes australisches Restaurant mit angenehmer Atmosphäre. Reservierung empfehlenswert.*

Barbecue Inn The Original (2), *196 Hindley St.,* ☎ *08-82313033. Bekanntes Steakrestaurant.*

Jasmin Indian Restaurant (3), *31 Hindmarsh Square,* ☎ *08-82237837. Hervorragendes indisches Restaurant.*

Buffalo Restaurant, *Patawalonga Boat Haven, Adelphi Terrace, Glenelg,* ☎ *08-82947000. Auf dem altem Dreimaster HMS Buffalo befindliches Restaurant, im Vorort Glenelg.*

Unterhaltung und Nachtleben

Über das reiche Veranstaltungsangebot informiert die Beilage „The Guide" der Donnerstagsausgabe des „Advertisers" und weitere unabhängige Publikationen, wie z. B. „The Adelaide Review" oder „The Core".

Theater und Oper

Das **Adelaide Festival** ist das größte aller australischen Kunst- und Kulturevents. Die Aufführungen in den drei Konzertsälen des Festival Centre bieten für jeden etwas, allerdings sollte man sich rechtzeitig nach Karten erkundigen. Immerhin nehmen rund 1 Mio. Besucher an den Festspielen teil. Außerhalb des Festivals finden vornehmlich an Wochenenden Veranstaltungen statt. Mehrere Konzert- und Theatersäle sind vorhanden (www.adelaidefestival.com.au).

Adelaide Festival Centre, King William Rd. (südlich des Torrens Lake), ☎ 08-82168600, www.adelaidefestivalcentre.com.au. Ticketkauf auch über BASS, ☎ 131246 oder 08-82052300, www.bass.net.au.

Casino

Das schöne **Skycity Adelaide Casino** (North Terrace, www.adelaidecasino.com.au) ist ein Teil der alten Bahnstation an der North Terrace. Das Innere versetzt den Besucher – zumindest im Erdgeschoss – um ein Jahrhundert zurück. Tagsüber wird der Zutritt im Touristen-Outfit gewährt, abends sind Krawatte und Jackett Pflicht. Die freundlichen Bediensteten weisen Besucher gerne in die Feinheiten australischer Glücksspiele ein. Mo–Fr 10–4 Uhr, an Wochenenden rund um die Uhr.

Bars, Pubs und Livemusik

In vielen Pubs und Hotels treten in regelmäßigen Abständen Livebands auf. Ein Zentrum der Aktivitäten ist die Hindley St.

The Austral, 205 Rundle St., gute Atmosphäre mit Livemusik Do–So.

The Exeter Hotel, 246 Rundle St., gut etablierter Treffpunkt für Jung und Alt, Di–So mit Livemusik.

Aktivitäten

Cricket und **Aussie Rules Football** finden im Adelaide Oval bzw. Football Park statt. Besonders Letzteres ist ein Erlebnis, muss man sich früh um Karten bemühen. Das traditionelle Pferderennen **Adelaide Cup** (www.adelaidecup.com.au), der allerdings nicht den Stellenwert des Melbourne Cup hat, geht alljährlich im Mai in Morphettville vonstatten.

Die Parkanlagen und die Ufer des **Torrens River** laden zum Spazieren, Joggen und Radfahren ein. Darüber hinaus kann in unmittelbarer Stadtnähe Golf gespielt werden. Am nördlichen Torrens-Ufer und rings um North Adelaide befinden sich zwei 18-Loch-Plätze (Strangways Terrace) und ein Par-3-Kurs (Off War Memorial Drive).

Einkaufen

Geschäftszeiten: Mo–Do 9–17, Fr 9–21, Sa 9–12 Uhr

Einkaufzentren/Shopping Malls

Dreh- und Angelpunkt ist die **Rundle Mall**, die Fußgängerzone der Stadt mit den großen Kaufhäusern Myers und David Jones. Die Rundle Mall setzt sich in die Rundle Street fort, mit vielen Cafés und Outdoorläden. Zwischen den Hauptstraßen befinden sich einige einladende Einkaufsarkaden, so z. B. die **Rundle Arcade** *(zwischen North Terrace und Rundle Mall)*, die **Regent Arcade** *(zwischen Rundle Mall und Grenfell St.)*, die **Adelaide Arcade** *aus dem Jahre 1885 (ebenfalls zwischen Rundle Mall und Grenfell St. – eine der schönsten Arkaden)* und die **Southern Cross Arcade** *(zwischen James Place und King William St.)*.

Auf dem **Central Market** *bietet sich ein großes Angebot an frischen Lebensmitteln (zwischen Gouger und Grote St., Di 7–17.30, Do 11–17.30, Fr 7–21 und Sa 7–13 Uhr). Benachbart ist die kleine* **Chinatown** *der Grote St.*

Souvenirs
Opale: *Immerhin 80 % aller weltweit geförderten Opale stammen aus Australien, davon die meisten aus Südaustralien. In Adelaide steht in einigen Gallerien eine große Auswahl zum Verkauf.*
Aboriginal-Kunst: *Empfehlenswert ist der Besuch des Tandanya National Aboriginal Cultural Institute (253 Grenfell St., www.tandanya.com.au). Dort erfährt man auch politische Hintergründe zur Situation der Aborigines.*

Strände
Adelaide besitzt einige schöne und erstaunlich saubere Strände, wenngleich die Wassertemperatur meist recht niedrig ist. Entlang des Golf St. Vincent liegen im Norden **Largs Beach**, **Semaphore Beach** *und* **Henley Beach**. *Der Stadt am nächsten ist der* **West Beach**, *gleich hinter dem Campingplatz West Beach. Ein weiterer beliebter Strand ist der* **Glenelg Beach**, *der bequem mit der Straßenbahn zu erreichen ist. Die populären Surfstrände liegen etwas weiter südlich an der „Midsouth Coast" (ca. 30 km) und an der „Far South Coast" (50 km).*

Umgebung von Adelaide

Barossa Valley

Zur Geschichte des Tals
Das Barossa Valley ist die bekannteste und auch bedeutendste Weinbauregion Australiens. Der Name **Barossa** stammt von Adelaides Stadtvater William Light, der das Tal mit dem südspanischen Valle del Bar Rosa (Rosenhügel) verglich. Die Geschichte des Barossa Valley muss in Verbindung mit dem lutheranischen Pastor Ludwig Kavel aus Klemzig (Mark Brandenburg) gesehen werden, der 1838 zusammen mit deutschstämmigen Auswanderern nach Australien gelangte. Fast alle waren religiös Verfolgte aus Preußen, die unter den Repressalien des Königs Friedrich Wilhelm III. zu leiden hatten. Er plante, Lutheraner und Reformierte in der „Preußisch Unierten Landeskirche" zu vereinen. Daraufhin entschloss sich Kavel, nach Australien auszuwandern. Eine der ersten Siedlungen (heute ein Vorort Adelaides) wurde nach dem Namen der preußischen Stadt Klemzig benannt. Der Streit, wer den „wahren" Glauben hat, entzweite in den Folgejahren auch verschiedene religiöse Gruppierungen in Südaustralien, sodass es allein in Tanunda für 150 Familien

Bekanntestes Weinbaugebiet Australiens

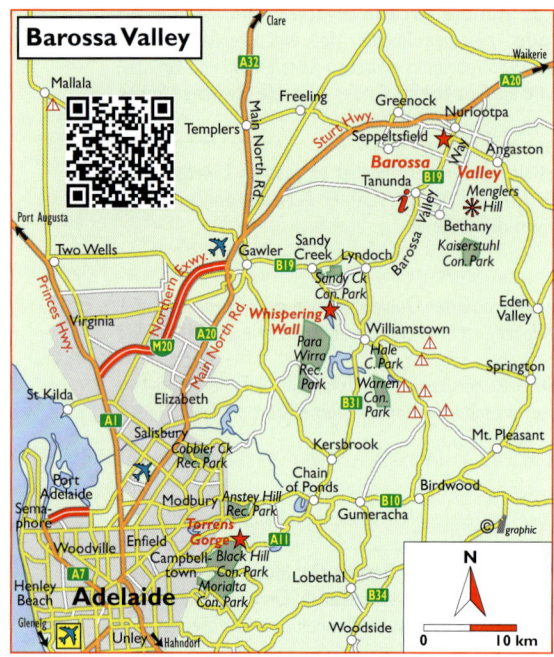

vier Kirchen mit vier verschiedenen Bekenntnissen gab.

Die ersten Siedler ließen sich im Barossa Valley nieder, um Tabak anzubauen. Der Schlesier Dr. Johann Menge erkannte die Eignung des Tals zum Weinbau und nannte es nach seiner Erkundung „Neu-Schlesien". Bereits 1850 wurde der erste Wein von Johann Gramp (heute Weingut Orlando Wines, www.orlandowines. com) und kurze Zeit später von Joseph Seppelt (heute Weingut Seppeltsfield, www.seppeltsfield.com.au) gekeltert. Der Name „Neu-Schlesien" konnte sich mit zunehmender, auch internationaler Besiedlung nicht halten und wurde in „Barossa Valley" geändert. Noch immer aber erkennt man bei den 36 Weinbaubetrieben und rund 50 Weinkellern typisch **deutsche Traditionen**. In vielen Namen und Bezeichnungen blieben die deutschen Ursprünge bis heute erhalten.

Die Weinlese beginnt ungefähr Mitte Feb. und dauert zwei Monate. In dieser Zeit herrscht überall lebendiges Treiben, und man bekommt als Besucher neben Weinkellern und den üblichen Weinproben einiges zu sehen. Der angebaute Wein wird nach der Traubensorte bezeichnet (z. B. Chardonnay, Semillon, Pinot Noir, Cabernet) und nicht – wie in Europa – nach dem Anbaugebiet.

Unterkunft auf Weingütern Das weitläufige Barossa Valley verläuft über eine Länge von 29 km und eine Breite von 8 km. Drei Hauptorte bestimmen das „Tal": **Lyndoch**, **Tanunda** und **Nuriootpa**. Dazwischen liegen unzählige Ortsnamen, die aber in den meisten Fällen nur ein bestimmtes Weingut bezeichnen. Für denjenigen, der den Aufenthalt im Wine Country ausdehnen möchte, bieten sich Motels, Hotels und Campingplätze, aber auch Weingüter als Unterkunft an.

Nachfolgend eine **Routenbeschreibung** durch das Barossa Valley von Südwesten nach Nordosten. Die Anzahl der Weingüter ist jedoch so groß, dass kaum alle aufgeführt werden können. Die Broschüren von South Australian Tourism seien hier als Ergänzung empfohlen.

Weinbau in Australien

Bis in die erste Hälfte des 20. Jahrhunderts wurden australische Weine nur für den heimischen Markt produziert, und das auch nur in kleinen Mengen. Mitte der 1960er-Jahre begann ein erster Aufschwung. Die Weine wurden in ihrer Qualität immer besser und dies, obwohl es an strengen Weingesetzen mangelte. Die Anbauflächen expandierten, wodurch ein ausgezeichnetes Preis-Leistungs-Verhältnis zu Stande kam. Im Jahr 2001 avancierte Australien nach den klassischen Weinländern Frankreich, Italien und Spanien zum **viertgrößten Weinexporteur weltweit**. Deutschland ist dabei eines der wichtigsten Exportländer. Die **Rebsorten** entstammen ursprünglich alle europäischen Ländern und wurden von Einwanderern eingeführt. Die wichtigsten Rebsorten Australiens sind heute bei den Rotweinen Shiraz, Cabernet Sauvignon, Pinot Noir, Ruby Cabernet und Merlot, bei den Weißweinen Chardonnay, Semillon, Riesling, Sauvignon Blanc, Traminer und Chenin Blanc. Eine Besonderheit sind kreative Kompositionen: Die sogenannten **„Cuvees"** (oder Blends), eigentlich Verschnitte, haben in Australien keinesfalls einen negativen Ruf.

Gawler
Auf dem Weg nach Lyndoch liegt links das Chateau Yaldara (Gomersal Road, Lyndoch) – ein im französischen Barock nachgebildetes Schloss, in dem sich zahlreiche europäische Antiquitäten befinden. Führungen und Weinproben: tgl. 9–17 Uhr.

Lyndoch
Die Stadt zählt zu den ältesten des Tals. Sie wurde 1847 gegründet, nachdem das ursprüngliche Dorf Hoffnungsthal von heftigen Regenfällen überflutet worden war. Das Weingut Hoffnungsthal ist heute in Williamstown ansässig. In der Ebene Rowland Flat wurde der erste Wein überhaupt angebaut. Das von Johann Gramp im Jahre 1847 gegründete Weingut heißt heute Orlando Wines (Rowland Flat) und zählt zu den größten des Tals. Weinproben werden täglich angeboten.

Bethany
Einige Weingüter entfernt liegt Bethany. Sehenswert ist das **alte Landhaus**, das von schlesischen Siedlern gebaut wurde. Bethany (1842) ist neben Tanunda (1843) die älteste Siedlung des Barossa Valley. Auf dem Friedhof **Pioneer Cemetery** zeugen Grabinschriften von der europäischen Besiedlung. Von Bethany führt der Tourist Drive 5 auf den **Mengler's Hill**. Von oben bietet sich eine wunderbare Aussicht auf das Tal. Aufgrund des warmen Klimas können die Reben auf relativ flachem Gelände angebaut werden – steile Hänge zur Verstärkung der Sonneneinstrahlung sind nicht notwendig.

Ausblick auf das Tal

Tanunda
Mit annähernd 4.000 Einwohnern zählt Tanunda zu den größten Städten des Tals. Der frühere Name Langmeil wurde im Laufe des Ersten Weltkriegs anglikanisiert. Tanunda gilt heute als **Zentrum des Barossa Valley**. Das offizielle Besucherzentrum (Visitor & Wine Centre) des Barossa Valley befindet sich hier. In der Stadt

deuten ein „Wursthaus" und andere Geschäfte auf die deutsche Vergangenheit hin. Das **Barossa Historical Museum** (*im Postgebäude von 1865, 47 Murray St.*) und das historische **Tanunda Hotel** sind einen Besuch wert. Die Kirchen Langmeil Church, Tabor Church und St. John's Church bezeugen den lutherischen Glauben der Bevölkerung.

Seppeltsfield

Der Schlesier Joseph Seppelt kaufte das Land 1851, um Tabak anzubauen. Wie man weiß, war dieser Versuch wenig erfolgreich, und Seppelt wandte sich als einer der ersten Siedler dem Weinbau zu. Noch heute können in dem von Palmen gesäumten Gut 100-jährige Weine erstanden werden, allerdings zu horrenden Preisen. Seppelt exportiert in 44 Länder, vor allem in die USA. Die Wohn- und Lagerhäuser der Seppelt Winery zählen zu den schönsten des Tals.

Nuriootpa

Nuriootpa (3.200 Ew.) gilt als die Stadt mit Australiens führenden Weinproduzenten: Wolf Blass Wines (97 Sturt Hwy., www.wolfblasswines.com), Penfolds Winery (Tanunda Rd., www.penfolds.com), Kaesler Wines (Barossa Valley Way, www.kaesler.com.au) und viele andere.

Bei lauter Weinbau fällt kaum auf, dass die **Destillerie Tarac Australia** (Tanunda Rd.) zum größten Spirituosenhersteller Australiens aufgestiegen ist. Produziert wird u.a. Brandy, Rum, Gin, Wodka und Bourbon (Mo–Fr 8.30–16.30 Uhr).

Reisepraktische Informationen Barossa Valley

Information

Barossa Wine Information & Interpretation Centre, *66–68 Murray St., Tanunda,* ☎ *1300-852982, www.barossa.com. Mo–Fr 9–17, Sa und So 10–16 Uhr, alles über den Weinbau und das Tal.*

Anfahrt

Für einen Tagesausflug von Adelaide scheint das Barossa Valley wie geschaffen. Es beginnt 49 km nordöstlich der Stadt und ist am schnellsten über den Industrievorort Elisabeth, North Rd. (Hwy. 20), Gawler und den Barossa Valley Hwy. erreichbar.
Auf ausgeschilderten **Tourist Drives** *kann das Barossa Valley über die Torrens Gorge angefahren werden, und zwar über die Payneham Rd. und die sich anschließende Gorge Rd., die in vielen Windungen in das Upper Valley und die Mount Lofty Ranges führt. In Cudlee Creek passiert man den sehenswerten Gorge Wildlife Park.*
Wer über kein eigenes Fahrzeug verfügt, dem seien **organisierte Tagesausflüge** *in das Barossa Valley empfohlen. Der Besuch von Weingütern samt Weinproben ist im Preis eingeschlossen.*

Übernachten

Novotel Barossa Valley Resort $$$, *Golf Links Rd. Rowland Flat, neben Tanunda Golf Club,* ☎ *08-85240000, www.novotelbarossa.com. Schön gelegene, neu erbautes Apartment-Hotel mit 18-Loch-Golfplatz.*

Barossa Backpackers $, *9 Basedow Rd., Tanunda, ☎ 08-85630198, www.barossa backpackers.com.au. Neu renoviertes Hostel mit Fahrradverleih.*

⚠ Camping
Tanunda Caravan & Tourist Park, *Barossa Valley Way, ☎ 08-85632784, www.tanundacaravantouristpark.com.au.*

☞ Weingüter
Eine Vielzahl an Weingütern bietet Weinproben zu jeder Jahreszeit an.
Chateau Dorrien Winery, *Ecke Seppeltsfield Rd./Barossa Way, Tanunda, ☎ 08-85622850, www.chateaudorrien.com.au. Tgl. 10–17 Uhr, pseudo-antikes Schloss mit Weinproben und Bistro-Restaurant.*
Chateau Tanunda Estate, *Tanunda, ☎ 08-85633888, www.chateautanunda.com. Tgl. 10–17 Uhr, gepflegtes Weingut mit Verkauf und Verkostung.*

Adelaide Hills und Hahndorf

Über die Scenic Road 51 gelangt man in die Adelaide Hills und in den Belair National Park. Dort lassen sich schöne Wanderungen von bis zu 3 Std. Dauer unternehmen, wobei Koala-Sichtungen mit ziemlicher Sicherheit erfolgen.

Weiter westlich zählt das Städtchen **Hahndorf** zu den bekanntesten Sehenswürdigkeiten in der Umgebung von Adelaide. Der Name Hahndorf stammt von Kapitän Dirk Hahn, der eine Gruppe lutheranischer Siedler 1839 sicher an die Küste Adelaides gebracht hatte. Berühmtester Sohn Hahndorfs ist der Maler Hans Heysen, der 1910 nach Australien emigrierte und in Hahndorf eine zweite Heimat fand. *Vertraute* Heysens Werke können u. a. in der Hahndorf Academy (Princes Hwy.) betrachtet *Fachwerk-* werden. Hahndorfs Fachwerkhäuser, Cafés und Restaurants wirken für unsere Au- *häuser* gen vertraut und dennoch befremdlich, bedenkt man, dass man sich ja eigentlich am anderen Ende der Welt befindet. Auf japanische Touristen scheint Hahndorf eine magische Wirkung auszuüben.

Reisepraktische Informationen Adelaide Hills/Hahndorf

ℹ Information
Adelaide Hills Visitor Information Centre, *68 Mount Barker Rd., Hahndorf, ☎ 1800-353323, www.visitadelaidehills.com.au. Reichlich Information zu B&B-Unterkünften der Region.*

🚌 Anfahrt
Die kürzeste Verbindung von Adelaide nach Hahndorf führt über die A1/M1 (Glen Osmond Rd.), die im weiteren Verlauf Mt. Barker Rd. und Princes South Eastern Freeway heißt. Dabei kann man auch den mit 711 m höchsten Berg der Umgebung, den **Mount Lofty**, *anfahren, von dem aus man eine hervorragende Aussicht auf Adelaide und seine meist trocken-dürre, aber dennoch liebliche Landschaft hat.*

In **Birdwood** (38 km nordöstlich) ist das **National Motor Museum**, eine der besten Oldtimer-Sammlungen des Kontinents mit über 300 Fahrzeugen (*Shannon St.,* ☎ *08-85684000, www.motor.history.sa.gov.au. Tgl. 10–17 Uhr, Erwachsene A$ 14, Kinder A$ 7*).

Yorke Peninsula

Westlich von Adelaide

Auf der anderen Seite des **Gulf St. Vincent** befindet sich die Yorke Peninsula, die in ihrer geografischen Form ein wenig an Italien erinnert. Touristisch ist das Gebiet wenig erschlossen, wenngleich doch viele Adelaider auf der Halbinsel ihre Ferien verbringen, vor allem natürlich zum Angeln. Das Land ist flach und von einem großflächigen Getreideanbau geprägt. Interessant sind die vielen Fischerstädtchen an den Küsten – mit Bewohnern, die ihre englische Herkunft nicht verleugnen. In den 1850ern kam ein ganzer Schwung Siedler aus Cornwall, um Kupfer abzubauen. Die drei Städte **Kadina**, **Moonta** und **Walloroo** bildeten damals ein **Little Cornwall**. Der **Innes NP** nimmt die Südostspitze der Halbinsel ein. Der Bewuchs besteht hauptsächlich aus niedrig wachsendem Mallee Scrub. An den Binnenseen lebt eine reiche Tier- und Vogelwelt, während die Küste mit einer abwechslungsreichen Szenerie und Traumstränden verwöhnt. Der alte Minenort **Inneston** ist heute eine Geisterstadt. Per Auto lässt sich der Park auf einer Ringstraße erkunden, und schöne Campingplätze befinden sich in den Buchten Stenhouse Bay, Pondalowie Bay und Dolphin Bay an herausragenden Surfstränden.

Fleurieu Peninsula

Auf dem Weg nach Kangaroo Island

Wer Kangaroo Island mit dem eigenen Auto besucht, dessen Fahrt führt über die Fleurieu Peninsula südlich von Adelaide. Die Halbinsel dient der Adelaider Bevölkerung bevorzugt als **Ferien- und Wochenendziel**. Besonders hervorzuheben sind dabei die Strände am **Golf St. Vincent** (Christies Beach, Seaford Beach, Sellicks Beach), die ruhig und sauber sind. Surfer bevorzugen die brandungsreichen Strände der Südküste (z. B. Waitpinga Beach). Das Wetter ist, besonders im Süden der Halbinsel, deutlich wechselhafter als in Adelaide. In **Victor Harbor** und auf Kangaroo Island muss man stets mit kühleren Temperaturen und Regen rechnen.

 Streckenhinweis
Über das McLaren Vale nach Süden

Folgt man der Main South Rd. aus Adelaide, sollte man einen Abstecher in das **McLaren Vale** (Southern Vale) machen, wo es über 70 Weingüter gibt. Die ersten Weingüter befinden sich bei **Reynella**, eigentlich noch einem Vorort von Adelaide. Fast jeder Betrieb bietet Weinproben an, sodass ohne weiteres länger im McLaren Vale, auch für eine kulinarische Pause, verweilt werden kann. Im Vergleich zum Barossa Valley sind die Winzer noch dichter gedrängt, sodass das Anbaugebiet überschaubar bleibt. Vom **Willunga Hill** (ausgeschildert) hat man einen schönen Blick auf das Anbaugebiet. Entlang des Gulf St. Vincent („The Wine Coast", parallel zum McLaren Vale verlaufend) passiert man zahlreiche Strände mit **O'Sullivans Beach** im Norden bis **Sellicks Beach** im Süden. Alle Strände können auch mit öffentlichen Verkehrsmitteln (Bus Nr. 750/751 ab Adelaide) erreicht werden.

Victor Harbor

Victor Harbor an der Encounter Bay ist ein kleiner Ferienort, dessen Geschichte bis in das Jahr 1802 zurückreicht, als Matthew Flinders dort Land betreten hat. Bis Mitte des 20. Jahrhundert wurden hier Wale gejagt. Von der Stadt bietet sich ein Ausflug auf das vorgelagerte **Granite Island** an. Die kleine Insel gilt mit ihren Pinguinen und der Möglichkeit zu Walbeobachtungen als Naturparadies und kann nur über eine schmale Landverbindung per Pferdekutsche oder zu Fuß erreicht werden. Den zentral gelegenen Inselberg kann man per Sesselbahn oder zu Fuß erklimmen. Mai–Okt. sind von Granite Island und „The Bluff" **Wale** zu beobachten. Das **South Australian Whale Centre** (*Railway Terrace,* ☎ *08-85510750, www.sawhalecentre. com, tgl. 10.30–17 Uhr, Eintritt A$ 9)* ist eine interessante Ausstellung über Wale und weist auf aktuelle Walsichtungen mit meist „Southern Right Wales" hin. Schiffsausflüge nach Page Island mit der größten Seehundkolonie Südaustraliens: ☎ 08-85527555.

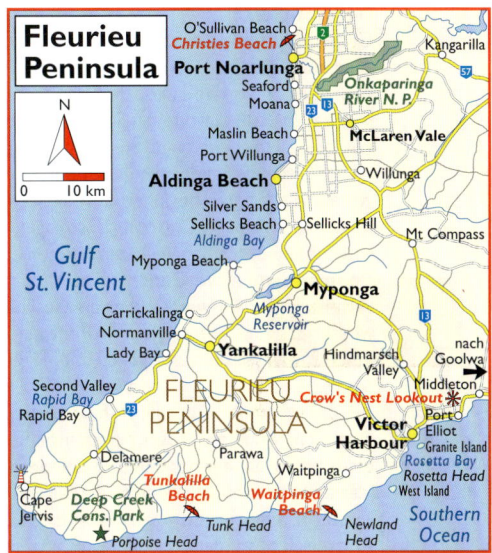

Die historische Dampfeisenbahn **Cockle Train** verkehrt sonntags (in den Schulferien täglich) von Victor Harbor nach Goolwa im Osten der Encounter Bay – ein lohnender Ausflug! Dazwischen liegt der alte Hafen **Port Elliott** mit guten Badeständen. Wenige Kilometer landeinwärts liegt **Crow's Nest Lookout**, ein Aussichtspunkt mit tollem Blick auf die Küstenlinie. Die Fahrstrecke entlang der Küste ist reizvoll: Strahlend weiße Strände wechseln sich ab mit rauen Felsklippen.

Reisepraktische Informationen Victor Harbour

ℹ Information
Tourist Information, *The Causeway,* ☎ *08-85510777, www.tourism victorharbor.com.au, tgl. 9–17 Uhr.*

🛏 Übernachten
Anchorage at Victor Harbor $$, *21 Flinders Parade,* ☎ *08-85525970, www.anchorageseafronthotel.com. Mittelklasse-Motel.*

⚠ Camping
Viktor Harbor Beachfront Holiday Park, *114 Victoria St.,* ☎ *1800-609079, www.victorbhp.com.au. Großer Campingplatz mit Cabins.*

Goolwa

Goolwa mit seinem historischen Murrayhafen liegt in der westlichen Ecke des Lake Alexandrina und der schmalen Mündung des Murray am nächsten. Der Strom, der sich zunächst in den Lake Alexandrina ergießt, hat nur diesen einzigen Ausgang (Murray Mouth) zur offenen See. Die **erste australische Eisenbahn**, der heutige Cockle Train, entstand 1854 auch nur deshalb zwischen Port Elliott und Goolwa (11 km), weil die Sandbänke des Murray Mouth für den Schiffsverkehr zu gefährlich waren. Von Goolwa beginnen Ausflugsschiffe ihre Fahrt stromaufwärts oder in den Küstennationalpark **Coorong (**Seevögel, Dünenlandschaft). Beliebt ist auch, mit einem Kanu durch den weit verzweigten Lake Alexandrina zu paddeln. Das **Signal Point Interpretive Centre** (The Wharf) ist eine gut gemachte Videoshow und vermittelt Wissenswertes über die Geschichte des Murray. Weitere Fragen beantwortet das **Goolwa Visitor Information Centre** (4 *Goolwa Terrace*, ☎ *1300-466592, www.alexandria.sa.gov.au, Mo–Fr 9–17, Sa und So 10–16 Uhr*).

Straßen enden an einsamen Stränden   Auf der Fahrt nach Cape Jervis führen immer wieder Stichstraßen zur Küste, die an einsamen Stränden enden (Waitpinga Beach, Parsons Beach, Tunkalilla Beach). Östlich von Cape Jervis befindet sich der **Deep Creek Conservation Park** mit idealen Wandermöglichkeiten und Blicken auf Küste und nach Kangaroo Island. So kann z. B. auf einer ca. 7 Std.-Tour nach Deep Creek Cove und zum Deep-Creek-Wasserfall gewandert werden. Die Zufahrt erfolgt über Schotter- und Sandpisten. Die NP-Campground müssen beim Ranger am Parkeingang reserviert werden. **Cape Jervis i**st Ausgangspunkt der meisten Kangaroo-Island-Ausflüge, da dort die einzige Autofähre auf die Insel übersetzt. Die Meeresstraße Backstairs Passage ist nur 14 km breit, und die Insel ist vom Festland schon mit bloßem Auge zu sehen. In Cape Jervis beginnt auch der „ewig lange" **Heysen Walking Track**, der bis in die nördlichen Flinders Ranges führt.

Kangaroo Island

☞ **Streckenhinweis**
Die Fähre Cape Jervis – Penneshaw – Cape Jervis sollte immer vorab gebucht werden – insbesondere in der lebhaften Ferienzeit der Australier und an Wochenenden. Als Fahrzeit Adelaide – Cape Jervis müssen ca. 2 Std. gerechnet werden.

Australiens drittgrößte Insel (156 km Länge, 57 km Breite, kurz „KI" genannt) befindet sich 110 km südwestlich von Adelaide. Die Natur der Insel ist einzigartig. *Einzigartige Tier- und Pflanzenwelt*   Der gesamte Westteil besteht aus dem **Flinders Chase National Park**, dazu kommen etliche kleinere National Parks und Naturschutzgebiete (Reserves, Conservation Parks). KI war bis vor 9.500 Jahren noch mit dem Festland verbunden. Nach dem Anstieg des Wasserpegels in der Backstairs Passage trennte sich die Insel ab, und die nachweisliche Besiedlung durch Aborigines verschwand durch Aussterben der Stämme. Durch die Trennung konnte sich auf KI eine einzigartige Tier- und Pflanzenwelt entwickeln. Biologen haben allein 40 Pflanzenarten entdeckt, die sonst nirgendwo anders auf der Welt vorkommen. Die einzigen „eingeführten" Tiere waren Wildschweine, die von dem französischen Entdecker Nicholas Baudin

Kangaroo Island

Cape Dutton · Emu Bay · Point Marsden · Cape D'Estaing · Cape Jervis
Stokes Bay · Mt. McDonell · **Kingscote**
Cape Torrens · Cygnet River · Bay of Shoals · Penneshaw
Cape Forbin · Cape Borda · **Kangaroo** · Parndana · American River
Vennachar Point · Flinders Chase N. P. · **Island** · Wildlife Park · Pennington Bay · Cape Willoughby
Kelly Hill Cons. P. · D'Estrees Bay · Cape Hart
Maupertius Bay · Remarkable Rocks · Karatta · Vivonne Bay · Cape Gantheaume Cons. Park · Point Tinline · Cape Linois
Cape du Couedic · Cape Bouguer · Cape Kersaint · Seal Bay Cons. Area · Cape Gantheaume

N   0   10 km

© graphic

als Nahrungsquelle für Schiffbrüchige ausgesetzt wurden. Die südliche Lage bedingt durch antarktische Brisen ein deutlich kühleres Klima als z. B. in Adelaide. Deshalb ist warme, wind- und regendichte Kleidung stets ratsam.

Kingscote ist der zweite Fährhafen der Insel und gleichzeitig die Hauptstadt. Einige historische Bauten, wie das **Post Office** und das **Hope Cottage Museum** (von 1859, www.hopecottagemuseum.com), sind sehenswert. In „Old Kingscote" an Reeves Point (über steile Stufen des Heritage Trail erreichbar) begann 1836 die Besiedlung Südaustraliens. Das Denkmal **Pioneer Memorial** erinnert an die Ankunft der „Duke of York" am 27. Juli 1836. Die „KI Eucalyptus Company" mit ihrer Destille exportierte bereits 1906 das wohltuende Öl (einer der ersten Exportartikel des Kontinents).

Die Stadt hat heute 2.000 Einwohner und ist das Handels- und Geschäftszentrum von KI, wenngleich es für unsere Augen sehr ruhig und beschaulich zugeht und außer ein paar Geschäften nicht wirklich viel los ist. Nur wenige Schritte vom Ozone Hotel können abends **Feenpinguine** (Fairy Penguins) beobachtet werden.

Von Kingscote empfiehlt sich eine Fahrt in die nahe **Emu Bay** (12 km nordwestlich), wo sich ein herrlicher Sandstrand befindet. Weiter westlich bietet **Stokes Bay** den nächsten schönen Strand und große Felspools, die ideal zum Baden sind (erreichbar durch einen Felstunnel). Ein Beach-Campground ist vorhanden. Um zügig in den Westteil der Insel zu gelangen, bietet sich der im Inselinneren verlaufende Playford Hwy. an. In **Parndana** befindet sich der Parndana Wildlife Park.

Herrlicher Sandstrand

Koalas: Obwohl KI über die höchste Koala-Population Australiens verfügt, sieht man die trägen Tiere nur an wenigen, oft nur den Einheimischen bekannten Plätzen. Tatsächlich ist die Zahl der Koalas (man spricht von rund 10.000 Tieren) so groß, dass die Nahrung knapp wird. Ein ausgewachsener Koala verzehrt pro Tag 1 kg Eukalyptusblätter. Aus diesem Grund werden Koalas auf KI seit mehreren Jahren sterilisiert, weil sie sich zu stark vermehrten.

Koales sind auf Kangaroo Island kein seltener Anblick

Höhepunkt im Westen der Insel ist der **Flinders Chase National Park**, der als größter NP des Staates Südaustralien genau 73.622 ha einnimmt. Ungestört von Eindringlingen haben sich hier ausgesprochen seltene und vielfältige Pflanzenarten entwickeln können. Auch Kängurus, Kassuaries, Cape Barren Gänse und Koalas haben wenig Scheu vor Menschen und Kameras und verhalten sich überaus freundlich. An den Lagunen der Südwestküste präsentieren sich Australische Pelikane (schwarz-weiß, mit rosa Seihschnäbeln), und mit etwas Glück bekommt man auch seltene Schnabeltiere (Platypus), scheue Ameisenigel (Echidna) oder Beutelratten zu Gesicht. Im Park gibt es einige ausgeschilderte Wanderwege (z. B. Platypus Waterhole Walking Track 3 km). Für lange Touren sollte der Ranger in **Rocky River** kontaktiert werden. Der NP-Campground befindet sich in Rocky River (*Buchungen über das Flinders Chase Visitor Centre,* ☎ *08-85597235*).

Cape Borda im Norden ist über die Verlängerung des Playford Hwy. erreichbar. Ein Ranger-Büro erteilt Auskünfte über den Fernwanderweg, der durch die „Ravine des Casoars Wilderness Protection Area" nach Süden führt. Der **Leuchtturm** kann von 11–15 Uhr bestiegen werden (Anmeldung beim Ranger).

Artenreicher National Park im Westen
Ein Muss ist der Abstecher nach Süden: Ein schnurgerades Asphaltband windet sich über zahlreiche Hügel bis zum Meer. Am **Cape du Couedic** steht malerisch der Leuchtturm, und bei Admirals Arch können neuseeländische Pelzrobbenkolonien beobachtet werden. Folgt man dem Boxer Drive einige Kilometer nach Osten, endet die Straße an den spektakulären **Remarkable Rocks**, einer bizarr anmutenden Felsformation, die durch Wind- und Wassererosion ihre kuriosen Formen erhalten hat.

Auf der South Coast Rd. erreicht man den Abzweig zu den **Kelly-Hill-Tropfsteinhöhlen**. Die größte der Höhlen ist der Öffentlichkeit zugänglich (☎ *08-85534464, geführte Touren tgl. 10.15–16.30 Uhr, Erwachsene A$ 18, Kinder A$ 10*). Gelegenheit zum Picknick und Faulenzen bietet der Strand von **Vivonne Bay**. Er liegt westlich der Seal Bay und ist ebenfalls über die South Coast Road anzufahren. Im kleinen Laden an der Hauptstraße kann auch Verpflegung besorgt werden. Koalas sieht man in Hansons Bay Sanctuary (westlich der Höhlen, Eintritt A$ 3). Vor Erreichen der Seal Bay passiert man die **Little Sahara**, eine kaum zugängliche Dünenlandschaft. Die berühmte Seelöwenbucht **Seal Bay** schließlich wird über die Seal Bay Road angefahren. Bis zu 600 Tiere aalen sich hier faul in der Sonne. Ein informatives Besucherzentrum ist oberhalb des Strandes erbaut worden. Führungen direkt zu den Seelöwen werden von Rangern durchgeführt von 9 –16 Uhr (ohne Island Park Pass A$ 32), alternativ kann man die (nicht gerade geruchsarmen) Tiere von einem Holzsteg aus der Ferne beobachten.

Die Remarkable Rocks sind weithin sichtbar

Der größte See der Insel, **Murray Lagoon**, ist bereits Teil des **Cape Gantheau-me Conservation Parks**. Um die prachtvolle Vogelwelt der Lagune in vollem Ausmaß zu sehen, sollte der Besuch in die Morgen- oder Abendstunden gelegt werden. Ein einfacher Campground ist vorhanden.

Der Osten: Da die Höhepunkte von KI im Westen liegen, sollte man nicht zu viel Zeit auf die Erkundung des Ostens verwenden. Sehenswert sind vor allem der Leuchtturm von **Cape Willoughby** an der Ostspitze und die raue Felsküste mit dem viel sagenden Namen „Devil's Kitchen". Die Umgebung des Fährhafens **Penneshaw** auf der Dudley Peninsula im Osten erinnert mit seinen grünen Hügeln an Landschaften, wie man sie auch von Cornwall in Südengland kennt. Von dem Fischerort aus hat man einen guten Blick auf die Backstairs Passage und – bei klarem Wetter – auf das Festland.

Zwischen der Hog Bay (schöne Strände) und Christmas Cove kommen allabendlich **Fairy Penguins** zu ihren Nestern an Land. Die Granitfelsen der Christmas Cove stammen von urzeitlichen Gletschern, deren Alter auf rund 200 Mio. Jahre geschätzt wird. Der Prospect Hill, der schon Matthew Flinders bestiegen hatte, belohnt mit einer grandiosen Aussicht für den Aufstieg. American River ist eine kleine Feriensiedlung. Die Entdeckung des gleichnamigen Flusses ist Matthew Flinders im Jahr 1902 zuzuschreiben.

Abendliche Pinguin- parade

Reisepraktische Informationen Kangaroo Island

i Information

Gateway Visitor Information Centre, *Howard Drive, Penneshaw,* ☎ *1800-811080, www.tourkangarooisland.com.au. Mo–Fr 9–17, Sa und So 10–16 Uhr. Verkauft auch den Island Pass, der zum Besuch der NPs erforderlich ist (A$ 68 Erwachsene, Familien A$ 185, 12 Monate Gültigkeit, Campinggebühren extra).*

National Parks & Wildlife Service, *37 Dauncey St., Kingscote, www.environment. sa.gov.au. Umfangreiche Informationen über alle NPs der Insel.*

Visitor Centre Rocky River, *Flinders Chase NP, mit einfachem Campingplatz. Bushcamping ist auch erlaubt, erfordert aber ein Permit des Rangers. Wanderkarten für Tages- und Mehrtagestouren sind erhältlich.*

Anfahrt und Verkehrsmittel

Kangaroo Island *(kurz „KI") ist per Schiff (ab Adelaide oder ab Cape Jervis) oder per Flugzeug (ab Adelaide) erreichbar. Ausflugsbusse verkehren auf der Insel, öffentliche Busse und Taxis gibt es jedoch nicht.*

Fähren

Von Adelaide nach Cape Jervis, dem Abfahrtspunkt der **KI Sealink Ferry**, *verkehrt zweimal tgl. (7.30–16.30 Uhr) „The KI Connection-Bus" (101 Franklin St., Adelaide,* ☎ *131301, www.sealink.com.au).*

Die moderne Auto- und Personenfähre **Sealion** *verkehrt bis zu 2 x tgl. von Cape Jervis nach Penneshaw (9 Uhr und 18 Uhr – Fahrzeit 40 Min.). Die Rückfahrt erfolgt um 10.30 Uhr und 19.30 Uhr. Von Adelaide nach Cape Jervis und zurück wird ein Bustransfer angeboten (Abfahrt in Adelaide um 7 und 15.45 Uhr). Fahrpreis A$ 80 H/R + Bustransfer A$ 40 H/R. KI Sealink bietet zudem ein breites Ausflugsprogramm ab/bis Adelaide.*

Hinweis

Wer mit dem Wohnmobil (alle Vermieter erlauben es mittlerweile) bzw. Mietwagen (vorher Erlaubnis prüfen) auf die Insel will, sollte die Fähre vorher reservieren. Insbesondere an Wochenenden gibt es von Okt.–März immer Engpässe. Die Preise für den Fahrzeugtransport variieren je nach Größe und Saisonzeit ab A$ 80.

Flugverbindungen

In 30 Min. erreicht man von Adelaide Inselflughafen von Kingscote. Regelmäßige Verbindungen bietet **Regional Express** ☎ *131713, www.regionalexpress.com.au. Vom Flughafen in die Ortschaften sowie zu den Hotels verkehrt ein Bus.*

Autovermietung

Wichtiger Hinweis: *Die meisten Straßen der Insel sind asphaltiert. Deshalb erlauben auch fast alle Mietwagenfirmen und praktisch alle Camperfirmen, das Fahrzeug vom Festland auf die Insel zu nehmen. Eine Anmietung auf der Insel kommt deshalb nur selten infrage.*

Budget, ☎ *08-85533133, www.budget.com.au.*

Hertz, ☎ *1800-088296 und 08-85532390, www.discovery-carhire.com.au.*

Organisierte Ausflüge

Wer wirklich die Tierwelt auf KI sehen will, sollte einen geführten Ausflug in kleinen Gruppen machen. Nur die „Locals" kennen die Geheimplätze, wo sich die Koalas im Dutzend aufhalten.

KI Sealink, ☎ 131301. *Breites Ausflugsangebot ab Adelaide, allerdings in großen Gruppen.*

KI Odysseys, ☎ 08-85530386, www.kangarooislandodysseys.com.au. *Empfehlung für individuelle bzw. Kleingruppentouren.*

Adventure Tours Australia, ☎ 1300-654604, www.adventuretours.com.au. *Budget-Touren für junge Leute ab Adelaide.*

Übernachten

KI bietet neben Hotels und Motels sehr schöne Bed-&-Breakfast-Unterkünfte an. Hinzu kommen einige Caravan Parks und einfache NP-Campgrounds.

KI Wilderness Retreat $$$, *1 South Coast Rd., Karatta,* ☎ 08-85597275, www. kiwr.com. *Am Rande des Flinders Chase NP, ideal gelegene Unterkunft.*

Ozone Hotel $$$, *Ecke Commercial Rd./Chapman Terrace, Kingscote,* ☎ 08-85532011. *Klassisches Hotel an der Promenade. Abends sind es nur wenige Schritte um am Wasser Pinguine beobachten zu können.*

Kangaroo Island YHA $, *33 Middle Terrace, Penneshaw,* ☎ 08-85531344, www. yha.com.au. *Jugendherberge, Nähe Fähranleger.*

Übernachtungen im Leuchtturm, *Flinders Chase NP, bei den Leuchttürmen von Cape Couedic und Cape Borda und in der „Old Homestead" von Rocky River. Einzige Übernachtungsmöglichkeit im National Park (mindestens zwei Nächte). Einfach, aber teuer. Alternativ sind Mehrbettunterkünfte (Backpacker Huts) vorhanden. Unbedingt reservieren. Infos bei der Nationalparkbehörde (s. o.) und in den Besucherzentren der NPs.*

Camping
Flinders Chase National Park

Einfache NP-Campgrounds sind an folgenden Stellen vorhanden: Rocky River, Snake Lagoon, West Bay, Harveys Return.

Western KI CP, *South Coast Rd., Karatta,* ☎ 08-85597201, www.westernki.com.au. *Der Campingplatz mit Bungalows liegt direkt am Eingang zum Flinders Chase NP.*

Aktivitäten
National Parks

Der Islands Park Pass beinhaltet die Eintrittsgebühr für alle National Parks und Reserves der Insel. Im Preis von A$ 68 pro Person (Familien A$ 185) sind Eintrittsgelder und Ranger-Führungen enthalten. Der Pass ist im Visitor Centre und an den NP-Büros der einzelnen National Parks erhältlich. Führungen werden an folgenden Orten angeboten: Seal Bay (Seehunde, 9–17 Uhr), Kelly Hill (Höhlen, 10.15–16.30 Uhr), Cape Borda und Cape Willoughby (Leuchttürme, 10–16 Uhr).

Tauchen

Rund um die Insel sind seit 1847 mehr als 40 Schiffe untergegangen. Auf **Tauchsafaris** *(Adventureland Diving, Penneshaw,* ☎ 08-85531072) *können Wracks und Unterwasserwelt erforscht werden.*

9. ADELAIDE – ALICE SPRINGS

Von South Australia ins Northern Territory

Die direkte Fahrtroute zwischen Adelaide und Coober Pedy führt über den durchgängig geteerten **Stuart Highway** (auch Explorer's Way genannt) und beträgt 875 km. Die zu fahrenden Distanzen wirken zunächst abschreckend – auf der anderen Seite verdeutlichen sie die beeindruckende Weite des Kontinents. Alternativ bietet die abwechslungsreiche Outback-Route über die Flinders Ranges an.

Adelaide – Coober Pedy auf dem Explorer's Way

 Streckenhinweis
Entfernungen

Adelaide – Gawler:	45 km
Wilmington – Port Augusta:	44 km
Gawler – Clare Valley:	92 km
Port Augusta – Coober Pedy:	500 km
Clare Valley – Wilmington:	158 km

Routenvorschlag
Von Adelaide nach Alice Springs (via Stuart Highway)
1. Tag: Adelaide – Clare Valley
2. Tag: Clare Valley – Port Augusta
3. Tag: Port Augusta – Coober Pedy
4. Tag: Coober Pedy – Aufenthalt
5. Tag: Coober – Pedy – Ayers Rock
6. Tag: Ayers Rock/Olgas – Aufenthalt
7. Tag: Ayers Rock – Alice Springs

Nördlich von Adelaide trennt der Hwy. 1 die fruchtbaren Ebenen (Adelaide Plains) im Westen von den steilen Flanken der Mount Lofty Ranges und South Flinders Ranges im Osten. Der Gulf St. Vincent im Westen stellt ein tiefes Tal eiszeitlichen Ursprungs dar. Dass die geologische Faltenbildung der Gebirge noch nicht abgeschlossen ist, beweisen immer wieder auftretende Erdbeben wie 1954 in Adelaide, Richterskala 5,5. *Immer wieder Erdbeben*

Noch vor 150 Jahren war das Gebiet dicht bewaldet. Zur Förderung intensiver Landwirtschaft wurden die Wälder abgeholzt, ohne eine Wiederaufforstung zu betreiben.

Nach Adelaide zweigt der Hwy. 20 in Richtung Elisabeth und Gawler ab. Bei Interesse kann ein weiterer Abstecher in die alte Bergbaustadt Kapunda unternommen werden, wo bereits 1844 reiche Kupfervorkommen den Wohlstand der südaustralischen Bevölkerung sicherten.

Adelaide – Coober Pedy

Tipp: R. M. Williams Heritage Museum

Folgt man der A1 aus Adelaide heraus nach Norden, kann man das kleine R. M. Williams Heritage Museum besuchen. Seit 1932 stellt R. M. Williams typische Busch- und Outback-Kleidung her. Zu seinem Sortiment zählen beispielsweise das Sattelzeug und die typischen Stiefel („Working Boots") der Viehtreiber. Der Firmengründer verstarb 2005 im Alter von 95 Jahren. Das Museum bietet mit dem angeschlossenen Laden eine etwas günstigere Einkaufsquelle der hochpreisigen Artikel.
R. M. Williams Heritage Museum, Prospect, 5 Percy St. (A1 in Richtung Norden, kurz nach Nailsworth links abbiegen), www.rmwilliams.com.au.

Clare Valley

Der Eingangsort in das Clare Valley ist **Auburn** (120 km nördlich von Adelaide), einst Zwischenstation für die mit Kupfererz beladenen Kutschen, die von Burra nach Port Adelaide fuhren. Das Weinbaugebiet hat seine Ursprünge durch die Besiedlung irischer Siedler. Die ersten Weingüter sieht man in Auburn. Im Bereich Leasingham – Watervale – Mintaro – Sevenhill – Clare teilen sich rund 30 Betriebe den fruchtbaren Boden. Zu den ältesten Gütern zählen die Sevenhill Cellars (1851 von Jesuiten gegründet, College Rd., Sevenhill, www.sevenhill.com.au), Wendouree Cellars (1895, Wendouree Rd., Clare) und Leasingham Wines (1893, 7 Dominic St., Clare, www.leasingham-wines.com.au).

Ein Stück nördlich folgt das Städtchen **Melrose** mit dem hübsch renovierten **North Star Hotel** (www.northstarhotel.com.au). Geführte Mountainbike-Touren in dieser abwechslungsreichen Gegend bietet der Radladen „Over the Edge" (www.otesports.com.au).

Reisepraktische Informationen Clare Valley

Information
Tourist Information, *27 Main North Rd., Clare,* ☏ *1800-242131, www.clarevalley.biz. Im Mai, während des Adelaide Cup, findet das Weinfest „Clare Valley Gourmet Weekend" statt.*

Übernachten
Clare Country Club Motel $$$, *White Hut Rd., Clare,* ☏ *08-88421060, www.countryclubs.com.au/clare. Komfortables Motel.*

Camping
Clare CP, *Main Rd. North (Christison Park), 4 km südlich von Clare,* ☏ *08-88422724. Großer CP mit Cabins.*

Mount Remarkable National Park

Der 8.648 ha große National Park (50 km südlich von Port Augusta) deckt einen be-achtlichen Teil der südlichen Flinders Ranges ab, die sich rund 800 km nach Nord-osten ziehen. Der zweistündige Aufstieg zum 969 m hohen **Mt. Remarkable** ist über Melrose erreichbar. Der Park selbst ist in Mambray Creek (45 km nördlich von Port Pirie/Hwy. 1) oder Wilmington (158 km nördlich von Clare/Main North Rd.) zugänglich. An beiden Parkeingängen befinden sich Ranger-Stationen, die über die Wandermöglichkeiten im Park informieren. Charakteristisch für den Park sind die rotbraunen Sandsteinfelsen und tiefen Täler. Geografisch liegt er zwischen dem tro-

Sandstein-felsen und tiefe Schluchten

ckenen Norden und dem feuchteren Süden Südaustraliens. Dadurch bekommt der Park noch so viel Regen ab, dass große Gebiete mit verschiedensten Eukalyptusar-ten und einheimischen Pinien bedeckt sind. Über Wilmington führt eine Straße in die sehenswerte **Alligator Gorge**, eine tief eingeschnittene Schlucht, die über ei-nen kurzen Wanderweg erreichbar ist. NP-Campgrounds befinden sich an der Alli-gator Gorge und am Mambray Creek, an anderen Orten sind Bushcamps gestattet. Von Wilmington führt der Horrocks Pass in Richtung **Spencer Gulf**. Dabei pas-siert man **Hancocks Lookout** (527 m) mit grandiosem Blick auf die Küste.

Port Augusta

Jeder, der die Nullarbor Plain in Richtung Westen oder den Kontinent auf dem Stuart Hwy. in Richtung Norden in Angriff nimmt, muss an der „Crossroad of Aus-tralia" vorbei. Port Augusta an der Spitze des Spencer Gulf wurde 1852 als Hafen eines neu gegründeten Landwirtschaftsdistrikts auserwählt. Bereits 1841 startete John Eyre seine Ost-West-Expedition in Port Augusta, noch im Glauben, dass der Norden wegen großer Salzseen unpassierbar sei. Die ersten Wollexporte verlie-ßen den Hafen schon 1854, Kupfer aus Blinman folgte kurze Zeit später.

Wichtige Hafenstadt am Rande des Outbacks

Das „Liverpool of the South" hatte als Hafenstadt und später als Eisenbahnknoten-punkt 1862 immerhin 6.000 Einwohner – heute sind es rund 15.000. Erste Anlauf-station für Reisende ist das **Wadlata Outback Centre** mit seinen interessanten Ausstellungen über Flora, Fauna und Aboriginal-Kultur. Die Stadt ist einer der 14 Stützpunkte des **Royal Flying Doctor Service** (*4 Vincent St., Führungen Mo–Fr 10 und 15 Uhr*) und hat eine **School Of The Air** (*Flinders Terrace, Führungen auf Anfra-ge*). In der Mitchell Terrace hat man vom alten Wasserturm einen guten Ausblick auf Hafen und Umgebung. 6 km südlich der Stadt befindet sich das riesige Kraft-werk ETSA Augusta Power Station, das die Braunkohle aus Leigh Creek (261 km nördlich) verarbeitet. Im Hafen wird das Eisenerz aus Iron Knob verschifft.

Reisepraktische Informationen Port Augusta

i **Information**
Wadlata Outback Centre, *41 Flinders Terrace*, ☎ *1800-633060, www.portaugusta.sa.gov.au. Mo–Fr 9–17.30, Sa und So 10–16 Uhr. Visitor Centre mit Infor-mationen über Outback und Ureinwohner.*

Übernachten
Comfort Inn Port Augusta Westside $$$, *3 Loudon Rd. (1 km westlich),* ☎ *08-86422488, www.augustawestside.com.au. Bestes Hotel im Ort.*

Camping
Port Augusta Holiday Park (Big4), *Ecke Hwy. 1/Stokes Terrace,* ☎ *1800-833144, www.port-augusta-holiday-park.sa.big4.com.au. Großer CP mit schattigen Plätzen und Swimming-Pool.*

Stuart Highway (Explorer's Way)

Nach 160 km in nördlicher Richtung erreicht man die Hochfläche des Arcoona Plateaus. Von Bernards Hill (links des Hwy.) blickt man auf das einstmals riesige Flusssystem der Island Lagoon, deren Seen heute ausnahmslos versandet und versalzen sind.

John McDouall Stuart

info

„... a country as such I firmly believe has no parallel on earth's surface."

Der aus Schottland stammende Stuart kam 1838 nach Südaustralien, um als Maschinenbauer zu arbeiten. Schon bald erwachte sein Ehrgeiz, einen Weg in den Norden des Kontinents zu erforschen. Seine frühen Expeditionen wurden u. a. von seinen Glaubensbrüdern, den Gebrüdern Chamber und William Finke, unterstützt, nach denen er auch geografische Merkmale benannte. Erst seine sechste Reise, diesmal vom South Australia Government bezahlt, wurde zum Erfolg. Der Staat versprach sich vom unbekannten Norden fruchtbare und ertragreiche Landwirtschaftszonen. Nach beschwerlicher Reise erreichte Stuart 1862 die nördliche Arafura-See. Der erschöpfte Stuart kehrte 1863 nach Großbritannien zurück. Was blieb, war die Nord-Süd-Route, die seinen Namen bis heute trägt.

Woomera ist erst seit 1982 öffentlich zugänglich. In dem Gebiet testete die Australian/US-Joint Defense Facility Nurrungar seit 1947 Raketen, später wurde das Gebiet von der Luftwaffe zu Übungszwecken genutzt. Ein paar Raketen aus dieser Zeit können in der Stadt besichtigt werden. Für die Zukunft sind Satellitenstarts der USA und Japans (Kistler Aerospace) geplant.

80 km nordöstlich liegt die moderne Minenstadt **Roxby Downs** und die Uranmine Olympic Dam. Roxby Downs hat rund 4.000 Einwohner und verfügt über ein modernes Shoppingcenter und mit dem Roxby Downs Motel über ein gutes Hotel. In der mittlerweile leicht heruntergekommenen, aber kurios anmutenden Opalstadt **Andamooka** (28 km östlich, Piste, www.andamooka.sa.au) am Salzsee Lake Torrens wurden 1930 die ersten Edelsteine gefunden. Der Ort hat aufgrund seiner

abgelegenen Lage nie die Bedeutung von **Coober Pedy** erlangt. Sehenswert sind die Untergrundwohnungen und das simple **Tuckerbox Restaurant**. In regenreichen Jahren lohnt der Abstecher zum Salzsee **Lake Torrens**, der sich dann schlagartig zu einem Vogelparadies verwandelt.

☞ Streckenhinweis

200 km nördlich von **Glendambo** (Roadhouse mit Motel und Campingplatz) sind bereits die **Stuart Ranges** („Breakaways") zu erkennen. Die flachen Tafelberge, die aus der Ebene ragen, sind Überbleibsel ehemaliger Hochflächen und im Laufe der Zeit „abgebrochen". Kurz vor Coober Pedy zweigt eine Piste nach William Creek (170 km) zum Oodnadatta Track ab.

Coober Pedy

Die Opalstadt Coober Pedy zählt zu den **seltsamsten Plätzen Australiens**. Schräge Typen, Glücksritter und Lebenskünstler sind hier dem Opalfieber verfallen. Zum Schutz vor der glühenden Hitze wohnen sie in „Dug Outs", unterirdischen Wohnhöhlen, deren Sandstein die Temperatur sommers wie winters bei ca. 22 Grad hält. Bei zusätzlichem Raumbedarf sprengt man sich einfach ein Zimmer dazu. Weil das wohl so komisch war, nannten die Aborigines den Ort „kupa piti" (= „Weißer Mann im Loch"), und die geschätzten 5.000 Einwohner sind es auch, die das Outback-Nest so einzigartig machen. Sie stammen aus 45 Nationen und verleihen Coober „bloody" Pedy ein besonderes Flair. Seit 1915 wird in Coober Pedy

info

Atombombenversuche in Südaustralien

Woomera liegt am Rande eines militärischen Sperrgebiets, das über 127.000 km² bis nach Maralinga (600 km westlich) reicht. 1953–1964 fanden hier und in **Emu** britische Atombombenversuche statt. Viele Maralinga Tjarutja Aborigines, die damals ungehindert durch ihr Land zogen, und australische Soldaten erlagen sofort oder später ihren Strahlenschäden. Viel von dem, was tatsächlich passierte, wurde verschwiegen und vertuscht. Erst in den letzten Jahren erzielten die Maralinga mit der britischen Regierung ein Abkommen über finanzielle Entschädigungen. Auch auf den Montebello Islands vor Dampier (WA) fanden Atombombenversuche in den 1950er-Jahren statt. Viele Pisten („Bomb Roads" genannt) wurden eigens für die damaligen Versuche und zur Überwachung von Langstreckenraketenversuchen angelegt. Der bekannteste Straßenbauer war dabei der Ingenieur Len Beadell, der u. a. den Gunbarrel Hwy. plante und vermaß. Sinn und Zweck des „Blue Streak Missile Programms" war es, akkurate Vermessungspunkte festzulegen. Beadells Bücher sind ausgesprochen lesenswert (z. B. „Too long in the Bush"). Zwei seiner „Highways" benannte er nach seiner Frau Anne Beadell und seiner Tochter Conny Sue Beadell. Len Beadell, einer der letzten Pioniere des Kontinents, starb 1995. Sein Grab befindet sich in Woomera.

Opal gefördert, bis heute hat sich an der Schürftechnik wenig geändert: Nur wenige Minen können überirdisch ausgebeutet werden. Meist werden Löcher in die Erde gesprengt, aus denen der Abraum per „Staubsauger" zu den charakteristischen Maulwurfshügeln aufgehäuft wird. Die Löcher (Deep Shafts) sind tief und werden nicht wieder aufgefüllt (Achtung: Einsturzgefahr).

Blick auf Coober Pedy

Geologen erklären die **reichen Opalvorkommen** in Coober Pedy mit Sedimentablagerungen von 100–130 Mio. Jahre alten Meeren, an deren Ufer sich sogenannte „Bulldog Shales" gebildet haben. In diesen Sandsteinfelsen formte sich aus Siliziumrestbeständen, die der sinkende Wasserpegel hinterließ, der wertvolle Edelstein. 80 % aller weltweit produzierten Opale stammen aus Coober Pedy. Neben Coober Pedy werden Opale auch in Lightning Ridge (NSW), Whitecliffs (NSW) und Andamooka (SA) gefördert.

Weltweit größter Opalproduzent

Der Aussichtspunkt **Big Winch Lookout** verschafft einen guten Überblick. Die Orientierung fällt leicht, da es nur eine Hauptstraße (Hutchison Rd.) und wenige Nebenstraßen gibt. Die meisten Bewohner bekommt man selten zu Gesicht, da sie unterirdisch leben und arbeiten. Der Besuch einer Mine bzw. Teilnahme an einer Mining-Tour sollte beim Besuch nicht fehlen. Empfehlenswert sind die **Old Timers Mine** (*Crowders Gully Rd.,* ☎ *08-86725555, www.umoonaopalmine.com.au*). Auch die drei Kirchen sind unterirdisch erbaut worden. Souvenirläden, in denen das Handeln zur Tagesordnung zählt, bestimmen das Stadtbild. „Direkt vom Erzeuger" lässt sich so das eine oder andere Schnäppchen machen.

 Streckenhinweis
32 km nördlich von Coober Pedy befinden sich die **Breakaways**, Sandsteinabbrüche der Stuart Range. Sie können auf einer Rundfahrt, die teilweise über Minenfelder und zu Aussichtspunkten führt, besichtigt werden (Abzweig 23 km nördlich von Coober Pedy).

☞ **Tipp: Opale selbst suchen**

Wer selbst einmal im Abraum der Minen nach Opalen suchen möchte, kann sich Siebe leihen und mit dem „Noodling" beginnen. Die besten Chancen, etwas zu finden, bestehen dort, wo gerade gearbeitet. Höflicherweise sollte der Miner um Erlaubnis gefragt werden, denn es ist sein Claim.

Reisepraktische Informationen Coober Pedy

Information
Visitor Centre, *Hutchison/Main St. (am Orteingang),* ☎ *1800-637076, www.opalcapitaloftheworld.com.au. Mo–Fr 8.30–17, Sa und So 10–13 Uhr.*

Anfahrt und Verkehrsmittel
Die Greyhoundbusse halten auf dem Weg von oder nach Alice Springs in Coober Pedy. Per Flugzeug erreicht man Coober Pedy von Adelaide und Alice Springs.
Seit dem Fahrplan 2015/2016 legt der Zug **The Ghan***, der Adelaide mit Darwin verbindet, einen Stopp in der Opalstadt ein.*

Organisierte Ausflüge
Ausflüge durch die Stadt und zu den Minenfeldern werden von einer Vielzahl an Anbietern durchgeführt, u. a. **Desert Cave Tours***,* ☎ *08-86725688, www.desertcave.com.au,* **Stuart Range Tours***,* ☎ *08-86725179, www.stuartrangecaravanpark.com.au. Buchung am besten über das Visitor Centre.*
Eine tolle Möglichkeit, das Outback und seine Farmen kennen zu lernen, bietet die Fahrt mit dem **Postboten***, der zweimal wöchentlich seine 600-km-Runde über Teile des Oodnadatta Tracks absolviert (Mail Run Tour, 12 Std. Dauer, Mo und Do,* ☎ *1800-069911, www.desertdiversity.com).*

Übernachten
Desert Cave Hotel $$$, *Hutchison St.,* ☎ *08-86725688, www.desertcave.com.au. Bestes Hotel der Stadt mit ober- oder unterirdischen Zimmern, Restaurant und Swimming-Pool.*
Underground Bed & Breakfast $$, *Potch Gully Rd.,* ☎ *08-86725301, www.undergroundbandb.com.au. Empfehlenswertes unterirdisches Bed & Breaktfast mit allen Annehmlichkeiten und freundlichen Wirten.*
Radeka Downunder Motel $, *Hutchison St.,* ☎ *08-86725223, www.radekadownunder.com.au. Untergrundhostel mit Mehrbett- oder Doppelzimmern.*

Camping
Die Stadt bietet drei staubige Campingplätze: **Stuart Range** *(am Ortseingang),* **Opal Inn** *(Hutchison St.),* **Oasis** *(Hutchinson St.).*
Riba's Camel Mine*,* ☎ *08-86725614, 5 km südlich an der Straße nach William Creek, ist vielleicht der schönste (einfache) Campingplatz. In der angeschlossenen Mine werden Führungen durchgeführt.*

Restaurants
Internationale Küche mit Italienern, Griechen, Serben, Kroaten usw. ist in Coober Pedy vertreten.

Alternativroute: Adelaide – Coober Pedy durch das Outback South Australia

 Streckenhinweis
Entfernungen

Port Augusta – Marree:	380–600 km (je nach Fahrtroute)
Marree – William Creek:	205 km
Oodnadatta – Marla:	210 km
William Creek – Coober Pedy:	170 km
Oodnadatta – Witjira NP:	380 km
William Creek – Oodnadatta:	205 km
Witjira NP – Kulgera:	180 km

Routenvorschlag für Allradfahrer:
Von Adelaide nach Alice Springs über die Flinders Ranges
1. Tag: Adelaide – Clare Valley
2. Tag: Clare Valley – Wilpena (Flinders Ranges)
3. Tag: Aufenthalt Wilpena/Flinders Ranges NP
4. Tag: Flinders Ranges – Arkaroola
5. Tag: Aufenthalt Arkaroola (Ridge Top Tour, Sternwarte)
6. Tag: Arkaroola – Marree – William Creek
7. Tag: William Creek – Oodnadatta – Witjira NP
8. Tag: Witjira NP – Finke – Kulgera
9. Tag: Kulgera – Ayers Rock (Uluru)
10. Tag: Aufenthalt Ayers Rock/Olgas
11. Tag: Ayers Rock – Kings Canyon
12. Tag: Kings Canyon – Mereenie Loop Road – West MacDonnell Ranges
13. Tag: West MacDonnell Ranges
14. Tag: West MacDonnell Ranges – Alice Springs

Der Hwy. 83 ist von Port Augusta bis Lyndhurst (300 km nördlich) geteert und geht dann in eine gepflegte Piste über. Die Zufahrt zum Flinders Ranges NP bis Wilpena ist geteert, alle anderen Straßen sind **Gravel Roads**. Der Pistenzustand ist im Allgemeinen gut – nach (seltenen) Regenfällen sollte man sich bei örtlichen Behörden oder ☎ 1300-361033 informieren. Für alle Straßen und Pisten nördlich von Wilpena bzw. Lyndhurst empfiehlt sich ein 4-WD.

 Permit

Für die Wüsten-National Parks (Innamincka Reserve, Lake Eyre NP, Witjira NP, Simpson Desert) ist der **Desert Parks Pass**, (www.environment.sa.gov.au) erforderlich (12 Monate: A$ 150/Fahrzeug). Für die o. g. Route ohne den Witjira NP genügt es, vor Ort die Campingpermits zu kaufen. Pass, Permit und Informationen sind erhältlich in Adelaide (NPWS), Port Augusta (NPWS), Mt. Dare Homestead, Innamincka Trading Post, Marree General Store, William Creek Hotel, Oodnadatta Pink Roadhouse.

Flinders Ranges

(Kartenbeschriftungen:)
Marree, Farina Historic Ruins, Strzelecki Track, Lyndhurst, Yankannina, **Arkaroola Resort**, Arkaroola, *Siller's Lookout*, Coopley, Leigh Creek, Angepena, Balcanoona, *Vulkathunha-Gammon Ranges N. P.*, *Italowie Gorge*, *Lake Torrens*, *Lake Frome*, **Lake Torrens National Park**, *Paralchina Gorge*, Parachilna, Blinman, Wirrealpa, *Lake Frome Regional Reserve*, Motpena, Brachina, *Braching Gorge*, *Bunyeroo Gorge*, *Edeowie Gorge*, Wilpena, *Flinders Ranges N. P.*, Martins Well, *Sacred Canyon*, Rawnsley Park, Prelinna, *Arkaba Station*, Willipa, *Yourambulla Caves*, Hawker, Bibliando, *Buckaringa Gorge*, *Warren Gorge*, Quorn, *Pichi-Richi-Pass*, Cradock, Clifden, Carrieton, **Broken Hill**, **Port Augusta**, Wilmington, Yunta, Orroroo, Melrose, *Barrier Highway*, Wirrabara, Peterborough, Port Germein, **Whyalla**, Port Pirie, Jamestown, Terowie, *Spencer Gulf*, Gladstone, Crystal Brook

N — 0   20 km

© graphic

Der Höhenzug der Flinders Ranges beginnt südöstlich von Port Augusta und reicht rund 800 km nach Norden. In diesem touristisch sehenswerten Gebiet sind es vor allem der **Flinders Ranges NP**, **Gammon Ranges NP** und das **Arkaroola Resort**, die mit ihren rauen Gebirgszügen für ein einzigartiges Outback-Erlebnis sorgen. Geologisch zählen die Flinders Ranges zu den ältesten Gebieten der Erde. Vor Jahrmillionen ragten sie als Inselberge aus dem umgebenden Meer empor. Aus den Meeren wurden riesige Salzseen – **Lake Torrens** im Westen, **Lake Frome** im Osten und **Lake Eyre** im Norden. Unter diesen Seen befinden sich immense artesische Becken, deren Wasservorräte an manchen Stellen als sprudelnde Quellen an die Oberfläche treten.

Quorn

Von Port Augusta gelangt man über den **Pichi-Richi-Pass** nach Quorn, einem historischen Eisenbahnstädtchen, durch das bis 1937 sowohl die Ost-West-Linien, als auch die Great Northern Railway fuhren. Wurde zuvor der Mt. Remarkable NP besucht, ist die direkte Anfahrt von Wilmington über eine geteerte Straße möglich. Die alte **Railway Station** (1917) und das **Transcontinental Hotel** (1878) sollte man sich ansehen. Die alte Dampfeisenbahn der **Pichi-Richi-Railway Company** (www.prr.org.au) fährt von März–Nov. noch über den Pass nach Woolshed Flat und zurück. In der Umgebung liegen die Felsschluchten **Warren Gorge** und **Buckarina Gorge**. Am Hwy. 83 (11 km vor Hawker) findet man in den **Yourambulla Caves** Felsmalereien der Ureinwohner. Eine gute Übernachtungsmöglichkeit bietet das **Quorn Mill Hotel** in einem alten National Trust-Gebäude (2 Railway Terrace, ☎ 08-86486016).

Hawker

Hawker (66 km nördlich von Quorn) ist der wichtigste **Service-Stützpunkt** für den Flinders Ranges NP. Auch durch dieses Outback-Städtchen fuhr einstmals der „**Ghan**" auf seiner alten Route. 19 km nördlich von Hawker passiert man die historische Schaffarm **Arkaba Station**. Das Hauptgebäude wurde zu einer Luxus-Unterkunft umgebaut. In der Lodge werden max. sechs Gäste vom Ehepaar Rasheed betreut. Zahlreiche Aktivitäten werden angeboten, u. a. mehrtägige Wanderungen auf dem Arkaba Trail.

Selbstfahrer müssen sich ein Permit besorgen, um das Gelände zu erkunden. Am **Moralana Scenic Drive** (5 km nördlich) ist Camping möglich. Die Piste führt über 28 km zwischen der Elder Range und dem Südwall des Wilpena Pound hindurch (die Fahrt bitte in Arkaba melden). Die Arkaba Station bietet Touren und Rundflüge über das Farmgelände an (☏ *1300-790561, www.arkabastation.com*).

Reisepraktische Informationen Hawker

Information
Hawker Motors *(Mobil Tankstelle) im Stadtzentrum,* ☏ *08-86484014, www. hawkermotors.com.au, www.hawkersa.info, ist die beste Informationsquelle weit und breit und hat sogar ein kleines Museum.*

Übernachten
The Hawker Hotel/Motel $$, *Ecke Elder/Wonoka Terrace,* ☏ *08-86484102. Koloniales Hotel im Stadtzentrum*

Camping
Hawker CP, ☏ *08-86484006. Campingplatz mit schattigen Plätzen.*

Routenvorschlag durch die Flinders
Hawker – Rawnsley Park – Wilpena (Flinder Ranges NP) – Bunyeroo Gorge – Brachina Gorge–Parachilna Gorge – Blinman – Wearing Gorge – Balcanoona (Gammon Ranges NP) – Arkaroola – Copley/Leigh Creek.

Rawnsley Park (*10 km nördlich,* ☏ *08-86480030, www.rawnsleypark.com.au*) ist eine 3.000 ha große Schaffarm und verfügt über einen Caravan Park, einfache Holiday-Units und luxuriöse Eco Villas. Die 4-Sterne Unterkünfte bieten einen 360-Grad-Blick auf die Umgebung: Die Lage am Südwall des Wilpena Pound ist fantastisch. *Rundumblick auf die Umgebung*

Die steile Wanderung zum **Wilpena Lookout** (4 Std. H/R) ist frühmorgens im Bergschatten am besten zu unternehmen. Insgesamt sind 7 Trails von 30 Min.– 5 Std. Dauer markiert). Zusätzlich werden Reitausflüge, Rundflüge, MTB-Touren und Allradtouren angeboten. Das rustikale Woolshed Restaurant im Wellblech-Stil steht allen Gästen zur Verfügung. Kurz vor Erreichen des Abzweigs nach Wil-

Rundflug über Wilpena Pound

pena führt eine einstündige Wanderung zu den Felsmalereien von **Arkaroo Rock**. Die „Hill People", wie die Adnyamathanha-Aborigines genannt werden, besiedelten seit 6.000 Jahren die Flinders und haben fast alle geologischen Formationen in ihre Mythologien aufgenommen. Neben den (wenigen) Felsmalereien sind es vor allem die Felsgravuren, die auf die Wanderungen der Hill People hinweisen, z. B. am Sacred Canyon.

Flinders Ranges National Park

Wilpena ist das Herz des 78.400 ha großen National Parks. Der Park deckt damit einen Großteil der Central Flinders ab. Wilpena ist Ausgangs- und Informationspunkt für Ausflüge und Unternehmungen in den NP. Nördlich von Wilpena beginnt eine gute Piste (asphaltiert bis Blinman), die mit eindrucksvollen Blicken auf die Heysen Range und ABC Range durch das **Bunyeroo Valley** und das Flussbett des *Eindrucks-* Bunyeroo Creek führt (Bushcamping möglich). Einer der interessantesten Ab-*volle Blicke* schnitte der Flinders ist die Fahrt durch die **Brachina Gorge**: Hohe Felswände mit Jahrmillionen altem Quarzgestein flankieren die Straße. Schautafeln erklären die geologische Entstehung dieser Urlandschaft. Brachina Gorge hat einige schöne NP-Campgrounds (Permit vorher in Wilpena besorgen). Nach einem kurzen Stück auf dem Hwy. 47 ist die kleine Siedlung **Parachilna** erreicht. Das historische

---

☞ Ausflüge und Wanderungen im National Park

- **Wilpena Pound**: Das 17 km lange und 7 km breite Felsbecken, das wegen seiner Form auch „Natural Amphitheatre" genannt wird, ist die Hauptattraktion des NP. Die steil aufragenden Felswände fallen im Inneren des Tals sanft ab. Dort finden Pflanzen und Tiere ein geschütztes Zuhause. Der einzige Zugang führt über einen schmalen Pfad durch eine Schlucht oberhalb des Sliding Rock. Wanderern wird dringend empfohlen, sich an die ausgeschilderten Pfade des „Pound" zu halten. Zu den absoluten Highlights zählen Rundflüge über den Pound.
- **Wangara Lookout**: Empfehlenswerte Wanderung (2 Std.). Von oben Blick auf die gesamte Felsschüssel.
- **St. Mary's Peak** (1.190 m): Der höchste Gipfel kann auf einer 6–8-Std.-Wanderung erklommen werden.
- Für die komplette **Rundwanderung** um den Pound sollten mindestens 8 Std. veranschlagt werden.

Prairie Hotel (☏ *1800-331473, www.prairiehotel.com.au*) von 1876 bietet Übernachtungsmöglichkeiten und ein vielfach ausgezeichnetes Restaurant mit Outback-Spezialitäten. Geradewegs nach Westen zweigt eine Piste in die **Parachilna Gorge** ab. Auch hier gibt es wieder schöne Campgrounds am Flussufer. In **Anchorichina**, das auf halbem Weg nach Blinman (Anfahrt von Süden kommend bis Blinman asphaltiert) liegt, befindet sich ein kleines Resort mit Cabins und einer Campingmöglichkeit sowie einer Tankstelle.

Der heutige Ort **Blinman** besteht aus dem North Blinman Hotel und einem kleinen Laden. 1859 entdeckte Robert Blinman Kupfer in der Region, und wenig später lebten hier sage und schreibe fast 1.000 Menschen. Nach 1874 wurde nur noch sporadisch an der Mine gearbeitet, und die Stadt, das ursprüngliche, südlich gelegene Blinman, verfiel zunehmend. Eine 4-WD-Piste führt zur **Chambers Gorge**, *Alte* einer der spektakulärsten Schluchten der Region. Zu Fuß kann bis tief in die *Minenstadt* Schlucht gewandert werden, wo gut erhaltene Felsgravuren zu bewundern sind. Camping ist gestattet und in einigen Wasserlöchern kann gebadet werden.

Die eher unscheinbare **Wearing Gorge** wird auf der Hauptpiste, die weiter nach Norden in den **Gammon Ranges National Park** führt, durchquert. Die 14 km lange Zufahrt in die Big Moro Gorge ist ausgesprochen rau. In der Schlucht finden sich einige permanente Wasserlöcher.

Reisepraktische Informationen Flinders Ranges NP

ℹ️ Information
Wilpena Information Centre, ☏ *08-86480048, www.flindersranges.com.* **Ranger Office**, *Wilpena Pound, Information über Wanderwege, Buchung von Rundflügen. Broschürenempfehlung für engagierte Wanderer „Bushwalking in the Flinders Ranges".*

🛏️ Übernachten
Wilpena Pound Resort $$$$, *Wilpena,* ☏ *08-86480048, www.wilpena pound.com.au. Einziges Motel im NP – frühzeitig reservieren. Das Resort veranstaltet auch 4-WD-Touren und Rundflüge.*
Rawnsley Park Station $$$, *Wilpena Rd., südlich der National Parkgrenze,* ☏ *08-86480030, www.rawnsleypark.com.au. Auf der Farm werden Motelzimmer, Bungalows mit Sternenblick und Campingplätze angeboten.*
Angorichina Station $$$$$, *33 Queen St., Thebarton,* ☏ *1300-767703, www. angorichinastation.com.au.*
Arkaroola Wildlife Sancturary (Mawson Lodge) $$$, ☏ *08-86484848, www. arkaroola.com.au. Motel, Campingplatz und Sternwarte in den nördlichen Flinders.*
Beltana Station $$$, *Beltana,* ☏ *08-86752256, www.beltanastation.com.au.*

⚠️ Camping
Dem **Wilpena Pound Resort** *ist ein großer CP angeschlossen. Von der Lage her schöner erscheint jedoch der CP von* **Rawnsley Park**. *Bushcamping ist bei Brachina Gorge, Bunyeroo Gorge, Dingley Dell Water und Chambers Gorge auf NP-Campgrounds möglich. In* **Arkaroola** *gibt es einen Campingplatz, der zum Resort gehört.*

Vulkathunha-Gammon Ranges National Park

Der größte Teil des NP ist unerschlossen. Auf der Hauptpiste in Richtung Copley/Leigh Creek wird die **Italowie Gorge** (mit Campground) durchquert. Für Allradfahrer ist die Route über Arkaroola und Yankaninna wesentlich schöner. Der Illinawortina Pound ist über eine extrem raue 4-WD-Piste, die weit gehend durch ein ausgetrocknetes Flussbett führt, erreichbar. Rund um die Senke besteht ein weiterer fahrbarer Track. Ein einfacherer Weg auf die **Balcoonana Range** besteht über die Weetooltla Gorge mit anschließendem Fußmarsch zu Grindells Hut.

Extrem raue 4-WD-Piste

Arkaroola

Arkaroola (33 km nördlich von Balcanoona) ist als „Sanctuary" zwar ein geschütztes Gebiet, aber kein NP. Das Gebiet bedeckt mit rund 60.000 ha das Nordende der „Flinders". Ähnlich dem südlich gelegenen Flinders NP haben uralte geologische Entwicklungen als schroffe Bergketten und faszinierende Schluchten hier ihr vorläufiges Endstadium erreicht. Das **Arkaroola Resort** (☎ *08-86484848, www.arkaroola.com.au*) verfügt über ein Motel und einen Campingplatz. Bushcamping ist an verschiedenen Stellen des Gebiets mit Erlaubnis der Eigner möglich. Ein interessantes Besucherzentrum und die Ausstellungen im Restaurant geben Aufschluss über eine der ältesten Landschaften unseres Planeten.

info

Die Geschichte von Arkaroola

Reginald „Reg" Sprigg, einer der bedeutendsten Geologen Australiens, ist der 1994 verstorbene Gründer von Arkaroola. In den 1930er-Jahren führte er als Student erste Exkursionen in das Gebiet. Douglas Mawson, sein Professor, hatte dort 1910 Uranerz gefunden und an der Förderung von Radium für medizinische Zwecke mitgewirkt. Nur mit viel Mühe führten die Reisen damals in diese abgelegenen und unzugänglichen Gebiete.

1968 erwarb Reg Sprigg die einstige Schaffarm Arkaroola und war mit dem Aufbau des Touristen-Resorts einer der Vorreiter des modernen Ökotourismus. Schafe, Ziegen, Füchse und Wildkatzen wurden weitgehend entfernt und das Gelände eingezäunt. So konnte sich im Laufe der Jahre eine ursprüngliche Flora und Fauna ausbreiten, die seinesgleichen im Outback sucht. So konnten sich beispielsweise die raren Yellow Footed Rock Wallabies in ihren Beständen erholen. Aufmerksame Tierbeobachter werden sie an den Felsflanken entdecken. **Douglas Sprigg**, der Sohn von Reg, ist heute der Macher auf Arkaroola – ein Tourguide mit immensem Wissen über die Geologie der Ranges, Astronom der resorteigenen Sternwarte und Pilot für Rundflüge. Im Hangar hat er noch eine alte „Auster" von 1956 stehen, mit der er ab und zu noch über sein „Grundstück" fliegt. Die Initiative „Save Arkaroola from Mining" hatte im Jahr 2011 Erfolg und so bleibt das Gebiet von Minen-Aktivitäten erst einmal verschont.

Hauptattraktion von Arkaroola ist die **Ridgetop Tour**, die mit Allradfahrzeugen über haarsträubende Steigungen zum sagenhaften **Siller's Lookout** führt (4 Std.). Selbstfahren ist auf dieser Strecke nicht gestattet. Über die möglichen Selbstfahrertouren zu verschiedenen Schluchten und Wasserlöchern informiert die Rezeption im Resort. Am Abend sollte der Sternenhimmel beobachtet werden. Genial sind die **Starchairs**, eine Art Zahnarztstuhl mit montiertem Teleskop zum bequemen Betrachten der Sternenwelt.

Siller's Lookout

Leigh Creek

Die moderne Stadt Leigh Creek ist auf dem Reißbrett entstanden und wurde erst 1981 als Versorgungs- und Wohnort für die Arbeiter der riesigen Kohleminen gegründet. Seit 1943 wird hier Kohle abgebaut (das alte Leigh Creek liegt weiter südlich). Die größte Mine, „Lobe B", kann ca. 18 km nördlich von Leigh Creek betrachtet werden. Bei Voranmeldung werden auch Führungen unternommen. Für Reisende ist Leigh Creek eine willkommene Stadt mit Treibstoff und einem gut bestückten Supermarkt vor der langen Outback-Etappe nach Norden.

Moderne Kohlestadt

👉 Streckenhinweis

In Lyndhurst, einer alten Eisenbahnsiedlung, beginnt der nach Nordosten führende **Strzelecki Track**, der u. a. zu den Gasfeldern von Moomba und nach Innamincka führt (459 km). 25 km nördlich existiert ein schattiger, einfacher Campground bei den Ruinen der alten Eisenbahnersiedlung Farina. Marree schließlich ist der letzte Außenposten der Zivilisation (mittlerweile jedoch ziemlich verfallen), bevor es auf den Oodnadatta Track geht. Versorgungsstützpunkte unterwegs sind die Rasthäuser/Outback-Siedlungen **Marree Outback Roadhouse**, ☎ 08-86758360, **William Creek Hotel**, ☎ 08-86707880, **Pink Roadhouse Oodnadatta**, ☎ 08-86707822, www.pinkroadhouse.com.au und **Marla Traveller's Rest**, ☎ 08-86707001, www.marla.com.au.

Oodnadatta Track

Der Oodnadatta Track gilt als die Alternative zum Stuart Hwy. für alle Outback-Enthusiasten. Der Track ist nicht nur landschaftlich abwechslungsreich, sondern wegen der alten Bahnstrecke auch historisch bedeutend. Der „Old Ghan" fuhr zunächst von Adelaide nach Oodnadatta (1884), später bis Alice Springs (1929). 1981 schließlich wurde die alte Strecke durch eine neue, witterungsbeständigere Trasse ersetzt, die weiter westlich verläuft. Ein 26 km langes Stück der ehemaligen Ver-

Alternative zum Stuart Highway

bindung wurde in Alice Springs restauriert. Auf der Fahrt erinnern die alten **Railway Sidings** an die Stellen, wo die Dampfloks Wasser nachfüllen mussten. Der Track beginnt in **Marree** (118 km nördlich von Leigh Creek), einer alten Viehverladestation, wo u. a. auch der **Birdsville Track** (514 km bis Birdsville) seinen Ausgangspunkt hat. Sicherheitshalber sollte man sich in Marree über den Zustand der Pisten informieren. Der alte Name von Marree lautet übrigens „Herrgott Springs". Viele Punkte entlang der Piste wurden von James Stuart kartografiert – Grundlage für die Overland-Telegraph-Line (1872).

Birdsville Track

Die Piste verbindet Marree (SA) und Birdsville (QLD) über 514 km. In den 1880ern zogen Viehtreiber von den fruchtbaren Weidegründen Südwest-Queenslands zur Eisenbahn nach Marree. Legendäre Mail-Truck Geschichten schrieb Tom Kruse im Filmklassiker **„Back of Beyond"** (1955). Heute ist der Track so gut beschaffen, dass selbst Pkw ihn bewältigen können. Durchquert werden trockene Wüstenlandschaften im sogenannten Corner Country, wo drei Bundesstaaten aufeinander treffen: South Australia, New South Wales und Queensland. Das Outback-Städtchen Birdsville ist vor allem durch die jährlich stattfindenden Pferderennen des **Birdsville Race** berühmt. Im September jeden Jahres machen sich tausende von Zuschauern auf, um an dem Spektakel teilzuhaben. Ein Bier im legendären Birdville Pub ist ein Muss!

Auf sehenswerte Punkte entlang des Oodnadatta Track weisen u. a. kleine, selbst gemalte Hinweisschilder hin, die vom einstigen Eigner des Pink Roadhouse in Oodnadatta aufgestellt wurden. 40 km nordwestlich von Marree passiert man den **Dog Fence**, der auf einer Länge von 9.600 km die wilden Hunde von South Australia fernhalten soll – mit der Grund dafür, dass die Tierwelt weiter nördlich deutlich rarer wird. Der **Lake Eyre South** ist mit -12 m NN die tiefste Stelle des Kontinents.

Hinweisschilder in Pink

73 km vor William Creek liegen verschiedene **Mound Springs**. Hier tritt das Wasser aus dem **Great Artesian Basin** (GAB), dem „Großen Artesischen Becken", das sich tief unter der Erde befindet, an die Oberfläche. Im Bereich dieser natürlichen Quellen bilden sich wahre Grüngürtel. Viele Quellen wurden zur Bewässerung oder für die Eisenbahn von Menschen angebohrt und nicht wieder verschlossen. So sprudelt seit Jahrzehnten wertvolles Wasser nutzlos in die Landschaft. Dies führt möglicherweise dazu, dass eines Tages der Druck des GAB nicht mehr ausreicht, um überhaupt Wasser an die Oberfläche zu befördern.

William Creek

In William Creek ist der **Besuch des Roadhouse** Pflicht, denn es ist praktisch das einzige Gebäude des Ortes. Dieser hatte in seiner Geschichte nie mehr als zehn Einwohner. Das Roadhouse ist Pub, Restaurant, Tankstelle und Hotel zugleich (☎ 08-86707880) – ein außergewöhnlicher Treffpunkt. Ein simpler Campingplatz ist angeschlossen. Die Eigner bieten auch Rund-flüge über den 8.430 km² großen Salzsee Lake Eyre an.

Berühmtes Roadhouse

☞ **Streckenhinweis**
Von William Creek kann nun entweder über die größte Rinderfarm Australiens, Anna Creek (30.027 km², keine Besichtigungsmöglichkeit), nach Coober Pedy (170 km) oder weiter nach Norden, Fortsetzung des Oodnadatta Track (Oodnadatta 203 km), gefahren werden.

Oodnadatta

Von 1891–1929 war die Stadt der Endpunkt der Eisenbahnstrecke – die weitere Strecke bis Alice Springs wurde mit Kamelen zurückgelegt. Seit der Einstellung der alten „Ghan"-Strecke ist die Stadt ein Zwischenstopp für Outback-Motoristen. Das **Pink Roadhouse** (☎ *08-86707822, www.pinkroadhouse.com.au*) ist dabei nicht nur Laden und Tankstelle, sondern auch Anlaufpunkt für Fragen aller Art.

Witjira National Park

Von Oodnadatta sind es 173 km bis **Dalhousie Springs**. Die Piste ist stellenweise sandig, meist jedoch rau und steinig und führt über „Gibber Country", das in seiner Erscheinungsform in Sand eingebackenen Steinen gleicht. Wilde Kamele sind hier kein seltener Anblick. Der 776.900 ha große NP deckt eine Wüstenlandschaft in *Wilde* vielen Erscheinungsformen ab: Sanddünen, Salzseen, steiniges Tafelland (Gibber Ta- *Kamele* bleland) und artesische Quellen (Mound Springs) sind vorhanden. Rund um eine *unterwegs* der aktivsten artesischen Quellen, Dalhousie Springs, grünt die Vegetation gar mit **Palmen** und **Schilfrohr**. Aborigines, afghanische Kameltreiber und frühe Entdecker schätzten schon früh die rund 80 Quellen, die sich über ein Gebiet von rund 70 km² verteilen. Die Ruinen von Dalhousie (1872–1885) sind Zeugnis davon. An der größten Quelle gibt es einen großen Pool mit 38 Grad warmem Wasser – nicht gerade eine Erfrischung im Outback! Ein einfacher Campingplatz ist vorhanden (Permit/Desert Parks Pass notwendig). Ranger sind von März–Okt. vor Ort.

Simpson Desert Crossing

Der Witjira NP liegt bereits am Westrand der **Simpson Desert**. Hier beginnt die **French Line**, eine der Pisten, die schnurgerade nach Osten führen. Die Durchquerung der Simpson Desert mit ihren schweren Sanddünen gehört zu den großen Abenteuern Australiens und sollte nur im Konvoi von erfahrenen 4-WD-Fahrern unternommen werden. Mietwagenfirmen gestatten eine Simpson Desert Crossing i. d. R. nicht. Die Durchquerung sollte von West nach Ost unternommen werden, da dann die Dünenkämme leichter zu bezwingen sind. Während der heißen Sommermonate ist die Simpson Desert gesperrt.

Mt. Dare Homestead (100 km nordwestlich von Dalhousie, ☎ 08-86707835, www.mtdare.com.au) ist Laden, Pub, Tankstelle und Campingplatz in einem. Die alte Eisenbahnsiedlung Finke ist heute eine Aboriginal Community (Aputala). Ein *Geografischer* Laden verkauft Mo–Fr Kunstgegenstände. Zum Stuart Hwy. sind es 150 km auf gu- *Mittelpunkt* ter Piste. Man passiert Lambert Centre, den exakt berechneten geografischen Mit- *Australiens* telpunkt Australiens. Nach Osten führt eine sandige 4-WD-Piste (Old South Rd.) nach **Old Andado Station** (118 km, ☎ 08-89560812, www.oldandado.com) am Westrand der Simpson Desert. Der **Old Andado Track** (steinig-sandige Piste) führt in einer weiten Schleife nach Norden und endet in Alice Springs. Von **Finke** führt eine Piste entlang der alten „Ghan"-Strecke nach Norden. Sehenswert sind hier die **Chambers Pillars** (45 km Abstecher), Sandsteinfelsen von 60 m Höhe, die Stuart bereits 1860 auf seiner ersten Süd-Nord-Durchquerung entdeckte (168 km nördlich von Finke). Die Piste setzt sich fort bis Alice Springs, vorbei an der Outback-Unterkunft Ooraminna Homestead (☎ 08-89530170) und den Fels-gravuren von **Ewaninga** (26 km südlich von Alice Springs).

Coober Pedy – Alice Springs

„You'll never never know if you never never go."

Um die Jahrhundertwende war das **Northern Territory** das einsamste und ab-gelegenste Bundesland Australiens. Erst als die südlichen und östlichen Küsten des Kontinents längst besiedelt waren, entstanden die Städte Alice Springs und Dar-win. Bis heute leben nur rund 150.000 Menschen in einem Gebiet, das so groß ist wie Deutschland, Holland, Belgien, Frankreich und Italien zusammen. Seit 1978 hatte das Parlament in Canberra Regierungsgewalt im NT, seitdem ist es durch die **Hauptstadt Darwin** selbstverwaltet. Große Teile des Landes sind jedoch im Be-sitz des Staates Australien. Verwaltungsrechtlich hat ein „Territory" nicht den Sta-tus eines Bundesstaates. Mit seiner relativen Unberührtheit ist das Northern Ter-ritory, das auch das „Never Never Land" genannt wird, ein gewaltiges **Natur- und Wildnisgebiet** mit einzigartigen Naturschönheiten, extremen Landschaften und Klimazonen – wie geschaffen für naturbegeisterte und entdeckungshungrige Rei-sende. Neben den bekannten Touristenattraktionen wie Ayers Rock oder Olgas bieten sich viele Gelegenheiten, unberührte Plätze auf eigene Faust zu entdecken.

Weitgehend unbesiedeltes Land

Sehenswürdigkeiten unterwegs

Streckenhinweis
Entfernungen
Stuart Highway:

Coober Pedy – Marla (Roadhouse):	236 km
Marla – Erldunda (Roadhouse):	233 km
Erldunda – Alice Springs:	200 km
Lasseter Highway:	
Erldunda – Ayers Rock:	247 km

Das Roadhouse **Marla** ist der nördliche Ausgangspunkt des Oodnadatta Track, auf den ein großes, selbst gemaltes Schild hinweist. Die Opalfelder von Mintabie kön-nen über eine 35 km lange Piste in Richtung Westen erreicht werden. Das NT be-ginnt nördlich von Marla. Beliebter Stopp für Pkw- und Bustouristen sind die Road-houses von **Kulgera** (Abzweig zur Piste nach Finke), **Erldunda** (*Abzweig Lasseter Hwy. zum Ayers Rock mit Motel und CP*, ☎ *08-89560984*) und **Mt. Ebenezer** (56 km westlich, Aborigine-Roadhouse mit Galerie). Erldunda zählt mit 6.705 km² zu den großen Rinderfarmen im NT.

Routenvorschlag

Rundfahrt im Roten Zentrum (mit Allradfahrzeug ab/bis Alice Springs)

1. Tag: Alice Springs (Besichtigung)
2. Tag: Alice Springs – West MacDonnell Ranges – Glen Helen
3. Tag: Glen Helen – Aufenthalt und Ausflug Palm Valley
4. Tag: Glen Helen – Mereenie Loop Road – Kings Canyon
5. Tag: Kings Canyon – Uluru NP
6. Tag: Uluru – Kata Tjuta NP (Ayers Rock und Olgas)
7. Tag: Abflug Ayers Rock oder Rückfahrt Alice Springs via Stuart Hwy.

 Streckenhinweis
Ohne Allradfahrzeug muss auf die **Mereenie Loop Rd.** und das Palm Valley verzichtet und geteerte Highways befahren werden. Die Mereenie Loop Rd. soll allerdings in den nächsten Jahren komplett geteert werden. Vom Roadhouse **Erldunda** führt der Lasseter Hwy. geradewegs zum Ayers Rock (insgesamt 247 km). Nach 110 km folgt ein Abzweig auf die Laritja Rd. zum Kings Canyon (geteert).

Mount Connor

Was nach rund 150 km wie der berühmte Ayers Rock aussieht, ist in Wahrheit Mt. Connor (350 m Höhe, 863 m NN). In der Sprache der Aborigines wird er **Atila** genannt. Mit Zustimmung der Eigner des **Curtin Springs Roadhouse/Motel** (☎ 08-89562906, www.curtinsprings.com) kann der Berg mit einer Führung besucht und auch bestiegen werden. Besteigt man den Ayers Rock, liegen die Olgas und Mt. Connor in einer Linie, was den Verdacht nahe legt, dass alle Formationen zu gleicher Zeit entstanden sind. Tatsächlich hat der Tafelberg Mt. Connor eine geologisch eigenständige Entwicklung durchlaufen. Während der Ayers Rock ein monolithischer Felsen ist, baut sich Mt. Connor aus vertikalen **Sandsteinschichten** auf. Sein Alter wird auf 700 Mio. Jahre geschätzt (rund 100 Mio. Jahre älter als der Ayers Rock). Das gesamte Gebiet nordöstlich des Ayers Rock wird das **Große Amadeus-Becken** genannt.

Redaktionstipps

➤ Das **Ayers Rock Resort** ist häufig gut gebucht – unbedingt Zimmer im Voraus reservieren. Der Campingplatz indes ist riesig und verfügt so gut wie immer über freie Stellplätze. Die Übernachtungspreise sind in allen Kategorien hoch. Wer sich das Besondere gönnen möchte, bucht ein Zimmer im **Luxushotel Longitude 131** – das einzige Hotel des Resorts mit Zimmern, die einen direkten Blick auf den Ayers Rock ermöglichen (S. 317).
➤ Man sollte sich die Zeit nehmen für die **Valley of the Winds-Wanderung** durch die Olgas (S. 316) – etwas abseits erlebt man den National Park in ungekannter Ruhe!
➤ Auf einer Tages- oder Halbtagestour zeigen die Ureinwohner Besuchern die **Geheimnisse des Überlebens** in der Wüste.

Ayers Rock Resort

Für alle Besucher gilt eines: Sie müssen während des Besuchs des Ayers Rock in einer der Resort-Unterkünfte nächtigen. Oft wird noch der alte Name Yulara („Platz des heulenden Dingos") benutzt. Das Multi-Mio.-Dollarprojekt des australischen Architekten Philipp Cox wurde 1984 eröffnet. Kein Gebäude ist höher als die höchste Sanddüne. Als Reisender lernt man die Annehmlichkeiten des Resorts schnell schätzen. Wenn das Thermometer über 40 Grad steigt, verkriechen sich die meisten in irgendeinen klimatisierten Raum oder warten am Swimming-Pool auf lauere Abendlüfte.

Verschiedene Unterkünfte im Resort

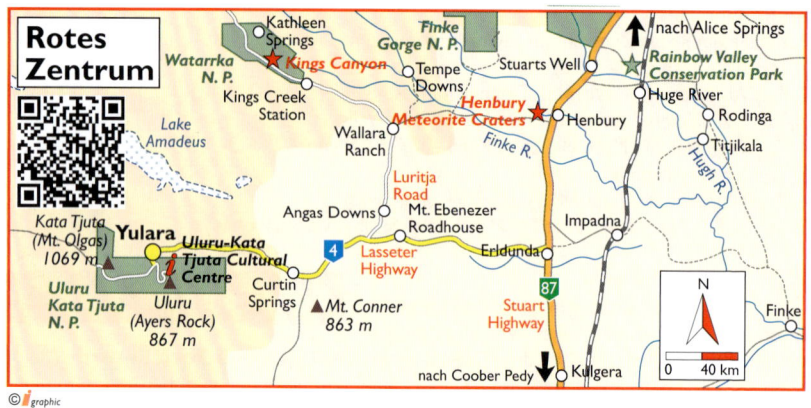

© *i* graphic

Uluru Kata Tjuta National Park

Der **Ayers Rock** stellt für die meisten Australienbesucher den Hauptgrund für den Besuch des Landesinneren dar. Die ersten Weißen, die den Ayers Rock erblickten, waren Ernest Giles (1872) und W. E. Gosse (1873). Mit dem aufkommenden Tourismus begann 1976 ein zäher Kampf zwischen der Regierung und den Ureinwohnern, die den Berg als ihr traditionelles Eigentum betrachten. Schließlich

Zurückge-
geben an die
Aborigines

kam es zu einer Einigung: Das Gebiet um den Ayers Rock und der Felsen selbst wurden am 26. Oktober 1985 an die Aborigines (Anangu) zurückgegeben. Daher lautet der offizielle Name (in der Sprache der Pitjantjatjara) **Uluru** – was allerdings den geläufigen Namen „Ayers Rock" nicht verdrängen konnte (Sir Henry Ayer war von 1855–1897 Premierminister von South Australia). Im Gegenzug haben die Ureinwohner den Felsen für 99 Jahre an den Direktor des Australian National Park & Wildlife Service zur touristischen Nutzung „verliehen". Seitdem wird der 1.325 km² große NP gemeinschaftlich vom Park Service und den Vertretern der Ureinwohner (Uluru/Kata Tjuta Board of Management) verwaltet. 1987 hat die UNO den Park in die **World Heritage Liste** aufgenommen, d. h. er genießt durch seine einzigartigen Naturdenkmäler sowie seinen Tier- und Pflanzenreichtum weltweiten Schutz.

Betrachtet man den **riesigen Felsklotz** (16 km vom Resort entfernt, 348 m hoch (863 m NN), Umfang 8,8 km, Länge 3,4 km, größte Breite 2,4 km) aus der Ferne, so meint man, dass er so geradewegs vom Himmel gefallen sei. Dass dem nicht so ist, beweist seine geologische Entstehungsgeschichte: Die Felsen, die Uluru und Kata Tjuta bilden, sind sedimentäre Gesteine, die stark zementiert und deshalb härter als die umgebenden Schichten sind. Im Laufe der Jahrtausende hob sich das Gebiet und wurde gleichzeitig durch Wind-, Wasser- und Temperaturerosion abgetragen. Übrig blieben massive Felsen. Der Uluru weist keinerlei durchgehende Spalten auf und gilt daher für viele als **Monolith**. Streng geologisch betrachtet ist er es nicht, da er nur die Spitze eines unterirdischen Sockels darstellt. Bei Kata Tjuta führten Verwerfungen zu mehreren kleineren Erhebungen.

Der Ayers Rock ist nicht nur für Fotografen ein absolutes Highlight einer Australien-Reise

Fotografieren

Der Ayers Rock bietet für Fotografen **einzigartige Möglichkeiten**. Aufgrund des Eisengehalts im Stein schimmert der Fels stets rötlich und verändert seinen Farbton besonders dramatisch mit der auf- und untergehenden Sonne. Von verschiedenen Sunset Viewing Areas kann das Farbenspiel am besten betrachtet werden. Nur wenige haben das Glück, **Ayers Rock bei Regen** zu erleben. Dann aber bieten sich eindrucksvolle Bilder, wenn Sturzbäche den Felsen hinunterlaufen. Kaum zu glauben: Alle paar Jahre schneit es auch mal!
Achtung! Das Fotografieren heiliger Stätten auf dem **Uluru Circuit Walk** ist verboten. Bei Missachtung drohen Geldstrafen.

Wandern

Bei großer Hitze über 36 Grad, auch außerhalb der ohnehin heißen Sommermonate und bei kulturellen Ereignissen, werden Wanderwege im National Park und insbesondere der Aufstieg auf den Uluru gesperrt.

- **The Climb**: Für die Ureinwohner ist das Besteigen ihres heiligen Felsen ein Tabu. Sie diskutieren seit geraumer Zeit über ein Aufstiegsverbot. Wer den Aborigines Respekt erweisen möchte, lässt den Aufstieg sein. Wer dennoch hinauf möchte: Der Marsch zur Spitze dauert etwa 1 Std. Rutschfestes, stabiles Schuhwerk und eine Wasserflasche sind unerlässlich. Der Aufstieg ist morgens bei Sonnenaufgang und abends vor Sonnenuntergang am schönsten. Oben fegen bisweilen starke Windböen über die Oberfläche hinweg. Bei zu starkem Wind, großer

Für Ureinwohner ist das Besteigen tabu

Hitze und spirituellen wie kulturellen Begebenheiten wird der Fels für Besteigungen geschlossen – und dies ist relativ häufig der Fall. Bis zur Spitze sind es zwar nur 1,6 km, doch der Fels ist höher als das Empire State Building! Nur an einer einzigen Stelle, die ähnlich einem Klettersteig durch eine Kette gesichert ist, ist der Aufstieg möglich. Höhenangst spielt beim Auf- und Abstieg eine nicht zu unterschätzende Gefahrenquelle.

- **Uluru Circuit Walk**: Der Rundweg am Fuße des Uluru hat eine Gesamtlänge von 10 km. Die Gehzeit beträgt rund 4 Std. (Wasservorrat mitnehmen). Dabei passiert man einige den Anangu heiligen Stätten, z. B. **Höhlen** (Kantju Gorge, Mala Gorge), **Wasserlöcher** (Mutitjulu/Maggie Springs) und **Felsformationen** („The Brain", Little Ayers Rock), die teilweise auch per Fahrzeug (auf der Rundstraße) angefahren werden können.

In den Olgas geht es ruhiger zu als am Ayers Rock

Die Olgas

Die **Olgas** (Kata Tjuta) befinden sich 32 km westlich des Ayers Rock. Das Felsengebirge ist mit rund 40 km² ungleich größer als der Ayers Rock. Mt. Olga markiert mit 546 m (1.069 m NN) den höchsten Punkt. Meist geht an und innerhalb der 36 Feldkuppeln deutlich ruhiger zu als am markanten Ayers Rock.

Wanderungen

- **The Olga Gorge Walk**: 2 km, 1 Std., einfacher Spaziergang durch eine tief ausgeschnittene Schlucht, häufig großer Andrang.
- **Valley Of The Winds Walk**: 8 km, 3 Std., anspruchsvolle Wanderung vom nördlich gelegenen Parkplatz durch verschiedene Felstäler.

Reisepraktische Informationen Uluru Kata Tjuta NP

Information

Visitor Centre, *Yulara Drive (beim Desert Gardens Hotel), tgl. 8.30–19.30 Uhr. Buchung von Ausflügen, Rundflügen, Mietwagen aller Art.*
Der **Parkeintritt** *(A$ 25 pro Person, gültig für drei aufeinanderfolgende Tage) ist im Visitor Centre oder am Parkeingang (5 km entfernt) zu entrichten. Kinder unter 16 Jahren sind frei. Infos: www.ayersrockresort.com.au. Sehenswert ist das* **Uluru – Kata Tjuta Cultural Centre** *(innerhalb des NP).*

Verkehrsmittel

Flug: *Der Ayers Rock Airport (AYQ) wird von Sydney, Perth und Cairns direkt angeflogen.*
Bus: *Greyhound hat den Ayers Rock im Fahrplan.*

Organisierte Ausflüge

Alle Ausflüge in den Uluru NP haben ihren Ausgangspunkt im **Ayers Rock Resort** *oder in* **Alice Springs**. *Nähere Informationen mit Abholzeiten und Ausflugsdauer sind im Booking Centre des Resorts erhältlich. Zu bestimmten Themengebieten gibt es auch deutsche Übersetzungen. AAT Kings (www.aatkings.com) ist für die klassischen Bustouren zuständig. Desweiteren gibt es Rundflüge und Ballonflüge. Im* **Ayers Rock Observatory** *kann der einzigartige Sternenhimmel in der Night Sky Show beobachtet werden.*

Autovermieter
Hertz NT, **Avis** *und* **Thrifty-Territory** *verfügen über Mietstationen im Resort. Achtung: Es gibt keine Wohnmobil-Mietstationen in Ayers Rock.*

Übernachten

Sails in the Desert $$$$$, ☎ 1300-134044, www.ayersrockresort.com.au. *Das Luxus-Hotel im Ayers Rock-Komplex.*
Longitude 131° $$$$$, ☎ 08-89577131, www.longitude131.com.au. *Die einzigen Unterkünfte mit direktem Blick auf den Ayers Rock, im Stile afrikanischer Luxus-Camps erbaut.*
Desert Gardens Hotel $$$$, ☎ 08-89577417. *Hotel der gehobenen Mittelklasse, wird gerne von Busgruppen genutzt.*
Emu Walk Apartments $$$, ☎ 08-89577714. *Selbstversorger-Apartments mit zweckmäßiger, steriler Ausstattung.*
Outback Pioneer Hotel & Budget-Lodge $$$, ☎ 08-89577605. *Mittelklasse-Hotel mit Standardzimmer und Backpacker-Budgetzimmern. Mit Restaurant, Bar und Schwimmbad.*
Curtin Springs $$, *Lasseter Hwy. (80 km östlich)*, ☎ 08-89562906, www.curtinsprings.com. *Farm-Alternative zu den Unterkünften im Ayers Rock Resort. Campingplätze und Motelzimmer.*

Camping

Ayers Rock Campground, ☎ 08-89577001. *Großer Campingplatz, auch Cabins vorhanden.*

Restaurants

Das **Ayers Rock Resort** *bietet in den verschiedenen Unterkünften und im Shopping Centre eine Vielzahl an Restaurants, Imbissständen und Bistros. Etwas Besonderes ist das im Outback stattfindende Abendessen* **Sounds of Silence Dinner.**

Einkaufen

Das **Shopping Centre** *verfügt über eine ANZ-Bank, einen großen Supermarkt, Post, Reisebüro (Booking Centre), Restaurants und Souvenirgeschäfte. Geld kann auch in den Hotels gewechselt werden.*

Unterwegs auf der Great Central Road – der Weg ist das Ziel

Outback-Routen nach Westaustralien

Am Westende des Uluru National Park beginnt die **Great Central Road** (ehemals Warburton-Laverton Road genannt) bzw. der Gunbarrel Hwy., die „zwischen" den Wüsten **Great Victorian Desert** und **Gibson Desert** nach Westaustralien führen. Beide Strecken gehören zu den klassischen Outback-Routen des Kontinents. Die Gesamtstrecke von Alice Springs nach Perth beträgt 2.533 km über die Great Central Rd., auf dem Gunbarrel Hwy. sind es gar 2.730 km. Die für die Durchfahrt der Aboriginal-Gebiete benötigten Permits müssen im Voraus vom Central Lands Council in Alice Springs oder Aboriginal Affairs Authority in Perth beantragt (siehe Perth und Alice Springs).

Great Central Road (Warburton-Laverton Road)

Die Piste endet nach 1.132 km in Laverton (361 km nordwestlich von Kalgoorlie). Tankstellen gibt es in **Docker River** (231 km), **Warakurna Roadhouse** (334 km, ☏ *08-89567344 www.warakurnaroadhouse.com.au*), **Warburton Roadhouse** (565 km, ☏ *08-89567656, www.warburtonroadhouse.com.au*) und **Tjukayirla Roadhouse** (820 km, ☏ *08-90371108 www.tjukayirlaroadhouse.com.au*). Die Piste wird regelmäßig gepflegt und ist i. d. R. problemlos mit einem Allradfahrzeug befahrbar.

Die Route im Überblick

km 0:	Ayers Rock Resort
km 48:	Uluru-National Park, Abzweig

km 190: **Lasseter's Cave** (keine Campingmöglichkeit). Mit etwas Glück sieht man hier am Abend sehr viele wilde Kamele. Hier wartete einst Harold Lasseter wochenlang auf Hilfe.

km 231: **Docker River**. Aborigine-Gemeinde mit Möglichkeit zum Tanken und Einkaufen.

km 334: **Warakurna Roadhouse** (mit Übernachtungsmöglichkeit) und Giles Meteorological Station. Die Station kann auf Anfrage besichtigt werden. Sie spielt heute eine wichtige Rolle für Wettervorhersagen in Zentralaustralien, wurde aber in den 1950er-Jahren zur Überprüfung der Windverhältnisse bei den Atombombentests von Emu und Maralinga erstellt. Der nach 16 km folgende Abzweig auf den ursprünglichen Gunbarrel Hwy. ist gesperrt.

km 565: **Warburton**. Aborigine-Gemeinde mit Roadhouse und Campingplatz.

km 605: **Steptoe's Turn-off**. Abzweig zum Heather Hwy. bzw. Original Gunbarrel Hwy.

km 820: **Tjukayirla Roadhouse**.

km 1132: **Laverton**. Minenstadt mit Einkaufs- und Übernachtungsmöglichkeiten. Ende der Warburton Piste, ab hier geht's auf geteerter Straße weiter.

km 1256: **Leonora-Gwalia**. Ehemalige Goldgräberstadt. Nach weiteren 237 km ist die berühmte Goldgräberstadt Kalgoorlie erreicht.

Gunbarrel Highway

Ab Steptoe's Turnoff (Warburton-Laverton Road km 605) kann alternativ der weiter nördlich verlaufende „echte" Gunbarrel Hwy. befahren werden, davon die ersten 125 km auf dem Heather Hwy. Er endet nach 843 km in **Wiluna** (WA) bzw. nach 1.297 km in **Paynes Find** (Great Northern Hwy.). Tankstellen gibt in **Carnegie Homestead** (492 km) und **Wiluna** (843 km). Der Gunbarrel Hwy. ist kaum frequentiert und erfordert einen sehr gut ausgerüsteten 4-WD. Die ersten 180 km sind extrem rau! Seit den Tagen der legendären Gunbarrel Construction Party unter Len Beadell, wurde keinerlei Pflege mehr vorgenommen. Die Geschichte des Straßenbaus lässt sich am besten in Beadells Buch „Too long in the bush" nachlesen. Weitere Infos: www.exploreoz.com. *Extrem raue 180 km*

Kings Canyon

 Streckenhinweis
Entfernungen

Ayers Rock Resort – Kings Canyon:	307 km
Kings Canyon – Alice Springs:	330 km

Von Ayers Rock kommend, zweigt nach 135 km auf dem Lasseter Hwy. die Luritja Rd. (geteert) nach Norden ab, vorbei an der Rinderfarm Angas Downs. Auch die

Felswand am Kings Canyon, der größten Schlucht Australiens

folgenden 168 km ab Stock Yard Homestead (ehemals Wallara Ranch) auf der Ernest Giles Rd. sind in Richtung Kings Canyon geteert. **Achtung**: Weiterhin nicht geteert ist die Piste nach Osten zum Stuart Hwy. bzw. Henbury Meteoritenkrater. Vor Erreichen des Kings Canyon passiert man die **Kings Creek Station**, wo sich ein einfacher Caravan Park und eine Tankstelle befinden. 33 km südlich der Einfahrt in den Watarrka NP befindet sich bei Kathleen Springs ein permanentes Wasserloch (2,5 km Wanderung).

Grand Canyon Australiens
Der Kings Canyon ist die **größte Schlucht Australiens** und Teil des 72.200 ha großen **Watarrka NP** in der George Gill Range. Mit seinen steilen, über 200 m hohen Felswänden und tiefen, farnbewachsenen Tälern stellt der Canyon einen faszinierenden Einschnitt in der ansonsten trockenen Landschaft dar. Permanente Wasserlöcher und eine einzigartige Pflanzenwelt machen den NP zu einem beliebten Ausflugsziel.

Reisepraktische Informationen Kings Canyon

🛏 Übernachten und Camping

Kings Canyon Resort $$$$, 10 km nördlich des Canyons, ☎ 1300-863248, www.kingscanyonresort.com.au. Modernes und teures Motel/Hotel, Backpacker-Unterkunft und Campingplatz. Laden und Tankstelle sind vorhanden.

Kings Canyon Wilderness Lodge $$$, ☎ 1300-656985. Recht neues Zeltcamp von APT – sehr schön gelegen und eine gute Alternative zum Resort

Kings Creek Station $$, 35 km südöstlich, ☎ 08-89567474, www.kingscreek station.com.au. Empfehlenswerte Campingplatz-Alternative.

Wandern

Um die Schlucht kennen zu lernen, bieten sich gute, nicht immer einfache Wanderpfade an. Ausgangspunkt ist der Parkplatz am Eingang des Canyons. Wasser, Sonnenschutz und festes Schuhwerk nicht vergessen!

- **The Kings Canyon Walk**: (Rundwanderweg, 6 km, ca. 3–4 Std.) führt über steile Stufen zur Nordflanke der Felsklippen. Überquerung des Kings Creek, Bademöglichkeit beim grün bewachsenen „Garden of Eden". Rückweg auf der Südseite durch die Sandsteinkuppeln von „Lost City". **Spektakuläre Ausblicke** auf die senkrechten Felswände sind garantiert. Keine leichte Wanderung, schon gar nicht bei Hitze!
- **The Kings Creek Walk**: (1,5 km, 1 Std. H/R): Einfacher und kürzer als der Canyon Walk, führt durch das Bachbett und dann hinauf zu einem Look-Out am Kings Creek. Am Anfang ist der Weg rollstuhltauglich ausgebaut.

Kings Canyon – Alice Springs

Streckenhinweis

Die **Mereenie Loop Rd.** in Richtung Westliche MacDonnell Ranges (s. „Umgebung von Alice Springs") ist in gutem Zustand und in großen Teilen asphaltiert. Das Befahren erfordert ein Permit der traditionellen Eigentümer des Landes. Diese Fahrerlaubnis ist in Alice Springs (Visitor Centre), am Ayers Rock oder im Kings Canyon Resort erhältlich.

Stuart Highway

Wer die asphaltierte Variante in Richtung Alice Springs fährt, nutzt ab Erldunda Roadhouse den Stuart Hwy. 16 km westlich des Stuart Hwy. (69 km nördlich von Erldunda) liegen die **Henbury-Meteoritenkrater**. Die Krater können auf einer kurzen Wanderung besichtigt werden, sind allerdings wenig spektakulär. Der größte von ihnen erreicht einen Durchmesser von 180 m und ist 15 m tief. Eine einfache Campingmöglichkeit besteht.

Die **Hugh River Stock Route** (4-WD) führt nach weiteren 29 km nach Osten und endet an der „Old South Road" (insgesamt 61 km). Entlang der alten Gleise des „Ghan" ist eine **Alternativroute nach Alice Springs** möglich. *Nach Alice Springs*

Der Abstecher in den 22 km östlich der Straße gelegenen **Rainbow Valley Conservation Park** befindet sich 77 km südlich von Alice Springs (nur 4-WD). Die Piste hat mehrere tiefsandige Abschnitte. Die Sandsteinklippen des Tals schimmern in der Dämmerung in allen möglichen Rot- und Beigetönen.

In den umgebenden Ebenen, sogenannten **Claypans**, sammelt sich nach Regenfällen Wasser und das ergibt reizvolle Spiegelungen. Der Park verfügt über einen einfachen Campground.

10. ALICE SPRINGS UND UMGEBUNG

Alice Springs

Von seinen Bewohnern wird Alice Springs nur „The Alice" genannt. War der Ort noch vor drei Jahrzehnten ein verschlafenes Outback-Nest, so wie es Nevil Shute in seinem Buch „A Town like Alice" beschrieben hat, so ist die Stadt seit vielen Jahren der wichtigste **Ausgangspunkt für Ausflüge** im „Red Centre", dem Roten Zentrum des Landes. Dabei hat die 26.000-Einwohner-Stadt eine gewisse Provinzialität noch nicht abgelegt – das Leben in „Alice" ist einfach und anspruchslos. Offenkundigstes Problem der Stadt sind der Alkoholismus und die Arbeitslosigkeit unter den Aborigines, deren Bevölkerungsanteil bei über 25 % liegt.

Redaktionstipps

➤ Besuch der Royal **Flying Doctor Basis** („Fliegende Ärzte") und der interessanten **School of the Air** (Fernunterricht für Outback-Schüler) (S. 326).
➤ Ausflug zu den Schluchten der **Western MacDonnell Ranges**. Mit einem Allradfahrzeug erlebt man eine aufregende Fahrt in das Palm Valley.
➤ Die **East MacDonnell Ranges** sind dagegen fast noch einsamer und mit einigen abgelegenen Campgrounds versehen (S. 330).

Zur Geschichte der Stadt

Mit dem Bau der „Overland Telegraph Line" kamen die ersten Europäer 1871 nach Zentralaustralien. Dort entdeckten sie ein Wasserloch im Todd River, das sie „Alice Spring" nannten. 1872 wurde die Telegrafenleitung von Adelaide bis Darwin vollendet, und Alice Springs wurde ein wichtiger Stützpunkt für Missionsreisende und Goldsucher. 1888 entschied die südaustralische Regierung, eine Stadt zu gründen. Sie wurde zunächst „Stuart" genannt. 20 Jahre später hatte die Siedlung erst zehn Gebäude und weniger als 30 Einwohner. Erst 1929, als die Eisenbahn, der „Ghan", die Stadt erreichte, erfolgte ein nennenswerter Aufschwung. 1933 wurde „Stuart" in „Alice Springs" umgetauft. Während des Zweiten Weltkriegs und der Evakuierung Darwins war Alice Springs ein wichtiger Armeestützpunkt.

Stützpunkt für Missionsreisende

Sehenswürdigkeiten

Alice Springs hat trotz seiner geringen Größe allerhand Sehenswürdigkeiten zu bieten – allerdings liegen sie z. T. außerhalb des Stadtzentrums und sind nur per Auto erreichbar. Die Straßen im Zentrum sind rechtwinklig angelegt – Hauptstraße ist die Todd Street mit der **Fußgängerzone Todd Mall**.

Todd Mall

In der Todd Mall ist das **Adelaide House Museum (2)** – gegenüber der **Flynn-Memorial-Kirche (3)** – sehenswert. Von 1920–1926 diente das Gebäude als Krankenhaus. Mittels eines durchdachten Systems von Luftröhren und feuchten Tüchern erzeugte John Flynn, der sich hier als Architekt versuchte, eine Art Klima-

info

Royal Flying Doctor Service

„If you start an idea, nothing can stop it"
John Flynn, 1919

Die „Fliegenden Ärzte" sind vielen aus der gleichnamigen Fernsehserie bekannt und haben eine lange Geschichte. Die Gründung geht auf die Idee des Missionars John Flynn zurück, der davon träumte, Australien flächendeckend medizinisch zu versorgen. Die Gründungsbasis in Alice Springs wurde 1939 eröffnet. Der erste Flug fand allerdings schon viel früher statt: Am 15. Mai 1928 flog erstmals eine Maschine der neu gegründeten **Qantas** (Queensland and Northern Territory Aerial Service) in medizinischem Auftrag. Die Kommunikation zwischen Patient und Basis wurde erst durch das sogenannte „Pedalradio" des emigrierten deutschen Technikers Alfred Traeger möglich.

Heute verfügt der Royal Flying Doctor Service (RFDS) über 16 Stützpunkte und 32 eigene Flugzeuge und ist der bestorganisierte Luftrettungsdienst der Welt. Kein Patient muss im Notfall länger als 2 Std. auf Hilfe warten. Bei den jährlich rund 6.500 Einsätzen für über 140.000 Menschen geht es aber nicht nur um Notfälle, sondern auch um routinemäßige Sprechstunden in entlegenen Gebieten. In vielen Fällen genügt auch eine Beratung der Patienten über Funk. Finanziert wird der RFDS zu einem Drittel aus Spenden und privaten Zuwendungen. Das Museum mit Café kann in Alice Springs besichtigt werden.

Royal Flying Doctor Service Tourist Facility (8), 8–10 Stuart Terrace, ☎ 08-89588411, www.rfdsalicesprings.com.au. Mo–Sa 9–17 Uhr, So 13–17 Uhr, Erwachsene A$ 12, 5–16 Jahre A$ 6. Führungen alle 30 Min. Auf Wunsch wird eine deutschsprachige Videopräsentation gezeigt.

anlage. Heute ist das Adelaide House ein Nationalmuseum mit Ausstellungen aus der Gründerzeit.
Adelaide House Museum, ☎ 08-89521856, Mo–Fr 10–16, Sa 10–12 Uhr (März–Nov.), Erwachsene A$ 3,50, Kinder A$ 2,20.

Das **Old Court House (4)** wurden 1928 als Gerichtsgebäude von Emil Martin erbaut. Heute gibt es im Inneren Wechselausstellungen zu besichtigen. Das älteste Gebäude der Stadt ist das kleine **Old Stuart Gaol (5)**. Es stammt aus dem Jahr 1907/08 und wurde ab 1909 als Gefängnis genutzt (Ecke Parsons/Hartley St.).

Gleich gegenüber steht **The Residency (6)**, der erste Sitz eines Gouverneurs (John Charles Cawood, 1926) in Alice Springs – heute ein kleines Museum, das über die „Territory"-Geschichte berichtet.

In der zentralen Hartley Street passiert man in Richtung Innenstadt **Hartley Street School (7)** von 1929 (39 Hartley St., ☎ 08-89524516, Mo–Fr 10.30–14.30

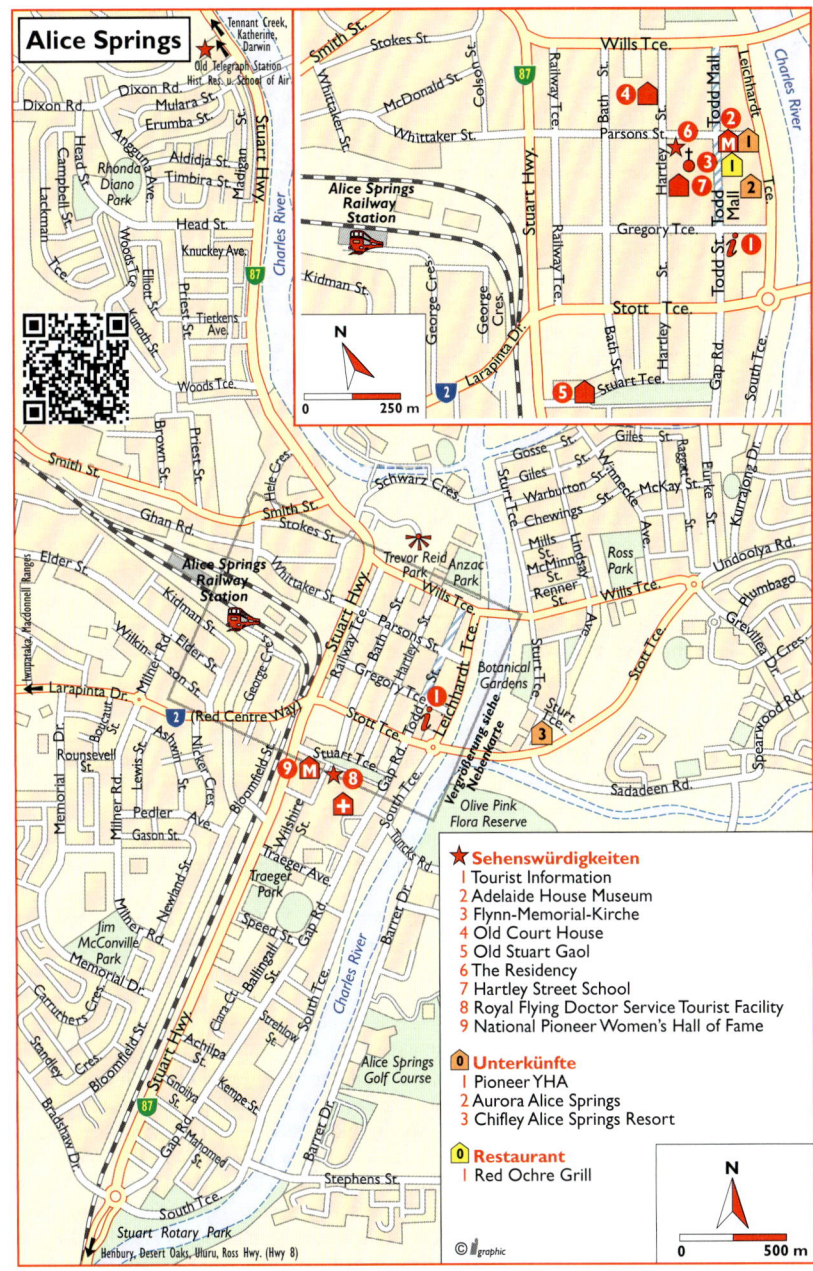

Alice Springs

★ Sehenswürdigkeiten
1 Tourist Information
2 Adelaide House Museum
3 Flynn-Memorial-Kirche
4 Old Court House
5 Old Stuart Gaol
6 The Residency
7 Hartley Street School
8 Royal Flying Doctor Service Tourist Facility
9 National Pioneer Women's Hall of Fame

⓪ Unterkünfte
1 Pioneer YHA
2 Aurora Alice Springs
3 Chifley Alice Springs Resort

⓪ Restaurant
1 Red Ochre Grill

© ilgraphic

0   500 m

0   250 m

Uhr, Eintritt frei), die den typischen Baustil der 1930er-Jahre dokumentiert. Heute ist die einstmals erste Schule von Alice Springs der Sitz des National Trust.

An der Stuart Terrace befindet sich die **National Pioneer Women's Hall of Fame (9)** im Old Alice Springs Goal. Die Ausstellung widmet sich den verdienstvollen Frauen, die im Outback und in den Pioniertagen „ihren Mann gestanden haben". **Pioneer Women's Hall of Fame**, *2 Stuart Terrace*, ☎ *08-89529006, www.pio neerwomen.com.au, tgl. 10–17 Uhr.*

Old Telegraph Station

Sehenswertes historisches Gebäude

Die alte Telegrafenstation Old Telegraph Station zählt zu den besonders sehenswerten und historisch bedeutenden Gebäuden. In der Station wird die Geschichte durch alte Ausstellungsstücke dokumentiert. Der große Park um das Gebäude ist im Winter ein beliebter Picknickplatz. **Old Telegraph Station**, *North Stuart Hwy., 3 km nördlich. Der Park ist von 1. Okt.– 30. April tgl. 8–21 Uhr geöffnet, sonst 8–19 Uhr. Die Gebäude können tgl. 9–17 Uhr besichtigt werden. Erwachsene A$ 9, Kinder A$ 5.*

School of the Air

Die Funkschule School of the Air ist eine typische Erfindung der Australier, die aus der Not heraus geboren wurde. Über das Funknetz der fliegenden Ärzte und neuerdings über Internet und E-Mail werden die Kinder auf entlegenen Farmen unterrichtet. Auch Nachbarn treffen sich am Funk zum „Kaffeeklatsch". Die Geschichte und einiges mehr kann man im Visitor Centre kennenlernen. **School of the Air**, *80 Head St.*, ☎ *08-89516834, www.assoa.nt.edu.au. Mo–Sa 8.30–16.30, So 13.30–16.30 Uhr, Erwachsene A$ 9, 5–16 Jahre A$ 6.*

Alice Springs Desert Park

Auf einer mehrere Hektar großen Fläche sind mit Glück und Geduld über 400 Tierarten zu sehen, davon viele bedrohte Arten. Ein 1,6 km langer Rundweg führt vorbei an trockenen Flussbetten, Sanddünen, spärlich bewachsenen Wäldern und Salzpfannen – praktisch alle Landschaftsformen, die in den ariden Gebieten des Zentrums vorkommen. Ein Besucherzentrum, mehrere Vogelfreigehege und ein Nachthaus sind vorhanden. **Alice Springs Desert Park**, *Larapinta Drive*, ☎ *08-89518788, www.alicesprings desertpark.com.au. Tgl. 7.30–18 Uhr, Erwachsene A$ 25, 5–15 Jahre A$ 12,50.*

Araluen Cultural Precinct

Leben und Kultur der Ureinwohner

Westlich des Zentrums befinden sich mehrere Sehenswürdigkeiten, welche im Araluen Cultural Precinct zusammengefasst sind. Einfach den Beschilderungen in Richtung Larapinta Drive folgen. Das moderne **Strehlow Research Centre** (Larapinta Drive/Memorial Avenue) wurde zu Ehren der völkerkundlichen Arbeit des Missionars Theodor George Henry Strehlow bei den Aranda-Aborigines erbaut. Eine Ausstellung informiert über Leben und Kultur der Ureinwohner. Nebenan beherbergt das kleine **Aviation Museum** in einem Hangar der Connellan-Airways eine Reihe von Ausstellungsstücken aus den ersten Tagen. Das **Museum of Central Australia** beherbergt eine umfassende Sammlung an Aboriginal-Kunst und -kultur. Auf dem **Memorial Cemetery**, dem alten Friedhof der Stadt, wurden

bekannte Persönlichkeiten bestattet,
u.a. Harold Lasseter (Lasseter Gold
Reef), Albert Namatjira (Aboriginal-
Maler) und E. J. Connellan (Gründer
der ersten Fluggesellschaft des NT).

Südlich des Zentrums

Folgt man dem Stuart Hwy. in Richtung Süden, so durchquert man **Heavitree Gap**, einen Einschnitt inmitten
der von Ost nach West verlaufenden
MacDonnell Ranges.

„The Ghan" in Alice Springs – eine Legende

Eine Fahrt mit dem „Old Ghan" kann auf einem 26 km langen Teilstück der alten
Bahnstrecke unternommen werden. Es wurde 1988 wieder eröffnet und verbindet
die Bahnstation MacDonnell Siding mit Mt. Ertlva oder Ewaninga Siding. Die Strecke folgt der alten Telegrafenleitung, die ebenfalls wieder hergestellt wurde. Die
Ghan Preservation Society unterhält ein Museum mit restaurierten Dampfloks
und Waggons.
Old Ghan Heritage Railway and Museum, *Norris Bell Ave. (10 km südlich von
Alice Springs),* ☎ *08-89555047. Tgl. 9–16 Uhr. Zugfahrten von Nov.–April nach vorheriger Buchung.*

The Ghan – eine Eisenbahnlegende

info

Seit seiner ersten Fahrt im Jahr 1929 zählt der **Ghan** zu den großen Eisen-
bahnlegenden weltweit. Seit 2004 können Reisende den Kontinent in Nord-
Süd-Richtung komplett durchqueren: Die Strecke des Ghan ist von Alice
Springs bis Darwin verlängert worden. Die Vision hierfür gab es bereits
1870, als Güter noch mithilfe von Kamelkarawanen transportiert wurden.
Angetrieben wurden die Kamele von Afghanen, Persern und Türken. **Bodenschätze** waren die treibende Kraft: Gold, Opale und Kupfer konnten
per Bahn leichter abtransportiert werden. 1929 wurde schließlich Alice
Springs erreicht, auch im Norden wurde noch ein Teilstück angehängt. Ei-
nen Boom erlangte der Ghan während des Zweiten Weltkriegs. Bis zu 150
Züge pro Woche beförderten Truppen und Material an die gefährdete Nord-
küste. 1975 wurde eine neue Trasse im Süden in Betrieb genommen – Orte
wie Oodnadatta an der alten Ghan-Linie haben seitdem den Charakter von
Geisterstädten. Die **transkontinentale Eisenbahnverbindung** (Adelaide
– Darwin) ist mit dem Neubau nun insgesamt 2.979 km lang. Die gesamte
Fahrzeit beträgt 47 Std. Fahrtunterbrechungen sind in Port Augusta, in
Coober Pedy, Alice Springs und Katherine möglich. Für die Neubaustrecke
Alice Springs – Darwin wurden 97 Brücken und 1.420 km Bahntrasse neu
erbaut.

Reisepraktische Informationen Alice Springs

i Information

Tourist Information (I), *60 Gregory Terrace,* ☎ *1800-645199, www.disco vercentralaustralia.com. Buchung von Ausflügen und Ausgabe des Mereenie Tour Pass.*
Central Lands Council, *27 Stuart Hwy.,* ☎ *08-89516211, www.clc.org.au. Ausgabe von Permits zur Durchquerung von Aboriginal-Reservaten. Empfehlenswert ist die Beantragung ca. vier Wochen vor Reisebeginn.*
Parks & Wildlife Commission, *Stuart Hwy. (nördlich des Flughafens),* ☎ *08-89518211. Informationen über die National Parks im Northern Territory.*

☞ Sicherheitshinweis

Es wird empfohlen, sich nachts nicht auf den Straßen der Stadt aufzuhalten. Immer wieder kommt es zu Auseinandersetzungen und Delikten mit der indigenen Bevölkerung.

Wichtige Telefonnummern

Vorwahl von Alice Springs: 08
Notruf: *000 (gebührenfrei).*
Polizei: *Parson St.,* ☎ *08-89518888.*
Alice Springs Hospital: ☎ *08-89517777.*
Notarzt: ☎ *08-89522200.*

Verkehrsmittel

Der Flughafen befindet sich 15 km südlich der Stadt. Der **Airport-Shuttle** *(A$ 18,* ☎ *1800-722111, www.alicewanderer.com.au) verkehrt für jeden ankommenden Flug. Ein* **Taxi** *kostet ca. A$ 35. In die Vororte der Stadt verkehren öffentliche Busse ab dem Yeperenye Shopping Centre (Hartley Street, gegenüber der Tourist Information).*
Überlandbusse
Die Busse von **Greyhound Pioneer**, ☎ *1300-473946, www.greyhound.com.au, fahren Alice Springs (Haltestelle 3/113 Todd St.) auf ihrer Route von Adelaide – Darwin an. Die Fahrt von Adelaide nach Alice Springs dauert 23 Std., nach Darwin 20 Std.*
Züge
Der Bahnhof von Alice Springs liegt an der **Railway Terrace** *westlich des Zentrums. Einziger Zug, der die Stadt anfährt, ist der berühmte „The Ghan", der nach afghanischen Kameltreibern benannt wurde. Infos: www.gsr.com.au.*
Taxis
Alice Springs Taxis, ☎ *08-89521877.*
Autoverleih
Im NT sind die meisten Automieten bis zwei Tage Mietdauer mit einer Kilometerbeschränkung versehen. Einwegmieten nach Darwin, Perth oder Adelaide sollten im Voraus gebucht werden und sind meist sehr teuer. Für viele Strecken empfiehlt sich ein 4-WD.
Avis NT, *Terminal Building, Flughafen Alice Springs,* ☎ *08-89523694.*
Hertz NT, *34 Stott Terrace,* ☎ *08-89522644.*
Thrifty-Territory, *Ecke Stott Terrace/Hartley St.,* ☎ *08-89412768.*

Fahrrad fahren
Ein 17 km langer Radweg führt von Alice Springs nach Simpsons Gap (Beginn bei John Flynn's Grab, 7 km außerhalb auf dem Larapinta Drive). Viele Hostels verleihen Fahrräder.

Camper
Britz/Maui, *Ecke Stuart Hwy./Power St., ☎ 08-89528814.*
Apollo Camper, *40 Stuart Hwy., ☎ 1800-777779.*

Organisierte Ausflüge
Die Auswahl der in Alice Springs angebotenen Ausflüge ist groß. Sie reicht von geführten **Bustouren** *über* **Outback-Safaris** *bis zu* **Ballonflügen**.
Alice Springs Wanderer, *Hop-On Hop Off, ☎ 08-89522111, www.alicewanderer. com.au. Stadtrundfahrten zu den Hauptsehenswürdigkeiten*
Adventure Tours Australia, *☎ 1800-068886, www.adventuretours.com.au. Camping-Safaris im Roten Zentrum.*
Outback Ballooning, *☎ 1800-809790, www.outbackballooning.com.au. Ballonflüge über das Outback am Morgen (warm anziehen). Ideal für alle, die noch einen halben Tag in Alice Springs übrig haben.*
Walking Country, *☎ 08-89537045, www.walkingcountry.com.au. Geführte Wandertouren auf dem Larapinta Trail.*

Aussichtspunkt
Der **Anzac Hill** *am Nordende des Stadtzentrums kann per Auto oder zu Fuß erklommen werden. Von oben genießt man einen schönen Blick auf die Stadt und die südlichen MacDonnell Ranges mit der Heavitree-Gap, die den Einschnitt für den Todd River und den Stuart Highway darstellt.*

Übernachten
Die Unterkunftsmöglichkeiten in Alice Springs sind breit gefächert und reichen vom komfortablen 4-Sterne-Hotel bis zu einfachen Backpacker-Unterkünften. Die größte Auswahl an Hotels/Motels befindet sich in der Gap Road.
Chifley Alice Springs Resort $$$$ **(3)**, *34 Stott Terrace, ☎ 08-89514545, www. chifleyhotels.com.au. Bestes Hotel der Stadt mit Restaurant.*
Aurora Alice Springs $$$ **(2)**, *Leichhardt Terrace, ☎ 1800-089644, www.aurora resorts.com.au. Mittelklasse-Hotel.*
Bond Springs Station $$, *☎ 08-89529888. Rinderfarm mit einfachen Unterkünften, 24 km nördlich von Alice. Anfahrt: Nach der Brücke über den Colyer Creek sind es noch genau 2 km, danach rechts abbiegen zur Bond Springs Station (keine Markierung), von dort noch 6,5 km. Recht hohe Nebenkosten für Mahlzeiten und Ausflüge.*
Pioneer YHA $ **(1)**, *Ecke Parsons St./Leichhardt Terrace, ☎ 08-89528855, www.yha. com.au. Zentral gelegene Jugendherberge.*

Camping
Stuart Caravan Park, *Larapinta Drive (2,5 km westlich), ☎ 1300-823404, www.stuartcaravanpark.com.au.*
MacDonnell Range Holiday Park (Big4), *3 Palm Place (2 km südlich), ☎ 08-89526111, www.macrange.com.au. Gut ausgestatteter CP, auch Cabins.*

Restaurants und Unterhaltung

Alice Springs verfügt über ein paar typische Aussie-Kneipen und Restaurants. Neben den unabhängigen Restaurants besitzt fast jedes Hotel/Motel eine Einkehrmöglichkeit.

Red Ochre Grill (I), *Todd Mall (Territory Inn),* ☎ *08-89522066. Hervorragendes Restaurant mit australischer Küche.*

Einkaufen

Geschäftszeiten: *Mo–Fr 9–17.30, Do 9–21, Sa 9–13 Uhr (Abweichungen möglich). Haupteinkaufstraße ist die Todd Mall mit Souvenirläden, Plaza und Arkaden. Lebensmittel sind im NT aufgrund der Transportkosten stets teurer als an der dichter besiedelten Küste. Die Supermärkte von Woolworth und Coles sind immer gut bestückt.*

Aboriginal-Kunst

Alice Springs bietet ein großes Angebot an Aboriginal-Kunst. Die „Dot-Paintings" auf Leinwand, die aus vielen Pinsel-Tupfern bestehen, haben ihren Ursprung in Zentralaustralien. Didgeridoos und Rindenmalereien hingegen stammen aus Nordaustralien und können dort günstiger erworben werden.

Märkte

Jeden Donnerstagabend und jeden 2. Sonntag im Monat findet in der Fußgängerzone ein kleiner Kunstmarkt statt.

Aktivitäten

Die Gaudi-Regatta **Henley-On-Todd** *(www.henleyontodd.com.au) findet alljährlich Ende Sept./Anfang Okt. statt. Im ausgetrockneten Flussbett wird mit selbst gebauten Booten um die Wette „gelaufen" – bierseliges Spektakel!*
Der **Lasseters Camel Cup** *(www.camelcup.com.au) wird seit 1972 im Mai ausgetragen.*

Umgebung von Alice Springs

Die Landschaft um Alice Springs wird wesentlich durch die Bergkette der MacDonnell Ranges geprägt. Dabei unterscheidet man die östlichen und die westlichen Ranges. Typisch für die MacDonnell Ranges sind die **roten Felsen**, die häufig von Tälern und Schluchten unterbrochen werden, in denen sich permanente Wasserlöcher gebildet haben. Geschützt vor äußeren Einflüssen, hat sich um diese „Water Holes" eine **einzigartige Pflanzenwelt** gebildet, wie man sie sonst nirgendwo in Australien oder der Welt findet.

Westliche und östliche MacDonnell Ranges

Das Zusammenspiel von Sonne, roter Erde und Pflanzen ergibt faszinierende Farbenspiele, die sich noch verstärken, wenn (seltener) Regen alles grün und bunt erblühen lässt.

Die **geologische Entwicklungsgeschichte** der MacDonnell Ranges begann vor rund 850 Mio. Jahren. Uralte Gesteinsschichten wurden vom Sand eines riesigen Binnenmeeres bedeckt. Mit der Zeit trocknete das Meer aus und hinterließ weiches Schlick- und Kalkgestein, das sich aus den Ablagerungen gebildet hatte, und

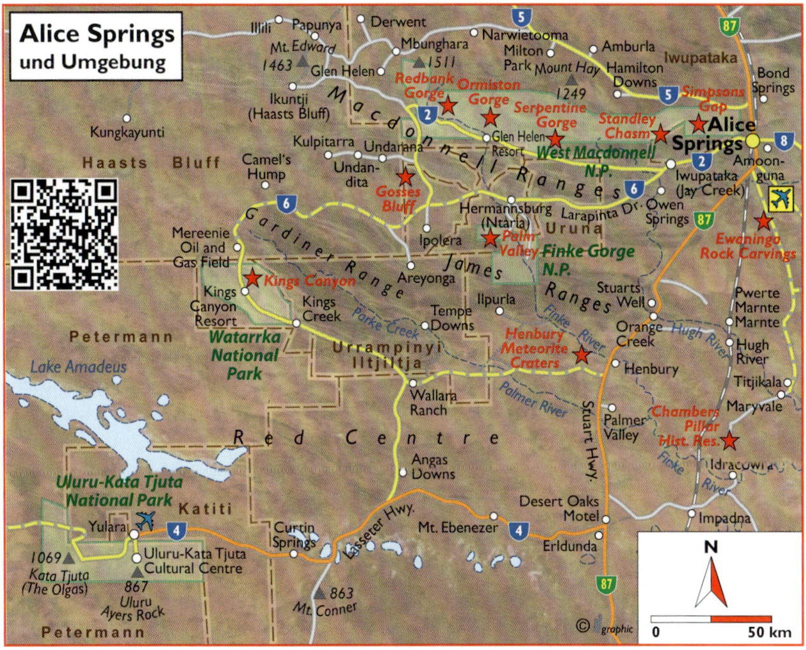

Alice Springs
und Umgebung

(Karte: Alice Springs und Umgebung)

Papunya · Derwent · Mbunghara · Narwietooma · Milton Park · Mount Hay · Amburla · Amburla · Hamilton Downs · Iwupataka · Bond Springs · Illili · Mt. Edward · Mt. 1463 · Glen Helen · 1511 · 1249 · Redbank Gorge · Ormiston Gorge · Serpentine Gorge · Standley Chasm · Simpsons Gap · Alice Springs · Ikuntji (Haasts Bluff) · Kungkayunti · Haasts Bluff · Kulpitarra · Undarana · Glen Helen Resort · West Macdonnell N.P. · Amoonguna · Camel's Hump · Undandita · Gosses Bluff · Hermannsburg (Ntarla) · Larapinta Dr. · Iwupataka (Jay Creek) · Owen Springs · Ipolera · Uruna · Mereenie Oil and Gas Field · Palm Valley · Finke Gorge N.P. · Ewaninga Rock Carvings · Kings Canyon · Areyonga · James Ranges · Stuarts Well · Pwerte Marnte Marnte · Kings Canyon Resort · Kings Creek · Ilpurla · Tempe Downs · Henbury Meteorite Craters · Orange Creek · Hugh River · Titjikala · Petermann · Watarrka National Park · Urrampinyi Iltjiltja · Henbury · Maryvale · Lake Amadeus · Wallara Ranch · Palmer River · Palmer Valley · Chambers Pillar Hist. Res. · Red Centre · Angas Downs · Idracowra · Uluru-Kata Tjuta National Park · Katiti · Curtin Springs · Mt. Ebenezer · Desert Oaks Motel · Impadna · Yulara · Uluru-Kata Tjuta Cultural Centre · Erldunda · 1069 · Kata Tjuta (The Olgas) · 867 · Uluru Ayers Rock · 863 Mt. Conner · Petermann · © graphic · N · 0 · 50 km

die Sandkörner verbanden sich zu Quarzit. Vor 350 Mio. Jahren entstand durch Erdbewegungen eine Reihe von Bergen, die wahrscheinlich mehrere Kilometer hoch waren – die **ursprünglichen MacDonnell Ranges**. Ihre Höhe entsprach wohl jener der nordamerikanischen Rocky Mountains. In den weicheren Gesteinsschichten bildeten sich Falten und Brüche, während das härtere Quarzit dem Druck besser standhielt. Es ließ sich nicht zusammenpressen, schob sich in die Höhe und über eine Breite von vielen Kilometern. Als Folge der Erosion durch Wind, Wasser und Temperatur blieb von dem alten Gebirge nur noch der Kern stehen – die heutigen MacDonnell Ranges. *So hoch wie die Rocky Mountains*

West MacDonnell National Park

Streckenhinweis
Entfernungen
Namatjira Drive: Alice Springs – Simpsons Gap (22 km) – Standley Chasm (32 km) – Ellery Creek (43 km) – Serpentine Gorge (11 km) – Ormiston Gorge (28 km) – Glen Helen Gorge (4 km) – Redbank Nature Park (37 km).

Die Straße ist bis Glen Helen geteert und geht dann in eine Piste über. Die Zufahrten in die Schluchten Serpentine Gorge und Redbank Gorge sind ebenfalls nicht geteert. Kurz nach Standley Chasm zweigt der **Larapinta Drive** nach Hermanns-

---

Hinweis

Die Rundfahrt durch die „West Macs" kann auf der Mereenie Loop Rd. in Richtung **Kings Canyon** fortgesetzt werden. Nach Standley Chasm gabelt sich die Straße: Rechts geht es zur Ormiston Gorge und nach Glen Helen (Namatjira Drive), geradeaus nach Hermannsburg und zum Finke Gorge NP (Larapinta Drive).

---

burg ab (83 km). Weitere 23 km sind es bis in den Finke Gorge NP (Palm Valley). Westlich von Alice Springs spannt sich der massive Block der Western MacDonnell Ranges rund 160 km nach Westen. Der NP wurde 1992 gegründet, nachdem die Regierung des NT 170.000 ha Landanteile von fünf umliegenden Rinderfarmen gekauft hatte, die ehemals die Sehenswürdigkeiten des Parks getrennt hatten. Mächtige **Felsszenarien** eröffnen sich dem Besucher, der die Schluchten von Simpsons Gap, Ellery Creek, Serpentine Gorge, Glen Helen Gorge und Redbank Gorge betrachtet und erwandert.

Simpsons Gap

Die faszinierende Schlucht gehört zu den **größten Attraktionen** in der unmittelbaren Nähe von Alice Springs. Das Bachbett des Roe Creek hat sich im Laufe der *Schwarzfüßige* Jahrtausende durch immer wiederkehrende Hochwasserfluten tief in die Quarzfel- *Felswallabies* sen der Rungutjiba Ridge gegraben. Rund um Simpsons Gap existieren verschiedene Wanderwege. Mit etwas Glück können die schwarzfüßigen **Felswallabies** (Black Footed Rock Wallabies) beobachtet werden, die sich im Bereich der Schlucht angesiedelt haben. Ein kleines Visitor Centre am Parkeingang informiert über die markierten Wanderwege, Flora und Fauna. Simpsons Gap ist von 8–19 Uhr geöffnet, kein Camping.

---

info   Larapinta Trail

Nicht alle der landschaftlichen Höhepunkte der MacDonnell Ranges lassen sich mit dem Auto anfahren. Reisenden mit Wandererfahrung und einer guten Ausrüstung (Wasservorrat!) sei der **Larapinta Trail** empfohlen. Der **Fernwanderweg** ist vollständig ausgebaut und misst stolze 223 km. Ziel ist Mount Sonder im Westen des NP. Von den Bergrücken, die teilweise über 1.000 m hoch sind, ergeben sich faszinierende Ausblicke. Auf den detaillierten Faltblättern sind die jeweiligen Etappen beschrieben.

Es versteht sich von selbst, dass diese Wanderungen im trockenheißen Klima des Zentrums nur von erfahrenen, gut ausgerüsteten Personen angegangen werden sollten und dies auch nicht im Hochsommer. Für jede der zwölf Etappen gibt es unter www.nt.gov.au detaillierte Faltblätter. An- und Abmeldung in Alice Springs beim NP-Office zwingend erforderlich. Geführte Wanderungen von bis zu 16 Tagen Dauer organisiert **Walking Country** (www.walkingcountry.com.au).

Standley Chasm

Benannt nach Ida Standley, der ersten Lehrerin in Alice Springs, ist diese Schlucht einer der **Höhepunkte** der „West Macs". Die Wände der 9 m breiten Felsspalte ragen zu beiden Seiten hoch auf. Fotografen schätzen die Schlucht besonders, wenn die Sonne fast senkrecht steht und die Wände in rotbraunen Farbtönen erleuchten lässt. Der Park ist von 8–17 Uhr geöffnet und kostet separat Eintritt (☎ 08-89567440, www.standleychasm.com.au, *Erwachsene A\$ 10, Kinder A\$ 6,50*). Standley Chasm zählt zu den beliebtesten Ausflugszielen von Alice Springs und ist dementsprechend frequentiert. Vom Parkplatz führt ein steiniger Pfad zur 15 Min. entfernten Schlucht. Keine Campingmöglichkeit. Standley Chasm gehört zum Land der Iwupataka-Aborigines und ist nicht Teil des National Parks.

Standley Chasm – beliebtes Ausflugsziel von Alice Springs

Ellery Creek Big Hole

Beliebter Picknick- und Campingplatz, Hauptattraktionen sind eindrucksvolle Felsverwerfungen und ein ständig wasserführender Teich. Einfacher Campground.

Serpentine Gorge

Die tiefe und windungsreiche Schlucht kann nur über eine raue Piste angefahren werden. Die Zufahrt ist nicht bis zur Schlucht möglich (ca. 3 km Wanderung). Zwei im Sommer oft ausgetrocknete Wasserlöcher begrenzen das Tal an beiden Enden. Ist das erste Wasserloch voll, kann es durchschwommen werden (oder u. U. zu Fuß umgangen werden), um in die spektakuläre Schlucht zu gelangen. Auf dem Namatjira Drive folgt nach wenigen Kilometern der Abzweig zu Ochre Pits. Hierbei handelt es sich um eine **heilige Stätte der Ureinwohner**. Schautafeln informieren über die Bedeutung des rotgelben Ockers (ochre), der von den Aborigines für zeremonielle und medizinische Zwecke gewonnen wurde. Ein dreistündiger Fußmarsch führt zum Inarlanga Pass am Fuß der Heavitree Range und zurück.

Ormiston Gorge und Ormiston Pound

Der 4.655 ha große NP wird von vielen Besuchern als der schönste und spektakulärste Teil der MacDonnell Ranges bezeichnet. Im Sommer locken kühle **Wasserlöcher** zum Baden (wasserstandsabhängig), im Winter eher die zahlreichen Wandermöglichkeiten um den „Kegel" des Ormiston Pound: Empfehlenswert ist der **Ghost Gum Walk** (4 km, 1 Std.), der zunächst oberhalb der Felsklippen, dann zurück ins Flussbett des Ormiston Creek (Bademöglichkeit) führt. Ambitionierte Wanderer können von Ormiston den Mt. Giles, höchster Gipfel mit 1.389 m erwandern, dort übernachten (warmen Schlafsack und Bekleidung mitnehmen) und am Morgen den Sonnenaufgang über der Range betrachten. Man sollte sich dazu eine Detailkarte in Alice Springs besorgen. Einfache Schautafeln und Übersichtskarten sind am Eingang vorhanden, ebenso ein einfacher Campingplatz.

Spektakulärer Teil der MacDonnell Ranges

Glen Helen Gorge

Nur 5 km westlich liegt die Glen Helen-Schlucht. Hier durchschneidet der **Finke River** die Range und bildet hohe Felswände. Der Fluss gilt als einer der ältesten und längsten Wasserwege der Erde. Er führt nur an wenigen Stellen ständig Wasser, das z. T. völlig zu versiegen scheint und dann urplötzlich wieder an die Oberfläche tritt. Die Mündung befindet sich am **Lake Eyre North** in South Australia.

Vom schön gelegenen **Glen Helen Resort** (☎ *08-89567489, www.glenhelen.com. au*), das an der Stelle der alten Glen Helen Homestead steht, sind es nur fünf Gehminuten zur Felsschlucht. Rundflüge werden in halb offenen Hubschraubern angeboten. Teil der einfach ausgestatteten Lodge ist ein gutes Restaurant mit einer toll gelegenen Terrasse, außerdem verfügt sie über einen Campingplatz und eine Tankstelle. Das Gebiet der Glen Helen-Schlucht wurde 1996 an die Aborigines zurückgegeben.

Redbank Gorge

Für die Zufahrtsstraße zur Red Bank Gorge wird ein 4-WD empfohlen. Die an ihrer schmalsten Stelle nur wenige Meter breite Schlucht führt ganzjährig (eiskaltes) Wasser und ist vom Parkplatz über einen halbstündigen Fußmarsch am Flussbett des Redbank Creek zu erreichen. Mithilfe von **Luftmatratzen** oder eines Autoschlauchs kann das Wasserloch durchschwommen werden – ein einmaliges Erlebnis, wenn sich die Felsüberhänge quasi über einem schließen. **Vorsicht**: Die Felsen sind sehr glatt und rutschig. Einfache Campingplätze sind vorhanden.

Durchs Wasserloch schwimmen

Von der Redbank Gorge führt die Piste nun nach Hermannsburg (100 km). Dabei wird der **Tylers Pass** überquert. Man passiert den riesigen Krater **Gosses Bluff** (Tnorala), der vor rund 130 Mio. Jahren durch den Einschlag eines Kometen entstanden ist. Die Sprengkraft soll der von 1 Mio. Hiroshima-Bomben entsprochen haben. Der Umfang des Kraters beträgt sagenhafte 5 km. Für den Besuch des **Tnorala Conservation Park** ist das Mereenie Loop Permit ausreichend. Die Wanderung auf den Kraterrand ist markiert. Kein Camping.

Lutheranische Kirche in Hermannsburg

Hermannsburg

In Hermannsburg können die historischen Gebäude der **alten Missionsstation** besichtigt werden. Die Gründung erfolgte 1877 durch die Lutheraner Friedrich Kempe und Wilhelm Schwarz aus Hermannsburg in Norddeutschland. Hier sollten Aborigines zivilisiert und christianisiert werden, u. a. lehrte man sie Ackerbau und Viehzucht. Der Missionar **Carl Strehlow** war deshalb einigermaßen erfolgreich, weil er die Sprache und Dialekte der Arunta-Aborigines lernte. Zwischen 1926 und 1930 erlebte die Siedlung eine schwere Zeit, als eine Seuche einen Teil der Bewohner, besonders Kinder, dahinraffte. Bekanntester Abkömmling von Hermannsburg ist der **Aboriginal-Maler Albert Namatjira**. Er ist, ganz untypisch für die Malerei der Ureinwohner, mit Aquarellen berühmt geworden. Heute leben noch rund 200 Arrente-Aborigines in der kleinen Stadt. Elf Gebäude sind restauriert und zur Besichtigung geöffnet. In den schönen **Kata Anga Tea Rooms** erhält man von 9–16 Uhr Tee/Kaffee oder ein leichtes Mittagessen.

Ob es Strehlow und seinem Vorgänger Kempe gelungen ist, sie zum christlichen Glauben nach europäischen Wertmaßstäben zu bekehren, lässt sich heute kaum mehr feststellen, sind doch viele Ureinwohner längst in ihre angestammten Gebiete zurückgekehrt. Hermannsburg versorgt heute 35 sogenannter „Outstations", kleine unabhängige Aboriginal-Gemeinden mitten im Outback. Hermannsburg verfügt über einen Supermarkt und eine Tankstelle, allerdings wird nur Bargeld akzeptiert. Jedes Jahr vom 20. Dez.–20. Jan. ist die Missionsstation geschlossen. *Missionierung gelungen?*

Die Nachbarkommunen **Ipolera** (58 km westlich, ☎ 08-89567466) und **Wallace Rockhole** (51 km östlich, ☎ 08-89567415) können zeitweise besucht werden, allerdings ist unbedingt eine vorherige Anmeldung notwendig. In Wallace Rockhole werden zudem Aboriginal-Führungen zu Felsmalereien und in den Busch durchgeführt. Ein Laden mit Kunstgegenständen und ein Campingplatz sind vorhanden. In Ipolera werden, für Männer und Frauen getrennt, Führungen der Malbunka Familie angeboten, die auf diesen Führungen einen tiefen Einblick in die Aboriginal-Kultur gewähren.

☞ Streckenhinweis

In Hermannsburg beginnt ein Allrad-Track, der über Illamurta Springs und die Boggy Hole Police Station Ruinen (Campground) auf die Ernest Giles Road führt. Dieser sogenannte **Boggy Hole Track** verläuft entlang des Ellery Creek und im tiefsandigen Flussbett des Finke River und sollte nur im Konvoi und gut ausgerüstet befahren werden. Ob der Vermieter die Piste gestattet, sollte vorab geklärt werden.

Finke Gorge National Park

16 km südlich von Hermannsburg beginnt der Finke Gorge NP (46.000 ha), der über das teils sandige, teils steinige Flussbett des Finke River angefahren wird (nur 4-WD). Über eine Distanz von 24 km begleitet der Fluss den NP. Ein kurzer Pfad führt hinauf zum **Kalarranga Lookout** („Initiation Rock"), von dem aus in ein natürliches Amphitheater geblickt wird. 4 km vor der Einfahrt in das Palm Valley wird **Cycad Gorge** erreicht, wo Cycaden-Palmen an der Felswand emporwachsen. Die letzten Kilometer zum Parkplatz des Palm Valley werden felsig-rau, so mancher Unterboden hat hier schon seine Schrammen davongetragen. Langsam und vorsichtig fahren! Problematisch kann es werden, wenn die Allradbusse der Tourveranstalter entgegenkommen. *Fahrt duch das Flussbett des Finke River*

Die Hauptattraktion, das einer Wüstenoase gleichende **Palm Valley**, entschädigt für die ruppige Anfahrt. In einzigartiger Weise haben hier 14.000 Palmen (Red Cabbage Palms) als „Relikte" des einst tropischen Klimas über Jahrtausende überlebt. Ein komfortabler NP-Campground mit Duschen und Toiletten ist vorhanden. Die Ranger vor Ort bieten abends Führungen an.

Über die Mereenie Loop Road zum Kings Canyon

Die komplette Rundfahrt Alice Springs – Western MacDonnell Ranges – Kings Canyon – Ayers Rock und zurück auf dem Stuart Hwy. umfasst rund 800 km. Um alle Attraktionen ausführlich zu erleben, braucht es einen 4-WD und mindestens fünf Tage Reisezeit. Rund 200 km sind es von Hermannsburg nach Kings Canyon, mit Abstechern ins Palm Valley, Goose Bluff und Ipolera gut 150 km mehr. Übernachten ist entlang der Strecke nicht erlaubt, ebensowenig ist Treibstoff erhältlich. Das Permit für die **Mereenie Loop Rd.** (der sogenannte „Mereenie Tour Pass") ist in Alice Springs im Tourist Office, im Kings Canyon Resort oder am Ayers Rock erhältlich.

East MacDonnell Ranges

 Streckenhinweis
Entfernungen

Alice Springs – Emily und Jessie Gap (13/18 km) – Corroboree Rock (30 km) – Trephina Gorge (32 km) – Ross River Homestead (14 km) – N'Dhala Gorge (10 km) – Arltunga Historical Reserve (54 km) – Ruby Gap (47 km).

Rundfahrt durch die East MacDonnell Ranges für Allradfahrer

1. Tag: Alice Springs – Plenty Highway – Gemtree CP
2. Tag: Gemtree CP – Cattlewater Pass – Trephina Gorge
3. Tag: Aufenthalt East MacDonnell Ranges
4. Tag: East MacDonnell Ranges – Alice Springs

Fahrt auf dem Stuart Hwy. nach Norden. Nach 140 km Abzweig auf den Plenty Highway. Übernachtung auf dem einfachen **Gemtree Caravan Park** (mit Tankstelle, ☎ 08-89569855, www.gemtree.com.au). Die Betreiber verkaufen Edel- und Halbedelsteine und führen „Fossicking"-Touren durch, d. h. man kann selbst unter Anleitung nach Edelsteinen suchen. Per Allrad geht es dann über den rauen **Cattlewater Pass** (4-WD für 60 km) durch hügelige und abwechslungsreiche Landschaften in die East MacDonnell Ranges. Die Piste endet bei den Ruinen von **Arltunga**.

Tiefe Schluchten und Felsgravuren

Wesentlich ruhiger und infrastrukturell weniger entwickelt als der West MacDonnell National Park, gelten die östlichen Ranges als **Geheimtipp** mit idyllischen Campingplätzen und einer Reihe bemerkenswerter geografischer und geologischer Merkmale. Die Flüsse und Bäche, die von der Bergkette nach Süden in Richtung Simpson Desert fließen, haben einige tiefe Schluchten geformt. Aborigines des Arrente-Stammes lebten hier schon lange vor der Ankunft der weißen Siedler und hinterließen ihre Spuren in Form von Felsgravuren und -malereien.

Emily and Jessie Gap Nature Park

Südlich von Alice Springs zweigt der Ross Hwy. nach Durchquerung von Heavitree Gap nach Osten ab. Auf der bis zur Arltunga-Kreuzung asphaltierten Straße erreicht man zunächst die beiden tief eingeschnittenen Wasserlöcher des Emily and Jessie Gaps Nature Parks (695 ha). Eine Wanderung (8 km) führt über die Kuppe der Range von einem Teich zum anderen. Für die Aborigines hatten beide Stellen **mythische Bedeutung**. Sehenswert sind die **Felszeichnungen** bei Emily Gap. Für die Einwohner von Alice Springs sind die „Gaps" beliebte Picknickplätze am Wochenende.

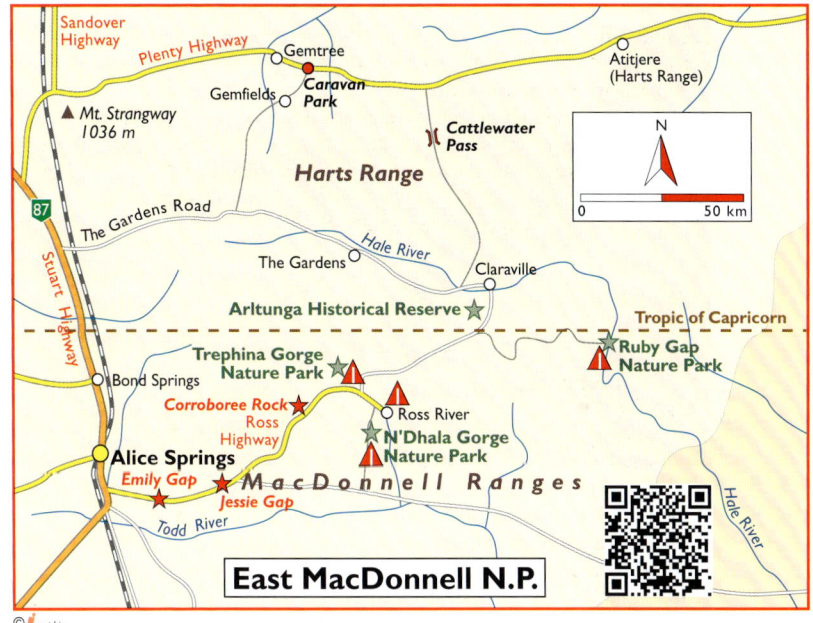

Corroboree Rock Nature Park

Der nur 7 ha große Naturpark besteht aus einer **Felsformation**, die den Arren-te-Aborigines heilig ist. Ein Spaziergang führt zu einer kleinen Höhle, die einst genutzt wurde, um heilige Gegenstände aufzubewahren. Kein Camping.

Trephina Gorge Nature Park

Typische MacDonnell-Szenerie erwartet den Besucher im Trephina Gorge Nature Park (1.771 ha): abwechslungsreiche Landschaften mit Eukalyptusbäumen (River Red Gums), dem sandigen Flussbett des Trephina Creek und turmhohen Felswänden. Mehrere Wanderwege von 30 Min.–5 Std. ausgeschildert. Eine Ranger-Station und ein größerer NP-Campground befinden sich im Zentrum des Parks. Per Allrad *Abwechslungs-* (oder auf einer längeren Wanderung) gelangt man zu **Jack Hayes Rockhole**, wo *reiche* schwarzfüßige Felswallabies beobachtet werden können. Dort existiert am Ende *Landschaften* der Straße auch ein kleiner NP-Campground. Auf dem Kamm der Hauptkette erstreckt sich der lange **Ridgetop Walk** über mehrere Stunden.

Ross River Resort

Ein Abzweig vom „Highway" führt zum 9 km entfernten **Ross River Resort**, einer alten Rinderfarm, die bereits 1898 gegründet wurde. Die Farm gilt als typisches Beispiel für eine frühe Outback-Ansiedlung Das Ross River Resort verfügt über eine Tankstelle, Cabins, Campingplatz und einen Kiosk (☎ *1800-241711, www.rossriverresort.com.au*).

Auf Entdeckungstour im N'Dhala Gorge Nature Park

N'Dhala Gorge Nature Park

Von Ross River Homestead zur N'Dhala-Schlucht gelangt man über eine 11 km lange, teils sandige 4-WD-Piste, die entlang des Ross River nach Süden führt. Steile Felswände schützen **alte Aboriginal-Malereien**, die sich auf großen Felsbrocken am Fuße der Schlucht befinden, vor Verwitterung. Ein Wanderweg (1,5 km) führt in die Schlucht, und ein einfacher Campingplatz befindet sich am Parkeingang.

Arltunga Historical Reserve

Auf dem Ross Hwy. gelangt man nach 35 km zum – leider seit 2002 geschlossenen – **Arltunga Pub** (über eine Wiedereröffnung wird allerdings gesprochen) und der Ruinenstadt **Arltunga Historical Reserve**. Die Goldsuche in den White Ranges im Herzen Australiens war nur rund 25 Jahre lang aktuell – von 1887–1913.

Per Allrad lässt sich nun nach Norden über den **Cattlewater Pass** (siehe o. g. Routenvorschlag) zum Plenty Hwy. fahren. Vorher bereits zweigt die **Arltunga Tourist Road** (auch „Garden Road" genannt) ab und führt zurück zum Stuart Highway (111 km, Piste) – ebenfalls eine einsame, aber lohnende Piste.

Ruby Gap Nature Park

Am Ende des Ross Hwy. (und insgesamt 140 km von Alice Springs entfernt) liegt der Abzweig nach Ruby Gap. Die letzten 23 km lassen sich auf einem sehr ruppigen *Statt Rubine* Track nur langsam bewältigen. In Ruby Gap glaubte man 1886, Rubine gefunden zu *nur wertlose* haben, die sich aber später als wertlose Granatsteine herausstellten. Die Schlucht *Granatsteine* des Hale River mit **Ruby Gap** und **Glen Annie Gorge**, die sich durch den Park windet, ist ausgesprochen reizvoll und zählt zu den schönsten Stellen der Range. Ein einfacher Campground ohne Einrichtungen ist vorhanden. Lohnend ist es, auf den Bergkamm zu steigen und dort den Sonnenauf- bzw. -untergang zu beobachten.

Hinweis

Informationen über evtl. notwendige Permits, wobei für Tanami Track, Sandover Hwy., Plenty Hwy. keine Permits erforderlich sind:
Central Land Council, ☏ 08-89516320, www.clc.org.au.
Western Australia, Ngaanyatjarra Council, ☏ 08-89501711, www.ngaanyatjarra.org.au.
Straßenzustand: ☏ 1800-246199.
Autoclub AANT, Alice Springs, ☏ 131111, www.aant.com.au.
Aktuelle Hinweise: www.exploroz.com.

Outback-Routen im Zentrum

Tanami Road

Nur 20 km nördlich von Alice Springs zweigt der **Tanami Track** (offiziell Tanami Road genannt) nach Nordwestaustralien ab. Er führt durch eine der trockensten Wüstenregionen Australiens – vom Zentrum bis an den Südrand der Kimberleys im Nordwesten. Die ersten Weißen, die im Jahr 1886 die Tanami-Wüste durchquerten, waren Viehtreiber unter Leitung von Nat Buchanan. Mangelnde Wasserstellen verhinderten indes, dass die Route jemals als solche genutzt wurde. Einzig das Gelände von Suptle Jack und Tanami Downs, beide nördlich von Rabbit Flat, werden bis heute als Rinderfarmen bewirtschaftet. Solange man auf der Piste bleibt, ist kein Permit für die Durchfahrt der Walpiri-Aborigine-Gebiete erforderlich. Für die Fahrt empfiehlt sich ein 4-WD aufgrund teilweise sandiger Abschnitte.

Von Alice Springs nach Halls Creek

Der Tanami Track im Überblick
(ab Alice Springs)

km 19: Abzweig am Stuart Highway.

km 40: **Radio Receiver Station**. Kurz danach folgt die Hamilton Downs Station, und im weiteren Verlauf wird die Amburla Station durchfahren.

km 190: **Tilmouth Well Roadhouse**. Das Rasthaus (☏ *08-89568777, www.tilmouthwell.com*) liegt am ausgetrockneten Napperby Creek. Im Folgenden passiert man die **Stuart Bluff Range**.

km 275: Grenze des Yalpirankinu Aboriginal Land. Hier erfolgt ein Abzweig zum 31 km entfernten **Yeualamu Dreaming Art Gallery & Museum** am Mt. Allan (*Voranmeldung unter* ☏ *08-89511520 erforderlich*).

km 294: **Yuendumu Store**, ☏ *08-89564006, www.aboriginalartstore.com.au*. Die Gemeinde, in der ausgezeichnete Künstler leben, kann leider nicht besucht werden. Der Tanami Track geht nun durch das Central Desert Aboriginal Land, eines der größten zusammenhängenden Aborigine-Gebiete Australiens.

km 559: **The Granites Gold Mine**. 1986 wurde die Goldmine nach zaghaften Anfängen in den frühen 1900er-Jahren wieder eröffnet. Besuchern steht die Mine nicht offen.

km 593: **Rabbit Flat Roadhouse** – geschlossen! Keine Tankmöglichkeit mehr – Privatland, betreten verboten.

km 637: **Tanami Mine**. Ähnlich der Granit Gold Mine wurde auch diese Mine wieder eröffnet, 1994 jedoch abermals geschlossen. Nach wenigen Kilometern zweigt die Lajamanu Road nach Norden ab. Sie endet nach 231 (teils sehr sandigen) km in Lajamanu. Dort befindet sich eine kleine Tankstelle mit Laden. Nach weiteren 10 km ist der Buchanan Highway erreicht (einspurig geteert), der in das Victoria-River-Gebiet führt.

km 671: **WA/NT-Grenze.**

km 829: **Billiluna Aboriginal Community**. Hier endet die aus Westen kommende Canning Stock Route.

km 870: **Carranya Roadhouse** (Ruine, geschlossen!) und Abzweig zum 20 km entfernten Wolfe Creek Meteorite Crater, dem zweitgrößten Meteoritenkrater der Welt. Eine erste Vermessung des Kraters erfolgte erst 1947. Der Durchmesser des Kraters beträgt 850 m und erhebt sich rund 35 m über der Umgebung, während die Innenwand sogar bis 50 m hoch ist.

km 997: **Halls Creek**. Die Goldgräberstadt am Great Northern Hwy. ist in Kapitel 18 beschrieben.

Plenty Highway

70 km nördlich von Alice Springs zweigt der Plenty Hwy. nach Boulia in Queensland ab – insgesamt 742 km. Er führt, praktisch am Nordrand der Simpson Desert, durch sehr trockene und vor allem einsame Gebiete. Menschliche Ansiedlungen sind ausgesprochen rar, deshalb ist ein **gut gewartetes Fahrzeug** von höchster Notwendigkeit! Ludwig Leichhardt war 1846 wohl der erste Forscher dieser menschenleeren Einöde. Über sein Schicksal ist jedoch bis heute wenig bekannt – allein ein paar markierte Bäume weisen auf seine Expeditionen hin. Den Namen „Plenty" erhielt der Highway von Vere Barclay, der 1878 auf der Suche nach Wasser ein Loch in ein versandetes Flussbett grub und so das kostbare Nass fand. Den Fluss nannte er daraufhin „Plenty River". Die ersten 103 km der 1960 als Rinderstraße gebauten Piste sind geteert, danach wird der Highway zur Piste, insbesondere die QLD-Seite ist **wenig gepflegt** und teilweise sandig. Treibstoff und Verpflegung sind (gerechnet ab Alice Springs) in **Gemtree Caravan Park** (140 km), **Harts Range Store** (225 km), **Jervois Homestead** (356 km), **Urandangi Hotel** (670 km), **Mt. Isa** (853 km) und schließlich in **Boulia** (809 km) erhältlich. In Gemtree werden täglich Ausflüge für Edelstein- und Mineraliensammler angeboten.

Von Alice Springs nach Queensland

Sandover Highway

Der Sandover Highway ist eine mögliche Abkürzung für abenteuerlustige Reisende, die vom Zentrum nach Nordwest-QLD fahren wollen. **Absolute Einsamkeit** ist garantiert, denn auch hier fehlen Zeichen menschlicher Ansiedlung fast völlig. Die Straßenbedingungen der Piste variieren je nach Wetterbedingungen – ein guter 4-WD ist auf jeden Fall empfehlenswert. Heftige Regenfälle können zu wochenlanger Unpassierbarkeit führen. Weite Teile des Landes sind in Besitz der Aborigines. Eine Erlaubnis für die Durchquerung ist jedoch bislang nicht notwendig. Man sollte, wie bei allen entlegenen Gebieten, die aktuellen **Warntafeln** und **Hinweise** beachten – insbesondere was den Besuch der Aboriginal-Gemeinden angeht. Normalerweise ist eine Durchquerung, nicht jedoch ein Aufenthalt gestattet. Camping darf am Straßenrand erfolgen.

Spektakuläre Begegnung auf der Tanami Road

Der Sandover Hwy. beginnt nach 26 km auf dem Plenty Hwy., 96 km nördlich von Alice Springs. Treibstoff ist in **Arlparra Store** (210 km), **Ammaroo Station** (312 km), **Alpurrurulam Community** (524 km) und **Camooweal** (712 km) erhältlich. Das offizielle Ende der Piste befindet sich an der riesigen Rinderfarm Lake Nash, die sich über 13.000 m² ausdehnt. Von dort sind es 183 km bis **Camooweal** (Barkly Highway) oder 205 km bis Mt. Isa (vgl. Kapitel 13).

Buchanan Highway

6 km nördlich des **Dunmarra Roadhouse** beginnt der Buchanan Hwy. – eine einspurig geteerte Straßenverbindung, die nach **Halls Creek/WA** am Great Northern Hwy. (773 km) bzw. Timber Creek am Victoria Hwy. (432 km) führt. Tankmöglichkeiten sind im **Top Springs Roadhouse** (184 km) und in **Kalkarindji** (354 km) vorhanden.

Carpentaria Highway

Am **Hiway Inn Roadhouse** (4 km südlich von Daly Waters) beginnt der Carpentaria Hwy. seine lange Reise nach Osten. Die Straße ist bis Borroloola durchgehend asphaltiert und versorgt die ausgedehnten Rinderfarmen im Osten des NT und im Westen von QLD. Das riesige Gebiet des Barkly Tablelands wurde zu Beginn des 20. Jahrhunderts erschlossen, als große Viehherden aus dem Norden und der Kimberley-Region nach Osten getrieben wurden. Wichtigste Versorgungspunkte unterwegs sind das **Cape Crawford Roadhouse** (270 km) und die Kleinstadt **Borroloola** (379 km). In Borroloola geht der Hwy. in den Gulf Track (Savannah Way) über, der seinen Anfang in Mataranka (als Roper Hwy.) hat. Dies ist die bei weitem interessanteste Verbindung an die Ostküste. Der öde Tablelands Hwy., der praktisch parallel zum Stuart Hwy. verläuft und an der **Barkly Homestead** endet, ist in erster Linie für die Versorgung der extrem großen und weit auseinander liegenden Rinderfarmen interessant.

Fortsetzung als Gulf Track

Der Stuart Highway von Alice Springs nach Darwin

Die kürzeste und auch schnellste Verbindung zwischen Alice Springs und Darwin besteht über den gut ausgebauten Stuart Hwy. (Explorer Hwy.), gleichwohl beträgt die Entfernung immerhin 1.489 km. Immer wieder laden Rasthäuser zur Einkehr ein, in Städten wie **Tennant Creek** und **Katherine** gibt es Gelegenheit, sich mit den notwendigen Vorräten einzudecken. Abwechslung bieten kleinere National Parks und geologische Sehenswürdigkeiten am Wegesrand. Die Benzinversorgung stellt kein Problem dar, spätestens alle 200 km taucht wieder ein Roadhouse in der flimmernden Hitze auf. Die bedeutendste Straßenkreuzung auf dem Weg heißt treffend **„Three Ways"**. Dort zweigt der durchgehend geteerte Barkly Hwy. nach Queensland ab. **Klimatisch** verlässt man das heiße, wüstengleiche Outback Zentralaustraliens und nähert sich dem tropischen, feuchtheißen Top End. Auf einer mehrtägigen Autofahrt besteht genügend Zeit zur Akklimatisation.

Richtung Norden

 Streckenhinweis
Entfernungen

Alice Springs – Barrow Creek (Roadhouse):	283 km
Barrow Creek – Tennant Creek:	220 km
Tennant Creek – Three Ways (Roadhouse):	25 km
Three Ways – Elliott (Roadhouse):	226 km
Elliott – Mataranka:	305 km
Mataranka – Katherine:	109 km
Katherine – Darwin:	321 km

Routenvorschlag
In acht Tagen von Alice Springs nach Darwin (mit Kakadu NP)
1. Tag: Alice Springs – Devils Marbles – Tennant Creek
2. Tag: Tennant Creek – Mataranka – Katherine
3. Tag: Aufenthalt Katherine Gorge (Nitmiluk NP)
4. Tag: Katherine – Pine Creek – Kakadu NP (Cooinda)
5. Tag: Aufenthalt Kakadu NP (Gagudju)
6. Tag: Kakadu NP – Litchfield NP
7. Tag: Aufenthalt Litchfield NP
8. Tag: Litchfield NP – Darwin

Roadhouses mit Übernachtungsmöglichkeit folgen in regelmäßigen Abständen ab Alice Springs. An die Zimmer dürfen keine allzu hohen Ansprüche gestellt werden, dienen sie doch vornehmlich Truckern als Unterkunft.

km 133: **Aileron Roadhouse & Hotel** $, ☎ *08-89569703, www.aileron roadhouse.com.au.*

km 194: **Ti Tree Roadhouse** $, ☎ *08-89569741.*

km 283: **Barrow Creek Hotel** $, ☎ *08-89569753.*

km 375: **Wycliffe Well Holiday Park**, ☎ *1800-222195, www.wycliffe.com.au.*

km 393: **Wauchope Well Hotel** $$, ☎ *08-89641963, www.wauchopehotel.com.au.*

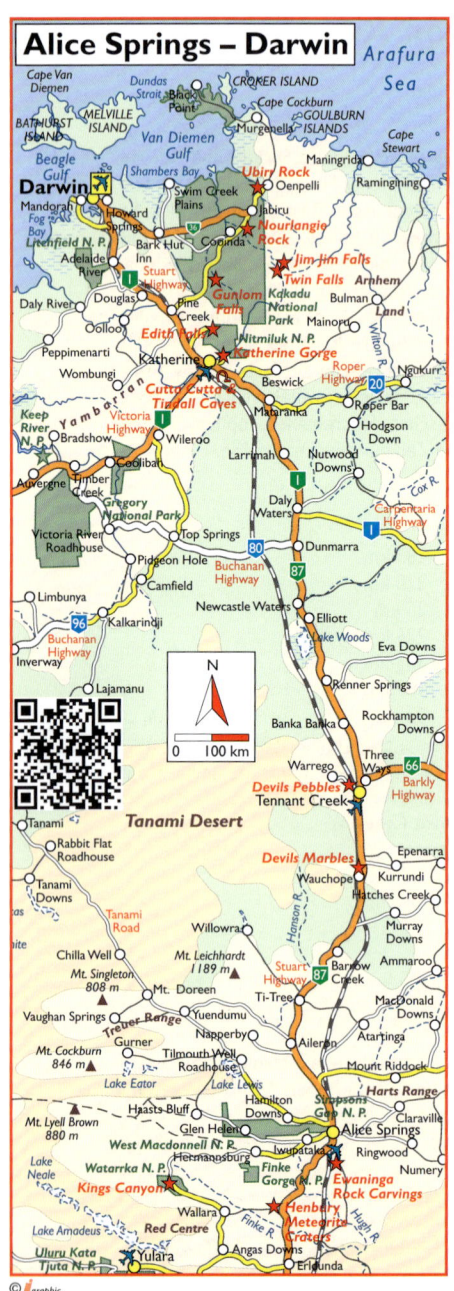

Alice Springs – Darwin

Streckenhinweis

24 km nördlich von Alice Springs liegt rechterhand die **Bond Springs Outback Retreat** – ein Beispiel dafür, wie in den gerne genannten „early days" auf einer Rinderfarm gearbeitet wurde. Ein typisches Outback-Mittagessen ist erhältlich, ebenso sind Übernachtungen in recht luxuriösen Unterkünften möglich (☎ 08-89529888, www.outbackre treat.com.au, Anmeldung erforderlich). Leider ist der Abzweig nicht markiert – der Kilometerzähler muss genau beachtet werden. Die Farmtouren und die Mahlzeiten müssen (teuer) extra bezahlt werden.

Die weitere Fahrt führt am Rande der **Tanami Desert** durch typisches Buschland, das von Spinifex-Gräsern bewachsen ist. Die **Barrow Creek Telegraph Station** wurde 1872, während der ersten Bauphase der Telegrafenleitung, erstellt. Auch der **Barrow Creek Pub** blickt schon auf eine lange Geschichte zurück – ein geeigneter Ort für einen kurzen Stopp.

43 km nördlich von Barrow Creek zweigt eine 4-WD-Piste in den **Davenport-Murchison NP** ab. Wichtigstes Merkmal des NP sind einsam gelegene, permanente Wasserlöcher, um die herum sich eine schützenswerte Flora und Fauna gebildet hat. Das einzige zugängliche Reservoir ist bislang das **Old Police Station Waterhole** mit Bade- und Campingmöglichkeit.

Auf einer 327 km langen Rundfahrt durchquert man die Rinderfarm Murray Downs (mit Tankstelle), das Land der Anurreta Aborigines, **Epenarra Station** (mit Tankstelle) und **Kurrundi Station**. Bei **Bonney Well**, nördlich der Devil Marbles, trifft die Piste wieder auf den Stuart Hwy.

Central Mount Stuart

John MacDouall Stuart achtete bei seiner Süd-Nord-Durchquerung darauf, eine weitestgehend zentrale Route zu finden. Am 22. April 1860 erreichte er den später nach ihm benannten **„Central Mount Stuart"** (nahe Ti Tree Roadhouse). Nach seinen Berechnungen, die er mit einem Sextanten anhand von Längen- und Breitengraden vornahm, war dies der **geografische Mittelpunkt** des Kontinents. Stuart markierte den Hügel mit einer kleinen Flasche und einer britischen Flagge. Dass er mit seinen „Schätzungen" gar nicht so falsch lag, belegen neuere Messungen: Der tatsächliche Mittelpunkt des Kontinents befindet sich nur einige hundert Meilen südwestlich. Der Gravitationsschwerpunkt des Kontinents wurde erst 1988 in komplizierten Messreihen festgestellt: Er befindet sich weiter südlich an **Lambert Centre** (20 km westlich von Finke). Die genauen Koordinaten lauten 2536'36,4" südlicher Breite, 13421'17,3" Länge. Auch dieser Punkt wurde bereits 1930 von dem Forscher C. T. Madigan festgestellt, indem er einfach von einem Modell Australiens ein Lot fällte.

Sehenswürdigkeiten

Devils Marbles

10 km nördlich von **Wauchope** befinden sich die berühmten Devils Marbles. Die gigantischen Felskugeln liegen nur unweit des Highways und sind Teil der **Davenport Ranges**. Für die Ureinwohner stellen die „Murmeln" die Eier der Regenbogenschlange dar. Obwohl die Landschaft mehr als trocken aussieht, gehören die Hügel der Range zu den wasserreichsten Gebieten Zentralaustraliens – über 50 Wasserlöcher, in denen z. T. sogar Fische leben, befinden sich hier. Camper übernachten gerne hier, um am Abend oder frühen Morgen gute Fotos zu machen.

Tennant Creek

Die Stadt am Westrand der MacDonnell Range hatte ihren Ursprung im Jahr 1933, als in der Nähe Gold gefunden wurde. Dieser „letzte Goldrausch" zog bis 1935 über 700 Glücksritter an und verdrängte die Warumungu-Aborigines nach Osten. Heute ist die Kleinstadt ein eher verschlafener **Versorgungsstützpunkt** für Farmer der Barkly-Region und Durchreisende Eine Reihe historischer Goldminen ist für Besucher geöffnet, Minentouren können im Visitor Centre gebucht werden. Das Kulturzentrum **Nyinkka Nyunyu** (www.nyinkkanyunyu.com.au) wird von Aborigines vom Stamm der Warumungu geleitet und zeigt neben historischen Ausstellungsstücken auch Kunsthandwerk. Eine Badegelegenheit bietet der **Mary-Ann-Staudamm** (6 km nördlich). Die **Devils Pebbles** (10 km nördlich von Tennant Creek) sind weitere große Felskugeln, die über ein größeres Gebiet verstreut liegen.

Historische Goldgräberstadt

Reisepraktische Informationen Tennant Creek

i **Information**
Visitor Information Centre, *Battery Hill Mining Centre*, ☎ *08-89621281,*
www.barklytourism.com.au. Tgl. 9–17.30 Uhr.

Übernachten
Bluestone Motor Inn $$$, *1 Paterson St.*, ☎ *08-89622617, www.bluestone
motorinn.com.au. Gepflegtes Mittelklasse-Motel.*
Safari Lodge Motel und YHA $$, *12 Davidson St.*, ☎ *08-89622207, www.safari
lodgemotel.com.au. Einfaches Motel mit angeschlossener Jugendherberge.*

Camping
Outback Caravan Park, *13282 Peko Rd.*, ☎ *08-89622459. Campingplatz
mit schattigen Plätzen, Cabins, Swimming-Pool und Kiosk.*

Three Ways

Three Ways ist nicht mehr als das **Roadhouse** am wichtigen Kreuzungspunkt von
Stuart und Barkly Hwy. Das Rasthaus ist ein beliebter Trucker-Stützpunkt und verfügt über einen Campingplatz und einfache Motelzimmer (☎ *08-89622744, www.
threewaysroadhouse.com.au*). Ein Denkmal John Flynns steht sichtbar gleich neben
der Straße.

Streckenhinweis
Vom Stuart Hwy. zweigt der Barkly Hwy. nach Queensland ab (649 km bis
Mt. Isa, 1.535 km bis Townsville). Der Stuart Hwy. setzt sich bis Darwin fort
(960 km).

Roadhouses Wieder bieten die **Roadhouses** am Highway auf den nächsten Kilometern (Not-)
in regel- Unterkünfte. Nicht immer geht es dabei in den von den Truckern genutzten Zim-
mäßigen mern sehr sauber zu.
Abständen km 134: **Renner Springs Desert Hotel/Motel** $$, ☎ *08-89644505, www.
rennerspringshotel.com.au.*
km 226: **Elliott Hotel** $$, ☎ *08-89692069.*
km 326: **Dunmarra Wayside Inn** $$, ☎ *08-89759922.*
km 370: **Daly Waters Pub** $, ☎ *08-89759927. Sehenswerter historischer Pub.*
km 459: **Larrimah Wayside Inn Hotel** $$, ☎ *08-89759931. In Larrimah endete die 1976 durch den Zyklon Tracy zerstörte Bahnlinie Darwin
Railway.*

Langsam beginnt die **tropische Zone**: Eukalyptusbäume lösen die bislang vorhandenen Akazien ab, wüstenartige Ebenen gehen in dichter bewachsene Flächen
über. Die Niederschlagsmenge in der **Wet Season** (Regenzeit) ist deutlich höher
als im Süden.

Mataranka und Elsey National Park

👉 Streckenhinweis

Von Darwin kommend, gleich nach dem Ortschild Mataranka zu den heißen Quellen Bitter Springs abzweigen (asphaltierte Straße). Es gibt einen Picknickplatz und Toiletten. Der nach Osten führende Roper Hwy. geht in Roper Bar in den Gulf Track (Savannah Way) über.

Das Gebiet um Mataranka wurde vor allem durch das 1908 von Jeannie Gunn geschriebene Buch **„We of the Never Never"** bekannt. Sie beschreibt darin ihr einziges, aber glückliches Jahr auf der **Elsey Station** bei Mataranka. Die Farm wurde 1982 für die Verfilmung des Buches originalgetreu wieder aufgebaut. Führungen über das Gelände von Elsey Station finden täglich statt.

Hauptattraktion von Mataranka sind die **Hot Springs** – heiße Quellen (7 km südlich der Stadt), die inmitten eines tropisch anmutenden Regenwalds liegen. In einem kleinen Pool kann man baden, allerdings hat das Wasser konstant 34 Grad und dient kaum der Erfrischung. Der John Hauser Drive (Abzweig von der Homestead Rd.) führt 18 km nach Osten in den 13.840 ha großen **Elsey NP**. Am Ende der Straße befindet sich der Jalmurark Campground (mit kleinem Kiosk und Kanuverleih), von wo aus eine kurze Wanderung zu den schönen **Mataranka Falls** am Roper River unternommen werden kann. Achtung: Der Roper River ist nicht krokodilfrei!

Hier kann man baden

Reisepraktische Informationen Mataranka

🛏 Übernachten

Mataranka Homestead Tourist Resort $$, *Homestead Rd.,* ☎ *08-89754544, www.matarankahomestead.com.au. Inmitten eines tropischen Gartens gelegene Bungalow-Anlage, auch Backpacker-Hostel und Campingplatz. Hinweis: Wegen einer Fledermausplage musste der Thermalpool in den letzten Jahren immer wieder mal geschlossen werden.*
Territory Manor Motel & Caravan Park $$, *Martins Rd.,* ☎ *08-89754516, www.matarankamotel.com. Ordentliches Hotel/Motel mit Caravan Park.*

Cutta und Tindal Caves

Die großen **Kalksteinhöhlen** (24 km südlich von Katherine) von Cutta und Tindal stellen einen wichtigen Lebensraum für seltene Fledermausarten dar. Die Ranger vor Ort bieten von April–Okt. Führungen an. Der Luftwaffenstützpunkt der Royal Australian Airforce wurde in den 1960er-Jahren gebaut und wird noch heute genutzt.

Katherine

Die Katherine-Region wurde erstmals vom deutschen Abenteurer und Forscher Ludwig Leichhardt im Jahre 1844 erforscht. Heute zählt die Stadt Katherine 5.000 Einwohner und ist Zentrum eines Gebiets, das von Rinderfarmen, Tourismus und

Durchgangs-station auf dem Weg in den National Park

der RAAF-Base lebt. Die Stadt selbst hat nicht übermäßig viel zu bieten und dient den meisten Touristen als Durchgangsstation auf dem Weg zum **Katherine Gorge National Park**. Entlang der Hauptstraße Katherine Terrace (der durch die Stadt führende Stuart Hwy.) bieten große Supermärkte alles Notwendige zur Versorgung, ebenso sind Banken und eine Post vorhanden. Sehenswert ist die **School Of The Air** von Katherine (*Giles St., ☎ 08-89721833, www.schools.nt.edu. au/ksa. Führung Mai–Okt. Mo–Fr 9, 10 und 11 Uhr, Erwachsene A$ 5, Kinder A$ 2*). Das **Katherine Museum** (*Giles St., ☎ 08-89723945, www.katherinemuseum.com. Tgl. 9–16 Uhr, Erwachsene A$ 10, 4–16 Jahre A$ 6*) erläutert Näheres über die Geschichte der Stadt, z. B. über die große Flut im Jahr 1999.

Katherine Gorge National Park (Nitmiluk)

Hervorragende Ausblicke im Katherine Gorge National Park

Die Schlucht, die 32 km nordöstlich der Stadt liegt, zählt nach Ayers Rock und Kakadu National Park zur drittgrößten Attraktion des Northern Territory. Der National Park, der offiziell nach dem dort lebenden Aboriginal-Stamm **Nitmiluk** heißt, hat eine Größe von 180.352 ha und besteht im Wesentlichen aus einer tiefen, 12 km langen Schlucht, die der **Katherine River** tief in das Arnhem Plateau eingeschnitten hat. Die Katherine Gorge wiederum ist unterteilt in 13 Teilschluchten, die wie Staustufen voneinander getrennt sind. Die raue und zerklüftete Landschaft kann man sich sowohl vom Wasser als auch vom Land aus ansehen. Der Nitmiluk Gorge CP und die Nitmiluk Chalets liegen direkt an der Schlucht. Abends und nachts ist der Campingplatz von unzähligen **Wallabies** bevölkert, während in der Dämmerung **Fliegende Hunde** in Heerscharen darüber hinwegfliegen. Für „Bushcamps" innerhalb des NP, z. B. für Wanderer, ist ein Ranger-Permit erforderlich.

Reisepraktische Informationen Katherine Gorge NP

ℹ️ **Information**
Katherine Visitor Centre, *Ecke Stuart Hwy./Lindsay St., ☎ 08-89722650, www.visitkatherine.com.au. Nov.–Feb. (Wet season) Mo–Fr 8.30–17, Sa und So 10–14 Uhr. März–Okt. (Dry season) Mo–So 8.30–17 Uhr. U. a. Buchung von Ausflügen, Rundflügen und Wanderungen in den Katherine Gorge NP.*
Parks Visitor Centre/Ranger Station, *am Parkeingang (32 km nordöstlich von Katherine), ☎ 08-89721886. Tgl. 8–18 Uhr.*

🛏 Übernachten

Nitmiluk Chalets $$$, *Gorge Rd.,* ☎ *1300-146743. Neue Lodge, direkt an der Schlucht gelegen. Empfehlenswerteste Unterkunft, besser als in der Stadt.*
Springvale Homestead $$$, *Shadforth Rd. (8 km westlich am Katherine River),* ☎ *08-89721355. Ältestes Homestead des NT von 1884 – Führungen auf Anfrage werden angeboten. Motelzimmer und CP vorhanden.*
Pine Tree Motel $$$, *3 Third St.,* ☎ *08-89722533, www.pinetree.bestwestern.com.au. Mittelklasse-Motel und Backpacker-Hostel.*
Palm Court Backpackers $, *Ecke Third St./Giles St.,* ☎ *08-89722722, www.palmcourtbackpackers.com. Jugendherberge.*

⚠ Camping

Camper sollten auf dem schönen Caravan Park im **National Park** *übernachten. Er liegt in unmittelbarer Nähe der Schlucht.*
Katherine Low Level CP, *20 Shadforth Rd. (südlich von Katherine),* ☎ *1800-501984, www.katherine-low-level-caravan-park.nt.big4.com.au. Im Low Level Nature Reserve gelegener CP mit schattigen Plätzen und Leihkanus.*
Nitmiluk Gorge CP & Chalets, *Gorge Rd.,* ☎ *08-89721253. Direkt an der Schlucht gelegener CP (32 km von Katherine). Abends und nachts ist er von unzähligen Wallabies bevölkert. Für „Bushcamps" im NP ist ein Ranger-Permit erforderlich.*

Aktivitäten

Wandern

Insgesamt sind über 100 km Wanderwege ausgeschildert. Die längste Wanderung dauert fünf Tage und führt bis zu den Edith Falls (ca. 65 km, **Jatbula Trail**). *An- und Abmeldung bei der Ranger-Station unbedingt erforderlich. Kürzere Wanderungen sind der* **Windolf Walk** *(8 km Rundweg) und der* **Butterfly Gorge Walk** *(8 km, gleicher Weg zurück).*

Kanu fahren

Eine Möglichkeit für unternehmungslustige Zeitgenossen ist das Mieten eines Kanus, um auf eigene Faust den Fluss zu befahren. Ein Kanuverleih (direkt am Anlegesteg, Reservierung unter ☎ *08-89723604) vermietet Ein- oder Zweimann-Kanus halb- oder ganztags. Mehrtägige Mieten sind ebenfalls möglich, dabei sollte jedoch der Wasserstand des Flusses beachtet werden: Steht das Wasser sehr niedrig, so muss das Kanu von einer Schlucht in die nächste über die Steine getragen oder gezogen werden. Am besten geht das Kanufahren kurz nach der Regenzeit, wenn viel Wasser und kleinere Wasserfälle die Länge der Gehabschnitte reduzieren.*

Bootsausflüge

Wer es gemütlicher liebt, kann an einer kommentierten Bootsfahrt durch die Schlucht teilnehmen, z. B. einer zweistündigen Fahrt bis zur zweiten Schlucht oder einer vierstündigen bis in die dritten Schlucht. Eine Tagestour schließt zusätzlich Wanderungen und ein Mittagessen ein. Die Schiffe müssen beim Wechsel von einer in die andere Schlucht gewechselt werden. Empfehlenswert ist auch die Dinner-Cruise am Abend.

Baden

Im Fluss kann man baden – die dort lebenden „Freshies" (Johnston-Krokodile) gelten als scheu und ungefährlich. Sandige Uferstellen sind oft als Brutstätten gesperrt.

Edith Falls

40 km nördlich von Katherine zweigt ein geteerter Zufahrtsweg zu den Edith Falls (Leliyn Area) ab, welche Teil des Nitmiluk NP sind. Lohnende Wanderungen sind *Schöne* der **Leliyn Loop Walk** (ca. 2,6 km Rundwanderweg) auf das Plateau mit Blick auf *Badestelle* die Schluchten oder der nicht ganz einfache **Sweetwater Pool Walk** (9 km Rund-wanderung) über das Plateau, entlang des Edith River flussaufwärts zum **Sweetwater Pool** (steiler Abstieg), einer guten Bademöglichkeit mit 30 m Wasserfall.

In der „Green Season" (nach der Regenzeit) wirkt die Landschaft durch die üppige Vegetation besonders schön. Am Parkplatz befindet sich ein kleiner Campground (am besten frühzeitig dort sein). Der **Edith Falls Wilderness Walk** (76 km) hat hier seinen Ausgang zur Katherine Gorge.

Umbrawarra Gorge

Südlich von Pine Creek führt eine 20 km lange Piste zur Umbrawarra Gorge. Nach einer kurzen Wanderung vom Campground sind schattige, ganzjährig wasserführen-de Pools erreicht. Hoch an den Felsen der Schlucht befinden sich Felsmalereien.

Pine Creek

Die 390-Seelen-Gemeinde an der Kreuzung Stuart Hwy./Kakadu Hwy. hat einiges vom alten **Goldgräbercharme** bewahrt. Während der Arbeiten an der Telegra-fenlinie von Darwin nach Alice Springs trafen Arbeiter 1871 zufällig auf Gold. Ein kleiner Goldrausch setzte ein. In der **Gum Alley Gold Mine** arbeiten eine res-taurierte Dampfmaschine und ein Erzzerkleinerer (tgl. 9–15 Uhr). Vom **Mine Lookout** bietet sich ein Blick auf die Tagebaugrube. Im Wildpferdereservat **Bonrook Station** (☎ 08-89761232) kann nahe Pine Creek ebenfalls übernachtet werden.

Streckenhinweis
Auf dem Kakadu Hwy. in den Kakadu National Park

In Pine Creek zweigt der Kakadu Hwy. direkt nach **Cooinda** in den Kakadu National Park ab. Nach ca. 100 km passiert man den 100 m hohen Wasserfall **Waterfall Creek**.

Daly River

Paradies für Die Daly River-Region, die sich 120 km südwestlich von Adelaide River nach Wes-*Barramundi-* ten erstreckt, ist ein Paradies für Barramundi-Fischer. Übernachten ist an verschie-*Fischer* denen Stellen entlang der Daly River Rd. möglich, so z. B. im Daly River Roadside Inn (☎ 08-89782418). Auf einer schmalen Piste lässt sich der **Litchfield NP** via Surprise Creek anfahren.

Adelaide River

Einzige Sehenswürdigkeit des Ortes **Adelaide River** ist ein großer Soldatenfried-hof aus dem Zweiten Weltkrieg. Die Stadt galt als ein sicherer Versorgungsstütz-punkt für Darwin, wurde aber dennoch von den Japanern im Jahr 1942 bombar-diert. Eine Möglichkeit, das Outback-Leben auf einer Farm kennenzulernen, bietet **Mt. Bundy Station** (*Haynes Rd.,* ☎ *08-89767009, www.mtbundy.com.au*). Die Farm verfügt über einfache Zimmer und einen Campingplatz.

Mitten in der Natur: die Florence Falls im Litchfield National Park

Litchfield National Park

👉 Streckenhinweis
Üblicherweise erfolgt die Zufahrt über eine geteerte Straße von **Batchelor**. Alternativ kann von Norden über die Cox Peninsula Rd. (4-WD-Piste) über **Berry Springs** oder von Süden über die **Daly River Rd.** (4-WD-Piste) in den Park gefahren werden. Von Okt.–April kann es zu Schließungen einzelner Zufahrtsstraßen oder Pisten innerhalb des Parks kommen. Von Vermietern wird grundsätzlich die Fahrt auf dem schweren Lost City Track innerhalb des NP verboten.

Der Litchfield NP (143.000 ha) besticht durch seine relative Unberührtheit. Benannt wurde der Park nach Frederick Henry Litchfield, Mitglied der 1864er Expedition unter J. Finniss. Das Gebiet war bis 1985 eine kaum erschlossene Farm, wurde dann von der NT-Regierung gekauft und zum National Park erklärt. *Relativ unberührter National Park*

Der Park liegt im Bereich der **Tabletop Range**, durch die sich mehrere „Creeks" ihr Flussbett gegraben haben. Zahlreiche Wasserfälle laden gefahrlos (keine Krokodile) zum Baden ein.

Ausflüge im National Park
Eine gut ausgebaute Straße führt zu Florence, Tolmer und Wangi Falls, den Hauptsehenswürdigkeiten des Parks. Insbesondere an Sonntagen ist an den Wasserfällen richtig viel los, wenn Tourbusse, Touristen und Ausflügler den Park bevölkern. Die angelegten Wanderwege sind durchweg relativ kurz und beschränken sich auf die Zugangswege zu den Wasserfällen.

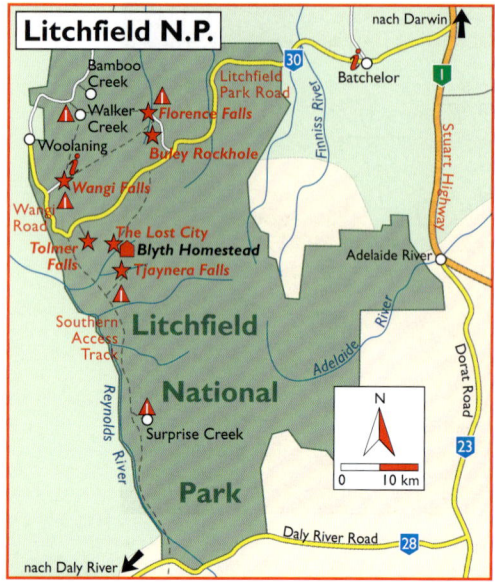

- 15 km nach Einfahrt in den Park zweigt eine Straße, die durch dichten Regenwald führt, zu den **Florence Falls** (Campingplatz, Bademöglichkeit). Ein Fußweg führt hinab zum paradiesisch gelegenen **Plunge Pool** – leider häufig recht überlaufen. Der 30-Min.-Spaziergang (Shady Creek Walk) führt durch Monsunregenwald zurück zum Parkplatz. Von Florence Falls kann direkt zu **Buley Rockhole** (1,6 km) gewandert werden. Alternativ gibt es dort auch einen Parkplatz. An den kaskadenartig fallenden Wasserfällen kann man baden.
- Nur mit einem 4-WD lässt sich der Abstecher zu den bizarren Sandsteinformationen von **Lost City** bewältigen (wird i. d. R. nicht von Fahrzeugvermietern erlaubt). Südlich befindet sich die 1929 erbaute **Blyth Homestead**. Sie ist im Originalzustand belassen und ein Zeugnis schwerer Pioniertage.
- Auf der geteerten Litchfield Park Rd. geht es direkt zu den **Tolmer Falls**. Ein Fußweg führt zur Aussichtsplattform. Keine Bademöglichkeit wegen der in der Schlucht lebenden Fledermäuse. Immer wieder entdeckt man am Straßenrand riesige **Termitenhügel**. Es handelt sich dabei um sogenannte „Kompasstermiten" (Magnetic Anthills), die ihren Bau streng nach der Sonnenstrahlung (in Nord-Süd-Richtung) ausrichten und deren Hügel nur oberirdisch gebaut sind – im Gegensatz zu den ansonsten sichtbaren Termitenhügeln, welche noch einmal genauso weit in die Erde hineinreichen.
- An der Wangi Rd., die nach Norden führt, liegen die **Wangi Falls**, denen ein großer See und ein NP-Campground (mit Kiosk) vorgelagert ist. Die Fälle liegen nachmittags am schönsten in der Sonne. Ein Wanderweg führt rund um den Billabong (teilweise steil, ca. 1,6 km). Der **Wangi Tourist Park** (4 km nördlich) ist die komfortable Alternative zum einfachen NP-Campground. Empfehlenswerte 3-stündige Bootsfahrten auf dem **Reynolds River** führt Wangi Wildlife Cruises durch (Abfahrt 9 und 14 Uhr, Buchung und Abholung am Wangi Tourist Park oder am Monsoon Café Kiosk).

4 m hoher Termitenhügel

- Wer über einen 4-WD verfügt, hat die Möglichkeit, nach Norden auf die Cox Peninsula Rd. zu fahren. Dabei besteht bei **Walker Creek** eine weitere Camping- und Bademöglichkeit. Der Finniss River muss gequert werden, und man bekommt die bis zu 4 m hohen Termitenhügel „Cathedral Mounds" zu sehen.
- Nach Süden führt der sogenannte **„Southern Access Track"** auf die Daly River Rd. (nur 4-WD). Hier beginnt der einsame, ruhige Teil des Litchfield NP. Sehenswert sind dabei die Tjaynera Falls (Sandy Creek Falls) mit NP-Campground und der verschwiegene Surprise Creek mit Camping- und Bademöglichkeit.

Reisepraktische Informationen Litchfield National Park

ℹ️ Information

Wangi Falls Café, ☎ 08-89782077, www.wangifallscafe.com.au, tgl. 9–17 Uhr, sorgt neben dem leiblichen Wohl auch für Informationen.

Batchelor Tourist Visitor's Information Centre, Tarkarri Rd., ☎ 08-89760444.

Am Parkeingang hinter Batchelor informieren zahlreiche **Schautafeln** und **Faltblätter** über den National Park. Auch das Büro der **Parks & Wildlife Commission** (Tourist Office) in Darwin, www.nt.gov.au, hält Informationsmaterial bereit.

Bootstouren

An den Wangi Falls (Kiosk) beginnt dreimal täglich eine Bootstour mit vorheriger Anfahrt im Allradfahrzeug

🛏️ Übernachten

Die NP-Campingplätze im Litchfield Park sind durchweg einfacherer Machart, befinden sich aber in reizvoller Umgebung. Komfortabler lässt es sich in Batchelor nächtigen:

Batchelor Resort and Caravan Park $$$, 220 Rum Jungle Rd., ☎ 08-89760123, www.batchelor-resort.com. Gut ausgestattete Ferienanlage mit Hotel und Campingplatz.

Lake Bennett Wilderness Resort $$$, Stuart Hwy. (86 km südlich von Darwin), ☎ 08-89760960, www.lakebennettresort.com.au. Übernachtungsalternative in der Nähe des Litchfield NP. Im See ist baden möglich. Außerdem Kanuverleih, Restaurant, Motel und Backpacker-Betten.

⚠️ Camping

Batchelor Caravillage CP, 37–49 Rum Jungle Rd., ☎ 1800-260166, www.big4.com.au. Campingplatz. Schöner „Biergarten" mit einer großen Würgefeige.

Berry Springs Nature Park

Nach der Ausfahrt aus dem Litchfield NP nach Norden folgt nach rund 50 km Berry Springs (Cox Peninsula Rd.). Der Park liegt inmitten tropischer Regenwaldvegetation und wird von einem Bach durchzogen, der in einem erfrischenden Naturpool endet. Keine Campingmöglichkeit, aber ein netter Ort für ein Picknick (tgl. 8–18.30 Uhr). Die Zufahrt ist auch vom Stuart Hwy. möglich.

Erfrischendes Bad und Picknick

👉 Streckenhinweis

Nördlich von Lake Bennett zweigt die Marrakai Rd., eine unscheinbare Piste, vom Stuart Hwy in den **Kakadu NP** ab – die ideale Abkürzung, wenn man über ein Allradfahrzeug verfügt. Die Piste endet am Arnhem Hwy., kurz vor Bark Hut Roadhouse.

Vor **Darwin** folgt der sehenswerte **Territory Wildlife Park**. Auf über 400 ha kann die typische Pflanzen- und Tierwelt des tropischen NT besichtigt werden. Hauptattraktion ist ein begehbares Terrarium mit Krokodilen und ein Gebäude für nachtaktive Vögel und Reptilien (☎ 08-89887200, www.territorywildlifepark.com.au, tgl. 8.30–18 Uhr, Erwachsene A$ 32, 5–16 Jahre A$ 16). S. Karte S. 364

Darwin

Darwin ist die nördlichste Stadt Australiens und zugleich **Hauptstadt des Northern Territory**. Sie zählt rund 90.000 Einwohner. Die Stadt gilt als weltoffen und als Eingangstor zu den asiatischen Ländern, die quasi vor der Tür liegen. Das Leben im „Top End" scheint nach anderen Regeln abzulaufen: Durchschnittstemperaturen von 30–35 Grad in feuchtheißer Luft sind die Regel, nachts bleibt die erhoffte Abkühlung zumindest im Sommer fast aus. Der Lebensstil scheint daher betont langsam und schweißsparend zu sein. Nicht-Einheimische erkannt man vor allem daran, dass sie viel zu schnell laufen oder sich überhaupt zu „Unzeiten" draußen aufhalten. Der typische Darwinese bewegt sich normalerweise untertags nur von einem klimatisierten Raum in den anderen. Charakteristisch für Darwin ist der **hohe Bierkonsum** der Einwohner. Sie bezeichnen sich mit einem Verbrauch von über 240 Liter pro Kopf als die wahren Weltmeister.

Besonderes Leben im „Top End"

Zur Geschichte der Stadt

Am 9. September 1839 landeten John Stokes und John Clements Wickham mit der „HMS Beagle" in der Bucht des späteren Port Darwin. Sie hatten auf ihrer Forschungsreise den Adelaide River und den Victoria River erkundet. Stokes benannte den Ankerplatz nach dem jungen Biologen Charles Darwin, der von 1831–1836 an Bord der „HMS Beagle" mitsegelte. Die Stadt wuchs nur sehr langsam, erst mit dem Bau der Telegrafenleitung und den ersten Einwanderungswellen aus China stellte sich ein nennenswertes Bevölkerungswachstum ein. 1911 wurde Darwin die Hauptstadt des bis 1978 nichtselbstständigen Northern Territory.

Darwins Bedeutung wuchs im Zweiten Weltkrieg. Aus Furcht vor einer japanischen Invasion wurde die Bevölkerung evakuiert, und über 24.000 Soldaten wurden rings um die Stadt stationiert. Viele Air Strips – Landebahnen der Alliierten – wurden entlang des Stuart Hwy. angelegt. Was folgte, war ein Luftkrieg: Am 19. Februar 1942 wurde Darwin von japanischen Bombern in 64 Angriffen fast vollständig zerstört.

Drei **tropische Wirbelstürme** – 1897, 1937 und zuletzt am Weihnachtsabend 1974 – zerstörten die Stadt jedes Mal fast völlig. Sieht man die Bilder der Verwüstungen, die der Zyklon Tracy 1974 anrichtete, nachdem er mit 280 km/h über die Stadt raste, so grenzt es an ein Wunder, in welch kurzer Zeit den Bewohnern der Wiederaufbau gelungen ist. Nicht zuletzt war dies durch die finanzkräftige Hilfe der australischen Bundesregierung möglich geworden. Auch die schweren Monsunregenfälle der Regenzeit haben Darwin schon so manche Härten beschert.

Redaktionstipps

➤ Besuch des **Mindil Beach Sunset Market** (jeden Donnerstag und Sonntag ab 16 Uhr von Mai–Okt.), mit Sonnenuntergang am schönen Strand. Ein stilvoller Abend lässt sich an der Cullen Bay Marina in den schönen Restaurants oder an Bord einer Dinner Cruise erleben (S. 358).

➤ Nicht vollkommen vor der Regenzeit (Nov.–März) zurückschrecken: Die **Gewitter in der Regenzeit** (Electric Storms) sind fürwahr ein unvergessliches Erlebnis!

nischen Bombardements im denkwürdigen Jahr 1942. Schöner Sonnenuntergang von diesem Punkt aus!

Darwin Military Museum, ☎ *08-89819702, www.darwinmilitarymuseum.com.au. Tgl. 9.30–17 Uhr, Erwachsene A$ 18, Kinder A$ 8.*

Darwin Crocodylus Park

Die wissenschaftliche Forschungseinrichtung des anerkannten Krokodilexperten Dr. Graham Webb ist auch Besuchern zugänglich. Im Gegensatz zu kommerziellen Krokodilfarmen erfährt man hier viel Wissenswertes über die urzeitlichen Tiere.

Crocodylus Park, *McMillan Rd., Karama (Stuart Hwy.-Abzweig an der Kreuzung nach Berrimah), ☎ 08-89224500, www.crocodyluspark.com. Tgl. 9–17 Uhr, Führungen 10, 12, 14, 15.30 Uhr, Erwachsene A$ 40, 3–15 Jahre A$ 20.*

Reisepraktische Informationen Darwin

Information

Darwin Visitor Information Centre (**1**), *Ecke Smith/Bennet St., ☎ 1300-138886, www.tourismtopend.com.au. Mo–Fr 8.30–17, Sa und So 9–15 Uhr. Informationen über National Parks, Veranstaltungen, Hotels und Restaurants in Darwin, außerdem Buchung von Ausflügen.*

Permits für Aboriginal-Reservate *im Arnhem Land und auf Melville und Bathurst Island müssen (am besten 2–3 Monate im Voraus) beim* **Northern Land Council** *(45 Mitchell St., ☎ 08-89205100, Fax 08-89205255) schriftlich beantragt werden. Diese Permits erlauben die Durchreise, nicht jedoch den Aufenthalt in den Aboriginal-Gemeinden.*

Konsulate

Deutsches Konsulat, *1824 Berrimah Rd., Berrimah, ☎ 08-89843770.*
Schweizer Konsulat, *Unit 3/90 Woods St., ☎ 08-89814808.*

Wichtige Telefonnummern

Vorwahl des Northern Territory: 08
Notruf: *000 (gebührenfrei).*
Polizei: *☎ 08-89223344.*
Krankenhaus: *Royal Darwin Hospital, Rocklands Drive, Casuarina, ☎ 08-89228888.*

Post

General Post Office (GPO), *48 Cavenagh St./Ecke Edmund St., Mo–Fr 9–17 Uhr, Sa 9–12.30 Uhr.*

Überregionale Verkehrsmittel

Der **Flughafen** *von Darwin liegt 12 km nordöstlich des Stadtzentrums. Vom Flughafen verkehrt in regelmäßigen Abständen der* **Darwin Airport Shuttle** *(A$ 18, ☎ 08-89815066, www.darwinairportshuttle.com.au), der seine Fahrgäste bis vor die Hoteltür oder zum Transit Centre bringt. Bei Abflug von Darwin muss der Flughafenbus am Vortag geordert werden. Ein* **Taxi** *vom Flughafen ins Zentrum kostet ca. A$ 35.*

Fluggesellschaften
Hinweis: *Bitte beachten, dass die Ankunft in Darwin mit einem internationalen Flug u. U. früh am Morgen geschieht. Deshalb empfiehlt sich die Buchung einer zusätzlichen Übernachtung, damit man gleich das Zimmer beziehen kann. Mietwagen sind am Flughafen i. d. R. sofort verfügbar, bei Campern erfolgt die Übernahme erst ab 8 Uhr.*

Überlandbusse
Die großen Überlandlinien fahren Darwin auf der Route Alice Springs – Katherine – Darwin oder Perth – Broome – Katherine – Darwin an. Der Busterminal befindet sich beim **Transit Centre** *(Mitchell St.).*
Greyhound, ☏ 08-89818700, www.greyhound.com.au.

Zug
„The Ghan" verbindet zweimal wöchentlich Darwin mit Alice Springs bzw. Adelaide. Infos: www.gsr.com.au.

Öffentlicher Nahverkehr
In Darwin besteht ein **kleines Busnetz**, *welches das Zentrum mit den Vororten verbindet. Innerhalb des Stadtkerns lässt sich fast alles zu Fuß erreichen. Nähere Informationen im* **Main City Terminal**, *Harry Chan Ave. (am Ende der Smith St. Mall,* ☏ 08-89896540. Der **DarwinBus** *ist ein Kleinbus, der für A$ 3 überall in der Stadt fährt, auch zum Mindil Beach oder zur Wharf. Infos: www.transport.nt.gov.au.*

Sonstige Verkehrsmittel
Taxi
Darwin Radio Taxi, ☏ 131008, www.radiotaxi.com.au.

Autoverleih
Avis, *89 Smith St.,* ☏ 136333.
Hertz NT, *Shop 41, Mitchell Centre, 55-59 Mitchell St.,* ☏ 08-89410944.
Territory/Thrifty, *64 Stuart Hwy.,* ☏ 08-89242400.

Automobilclub
Automobil Association Of The Northern Territory (AANT), *Smith St. Mall,* ☏ 08-89255901, www.aant.com.au. *Hier erhält man gutes und günstiges Kartenmaterial sowie Informationen über Routen und Straßen im NT.*
Pannendienst ☏ 131111, *Straßenzustand (Flood Reports)* ☏ 08-89843585 *und* www.transport.sa.gov.au.

Camper
Britz/Maui, *17 Bombing Rd., Winnellie,* ☏ 08-89812081.
Apollo Camper, *440 Stuart Hwy., Winnellie,* ☏ 1800-777779.

Organisierte Ausflüge
Darwin ist der Ausgangspunkt vieler Ausflüge in den **Kakadu NP** *und* **Litchfield NP**. *Außerdem bieten einige Veranstalter Touren in die Aboriginal-Reservate des Arnhem Land, nach Bathurst Island und Melville Island an. Viele Ausflüge finden nur von April/Mai–Nov. statt.*

Ausflüge in den Kakadu NP/Arnhem Land

Man unterscheidet dabei zwischen „Accommodated Tours" (mit Hotelübernachtung) oder „Camping-Safaris" (Übernachtung in Zelten oder feststehenden Safari-Camps), die durchaus komfortabel sind. Billige Backpackertouren verlangen von den Teilnehmern Eigeninitiative beim Kochen, Zeltaufbau etc.

Adventure Tours Australia, ☎ 1800-068886, www.adventuretours.com.au. Preiswerte Allradtouren in kleinen Gruppen in den Kakadu NP sowie Alice Springs und Broome – von Ausflügen bis Safaris.

Davidson's Arnhemland Safaris, ☎ 08-89790413, www.arnhemland-safaris.com. Einer der wenigen Anbieter mit Programmen nach Arnhem Land. Max verfügt dort über ein eigenes Safari-Camp und führt Gäste zu hervorragenden Felsmalereien. Unbedingt im Voraus beim Reiseveranstalter buchen!

🛏 Hotels/Motels

Die Verfügbarkeiten sind aufgrund des Gasprojekts vor der Küste (Pipeline-Bau) knapp und eine Vorausbuchung ist unbedingt empfehlenswert.

Novotel Atrium Darwin $$$$ (2), 100 The Esplanade, ☎ 08-89410755, www. accorhotels.com. Gutes Hotel an der Esplanade.

Adina Vibe Hotel $$$$ (5), 7 Kitchener Dr., Darwin Waterfront, ☎ 02-9356-5062 (Reservierungszentrale), www.tfehotels.com. Neues Apartment-Hotel am Waterfront-Komplex.

Travelodge Mirambeena Tourist Resort $$$ (1), 64 Cavenagh St., ☎ 08-89460111, www.travelodge.com.au. Beliebtes Motel mit Garten und Pool – empfehlenswert!

Palms City Resort $$$ (4), 64 Esplanade, ☎ 08-89829200, www.palmscityresort. com. **Tipp**: super zentral gelegene Anlage mit Bungalows (Villas) und Motelzimmern.

Melaleuca on Mitchell $ (3), 52 Mitchell St., ☎ 08-89417800, www.momdarwin. com. Große Backpacker-Unterkunft, auch mit Doppel- und Einzelzimmern.

🔺 Camping

Es gibt Campingplätze, jedoch liegen diese weit außerhalb, sodass ein Fahrzeug notwendig ist. Der Stadt am nächsten liegen

Shady Glen CP, Ecke Stuart Hwy./Farrell Crescent, Winnellie (ca. 10 km nordwestlich), ☎ 08-89843330, www.shadyglen.com.au. Gepflegter CP, mit Cabins.

FreeSpirit Resort Darwin, 901 Stuart Hwy., Berrimah, ☎ 08-89350888, www. darwinfreespiritresort.com.au. Großer CP, mit Cabins.

🍴 Restaurants

Ein Großteil der Restaurants hat sich im Stadtzentrum und an der Darwin Waterfront angesiedelt. Aber auch in den Vororten Fannie Bay, East Point und Nightcliff findet man gute Restaurants.

Galleria Restaurant/Galleria Mall, Smith St. Mall. Gute Auswahl an Cafés und Schnellimbissen – geöffnet während der Geschäftszeiten.

Fisherman's Eatery (1), Fisherman's Wharf, Frances Bay Drive. Gute Auswahl an Fischspezialitäten.

Sailing-Dinner, Cullen Bay Marina. Abendlicher Segeltörn mit Imbiss – eine schöne Art, den Sonnenuntergang und die tropische Atmosphäre Darwins zu erleben.

Unterhaltung und Nachtleben

Darwins Nachtleben spielt sich hauptsächlich in den Pubs ab.

Hotel Victoria *(The Mall), traditioneller Treffpunkt für Touristen und Einheimische.*

Shenanigans, *Mitchell St. Irish Pub mit 6 x pro Woche Livemusik.*

Blue Heeler Bar, *Herbert St./Ecke Mitchell St. Kneipe mit Livemusik.*

Aktivitäten

Angeln: *Das Fischen nach den bis zu 20 kg schweren Barramundis ist populär im Top End. Touren z. B. zum Barramundi Fishing Park (☎ 1800-805627).*

Veranstaltungen

Höhepunkt des Jahres ist die **Beer Can Regatta** *(www.beercanregatta.org.au) im Juli, in der mit aus Bierdosen „gebastelten" Booten um die Wette gefahren wird.*

Mit den Pferderennen **Darwin Cup Carnival** *(im Juli) und* **Winfield Cup** *(im Aug.) hat auch Darwin seine national bedeutenden Ereignisse.*

Einkaufen

Geschäftszeiten: *Mo–Fr 9–17, Sa 9–13 Uhr*

Hauptgeschäftsstraße ist die **Smith Street** *mit der Fußgängerzone* **The Mall**. *Große Einkaufszentren befinden sich in den Vororten Palmerston, Nightcliff, Fannie Bay, Karama und Parap. Das alte Hafenviertel im Süden der Stadt wurde mit großem Aufwand restauriert und heißt heute* **Stokes Hill Wharf** *oder Darwin Wharf Precinct. Dort befinden sich reichlich Souvenirläden und Restaurants.*

Lebensmittel *kauft man am besten bei Woolworth (56 Smith St.) ein.*

Outback-Ausrüstung: *The N. T. General Store (42 Cavenagh St.) hat alles, was der Territory-Reisende braucht – Moskitonetze, Hüte, Landkarten, Zelte, Wasserkanister usw.*

Märkte: *Sehenswert ist der jeden Samstag von 8–14 Uhr stattfindende* **Parap-Market** *(Stadtteil Parap), auf dem allerlei Kunsthandwerkliches feilgeboten wird. Sehr schön ist der* **Mindil Beach Market** *(Mai–Okt. Do ab 17 und So ab 16 Uhr) im Stadtteil Mindil – ein bunter Spezialitätenmarkt, der nicht nur für Touristen veranstaltet wird.*

Souvenirs: *Ähnlich wie in Alice Springs gibt es in Darwin eine gute Auswahl an Galerien und Läden, die Aboriginal-Kunst verkaufen.*

Strände

Darwin verfügt zwar über sehr schöne, teilweise außerhalb der Stadt gelegene Strände. **Aber Achtung:** *Im Meer kann von Okt.–Mai wegen der* **Box Jelly Fish** *nicht gebadet werden. Der Kontakt mit den giftigen Tentakeln dieser Quallenart kann zu Lähmungserscheinungen und möglicherweise zum Tod führen.*

Die zweite Gefahr sind **Krokodile**, *die sich in vielen Flüssen und Seen, aber auch im Bereich von Darwins Hafen aufhalten können.*

Von Juni–Sept. kann man am besten an den Stränden der **Fannie Bay** *baden. Attraktive Strände befinden sich auch in der* **Casuarina Coastal Reserve** *(nördlicher Vorort). Wer ganz sicher gehen möchte, sucht den* **Salzwasserpool** *an der Waterfront auf – dort ist auch ein kleiner Teil der Bucht mit einem Netz gesichert.*

Umgebung von Darwin

Streckenhinweis
Der Arnhem Hwy. zweigt 34 km südlich von Darwin zum **Kakadu NP** ab. Bis zur Stadt **Jabiru**, dem Zentrum des Parks, sind es weitere 217 km. Der originelle Pub Humpty Doo liegt nur 11 km von der Hwy.-Kreuzung entfernt.

Fogg Dam Conservation Reserve
16 km hinter **Humpty Doo** zweigt eine Teerstraße zum Fogg Dam ab. Links und rechts des Damms können in der von Wasserlilien übersäten Seenlandschaft unzählige Vogelarten beobachtet werden. Die beste Beobachtungszeit ist frühmorgens oder in der Abenddämmerung. Ein 3,6 km langer Wanderweg in den Monsunregenwald ist ausgeschildert. Achtung: viele Moskitos!

Window of the Wetlands

Am Beatrice Hill (60 km von Darwin), mit Blick auf die Sumpfebenen des Adelaide River, befindet sich das sehr gute Besucherzentrum Window of the Wetland mit interaktiven Ausstellungen. Tgl. 8–19 Uhr, Eintritt frei.

Adelaide River

An Bord der **Adelaide River Queen** kann man an einer Krokodilfütterung teilnehmen. Die Tiere springen dabei bis zur Schwanzflosse aus dem Wasser (*Famous Jumping Crocodiles, www.jumpingcrocodilecruises.com.au, Erwachsene A$ 40, 5–15 Jahre A$ 28*). Die Bootsfahrt findet fünf Mal tgl. statt und dauert 90 Min.

👉 Streckenhinweis

Das **Roadhouse Bark Hut Inn** (☎ *08-89788988, www.barkhutinn.com.au*) verfügt über einen kleinen Campingplatz und einen Schatten spendenen Pub. 12 km nach dem Pub zweigt die Old Darwin Road (Jim Jim Road) in den Kakadu NP ab – eine ideale Abkürzung, wenn man nach **Cooinda** möchte (die Piste endet am Kakadu Hwy. bei Cooinda). Aufgrund einer Flussdurchquerung sollte man über ein 4-WD-Fahrzeug verfügen. 19 km östlich vom Bark Hut Inn zweigt die weitgehend geteerte Point Stuart Rd. in den Mary River National Park ab.

Mary River National Park

Der Mary River NP besteht aus mehreren, bislang nicht zusammenhängenden Sektionen. Alle Gebiete verfügen über großflächige **tropische Feuchtbiotope**, die unter Naturschutz gestellt worden sind. Die Naturlandschaften mit ihrer großartigen Tierwelt machen das Mary-River-Gebiet zu einer Alternative zum Kakadu NP. Die angebotene Bootstour mit Krokodilbeobachtung ist fast genauso eindrucksvoll, aber weniger bevölkert, wie die bekannte Yellow Water Cruise im Kakadu NP. Eine schöne Unterkunft im Park ist die **Wildman Wilderness Lodge**. Weiter nördlich bei km 40 ist Shady Camp, ein beliebter Angeltreffpunkt mit einfachem Campingplatz, Bootsverleih und Vogelbeobachtungsplattform.

Alternative zum Kakadu National Park

Reisepraktische Informationen Mary River National Park

🛏 Übernachten

Bamurru Plains Luxury Lodge $$$$$, ☎ *1300-790561, www.bamurru plains.com. Luxus-Lodge westlich des Kakadu NP.*
Point Stuart Wilderness Lodge $$$, *Point Stuart Rd.,* ☎ *08-89788914, www. pointstuart.com.au. Motel-Units und Mehrbettunterkünfte. Es gibt einen Campingplatz, Restaurant und Swimming-Pool.*
Wildman Wilderness Lodge $$$$, *Mary River,* ☎ *07-55276860, www.wildman wildernesslodge.com.au. Bungalows und Safari-Zelte, mit Pool und Restaurant.*
Shady Camp *im nördlichen Mary River NP wird vor allem von Anglern gebucht.*

🚤 Bootsausflüge

Mary River Wetland Cruises, *Buchung über die Point Stuart Lodge, März– Dez. zwei Mal tgl., Abfahrt bei Rockhole. Schöne Bootsfahrt durch die Lagunen und Feuchtgebiete des Mary River mit artenreicher Vogelwelt und Krokodilen.*

Aboriginal-Tourismus im Northern Territory

Den Ureinwohnern wurden seit dem 1976 erlassenen **„Aboriginal Land Rights Act"** und den Auswirkungen von Mabo's Law mehr als 35 % der Landoberfläche des NT übertragen. Ziel der Aborigines ist es, die Rolle des „Bereisten" abzugeben und die eigene Kultur und Lebensweise einer bislang relativ kleinen Interessengruppe näher zu bringen. Ausgangsorte der von den Aborigines geführten Ausflüge sind Alice Springs, Katherine und Darwin. Besonderen Einfluss nehmen die Aborigines auf die Gestaltung der vielbesuchten National Parks **Uluru** (Ayers Rock), **Nitmiluk** (Katherine Gorge) und **Watarrka** (Kings Canyon).

Ein Viertel aller Bewohner des NT sind Aborigines. Sie leben vorwiegend in Städten und ihnen zugesprochenen Gebieten (Land Trusts), wobei das **Arnhem Land** im Nordosten und die **Tanami Desert** im Zentrum zu den größten Aboriginal-Reservaten Australiens zählen. Da es sich bei den Reservaten und den Communities um Eigentum der Ureinwohner handelt, darf in und durch viele Gebiete nur mit Erlaubnis der Land Councils in Alice Springs oder Darwin gereist werden.

Kakadu National Park (Gagudju)

210 km östlich von Darwin passiert man auf dem Arnhem Hwy. den Eingang zum NP. An der Park Entry Station muss die Parkeintrittsgebühr (A$ 25 pro Person, Kinder frei) entrichtet werden. Als Basis für Ausflüge können die Orte **Jabiru** oder **Cooinda** gewählt werden. Jabiru, die Hauptstadt des Parks, entstand als Stützpunkt der Minengesellschaften, die seit den 1970er-Jahren Uran abbauen. Hier kann man sich mit Vorräten eindecken, tanken, übernachten und informieren. Der Ort hat ein erfrischendes Schwimmbad.

Größter National Park Australiens

Der Kakadu NP ist mit 19.500 km² der größte National Park Australiens. Durch die „Gagudju Association" wird der Park von den traditionellen Aboriginal-Eigentümern, die das Gebiet 1978 zurückerhielten, und dem „Australian National Parks and Wildlife Service" gemeinsam verwaltet. Der NP ist von der UNESCO als **Weltkulturerbe** (World Heritage Site) eingestuft. Um wenigstens einen Teil der Artenvielfalt zu erleben, empfiehlt sich beispielsweise eine frühmorgendliche **Bootsfahrt auf dem Yellow River**. Hinzu kommt die Kultur der Ureinwohner: Eindrucksvolle Felsmalereien, die in Höhlen und Felsüberhängen am Rande des Sandsteinplateaus des Arnhem Lands noch gut erhalten sind, können besichtigt werden. Probleme werden der sensiblen Natur durch Wasserbüffel, Schweine und die fetten Aga-Kröten (Cane Toad) bereitet, welche sich bis in das Top End „vorgearbeitet" haben.

Der **Uranabbau** im Ostteil des Parks führt immer wieder zu Konflikten mit den Ureinwohnern, aber auch Teilen der weißen Bevölkerung – speziell, seit die Öff-

Eine gute Möglichkeit, die Attraktionen des Kakadu National Parks zu besichten: eine Bootsfahrt

nung einer zweiten Uranmine zur Debatte steht. 15 % der weltweiten Uranvorrä-
te sollen auf dem Gebiet lagern. Von Jabiru aus kann die **Ranger Uranium Mine**
(beim Flughafen Jabiru, 7 km östlich) besucht werden. Im Tagebau wird hier seit
1981 der umstrittene **„Yellow Cake"**, ein gelbes, pulverförmiges Gemisch von
Uranverbindungen, Grundstoff für Kernbrennstäbe und Atombomben, abgebaut.

Ubirr und Guluyambi

Mehr als 1.000 Felsmalereien der Aborigines wurden bislang im Kakadu NP verzeichnet. Die schönsten befinden sich 43 km nördlich von Jabiru in **Ubirr** (Obiri   *Schöne*
Rock) und auf dem Weg nach Cooinda (31 km südlich von Jabiru) am **Nourlangie**   *Felsmalereien*
Rock. Beide Stellen können mit dem Fahrzeug über geteerte Straßen angefahren
werden, danach folgen kurze Wanderungen. Die Aussicht von den höher gelegenen
Aussichtspunkten auf die weiten Ebenen des Landes ist faszinierend. Über die Bedeutung der Malereien erteilen ausführliche Schautafeln Auskunft. Bitte die Malereien nicht berühren!

Bei Ubirr bietet der **Aussichtspunkt** einen guten Blick auf den East Alligator River zur einen Seite und auf das Arnhem Land Plateau zur anderen. Der 6 km lange
Rockholes Walk zählt schon zu den längeren Wandertouren im NP und bietet
die Möglichkeit, sich fernab möglicher Touristenströme zu bewegen.

Nach Border Store (nördlich von Ubirr) beginnt die Guluyambi Cruise auf dem **East**
Alligator River. Im East Alligator River, der gut 50 km nördlich ins Meer mündet,
treffen Salz- und Süßwasser aufeinander und sorgen für eine artenreiche Flora und
Fauna. Die Ausflüge werden von Aborigines der Djabulukgu Association begleitet.
Bootsfahrten East Alligator River, *Abfahrten Mai–Nov. tgl. 9, 11, 13 und 15 Uhr.*
In der Regenzeit werden die Touren auf Anfrage durchgeführt.

Nourlangie Rock

Nourlangie hat die meistbesuchten Felsmalereien des NP. Aus der Ferne sieht man das Felsmassiv am besten vom **Anbangbang Billabong** (mit 2,5 km Rundwanderweg und Picknicktischen). Auf einem gut ausgebauten Fußweg erreicht man vom Nourlangie-Parkplatz verschiedene Felsgalerien (**Nawurlandja Lookout Walk**, ca. 600 m) mit gut 20.000 Jahre alten Kunstwerken. Vom Aussichtspunkt bietet sich ein toller Blick in die Weiten des Arnhem Land. Der **Nanguluwur Walk** (ca. 3,4 km) führt durch lichte Wälder zu weiteren, eher abgelegenen Felsmalereien. Fährt man vom Parkplatz 9 km weiter, so beginnt dort der **Gubara Pools Walk** (6 km), der entlang hoher Sandsteinklippen zu schattigen Pools führt. Der 12 km lange, gut markierte **Barrk Walk** führt vom Nourlangie Lookout in das einsame Hinterland (6–8 Std. Gehzeit, unbedingt ausreichenden Wasservorrat mitnehmen).

Jim Jim und Twin Falls

Sehenswerte Wasserfälle Zwischen Jabiru und Cooinda zweigt die 60 km lange 4-WD-Piste zu den Jim Jim Falls ab. Die Piste ist nur von Mai–Okt. (Schwankungen möglich) geöffnet. Am Ende der Dry Season (Sept./Okt.) sind die Wasserfälle fast trocken, eindrucksvoller sind sie im Mai und Juni. Die **Jim Jim Falls** entspringen vom 215 m höher gelegenen Arnhem Land Plateau. Ein 1 km langer Pfad führt zum Fuß des Wasserfalls. Baden ist möglich. Auf dem mittlerweile sehr großzügig ausgebauten NP-Campingplatz kann campiert werden (es gilt „first come first serve" – wer zuerst kommt, erhält einen Platz). Empfehlenswert der **Budjmi Lookout Walk** (ca. 1 km), der beim Campground beginnt und einen großartigen Blick auf das Escarpment, die Abbruchkante des Arnhem-Land bietet. Zu den **Twin Falls** sind es weitere 10 km auf schmaler Piste. Zuvor muss der Jim Jim Creek mit dem Fahrzeug durchquert werden (von vielen Vermietern verboten). Wer bis ganz zu den Wasserfällen möchte, muss vom Parkplatz zunächst ca. 1 km wandern und eventuell ein Stückchen schwimmen.

Cooinda und die Yellow Waters Cruise

Cooinda bietet mit der **Gagudju Cooinda Lodge**, einem Campingplatz, Tankstelle und Laden alle Annehmlichkeiten. Das nahe gelegene **Warradjan Aboriginal Cultural Centre** zeigt eine kurzweilige Ausstellung zur Kunst und Kultur der lokalen Ureinwohner (Eintritt frei). In Cooinda empfiehlt sich die Teilnahme an einer Bootsfahrt auf der **Yellow Water Lagune**. Höhepunkt der Fahrt sind natürlich die gefährlichen **Leistenkrokodile** („Salties"). Auch die faszinierende Vogelwelt und das weitläufige Buschland machen die Fahrt lohnend. In der Regenzeit ist die Chance, Krokodile zu sehen, deutlich kleiner, da das gesamte Gebiet von Wasser überflutet ist und die Tiere einen wesentlich größeren Aktionsradius haben. Von Mai–Okt. halten sie sich eher an Land auf, um sich aufzuwärmen. Von der Bootsrampe kann man eine schöne Rundwanderung unternehmen, die

Nicht ungefährlich ist das Leistenkrokodil

am Campingplatz von Cooinda endet. Wer einsamer campieren möchte, sucht den NP-Campground von **Mardugal** (am gleichnamigen Billabong, ca. 6 km südlich von Cooinda) auf.

Maguk
Die Mary River Area bildet den Südteil des NP. Zunächst wird der Abzweig zur 4-WD-Piste nach Maguk erreicht. Nach 12 km erreicht man einen Wanderpfad (2 km), der zu einem schönen Felspool führt.

Gunlom Falls (Mary River Area)
Die Anfahrt nach Gunlom führt über eine etwa 35 km lange Piste (4WD). Bei den Gunlom Falls befindet sich ein großer NP-Campground (mit Toilette und Duschen). Der große natürliche Pool am Fuße des Wasserfalls ist eine willkommene Erfrischung. Ein steiler Weg (ca. 500 m) führt hinauf zu spektakulären Badepools und der Wanderer wird mit weiten Blicken auf den südlichen **Kakadu NP** belohnt. Die einsame Koolpin Gorge (Jarrangbarnmi) östlich der Gunlom Falls darf am Tag nur von ca. 40 Personen besucht werden. Hierfür muss zwingend ein Permit beim Ranger besorgt werden.

Willkommene Erfrischung im Wasserfall

Reisepraktische Informationen Kakadu National Park

Information
Park Headquarter/Bowali Visitor Centre, *Kakadu Hwy., Jabiru, ☎ 08-89381120, www.kakadu.com.au. Tgl. 8–17 Uhr. Die Ranger sind mit Routenauswahl und Wandervorschlägen behilflich.*
Parkeintritt: *A$ 25 pro Person, gültig für 14 aufeinanderfolgende Tage.*
Warradjan Aboriginal Cultural Centre, *Cooinda, tgl. 9–17 Uhr. Im Kulturzentrum gibt es eine Ausstellung über Geschichte und Kultur der Ureinwohner der Region.*

Verkehrsmittel
Tägliche Busverbindungen u. a. mit **Greyhound** *von Darwin nach Jabiru und Cooinda. Innerhalb des Parks (ab Jabiru und Cooinda) führt* **Kakadu Park Link** *Ausflüge zu den wichtigsten Sehenswürdigkeiten durch, beispielsweise per Allrad zu den Jim Jim Falls/Twin Falls.*

Organisierte Ausflüge
Nicht alle Fahrzeugvermieter gestatten es, zu den Jim Jim/Twin Falls mit den Allradwagen zu fahren – deshalb geführte Ausflüge. Die meisten Touren verlaufen jedoch ab/bis Darwin.

Übernachten
Als Stützpunkt für Ausflüge empfehlen sich entweder die Stadt Jabiru oder der Ort Cooinda (60 km südlich). Aufgrund der begrenzten Kapazitäten sollten die Hotels vorreserviert werden. Hauptsaison ist Juli–Okt.
Gagudju Crocodile Holiday Inn $$$$, *Flinders St., Jabiru, ☎ 1800-500401, www.gagudju-dreaming.com. Das in Krokodilform gebaute Hotel verfügt über eine komplette Ausstattung und gilt als die beste Unterkunft im Park.*

Aurora Kakadu Lodge $$$ und CP, *Jabiru Drive, Jabiru,* ☎ *1800-818845, www. auroraresorts.com.au. Mittelklasse-Hotel und benachbarter Campingplatz.*
Gagudju Cooinda Lodge und Caravan Park $, *Cooinda,* ☎ *08-89791500, www.gagudju-dreaming.com. Angenehme Motel-Units und Budgetzimmer an der Yellow Waters Lagune mit Swimming-Pool, Tankstelle, Laden, Park-Rangern. Ein Campingplatz mit Cabins liegt nebenan.*

⚠ Camping

Neben den Caravan Parks der Aurora Kakadu Lodge und Gagudju Lodge verfügt der Park über 17 verstreut liegende, meist einfache NP-Campgrounds. Empfehlenswert sind hier **Mardugal** (bei Cooinda), **Merl** (bei Ubirr), **Gunlom** und **Muirella Park** (bei Nourlangie). Nur per Allrad erreichbar ist der Jim Jim Falls NP-Campground.

Wandern

Wandern zählt aufgrund der tropischen Hitze nicht unbedingt zu den populären Aktivitäten im NP. Wer sich zum Wandern begibt, ist meist allein unterwegs. Deshalb auf den markierten Pfaden bleiben und genug Wasser mitnehmen. Kleinere Wanderungen durch das Buschland lassen sich von vielen Stellen unternehmen. Interessant sind der **Bubba Walk** (5 km, vom Muirella Park Campground), die Wanderung zum **Mirrai Lookout** (1 km, ab Kakadu Hwy.) und die genannten längeren Wanderungen in Ubirr und Nourlangie.

Arnhem Land

☞ Tipp

Aufgrund der abgelegenen Lage sind die Touren in das Arnhem Land allesamt teuer. Die Empfehlung gilt den Touren von **Max Davidson**, dem Pionier des Arnhem Land und einem Top-End-Original, der sein Camp schon viele Jahre betreibt (www.arnhemland-safaris.com). Das Camp besteht aus fest stehenden Safarizelten (mit richtigen Betten, jedoch ohne Klimaanlage), die saisonal von Mai–Okt. installiert sind. Hervorragende Tagestouren bietet auch Brookes Australia Tours s. o. an.

Individualreisenden werden durch eine relativ langwierige Permit-Beschaffung, weit reichende Routenbeschränkungen und eine kaum entwickelte Infrastruktur viele Steine in den Weg gelegt. Hinzu kommt: Ein Permit erlaubt zwar die Durchquerung der Aboriginal-Ländereien, nicht jedoch den Aufenthalt in einer der Gemeinden. Die vorhandenen Camps nehmen Selbstfahrer kaum auf, da diese den Weg mangels Beschilderung gar nicht finden würden. Allenfalls ein Trip auf die Gurig Peninsula wäre (mit Permit) möglich: Vom Border Store (Kakadu) nach Smith Point (Chalets, Camping) sind es 260 km, Sprit gibt es beim Ranger in Black Point. Der Rückweg ist derselbe.

Die riesige Nordostecke des NT stellt eines der größten Aboriginal-Gebiete Australiens dar und ist **weitgehend unerschlossen**. Der Grund für die überaus alte Aboriginal-Historie liegt in den besonders günstigen Lebensumständen der Region. Das charakteristische Escarpment, die steile Abbruchkante, welche das Arnhem Land von den Kakadu-Feuchtgebieten trennt, zieht sich über hunderte km hinweg von Nord nach Süd. In der Regenzeit haben sich die Bewohner in die höher gelegenen Felsgebiete des Plateaus zurückgezogen und waren dort sicher vor den Überschwemmungen in den tiefer gelegenen Sumpf- und Savannengebieten. In der Trockenzeit boten die Feuchtgebiete nahrhaften Fisch- und Pflanzenreichtum.

Östlich von Darwin befindet sich der **Gurig NP** und die Halbinsel **Cape Don**, ein Teil des Arnhem Land. Im Haus der früheren Leuchtturmwärter-Familie wurden für zwölf Gäste ein kleines Resort errichtet, das den Namen Cape Don Fishing Lodge trägt. Hauptaktivität der Gäste ist Hochsee- und Küstenangeln. Die Küstenregion ist von **tropischen Regenwäldern und Mangrovensümpfen** gekennzeichnet.

Die Mainoru Road führt von Katherine über rund 1.000 km hinauf auf die **Gove Peninsula**. Dort, im äußersten Osten befindet sich die Siedlung **Nhulunbuy**, die immerhin 3.500 Einwohner hat. Der Grund für diese Ansammlung von Menschen „in the middle of nowhere" ist eine ergiebige **Bauxitmine** und der Hafen, von dem aus der Rohstoff verschifft wird. Auf der Halbinsel leben 13 Aboriginal-Stämme, davon die meisten in Yirrkala und Drimmie Head. Im Umland entstehen viele der typischen Rindenmalereien, die u. a. im **Yirrkala Arts And Craft Centre** zum Verkauf angeboten werden. Mit steigender Tendenz ziehen einzelne Menschen oder ganze Familien wieder in die Wildnis, um im Stile der Vorfahren zu leben.

„In the middle of nowhere"

Bathurst und Melville Island

info

Beide Inseln liegen vor der Küste Darwins und sind voneinander nur durch die schmale Meerenge der Apsley Strait getrennt. Zusammen bilden sie eine Fläche von rund 8.000 km². Seit Jahrtausenden sind die Inseln von den **Ureinwohnern des Tiwi-Stammes** besiedelt. Bis in das späte 19. Jahrhundert hatten sie nachweislich keinen Kontakt zu kontinentalen Aborigines. „Tiwi" bedeutet in ihrer Sprache einfach nur „Volk". Ihre Kultur unterscheidet sich wesentlich von der anderer Ureinwohner: So entwickelten die Tiwi eine gewisse Art der Sesshaftigkeit und standen den Kolonialherren relativ aufgeschlossen gegenüber. 1911 wurde eine katholische Mission in Nguiu (Bathurst Island) gegründet. Die Aktivitäten der Missionare wurden ein wichtiger Bestandteil des Lebens der Tiwi. Die **Nguiu-Community** pflegt bis heute ihre Kunst, die Mal- und Töpferarbeiten sind weltberühmt. Die Malereien bestehen, anders als auf dem Festland, aus einer Vielzahl feiner Striche und Fragmente. **Milikapiti** und **Pularumpi** sind die wichtigsten Siedlungen auf Melville Island. Pularumpi entstand aus dem 1824 gegründeten Fort Dundas, dem Ort der ersten europäischen Besiedlung in Nordaustralien.

13. DARWIN – CAIRNS

Vom Zentrum an die Ostküste

Highway-Route (Overlander's Highway)

Streckenhinweis
Entfernungen

Tennant Creek – Three Ways:	24 km
Three Ways – Barkly Homestead:	187 km
Barkley Homestead – Camooweal:	262 km
Camooweal – Mt. Isa:	188 km
Mt. Isa – Cloncurry:	117 km
Cloncurry – Hughenden:	390 km
Hughenden – Chartertowers:	139 km
Chartertowers – Townsville:	135 km
Townsville – Cairns:	374 km

Alternativ lässt sich die Strecke Darwin – Cairns über den abwechslungsreicheren, nördlich verlaufenden **Savannah Way** (Gulf Track) zurücklegen.

Der Barkly Highway und die schier endlos erscheinende Weidelandschaft der **Barkly Tablelands** zählen zu den langweiligsten Streckenabschnitten einer Australienreise. Ein Grund mehr, ihn so schnell wie möglich zurückzulegen. *Flaches Weideland*

Erster wichtiger Versorgungsstützpunkt (188 km östlich von Three Ways) auf dem Weg nach Osten ist **Barkly Homestead** an der Kreuzung zum Tablelands Hwy. Barkly Homestead bietet Übernachtungsmöglichkeiten in einfach eingerichteten Zimmern (☎ 08-89644549, www.barklyhomestead.com.au).

15 km vor dem Outback-Nest Camooweal überquert man die NT/QLD-Grenze. Zum Auftanken genügt das Roadhouse. Nur 10 km südlich auf der Urandangi Rd. beginnt der **Camooweal Caves NP**, der im Wesentlichen aus einem Tunnelsystem von neun Höhlen besteht. Der Eingangsbereich kann erforscht werden, dann jedoch fallen bis zu 75 m tiefe Schächte in die Tiefe ab. Achtung: In der Regenzeit füllen sich die Höhlen schlagartig mit Wasser!

295 km südlich von Mount Isa (Diamantina Hwy.) liegt **Boulia**, nach weiteren 385 km (Eyre Developmental Rd.) ist der berühmte Outback-Ort **Birdsville** im sogenannten Corner Country (SA/QLD/NT) erreicht.

Mount Isa

1923 entdeckte John Campbell Miles die ersten **Erzvorkommen** im westlichen Queensland. Dies geschah eher zufällig, denn das Gebiet lag dicht an der alten Postroute, die von Duchess nach Camooweal führte. Campbell nannte den Ort ähnlich des westaustralischen Goldfelds Mount Ida fortan Mount Isa. Bereits ein

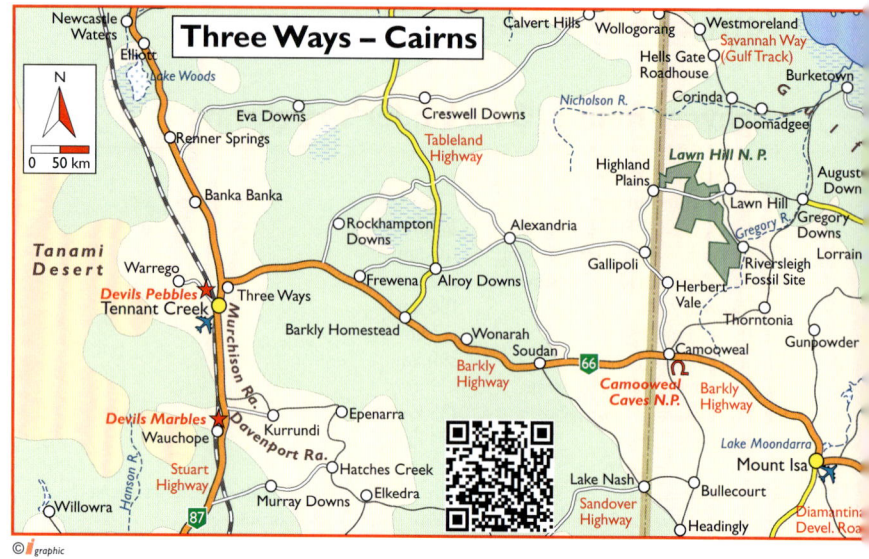

Three Ways – Cairns

Jahr später wurde die erste Minengesellschaft **Mount Isa Mining Limited** (MIM), gegründet. Sie zählt heute zu den größten Produzenten von Kupfer, Blei, Silber und Zink, das aus Tiefen von bis zu 1.800 m gefördert wird. Eine eigens gebaute Eisenbahnlinie transportiert die Rohstoffe von Mount Isa nach Townsville, wo sie weiterverarbeitet und verschifft werden. Die rund 31.000 Einwohner leben fast alle *Die meisten* vom Bergbau, 70 % der Bevölkerung arbeiten unter Tage. Schornsteine, Förder-*Bewohner* bänder und Abraumhalden prägen das Stadtbild, und als Tourist bleibt man kaum *arbeiten* länger als nötig. Abwechslung bieten **Bergwerksführungen** und **Museums-***unter Tage* **besuche**. Im Aug. findet **Australiens größtes Rodeo** in Mt. Isa statt.

Mount Isa Mines (MIM) betreibt das **John Middlin Mining Display** (*Church St.,* ☎ *07-47491429, tgl. 9–16 Uhr*). In einer nachgebildeten Mine und einem Film erfährt man viel über Abbau, Transport und Verarbeitung der Bodenschätze. Gleich nebenan befindet sich das Schwimmbad der Stadt. Die informativen Bergwerksführungen (Hard Times Mine Tour) werden im Visitor Center gebucht. Faszinierende und weltberühmte Fossilienfunde sind im **Riversleigh Fossil Centre** (*19 Marian St.,* ☎ *07-47491555. Tgl. 8.30–17 Uhr, Erwachsene A$ 12, Kinder A$ 7,50*) ausgestellt. Die Funde stammen aus dem 400 km nördlich gelegenen Gregory River bei der Riversleigh Station.

Eine Basis des **Royal Flying Doctor Service** (RFDS) befindet sich am Barkly Hwy. (*Ecke Camooweal Rd./Grace St., Mo–Sa 9–15 Uhr*). Besichtigungen der benachbarten **School of the Air** (*Abel Smith Parade,* ☎ *07-47448333, www.mtisasde. eq.edu.au*) finden nur an Schultagen um 10 Uhr statt. 20 km nördlich liegt der **Lake Moondarra**, wo Pelikane, Kormorane und Galahs leben. Der See eignet sich gut zum Baden. Picknickeinrichtungen und ein Kiosk sind vorhanden.

Reisepraktische Informationen Mount Isa

Information
Mount Isa Visitor Centre (Outback at Isa), *19 Marian St.,* ☎ *1300-659660, www.outbackatisa.com.au. Großes Besucherzentrum mit der sehenswerten Fossilienausstellung aus Riversleigh. Buchung von Bergwerksführungen.*

Übernachten
Quality Inn Burke & Wills $$$, *36 Miles St.,* ☎ *07-47438000, www.choicehotels.com.au, Mittelklasse-Motel.*
Overlander Motel $$$, *119 Marian St.,* ☎ *07-47435011. Gutes, in Stadtnähe gelegenes Hotel.*
Travellers Haven Backpacker Hostel $, *Ecke Spence/Pamela St.,* ☎ *07-47430313, www.travellershaven.com.au. Backpacker-Unterkunft mit Transferbus vom Busterminal.*

Camping
Copper City Riverside Tourist CP, *195 Little West St.,* ☎ *07-47434676.*

Restaurants
In der Minenstadt fällt es nicht schwer, ein günstiges Counter Meal zu finden.
Hotel Boyd, *Ecke West/Marian St. Hervorragende Steakgerichte, an Wochenenden Liveunterhaltung.*
Mt. Isa Tavern, *Isa St. Günstige Gerichte im Pub, edler geht es im benachbarten Bistro zu.*

Streckenhinweis

Der Highway in Richtung Osten heißt nun Flinders Hwy. Nach 55 km führt eine schmale Straße nach **Mary Kathleen**. Dabei handelt es sich um eine ehemalige Uranmine, deren Vorkommen durch Zufall entdeckt wurden. Im Jahr 1954 hatte ein Ehepaar eine Autopanne, begann aus Langeweile mit der Mineraliensuche und fand dabei zufällig Uranerz.

Cloncurry

Die 2.500 Einwohner zählende Kleinstadt (117 km westlich von Mt. Isa) war im Jahre 1916 **größter Kupferproduzent des Britischen Empire**. Ein kleines **Museum** beherbergt neben alten Gerätschaften auch Überbleibsel der Burke-&-Wills-Expedition. Der **Royal Flying Doctor Service** unterhält auch hier eine seiner 14 Basen. Einzige echte Sehenswürdigkeit ist **John Flynn Place**, ein Museum zu Ehren des Gründers des Royal Flying Doctor Service (*Daintree St., ☎ 07-47424100, www.johnflynnplace.com.au. Tgl. 8.30–16.30 Uhr, Erwachsene A$ 10,50, 5–16 Jahre A$ 7*). Ein uralter Hangar der Queensland and Northern Territory Aerial Services (**Qantas**) ist noch erhalten. Cloncurry war der Endpunkt der Luftpostverbindung Charleville – Longreach – Cloncurry, die 1922 begann.

Hughenden

Dinosaurier-Funde

Das QLD-Hinterland ist von Rinder- und Schaffarmen geprägt. Kleinere Städte wie Julia Creek, Richmond und Hughenden sind Versorgungs- und Verladestützpunkte der umliegenden Farmen. Im Visitor Centre von Hughenden befindet sich eine Dinosaurier-Ausstellung mit einem dort gefundenen 14 m großen Muttaburrasaurus-Skelett. Aufgrund der reichen **Fossilienfunde** um Hughenden wird angenommen, dass sich das Ufer des einstigen Inlandmeeres genau dort befand, wo die Fairlight Range und die Basalt Tablelands aufeinander treffen.

Streckenhinweis
Auf direktem Weg nach Cairns

Man sollte sich in Hughenden beim Flinders Shire Council (Gray St., ☎ 07-47411288) erkundigen, ob die nach Norden führende, nicht durchgängig asphaltierte **Kennedy Developmental Rd.** (Hann Hwy.) befahrbar ist. In der Regenzeit kann es hier Probleme durch Überschwemmungen geben. 257 km nördlich von Hughenden, in **Lynd Junction**, bessert sich der Zustand der Straße. Sie heißt fortan Kennedy Hwy. Je weiter man nach Nordosten gelangt, desto tropischer wird die Vegetation. Eukalyptuswälder lösen die weiten, kahlen Ebenen ab. Einstige Vulkane prägen mit ihren typischen Kegeln die Landschaft. Nach 91 km auf dem Kennedy Hwy. folgt der Abzweig nach **Georgetown** (Gulf Developmental Rd.). In Ravenshoe erreicht der Kennedy Hwy. die **Atherton Tablelands**. Wer in der **Regenzeit** unterwegs ist und jedes **Risiko vermeiden** möchte, bleibt auf dem Flinders Hwy. Dieser hat, bedingt durch den Nord-Süd-Verlauf der Great Dividing Range, einen recht hügeligen Verlauf. 135 km westlich von Townsville liegt die Goldgräberstadt **Charters Towers**.

Porcupine Gorge National Park

Malerische Sandstein-schlucht

70 km nördlich von Hughenden gelegen, zieht die malerische Sandsteinschlucht des Porcupine Gorge NP nur wenige Touristen an. In der äußerst wasserarmen Umgebung führt nur ein durch die Schlucht fließender Bach ganzjährig Wasser. Baden in

den Felspools ist im Mai und Juni nach der Regenzeit am ehesten möglich. Dementsprechend halten sich viele Tiere in der Schlucht auf – besonders Kängurus, Felswallabies und Vögel. Die Zufahrt zum Park ist ausgeschildert. Schautafeln informieren über die markierten Wanderwege in das tief eingeschnittene Tal, das auch **„Australia's Little Grand Canyon"** genannt wird. Die Felswände ragen bis zu 120 m hoch auf. Ein NP-Campingplatz (mit Toiletten und Wasser) ist oberhalb der Schlucht vorhanden. In der Dämmerung sind Wildbeobachtungen bei Wanderung in die steile Schlucht gut möglich. **Vorsicht** vor teilweise losen Felsen und Geröll.

Charters Towers

1872 wurde in Charter Towers erstmals Gold entdeckt. In wenigen Jahren schwoll die Bevölkerung auf über 30.000 Menschen an, und 100 Minen waren in Betrieb. Auffällig ist das angenehm trockene Klima in der heute noch 7.500 Einwohner zählenden Stadt. Sehenswert sind die Geschäftsstraßen **Gill Street** und **Mosman Street**, die praktisch das Stadtzentrum bilden. Schlendert man durch die Einkaufsarkaden der Gill St. und die Stock Exchange Arcade (am Ende der Gill St.), so lässt sich das Leben der einst boomenden Goldstadt leicht nachvollziehen. Ein Relikt aus alten Tagen ist die „Flying Fox"-Kassiervorrichtung aus Stan Pollard's Store, die heute im **Zara Clark Museum** (*Ecke Mosman/Mary St.,* ☎ *07-47874161. Tgl. 10–14 Uhr, Erwachsene A$ 5, 5–17 Jahre A$ 2*) zu bewundern ist. Viele der alten Gebäude, darunter die **City Hall** (1891), die **Bank Of NSW** (1880) und das **Post Office** (1892), wurden liebevoll restauriert und stehen unter Denkmalschutz. Baden und (Barramundi)-Angeln ist 15 km östlich an der Flat Rock Camping Reserve am Ufer des **Burdekin River** möglich.

Liebevoll restaurierte Gebäude

Reisepraktische Informationen Charters Towers

ℹ Information
Visitor Information Centre, *74 Mosman St.,* ☎ *07-47615533, www.charterstowers.qld.gov.au, tgl. 9–17 Uhr,* und **National Trust Office** (*Stock Exchange Arcade*) *informieren über die Geschichte und Übernachtungsmöglichkeiten.*

🛏 Übernachten
Cattleman's Rest Motor Inn $$$, *Ecke Bridge St./Plant St.,* ☎ *07-47873555, www.cattleman.com.au. Modernes Motel mit Restaurant.*

⚠ Camping
Aussie Outback Oasis Village, *76 Dr George Ellis Drive,* ☎ *1800-812417, www.aussie-outback-oasis.qld.big4.com.au.*

☞ Streckenhinweis
Der Flinders Hwy. setzt sich bis Townsville fort. Ein Abzweig bei Mingela führt zur einstigen Goldgräberstadt **Ravenswood** (40 km südlich). In der Geisterstadt können Reste alter Kolonialhotels und verlassene Minen besichtigt werden.

Alternativroute: Savannah Way

Entfernungen

Darwin – Mataranka:	438 km	
Mataranka – Roper Bar:	182 km	
Roper Bar – Cape Crawford:	309 km	
Cape Crawford – Borrooloola:	109 km	
Borrooloola – Wollogorang:	258 km	

Wollogorang – Burketown:	232 km
Burketown – Normanton:	233 km
Normanton – Georgetown:	300 km
Georgetown – Cairns:	370 km

Infos: www.gulf-savannah.com.au

Outback-
route entlang
des Gulf of
Carpenteria

Alternativ zur Highway Route lässt sich mit einem 4-WD in den Wintermonaten (Mai–Okt.) der reizvolle Savannah Way (einst „**Gulf Track**" genannt) von Darwin nach Cairns befahren. Er beginnt im **Top End** des Northern Territory und endet in **Normanton** im Nordwesten Queenslands. Abstecher in „krokodilverseuchte" Uferregionen locken den Outback-Reisenden ebenso wie ruhig dahinfließende Flüsse mit traumhaften Möglichkeiten zum Angeln oder Nächten in einsamen Bushcamps. Die Tierwelt der Golf-Region ist vielfältig: **Vögel**, **Dingos**, **fliegende Hunde** und **Fledermäuse**, aber auch **Krokodile** und reichlich **Moskitos** sind vorhanden. Das Befahren des Savannah Way empfiehlt sich ausschließlich während der Trockenzeit von Mai–Okt. Die vorhandenen Flussdurchquerungen sind größtenteils durch einbetonierte Pisten entschärft worden. Gleichwohl ist Vorsicht geboten, wenn die Pegel nach Regenfällen gestiegen sind. Sandige Passagen empfangen Reisende mit „bull dust", feinstem Outbackstaub, der zuweilen auch tiefe Löcher kaschiert.

Der Savannah Way im Überblick

km 0:   Vom Stuart Hwy. (6 km südlich von **Mataranka**) führt der geteerte Roper Hwy. nach Osten – zunächst durch wenig spektakuläres Farmland.

km 182: **Roper Bar**. Per Boot lässt sich die Mündung des Roper River erreichen, ein Angelgebiet für Barramundi-Fischer. Der **Roper Bar Store** (☎ *08-89754636, www.roperbar.com.au*) ist mit Motel, CP, Tankstelle und Supermarkt der wichtigste Anlaufpunkt für die weitere Reise.

km 252: **St. Vidgeon Homestead Ruins**. Die Ruinen der Farm liegen nahe der Lormaieum Lagoon, einer von Wasserlilien überzogenen Lagune mit reichem Vogelleben.

km 360: **Limmen Bight River**. Flussabwärts liegen ein permanentes Angel-Camp und schöne Campgrounds. Kurz darauf folgt der Abzweig zur historischen **Nathan River Homestead** (geschlossen).

km 408: Abzweig nach **Lorella Springs Homestead** in der Tarwallah Range. Bushcamping an einem schönen Pool möglich. Nach weiteren 83 km auf dem Gulf Track ist bei Cape Crawford der geteerte Carpentaria Hwy. erreicht. Dort werden von der Savannah Guide Station spektakuläre Helikopter-Rundflüge angeboten. Die „verlorenen Städte" sind in diesen Fällen bizarr anmutende Steinformationen, die per Fahrzeug nicht zu erreichen sind. Im Heartbreak Hotel (www.heartbreakhotel.com.au), dem Roadhouse von Cape Crawford, kann übernachtet werden. *Spektakuläre Helikopter-Rundflüge*

km 555: **Borroloola**. Bis 1886 gab es keinerlei Ansiedlungen zwischen Roper Bar und dem kleinen Hafen Burketown. Dank dem Goldrausch in den Kimberleys entstand eine kleine Stadt am McArthur River, einem der größten Flüsse der Golf-Region. Zum Stuart Hwy. besteht eine schnelle Verbindung über den Carpentaria Hwy. Für Touristen werden Angelausflüge und Bootsausflüge zur Krokodilbeobachtung in den 40 km entfernten Mündungsbereich angeboten. Auch der der Küste vorgelagerte **Barranyi National Park** mit den Sir Edward Pellew Islands ist ein gerne besuchtes Angler-Ziel. Übernachten ist u. a. im komfortablen **Borroloola Inn** (☎ 08-89758766) oder auf dem **McArthur River CP** (☎ 08-89758734) möglich. Es gibt Banken, Supermarkt und Autowerkstatt.

km 611:   **Wearyan River**. Idyllischer Rastplatz am Fluss und Campground.

km 660:   **Robinson River**. Einfacher Campground am Flussufer.

km 730:   **Calvert River**, einer der schönsten Streckenabschnitte mit reichlich Pflanzenbewuchs. Die Piste windet sich hinauf auf die Calvert Range. Die 80 km entfernte Wollogorang Station ist geschlossen und der Straßenzustand verschlechtert sich nach Überquerung der NT/QLD Grenze deutlich!

km 871:   **Hell's Gate Roadhouse** (☎ 07-47458258) mit B&B-Unterkunft und Restaurant. Die Eigner führen Tagestouren zur 120 km entfernten Küste durch. 50 km später erfolgt ein Abzweig zum Kingfisher Camp, einem idyllischen Campingplatz am Flussufer. Von hier kann über die Bowthorne Station auch direkt in den Lawn Hill NP gefahren werden.

km 951:   **Doomadgee Aboriginal Community**. Mit über 1.000 Einwohnern ist Doomadgee eine der größten Aboriginal-Gemeinden der Golf-Region. Ein Laden für kleinere Einkäufe ist vorhanden. Wenig später folgt die Querung des Nicholson River. Vorsicht Krokodile!

km 1008:   **Gregory River**. Idyllisches, tropisch bewachsenes Flussbett. Die durch den Fluss verlegte Betonpiste macht einen Knick und muss deshalb mit Vorsicht befahren werden. Ein letzter Stopp vor Burketown ist das **Tirranna Roadhouse** (☎ 07-47485658).

km 1045:   **Burketown**. Keine Stadt der Golf-Region liegt direkt am Meer, auch Burketown nicht. Zu weit reichend sind die Sumpfgebiete, zu groß ist der auftretende Tidenhub. Die Bucht und der Fluss Albert River wurden von Captain John Stokes an Bord der „HMS Beagle" 1841 entdeckt. Benannt wurde die 1865 gegründete Stadt nach den Forschern Wills und Burke, obgleich die niemals durch gerade diesen Landstrich kamen. Für Reisende und für die ausgedehnten Rinderfarmen der Golf-Region, egal ob von Westen, Osten oder Süden kommend, stellt die Stadt einen wichtigen Versorgungsstützpunkt dar. Das **Albert Hotel/Motel** (☎ 07-47455104) oder der **Burketown CP** (☎ 07-47455118) bieten Übernachtungsmöglichkeiten. Auf dem Gulf Track (jetzt auf manchen Karten Top Rd. genannt) in Richtung Normanton wird das Gelände zunehmend flach. Die Ebenen der zahlreich mündenden Flüsse sind erreicht.

km 1118:   Abzweig zur historischen **Floraville Station**. Hier weist eine Plakette auf den 1866 gestorbenen Frederick Walker hin, der sich auf die Suche nach den vermissten Forschern Burke und Wills gemacht hatte.

km 1120:   Abzweig zu den **Leichhardt Falls**. Schöner Campground auf dem Felsplateau am Fluss und kurzer Spaziergang zu Wasserfällen und Sanddünen.

km 1208:   **Inverleigh Station** und Abzweig zum Matilda Hwy.

km 1278:   **Normanton**. Die 1.150 Einwohner zählende Stadt ist der Endpunkt des Savannah Way und Zentrum des Gulf Savannah Territory. Einige historische Gebäude weisen auf Normantons Bedeutung als einst wichtiger Hafen hin. Aus dieser Zeit stammt auch die bis in die heutige Zeit betriebene Bahnverbindung des Gulflander. Der Zug transportierte Gold und Goldgräber von Croydon in die Hafenstadt. Er verlässt Normanton immer mittwochs, zurück geht's donnerstags. Übernachtet werden kann in Normanton im **Gulfland Motel** (☎ 07-47451290) und auf dem **Normanton Tourist Park** (☎ *1800-193469, www.normantontouristpark.com.au*). Wer möchte, kann von Normanton noch einen Abstecher nach Norden in die Hafenstadt **Karumba** unternehmen, bekannt für die *Schmackhafte* „Karumba Prawns", schmackhafte Krabben. Hier gibt es eine Fährver- *Krabben* bindung nach Weipa (Cape York-Halbinsel).

☞ Streckenhinweis

Auf der Gulf Developmental Rd. sind es von Normanton noch einmal gut 300 km bis Georgetown bzw. 684 km bis Cairns. Wichtigste Stadt unterwegs ist **Croydon**, berühmt durch einen 1886 ausgebrochenen Goldrausch. Hauptattraktion jedoch im küstennahen Outback ist der **Undara Volcanic NP**. 50 km westlich von Mt. Surprise und knapp 60 km östlich von Georgetown befinden sich die heißen Quellen Tallaroo Hot Springs (Baden möglich). Lesertipp: Sehenswert ist auch die Richtung Forsayth liegende und privat betriebene Cobbold Gorge (www.cobboldgorge.com. au) mit Führung (A$ 79), eigenem Swimingpool, Restaurant und Campingplatz.

Lawn Hill National Park

info

Von **Burketown** bis **Gregory Downs** sind es 117 km auf einer recht ordentlichen Piste. Von Camooweal im Süden dauert die Fahrt für die 220 km fast doppelt so lange. Der eigentliche NP-Eingang zum Lawn Hill NP liegt weitere 100 km westlich. Ein Ranger vor Ort vergibt die Camping-Permits. Auf dem Weg von Burketown nach Lawn Hill wird das historische **Gregory Downs Hotel** passiert, in dem auch heute noch übernachtet werden kann (☎ 07-47485566, mit Tankstelle). Camping ist hier ebenso möglich wie in **Adel's Grove**, dem Eingangstor des National Parks. Dort befindet sich ein schön gelegener **Caravan Park** (☎ 07-47485502, www.adelsgrove.com.au). Hauptattraktion des NP ist eine vom Lawn Hill Creek gegrabene 40 m tiefe Schlucht, deren Grund von Regenwald und permanenten Wasserlöchern gekennzeichnet ist. Der NP-Campground (mit Duschen und Toiletten) ist relativ klein, Reservierung beim Ranger (☎ 07-47475572) empfohlen. Am Fluss werden Kanus zur Miete angeboten. Man kann von der mittleren Schlucht bis an die **Inari Falls** paddeln. In der Lower Gorge leben einige harmlose Freshwater-Krokodile, die sich aber kaum zeigen, seit Popularität des Parks und Besucherzahlen zugenommen hat. Im und am Fluss leben eine Menge Vögel, sogar Schildkröten können beobachtet werden. Vom Aussichtspunkt **Island Stack** (steile 20-Min.-Wanderung) bietet sich ein guter Blick in die Schlucht. Einige Felszeichnungen befinden sich an den Uferwänden der Lower Gorge. Im südlich gelegenen **Riversleigh** gibt es berühmte **Fossilienfunde**, von denen man allerdings nur ein paar Ausstellungsstücke zu sehen bekommt. Das interessante Museum befindet sich in Mt. Isa.

14. CAIRNS UND UMGEBUNG

Überblick

Die Geschichte Queenslands

Der erste Weiße, der Kontakt mit der Küste Queenslands hatte und eine Seepassage durch das Great Barrier Reef fand, war Matthew Flinders im Jahre 1802. Bis 1859 war Queensland ein Teil der Gründungskolonie New South Wales. Die Erschließung des Staates begann allmählich von Süd nach Nord: Die Entwicklung der Stadt Brisbane geht auf die Siedlungsgründung John Oxleys im Jahre 1824 zurück, **Goldfunde** in Charters Towers 1871 lösten eine erste Bevölkerungsexplosion aus und führten zur Gründung von Townsville. Die nördlichen Regionen galten lange Zeit als nicht erschließbares, undurchdringliches Dickicht. Erst mit den Goldfunden am Palmer River (Cape York Halbinsel) im Jahr 1873 verschlug es die ersten Abenteurer in den tropischen Norden. Cairns wurde 1876 als Seehafen und Versorgungsstützpunkt für die Goldfelder von Hodgkinson gegründet, Port Douglas folgte wenig später.

Mit den Goldfunden kamen die Abenteurer

Sehenswürdigkeiten

- **Cairns**, Urlaubsstadt in „Far North Queensland", wo sich Regenwald und Riff die Hand reichen.
- Paradies für Taucher und Schnorchler: das **Great Barrier Reef**, größtes Korallenriff der Erde.
- Die **Cape-York-Halbinsel** mit der historischen Stadt Cooktown.
- Im Hinterland die immergrünen Hügel der **Atherton Tablelands**.

Cairns

Zur Geschichte der Stadt

Die Bucht, in der das heutige Cairns liegt, wurde von Captain James Cook 1770 – der sich nach seiner ersten Entdeckerfahrt auf der Heimreise befand – mit dem Namen **Trinity Bay** versehen. Als unbedeutende Siedlung führte Cairns bis 1876 eher ein Schattendasein, da die Lebensbedingungen im tropischen Klima Queenslands schwierig waren. Cairns wurde 1876 dazu auserkoren, die Goldfelder im Inland zu versorgen. Mit der **Anbindung an die Eisenbahn** im Jahr 1885 wurde die Stadt zum wichtigsten Küstenort im „fernen Norden". Als die Goldfelder nach und nach ausgebeutet waren, übernahm der Anbau von **Zuckerrohr** die wirtschaftliche Basis.

Entdecker James Cook

Die ersten Siedler waren vom **Pioniergeist** beseelt und schufen die Grundlage für den zukünftigen Reichtum Queenslands. Berühmte Namen waren Richard Ash

Redaktionstipps

➤ Man sollte sich wenigstens zwei Tage Zeit nehmen, um die Highlights kennen zu lernen: das **Great Barrier Reef** auf einem Bootsausflug und den Regenwald, egal ob auf einer Fahrt nach Kuranda oder auf einer Tour in die Daintree-Regenwälder im Norden.

➤ Einen längeren Hotelaufenthalt verbringt man am besten an den **Northern Beaches**: Trinity Beach oder Palm Cove bieten hierfür herrliche Ferienresorts.

➤ Bei einem **abendlichen Bummel** entlang der Esplanade lässt es sich vielerorts gut speisen und das lockere tropische Flair genießen.

Kingsford (erster Bürgermeister von Cairns), sein Enkel, der Flugpionier Charles Kingsford Smith (Sydneys Flughafen trägt heute seinen Namen) und der Mühlenbesitzer Thomas Swallow. Im **Zweiten Weltkrieg** wurde das „House on the Hills" zur geheimen Zentrale der Alliierten, und in der Trinity Bay begann 1942 die erfolgreiche „Schlacht der Korallensee", in der die Japaner unter US-Führung zurückgeschlagen wurden. Die ersten Touristen wurden in den 1960er-Jahren von der Marlin-Fischerei angelockt, der Zustrom hat bis heute nicht nachgelassen – auch und besonders, weil das Tauchen als Attraktion dazugekommen ist.

Sehenswürdigkeiten

Die Besucherprospekte haben nicht Unrecht, wenn sie das Umland von Cairns mit dem Great Barrier Reef und den tropischen Regenwäldern in den Vordergrund stellen. Cairns selbst bietet nur **wenige Sehenswürdigkeiten**. Von diesen befinden sich die meisten im klar definierten Zentrum der Stadt, das aus dem südlichen Straßenviertel zwischen Florence St. und Sheridan St. gebildet wird.

Asiatische Gäste kommen zum Glücksspiel

Die Stadtgeschichte ist im **Cairns Museum (2)** am **City Place (3)** (*Ecke Lake St./Shields St.,* ☎ 07-40515582, www.cairnsmuseum.org.au. Mo–Sa 10–16 Uhr, Erwachsene A$ 5, Kinder A$ 3, 2015 nach Renovierung wiedereröffnet*) dargestellt. Dort befindet sich auch die kleine Fußgängerzone der Stadt. Entlang der **Esplanade** bummeln allabendlich alle, die von Ausflügen zurückkehren, sich zum Essen begeben oder sich an einer der lebhaften Bars treffen. Täglich findet ab 17 Uhr ein nächtlicher Markt zwischen Esplanade und Abbott St. statt. Der Bummel führt zu **The Pier**, einem touristischen Einkaufszentrum. Das moderne **Reef Casino (4)** (gegenüber The Pier) mit seinem unübersehbaren Glasdom lockt vor allem asiatische Gäste zum Glücksspiel. Die **Trinity Wharf (5)** und das Cruise Terminal, wo die meisten Ausflugsboote und Segler an- und ablegen, vermittelt einiges vom berühmten Urlaubsflair der Stadt. Alle Veranstalter hier ihre Buchungsstellen. Das alte **Barrier Reef Hotel** gegenüber zeigt, wie es früher ausgesehen hat.

Der künstliche Strand **Cairns Lagoon** ist an Stelle der ehemaligen Mud Flats entstanden. Wer nicht auf den öffentlichen Nahverkehr angewiesen ist, der kann weitere Punkte ansteuern, die eine Besichtigung lohnen: u. a.:

• **Royal Flying Doctor Basis** (1 Junction Rd.). Die Basis der Fliegenden Ärzte kann in Cairns Mo–Sa 9–17 Uhr besichtigt werden. Führungen finden alle 30 Min. statt.

Cairns

Trinity Bay

Marlin Marina

Cairns Harbour

Undersea World

Great Adventures Wharf

Trinity Inlet

Trinity Wharf

★ **Sehenswürdigkeiten**
1 Tourism Tropical North Visitor Centre
2 Cairns Museum
3 City Place
4 Reef Casino
5 Trinity Wharf

Unterkünfte
1 Bay Village Tropical Retreat
2 Nomads Esplanade Cairns
3 Shangri-La Hotel The Marina
4 Cairns Central YHA

Restaurants
1 Bayleaf Balinese Restaurant
2 Barnacle Bill's Seafood
3 Red Ochre Grill
4 Cape York Hotel

- **School of Distance Education** (*Hoare St.,* ☎ *07-40510155*). Ein Besuch der Funkschule in Australien sollte nicht fehlen. Besichtigungen sind von 10–12 Uhr außerhalb der Schulferien gegen Voranmeldung möglich.
- **Botanical Garden** (Collins Ave.). Der Botanische Garten verfügt über eine sehenswerte Sammlung tropischer Pflanzen und Farne. Benachbart befindet sich der ruhige **Mount Whitfield Conservation Park**, durch den zwei Regenwaldpfade führen.

Reisepraktische Informationen Cairns

Information

Cairns Visitor Centre, 11 Leafwing Close Mount Sheridan, ☎ 07-40363341, www.cairnsvisitorcentre.com.
Tourism Tropical North Visitor Centre (1), 51 Esplanade, ☎ 1800-093300, www.ttnq.org.au.
Queensland Park & Wildlife Service, 10–12 McLeod St., ☎ 07-40466600, www.nprsr.qld.gov.au. Informationen über die umliegenden National Parks und den Great Barrier Reef Marine Park.

Wichtige Telefonnummern
Vorwahl: 07
Notruf: 000 (gebührenfrei).
Polizei: 5 Sheridan St., ☎ 07-4030 7000.
Krankenhaus: Base Hospital, Esplanade (Nord), ☎ 07-40506333.

Post
General Post Office (GPO), 13 Grafton St. Mo–Fr 8.30–17.30 Uhr.

Verkehrsmittel

Der **Flughafen** mit nationalem und internationalem Terminal liegt 7 km nördlich am Cook Hwy. Ein **Airport Shuttle Bus** (www.cairnsairportshuttle.com.au) verkehrt in regelmäßigen Abständen in die Innenstadt (A$ 12). Bei Abflug ex Cairns kann eine Abholung vom Hotel organisiert werden. **Taxi** vom/zum Flughafen kostet ca. A$ 24. Einige Hotels holen Gäste auch direkt am Flughafen ab.

Überlandbusse
Der Busterminal für Überlandbusse befindet sich im **Trinity Wharf Transit Centre** (Wharf St.). Regionale Busse verkehren vom City Place Transit Centre, 87 Lake St., www.sunbus.com.au, ebenso an die nördlich gelegenen Strände der Marlin Coast.

Züge
Der **Bahnhof** befindet sich in der Bunda St., direkt beim großen Cairns Central Shopping Centre. Fahrplanauskünfte unter ☎ 131617, www.queenslandrail.com.au.
Cairns ist mit **Brisbane** durch „The Sunlander", „Spirit of the Tropics", „The Queenslander" und den neuen Luxuszug „Great South Pacific Express" verbunden.
In das Touristenstädtchen in den **Atherton Tablelands** fährt zweimal täglich die „Kuranda Scenic Railway" (Abfahrt 8.30 Uhr und 9.30 Uhr, Rückfahrt von Kuranda 14 Uhr und 15.30 Uhr). Die **reizvolle Bahnfahrt**, die durch tiefe Täler und über haarsträubende Brücken führt, ist am besten im Rahmen eines Tagesausflugs nach Kuranda zu buchen. Die Rückfahrt erfolgt dann mit der Gondelbahn **Skyrail**.

Taxi
Black & White Taxis, ☎ 131008, www.blackandwhitetaxis.com.au.

Autoverleih
Avis, 135 Lake St., ☎ 07-40480522, www.avis.com.au.
Thrifty, Ecke Sheridan/Aplin St., ☎ 07-40518099, www.thrifty.com.au.
Hertz, 147 Lake St., ☎ 07-40531344, www.hertz.com.au.

Automobilclub
Royal Automobil Club Queensland (RACQ), Stockland Shopping Centre (Earlville, 520 Mulgrave St.), Pannendienst ☎ 07-33612444, Straßenbericht ☎ 130595, www.racq.com.au. Hier erhält man gutes Kartenmaterial, Unterkunfts- und Campingverzeichnisse.

Camper
Britz/Maui, 411 Sheridan St., ☎ 07-40322611, www.britz.com.au.
Apollo Camper, 432 Sheridan St., ☎ 07-40320366, www.apollocamper.com.au.

Organisierte Ausflüge
Tagesausflüge an das Great Barrier Reef

Alle Tagesfahrten und mehrtägige Kreuzfahrten bieten die Gelegenheit zum Schnorcheln und zu Einführungstauchgängen. Verschiedene Veranstalter haben auch Glasboote im Einsatz, von denen aus die Unterwasserwelt trockenen Fußes erlebt werden kann. Die meisten Veranstalter holen Urlauber direkt am Hotel in Cairns oder den Northern Beaches ab. Die **Reef-Tax** (Schutzgebühr für den Marine Park) muss meist direkt an Bord bezahlt werden (pro Person und Tag A$ 6).
Tipp: Das Riff ist nördlich von Cairns (z. B. Touren ex Port Douglas) wesentlich schöner und unverbrauchter. Einige Port-Douglas-Anbieter (z. B. Poseidon Outer Reef Cruises) holen auch in Cairns und Northern Beaches ab, die Transferzeit ist dann allerdings recht lang. Man unterscheidet die günstigeren Touren auf kleinen Booten, mit einfacherem Mittagessen, ohne Riff-Plattform und ohne Glasbodenboot – geeignet für Schnorchler und eher junges Publikum und die Touren mit modernen Katamaranen, opulentem Mittagsbuffet, Plattform am Riff und Glasbodenboot – geeignet auch für Nicht-Schnorchler.
Reef Magic Cruises, 1 Spence St., Cairns, ☎ 1300-666700, www.reefmagiccruises.com. 22-m-Katamaran, Plattform, mit Glasbodenboot und Gratis-Einführungstauchgängen.
Poseidon Outer Reef Cruises, Port Douglas, ☎ 1800-085674, www.poseidoncruises.com.au. Outer Reef-Trips ex Port Douglas, auch mit Abholung in Cairns, angenehm kleines Schiff, mit Tauchmöglichkeit, keine Plattform.

Touren
Billy Tea Bush Safaris, ☎ 07-40320077, www.billytea.com.au. Kleingruppen-Allradtouren nach Cape Trip und Cape York.
Scenic Train & Skyrail: Der beliebte Tagesausflug nach Kuranda mit Hinfahrt per Zug und Rückfahrt per Gondelbahn wird von einer Vielzahl von Anbietern verkauft.
R'n'R-White Water Rafting, ☎ 07-40419444, www.raft.com.au. Wildwasserrafting auf dem Tully-River, Barron River und North Johnston River sowie Kanutouren (Sea Kayaking) durch tropische Inselparadiese.

Rundflüge
Cape York Air Services, ☎ 07-40359399. Bietet u. a. Mitfluggelegenheit beim

„Postboten", der die Outback-Farmen beliefert. Mo–Fr, ab A$ 300 pro Person, je nach Flugroute.

Hot Air Ballooning, ☎ 07-40399900, www.hotairballooningcairns.com.au. Fahrten mit dem Heißluftballon – vielleicht die beste Möglichkeit, um die interessante Lage von Cairns zwischen Riff und Regenwald zu erfassen.

Hotels

Wer baden will, sollte an den **Northern Beaches** (Marlin Coast) in den Orten **Trinity Beach**, **Clifton Beach**, **Kewarra**, **Palm Cove** und **Ellis Beach** nächtigen. Unterkünfte in **Cairns**:

Shangri-La Hotel The Marina $$$$$ (3), Pierpoint Rd., ☎ 07-40311411, www.shangri-la.com. First-Class-Hotel mit Blick auf die Marlin Marina und kolonialem Ambiente. Viele Einkehrmöglichkeiten im Pier Market Place.

Bay Village Tropical Retreat $$$ (1), Ecke Lake St./Gattons St., ☎ 07-40514622, www.bayvillage.com.au. Preiswertes, zentral gelegenes Mittelklasse-Hotel, inkl. Flughafenbus, sehr empfehlenswert.

Villa Marine $$$, Yorkey's Knob Beach, ☎ 07-40557158, www.villamarine.com.au. Genießt vor allem bei jüngeren Besuchern einen guten Ruf, die keine Lust auf das Backpacker-Leben haben. Apartments mit eigener Küche und Bad, 50 m bis zum Strand.

Jugendherbergen/Backpacker-Hostels

Nomads Esplanade Cairns $ (2), 93 The Esplanade, ☎ 07-40410378, www.nomadsesplanade.com.au. Einfache Backpackerunterkunft direkt am Wasser.

Cairns Central YHA $ (4), 20–24 McLeod St., ☎ 07-40510772, www.yha.com.au. Jugendherberge mit guter Ausstattung.

Camping

Cairns Coconut Holiday Resort, Ecke Bruce Hwy./Anderson Rd. (6 km südlich), ☎ 07-40546644. Einer der schönsten Caravan-Plätze der Stadt.

Ellis Beach CP, Captain Cook Hwy., Ellis Beach, ☎ 1800-637036, www.ellisbeach.com. Direkt am Strand gelegener Campingplatz, ca. 25 km nördlich von Cairns.

Hotels nördlich von Cairns

Northern Beaches/Marlin Coast

Kewarra Beach Resort $$$$, Kewarra Beach (20 km nördlich), ☎ 07-40584000, www.kewarra.com. Der „Klassiker" unter den guten Strand-Resorts mit Bungalows im Südsee-Stil und „eigenem Strand". Inklusive Flughafentransfer.

The Reef House $$$$, Williams Esplanade, Palm Cove, ☎ 07-40802600, www.reefhouse.com.au. Schickes 5-Sterne-Resort mit gutem Restaurant und Strandzugang.

Auf dem Weg von Cairns nach Townsville gibt es außerdem zahlreiche **Bed & Breakfast-Häuser**, die über ☎ 07-40977022 oder www.bnbnq.com.au gebucht werden können.

Restaurants

The Pier Market Place und **Trinity Wharf**. Für einen gepflegten Imbiss sind die Food Mall oder das Restaurant **Harbourview** ideal.

Bayleaf Balinese Restaurant (1), Ecke Lake/Gatton St., ☎ 07-40514622. Ausgezeichnetes balinesisches Restaurant.

Barnacle Bill's Seafood (2), *65 Esplanade,* ☎ *07-40512241, www.barnaclebills. com.au. Hier erwartet ausgezeichneter Fisch die Besucher – unbedingt Tisch reservieren!*
Red Ochre Grill (3), *43 Shield St.,* ☎ *07-40510100. Kreative australische Küche.*
Cape York Hotel (4), *Ecke Spence/Bunda St., fast täglich Livemusik.*

Einkaufen
Geschäftszeiten: *Mo–Do 9–17, Fr 9–20, Sa 9–13 Uhr.*
Allerdings haben sich die meisten Läden den Touristen angepasst und auch sonntags geöffnet. Haupteinkaufsstraßen sind die Straßen um den **City Place** *(Lake St., Shields St., Abbott St.). Das riesige* **Cairns Central Shopping Centre** *(mit Imbiss-Ständen und Supermärkten) steht in der Bunda St., wo sich gleichzeitig auch der Bahnhof befindet. Parkmöglichkeiten direkt in der Tiefgarage bzw. auf dem Parkdeck. Außerhalb der Stadt, im Vorort Earlville, befindet sich das* **Stockland Earlville** *(Mulgrave Rd.), ein riesiges Einkaufszentrum mit mehreren Kaufhäusern und Supermärkten, tgl. geöffnet.*
Aboriginal-Kunst *und* **Neuguinea-Exponate** *sind in zahlreichen Galerien in der Innenstadt erhältlich.*

Aktivitäten
Mehrtägige Kreuzfahrten
Coral Princess Cruises, ☎ *1800-079545, www.coralprincess.com.au. Empfehlenswerte mehrtägige Kreuzfahrten ab/bis Cairns an Bord komfortabler Schiffe. Günstigere Preise bei Buchung in Europa.*

Tauchen
Als die besten Anbieten von Tauchexkursionen ans Riff gelten:
Pro Dive Cairns, *116 Spence St.,* ☎ *1800-353213, www.prodivecairns.com.*
Taka Dive, *319 Draper St.,* ☎ *07-40467333, www.taka.com.au.*
Tusa Dive, *Esplanade,* ☎ *07-40311028, www.tusadive.com.*
Mike Ball, *143 Lake St.,* ☎ *07-40315484, www.mikeball.com.*

Schwimmen *kann man ganzjährig im Tobruk-Freibad, 370 Sheridan St. Dort finden auch Tauchkurse statt.*

Strände
Cairns verfügt direkt vor der Esplanade über einen künstlichen Strand mit Freizeiteinrichtungen (Barbecue, Spielplätze usw.). Sehr schöne Strände liegen nördlich der Stadt an der **Marlin Coast**, *den sogenannten* **Northern Beaches**: *Trinity Beach, Clifton Beach, Kewarra Beach, Palm Cove, Ellis Beach.*

Warnung: *Im tropischen Nord-Queensland gilt die Warnung vor den giftigen Quallen (Box Jelly Fish oder Marine Stinger). Sicherer Badespaß ist von Okt.–April nur innerhalb der Stinger-Netze möglich. Die Quallen kommen nur in Küstennähe vor – an den Korallenriffen des Great Barrier Reef kann unbedenklich und ganzjährig gebadet werden.*

Umgebung von Cairns

Hervorragender Überblick aus der Gondelbahn

Skyrail und Kuranda Railway

Die Gondelbahn Skyrail (www.skyrail. com.au) ist eine der großen Attraktionen von Cairns. Auf einer 7,5 km langen Strecke schwebt man über den tropischen Regenwald nach Kuranda. Die Bahn hat ihren Ausgangspunkt am Fuß der McAllister Range (Smithfield Terminal Building, 5 Min. vom Flughafen entfernt) und macht unterwegs zweimal Halt: Gelegenheit, um den Regenwald auf kurzen **Wanderwegen** (Red Peak Station und Barron Falls Station) zu erkunden. Die Hin- oder Rückfahrt nach Kuranda erfolgt mit der historischen **Kuranda Railway** auf der 1891 fertig gestellten Bahnlinie. Die Fahrt führt hinauf durch dichten Regenwald, über hölzerne Brücken und zahlreiche Tunnels zur Barron Gorge und weitere ins Städtchen Kuranda. **Kombinationen** mit Skyrail, Tjapukai und Zugfahrt sind am besten im Pauschalpaket („Kuranda All-Inclusive Tour") buchbar. Infos unter www.skyrail.com.au.

Tjapukai Aboriginal Cultural Park

Eine professionelle Mischung aus Show und Information präsentiert das Tjapukai-Aboriginal-Kulturzentrum. Programmpunkte sind u. a. Bumerang-Werfen, Feuermachen, Tanz, Gesang und Mystik. Das Zentrum befindet sich direkt neben der Skyrail Station.
Tjapukai Aboriginal Cultural Park, *Ecke Kamerunga Rd./Cook Hwy.,* ☎ *07-40429900, www.tjapukai.com.au. Tgl. 9–17 Uhr, verschiedene Touren möglich.*

Marlin Coast und Northern Beaches

Der Küstenabschnitt von Cairns bis Ellis Beach heißt Marlin Coast. Auf dem 26 km langen Abschnitt, der gleich nördlich des Flughafens beginnt, kann zu einem der schönen Strände abgezweigt werden, die offiziell noch zum Stadtgebiet von Cairns gehören. In **Machans Beach**, **Holloways Beach**, **Yorkeys Knob**, **Trinity Beach**, **Kewarra Beach**, **Clifton Beach**, **Palm Cove** und **Ellis Beach** befinden sich sehr schöne Strände, die noch in Reichweite zur Stadt liegen. Alle Strände verfügen über Stinger-Netze, sodass auch während der Quallenzeit gebadet werden kann. Regelmäßige Busverbindungen zwischen Cairns und den einzelnen Stränden machen die Entscheidung schwer, ob man nun besser im lebendigen Cairns oder in einem Strandvorort sein Quartier bucht

Strände nördlich von Cairns

Kuranda

Die Stadt, die sich 30 km nordwestlich von Cairns befindet, hat sich durch den gewachsenen Tourismus ziemlich verändert. Besucher kommen in Bussen, per Gondelbahn Skyrail oder mit dem Zug (Kuranda Scenic Railway). Aufgrund der Nähe zu

Cairns und Umgebung

N

0   20 km

© *ilgraphic*

Cape Tribulation/Cape-York-Halbinsel

Daintree NP

Daintree Forest River Train

Daintree

D a i n t r e e

N P

Main Coast Range

Miallo

Newell

Cooya

Mossman

Mossman Gorge Wildlife Habitat

Mount Carbine

Mow-bray NP

Julatten

Mount Molloy

Kuranda NP

Yalkula

Koah

Rainforest Center

Bilwon

Barron

Bibohra

Hann Tableland NP

Lake Mitchell

Millgan Hwy

Tabacum

Mutchilba

Chewko

Mareeba

Walkamin

Tolga

Kairi

Atherton

Yungaburra

Herberton

Wondecla

Irvinebank

Tumoulin

Evelyn Creek Cons Park

Ravenshoe

Innot Hot Springs

Kennedy Hwy

Millstream Falls NP

Georgetown

Herbert R.

Wild R.

Tully Gorge Lookout

Koombooloomba

Koombooloomba Dam

Cardwell Range

Table Top Range

Agincourt Reef

Alexandra Bay

Cape Kimberley

Snapper I.

Wonga Beach

Low Is.

Port Douglas

Craiglie

Trinity

Oak Beach

Rex Lookout

Wangetti

Hartley's Crocodile Adventures

Ellis Beach

Kuranda

Palm Cove

Clifton Beach

Trinity Beach

Kuranda

Yorkeys Knob

Smithfield Heights

Skyrail

Barron Gorge NP

Cairns

L. Morris

Davies Creek NP

Dinden

Edmonton

Grey Peaks NP

Kamma

Danbulla NP

Gordonvale

Aloomba

Lake Tinaroo

Crater Lakes NP

L. Barrine

L. Eacham

Eacham

Little Mulgrave

Meerawa

Deeral

Wooroo-nooran

Bellenden Ker

Malanda

Mt Hypipamee NP

Tarzali

Nooran National

Bartle Frere 1622 m

Mirwinni

Babinda

Babinda Boulders

Eubenangee Swamp

Josephine Falls Park

Innisfail

Millaa Millaa

Malaah NP

Palmerston Hwy

East Palmerston

Tully Falls NP

South Johnstone R.

Japoonvale

South Johnstone

Mena Creek

Panorella Park

Japoon

Silkwood

El Arish

Kurrimine Beach NP

Maria Creek NP

Feluga

Tully Gorge NP

Tully

Sugar Mill

Euramo

Cardwell

Great Barrier Reef

Undine Reef

St Crispin Reef

Rudder Reef

Opal Reef

Tongue Reef

Batt Reef

Trinity Opening

Norman Reef

Hastings Reef

Michaelmas Reef

Oyster Reef

Vlasof Reef

Upolu Reef

Arlington Reef

Green I.

Green Island Reef

Grafton Passage

Fitzroy I. NP

Yarrabah

Mission Bay

Cape Grafton

Yarrabah

C o r a l   *S e a*

High I.

Fishery Falls

Frankland Is.

Russell River NP

Bramston Beach

Cooper Point

Ella Bay NP

Ella Bay

Flying Fish Point

Moresby Range NP

Etty Bay

Mourilyan

Mourilyan Harbour

South Johnstone

Moresby

Double Point

Cowley Beach

South Bingil Beach

Kurrimine

King Reef

Bingil Bay

Clump Mtn NP

Mission Beach

Wongaling Beach

Dunk Is.

South Mission Beach

Tam O'Shanter NP

Mt Mackay NP

G r e a t

B a r r e r   R e e f

C o a s t

M a r i n e

P a r k

Thetford Reef

Milln Reef

Moore Reef

North West Reef

Elford Reef

Channel Reef

Sudbury Reef

Scott Reef

Maori Reef

Noggin Reef

Flora Reef

Hedley Reef

McCulloch Reef

Gibson Reef

Howie Reef

Pearl Reef

Cayley Reef

Feather Reef

Hall-Thompson Reef

Adelaide Reef

Ellison Reef

Eddy Reef

Cairns und wegen des **Kuranda Market** (Mi, Fr, So 8.30–15 Uhr, einige Stände auch täglich) hat sich das Städtchen zu einem beliebten Tagesausflugsziel entwickelt. An den Verkaufsständen, wo mit allerhand Kunsthandwerk und Souvenirs gehandelt wird, herrscht ein buntes Treiben. Die Orientierung in Kuranda fällt leicht: Hauptstraßen sind die Coondoo St. und die Therwine St. mit dem Markt. Die nett anzusehende **Bahnstation** befindet sich am Barron River in der Arara St.. Zu Fuß oder mit dem Auto gelangt man über die Barron River Rd. zum **Wrights Lookout**, von wo aus man einen schönen Blick auf die Wasserfälle der Barron Gorge genießt.

Beliebtes Ziel für einen Tagesausflug

Sehenswert in Kuranda ist das **Butterfly Sanctuary** (*8 Rob Veivers Drive, ☎ 07-40937575, www.australianbutterflies.com. Tgl. 9.45–16 Uhr, Erwachsene A\$ 19, Kind A\$ 9,50*), ein großes Schmetterlings-Freiluftgehege, in dem über 2.000 Schmetterlinge munter herumfliegen. Das **Noctarium** mit verschiedenen nachtaktiven Tieren liegt gleich nebenan. Aviary und Birdworld sind ein Freiluftgehege für 40 Vogelarten, wie sie im tropischen Regenwald heimisch sind (tgl. 10–15 Uhr).

Rainforestation Centre

Ein weiterer Touristenmagnet Kurandas ist das Rainforestation Centre mit gleich drei Attraktionen: Das **Pamagirri Cultural Centre** bietet ähnlich dem Tjapukai Centre (wenngleich nicht ganz so technisiert) eine Mischung aus mystischem Tanz und lehrreichen Vorführungen wie Bumerang werfen oder Didgeridoo-Blasen. Das kleine Dorf zeigt die verschiedenen Lebensformen der australischen Ureinwohner. Ein großer **Koala & Wildlife Park** zeigt in natürlicher Umgebung die Pflanzen und Tiere Australiens. Und schließlich haben Besucher die Möglichkeit, in **Amphibienfahrzeugen** aus dem Zweiten Weltkrieg (Army Ducks, gebaut zwischen 1942 und 1944 in Detroit) durch ein 40 ha großes Regenwaldgebiet zu tuckern. Der Lärm der Fahrzeuge verscheucht leider jegliches Getier.

Regenwald und Aborigine-Kultur

Rainforestation Centre, *Kuranda, ☎ 07-40939033, www.rainforest.com.au. Tgl. 9–16 Uhr, mit Restaurant. Von der Skyrail-Station oder von Kuranda (beim Butterfly-Sanctuary) fährt regelmäßig ein Shuttle-Bus zur Rainforestation. Es werden verschiedene Touren angeboten.*

Das Great Barrier Reef

Die Inseln des nördlichen Great Barrier Reef

Für Matthew Flinders, der 1802 eine Seepassage durch die tückischen Gewässer Queenslands suchte, war es schlicht die „Große Barriere" – „The Great Barrier". Von den tatsächlichen Ausmaßen dieses weltgrößten Korallenriffs hat sich Flinders allerdings keine Vorstellung gemacht. Über eine **Länge von rund 2.000 km** dehnt sich das Riff von Papua-Neuguinea bis Gladstone an der Küste Queenslands aus. Dabei besteht es nicht aus einer einzigen Meereserhebung, sondern aus rund 2.600 Einzelriffs und 300 Inseln, wobei nur drei Inseln als reine Koralleninseln (Green Island, Lady Elliot Island und Heron Island) gelten. Das als „Achtes Weltwunder" bezeichnete Naturparadies umfasst eine Gesamtfläche von über einer Viertelmillion Quadratkilometern.

Das Great Barrier Reef wurde in tausenden von Jahren von Korallenpolypen, lebenden Organismen, gebaut. Es ist das größte, von Lebewesen geschaffene „Bauwerk" unserer Erde. Nur unter optimalen Lebensbedingungen, d. h. mindestens 20 Grad Wassertemperatur und hoher Kalziumgehalt, können sich Korallen vermehren. Die absterbenden mineralischen Bestandteile (Kalkstein) haben Riffe gebildet, die immer höher bis zu ihrem heutigen Niveau wuchsen. Die bislang bekannten, rund 400 verschiedenen Korallenarten benötigen für ihr Wachstum Licht. Die maximale Tiefe, in der sie vorgefunden werden können, beträgt daher nicht mehr als 20 m.

Am Great Barrier Reef geht es in erster Linie ums Tauchen

Das **Great Barrier Reef** ist die Heimat unzähliger tropischer, farbenprächtiger Fische, die in einträchtiger Symbiose mit den Korallen leben. Die Vielfalt lässt sich dabei nur erahnen – befindet man sich einmal unter Wasser, entdeckt man ständig neue Arten und Formen. Dazu zählen auch **Seesterne**, **Krustentiere** (Krebse und Krabben), **Meeresschildkröten**, **Muscheln**, **Schnecken**, **Rochen** und **Haie**. Letztere zählen in den warmen Gewässern zu den kleineren und meist ungefährlichen Arten. Ist man mit den verschiedenen Korallen- und Fischarten nicht vertraut, sollte man sie nur mit Handschuhen oder besser gar nicht berühren. **Buckelwale** (Humpback Whales) wandern von Aug.–Okt. entlang der QLD-Küste. Sie können am besten von Hervey Bay/Fraser Island oder der Bunker Reef Gruppe (Heron Island) beobachtet werden.

Tauchen am Great Barrier Reef

Eine **Tauchexkursion am Riff** zählt zu den Höhepunkten vieler Australienreisen. Denn nur unter Wasser kann die faszinierende Meereswelt in aller Ruhe betrachtet und genossen werden. Die beste Zeit ist von Juni–Nov., jedoch herrschen auch in den übrigen Monaten meist gute Bedingungen. Die Tauchtiefen betragen selten mehr als 20 m, und schon in geringen Tiefen wachsen die schönsten Korallenformationen. Erfahrene Taucher werden von den **1.200 Wracks** angelockt, die z. T. vor der Jahrhundertwende untergegangen sind: Berühmtestes Wrack ist die „Yon-

Höhepunkt vieler Australienreisen

Hinweis zum Tauchen

Vorkenntnisse für einen Tauchkurs werden nicht benötigt – wer unsicher ist, sollte evtl. bereits zu Hause einen Schnorchel- oder Tauchkurs beginnen. Alle Tauchschulen in Australien verlangen eine medizinische Untersuchung (Medical Certificate). Die Kurse dauern i. d. R. fünf Tage: zwei Tage im Schwimmbad, danach drei Tage Tauchen. Es gibt Kurse, bei denen man täglich an Land zurückkehrt, und Kurse, bei denen man auf dem Boot übernachtet (Liveaboard). Die Prüfungsabnahme erfolgt meist nach den Regeln des Tauchverbandes **PADI**. Mit bestandener Prüfung und dem Logbuch kann daraufhin überall auf der Welt im Rahmen der erlernten Fähigkeiten getaucht werden.

Achtung! Zwischen dem letzten Tauchgang und einem Flug müssen mindestens 24 Std. liegen.

gala", die 1911 vor Townsville sank. Das **Osprey Reef** im Norden (östlich von Lizard Island) zählt zu den besten Riffen. Hier bricht die Riffkante 1.000 m in die Tiefe. Wale, Hammerhaie und riesige Barsche sind hier zu sehen.

Die Inseln von Nord nach Süd

Lizard Island

Die nördlichste der bewohnten Inseln liegt nördlich von Cooktown rund 26 km vom Festland entfernt und ist in einer halben Flugstunde von Cairns aus erreichbar. *Türkisblaue Lagunen* Der Name „Lizard" stammt von den dort lebenden Echsen. Die 1.000 ha große Insel ist als **National Park** ausgewiesen. Vom 359 m hohen **Cook-Lookout** bietet sich ein toller Blick auf die türkisblauen Lagunen. Von Sept.–Dez. ist die Jagd auf die Black Marlins (Schwertfische) eröffnet. Berühmtestes Tauchrevier in der Nähe ist das **Cod Hole**, wo riesige Zackenbarsche mit der Hand gefüttert werden. Eindrucksvolle Riffe umgeben die Insel und laden zum Schnorcheln ein. Das Lizard Island Resort ist eine sehr exklusive 5-Sterne-Ferienanlage mit komfortablen Bungalows, die sich perfekt der Landschaft anpassen, und einem Weltklasse-Restaurant.

Lizard Island $$$$$, ☎ 1300-863248, *www.lizardisland.com.au. Im Übernachtungspreis sind alle Mahlzeiten enthalten. Tauchexkursionen müssen separat bezahlt werden. Die Anreise erfolgt per Linienflugzeug von Cairns.*
Lizard Island NP-Campground, *www.nprsr.qld.gov.au. Gegen Voranmeldung beim NP-Service in Cairns kann auf dem kleinen NP-Campground übernachtet werden, praktisch direkt am Strand und ideal zum Schnorcheln.*

Low Isles

Die Koralleninseln der Low Isles liegen vor Port Douglas und sind von dort zu erreichen. Die Inseln sind unbewohnt und verfügen höchstens über einen Leuchtturm. Tagesausflüge von Port Douglas (z. B. mit „Quicksilver") beinhalten meist ein Mittagessen, Schnorchelausrüstung und Fahrten mit einem Glasbodenboot. Die Korallenbänke liegen direkt vor der Küste.

Korallenriffe brauchen Schutz

Info

Das Great Barrier Reef ist 1976 zum **Marine Park** erklärt worden. Im Status entspricht das einem geschützten National Park. Damit sollten die Pläne, in dem äußerst sensiblen Gebiet nach Öl zu bohren, endgültig auf Eis gelegt werden. In jüngster Zeit jedoch wurden wieder Bohrvorhaben bekannt, gegen die die australische Öffentlichkeit heftig protestiert. Biologen sehen aber noch ganz andere **Gefahren** auf das Great Barrier Reef zukommen. Schnorcheltouristen beschädigen auf ihren Exkursionen, oft unabsichtlich, die zarten Korallenarme durch **Zertreten** oder **Abbrechen**. Schäden, die durch das **Ankern** von Ausflugsbooten an den Korallenstöcken hervorgerufen werden, sollen durch festgelegte Ankerplätze und die Einrichtung von Plattformen eingeschränkt werden.

Doch weit größere Schäden richten **Umweltgifte** an: Düngemittel und Phosphate, die aus den Zuckerrohrfeldern ins Meer geschwemmt werden, sowie Abfälle vergiften das Riff regelrecht. Der zunehmende Schiffsverkehr durch **Frachtschiffe** (z. B. Kohlefrachter) und Tanker stellt eine große Gefahr für das Ökosystem dar – hier schlägt sich der Mining-Boom negativ nieder. Schon kleinste Veränderungen, wie sie z. B. durch das Ausbaggern eines Hafenbeckens entstehen, hat für die Korallen zerstörerische Folgen.

Green Island
Die nur 13 ha kleine Insel liegt 25 km nordöstlich von Cairns und eignet sich für einen Tagesausflug. Als echte Koralleninsel findet man rund um die Insel Schnorchelreviere, allerdings ist das Wasser sehr viel trüber als am Outer Reef. Am Landungssteg befindet sich ein kleines **Unterwasserobservatorium**. Das Resort der Insel verfügt über 5 Sterne und leidet unter der großen Zahl der Tagesausflügler. *Gut für einen Tagesausflug*

 Green Island Resort $$$$$, ☏ 1800-673366, *www.greenislandresort. au. Luxus-Resort, das vor allem von Asiaten gebucht wird. Great Adventures führt Tagesausflüge nach Green Island ab/bis Cairns durch.*

Fitzroy Island
Ebenfalls vor Cairns gelegen und durch täglichen Bootsverkehr mit der Stadt verbunden, zeigt die fast 900 ha große Insel ein ganz anderes Gesicht: Üppiger Regenwald und Buschland bedecken die Insel. Sie kann auf ausgeschilderten Wanderwegen erforscht werden. Von den schönen Stränden an der Nordwestseite (Welcome Bay) kann man unmittelbar die Unterwasserwelt entdecken.

 Fitzroy Island Resort $$, ☏ 07-40446700, *www.fitzroyisland.com. Das Insel-Resort bietet neben der Ferienanlage (Beach Cabins) auch preiswerte Backpacker-Unterkünfte (Bunk House) und eine Campingmöglichkeit.*

Dunk Island
Die Aborigines nannten sie „Coonanglebah" – Insel des Reichtums und Friedens. Die 890 ha große Insel vor Mission Beach ist von tropischem Regenwald bedeckt. Es lassen sich **Wanderungen** in grüne Schluchten und auf den höchsten Berg, den

Mt. Kootaloo (271 m), unternehmen. Das Resort ist bis auf weiteres geschlossen, zerstört vom Wirbelsturm Yasi im Jahr 2011, Tagesbesuche und Camping sind möglich. Infos: www.dunk-island.com

Bedarra Island

Gleich neben Dunk Island zählt Bedarra Island zu den **einsamsten bewohnten Plätzen** im Barrier Reef. Im 5-Sterne-Resort geht es luxuriös zu. Damit es auch wirklich ruhig bleibt, sind Kinder unter 15 Jahren nicht erwünscht. Auch findet man hier nur wenige Tagesausflügler, die von Dunk Island herüberkommen. In der Vegetation erinnert das Eiland an Dunk Island: Ausgedehnte Regenwälder, palmengesäumte Strände und einsame Wanderwege machen den Aufenthalt zu einem besonderen Erlebnis.

Bedarra Island Resorts $$$$$, ☎ 07-40688233, *www.bedarra.com.au. Im Übernachtungspreis sind alle Aktivitäten und Mahlzeiten eingeschlossen. Die Anreise erfolgt mit der Fähre von Dunk Island (A$ 80 H/R).*

Blick auf Hinchinbrook Island

Hinchinbrook Island

Die 39.350 ha große Insel ist in ihrer Gesamtheit als National Park ausgewiesen. Sie zählt landschaftlich zu den reizvollsten und unberührtesten der Ostküste. Die Küstenlandschaft ist im Westen von **Mangrovensümpfen** (Moskitos und Krokodile!) und im Osten von Felsen und **Sandstränden** durchzogen. Das Inselinnere wird von tropischen Regenwäldern und hohen Bergen (Mt. Pitt 721 m, Mt. Bowen 1.142 m, Mt. Stralock 920 m) beherrscht.

Highlight australischer Fernwanderwege

Interessant ist die großartige Wanderung auf dem **Thorsborne Trail** entlang der Ostküste – ein Highlight der australischen Fernwanderwege. Für die Wanderung von **Ramsay Bay** bis **George Point** (Nord nach Süd oder umgekehrt) benötigt man 4–5 Tage. Die besten Monate für die Wanderung sind von April–Sept. Eine gute Ausrüstung ist Pflicht: Verpflegung, Campingausrüstung, Kocher (keine offenen Feuer!) und Wasservorrat müssen selbst getragen werden. Frischwasser kann unterwegs verschiedenen Bächen entnommen werden.

Information: QLD Department of Environment & Heritage, www.nprsr.qld.gov. au. Für die Wanderung ist rechtzeitig ein Permit bei den zuständigen NP-Büros in Cardwell oder Ingham zu beantragen. Dieses sollte am besten drei Monate im Voraus unter Angabe der geplanten Wanderdaten geschehen. Die NP-Büros halten auch detaillierte Informationsblätter über den Thorsborne Trail bereit. Die Bootstransfers werden in Cardwell von Hinchinbrook Island Ferries organisiert.

Orpheus Island

Die 1.300 ha große Insel liegt bereits im Einzugsbereich von Townsville und ist von dort mit dem Wasserflugzeug zu erreichen. Das kleine und sehr exklusive Resort befindet sich in der malerischen **Hazard Bay** und ist vor allem unter Flitterwöchlern beliebt. Auf der Insel werden die vielfältigsten Aktivitäten rund ums Wasser angeboten. Gäste erhalten beispielsweise kostenlose Dinghis (kleine Boote), mit denen sie verschwiegene Buchten ansteuern können. Die Insel inmitten des Great Barrier Reef ist zum **National Park** erklärt worden. Im Inseleren befinden sich tropische Regenwälder, während die Korallenriffe direkt vom Strand aus erreicht werden. Es gibt einfache NP-Campgrounds ohne Wasser. Die benachbarte Insel **Great Palm Island** ist Aboriginal-Land, Zutritt verboten. Das kleine **Pelorus Island** kann per Charterboot von Lucinda angesteuert werden (Camping möglich).

Verschwiegene Buchten ansteuern

 Orpheus Island Resort \$\$\$\$\$, ☏ 07-47777377, www.orpheus.com.au. *Zusammen mit Lizard Island das teuerste Resort im Great Barrier Reef. All-Inclusive-Konzept, Kinder unter 15 Jahren nicht erwünscht.*

Tropical North Queensland

Der Ausflug von Cairns nach Cape Tribulation kann von Frühaufstehern als Tagestour geplant werden. Die Tour bis Cooktown und zurück dauert mindestens 2–3 Tage mit einem geländegängigen Fahrzeug. Für die entbehrungsreiche Fahrt zur Nordspitze des Kontinents, Cape York, muss man für Hin- und Rückfahrt mit mindestens zehn Tagen rechnen.

Überblick

 Streckenhinweis
Entfernungen

Cairns – Port Douglas:	65 km
Mossman – Cape Tribulation:	70 km
Port Douglas – Mossman:	25 km
Cape Tribulation – Cooktown:	105 km

Der Cook Hwy. wird in Richtung Port Douglas immer kurvenreicher und führt oft direkt am Meeresufer und verlockenden Stränden entlang. Bei Wangetti liegt die **Krokodilfarm Hartley's Creek** und in Richtung Oak Beach sollte man am Aussichtspunkt **Rex Lookout** halten, um den Blick auf die Küste zu genießen.
Hartley's Creek, ☏ 07-40553576, www.crocodileadventures.com. *Tgl. 8.30–17 Uhr, Erwachsene A\$ 35, 4–15 Jahre A\$ 17,50. Krokodilfütterung um 11 Uhr.*
Vom Cook Hwy. führt ein Abzweig in das 5 km entfernte **Port Douglas**.

Port Douglas

Die Hauptstraße hat ein herrlich lässiges **Tropenflair**. Ein paar Stunden (oder Tage) am schönen Four-Mile-Beach dienen der Erholung. Sehenswert ist das **Ben Cropp Shipwreck Museum** (*tgl. 9–17 Uhr, Erwachsene A\$ 5, Kinder A\$ 2*), dessen Schiffswracks und Unterwasserfilme von der tückischen Riffküste erzählen. Jeden Sonntag findet in der Stadt ein kleiner Freiluftmarkt statt.

Reisepraktische Informationen Port Douglas

Information
Port Douglas Tourist Information, *23 Macrossan St.,* ☎ *07-40995599, www.infoportdouglas.com.au.*

Organisierte Ausflüge
Quicksilver *(www.quicksilver-cruises.com)* und **Poseidon Cruises** *(www.po seidon-cruises.com.au) bieten Ausflüge ans Riff ex Port Douglas. Das nördliche Riff bietet für Schnorchler und Taucher die besseren Bedingungen. Alle „Regenwald-Touren" ex Cairns holen Gäste auch in Port Douglas ab.*

Übernachten
Sheraton Mirage $$$$$, *Port Douglas Rd.,* ☎ *07-40995888, www.shera tonportdouglas.com. Luxus-Resort mit eindrucksvoller Architektur, 18-Loch-Golfplatz und eigenem Strandabschnitt.*
Silky Oaks Lodge $$$$$, *nördlich Port Douglas (vor der Daintree-Fähre),* ☎ *132469, www.silkyoakslodge.com.au. Herausragende Regenwald-Lodge.*
Whispering Palms Resort $$$, *Langley Rd.,* ☎ *07-40985128. Selbstversorger-Apartments, mit Strandzugang.*

Camping
Pinnacle Village Holiday Park, *Vixies Rd., Wonga Beach,* ☎ *07-40987566, www.pinnaclevillage.com. Wenige Kilometer südlich der Daintree-Fähre, großer Platz mit direktem Strandzugang.*

Restaurants
Ein außergewöhnliches Abendessen inmitten des Regenwaldes bietet das **Flames of the Forest Dinner** *bei Mossman,* ☎ *07-40995983, www.flamesofthe forest.com.au.*

Wildlife Habitat Port Douglas
Der aufwendig angelegte Tierpark befindet sich auf einem drei Hektar großen tropischen Regenwaldgelände und beherbergt 65 Vogelarten, Koalas und Emus – sehenswert! Außerdem ist ein „Frühstück mit Vögeln" im Angebot (A$ 49).
Wildlife Habitat, *Cook Hwy.,* ☎ *07-40993235, www.wildlifehabitat.com.au. Tgl. 8–17 Uhr, Erwachsene A$ 33, Kinder A$ 16,50.*

Mossman
Zugang in den Daintree National Park   Nur wenige Kilometer nördlich von Port Douglas liegt Mossman. Bereits 1896 wurde hier zum ersten Mal Zuckerrohr angebaut. Ein beliebter Ausflugsort ist die **Mossman Gorge**, ein Teil des Daintree River National Parks. Am Fuße des 1.158 m hohen Mt. Demi gelegen, kann man im erfrischenden **Adeline Creek** zwischen Felsbrocken faulenzen oder auf Rundwanderwegen den tropischen Regenwald erforschen. Vom Besucherzentrum geht es unkompliziert per Shuttle-Bus in die Schlucht.

Daintree River

Nach Mossman muss der Daintree River mit einer Fähre (Überfahrt A$ 22) über-quert werden. Im Fluss leben die **gefährlichen Salzwasserkrokodile**, und auf einer Bootsfahrt mit dem „Daintree Rainforest River Train" hat man meist das Glück, welche zu sehen (Buchung am Fähranleger). Beliebt ist außerdem die Barra-mundi-Fischerei auf dem Daintree River.

Streckenhinweis
Routenvorschlag Cairns – Cooktown und zurück (4-WD)

Ohne den weiten Weg bis an das Cape York zu fahren, bietet sich eine abwechs-lungsreiche Allrad-Tour an:

1. Tag: Cairns – Mossman – Mount Molloy – Palmer River Roadhouse – Lakeland – Laura (ca. 330 km)
2. Tag: Laura – Lakefield NP (Übernachtung z. B. am Twelve Mile Waterhole oder Kalpowar Crossing (CP mit Dusche/WC) (150 km)
3. Tag: Rundfahrt im NP
4. Tag: Lakefield NP – Old Laura – Battlecamp Road – Cooktown (100 km)
5. Tag: Cooktown
6. Tag: Cooktown – Coastal Road (Bloomfield Track) – Cape Tribulation – Dain-tree Fähre – Port Douglas (160 km)
7. Tag: Port Douglas – Cairns

Cape Tribulation

Nach dem Übersetzen mit der Fähre beginnt eine 35 km lange Straße (geteert) bis Cape Tribu-lation. Während linker-hand Berge bis zu 1.375 m (Thornton Peak) aufra-gen, liegen rechterhand die schönsten Strände, die sich allerdings nur an wenigen Stellen unmittel-bar an der Straße befin-den.

Querung mit der Daintree Ferry

Den Namen **Tribulation** (= Leiden) erhielt das Kap von Captain James Cook, des-sen Schiff, die „HMS Endeavour", 1770 vor der Küste des späteren Cooktown auf ein Riff auflief und nur unter Verlust einiger Ausrüstungsgegenstände wieder flott gemacht werden konnte.

Über **4.500 mm Niederschlag** fallen durchschnittlich pro Jahr, davon der größ-te Teil in der Regenzeit von Dez.–März. Im feuchtheißen Regenwald steht man vor einem Dickicht aus Farnen, Schlingpflanzen und Luftwurzeln, die auf einem modri-gen, moosbewachsenen Untergrund Halt suchen.

Reisepraktische Informationen Cape Tribulation

Information

Rainforest Information Centre *(9 km nördl. des Daintree River, Eintritt A$ 25). Entlang eines angelegten Pfads und auf einem 23 m hohen Turm kann die Schönheit des Regenwaldes entdeckt werden.*

Organisierte Ausflüge

Australian Natural History Safari, *David Armbrust,* ☎ *07-40941600. Interessante, aber teure Touren durch den Regenwald.*

Übernachten

Der Cape Tribulation NP bietet eine Reihe guter Unterkünfte, die sich hervorragend in den dichten Regenwald einfügen. Es werden nächtliche Regenwaldführungen und Kanutouren an das nahe Reef angeboten.

Bloomfield Wilderness Lodge $$$$$, ☎ *07-40359166, www.bloomfieldlodge. com.au. 60 km nördlich am Bloomfield River gelegene Edellodge.*

Cape Trib Beach House $, *Rykers Rd.,* ☎ *07-40980030, www.capetribbeach.com. au. Halbwegs günstige Unterkunft nahe zum Strand mit Cabins.*

Camping

Cape Tribulation Camping, ☎ *07-40980077, www.capetribcamping.com. au. Ca. 4 km südlich vom Kap, ordentlicher Campingplatz mit Strandlage.*

Der Bloomfield Track nach Cooktown

Raue Piste bis Cooktown

Die Weiterfahrt nach Cooktown auf der Küstenroute kann nur mit einem 4-WD in Angriff genommen werden. Während und nach der Regenzeit wird der Bloomfield Track durch die **angeschwollenen Flüsse** unpassierbar, und auch in der übrigen Zeit ist die Straße durch steile Passagen nicht unbedingt „easy". 30 km nördlich von Cape Trib, vor der Aboriginal-Gemeinde Wujal-Wujal, muss der Bloomfield River durchquert werden. Dank der großen, neuen Brücke ist dies kein Problem. In Helenvale, an der Abzweigung nach Lakeland, lädt der legendäre **Lions-Den-Pub** von 1875 zu einem Zwischenstopp ein. An derselben Kreuzung liegt auch der **Black Mountain NP**, eine Ansammlung flechtenbewachsener, schwarzer Granitfelsen, in deren Spalten und Höhlen angeblich schon dutzende von Menschen für immer verschollen sind. Cooktown ist schließlich nach 104 km ab Cape Tribulation erreicht.

Cooktown

Streckenhinweis

Die Inlandsroute führt über Helenvale, Lakeland, das Palmer River Roadhouse und Mount Molloy (insgesamt rund 340 km). Die Piste ist witterungsmäßig beständiger als die Küstenroute, vollständig geteert und bietet **Regenwald pur**. Sie berührt einige historische Versorgungsstützpunkte der Goldsucher.

Nach der eher unfreiwilligen Landung von James Cook im Jahre 1770 dauerte es über 100 Jahre, bis wieder Weiße in das Gebiet der Stadt Cooktown kamen. 1873 waren es die **Goldfunde** am **Palmer River**, die gleich Tausende von Glückrittern in die urwüchsigen Regenwälder lockten. Als wichtiger Verladehafen erlebte Cooktown einen Bevölkerungsboom sondergleichen: Innerhalb weniger Jahre lebten rund 35.000 Menschen, davon allein 20.000 Chinesen, in der Stadt am Endeavour River. Doch der Ruhm war von kurzer Dauer. Mit dem Abebben der Goldfunde und der Zerstörung durch einen Großbrand 1918 verschwanden die meisten so schnell, wie sie gekommen waren. Im Zweiten Weltkrieg wurde die Stadt komplett *Komplette* evakuiert. Von den einst 65 Pubs ist gerade ein Dutzend übrig geblieben. Die heu- *Evakuierung* te rund 1.000 Einwohner zählende Stadt hat, abseits der Touristenströme, ihr cha- *im Zweiten* rakteristisches **Tropenflair** noch nicht verloren. Sie gilt als ein „Außenposten der *Weltkrieg* Zivilisation" in der sonst – zum Glück – so unberührten Natur. Entgegen der landläufigen Meinung handelt es sich bei der Umgebung Cooktowns und dem benachbarten **Endeavour National Park** aber nicht nur um tropischen Dschungel, sondern auch um trockene Tropenwälder, die von großen Flüssen durchzogen werden.

Sehenswürdigkeiten
- **Charlotte Street** mit kolonialen Bauwerken, die im typischen Tropenstil mit großen Veranden gebaut wurden.
- **James Cook Historical Museum,** *Helen St., Mo–Fr 9–16, Sa und So 9–12.30 und 13–16 Uhr, Erwachsene A$ 10, Kinder A$ 3.* Hier erfährt man Näheres über den Goldrausch und seine negativen Folgen für die Ureinwohner der Region, die in grausamen Gemetzeln den rücksichtslosen Goldsuchern zum Opfer fielen.
- Das **Cooktown Marine Museum,** *Ecke Walker/Helen St., Mo–So 8.30–17.30 Uhr, Erwachsene A$ 5,50, 5–14 Jahre A$ 2,* ist eine reiche Sammlung an Treibgut, die die verheerenden Zyklone Mahina und Nachon im Jahr 1899 hinterließen. Damals sanken 76 Schiffe nördlich von Cooktown.
- Spaziergang zum **Leuchtturm von Grassy Hill** und den schönen Stränden von Cooktown.

Reisepraktische Informationen Cooktown

i **Information**
Tourist Information, *Charlotte St.,* ☎ *1800-174895, www.cooktownandcapeyork.com, www.cook.qld.gov.au.*

Übernachten
Mungumby Lodge $$$$, *Helenvale (35 km entfernt),* ☎ *07-40603158, www.mungumby.com. Herrliche Regenwaldlodge.*
Sovereign Resort Hotel $$$, *Charlotte St.,* ☎ *07-40430500, www.sovereign-resort.com.au. Restauriertes Kolonialhotel mit bewegter Geschichte im Herzen von Cooktown, gutes Seafood-Restaurant.*

Camping
Cooktown Holiday Park, *Ecke Charlotte St./McIvor Rd. (1 km südlich),* ☎ *07-40695417, www.cooktownholidaypark.com.au.*

Cape-York-Halbinsel

Was sich wie ein ausgestreckter Daumen gen Norden reckt, wird von den Aussies gern als **„The Last Frontier"** bezeichnet. Die Halbinsel umfasst über 200.000 km² und erstreckt sich auf einer Länge von fast 1.000 km. Dabei besteht das Gebiet fast ausschließlich aus unberührter Wildnis und ist in vielen Bereichen als National Park ausgewiesen:

Laura und das Quinkan Reserve

12 km südlich von Laura führt ein kurzer Fußmarsch zu den Felsmalereien von **Split Rock**. Entdeckt, erforscht und kartografiert wurde das Gebiet von Percy Trezise in den 1960er-Jahren. Das Quinkan Reserve unterteilt sich in mehrere kleinere Regionen, die in der Vielfalt ihresgleichen in Australien suchen. In Laura sollte das **Quinkan Cultural Centre** besucht werden (www.quinkancc.com.au). Hier werden auch Touren zu Felsmalereien angeboten.

Hervorragende Felsmalereien

Übernachten ist im einfachen Quinkan Hotel (☎ 07-40603393) oder auf dem Caravan Park möglich. Ein kleiner Laden und eine Tankstelle sind ebenfalls vorhanden.

  Hinweise

Für **Selbstfahrer** stellt die Halbinsel mit ihren zahlreichen Wasserfurten eine Herausforderung dar, obwohl die Peninsula Development Rd. im Laufe der Jahre immer weiter verbessert wurde. Die Piste beginnt in Lakeland und führt in großen Teilen fast schnurgerade nach Norden – eine Reise mit Expeditionscharakter. Die Hin- und Rückfahrt nach Cairns führt über mehr als 2.300 km, viele davon über raue Outback-Pisten. Die beste Reisezeit ist während der Trockenzeit von Juni–Okt. Erfahrung im Umgang mit Allradfahrzeugen sollte vorhanden sein! Der Vorteil einer geführten Tour zeigt sich bei Cape York-Reisen deutlich: Während Allradfahrer mehr oder weniger denselben Weg zurückfahren müssen, können Tour-Teilnehmer den Rückweg bequem per Flugzeug antreten – was insgesamt deutlich erholsamer ist. Der **Frachter** „MV Trinity Bay" verkehrt von Cairns nach Cape York bzw. Thursday Island und retour (www.seaswift.com.au).

Tankstellen gibt es in Cooktown, Musgrave Roadhouse, Coen, Weipa, Archer River Roadhouse und Bamaga, wobei die Benzinversorgung nicht garantiert ist. Unbedingt genügend Bargeld mitnehmen! **Campingplätze** müssen im Voraus gebucht werden bei The Lure Shop, Cooktown, Mulley's Market and Fuel in Coen oder Oz Tours Safaris, Moreton Telegraph Station.

Informationen
Der Automobilclub RACQ (Cairns) informiert über Routenplanung und Straßenzustände der Cape York Halbinsel und gibt ein Faltblatt heraus. Infos unter www.racq.com.au, www.mynrma.com.au.

Lakefield National Park

Der östlich der Hauptroute gelegene Lakefield NP ist der zweitgrößte NP Queenslands und relativ gut erschlossen. Die Landschaft reicht von trockenem Buschland bis zu dichtem Regenwald mit breiten Flüssen und ausgedehnten Sümpfen. Typisch sind die großen **Termitenhügel**, die auffällig in der Steppe stehen. Baden ist nicht möglich! Die Zufahrt erfolgt kurz nach Laura zur **Old Laura Homestead**. Für Übernachtungen auf einem der 21 NP-Campgrounds ist eine Erlaubnis der Ranger erforderlich. Eine Ranger-Station findet man in New Laura.

Von Old Laura führt die Battlecamp Rd. bis Cooktown, eine abwechslungsreiche Piste mit teilweise tiefen Auswaschungen. Die Querung des **Normanby River** stellt höchstens kurz nach der Regenzeit ein Problem dar. Vor Cooktown passiert man den mit 800 Palmen gesäumten **Endeavour Falls Caravan Park**.

Der Weg zum Kap

Coen (110 km nördlich von Musgrave) ist eine alte Goldgräbersiedlung und mittlerweile fast zur Geisterstadt mutiert (Pub, Laden und Tankstelle vorhanden). 110 km nördlich von Coen zweigt eine Piste nach **Weipa** ab, einer immerhin 3.000 Einwohner zählenden Stadt am Golf von Carpentaria, die fast ausschließlich von der Nutzung einer ergiebigen Bauxitmine lebt. Von Weipa nach **Karumba** fährt eine unregelmäßig verkehrende Fähre (Gulf Freight Services, ☎ 07-33582122). Weipa verfügt über einen Caravan Park.

Viele der im weiteren Verlauf folgenden Landschaften gehören zum **Oyala Thumotang National Park**. Obwohl dieser sich von der übrigen Geografie kaum unterscheidet, sind solche Gebiete von großer Bedeutung: Je mehr unter Naturschutz stehen, desto besser für den Erhalt der Halbinsel. Der NP verfügt über sehr schöne Campingplätze, die sich an idyllischen Lagunen und Ufern des **Archer River** befinden. Das Archer River Roadhouse (☎ 07-40603266) bietet einfache Zimmer und einen Campingplatz. Die Stichstraßen zur westlich und östlich gelegenen Küste führen zumeist in Aboriginal-Reservate und kleine Gemeinden.

Über den Archer River führt eine Brücke. Die Peninsula Development Rd. führt weiter nach Weipa. Die Alternativstrecke führt über die Old Telegraph Rd. (OTT) zum **Wenlock River**. Dort befinden sich bei der **Moreton Telegraph** schattige Stellplätze (und es gibt ein Telefon). Nach weiteren 41 km teilt sich der Weg.

Zahlreiche Bade-gelegenheiten

Der **Old Telegraph Track** (OTT) links ist sehr schmal und mit steilen, glitschigen Uferböschungen versehen. Ein schöner Campingspot befindet sich am Dulhunty River. Nach 3 km folgt der Abzweig zur Heathland Ranger Station. **Achtung**: Die schwere Flussquerung am Gunshot Creek ist zu vermeiden. Bald trifft die OTT wieder auf den Southern Bypass (wer sich nicht sicher ist, sollte besser gleich die Southern Bypass Route fahren). Schöne Spots befinden sich in der Folge entlang der OTT bei **Fruit Bat Falls** (Badegelegenheit) und bei **Eliot Falls** (Camping). Inmitten von Eukalyptuswäldern und Monsunregenwäldern befinden sich die **Twin Falls**, ein Paradies mit Wasserfällen, Felspools und seltenen Fleisch fressenden Pflanzen (Pitcher Plants). Nach 5 km folgt links der Abzweig zur Northern Bypass Rd. Entlang der OTT gilt es, bei den Flussdurchquerungen äußerste Vorsicht walten zu lassen – sicherer ist der Northern Bypass. Dieser erreicht den **Jardine River**, der von einer Fähre bedient wird. Die Gebühr (A$ 98 pro Auto H/R) muss bar bezahlt werden.

Die Fahrt nach **Bamaga** (BP Tankstelle) dauert nur mehr 1 Std. Die Piste führt über 33 km durch den Lockerbie Scrub Rainforest bis zum Pajinka Reserve Parkplatz. Ein Wanderpfad führt durch Regenwald zum Strand zum Cape York.

🛏 **Punsand Bay Lodge** $$$, ☎ 07-40691722, www.punsand.com.au. *Unterkunft in feststehenden Safari-Zelten oder Camping möglich. Die Eigner bieten neben Unterkünften vor allem Angelausflüge an.*

Ein Abstecher führt vom Kap nach **Somerset**, das Verwaltungszentrum der Torres Strait Islander. Am Strand gibt es dort gute Campingspots. Von Bamaga führt eine Piste nach Seisia mit herrlichem vollausgestattetem Caravan Park. Man sollte mindestens einen Tag lang verweilen. Rundflüge und Bootstouren werden von Seisia u. a. nach **Thursday Island** angeboten (*Peddell's Ferry Service, www.peddellsferry.com.au*).

Inseln der Torres Strait

Thursday Island ist das Verwaltungszentrum der Torres-Inseln, die aus Prince of Wales Island, Hammond Island, Wednesday Island, Horn Island, Possession Island und einigen kleineren Eilanden bestehen. Auf **20 Inseln** leben rund 25.000 Menschen. Die größten davon werden von Cairns aus mit kleineren, regionalen Fluggesellschaften oder im Charter angeflogen. Die Bevölkerung setzt sich aus einem bunten Gemisch aus Ureinwohnern polynesischer und melanesischer Abstammung zusammen – ihre Haupteinkommensquelle ist der Fischfang und, in bescheidenem Maße, der Tourismus.

Buntes Bevölkerungs-gemisch

Atherton Tablelands

Die Tafelberge, die das unmittelbare Hinterland westlich von Cairns bilden, sind Teil der nordöstlichen Great Dividing Range und erstrecken sich über eine Länge von 100 km und eine Breite von 60–90 km. Auf einer Reiseroute, die vom trockenen, eintönigen Outback auf das Hochplateau der Atherton Tablelands führt, ist man vom satten **Grün der Landschaft** verblüfft. Die Hügel haben die typische Kegelform erloschener Vulkane,

Blick auf den Lake Barrine in den Atherton Tablelands

oft mit Kraterseen und Wasserfällen, die sich bestens zum Baden eignen. Das Klima ist bei durchschnittlichen Höhen von über 700 m angenehm kühl und ein Kontrast zur schwülheißen Küste. Selbst die an der Küste allgegenwärtigen Moskitos machen sich rar. Die von Osten wehenden Winde bringen Wolken, die sich als Steigungsregen an der natürlichen Barriere der Great Dividing Range entladen und so für die **Fruchtbarkeit** der Böden sorgen. Der größte Molkereibetrieb des Staates beliefert von Malanda aus ganz Queensland. Außerdem werden Bananen, Mangos, Papayas und Tabak angebaut.

Übernachtungsmöglichkeiten *gibt es in großer Zahl, meist sind es kleine Motels, Bed & Breakfast-Unterkünfte oder Campingplätze. Jedes kleine Städtchen hat seine eigene Touristeninformation, die mit Rat und Tat zur Seite steht.*

Mareeba und Chillagoe

Mareeba ist das Zentrum des Tabakanbaus. Das 8.000-Seelen-Städtchen wurde schon 1877 von John Atherton, einem der ersten Erforscher der Tablelands, gegründet und ist heute der größte Ort der Region. Highlight ist ein Besuch im **Mareeba Heritage Museum** (*www.mareebaheritagecentre.com.au, tgl. 9–17 Uhr*).

7 km nördlich von Mareeba folgt der Abzweig zu den **Mareeba Wetlands** in der Kleinstadt **Biboorha**. Dort kann eine 2-Std.-Tour mit einem Savannah Guide durch die Sumpf- und Buschlandschaft gebucht werden. 12 km südwestlich liegt **Granit Gorge** (Chewko Rd.), eine ruhige Schlucht mit Bade- und Campingmöglichkeit. Nördlich von Mareeba beginnt die Peninsula Development Rd., die über Mount Molloy, Palmer River und Lakeland nach Norden führt und schließlich am Cape York endet.

150 km landeinwärts (Burke Developmental Rd.) liegt das Outback-Nest **Chillagoe**, eine ehemalige Kupferstadt von 1887, die von der Zeit überholt wurde. Attraktion sind bis heute die Kalksteinhöhlen im **Chillagoe Mungana Caves NP**, die aus ehemaligen Korallenriffen entstanden sind. Für Besucher geöffnet sind die *Bekannte Kalksteinhöhlen*

Höhlen **Royal Arch**, **Donna** und **Trezkinn** (*Ranger-Führungen beim Ranger in Chillagoe anmelden,* ☎ 07-40947163). Die Burke Developmental Rd. beschreibt von nun an einen 500 km langen, absolut einsamen Bogen und endet in Normanton.

Atherton

Nach 30 km in südlicher Richtung gelangt man in das **Herz der Tablelands** – nach Atherton. Die 6.000 Einwohner zählende Stadt ist vor allem Zentrum der Landwirtschaft (Maisanbau). Sie wurde 1885 als Holzfällerstützpunkt gegründet. In den **Crystal Caves** (Main St.) sind Mineralien aus aller Welt zusammengetragen worden. Der Abstecher zum Stausee Lake Tinaroo lohnt nur für diejenigen, die gerne Wasserski fahren möchten, ansonsten sind die kleineren Kraterseen **Lake Eacham** und **Lake Barrine** wesentlich schöner.

Yungaburra

Auf der Fahrt von Atherton nach Yungaburra (13 km) zweigt eine ausgeschilderte Straße zum **Curtain Fig Tree** ab, einer Würgefeige, die durch ihre verschlungenen Luftwurzeln, die eine Art Vorhang bilden, berühmt geworden ist. Yungaburra ist das Aboriginal-Wort für Feigenbaum. Der Gillies Hwy. führt von Yungaburra in *Beschaulicher* zahlreichen Serpentinen hinunter zur Küste nach **Gordonvale**. Dabei passiert *Kratersee* man nach 8 km den Lake Barrine, einen beschaulichen Kratersee, der inmitten eines tropischen Dschungels liegt. Rund um den See ist ein 6 km langer Wanderweg angelegt, sehenswert sind dort die für den Regenwald typischen Kauribäume. Im Uferrestaurant ist hinterher eine Stärkung angesagt.

Lake Eacham

Wer das Tafelland intensiver erleben möchte, der sollte von Yungaburra zum **Lake Eacham NP** fahren. Der See ist vulkanischen Ursprungs und ein beliebtes Ausflugsziel. Auch um diesen See führt ein Wanderpfad durch lianen- und farnreichen Regenwald. Der Lake Eacham Caravan Park (2 km südlich des Sees, www.lakeeachamtouristpark.com) ist ein netter Campingplatz

Malanda

20 km südlich von Yungaburra befindet sich Malanda, Zentrum der Milchwirtschaft *Zentrum der* und Sitz der **größten Molkerei des Landes**. Der Betrieb kann Mo–Fr um *Milchwirt-* 10 Uhr besichtigt werden. Von Malanda bietet sich ein Ausflug über die Upper Bar- *schaft* ron Rd. in den nahen **Mt. Hypipamie NP** an. Vom Parkplatz gelangt man nach einer kurzen Wanderung zu einem zylindrischen Krater mit über 60 m Tiefe, entstanden durch eine Gasexplosion. Besucht man den NP in den Morgen- oder Abendstunden, so sieht man vielleicht ein paar Possums, die hier heimisch sind. Ein anderer Fußweg führt hinunter zu den Wasserfällen **Dinner Falls**.

Ravenshoe

Ravenshoe (83 km südlich von Atherton) markiert die westlichste Stadt der Tablelands und ist mit 920 m die **höchstgelegene Stadt Queenslands**. In der Vergangenheit war sie Zentrum der Holzindustrie, die Stämme wurden dabei als Flöße zu Tale gebracht. Landschaftlich geht es hier bereits ins karge Outback über: kaum noch Regenwald, dafür lichte Eukalyptuswälder und felsige Böden.

Die nahen **Millstream Falls** rühmen sich, die breitesten in ganz Australien zu sein. Steile Wanderpfade führen zu verschiedenen Badestellen. In der Trockenzeit gleichen Fälle eher Rinnsalen. Ein einfacher NP-Campground befindet sich 8 km westlich am Millstream-River. 5 km außerhalb der Stadt befindet sich die Windy Hill Farm, eines der größten Windkraftwerke Australiens.

Eine Lavahöhle im Undara Volcanic National Park

Undara Volcanic NP

Unter lichtem Buschwald versteckt sich eines der größten Lavahöhlensysteme der Welt. Es ist vor 190.000 Jahren beim Ausbruch des Undara-Vulkans entstanden. Sechs von insgesamt 60 Höhlen mit einer Gesamtlänge von 190 km sind zugänglich und können mit Führer besichtigt werden. Infos: www.undara.com.au. Undara lässt sich auch gut in Kombination mit einem Besuch der **Cobbold Gorge** besichtigen (siehe Kap. 13 – Savannah Way).

👉 Streckenhinweis

Von Cairns über die Atherton Tablelands nach Ravenshoe und weiter auf dem Kennedy Hwy. in Richtung Mount Garnet und Mount Surprise. Der Abzweig in den NP erfolgt nach 17 km auf der Gulf Developmental Rd. Insgesamt rund 250 km von Cairns. Die Straßen sind durchgängig geteert. Im Westen folgen als nächste Orte Georgetown und Normanton.

🛏 **Undara Lava Lodge $$$**, ☎ 07-40971411, www.undara.com.au. Originelle Übernachtungsmöglichkeit in ausrangierten Eisenbahnwaggons oder einfacheren Safarizelten. Campingplatz vorhanden.

Tully Falls

25 km südlich von Ravenshoe gelangt man zu den beeindruckenden, 270 m hohen Tully Falls und zum Stausee **Lake Koombooloomba**. Von Cairns aus werden Rafting-Touren auf dem Tully River angeboten – meist in der Regenzeit.

Rafting-Touren im Angebot

Millaa Millaa

In Millaa Millaa, einer Stadt, die ebenfalls von Molkereierzeugnissen lebt, beginnt das Gebiet der Wasserfälle. Der **Waterfall Circuit**, eine 24 km lange Rundfahrt führt zu Wasserfällen: **Millaa Millaa Falls**, **Zillie Falls** und **Ellinjaa Falls**.

👉 Streckenhinweis
Palmerston Highway

Der gut ausgebaute Palmerston Hwy. endet nach 64 km an der Küste in Innisfail an der Küste. Linkerhand ist der **höchste Berg Queenslands**, der 1.622 m hohe Mt. Bartle Frere, allgegenwärtig. An den nach Regenfällen tosenden Flüssen, die nach Osten abfließen, wird Wild-Water-Rafting angeboten (z. B. Tully River).

15. CAIRNS – BRISBANE

Cairns – Townsville

Der fruchtbare Küstenstreifen zwischen Cairns und Townsville (Cassowary Coast) wird vom Zuckerrohranbau geprägt – über hunderte von Kilometern sieht man nichts als grüne Felder, die von den Schienen der Schmalspurbahnen für die Ernte durchzogen sind. Abwechslung versprechen **lange Sandstrände**, die vom Bruce Hwy. über Stichstraßen zu erreichen sind. Der Hwy. verläuft meist ein Stück im Landesinneren, was den Vorteil hat, dass man recht schnell zu den von den Berghängen im Westen herabstürzenden Wasserfällen, vielen schönen Picknickplätzen und schattigen Badestellen gelangen kann. Der Bruce Hwy. führt entlang der Regenwälder und Berge des **Wooroonooran NP** nach Süden. Verschiedene Abstecher führen zu malerisch gelegenen Wasserfällen und Felspools.

Picknick- und Badeplätze

 Streckenhinweis
Entfernungen

Cairns – Innisfail:	66 km
Tully – Ingham:	96 km
Innisfail – Tully:	52 km
Ingham – Townsville:	113 km

Routenvorschlag
Cairns – Townsville (via Atherton Tablelands)

1. Tag:	Cairns – Port Douglas
2. Tag:	Port Douglas – Ausflug Mossman Gorge – Daintree NP
3. Tag:	Port Douglas – Mount Molloy – Mareeba – Atherton – Lake Eacham (eventuell Fortsetzung in Richtung Undara Volcanic NP)
4. Tag:	Atherton – Millaa Millaa – Innisfail (Bruce Hwy) – Mission Beach
6. Tag:	Mission Beach – Ausflug Dunk Island
7. Tag:	Mission Beach – Townsville

Sehenswürdigkeiten unterwegs

Babinda Boulders (s. auch Karte S. 391)
In Babinda zweigt eine schmale Straße zu den Babinda Boulders (7 km) ab. Der Babinda Creek bahnt sich hier seinen Weg durch riesige Felsklötze. Bei den Boulders beginnt der **Goldfield Track**, eine 10 km lange Wanderung, die den Spuren ehemaliger Goldsucher folgt und im **Mulgrave River Valley** nordwestlich endet. Ein NP-Campground ist vorhanden.

Josephine Falls
Bei den erfrischenden Wasserfällen Josephine Falls (10 km südlich von Babinda) bietet sich erneut eine Badegelegenheit, zum anderen lassen sich von hier schöne Bergwanderungen im Wooroonooran NP unternehmen. An der Ranger-Station sind Informationen über den 15 km langen Aufstieg auf den 1.622 m hohen **Mt. Bartle Frere** erhältlich. Eine 10 km lange Wanderung auf demselben Weg führt zu den steilen **Broken Nose Cliffs**.

Schöne Bergwanderungen

Route Cairns – Townsville

© *graphic*

Innisfail

In Innisfail treffen der North Johnstone und der South Johnstone River aufeinander, um wenig später am **Flying Fish Point** in das Meer zu münden. Seit über einem Jahrhundert lebt die heute 3.500 Einwohner zählende Stadt vom Zuckerrohranbau. Der Distrikt erzeugt immerhin ein Fünftel von Queenslands Zucker. Alljährlich im Sept. findet das „Sugar Festival" statt. Für Reisende aus Cairns ist die Stadt kaum mehr als eine Durchgangsstation. Zwischen Innisfail und Tully liegt der kleine Ort **Mena Creek**. Dort befindet sich der in den 1930er-Jahren erbaute spanische Garten **Paronella Park** (☎ 07-40650000, *www.paronella park.com.au, tgl. 9–19.30 Uhr, Erwachsene A$ 42, Kinder A$ 21*). Das Schloss und der Park sind stark verfallen, zusammen mit dem botanischen Garten ist das Ganze aber sehenswert. Zum Park gehört ein schöner Campingplatz.

👉 Streckenhinweis

In El Arish zweigt die Straße nach **Mission Beach** ab. Sie führt durch dichten Regenwald und es kommt von Zeit zu Zeit zu Begegnungen mit den flugunfähigen Cassowaries.

Mission Beach

Herrliche Strände

Der Regenwald reicht praktisch bis zur Küste. Die Siedlung Mission Beach wurde 1916 als Missionsstation (Hull River Mission) für die hier ansässigen Aborigines gegründet, hatte aber nur zwei Jahre Bestand, weil ein Zyklon das Dorf zerstörte. Der südlich gelegene Tam O'Shanter Point war 1848 Ausgangspunkt der gescheiterten Cape York Expedition von Edmund Kennedy. Mission Beach hat nicht nur einen 14 km langen Sandstrand, sondern bietet auch die Ablegemöglichkeit nach

Bedarra Island. 6 km nördlich liegt **Bingil Bay**, 5 km bzw. 8 km südlich **Wongaling Beach** und **South Mission Beach** – jeweils kleine Ansiedlungen, in denen es nicht ganz so lebhaft wie im Hauptort zugeht. **Dunk Island** liegt in Sichtweite, nur einen Steinwurf entfernt, doch das Resort ist derzeit geschlossen, Tagesausflüge auf die Insel sowie Camping ist möglich (www.dunk-island.com).

Blick von Mission Beach Richtung Dunk Island

Reisepraktische Informationen Mission Beach

Information
Tourist Information, Porter Parade, ☎ 07-40687099, www.missionbeach tourism.com. Mo–Sa 9–16.45, So 10–16 Uhr.
Mission Beach setzt sich aus Bingil Bay, Mission Beach, Wongaling Beach und South Mission Beach zusammen. Alle Ortsteile liegen voneinander getrennt und lassen sich nur über eine Straße, die durch das Hinterland führt (nicht am Strand entlang), erreichen.

Übernachten
The Elandra Resort at Mission Beach $$$$, *Explorer Drive Mission Beach South*, ☎ 07-40688154, www.elandraresorts.com. Eines der besten Häuser in Mission Beach.
Castaway on the Beach Resort $$$, *Seaview St., Mission Beach*, ☎ 07-40687444, www.castaways.com.au. Gut gelegenes Mittelklasse-Hotel.
YHA Treehouse Hostel $, *Bingil Bay Rd.*, ☎ 07-40687137. Im Regenwald gelegenes, sehr naturnahes Hostel. Regenwaldwanderungen, Leihfahrräder und Ausflüge werden angeboten. Vielleicht die schönstgelegene YHA in Australien!

Camping
Hideaway CP, *Porter Parade/Mission Beach*, ☎ 1800-687104, www.mission beachhideaway.com.au. Campingplatz mit schattigen Zeltplätzen und Cabins.

Tully
In der Umgebung Tullys werden Zuckerrohr und Bananen angebaut. Die Stadt wirbt damit, den höchsten Jahresniederschlag Australiens (4.267 mm) zu haben. Der Ort (3.800 Ew.) ist touristisch vor allem durch den ungezähmten **Tully River** bekannt, auf dem Wildwasserfahrten in großen Schlauchbooten veranstaltet werden. Die Tully Sugar Mill (www.tullysugar.com) bietet dreimal täglich Führungen an.

36 km landeinwärts liegt der kleine Ort **Cardstone**. Dort können Wanderungen zu den Tully Falls und zum Stausee Lake Koombooloomba unternommen werden. Südlich von Tully zweigt eine schmale Straße zu den Murray River Falls ab. Vorbei

an großflächigen Bananenplantagen gelangt man zu den abgeschiedenen Wasserfällen des Murray River. Neben kühlen Badestellen in den Felspools gibt es einen
schattigen NP-Campground.

Cardwell

Ausgangs-
punkt nach
Hinchinbrook
Island
Die Kleinstadt liegt als eine von wenigen entlang des Bruce Hwy. direkt am Meer.
Das aus einer lang gezogenen Straße bestehende Cardwell ist Ausgangsort für das
vorgelagerte Hinchinbrook Island. Von einem **Aussichtspunkt** im Hinterland bie-
tet sich dann ein guter Blick auf Cardwell und Hinchinbrook Island.

 ### Streckenhinweis
Die größte Zuckermühle der südlichen Hemisphäre ist die Victoria Mill. Sie
wird auf der Fahrt nach Ingham passiert. Jährlich werden allein hier 2 Mio. t Zuckerrohr verarbeitet. Auf der Weiterfahrt gen Süden steigt der Hwy. zum Bishop Peak
an. Vom Aussichtspunkt am Hwy. blickt man auf das grüne Hinchinbrook Island.

Ingham

Die Stadt ist mit 5.000 Einwohnern ein weiteres Zentrum der Sugar Industry.
Interessanterweise haben sich hier sehr viele Italiener niedergelassen. Von Ingham
bietet sich via **Trebonne** ein Abstecher nach Westen zu den **Wallaman Falls** im
Lumholtz NP an (48 km Schotterpiste). Die Wasserfälle, die vom Stony Creek
gespeist werden, sind mit 279 m die höchsten Australiens – allerdings nur nach der
Regenzeit wirklich eindrucksvoll. Ein einfacher NP-Campground ist vorhanden.
65 km westlich der Stadt liegt der **Mount Fox National Park**. Ein steiler Wanderweg führt auf den Kraterrand des erloschenen Vulkans hinauf.

Jourama Falls

Ausge-
zeichnete
Bade-
möglichkeit
Eine ausgezeichnete Badegelegenheit (nicht in der Trockenzeit) bieten die Jourama
Falls (Paluma Range NP) 24 km südlich von Ingham: In mehreren Kaskaden fällt das
Wasser über die Granitfelsen herab. Picknick- und Campingeinrichtungen befinden
sich am Fuße des **Waterview Creek**. Über einen ausgeschilderten Wanderpfad
gelangt man durch die tropisch-feuchte Vegetation zu zwei Aussichtspunkten, von
denen man einen guten Blick auf die umgebenden Eukalyptuswälder hat.

Paluma Range National Park (Mount Spec)

Der Park (ehemals Mount Spec NP) liegt auf halber Strecke zwischen Ingham und
Townsville. Als Teil der Paluma Range ist er im flachen Teil von Eukalyptuswäldern
geprägt, in der kühleren Bergregion dagegen von typischer Regenwaldvegetation.
Der erste Abstecher in den Park führt zum **Paradise Waterhole** (mit NP-Campground) und **Big Crystal Creek**, zwei idyllische Flecken, die sich auch gut für einen Zwischenstopp eignen.

Ein zweiter Abzweig vom Hwy. weist nach **Paluma** (18 km, Ranger-Station). Auf
dem Weg befindet sich am **Little Crystal Creek** eine beliebte Badestelle. Wanderwege sind rund um den **McClelland's Lookout** angelegt, von dem sich eine
einzigartige Aussicht auf die Halifax Bay und den Crystal Creek eröffnet. Ein weiterer Pfad führt durch den Regenwald zum **Witt's Lookout** (1,5 km).

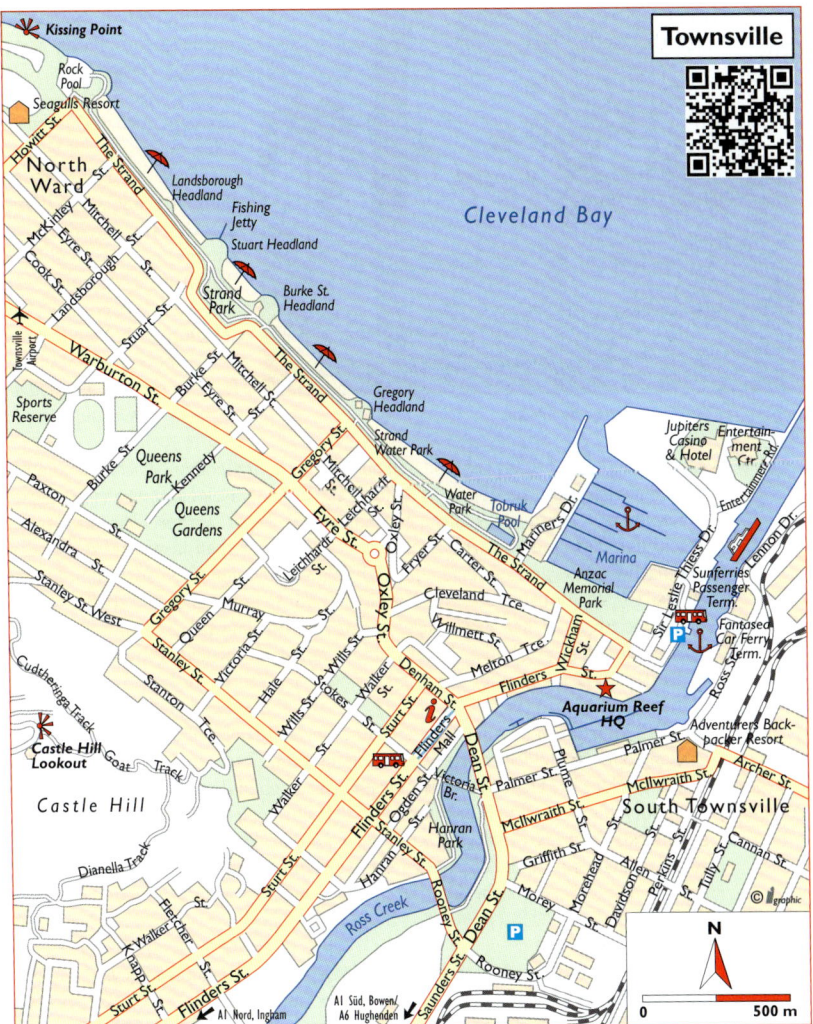

Townsville

Townsville ist mit rund 152.000 Einwohnern die fünftgrößte Stadt des Bundesstaa-tes. Geografisch liegt die Stadt zwischen dem 18. und 20. Breitengrad und befindet sich noch im Bereich der Tropen.

Townsville: The Strand, die Strandpromenade

Im Hinterland dominieren die Berge der Hervey Range und das riesige Ross River Reservoir, ein Stausee, der die Stadt auch in Dürreperioden mit genügend Wasser versorgt. Markantester Punkt ist der Granitfelsen **Castle Hill**, der 286 m steil aufragt und zu Fuß oder mit dem Auto erklommen werden kann. Von oben verschafft man sich einen guten Überblick auf die Stadt am Ross River und die südlich gelegene Cleveland Bay.

Die Gründung der Stadt geht auf den aus Sydney stammenden Geschäftsmann Robert Towns zurück, der 1864 den Auftrag zur Gründung eines landwirtschaftlichen Stützpunkts in Nord-Queensland gab. Empfänger dieser „Order" war John Melton Black, der tausende von Ureinwohnern von polynesischen Inseln gefangen nahm und nach Queensland verschleppte. Der Sklavenhandel mit den sogenannten „Kanaken" wurde in Australien als **Blackbird-Trading** bezeichnet und stellt eines der dunkelsten Kapitel der Kolonialgeschichte dar. In jüngster Zeit entwickelt sich Townsville zur florierenden Hafenstadt, befeuert durch den **Mining-Boom** im Hinterland (Erz und Kupfer aus Mt. Isa, Kohle aus Guiltford).

Kompakte Innenstadt
Die Orientierung im kompakten Innenstadtbereich Townsvilles fällt leicht. Hauptverkehrsader ist die **Flinders Street**, die in ihrem Zentrum eine Fußgängerzone (Flinders Mall) ist. Dort spielt sich tagsüber das Leben der Stadt ab – von kleinen Boutiquen bis zu großen Kaufhäusern ist alles vorhanden. Sonntags findet hier der Flohmarkt **Cotters Market** statt. Folgt man der Flinders Mall nach Norden, so gelangt man in die Flinders Street East, die mit **prachtvollen Kolonialgebäuden** auf sich aufmerksam macht. Die Pubs entlang der Straße sind auf jeden Fall einen Besuch wert.

Die Attraktion ist das **Aquarium Reef HQ**. Ähnlich wie in Sydney wandelt auch hier der Besucher durch Glasröhren und erlebt das nachgebaute Riff hautnah. Selbst Haie und Rochen können bestaunt werden. Vor dem Reef HQ legen die Magnetic-Island-Fähren und Ausflugsschiffe ab.
Reef HQ, *2–36 Flinders St. East, www.reefhq.com.au. Tgl. 9.30–17 Uhr, Erwachsene A$ 32, 5–16 Jahre A$ 15.*

Schön ist auch ein Bummel entlang der Uferpromenade **The Strand** mit dem Anzac Park, dem alten **Queens Hotel** (heute mit dem North Queensland Television Centre) und dem **Customs House**. Am nördlichen Ende der lang gezogenen Straße liegen der City Beach und das geschützte Felsschwimmbad **Rock Pool**, danach folgt der „Kissing Point".

Reisepraktische Informationen Townsville

Information
Townsville Southern Highway Visitor Information Centre, *Bruce Hwy.,* ☎ *1800-801902, www.townsvilleholidays.info. Tgl. 9–17 Uhr. Weiteres Büro:* **Flinders Square Visitor Information Centre**, *Flinders Square. Mo–Fr 9–17, Sa und So 9–13 Uhr.*

Überregionale Verkehrsmittel
Der **Flughafen Garbutt** *liegt 5 km nordwestlich des Stadtzentrums. Der* **Airport Bus Service** *(www.con-x-ion.com) verkehrt vom/zum Flughafen für A$ 10. Bei Abflug aus Townsville kann man den Bus vorher reservieren und sich am Hotel abholen lassen.* **Taxi** *vom/zum Flughafen kostet ca. A$ 25.*

Züge
Die Züge, die Brisbane mit Cairns verbinden, halten auch in Townsville. „The Inlander" fährt zweimal wöchentlich auf der Güterbahnstrecke nach Mt. Isa.

Übernachten
Seagulls Resort *$$$, 74 Esplanade, Rowes Bay,* ☎ *07-47213111, www.seagulls. com.au. Ansprechendes Hotel mit tropischem Garten und Pool, Busverbindung ins Zentrum.* **Adventurers Backpacker Resort** *$, 79 Palmer St.,* ☎ *1800-211522, www.adventurersresort.com. Großes Hostel nahe dem Transitcentre.*

Camping
Rowes Bay CP, *Heatley's Parade, Rowes Bay (3 km nördlich),* ☎ *07-47713576, www.rowesbaycp.com.au. Großer, gepflegter Platz, der dem Meer am nächsten liegt (gleich über der Straße), Cabins vorhanden.*

Aktivitäten
Tauchen
Tauchkurse und -ausfahrten schließen meist auch einen Tauchgang am Yongala-Wrack ein. **Adrenaline Dive**, ☎ *07-4724 0600, www.adrenalindive.com.au. Tauchkurse und -exkursionen, u. a. zum Wrack der berühmten „SS Yongala" und an das äußere Riff.*

Magnetic Island

Die 5.184 ha große Insel, die nur 8 km vor Townsville liegt, wurde schon 1770 von James Cook entdeckt. Weil er glaubte, der **Kompass** seinen Schiffes würde von der Anziehungskraft der Insel verwirrt, nannte er sie Magnetic Island. Die aus Granitfels bestehende Insel ist heute zur Hälfte ein National Park. Die andere Hälfte besteht aus pittoresken Dörfern und einer 40 km langen Küstenlinie, die mit zahlreichen Badebuchten die Tagesausflügler aus Townsville anzieht. Alle Fähren (Personen- und Autofähre) kommen im neuen **Nelly Bay Harbour** an. Mit großem Investitionsaufwand entstand hier eine schicke Siedlung.

Pittoreske Dörfer

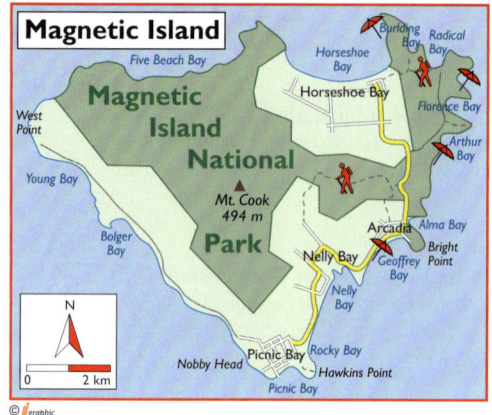

Magnetic Island

Auf der Rundfahrt in Richtung Norden passiert man die felsige **Rocky Bay.** Von Nelly Bay nach Arcadia Bay führt ein 6 km langer Wanderpfad, von dem man auch zum 494 m hohen Mt. Cook abzweigen kann. Das gesamte Inselinnere und der Westteil der Insel sind National Park und mit dichten Eukalyptuswäldern bewachsen. Nicht verpassen sollte man den Abzweig zur Radical Bay. Direkt am Abzweig beginnt der Wanderweg zu den Forts (2 km), einem Beobachtungspunkt, der während des Zweiten Weltkriegs erbaut wurde. Der Weg führt durch Eukalyptuswälder, und wache Augen werden Koalas in

den Bäumen entdecken. Von den Forts geht ein steiler Weg hinunter in die Florence Bay mit einem wunderbar einsamen Sandstrand. Von Radical Bay führt ein bergiger Wanderweg zur abgeschiedenen **Balding Bay** (3 km) oder zur **Horseshoe Bay** (3 km) mit dem längsten Strand der Insel und einigen Geschäften und Hostels.

Reisepraktische Informationen Magnetic Island

 Information
Informationen und **Kartenmaterial** erhält man im NP-Büro im „Reef HQ" in Townsville. www.magnetic-island.com.au.

Verkehrsmittel
Fährverbindung
Die Auto-und Personenfähre pendelt regelmäßig von Townsville (Breakwater Ferry Terminal) nach Magnetic Island in den neuen Hafen Nelly Bay. Eine Buchung ist nicht notwendig.

Auf der Insel
Lokale Busse (**Magnetic Island Bus Service**) treffen jede Fähre und beginnen außerdem täglich um 9 und 13 Uhr eine 3-stündige Inselrundfahrt. **Offene Mietwagen** der Gattung Mini-Moke sind immer noch populär. Sie werden von mehreren Anbietern in Nelly Bay und Picnic Bay angeboten. Außerdem werden Motorroller (Scooter) und Fahrräder verliehen.

 Übernachten
Magnetic Island International Resort $$$$, 61 Mandalay Ave., Nelly Bay, ☎ 07-47785200. Komfortables Hotel mit Restaurant.
Bungalow Bay YHA $, 40 Horseshoe Bay Rd., Horseshoe Bay, ☎ 07-47785577, www.yha.org.au. Populäres Backpacker-Hostel mit Transferservice zur Fähre.

Townsville – Brisbane

Streckenhinweis
Entfernungen

Townsville – Airlie Beach:	294 km
Gladstone – Hervey Bay:	270 km
Airlie Beach – Mackay:	150 km
Hervey Bay – Maryborough:	34 km
Mackay – Rockhampton:	351 km
Maryborough – Noosa:	154 km
Rockhampton – Gladstone:	107 km
Noosa – Brisbane:	160 km

Routenvorschlag
1. Tag: Townsville – Airlie Beach
2. Tag: Whitsunday-Inseln – Bootsausflug oder mehrtägiger Segeltörn
3. Tag: Airlie Beach – Eungella NP
4. Tag: Eungella NP – Yeppoon
5. Tag: Badeaufenthalt Yeppoon
6. Tag: Yeppoon – Gladstone
7. Tag: Gladstone – Heron Island (Katamaran)
8./9.Tag: Heron Island
10. Tag: Heron Island – Gladstone – Hervey Bay
11. Tag: Tagesausflug Fraser Island
12. Tag: Hervey Bay – Sunshine Coast
13. Tag: Sunshine Coast – Brisbane
Für einen **Segeltörn** durch die Whitsunday Islands braucht man weitere 3–4 Tage.

Sehenswürdigkeiten unterwegs

Höhepunkte dieser Fahrt sind die Inselgruppe der **Whitsunday Islands**, das **Great Barrier Reef**, **Eungella National Park**, **Fraser Island** und **Sunshine Coast**.

Billabong Sanctuary
17 km südlich von Townsville sind fast alle typischen Tierarten Australiens im **Billabong Sanctuary** (*Bruce Hwy., 17 km südlich der Stadt, www.billabongsanctuary. com.au. Tgl. 9–17 Uhr, Erwachsene A$ 33, 4–16 Jahre A$ 20*) zu sehen: Koalas, Wombats, Kängurus, Dingos, Emus, Cassowaries und viele Vogelarten. Fütterung der gefräßigen Krokodile um 11.30 oder 13 Uhr. Der **Bowling Green Bay NP** liegt links und rechts des Bruce Hwy. (Abzweig 28 km südlich von Townsville). Er umfasst vornehmlich große Mangroven- und Sumpfgebiete entlang der Küste. Bis zum Cape Bowling Green im Süden erstreckt sich eine lang gezogene Dünenlandschaft mit Süßwasserlagunen – Lebensraum zahlreicher **Wasservögel**. In Alligator Creek (59 km nördlich von Ayr) befinden sich eine Ranger-Station und ein NP-Campground. Die Wanderung zu den **Alligator Falls i**st mit 17 km (ca. 6 Std. hin und zurück) lang, aber wegen der schönen Badestelle an den Wasserfällen lohnend.

Typische Tierarten Australiens

Routenkarte Townsville – Brisbane

N
0   50 km

© *graphic*

Wanderungen auf den markanten 1.342 m hohen Mt. Elliot (westlich des Highways) sind auf markierten Pfaden möglich. An den Hängen des Berges ist ein deutlicher Übergang von trockenen Eukalyptuswäldern zu tropischen Regenwaldzonen erkennbar.

Ayr und Home Hill (Burdekin Region)

Die Städte Ayr und Home Hill werden durch den breiten **Burdekin River** getrennt. Über ihn spannt sich die 1 km lange Burdekin Bridge. Zusammen werden die Städte als Twin Sugar Towns bezeichnet – hier steht der Anbau von Zuckerrohr im Vordergrund. Außerdem werden dank großflächiger Bewässerungssysteme Reis und Gemüse angebaut. Backpacker werden hier als Erntehelfer gerne eingestellt. Zur Erntezeit (crushing season) von Sep.– Dez. wird als „besondere Attraktion" nachts das Zuckerrohr großflächig in Brand gesteckt. Die überall zu Boden fallende Asche wird als Burdekin Snow bezeichnet. Zahlreiche Stichstraßen führen zu Bootsrampen am Burdekin River und den verzweigten Wasserwegen. Die Wetlands sind ein Paradies für Ornithologen. 16 km östlich liegt **Alva Beach**, ein weitläufiger Sandstrand, bei Anglern beliebt.

Bowen

Anbau von Mangos und Tomaten

Auf halbem Wege zwischen Townsville und Mackay liegt die Kleinstadt Bowen. Sie ist für ihren schönen Naturhafen, Sandstrände und Kolonialbauten bekannt. Die schmackhaften Mangos und die Tomaten der umliegenden Plantagen werden nach ganz Australien ausgeliefert. So hat Bowen den Beinamen **„Salad Bowl of the North"** erhalten. Der schöne **Queens Beach** befindet sich außerhalb der Stadt (mit Caravan Park, ☎ *07-47851313, www.qbtvbowen.com.au*). Mehr über die Geschichte der Kolonialstadt erfährt man im historischen **Museum** (22 Gordon St.).

Proserpine

Proserpine ist das Eingangstor zu den Whitsunday-Inseln und verfügt über den nächstgelegenen Flughafen (PSP). Ein Shuttlebus fährt regelmäßig nach Airlie Beach. Von Proserpine kommend, durchquert man zunächst die ausufernden Wohnsiedlungen von **Cannonvale** (mit Einkaufszentrum). Vorbei am schönen Yachthafen **Abel Point** erreicht man Airlie Beach.

Whitsunday Islands

Die Whitsunday Islands haben, wie so vieles in Queensland, ihren Namen Captain James Cook zu verdanken, der an einem Pfingstsonntag anno 1770 einen Seeweg durch die Inseln fand und für die Erkundung viel Zeit aufwendete. Als Stützpunkt bietet sich **Airlie Beach** an.

Die Inseln gelten als die **Perlen der Küste** von Queensland. Strahlend weiße Sandstrände und türkisblaues Wasser sind auf fast allen der 74 Inseln zu finden. Aber nur sieben Inseln sind bewohnt und mit Hotels und Resorts versehen. Auf einem der zahlreich angebotenen Segeltörns und Bootsausflügen lassen sich viele unberührte Buchten entde-

cken. Zudem besteht die Möglichkeit, sich auf einer Insel „aussetzen" und am nächsten Tag wieder abholen zu lassen – **Leben wie Robinson Crusoe** ist angesagt!

Rund um die Inseln befinden sich Korallenbänke (z. B. Langford Reef), die allerdings nicht an die Schönheit und Unversehrtheit weiter nördlich oder östlich liegender Riffe heranreichen. Tauchen sollte man stets am **Outer Reef** (z. B. Hook Reef), das 60–80 km vor der Küste liegt. Das Wasser rund um die Inseln und in Küstennähe ist durch Strömungen und Algenbildung erheblich trüber als weiter draußen. **Buckelwale** (Humpback Whales) passieren die Whitsundays von Juli–Okt. auf ihrem Weg von der Antarktis in die warmen Regionen australischer Gewässer, wo sie ihre Jungen gebären. So mancher Bootsausflug wird unverhofft zur Whale Watching Tour!

Whale Watching

Airlie Beach Lagoon

Airlie Beach

Das Städtchen Airlie Beach ist ein lebhafter Urlaubsort. In den Restaurants und Pubs an der Hauptstraße sowie an der Plaza (Esplanade) herrscht allabendlich munteres Treiben. Jährlicher Höhepunkt ist das **Great Whitsunday Fun Race** im Sept., eine Spiel- und Spaßregatta, bei der die barbusigen Galionsfiguren mehr Aufmerksamkeit erregen als das eigentliche Rennen. Airlie Beach selbst hat kaum Strände, sieht man vom künstlichen Strand Airlie Beach Lagoon ab. Schöner ist es rund um die Inseln und am äußeren Riff. Bootsausflüge, Heli-Flüge, Segeltörns und Tauchkurse kann man in den zahlreichen Agenturen buchen. Viele Ausflugschiffe und Segelboote ankern an der Abel Point Marina. Mehrtägige Touren sollten vorab reserviert werden. Es gibt zahlreiche Hotels und Campingplätze.

Lebhaftes Zentrum der Whitsunday-Küste

Shute Harbour

10 km südöstlich von Airlie Beach liegt der kleine Ort Shute Harbour, der im Wesentlichen aus der **Shute Harbour Jetty**, einer betriebsamen An- und Ablegestelle der Wassertaxis und einiger Ausflugsboote, sowie einem großen Parkhaus besteht. Im **Conway Küstennationalpark** lohnt der Aufstieg auf den **Mt. Rooper** (2,4 km) wegen der guten Aussicht auf die Inseln.

Reisepraktische Informationen Airlie Beach

ⓘ Information
Whitsundays Central Reservations Centre, *259 Shute Harbour Rd.,*
☎ *1800-677119, www.airliebeach.com, www.tourismwhitsundays.com.au. Mo–Fr 8–19, Sa und So 8–18.30 Uhr. Neben der offiziellen Informationsstelle existieren viele private Vermittler, bei denen Bootsausflüge gebucht werden können.*
National Park Service (QPWS), *Shute Harbour Rd., ca. 3 km südlich von Airlie Beach,* ☎ *07-49467022. Hier erhält man die notwendigen Camping-Permits und Kartenmaterial für den Küstennationalpark Cape Conway und für die Inseln.*

Übernachten

Coral Sea Resort $$$$, Oceanview Ave., Airlie Beach, ☎ 1800-075061, www.coralsearesort.com. Herrlich gelegenes Hotel auf einer kleinen Halbinsel.

Club Crocodile Airlie Beach $$$, Shute Harbour Rd., Cannonvale (2 km nördlich), ☎ 1800-075151, www.clubcroc.com.au. Großzügig gestaltetes, aber lebhaftes Resort.

Airlie Beach YHA $, 394 Shute Harbour Rd., Airlie Beach, ☎ 1800-247251, www.yha.com.au. Jugendherberge in zentraler Lage.

Camping

Adventure Whitsunday Resort CP, 25–29 Shute Harbour Rd., Airlie Beach, ☎ 1300-640587, www.adventurewhitsunday.com.au. Großer gepflegter Platz.

Conway Beach Tourist Park, (5,5 km Abzweig von der Straße Proserine-Airlie Beach), Daniels St., Conway, ☎ 07-49473147, www.conwaybeach.com.au. Herrlich gelegener Strand-Campingplatz

Restaurants

KC's Bar & Grill, 282 Shute Harbour Rd., Steak- und Fischrestaurant, Live-Musik.

Paddy Shenanigans, 352 Shute Harbour Rd. Irish Pub mit Livemusik an Wochenenden.

Aktivitäten

Bootsausflüge

Mehr als 100 Bootseigner bieten entweder organisierte Ausflüge an (von 1–7 Tage Dauer) oder stellen ihre Schiffe zu Charterzwecken zur Verfügung. Besonders beliebt sind 3-Tage/2-Nächte-Ausflüge unter dem Motto „Island Hopping". Dabei steht nicht immer jedes Boot am jeweiligen Ankunftstag zur Verfügung, so bucht man die längeren Kreuzfahrten am besten im Voraus, wenn die Reisezeit knapp ist. Beginn der Ausflüge ist entweder Abel Point Marina (1 km nördlich von Airlie Beach) oder Shute Harbour Jetty (10 km südlich von Airlie Beach). Am besten bucht man einen Tagesausflug bei den o. g. Informationsstellen, im Hotel oder am Campingplatz. Die Kosten für einen Tagesausflug liegen bei ca. A$ 120, die für ein 3-Tage-Paket ab A$ 350 (inkl. Mahlzeiten). Viele Anbieter holen Urlauber auch direkt am Hotel oder Campingplatz ab.

Tagesausflüge und **Inseltransfers** mit Motoryachten: z. B. mit Cruise Whitsundays, ☎ 1800-426403, www.cruisewhitsundays.com. Auf der Plattform draußen am Riff kann auch übernachtet werden („Reef Sleep")!

3-Tage/2-Nächte-Ausflüge: Ein breites Angebot mit vielen Booten hat Whitsunday Adventure Sailing, ☎ 1300-653100, www.whitsundayssailingadventures.com.au.

Boots-Charter

Passionierte Segler werden es schätzen, mit dem „eigenen" Boot flexibel und unabhängig auf Entdeckungsfahrt zu gehen. Es besteht die Möglichkeit, Segelboote mit Skipper (Crewed Charters) oder ohne Skipper (Bareboat Charters) zu mieten. Alternativ werden auch Motoryachten vermietet – hier genügt ein gültiger Autoführerschein zur Anmietung. Buchung z. B. bei Whitsunday Rent a Yacht, ☎ 1800-075000, www.rentayacht.com.au.

Tauchen

Whitsunday Dive Adventures, 16 Commerce Close, ☎ 07-49481239, www.whitsundaydivecentre.com, bietet z. B. 3-Tage/2-Nächte-Tauchfahrten und -kurse.

Rundflüge

HeliReef Whitsunday, ☎ 07-49469102, www.helireef.com.au. Spektakuläre Helikopterrundflüge über die Inseln und das Riff.

Die Whitsunday-Inseln

Überblick Whitsunday-Inseln

Die meisten Inseln sind Teil des **Whitsunday National Park**. Mit einer Größe von 32.217 ha und einer Küstenlänge von rund 500 km ist er der zweitgrößte Inselnationalpark Queenslands (nach Hinchinbrook Island). Die Natur entlang der kaum besiedelten, oft unbewohnten Inseln ist intakt. Vielerorts sind Wanderwege angelegt, die in das hügelige und bewaldete Inselinnere führen. Da die Inseln unter Naturschutz stehen, dürfen weder Korallen noch irgendwelche Muscheln mitgenommen werden.

South Molle Island

Nur ein kleines, recht einfaches Resort im Norden der Insel stört die urwüchsige Vegetation. Die Insel ist von Shute Harbour mit dem Wassertaxi erreichbar. Viele Buchten sowie die Aussichtspunkte Mt. Jeffrey's und Spion Kop sind über Wanderpfade erreichbar. Das Ferienresort spricht eher junge Leute an.

 South Molle Island Resort $$, ☎ *1800-466444, www.koalaadventures.com.*

Daydream Island

Die kleine Insel liegt zwischen North Molle Island und South Molle Island. Durch das zweigeteilte Resort wirkt sie ziemlich verbaut und hat kaum Sandstrände. Die Insel ist mit dem Wassertaxi von Shute Harbour oder Hamilton Island zu erreichen.

 Daydream Island Resort $$$, ☎ *1800-075040, www.daydreamisland.com.*

Long Island

Die lang gezogene Insel liegt nur wenige Kilometer vor Shute Harbour. Das Long Island Resort ist ruhig gelegen und eher exklusiv geht es im traumhaften Peppers Palm Bay Resort auf der anderen Seite der Insel zu. Auf der Insel ist ein Wanderweg durch den Regenwald nach Sandy Bay oder Humpy Point markiert. Ein NP-Campground ist vorhanden.

 Whitsunday Wilderness Lodge $$$$, *Long Island (Südteil),* ☎ *07-49469777. Einfach ausgestattete, sehr naturverbundene Lodge mit exklusiver und privater Atmosphäre. Die acht Cabins liegen direkt am Strand (max. 16 Gäste).*
Long Island Resort $$$$, ☎ *1800-075125, www.longislandresort.com.au.*
Peppers Palm Bay $$$$$, ☎ *1300-737444, www.pepperspalmbay.com.au.*

Hamilton Island

Im Herzen der Whitsundays gelegen, nimmt das weitläufige Hamilton Island Resort fast die gesamte Catseye Bay im Westen der Insel ein. Etwas abschreckend wirkt der große **Hochhaus-Hotelkomplex** (Reef View Rooms), doch auch kleinere Bungalows unterschiedlicher Preisklassen (Qualia, Palm Bungalows, Yacht Club, Beach Club) sind vorhanden. Mit Restaurants, Läden und einem breiten Ausflugsangebot wird alles geboten. Hamilton verfügt über einen **Flughafen** und ist von Sydney, Brisbane und Cairns direkt zu erreichen. Trotzdem findet man auf der 500 ha großen Insel noch ruhige Buchten, ganz zu schweigen von der einsamen Inselmitte. Das Freizeit- und Wassersportangebot ist groß. Eine Attraktion sind Helikopterflüge von Hamilton Island zur **Hardy Lagoon**, einem spektakulären Riff am äußeren Riff. Von Shute Harbour ist die Insel per Wassertaxi erreichbar (auch Tagesausflüge). Per Wassertaxi werden nach der Flugankunft auch andere Inseln bedient.

 Hamilton Island $$$-$$$$$, ☎ *137333*,
www.hamiltonisland.com.au.

Hook Island

Nach Whitsunday Island ist Hook Island die zweitgrößte Insel. Das Resort (Hook Island Wilderness Lodge) und zwei NP-Campgrounds auf vorgelagerten Inseln (nur mit Permit) sprechen eher jüngeres Publikum an. Durch den Laden beim Resort, der auch frische Erzeugnisse liefert, sind längere Aufenthalte möglich (Campinggenehmigung vorher besorgen). Die Berge im Inseninneren (Rocky Hill 398 m, Hook Peak 459 m) können auf schmalen Pfaden erklommen werden. Anreise über Hamilton Island oder Shute Harbour per Wassertaxi.

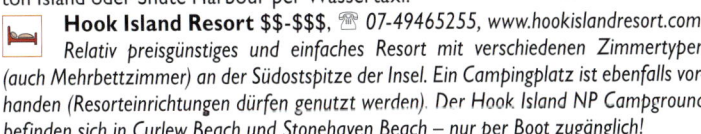 **Hook Island Resort** $$-$$$, ☎ *07-49465255, www.hookislandresort.com. Relativ preisgünstiges und einfaches Resort mit verschiedenen Zimmertypen (auch Mehrbettzimmer) an der Südostspitze der Insel. Ein Campingplatz ist ebenfalls vorhanden (Resorteinrichtungen dürfen genutzt werden). Der Hook Island NP Campground befinden sich in Curlew Beach und Stonehaven Beach – nur per Boot zugänglich!*

Hayman Island

Nördlich von Hook Island bietet das kleine Hayman Island wunderschöne Sandstrände, einsame Buchten und eine absolut exklusive Ferienanlage (mit Golfplatz), die zu den teuersten Australiens zählt. Film- und Sportstars ziehen sich gerne auf die Insel zurück. Tagesausflüge auf die Insel gibt es nicht, von Zeit zu Zeit machen die Segler an der berühmten Blue Pearl Bay (Westküste) für Tauch- und Schnorcheltrips Halt. Die Anreise nach Hayman Island ist über den Flughafen von Hamilton Island oder per Helikopter möglich.

 One & Only Hayman Island $$$$$, ☎ *07-49401838,
www.hayman.oneandonlyresorts.com.*

Leben wie Robinson Crusoe

info

Neben den genannten Inseln existieren viele unbewohnte Inseln. Die größte unter ihnen ist **Whitsunday Island**. Die Insel ist durch den traumhaften Sandstrand **Whitehaven Beach** berühmt geworden. Man sagt, es sei der weißeste Sandstrand der Welt. Vier NP-Campgrounds sind über die Insel verteilt. Andere Inseln mit Campgrounds sind Haslewood Island, Border Island, North Molle Island, Cid Island, Henning Island, Shute Island und Shaw Island. Die Campingerlaubnis muss beim National Park Service eingeholt werden. Wichtig ist, dass ein **verbindlicher Abholtermin** ausgemacht wird. Dem Aufenthalt auf einer unbewohnten Insel ist häufig durch den Mangel an Trinkwasser eine natürliche Grenze gesetzt – man sollte bei der Vorratsplanung den Wasserbedarf bei großer Hitze bedenken! Weiterhin dürfen Insektenschutz, Sonnenschutz und ein Kocher (keine offenen Feuer erlaubt) nicht fehlen.

Lindeman Island

800 ha Regenwald, Berge, Sandstände und der erste Club Med Australiens liegen am südlichen Eingang der Whitsunday Passage (44 km nördlich von Mackay).

 Club Med Lindeman Island $$$$, *www.lindeman-island-whitsundays.com. au. Ein Club Med-Resort mit allen Annehmlichkeiten und Ausflugsboot-Flotte.*

Brampton Island

Die Insel gehört geografisch betrachtet nicht mehr zu den Whitsundays. Brampton Island liegt 35 km östlich von Mackay und ist von dort bzw. von Shute Harbour per Schiff oder per Flugzeug zu erreichen. Über einen Wanderweg gelangt man in die herrliche Badebucht Turtle Bay mit postkartenreifem, türkisblauem Wasser oder zu sechs weiteren Sandstränden. Im hügeligen Inselinneren mit dem 209 m hohen Brampton Peak präsentiert sich eine Mischung aus dichtem Regenwald und offenem Pinienwald. Per Boot lässt sich die unbewohnte Nachbarinsel Carlisle Island besuchen. Dort ist Campieren (mit Permit) erlaubt. Zwischen beiden Inseln gibt es gute Schnorchelreviere. Es werden auch Ausflüge an das „Outer Reef" angeboten.

Brampton Island Resort $$$$, ☎ 07-49514499, *www.bramptonisland. net. Komfortable Ferienanlage für Familien und Paare, mit 6-Loch-Golfplatz und Wassersportaktivitäten.*

Von Airlie Beach nach Hervey Bay

Cape Hillsborough National Park

Von Airlie Beach gelangt man in Proserpine wieder auf den Bruce Hwy. Nach 70 km auf dem Highway passiert man das Städtchen Mount Ossa und den Abzweig zum **Cape Hillsborough NP** (18 km, teilweise geschottert). Der NP auf der felsigen Halbinsel begeistert vor allem durch seine hohen Klippen und die schönen Sandstände dazwischen. Die Ranger-Station mit kleinem Besucherzentrum im Ferienort **Seaforth** gibt ein Faltblatt über die Wanderwege im Park heraus. Bei Ebbe ist die vorgelagerte Insel **Wedge Island** zu Fuß erreichbar. Übernachtungen sind auf einem einfachen NP-Campground bei Smelley's Creek oder in Seaforth möglich.

Eungella National Park/Broken River

Vom Hwy. bis Eungella Village sind es landeinwärts 64 km, von Mackay kommend 84 km. Von Marian führt eine schmale Straße durch den **Mirani Shire** und das **Pioneer Valley**, wo jährlich über 900.000 Tonnen Zucker in vier Mühlen produziert werden. Die Geschichte des Tals wird in einem kleinen **Museum** in Mirani dokumentiert. Am Fuße des Aufstiegs auf das Hochplateau der Clarke Range passiert man die **Finch Hatton Gorge** mit zwei spektakulären Wasserfällen (**Arluen Falls** und **Wheel of Fire Falls** mit Badestelle), die über kurze Wanderungen zu erreichen sind. Ein ordentlicher Campingplatz ist das Platypus Bush Camp, das sich am Ende des Tals an der Grenze zum NP befindet. In steilen Serpentinen erreicht man den Eingang des National Parks. Bei guter Fernsicht genießt man vom Aus-

Spektakuläre Wasserfälle

Hinweis

Die Angewohnheit, kurz vor der Ernte die Zuckerrohrfelder abzubrennen, ist in Queensland noch immer weit verbreitet. Zweck der Übung ist es, die Blätter vom eigentlichen Zuckerrohr zu trennen und Giftschlangen aus den Feldern zu vertreiben. Nach der Brandrodung können die Farmer gefahrlos und ohne Mühe den Rohstoff schneiden. Während der Erntezeit sollte man zudem auf die kleinen **Sugar Cane Trains** Acht geben, die die Ernte zu den Zuckermühlen fahren.

sichtspunkt **Sky Window** einen fantastischen Blick auf das Pioneer Valley bis zum Meer. Häufig aber verderben Wolken im „Land der Wolken" (= Eungella) die Sicht. Vom Aussichtspunkt (Palm Lookout Track), an dem sich auch das historische Eungella Chalet befindet, starten von 705 m Höhe oft Drachenflieger ins Tal. Die Stadt Eungella mit Laden, Post, Ranger-Büro und ein paar Häusern verteilt sich großzügig auf dem Plateau.

Der **Eungella NP** bedeckt rund 49.000 ha und lockt die Besucher vor allem wegen der seltenen Spezies **Ornithorhynchus Paradoxus**, kurz Platypus, an. Die scheuen Schnabeltiere, die wie eine Kreuzung aus Fischottern und Enten aussehen, *Wanderungen* können von den Aussichtsplattformen am Broken River beobachtet werden – am *in ange-* besten in den frühen Morgenstunden oder am Abend – Geduld ist allerdings not-*nehmem* wendig. Wanderungen durch den tropischen Regenwald, der auf dieser Höhe ein *Klima* ausgesprochen angenehmes Klima aufweist, sind z. B. auf dem 8 km langen Broken River Track möglich. Nachts entdeckt man Pflanzen fressende Possums in den Bäumen.

Schnabeltiere

info

Die seltenen Schnabeltiere gehören zur Gruppe der Kloakentiere (Monotremata), den ursprünglichsten Säugetieren, die nur noch in Australien und Tasmanien vorkommen. Überreste eines Platypus haben Wissenschaftler in Südargentinien gefunden – ein Beweis dafür, dass die Kontinente Südamerika und Australien einstmals als Urkontinent Gondwana verbunden waren. Die unterschiedliche klimatische Entwicklung beider Landmassen führte allerdings zum Aussterben der Tiere in Südamerika. Charakteristisch ist ihr **Schnabel**, der dem einer Ente gleicht, während ihr felltragender Körper eher an einen Fischotter mit Schwimmhäuten erinnert. Das eigentliche einzigartige ist, dass die Tiere Eier ablegen und ausbrüten, später jedoch ihre Jungen säugen. Zur Nahrungssuche tauchen die Tiere bis auf den Grund der Flüsse und Teiche ab und schnüffeln blind über den Schlammboden. Die Nahrung, bevorzugt kleine Krebse und Schnecken, wird in den Backentaschen verstaut und erst an der Wasseroberfläche verzehrt bzw. an die Jungen weitergereicht. Die Höhlen der Schnabeltiere, die auch als Brutkammern dienen, reichen bis zu 18 m weit in die Flussufer hinein.

Reisepraktische Informationen Eungella NP/Broken River

ℹ️ Information

NP Visitor Centre, *Broken River,* ☎ *07-49584552, www.nprsr.qld.gov.au. Die Ranger erteilen Informationen über den NP und die besten Beobachtungsplätze für Schnabeltiere. Ein Kiosk ist ebenfalls vorhanden.*

🛏️ Übernachten

Broken River Mountain Retreat $$, *Broken River,* ☎ *07-49584000, www.brokenrivermr.com.au. Gleich neben der Ranger-Station gelegene Lodge mit Motelzimmern oder Cabins und einem Restaurant.*

⚠️ Camping

Der **NP-Campground** *(mit Duschen und Toiletten) kann im Voraus leider nicht reserviert werden – die Chancen, dort einen Platz zu bekommen, sind an Wochenenden eher gering. Als Alternative gibt es im Ort Eungella einen privaten CP mit toller Aussicht auf das Pioneer Valley.*

Mackay

Mackay (68.000 Ew.) nennt sich „The Sugar Capital Of Australia". Die Stadt ist ein typisches Beispiel relaxter Queensland-Atmosphäre. Alteingesessene Bewohner sprechen einen herrlich breiten **Queensland-Slang**. Die prachtvollen Kolonialbauten scheinen seit 100 Jahren kaum verändert.

Die Geschichte der Stadt begann schon 1859, als der Rinderzüchter John Mackay aus NSW nach Norden aufbrach, um neue Weidegründe zu entdecken, an der Mündung des Pioneer River wurde er fündig. Einige restaurierte Gebäude wie das **Court House** von 1885 sind im Stadtzentrum sehenswert. Die Orientierung fällt in der rechtwinklig angelegten Stadt leicht: Das **Zentrum** wird von der River St. (parallel zum Pioneer River) und der Sydney St. eingegrenzt.

Weist den Weg: der Leuchtturm von Mackay

Die Einfuhr der Zuckerpflanze aus Java im Jahre 1868 führte zum großflächigen Anbau des **Zuckerrohrs**. Die Verlade-Terminals liegen 6 km nördlich am Outer Harbour. Von der weltgrößten Zuckerverladestation (Bulk Sugar Terminal) wird der Nährstoff verschifft (keine Besichtigung möglich). Im Hafen von **Hay Point** (40 km südlich) wird Kohle aus Blackwater verschifft. Ein Ausflug nach Norden lohnt vor allem wegen der schönen Strände am **Slade Point** und **Bucasia**, im Süden ist der herrliche **Sarina Beach** (mit Campingplatz) einen Abstecher wert.

Mackay und Umgebung

Reisepraktische Informationen Mackay

i Information

Visitor Information Centre, *320 Nebo Rd. (Richmond Sugar Mill),* ☎ *1300-130001, www.mackayregion.com. Mo 9–17, Di–Fr 8.30–17, Sa und So 9–16 Uhr. Besucherzentrum mit guten Informationen über Mackay und zu Ausflügen auf die Inseln.* **National Park Service**, *Ecke River/Woods St.,* ☎ *07-49518788, www.nprsr.qld.gov.au.*

🛏 Übernachten

Neben den Hotels/Motels in der **Innenstadt** *dürfte es kein Problem sein, ein Zimmer in den nördlich gelegenen* **Ferienorten** *Slade Point, Blacks Beach, Dolphins Head, Eimeo und Bucasia Beach zu bekommen. Südlich schließen sich die Ferienorte Salonika Beach, Sarina Beach und Armstrong Beach an.*

Dolphin Heads Resort $$$$, *Beach Rd., Dolphin Heads (15 km nördlich),* ☎ *07-49444777, www.dolphinheadsresort.com.au. Sehr schönes Resort, mit Golfplatz, fast direkt am Strand. Shuttle-Service nach Mackay.*
Larrikin Lodge YHA $, *32 Peel St.,* ☎ *07-49513728. Jugendherberge.*

⚠ Camping

Beach Tourist Park, *8 Petrie St. (3 km östlich),* ☎ *07-49574021. Stadtnaher Campingplatz der Big4-Kette, mit Strandzugang, auch Cabins.*
Bucasia Beach Caravan Resort, *Bucasia Beach (10 km nördlich),* ☎ *07-49546375, www.bucasiabeach.com.au. Erstklassiger Campingplatz direkt am Strand, schattige Plätze.*

🚢 Organisierte Ausflüge

Die **Bootsausflüge** *zum Great Barrier Reef und auf die südlichen Whitsunday-Inseln beginnen am Tourist Jetty des Outer Harbour (6 km nördlich der Stadt).*

👉 Streckenhinweis

Von Mackay nach Rockhampton (332 km) gilt es, einen der langweiligsten Abschnitte der Ostküste rasch zurückzulegen. Immer das Tempolimit beachten – fiese **Radarfallen** können extrem teuer werden. Ein Outback-Abstecher lässt sich alternativ über die **Saphirfelder** von Emerald unternehmen. Vor Erreichen der Stadt Rockhampton sollte man den Abstecher zu den Höhlen **Cammoo Caves** und **Olsen's Capricorn Caves** nicht verpassen (23 km nördlich von Rockhampton). Die schönen Tropfsteinhöhlen sind in Privatbesitz und Heimat hunderter von Fledermäusen. Bei den Führungen wird manchmal klassische Musik abgespielt, um die Akustik hervorzuheben.

Outback Queensland

Die wichtigste Straßenverbindung im Hinterland von QLD ist der Matilda Hwy., der sich über 1.670 km von Karumba am Golf von Carpentaria bis Cunnamulla unweit der Grenze zu NSW erstreckt. Der Highway ist größtenteils geteert, jedoch werden *Alternative zum Küsten-Highway* den für Abstecher und Ost/West-Verbindungen häufig Pisten benutzt, für die sich ein 4-WD besser eignet. Der Abstecher eignet sich gut als Alternative zum Küsten-Highway Mackay – Rockhampton mit folgender Route: Mackay – Clermont (Peak Downs Hwy.) – Emerald/Rubyvale/Sapphire – Blackwater (Capricorn Hwy.) – Rockhampton. Ein schöner Punkt zum Übernachten ist der **Lake Maraboon** (20 km südlich von Emerald). Das Sunlover Resort verfügt über einen Campingplatz und ausgezeichnete Möglichkeiten zur Vogelbeobachtung. Folgt man von Emerald dem Gregory Hwy. nach Süden, besteht von Springsure eine Zufahrtsmöglichkeit in den spektakulären **Carnarvon Gorge National Park** (s. Karte S. 418)

Carnarvon Gorge National Park

Viele kleine National Parks befinden sich fernab der großen Highways im Hinterland. Sie dienen dem Schutz bestimmter Naturdenkmäler oder besonderer Pflanzen und Tiere. Häufig sind es auch **heilige Stätten der Ureinwohner**, die den

Gem Fever im Outback

263 km westlich von Rockhampton (Capricorn Hwy.) liegt die Stadt **Emerald** – Ausgangspunkt für spannende Exkursionen in die **Gemfields**. Australien produziert rund 80 % aller weltweit geförderten Saphire, davon stammt der größte Teil aus dieser Gegend. Man sollte die typischen Saphirstädte Anakie (44 km westlich von Emerald), Rubyvale und Sapphire (ca. 60 km westlich von Emerald) besuchen und sich einen „Bucket Full of Wash" kaufen, einen Eimer voll Geröll, den man dann selbst auswäscht. Nach Aussagen fleißiger Edelsteinsucher findet man immer ein paar Rohsaphire darunter. Fast jedes Haus dieser Minensiedlungen hat irgendwas mit Edelsteinen zu tun, sei es ein kleiner Schmuckladen, Edelstein-Schleifereien, Minenbesichtigungen oder etwas anderes. Besonders empfehlenswert: **Rubyvale Gem Gallery**. Die Landschaft ist gezeichnet von offenen Minen und abgesteckten Claims.

Schutzstatus eines National Parks verliehen bekamen. Viele sind kaum oder nur sehr schwer zugänglich, touristische Einrichtungen fehlen meist gänzlich.

Eine Ausnahme bildet der **Carnarvon Gorge NP** in den Central Highlands in Südost-Queensland. Der NP ist der größte der Central Highlands, einem Gebiet, das aus einem breiten Plateau verwit-

Lauschige Plätzchen finden Besucher im Carnarvon NP

terten Sandsteins als Teil der Great Dividing Range besteht. In dieses Plateau haben sich tiefe Schluchten eingegraben, deren spektakulärste die Carnarvon Gorge (im Ostteil des NP) darstellt. Hinzu kommen die Landschaftsformationen **Mount Moffatt** (im Süden des NP), **Ka Ka Mundi** und **Salvator Rosa** im Westen des NP. Letztere müssen über die nördliche Springsure Rolleston Rd. angefahren werden. Insgesamt existieren 21 km Wanderwege im Park.

🛏 **Carnarvon Gorge Wilderness Lodge** $$$, ☎ *07-49844503, www. carnarvon-gorge.com. Die Lodge mit komfortablen Safari-Cabins befindet sich in großartiger Lage am Eingang der Schlucht. Zwei NP-Campgrounds sind vorhanden, jedoch nur zu Ferienzeiten geöffnet (Oster- und Sommerferien).*

Rockhampton

Rockhampton glänzt mit historischen Gebäuden

Rockhampton liegt direkt am Wendekreis des Steinbocks (**Tropic of Capricorn**), der Australien klimatisch in die tropische und gemäßigt subtropische Zone teilt. Der exakte Punkt ist durch den Capricorn Spire, ein 14 m hohes Denkmal, markiert. Der Küstenstreifen wird entsprechend **Capricorn Coast** genannt. Der landschaftliche Unterschied ist offensichtlich: Die saftig grünen Zuckerrohrfelder im Tropengürtel weichen weitgehend trockenem Weideland. Mit 66.000 Einwohnern ist die Stadt die größte zwischen Townsville und Brisbane. Haupteinkunftsquelle der Region ist die **Rinderzucht**, die bereits 1853 von den Gebrüdern William und Charles Archer begonnen wurde. Jede Woche findet auf der Gracemere Cattle Station (12 km südwestlich) eine riesige Rinderauktion statt.

Das historische Stadtzentrum befindet sich am Südufer des Fitzroy River. Zahlreiche alte Gebäude stehen in der Quay St., z. B. die **ANZ-Bank** von 1864 und das **Customs House** von 1901. In der breiten Fußgängerzone **East Street Mall** lässt sich die Mittagshitze unter Schatten spendenden Sonnenschirmen ertragen. Der Besuch des **Dreamtime Cultural Centre** (*Bruce Hwy., 5 km nördlich, ☎ 07-49361655, www.dreamtimecentre.com.au, Mo–Fr 10–15.30 Uhr*) gehört zu den wesentlichen Besuchspunkten in Rockhampton. In dem 1988 eröffneten Zentrum werden großflächig Kunst und Kultur der Ureinwohner und Torres-Strait-Insulaner ausgestellt.

Reisepraktische Informationen Rockhampton

Information
Capricorn Region Information Centre, *Gladstone Rd., ☎ 07-49394888, www.capricornholidays.com.au, tgl. 9–17 Uhr. Informationen über Rockhampton und die Städte der Capricorn-Küste.*
National Park Service, *Ecke Yeppon/Norman Rd., ☎ 07-49365011, www.nprsr.qld.gov.au.*

Übernachten
Es empfiehlt sich, an die Küste nach Yeppoon, Mulambin Beach, Kinka Beach oder Emu Park zu übernachten.

Mercure Capricorn Resort $$$$, *Yeppoon, Farnborough Rd.,* ☎ *07-49252525, www.capricornresort.com. Schönes, weitläufiges Resort mit herrlichem Strand und Dünenlandschaft.*

Travelodge Rockhampton $$$, *86 Victoria Parade (1 km westlich),* ☎ *07-49279933, www.travelodge.com.au. Zentral gelegenes, gut ausgestattetes Motel.*

Rockhampton YHA $, *60 MacFarlane St., North Rockhampton,* ☎ *07-49275288, www.yha.com.au.*

Kroombit Lochenbar Station, *Biloela (ca. 160 km südwestlich von Rockhampton, ca. 115 km westlich von Gladstone),* ☎ *07-49922186, www.kroombit.com.au. Rinderfarm im Outback, die Reittouren, 4-WD-Ausflüge etc. anbietet.*

> ⚠ **Camping**
> **Capricorn Palms Holiday Village**, *Mulambin Beach (8 km südlich von Yeppoon),* ☎ *07-49336144, www.capricon-palms-holiday-village.qld.big4.com.au. Campingplatz in Strandnähe, auch Cabins.*
> **Island View CP,** *Scenic Hwy., Kinka Beach (13 km südlich von Yeppon),* ☎ *07-49396284, www.island-view.com.au. Ausgezeichneter Campingplatz, auch Cabins.*

Umgebung von Rockhampton

Yeppoon und die Capricorn Coast
Rund um den lebhaften Ferienort Yeppoon (40 km nordöstlich von Rockhampton) findet man die schönsten Strände der Umgebung. 20 km nördlich von Yeppoon beginnt die **Byfield Coast**, eine fast vollkommen unerschlossene Wildnis mit dem Byfield NP. Die sandige Allradpiste endet an der Küste in einer traumhaft einsamen Dünenlandschaft. Weiter nördlich ist die Halbinsel ein militärisches Sperrgebiet. Südlich von Yeppoon führt eine **beeindruckende Küstenstraße** (Scenic Rd.), vorbei an Kinka Beach und Rosslyn Bay (mit dem Fährterminal für Bootstransfers nach Keppel Island, mehrmals täglich).

Die schönsten Strände der Umgebung

Ganz im Süden der Halbinsel liegt **Emu Park**, ein ruhiger Ort mit gepflegten Ferienhäusern reicher Queensländer. Dort befindet sich auch die **Koorana Crocodile Farm**, eine Zuchtfarm für Krokodile (*10 km vor Emu Park in Coowonga,* ☎ *07-49344749, www.koorana.com.au. Touren tgl. 10.30 und 13 Uhr, Erwachsene A$ 28, Kinder A$ 13*). Wer mag, kann sich im Restaurant ein schmackhaftes Croc-Steak servieren lassen.

Mount Morgan
40 km südlich von Rockhampton (Burnett Hwy.) liegt die historische Stadt Mount Morgan. Die tiefen Terrassen der 1880 eröffneten **Goldmine** sind vom Dee River Lookout noch immer zu sehen. Während jedoch das Gold in den 1920ern zur Neige ging, wurde Kupfer bis 1981 abgebaut. Bei der Gründung der BHP (Broken Hill Proprietary), dem heute größten Bergbaukonzern Australiens, spielte Mount Morgan eine besondere Rolle: Einer der Gründer, William D'Arcy, machte hier sein erstes kleines Vermögen, das er in die BHP einbringen konnte. Das **Historische Museum** der Stadt zeigt Bilder und Gegenstände aus der Zeit der Goldgräber.

Mount Hay Gemstone Tourist Park

Westlich von Rockhampton zieht der **Mount Hay Tourist Park** (www.mthay gems.com.au) Edelsteinsucher an. Touristen dürfen gegen eine Gebühr selbst nach den Thundereggs („Donnereiern") graben – 120 Mio. Jahre alte, eiförmige Quarzgesteine, in deren Inneren sich blau schimmernde Edelsteine befinden. Campingplatz und Picknickeinrichtungen sind vorhanden.

Die Inseln der Capricorn Coast

Great Keppel Island

Die Hauptinsel der Keppel Island Group bietet 17 Sandstrände und mit einem Durchmesser von 28 km reichlich Entdeckungsmöglichkeiten. Die Anreise erfolgt per Schiff mit Freedom Cat Fast Ferries, Rosslyn Bay Harbour (10 km südlich von Yeppoon, mit ausreichend Parkplätzen). Abfahrt mehrmals täglich.

   Great Keppel Island Holiday Village $$-$$$, ☏ 07-49398655, www. gkiholidayvillage.com.au. *Ferienanlage mit unterschiedlichen Unterkünften für jeden Anspruch. Tennisplätze, ein Golfplatz und reichlich Wassersportaktivitäten werden geboten.*

Heron Island

Als winzig kleiner Fleck mit nur 1 km Länge ist das Eiland (70 km vor Gladstone) kaum auf der Landkarte zu finden. Ähnlich wie Green Island (vor Cairns) ist Heron Island eine **reine Koralleninsel**, die von schneeweißen Sandstränden und Korallenbänken eingerahmt wird. Meeresschildkröten (Green Turtles) legen im Sommer *Brutplatz* (Okt.–Apr.) ihre Eier ab. Eine große Kolonie Seevögel hat Heron Island im Frühling *für* als Brutplatz auserkoren – mit Belästigungen muss in dieser Zeit gerechnet wer- *Seevögel* den. Die Ranger unternehmen bei Ebbe interessante Riffspaziergänge. Heron Island gilt als ideales Tauch- und Schnorchelrevier.

Die Insel ist per Katamaran (ab Gladstone Marina) oder per Helikopter von Gladstone täglich erreichbar. Der Heli ist zwar teurer, aber für Flugreisende (Airport Gladstone GLT) oft die einzige Möglichkeit, ohne Zwischenübernachtung im langweiligen Gladstone auf die Insel zu gelangen. Auf dem benachbarten Wilson Island (www.wilsonisland.com) kommt ein Robinson Crusoe „Deluxe-Feeling" auf. Man nächtigt in fast offenen Safarizelten und wird von einem kleinen Service-Team mit Speis und Trank versorgt. Schnorcheltouren sind vom Strand aus möglich. Der Aufenthalt ist nur im Paket zusammen mit Heron Island buchbar.

   Heron Island Resort $$$$, ☏ 1300-863248, www.heronisland.com.

Lady Musgrave

Die Insel ist nur unwesentlich größer als Heron Island, unbewohnt und als National Park unter Schutz gestellt. Auf der ebenfalls aus Korallen gebildeten Insel brüten **Schildkröten** und **Wasservögel**. Von Juli–Okt. ziehen **Buckelwale** (Humpback Whales) an der Bunker Reef Group vorbei. Tagesausflüge mit Tauch-/Schnorcheloption werden ab Bundaberg oder Town of 1770 anboten (Lady Musgrave Cruises, www.lmcruises.com.au).

Lady Elliott Island

Rund 100 km nordöstlich von Bundaberg gelegen, stellt das Eiland den südlichsten Punkt des Great Barrier Reef Marine Park dar. Sie ist die kleinste der drei Koralleninseln mit guten Bedingungen für Taucher. **Teufelsrochen** (Manta Rays) leben hier in solcher Menge, dass Taucher ihnen fast immer begegnen. Auch **Schild-kröten** sind keine Seltenheit und Schulen exotischer Fische gleiten durch die Schluchten der Korallen. Totale Isolation ist im eher einfachen Lady Elliott Island Resort angesagt, das nur per Flugzeug von Bundaberg oder Hervey Bay aus erreicht werden kann.

Gute Bedingungen für Taucher

 Lady Elliott Island Eco Resort $$$, ☎ 1800-072200, www.ladyelliott. com.au. Kleine Ferienanlage mit einfachen Strandhütten und Safarizelten.

Gladstone

Gladstone (28.000 Ew.) ist ein geschäftiger **Industriehafen** für Kohle und Aluminium. Touristisch ist nicht allzu viel los, sieht man von den Ausflugsmöglichkeiten auf die Inseln ab. Das Great Barrier Reef findet im Bereich Gladstone/Bundaberg sein südliches Ende. Eine Übernachtung lohnt nur, wenn beispielsweise am nächsten Tag der Katamaran nach Heron Island gebucht ist. Ansonsten sollte man eher ein Stück südlich in **Tannum Sands** nächtigen. Der ruhige Ferienort verfügt über einen schönen Strand, Campingplatz und Motels.

Reisepraktische Informationen Gladstone

ℹ Information

Tourist Information, *Bryan Jordan Drive, Gladstone Marina Ferry Terminal,* ☎ *07-49729000, www.gladstoneregion.info. Mo–Fr 8.30–16.30, Sa und So 9.30–16.30 Uhr. Die* **Fähre nach Heron Island** *legt an der Gladstone Marina ab. Dort gibt es auch abschließbare Parkmöglichkeiten für Mietwagen und Camper. Wer nicht nach Heron Island will, sollte lieber in Tannum Sands oder in Agnes Waters/Town of 1770 übernachten – dort ist es einfach schöner.*

Die großen **Autovermieter** *haben ein Depot in Gladstone. So kann das Fahrzeug für den Aufenthalt auf Heron Island abgegeben werden.*

🛏 Übernachten

Sundowner Chain Motor Inn $$$, *Far St./Dawson Hwy., Gladstone,* ☎ *1800-654576. Mittelklasse-Hotel.*

Captain Cook Holiday Village $$$, *Town of 1770,* ☎ *07-49749219, www.1770holidayvillage.com.au. Cabins und Bungalows.*

Palm Valley Motel $$$, *Tannum Sands,* ☎ *07-49737512, www.palmvalleymotel. com.au. Mittelklasse-Motel.*

⚠ Camping

Tannum Beach CP, *25 km südlich von Gladstone in Tannum Sands (Boyne-Tannum) gelegener CP, direkt am Strand,* ☎ *07-49737201, www.tannumvillage.com.au – auf jeden Fall schöner als die Industriestadt Gladstone.*

Agnes Water und Town of 1770

Hier fing in Queensland alles an

Eine rund 55 km lange Stichstraße führt vom Bruce Hwy. in die Küstenorte Agnes Water und Town of 1770 (Seventeen Seventy, www.agneswaters.com.au). Der Ort erhielt seinen Namen von Captain Cooks erster Landung in Queensland am 24. Mai 1770. In Agnes Waters befindet sich ein Einkaufszentrum, ein Campingplatz und expandierende Neubaugebiete. Über die weitläufigen Sandflächen werden bei Ebbe Fahrten mit Amphibienfahrzeugen angeboten. Folgt man der Straße bis zum Ende, gelangt man bei **Round Hill Head** zu einem schönen Aussichtspunkt über den endlosen Pazifik. 25 km nordwestlich befindet sich der **Eurimbula NP** (weite Sandstrände mit niedrigen Dünen) mit einfachem Campground, erreichbar über eine schmale Piste. Die Wanderung zum **Ganoonga Noonga Lookout** ist sehr steil, entschädigt aber mit einem herrlichen Blick.

Südlich von Agnes Water liegt der einsame **Deepwater NP** (Sandstrände, Dünen, Tierwelt mit schwarzen Kakadus und Kängurus), über eine 4-WD-Piste anzufahren. Bei **Wreck Rock** befindet sich ein einfacher NP-Campground. Die Ausfahrt ist nach Süden, ebenfalls auf schmalen Tracks, in Richtung Berajondo möglich, wobei man vorher noch ein Abstecher an das Fischerdorf Rules Beach unternehmen kann.

Bundaberg

👉 Streckenhinweis

Die Fahrt durch hügelige Wälder über **Berajondo** und **Watalgan** nach Bundaberg ist kaum länger, aber deutlich abwechslungsreicher als der weiter westlich verlaufende Bruce Hwy.

50 km vom Bruce Hwy. entfernt liegt die 50.000 Einwohner zählende Stadt Bundaberg. Die Stadt am **Burnett River** wurde bereits 1867 gegründet. Das Stadtzentrum zeigt noch einige historische Gebäude. Ausflüge nach Lady Musgrave Island und Lady Elliott Island haben hier ihren Ausgangspunkt. Die meisten Australier verbinden den Stadtnamen mit dem hier erzeugten Rum. Die **Bundaberg Rum Distillery** ist die größte des Landes und arbeitet bereits seit 1888. Eine Besichtigung mit genauer Darlegung des Herstellungsprozesses ist interessant (*Whittered St., 2 km östlich entlang der Bourbong St., www.bundabergrum.com.au, Führungen zu jeder vollen Stunde*).

Berühmter Rum

Sehenswert ist auch das **Flugmuseum** „Hinkler Hall of Aviation" des australischen Flugpioniers Bert Hinkler. Er wurde 1892 in Bundaberg geboren und unternahm 1928 den ersten Soloflug von London nach Darwin (**Hinkler House**, *Botanical Garden, 4 km nördlich, www.hinklerhallofaviation.com, tgl. 9–16 Uhr, Erwachsene A$ 18, 4–17 Jahre A$ 10*).

Reisepraktische Informationen Bundaberg

Information
Tourist Information, *271 Bourbong St.,* ☎ *1300-722099, www.bundaberg region.org. Buchung von Ausflügen nach Lady Musgrave Island und Lady Elliott Island, Whale Watching Touren von Juli–Okt.*

Tipp
Reisende, die von Bundaberg Airport nach Lady Elliott Island fliegen, sollen ihr Fahrzeug bewacht unterstellen (Hertz Vehicle Storage, Mobiltankstelle). Offenbar ist das Auto am Flughafen nicht sicher!

Übernachten
In den Orten Bargara, Elliot Heads und Burnett Heads mangelt es nicht an Unterkünften. Zahlreiche Motels und Campingplätze befinden sich meist direkt am Strand **Kelly Beach Resort** $$$, *6 Trevors Rd. (3 km südlich von Bargara),* ☎ *07-41547200, www.kellysbeachresort.com.au. Gepflegtes Urlaubsresort mit Selbstversorger-Bungalows nahe zum Strand.*

Camping
Bargara Beach Caravan Park, *The Esplanade, Bargara (14 km östlich von Bundaberg),* ☎ *07-41592228, www.bargarabeach.com.au. Campingplatz mit Strandzugang.*

Mon Repos Beach
An den Strand von Mon Repos (15 km östlich von Bundaberg) kommen von Nov.–März dutzende (manchmal gar hunderte) **Meeresschildkröten** (Green Turtles) zur Eiablage. Die an Land so schwerfälligen Tiere lassen sich auch von den vielen **Schaulustigen**, die dieses Spektakel unter Ranger-Führung verfolgen, nicht beirren. Die Eiablage in den warmen Sand erfolgt meist abends oder nachts, daher wird ab 18 Uhr der Strand für Besucher gesperrt und am nächsten morgen wieder geöffnet.

Brutplatz für Seevögel

Die Küstenregion um **Bargara** (13 km östlich von Bundaberg) ist vor allem wegen ihrer schönen Strände attraktiv.

Streckenhinweis
Wer im Hochsommer an Queenslands Küste kommt, wird dankbar zur Kenntnis nehmen, dass die Küste endlich „stinger free" ist, d. h. die giftigen Quallen kommen nur mehr weiter nördlich vor. Der Bruce Hwy. von Rockhampton über Childers nach Maryborough verläuft eher eintönig über 220 km weit ab der Küste durch endlose Zuckerrohrfelder und Weideland.

Hervey Bay

Ausgangsort
für Ausflüge
nach Fraser
Island

Hervey Bay und die gleichnamige Bucht liegen ca. 30 km östlich des Bruce Hwy. Der Ferienort hat sich durch das Zusammenwachsen der Dörfer **Point Vernon**, **Pialba**, **Scarness**, **Torquay** und **Urangan** gebildet. Mittlerweile hat die Stadt fast mehr Gästebetten als Einwohner (42.000) und ist einer der Ferienorte der Ostküste, welche vom Boom der 1990er-Jahre am meisten profitiert haben. So gibt es praktisch kein Stadtzentrum, alle Geschäfte und die meisten Hotels befinden sich an der Uferpromenade **The Esplanade**, einige der großen Shopping-Zentren und die Fahrzeugvermieter bereits entlang der breiten Einfahrtstraße. In den Restaurants bekommt man außer Meeresfischen auch ausgezeichneten Barramundi aus dem Mary River auf den Tisch.

Die **Great Sandy Strait**, eine Flachwasserstraße, die das Festland von Fraser Island trennt, stellt mit ihren zahlreichen unbewohnten Inseln ein hervorragendes Ausflugs- und Angelrevier dar. Hinzu kommt einer der besten Golfplätze Queenslands (Hervey Bay Golf Club, Tooth St., Pialba).

Von Aug.–Okt. wandern die **Buckelwale** erst nordwärts, dann wieder südwärts, manchmal früher, manchmal später. Man sollte sich vor Ort nach den aktuellen Sichtungen erkundigen – es werden von mehreren Anbietern Walbeobachtungstouren angeboten

Reisepraktische Informationen Hervey Bay

ℹ Information

Hervey Bay Tourist Information, *Urraween/Maryborough Rd.,* ☎ *07-41241300, www.discoverherveybay.com.*
Entlang der Uferpromenade reihen sich etliche Buchungsstellen für Ausflüge nach Fraser Island. Wenn die Buckelwale von Juli–Okt. (saisonal schwankend) an der Küste vorbeiziehen, bieten Tourveranstalter **Walbeobachtungstouren** *an.*
National Park Service, *Ecke Tavistock/Exeter St., Torquay,* ☎ *07-41250222. Wer mit dem eigenen Fahrzeug (nur 4-WD) die Insel besuchen will, benötigt ein Permit und das OK des Vermieters. Permit (A$ 45/Fahrzeug), das im NP-Office oder bei der Tourist Information erhältlich ist. Auch die Campinggebühren für NP-Campgrounds müssen vorab bezahlt werden.*

 Verkehrsmittel
Fähren

Angesichts der Kosten (ca. A$ 150 für ein Fahrzeug mit zwei Personen für H/R-Passage), zuzüglich NP-Gebühren, lohnt sich die Überfahrt gegenüber einem geführten Tagesausflug nur, wenn der Inselaufenthalt mindestens zwei Tage beträgt. Die Fähren unbedingt im Voraus reservieren (www.fraserislandferry.com.au).
Autofähre: *River Heads – Wanggoolba Creek, 3 x tgl., ab A$ 40 pro Person zzgl. Pkw.*
Personenfähre: *River Heads – Kingfisher Bay, 6 x tgl. (am besten in Verbindung mit dem Resort buchen).*

Eine weitere Autofähre (Rainbow Venture) gibt es von Inskip Point/Rainbow Beach (Great Sandy NP) nach Hook Point (Südküste Fraser Island).

Mietwagen
Die großen Autovermieter haben ein Depot in Hervey Bay. Zahlreiche Allrad-Anbieter bieten Fahrzeuge für die Insel an und besorgen das notwendige NP-Permit.
Aussie Trax, *56 Boat Harbour Drive,* ☎ *1800-062275, www.fraserisland4WD.com. au. Vermietung von Autos mit Campingausrüstung*
Fraser Magic 4-WD, *5 Kruger Court, Urangan,* ☎ *07-41256612, www.fraser4wd hire.com.au. Vermietung von Geländewagen aller Art*

Organisierte Ausflüge
Hervey Bay Whalewatch, ☎ *1800-671977, www.herveybaywhalewatch. com.au. Bootsausflüge zur Walbeobachtung.*
Fraser Explorer Tours, ☎ *1800-249122, www.fraserexplorertours.com.au. Geführte Tages- und Mehrtagestouren.*
Geführte Touren sind außerdem ab Noosa (Sunshine Coast) möglich.

Übernachten
Kondari Resort $$$, *49–63 Elisabeth Rd., Urangan,* ☎ *07-41255477, www. kondari.com.au. Empfehlenswertes Resort mit tropischem Garten, Motelzimmern, Selbstversorger-Cabins, Restaurant, Bar und Pool.*
Colonial Village YHA $, *820 Harbour Drive, Urangan,* ☎ *1800-818280. Großes Hostel mit schönem Garten.*

Camping
Harbour Views CP, *Jetty Rd., Urangan,* ☎ *07-41289374. Idealer Campingplatz am Strand von Urangan für die erste Fähre nach Fraser Island.*
Fraser Lodge Holiday Park, *Fraser St., Torquay,* ☎ *1800-641444, www.fraser lodge.com.au. Gut ausgestatteter Campingplatz mit Cabins und Pool.*

Fraser Island

Die mit 172.000 ha größte Sandinsel der Welt war lange vor ihrer Entdeckung von den Aborigine-Stämmen der Badjala, Ngulungbara und Dulingbara besiedelt. Captain James Cook sah ihre Küste erstmals 1770, aber erst 1822 entdeckte Captain William Edwardson, dass es sich tatsächlich um eine Insel handelte. 1836 strandete die „Stirling Castle" vor Mackay. Ihr Kapitän, ein gewisser John Fraser, und seine Frau trieben auf Wrackteilen tagelang auf See, bis sie schließlich die Küste von Fraser Island erblickten. Zusammen mit fünf anderen Schiffbrüchigen gerieten sie in die Gefangenschaft von Aborigines und verschwanden alle bis auf Mrs. Fraser, die durch ihre Geschichte zu Ruhm gelangte. Mit der Entdeckung und forstwirtschaftlichen Nutzung der Insel begann die Vertreibung und **Deportation der Aborigines**. 1937 wurde „Banjo" Henry Owens als letzter bekannter Inselbewohner in die Cherbourg Mission Station gebracht.

Größte Sandinsel der Welt

Der **Great Sandy National Park** nimmt den gesamten Nordteil der Insel ein. Der Südteil ist ein State Forest. Die Grundlage der 123 km langen Insel ist Sand,

Fraser Island

allerdings größtenteils von Eukalyptuswäldern, Kauri-Fichten und Pinien bewachsen.

Eindrucksvoll sind auch die bis zu 70 m hohen **Satinays**, eine Baumart, die nur auf Fraser Island vorkommt. Von Juli–Sept. ist die Insel von blühenden Wildblumen übersät. An der Ostküste findet man kilometerlange Strände und bis zu 240 m hohe **Wanderdünen**.

Viele Vogelarten, darunter Kakadus, Austernfischer und Pelikane, sind ganzjährig zu beobachten, hinzu kommen **unzählige Zugvögel** auf ihrem Weg in den Sommer. Dingos sind ein häufiger Anblick. Sie halten sich oft an den Abfalleimern und auf Campingplätzen auf. Vom Füttern der Tiere sollte man im eigenen Interesse unbedingt absehen – der zahme Eindruck trügt (es sind wilde Tiere!) und es gab schon Beißattacken.

Daneben leben Wallabies, Possums, Warane (Goannas) und **wild lebende Pferde** (Brumbies) auf der Insel.

Inselrundahrt

Paradiesische Strände

Die **Central Station**, eine alte Waldarbeitersiedlung, ist Ausgangspunkt. Spaziergänge in das nahe **Pile Valley** mit den großen Satinaybäumen bieten sich an. Der traumhafte Lake McKenzie ist der bekannteste Binnensee. Glasklares Süßwasser und schneeweiße Strände muten schon geradezu paradiesisch an. Er ist von der Central Station auch zu Fuß erreichbar. Links vom Hauptstrand findet man einen sehr schönen, einsameren Strand. Nach Süden gelangt man über die Seenplatte mit **Lake Jennings**, **Lake Birrabeen** und **Lake Benaroon** zum größten See der Insel, dem **Lake Boomanjin**, ebenfalls ein beliebter Picknick- und Campingplatz. In

Auto fahren auf Fraser Island

Die Pisten, die die Insel durchziehen, sind größtenteils schmal und tiefsandig. Der Vierradantrieb bleibt praktisch ständig eingeschaltet, die Getriebeuntersetzung wird jedoch nur für schwere Passagen gebraucht. Um die Traktion zu verbessern, wird der Luftdruck der Reifen reduziert. Auf den meisten Wegen muss mit Gegenver-

Abenteuer: mit dem Auto über die Sandpisten

kehr gerechnet werden, Ausweichstellen sind genügend vorhanden. Die großen Tourbus-Monster allerdings halten für nichts und niemanden. Großartig ist das Befahren des **Seventy Five Mile Beach** (120 km lang) an der Ostküste. Der Strand kann jeweils drei Std. vor und drei Std. nach Ebbe als offizieller Highway benutzt werden. Die Westküste indes ist mit ihren dichten Regenwäldern und Mangrovensümpfen nur an den Anlegestellen der Fähren erschlossen.

Die Auflagen der Naturschutzbehörde und die Permit-Kosten für Selbstfahrer wurden in den letzten Jahren drastisch erhöht. So dürfen einige Routen nicht mehr befahren werden – entsprechende Sperrschilder sind aufgestellt und auf Karten vermerkt.

Dilli Village trifft man auf den Strand. Auf dem „Highway" in Richtung Norden folgt **Eurong**, der Hauptort der Insel mit Tankstelle, Laden, Motel und Ranger-Station.

Die Wanderung zum **Lake Wabby** (ca. 1 Std.) sollte man unbedingt unternehmen. Es ist der tiefste See der Insel, wird aber durch die steil abfallenden und wandernden Dünen von Jahr zu Jahr kleiner. Vorbei an verschiedenen Felsformationen führt der Strand-Highway nach **Happy Valley,** einer weiteren kleinen Siedlung mit Unterkünften und Tankstelle. Auf der Weiterfahrt wird das Wrack der 1933 gesunkenen „Maheno" passiert (Besteigen verboten). Es grenzt schon an ein Wunder, dass *Wrack und* der blühende Rost das Schiff noch nicht gänzlich dahingerafft hat. Die schönsten *schönen* Felsen sind The Pinnacles und The Cathedrals, die sich rot schimmernd vom Strand *Felsen* erheben. Ein Abstecher in den einsamen Nordteil der Insel ist ebenfalls möglich.

Die Rückfahrt zur Central Station wird von The Pinnacles in Angriff genommen. Vorbei das sanfte Dahingleiten auf Sand – schmale und langsame Pisten sind wieder angesagt. Durch das bewaldete Inselinnere, über den **Allom Lake** und die Boomerang Lakes (nach Waranen Ausschau halten!) geht die Fahrt auf schmalen Pisten zurück zum Lake McKenzie/Central Station.

Reisepraktische Informationen Fraser Island

Information

Informationen über die Insel erhalten Besucher in Hervey Bay. Selbstfahrer müssen ein NP-Permit einholen. Für die Insel ist zwingend ein Allradfahrzeug notwendig. Nicht alle Vermieter gestatten die Mitnahme des Fahrzeugs nach Fraser Island (Gefahren: Salzwasser am Strand, Ebbe und Flut). Weitere Infos: www.seefraserisland.com.

Übernachten

Neben den NP-Campgrounds gibt es einige Hotels und Ferienanlagen:
Kingfisher Bay Resort $$$$, *Kingfisher Bay (Westküste),* ☎ *1800-072555, www.kingfisherbay.com. Schönes „Eco-Resort". Vom Resort aus werden Wanderungen, Allradtouren, 4-WD-Mietwagen und Wassersportaktivitäten angeboten. Direkte Schiffsverbindung mit dem Festland. Leider auf der „Mangrovenseite" der Insel. Teures Restaurant.*
Fraser Island Beach Houses $$$-$$$$$, *Eliza St., Eurong,* ☎ *07-41279205, www.fraserislandbeachhouses.com.au. Schicke und beliebte Häuschen und Studios.*
Eurong Beach Resort $$$, *Eurong,* ☎ *07-41201600, www.eurong.com.au. Zentral gelegenes Hotel/Motel mit Laden, Tankstelle und 4-WD-Touren.*

Camping

Einfache Campgrounds *befinden sich an der Central Station, am Lake Boomanjin, Lake McKenzie, Allom Lake sowie an der Ostküste in Dilli Village und Cathedral Beach. In den Abendstunden werden Moskitos und Bremsen zur Plage.* **Achtung:** *Dingos keinesfalls füttern! Es sind wilde Tiere und es kam schon zu Attacken auf Menschen.*

The Sunshine Coast

Streckenhinweis
Entfernungen

Hervey Bay – Maryborough:	34 km
Maryborough – Noosa:	154 km
Noosa – Brisbane:	160 km

Maryborough

Die Stadt an der Mündung des Mary River (34 km südlich von Hervey Bay) ist eine der **ältesten Siedlungen Queenslands**. Viele der alten Gebäude sind in ihrer Ursprünglichkeit erhalten. Die Region lebt heute von Landwirtschaft (Zuckerrohr, Rinderzucht), Holz- und Maschinenbauindustrie (vorwiegend Landmaschinen).

Gympie

Anno 1867 suchte ein Goldrausch die Region um Gympie (11.400 Ew.) heim. Im **Gold Mining & Historical Museum** (*215 Brisbane Rd., www.gympiegoldmuseum. com.au*) erfährt man Weiteres über die Goldfunde und die damalige Zeit.

Abstecher in den Cooloola National Park und nach Rainbow Beach (Fähre nach Fraser Island)

Von Gympie erreicht man nach gut 60 km in östlicher Richtung eine entlegene Küstenregion. Rund um die Tin Can Bay und Wide Bay gibt es herrliche, nur schwach frequentierte Sandstrände. Beim Parkplatz neben dem kleinen Hafen von **Tin Can Bay** kommen häufig Delfine bis dicht an das Ufer. 10 km vor Tin Can Bay zweigt die Rainbow Beach Rd. in den gleichnamigen Küstenort ab. Das lokale **Tourist Office** (*8 Rainbow Beach Rd., ☏ 07-54863160, www.tincanbaytourism.org.au*) stellt die Permits für Fraser Island aus. Es gibt einen schönen **Strand-Campingplatz** (*Rainbow Beach Holliday Village, ☏ 1300-366596, www.rainbowbeachhollidayvillage.com*).

Für die ausführliche Erkundung der Cooloola-Sektion des **Great Sandy NP**, der sich von Rainbow Beach nach Süden bis an den Noosa River erstreckt, ist ein Allradfahrzeug erforderlich. Dann ist bei Ebbe die 70 km lange Strandroute bis Noosa fahrbar. Dabei sieht man das Wrack der „Cherry Venture" sowie die **Teewah Coloured Sands** – rotgelb eingefärbte Sandflächen. Süßwasserlagunen und Binnenseen liegen etwas landeinwärts. Durch den NP windet sich der **Noosa River** mit einsamen, mit Eukalypten bewachsenen oder mangrovengesäumten Ufern. Mehrere Wanderwege von bis zu 46 km Länge (Cooloola Wilderness Walk) durchziehen den Park. Übernachtungsmöglichkeiten bestehen auf mehreren einfachen NP-Campgrounds, u. a. am Fresh Water Lake. Infos über den NP gibt es in Rainbow Beach oder in Tewantin. *Strandroute nach Noosa*

Fähre nach Fraser Island

Die Autofähre **Rainbow Venture** (☏ 07-54863227) verbindet Rainbow Beach/Inskip Point (10 km nördlich von Rainbow Beach) mit Hook Point an der Südküste von Fraser Island. Die Verbindung ist gezeitenabhängig, und genaue Abfahrtszeiten müssen erfragt werden. Das notwendige Permit für Selbstfahrer erhält man im NPWS-Büro in Rainbow Beach (tgl. 7–16 Uhr).

Sunshine Coast

Queensland ist nicht nur der Sunshine State, er besitzt auch eine Sunshine Coast. Sie erstreckt sich auf eine Länge von 140 km nördlich von Brisbane. Sieht man von den Touristenzentren **Noosa**, **Coolum**, **Maroochydore** und **Caloundra** ab, so findet man dazwischen tatsächlich noch einige einsame Strandabschnitte. Dies ist wohl der größte Unterschied zur durchgängig mit Hochhäusern bepflasterten Gold Coast. Die Strände sind unter Surfern für ihre Brandung berühmt. Zur eigenen Sicherheit empfiehlt sich bei wirklich hohen Wellen, nur dort zu baden, wo auch der SLSC (= Surf Live Savers Club) Wache hält. *Fantastische Sandstrände*

Die Sunshine Coast lebt vom **Tourismus** und von den zahlreichen Obstplantagen, wo vor allem Zitrusfrüchte und Mangos wachsen. Im südlichen Hinterland (70 km nördlich von Brisbane) erheben sich die elf Vulkankrater der **Glasshouse Mountains**, deren höchster Gipfel der Mt. Beerwah (556 m) ist.

Sunshine Coast

Map labels:

nach Maryborogh · zur Tin Can Bay · Great Sandy N.P. · Gympie · Lake Weyba · Boreen Point · Noosa National Park · Cooran · Tewantin · Noosa Heads · Cooroy · Sunshine Beach · Peregian Beach · Bruce Highway · Coolum Beach · Mapleton · SUNSHINE COAST · Kondalilla N.P. · Nambour · Maroochydore · Kawana Waters · Mooloolaba · Montville · Landsborough · Dickie Beach · Caloundra · Beerwah · Briebie Island N.P. · Glass House Mountains · Bribie Island · D'Aguilar Highway · 85 · Pumicestone Channel · Cape Moreton · Bulwer · Caboolture · Woorim · Bongaree · Beachmere · Moreton Island N.P. · Burpengary · Redcliffe · Tangalooma · Moreton Island · Lake Samsonvale · Moreton Bay · Brisbane · North Stradbroke Island

N · 0 · 20 km

© igraphic

Noosa

In Noosa (24 km östlich des Bruce Hwy.) wurde in den 1970er-Jahren noch versucht, alternatives Leben und tägliche Surf-Freuden miteinander zu verbinden. Heute sind die Hippies verschwunden und haben finanzkräftigen Australiern Platz gemacht. Ihre edlen **Villen** (mit der Yacht vor der Haustür) können auf der Anfahrt über den David Low Way betrachtet werden. Die Städte **Tewantin** und **Noosa Heads** sind praktisch zusammengewachsen. Noosa markiert das exklusive nördliche Ende der Sunshine Coast und gliedert sich in Noosaville, Noosa Heads und Noosa Junction auf. Das Zentrum von Noosa Heads ist die Einkaufsstraße Hastings St. Fast ganzjährig sind die Straßen chronisch verstopft, und mit einem großen Wohnmobil hat man seine liebe Mühe, einen Parkplatz in der Nähe des Main Beach zu erhalten.

Die Nordspitze wird vom 432 ha großen **Noosa Head NP** eingenommen – einem der ältesten Naturreservate Australiens und mit seinen Wanderpfaden und Sandbuchten ein wohltuender Kontrast zur lebhaften Stadt. Schon wegen des guten Blicks auf den Noosa Sound lohnt der Aufstieg zum Aussichtspunkt Noosa Hill.

Everglades Australiens — Die **Flusslandschaft des Noosa River** zieht sich in einigen Windungen nach Norden zum **Lake Cootharaba**. Die auch als „Everglades Australiens" bezeichnete Landschaft ist für ihre Wassersportmöglichkeiten und den Hausboottourismus bekannt. Ebenso attraktiv sind die Freizeitaktivitäten, die der südlich von Noosa gelegene **Lake Weyba** bietet. Weitere schöne Strände südlich von Noosa Heads sind **Sunshine Beach**, **Marcus Beach** und **Peregian Beach**. Parkplätze mit Strandzugang sind vielfach vorhanden.

Reisepraktische Informationen Noosa

Information

Noosa Information Centre, *Hastings St. (Kreisverkehr in Noosa Heads),* ☎ *07-54305000, www.visitnoosa.com.au, www.sunshinecoast.org. Eines von mehreren Informations- und Buchungsbüros der Stadt.*

Organisierte Ausflüge

4-WD-Safaris nach Fraser Island
The Discovery Group, *Jetty 186, Gympie Terrace, Noosaville,* ☎ *07-54490393, www.thediscoverygroup.com.au. Touren nach Fraser Island mit Fahrt entlang des langen Rainbow Beach.*
Bootsausflüge in die „Everglades": *Everglades Water Bus, Noosaville,* ☎ *07-54471838.*

Übernachten

Die meisten Hotels/Motels befinden sich an der Gympie Terrace, Noosa Parade und am Sunshine Beach (Hastings St.). In den australischen Schulferien ist Hochsaison und Noosa fast komplett ausgebucht! Dutzende Apartmenthäuser säumen die Strandpromenaden.
The French Quarter Resort $$$, *Hastings St., Noosa Heads,* ☎ *07-54307100, www.frenchquarternoosa.com.au. Tropische Hotelanlage mit mehreren Pools und Selbstversorgerzimmern.*
Halse Lodge Guesthouse $, *2 Halse Lane, Noosa Heads,* ☎ *1800-242567, www.halselodge.com.au. Backpacker-Unterkunft in historischem Gebäude von 1880, nur 100 m zum Strand.*

Camping

Achtung: *Nicht alle Caravan Parks an der Sunshine Coast verfügen über Zeltplätze, sondern sind für Dauercamper eingerichtet. Campingplätze sind angesichts steigender Immobilienpreise rar an der Küste, so auch in Noosa. Direkten Strandzugang gibt es praktisch kaum noch.*
CPs zur Auswahl: *www.sunshinecoastholidayparks.com.au.*
Noosa River CP, *Russell St., Munna Point (1,5 km nordwestlich),* ☎ *07-54497050.*
Tipp: *weiter nach Süden fahren nach Coolum Beach:*
Coolum Beach Caravan Park, *David Low Way, Coolum Beach,* ☎ *07-54461474. Preiswert und direkt am Strand gelegener CP – keine Cabins, nur Stellplätze für Wohnmobile und Zelte.*

Streckenhinweis

Der **Sunshine Motorway** führt von Noosa schnurstracks und schnell nach Süden. Abwechslungsreicher ist in jedem Fall die **Küstenstraße**, deren Verlauf im Folgenden beschrieben ist. Auf dem Weg nach Süden durchfährt man das Ferienstädtchen **Coolum**. Im Vergleich zu Noosa oder Maroochydore geht es hier deutlich ruhiger zu. Dabei findet man am Coolum Beach mindestens genauso gute Wellen.

Schwimmen mit Buckelwalen

Die **Tauchschule Sunreef** in Mooloolaba bietet die Möglichkeit, mit Buckelwalen zu schwimmen. Das „Whale Swimming" wird unter strengen Auflagen durchgeführt. Der örtlicher Veranstalter arbeitet mit einem Erkundungsflugzeug, um die Wale zu finden, was in den Wintermonaten von Juni bis Oktober recht häufig der Fall ist.
Sunreef, 110 Brisbane Rd., ☏ 07-54445656, www.sunreef.com.au.

Maroochydore

Beachlife an der Sunshine Coast, hier am Caloundra Beach

Am Maroochy River (24 km südlich von Coolum) und ungefähr in der Mitte der Sunshine Coast liegt der lebhafte Ferienort Maroochydore (24.000 Einwohner), der mit den südlich gelegenen Orten **Alexandra Headland** und **Mooloolaba** eine Einheit bildet. Die Gegend wird daher meist nur „Maroochy" genannt. Auf dem Fluss werden Ausflüge in dort nie vermutete, unangetastete Wildnisregionen angeboten (Abfahrt von der Cod Hole Jetty).

In der modernen **Mooloolaba Wharf**, einem großen Einkaufs- und Vergnügungszentrum, befindet sich das **Underwater World Aquarium** (*www.underwater world.com.au, tgl. 9–17 Uhr, Erwachsene A$ 38, Kinder A$ 23*), in dem man, ähnlich wie in Townsville oder Sydney, in langen Acrylröhren durch die Unterwasserwelt wandelt. Neben Furcht einflößenden Haien sind Rochen und allerlei Muscheltiere zu sehen. Interessant auch die fluoreszierenden Quallen. Wagemutigen wird die Möglichkeit, täglich um 16 Uhr mit den Haien ins Becken zu gehen, gegeben.

In Alexandra Headlands befindet sich große Vergnügungspark **Olympia Theme Park** mit Wasserrutschen und allerlei mehr.

Reisepraktische Informationen Maroochydore

 Übernachten
Beach Motor Inn $$$, *Ecke Sixth Ave./Kingsford Smith Parade*, ☏ 07-54437044. *Das Motel liegt nur 100 m vom Strand entfernt.*
Maroochydore Backpackers $, *24 Schirman Drive*, ☏ 07-54433151, www.maroo chydorebackpackers.com. *Backpacker-Unterkunft am Maroochy River.*

 Camping
Coolum Beach CP, *David Low Way, Coolum*, ☏ *07-54461474.*

Golfen in Queensland

Kein anderer Bundesstaat bietet mehr Golfplätze als Queensland. Eine Platzreife oder ein bestimmtes Handicap werden nicht erwartet, indes ist für viele Plätze eine telefonische Reservierung erforderlich. Die Green Fees bewegen sich zwischen A$ 15 (Wochentags) und A$ 90, je nach Ausstattung und Berühmtheit des Platzes. Die meisten Golfplätze befinden sich rund um Brisbane, entlang der Gold Coast und Sunshine Coast. Aufgrund des idealen Klimas ist ganzjähriges Golfen möglich. Im tropischen Nord-Queensland findet man bei Palm Cove und Port Douglas sehr schöne Golfplätze, die am besten von Mai–Okt. zu bespielen sind.

Caloundra

Schöne Strände sind **Moffat** und **Dickie Beach** nördlich der 60.000 Einwohner zählenden Stadt. An der Landsborough Parade (beim Waterfront Hotel) ist eine Replika von Captain Cooks „HMS Endeavour" (tgl. 10–16 Uhr) zu bewundern. Das **Queensland Air Museum** (*Pathfinder Drive, Caloundra Aerodrome, www.qam.com. au, tgl. 10–16 Uhr, Erwachsene A$ 13, Kinder A$ 7*) zeigt verschiedener Flugzeugtypen und erläutert ihre Geschichte. Übernachtungsmöglichkeiten gibt es in zahlreichen Hotels und Motels oder auf dem Strand-Campingplatz Dickis Beach Caravan Park. Der breite **Pumicestone Channel**, der das Festland von der vorgelagerten Insel Bribie Island trennt, gilt als beliebtes Angelrevier. Bribie Island ist nur im Süden besiedelt (Bellara und Woorim) und ist über eine Brücke anzufahren.

Das Hinterland der Sunshine Coast

Nambour (13.000 Ew.) ist das Handelszentrum im fruchtbaren Hinterland. Westlich von Nambour erstreckt sich die Bergkette der **Blackall Range** über rund 40 km nach Süden. Einen guten Eindruck der bewaldeten Hügel erhält man, indem man von Nambour dem Range Tourist Drive folgt, der in einem Bogen bis Landsborough führt. Abstecher führen hinein in den **Kondalilla NP** (90 m hohe Wasserfälle) und durch die Dörfer Mapleton, Flaxton, Montville und Maleny.

Wie dicke Säulen erheben sich insgesamt elf Felsberge der **Glasshouse Mountains** aus der Ebene. Sie entstanden durch Eruptionen, die Jahrtausende zurückliegen. Die drei höchsten Berge (Mt. Beerwah 552 m, Mt. Coonowrin 373 m, Mt. Tibrogargan 282 m) werden von den Aborigines als heilige Berge angesehen. **Mt. Coonowrin** ist ein beliebter Kletterfelsen, während **Mt. Ngungun** relativ einfach zu erwandern ist. Übernachtungsmöglichkeiten befinden sich in der Ortschaft **Glass House Mountain** und in **Beerwah**. Fans des verstorbenen Crocodile Hunters Steve Irwin besuchen den **Australia Zoo** (*1638 Steve Irwin Way, ☎ 07-54362000, www.australiazoo.com.au, Erwachsene A$ 59, 3–14 Jahre A$ 35*).

Heilige Berge der Aborigines

16. BRISBANE UND UMGEBUNG

Brisbane

Geschichte der Stadt

Die Moreton-Bucht im Mündungsbereich des Brisbane River wurde 1799 erstmals von Matthew Flinders näher erforscht. Er suchte nach dem Fluss, den schon Cook 1770 dort vermutet hatte. 1823 beauftragte der Gouverneur von New South Wales, Sir Thomas Brisbane, den Landvermesser John Oxley damit, die Küste genauer zu untersuchen. Der Fluss erhielt daraufhin den Namen **Brisbane River**. *Neue Gebiete* Eigentlicher Zweck war, neue Gebiete für Sträflingskolonien ausfindig zu machen. *für Sträflings-* 1824 landete der erste Gefangenentransport im nördlich gelegenen Redcliffe. Der *kolonien* Mangel an Trinkwasser sowie gewaltsame Auseinandersetzungen mit den dort lebenden Ureinwohnern zwangen dazu, die Siedlung an den Brisbane River zu verlegen – das spätere Brisbane. Den wirtschaftlichen Aufschwung erlebte die Stadt nach dem **Bau der Schienenverbindung** mit Sydney im Jahre 1887. Das fruchtbare Land mit seinem landwirtschaftlichen Potenzial tat sein Übriges, um die Bevölkerung des jungen Staates rasch anwachsen zu lassen.

Brisbane heute

Brisbane ist seit 1859 die **Hauptstadt Queenslands**. Sie ist Handels- und Finanzmetropole und gleichzeitig drittgrößte Stadt Australiens. Wirtschaftlich lebt die Stadt von diversen Industriezweigen, u. a. Schwerindustrie und Nahrungsmittelindustrie. Der Hafen gehört zu den umschlagsstärksten des Kontinents. Weltweite Bekanntheit erlangte die Stadt 1988, als anlässlich der 200-Jahr-Feier Australiens die **Weltausstellung** (World Expo) in Brisbane stattfand. Sie war ein voller Erfolg und die Anlagen am Südufer des Brisbane River dienen heute als Messegelände und zur Erholung (South Bank Parklands).

Die **Freizeitmöglichkeiten** sind vielfältig: im Norden die Sunshine Coast, im Westen die Berge und Regenwälder der Great Dividing Range, im Süden die Gold Coast und im Osten der Pazifik mit North Stradbroke Island und Moreton Island. Brisbane selbst verfügt über keinen eigenen Strand, da es rund 20 km landeinwärts liegt. Brisbane wird durch den Brisbane River praktisch in zwei Teile getrennt. Das Stadtzentrum befindet sich im nördlich gelegenen, vom Fluss umrahmten Viertel. Fünf Brücken und drei Fähren verbinden die Stadthälften miteinander. Schwer ge- *Stets an-* troffen wurde Brisbane von der **Jahrhundertflutkatastrophe** im Januar 2011. *genehmes* Normal war das nicht, denn üblicherweise vergeht kaum ein Tag, an dem nicht die *Klima* Sonne scheint.

☞ **Hinweis**
Achtung! Bei der Ein- und Ausfahrt gibt es **mautpflichtige Straßen** (Toll Roads): Logan Motorway und Gateway Bridge. Die Bezahlung ist bar oder mit E-Tag machbar. Weitere Informationen: ☎ 133331, www.qldmotorways.com.au.

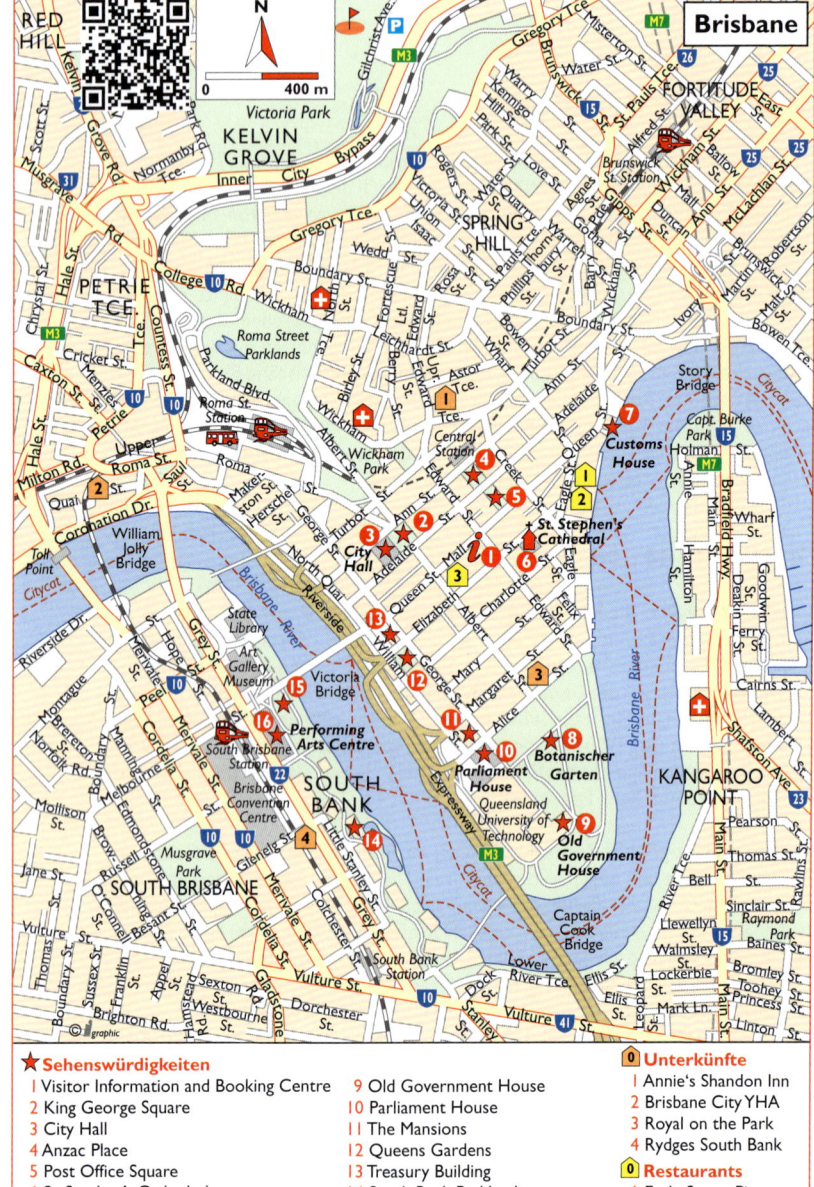

Sehenswürdigkeiten
1. Visitor Information and Booking Centre
2. King George Square
3. City Hall
4. Anzac Place
5. Post Office Square
6. St. Stephen's Cathedral
7. Customs House
8. Botanischer Garten
9. Old Government House
10. Parliament House
11. The Mansions
12. Queens Gardens
13. Treasury Building
14. South Bank Parklands
15. Queensland Cultural Centre
16. Performing Arts Centre

Unterkünfte
1. Annie's Shandon Inn
2. Brisbane City YHA
3. Royal on the Park
4. Rydges South Bank

Restaurants
1. Eagle Street Pier
2. Kookaburra Queen
3. Myers „The Eatery"

Sehenswürdigkeiten

Innenstadt

Das Stadtzentrum Bribanes (CBD = Central Business District) liegt am nördlichen Ufer des Brisbane River und wird durch dessen Schleife praktisch eingerahmt. Die Straßen sind schachbrettförmig angelegt, wobei die Parallelstraßen zur Queen Street nach Königinnen (Ann, Adelaide, Elisabeth, Charlotte, Mary) und die Querstraßen nach Königen (George, Albert, Edward) benannt sind. Die Orientierung stellt also kein Problem dar, und die meisten **Sehenswürdigkeiten** sind gut zu **Fuß erreichbar**. *Schachbrettförmig angelegtes Stadtzentrum*

King George Square (2)

Ausgangspunkt eines Rundgangs ist der zentrale King George Square, der sich zwischen Adelaide St. und Ann St. erstreckt. Auffallendstes Gebäude ist der 91 m hohe Glockenturm der **City Hall (3)**, ein Sandsteingebäude, das 1930 fertiggestellt wurde. Ein Blick in das reich verzierte Innere lohnt sich. Von 2010–2013 wurde die City Hall aufwendig restauriert und heute sind in dem Gebäude untergebracht das **Museum of Brisbane** (☎ 07-33390800 *www.museumofbrisbane.com. au, tgl. 10–17 Uhr, Eintritt frei*) mit Lift zum Glockenturm, eine **Kunstgalerie**, **Bücherei** und zwei Cafés. Schräg gegenüber die Albert Street Uniting Church und daran anschließend die **Brisbane School Of Arts**, deren Baumaterial aus Neuseeland stammt.

Ann Street

Folgt man der Ann St., gelangt man zum viktorianischen Bahnhof Central Station. Gegenüber sieht man den **Anzac Place (4)** und das Säulendenkmal **Shrine of Remembrance**, das die Gefallenen des Ersten Weltkriegs ehrt. Nicht selten stehen einige Kriegsveteranen, so genannte Anzacs, Wache. Über den daran anschließenden **Post Office Square (5)** gelangt man zum großartigen General Post Office. Es wurde in mehreren Bauabschnitten 1879 fertig gestellt. Im Inneren wird eine ständige Ausstellung mit Briefmarken und alten Telefonapparaten gezeigt.

Durch die Arkaden des Post Office geht man weiter zur Elisabeth St. und trifft auf **St. Stephen's Cathedral (6)** und Old St. Stephen's Church, die zu den ältesten Kirchen des Landes zählen.

Flusspromenade

Nun ist es nur noch ein Katzensprung zur Eagle St. mit den Fähranlegestellen **Waterfront Place** und **Riverside Centre** (*www.riversidectr.com.au*) – eine gute Gelegenheit für einen Mittagsimbiss. Am Nordende der Riverside steht das alte **Customs House (7)** (1889), das einst als erste Zollstation der Stadt diente. *Fähranleger am Brisbane River*

Botanischer Garten (8)

Die Südspitze des Zentrums wird von den Botanical Gardens eingenommen. Der Park entstand aus dem bereits 1824 angelegten **Government Garden**. Auf einem Wanderweg, der auch als Fahrradweg dient, kann der gesamte Garten umrundet werden. Alternativ kann man auch mittendurch gehen und trifft dann auf das Music Bowl, wo jeden Sonntag Gratiskonzerte stattfinden. Am Rande des Botanischen Gartens stehen das **Old Government House (9)** und die technische Fakultät der Universität (Queensland Institute of Technology). Die Gouverneursvilla wurde 1862–1910 von den jeweiligen Regierungschefs bewohnt, heute ist sie Sitz des National Trust.

Parlament
Wiederum nördlich schließt sich das alte **Parliament House (10)** an. Es wurde von dem Architekten Charles Tiffin im französischen Renaissancestil entworfen, 1868 eröffnet und dient noch heute den Landespolitikern Queenslands als Tagungsort. Wer möchte, darf den Debatten von der Besuchergalerie aus folgen (☎ *07-34067562, www.parliament.qld.gov.au. Führungen in sitzungsfreien Zeiten: Mo–Fr 13, 14, 15 und 16 Uhr, zu Sitzungszeiten Mo–Fr 14 Uhr, Eintritt frei).*

George Street
In der George St., die zurück zum Stadtzentrum führt, passiert man linkerhand **The Mansions (11)**. Es handelt sich dabei um ein 1890 gebautes, mit Veranden geschmücktes Backsteingebäude, das durch seinen Baustil Schutz vor der tropischen Hitze bietet. Im weiteren Verlauf der George St. folgen der Park **Queens Gardens (12)** (Ecke Elisabeth St.) und das **Treasury Building (13)**, das einen ganzen Häuserblock einnimmt (Queen St./George St.). Typische Kennzeichen des Sandsteingebäudes sind sein italienischer Renaissancestil und die säulengeschmückten Veranden, die für einen Kühlungseffekt im Inneren sorgen. Es wurde in mehreren Abschnitten über 40 Jahre lang gebaut (Fertigstellung 1928) und dient bis heute als Finanzministerium.

Italienischer Renaissance-stil

Um den Rundgang zu vollenden, empfiehlt sich ein Bummel durch die geschäftige Queen St. mit der Fußgängerzone **Queen Street Mall** (www.queenstreetmall. com.au) und ihren zahlreichen Kaufhäusern, die sich zu wahren, mehrstöckigen Shopping-Paradiesen gewandelt haben. Auch hier, wie in allen anderen Städten Australiens stört jedoch der frühe Ladenschluss. Mo–Do ist um 17.30 Uhr Feierabend, freitags sind die Läden ausnahmsweise bis 21 Uhr geöffnet, Samstag 9–17 Uhr, Sonntag 10.30–16 Uhr.

Südlich des Zentrums

South Bank Parklands (14)
Der südliche Stadtteil ist über die Victoria Bridge erreichbar. Linkerhand liegt das erschlossene Südufer South Bank, auf dem 1988 die Weltausstellung stattfand. Das Gelände wurde zu einem Freizeitpark und Messegelände „zurückgebaut". Die **South Bank Parklands** (www.visitsouthbank.com.au) beinhalten vor allem Freizeiteinrichtungen, z. B. einen kleinen Pool mit aufgeschüttetem Strand, mehrere Restaurants und Kioske sowie ein IMAX-Kino. Freitag findet der **Lantern Market** von 17–22 Uhr statt, ein Kunstmarkt Samstag und Sonntag. Das Tagungs- und Kongresszentrum **Brisbane Visitor & Exhibition Centre** (BCEC, www. bcec.com.au) ist Teil der South Bank.

Freizeit-gelände mit vielen Möglichkeiten

Queensland Cultural Centre (15)

Gleich an der Victoria Bridge liegt das Kulturzentrum der Stadt, ein flacher Betonbau, der erst im Inneren seine wahren Qualitäten offenbart.

- Das **Performing Arts Centre (16)** (www.qpac.com.au) besteht aus der Concert Hall (2.000 Sitzplätze), dem Lyric Theatre (2.000 Sitzplätze) und dem Cremorne (300 Sitzplätze). Führungen werden Mo–Fr angeboten.
- Die **Queensland Art Gallery** ist vor allem wegen ihrer Portraitgalerie sehenswert. 116 berühmte Australier, vom Forscher bis zum Politiker, sind in einer Dauerausstellung zu sehen. Sehenswert auch die gezeigten Aborigine-Exponate. Die Galerie ist tgl. 10–17 Uhr geöffnet, Restaurant und Café sind vorhanden. **Queensland Art Gallery**, ☎ 07-38407303, www.qagoma.qld.gov.au. *Tgl. 10–17 Uhr, Eintritt frei – außer für Sonderausstellungen.*
- Das **Queensland Museum** behandelt die Bereiche Naturwissenschaften und Technik. ☎ 07-38407555, www.qm.qld.gov.au. *Tgl. 9.30–17 Uhr, Eintritt frei. Für das Sciencecentre: Erwachsene A$ 14,50, 3–15 Jahre A$ 11,50.*

Nördlich des Zentrums

Four-Ex-Bierbrauerei

Das Queensland-Bier XXXX (sprich „Four Ex") wird in der Castlemaine Perkins Brewery seit 1878 gebraut. Die berühmten roten Kreuze auf gelben Grund sind so etwas wie Queenslands Markenzeichen. Kein Ort, selbst im entferntesten Outback, in dem sie nicht zu sehen sind. Im neuen Alehouse (auf dem Gelände der Brauerei) lernt man den Kult verstehen.
Castlemaine Perkins Brewery, *Ecke Black St./Paten St., Milton (4 km nordwestlich). Tgl. zu wechselnden Zeiten Führungen, Infos:* ☎ *07-33617597, www.xxxxbrewerytour. com.au, Erwachsene A$ 25, „nicht trinkende Erwachsene" A$ 22,50, 10–17 Jahre A$ 18.*

Breakfast Creek Boardwalk

Bekannt geworden ist der Stadtteil Breakfast Creek durch das **historische Hotel**. Viel früher, im Jahr 1823, nahm John Oxley hier auf seiner Fahrt flussaufwärts ein Frühstück ein. Der Boardwalk ist heute eine Ansammlung von Kneipen, Restaurants und Pubs, die allabendlich ein lebhafter Treffpunkt der Bevölkerung sind.
Breakfast Creek Boardwalk, *192 Breakfast Creek Rd., Fortitude Valley (4 km nordöstlich)*

Das „Breakfast Creek Hotel"

Lone Pine Koala Sanctuary

In dem bekannten **Tierpark** kommen vor allem Koala-Freunde auf ihre Kosten. Die Busgruppen mit asiatischen Besuchern sind jedoch teilweise störend. Der Park ist in vielen Tagestouren inkludiert.
Lone Pine Koala Sanctuary, *Jesmond Rd., Fig Tree Pocket (12 km südwestlich),* ☎ *07-33781366, www.koala.net. Tgl. 9–17 Uhr, Erwachsene A$ 33, 3–13 Jahre A$ 22.*

The Australian Woolshed

Im wohl umfassendsten **Livemuseum zum Thema Schafe** erfahren Besucher alles über verschiedene Schafsgattungen, Schafschur und wirtschaftliche Bedeutung des Wollexports. Selbst das Spinnen der Wolle und die Fähigkeiten der Schäferhunde werden demonstriert. Im Souvenirshop gibt es Schaffelle und Wolle-Erzeugnisse zu kaufen.

The Australian Woolshed, *148 Samford Rd., Ferny Hills (Bahnstation Ferny Grove, 16 km nordwestlich), www.auswoolshed.com.au. Tgl. 8.30–16.30 Uhr, nach Angebot gestaffelte Eintrittspreise. Anreise mit regelmäßigen Zugverbindungen von der Central Station nach Ferny Grove.*

Auf dem Mt. Coot-tha

Mt. Coot-tha

8 km westlich von Brisbane liegt der Mt. Coot-tha, von dem aus man einen schönen Blick auf die Stadt hat. Für das gute **Summit-Restaurant** sollte man einen Tisch reservieren (☎ *07-33699922, www.brisbane lookout.com*). Rund um den 229 m hohen Berg breiten sich die **Mt. Coot-tha Botanic Gardens** mit typischen, einheimischen Pflanzenarten aus. Auch das größte Planetarium des Landes, das **Sir Thomas Brisbane Planetarium** (☎ *07-34032578, Di–Fr 10–16, Sa 11–20.15, So 11–16 Uhr, Erwachsene A$ 16, Kinder A$ 9,50)*, befindet sich hier. Die Anfahrt nach Mt. Coot-tha erfolgt von Brisbane über die Milton Rd. (Richtung Toowong).

Reisepraktische Informationen Brisbane

ℹ Information

Visitor Information and Booking Centre (1), *City Hall Foyer und Queens Street Mall (Fußgängerzone), ☎ 07-30066290, www.visitbrisbane.com.au. Mo–Do 9–17.30, Fr 9–19, Sa 9–17, So 10–17 Uhr.*
National Park and Wildlife Service, *160 Ann St., ☎ 07-32278186. Informationen über die 200 National Parks des Staates. Dort werden auch notwendige Permits erteilt, z.B. für die Wanderung auf Hinchinbrook Island.*

Wichtige Telefonnummern
Vorwahl für Queensland: 07
Notruf: 000 *(gebührenfrei)*.
Polizei: 100 Roma St., ☎ 07-33646464.
Krankenhaus: Royal Brisbane Hospital, Herston Rd., Herston, ☎ 07-32538111.

Post
General Post Office (GPO), *261 Queen St., Mo–Fr 7–19 Uhr.*

Überregionale Verkehrsmittel

Der **Flughafen** verfügt über einen nationalen und einen internationalen Terminal, die 2 km auseinander liegen. Bitte bei Umsteigeverbindungen unbedingt berücksichtigen. Flughafen-Info: www.bne.com.au.

Vom Flughafen der Stadt, der 16 km (International Terminal) bzw. 18 km (Domestic Terminal) nordöstlich des Zentrums liegt, fahren regelmäßig **Flughafenbusse** zum Transit Centre (Roma St.) bzw. zum Hotel. Fahrpreis A$ 16 pro Weg. Ein Taxi vom Flughafen ins Stadtzentrum kostet ca. A$ 35. Der **Airtrain** (www.airtrain.com.au) fährt vom Flughafen direkt in die Innenstadt. Wer will, kann sogar gleich weiter an die Gold Coast fahren.

Überlandbusse

Zentraler Busterminal mit Fahrkartenverkauf ist das Transit Centre (Roma St.). Neben Greyhound verbinden regionale Busse Brisbane mit der Goldcoast und der Sunshine Coast. **Greyhound Australia**, ☎ 132030, www.greyhound.com.au.

Züge

Brisbane ist mit Sydney durch den Schnellzug „XPT" und mit Cairns durch die luxuriösen Fernzüge „Sunlander", „Queenslander" und „Spirit of the Tropics" verbunden. Regionale Züge fahren außerdem an die **Sunshine Coast** und an die **Gold Coast**. Bahnhöfe sind die Roma Street-Station (Fernzüge) und Central Station (Nahverkehrszüge).

Öffentlicher Nahverkehr

Busse, Züge, Fähren (www.translink.com.au) sorgen in Brisbane für reibungslose Verbindungen. Infos: **Brisbane Public Transport Centre**, 69 Ann St. Die Linie **City Loop** fährt einen kostenlosen Rundkurs durch die Innenstadt. Wichtigste Busstation ist die Queen St. Bus Station.

Nahverkehrszüge (City Trains) fahren von der Central Railway Station (Ann St.) in alle Vororte, an die Küsten und zum Flughafen. Am Bahnhof erhält man Fahrkarten und Fahrpläne.

Fähren über den Brisbane River legen von folgenden Stellen ab: Edward St. (Botanischer Garten), Waterfront Place/Eagle St. und Riverside Centre/Eagle St.

Stadtrundfahrten

Brisbane City Sight Tours (www.citysights.com.au, Erwachsene A$ 35, Kinder A$ 20) ist ein Hop-On Hop-Off Bus, der z. B. vom Post Office Square alle 45 Min. verkehrt.

Sonstige Verkehrsmittel

Taxis
Black & White, ☎ 133222, www.blackandwhitecabs.com.au.
Yellow Cabs, ☎ 131924, www.yellowcab.com.au.

Automobilclub

Royal Automobile Club of Queensland (RACQ), 261 Queen St., www.racq.com.au. Kartenmaterial und Informationen für Autotouristen. Pannendienst unter ☎ 131905.

Camper

Britz/Maui, 21 Industry Court, Eagle Farm, ☎ 1800-670232, www.maui.com.au.
Apollo Camper, 698 Nudgee Rd., Northgate, ☎ 1800-777779, www.apollocamper.com.

Hotels/Motels

Royal on the Park $$$$ (3), Ecke Alice St./Albert St., ☎ 07-32213411, www.royalonthepark.com.au. Eher kleines Hotel der gehobenen Kategorie mit Blick auf den Botanischen Garten.

Rydges South Bank $$$$ (4), 9 Glenelg St., South Bank, ☎ 07-33640800, www.rydges.com. Am Südufer des Brisbane River gelegenes Hotel mit sehr gutem Standard. Eher ein Hotel für Geschäftsreisende mit Messeterminen.

Annie's Shandon Inn $$ (1), 145 Upper Edward St., ☎ 07-38396443, www.anniesbrisbane.com. Älteres, aber gemütliches Bed&Breakfast mit geteilten Badezimmern. Sehr zentral.

Brisbane City YHA $ (2), 392 Upper Roma St., ☎ 07-32361004, www.yha.com.au. Moderne, gut ausgestattete Jugendherberge im Zentrum.

Camping

Newmarket Gardens CP, 199 Ashgrove Ave., Ashgrove (4 km nördlich), ☎ 07-33561458, www.newmarketgardens.com.au. Der stadtnächste Campingplatz, allerdings keine Zeltplätze.

Brisbane Gateway Resort CP, 200 School Rd., Rochedale (19 km südlich), ☎ 1800-442444, www.brisbanegateway.com.au. Guter Big4-Campingplatz.

Restaurants

Meeresfrüchte, Fisch und vor allem die **Moreton Bay Bugs** und **Mud Crabs** (hummerähnliche Krabben) sind eine Versuchung wert. Für den kleinen Hunger bieten sich **Food Malls** an, wie sie z. B. im Kaufhaus Myers zu finden sind. Viele Restaurants befinden sich an der **Eagle Street Pier** und in der **Breakfast Creek Wharf**. Brisbanes Chinatown liegt im Stadtteil Fortitude Valley. Im Stadtteil New Farm gibt es eine Reihe kleiner Restaurants und Bistros, ebenso wie in der Caxton St. im Stadtteil Petrie Terrace.

Eagle Street Pier (1) (www.eaglestreetpier.com.au). An der Uferpromenade der Eagle St. befindet sich die Pier mit 13 Restaurants, neun Bars und einem Nachtclub. In der toll gelegenen Anlage direkt am Flussufer findet bestimmt jeder etwas für seinen Geschmack. Tipp für Seafood: **Pier Nine Restaurant** (☎ 07-32292194).

Kookaburra River Queens (2), Eagle St./Waterfront Pier, ☎ 07-32211300, www.kookaburrariverqueens.com. Lunch- und Dinner-Kreuzfahrten auf einem alten Raddampfer, Abfahrt 12.45 oder 19.30 Uhr (So 18.30 Uhr).

Myer „Centre Eatery" (3), Queen Street Mall. zahlreiche Imbissstände laden zum Mittagstisch ein.

South Bank Parklands. An der South Bank befinden sich viele Restaurants und Cafés – tagsüber eine gute Möglichkeit für einen Imbiss oder das Mittagessen.

Breakfast Creek Wharf Seafood, 192 Breakfast Creek, Newstead (8 km nördlich). Eine breite Auswahl an Restaurants am schönen Boardwalk. Der benachbarte Fischmarkt ist sehenswert.

Y Unterhaltung und Nachtleben

Die Tageszeitung „Courier Mail" und die wöchentlich erscheinenden Szeneblätter „Time Off", „Rave", „The Bug" u. a. informieren über stattfindende Ereignisse.

Theater und Musik

Freunde der klassischen Musik kommen im **Queensland Cultural Centre** *auf ihre Kosten. Das Performing Arts Centre hat drei Theater- und Konzertsäle verschiedener Größe und ist Heimstätte von Opern, Komödien und Dramen (Info: www.qpac.com.au, Tickets unter ☎ 136246).*

Weitere Theater sind das **Brisbane Arts Theatre** *(210 Petrie Terrace), das* **La Boite Theatre** *(57 Hale St.) und das* **Princess Theatre** *(8 Annerley St., Wooloongabba). Kostenlose Konzerte finden oft in den Parks der Stadt statt, beispielsweise im Botanischen Garten, aber auch in der City Hall.*

Livemusik und Pubs

In vielen Pubs und Hotels treten regelmäßig Livebands auf, die Bandbreite reicht von Jazz und Blues bis zu heißer Rockmusik. Man sollte sich Ort nach aktuellen Szene-Tipps erkundigen.

Caxton Hotel, *38 Caxton St., Petrie Terrace. Schönes altes Hotel von 1884, ab und zu mit Jazzmusik.*

Story Bridge Hotel, *200 Main St., Kangaroo Point. Treffpunkt junger Leute mit täglicher Livemusik im Bomb-Shelter-Keller.*

Shamrock Hotel, *186 Brunswick, Fortitude Valley. Irish Pub.*

🎁 Einkaufen

Geschäftszeiten: *Mo–Do 9–17.30, Fr 9–21, Sa 9–17, So 10.30–16 Uhr (gilt nur für das Stadtzentrum).*

Banken: *Mo–Do 9.30–16, Fr 9.30–17 Uhr.*

Haupteinkaufsstraßen sind die **Queen Street mit Fußgängerzone** *und die benachbarten Straßen Elisabeth St., Charlotte St., Adelaide St. und Edward St.*

Große Einkaufszentren sind das **Queen Adelaide Building**, *das* **Wintergarden Centre**, **Myers Centre** *und* **Broadway on the Mall**. *Eine Mischung aus alter Architektur und modernen Läden findet man in der* **Rowes Arcade** *(Edward St./Post Office Square).*

Umgebung von Brisbane

Moreton Island National Park

50 km nordöstlich von Brisbane liegt die Sandinsel Moreton Island, die als National Park (19.200 ha) ausgewiesen ist. Sie ist nach Fraser Island die **zweitgrößte Sandinsel der Welt**. Ihr höchster Punkt ist der 284 m hohe Mt. Tempest, eine der höchsten Sanddünen der Welt. Die Fischgründe der Moreton Bay gelten als außerordentlich ertragreich. Am **Cape Moreton** im Norden der Insel werden vorzugsweise Schwarze Marlins und Segelfische gefangen. Die Dörfer der Insel,

Beachlife im Tangalooma Resort auf Moreton Island

Kooringal, **Tangalooma**, **Bulwer** und **Cowan Cowan** sind ehemalige Walfängerstationen und dienen den wenigen Touristen und Wochenendurlaubern als Stützpunkte. Da die Insel nur über Sandpisten verfügt, ist für Selbstfahrer zwangsläufig ein Allradauto notwendig. Bei Tangalooma statten **Delfine** dem Strand fast jeden Abend einen Besuch ab. **Walbeobachtungstouren** werden von Juni–Okt. angeboten. Aktive Zeitgenossen probieren, auf dem Boogie Board die Sanddünen hinunter zu driften.

Reisepraktische Informationen Moreton Island NP

Öffentlicher Nahverkehr
Fährverbindungen
Ab Whyte Island, an der Mündung des Brisbane River, verkehrt **MICAT**, ☎ *07-39093333, moretonislandadventures.com.au.* **Reality Cruises,** *eine Fußgängerfähre fährt Mi–So ab Scarborough nach Bulwer,* ☎ *07-32035800. Weitere Infos: www.visit moretonisland.com.*

Hotels/Motels
Tangalooma Island Resort $$$, *Moreton Island,* ☎ *07-36372000, www. tangalooma.com. Strand-Resort mit garantierten Delfinbesuchen. Wird täglich von der „MV Tangalooma" von Brisbane (Holt Street Wharf) angesteuert (inkl. Hotelabholung).*

North Stradbroke Island

Das südöstlich von Brisbane gelegene, 40 km lange North Stradbroke Island besteht hauptsächlich aus
Sand, nur am **Point Lookout** an
der Nordostspitze findet man Felsen. Von den Einwohnern wird die
Insel der Einfachheit halber nur
„Straddie" genannt. Das Inselinnere vereint bewachsene Sanddünen
mit vielfältiger Flora und Fauna.
Kängurus, Wallabies und Koalas
sind weit verbreitet, an den Süßwasserlagunen und der Küste leben die verschiedensten Vogelarten.

Am Point Lookout auf North Stradbroke Island

Seit der Schließung der **Walfangstation** auf Moreton Island (1962) erholten sich
die **Buckelwale** in ihrem Bestand. Vom Point Lookout (Whale Rock) kann man sie
von Juni–Sept. (saisonal schwankend) vorbeiziehen sehen. Ein einmaliges Erlebnis
sind die zahlreichen **Delfine**, die man mit etwas Glück als „Wellenreiter" beobachten kann. Der **Main Beach** (30 km Länge) ist stellenweise mit Geländewagen befahrbar. Die Süßwasserlagunen und Binnenseen **Brown Lake**, **Blue Lake** und
Keyhole Lakes sind traumhaft gelegen, erfordern aber zum Besuch ein Allradfahrzeug. Der Südteil der Insel ist im Besitz von „Mining Companies", die im großen Stil Sand fördern.

Reisepraktische Informationen North Stradbroke Island

Information
*Die Insel verfügt über einige **Motels**, **Hostels** und **Campingplätze**. North
Stradbroke Island eignet sich gut für einen Tagesausflug auf der Reise nach Süden. Am
besten lässt man das Fahrzeug an der Fähre in Cleveland stehen, nimmt das Wassertaxi
auf die Insel und benutzt dort den Inselbus.*

Verkehrsverbindungen
*Autofähre **Stradbroke Ferries** und **Wassertaxi** verbinden Cleveland (Toon-
dah Harbour) mit Dunwich bis zu 11-mal täglich. Ein **lokaler Bus** verbindet die Orte
Dunwich, Myora, Amity Point und Point Lookout.*

Hotels/Motels
Anchorage Village Resort $$$, *Point Lookout*, ☎ 07-34098266, *www.
anchorage.stradbrokeresorts.com.au. Beste Unterkunft der Insel.*
Straddie Hostel $, *Point Lookout*, ☎ 07-34098679. *Backpacker-Hostel.*

Von Queensland nach New South Wales

 **Streckenhinweis**
Entfernungen

Brisbane – Byron Bay:	195 km
Byron Bay – Coffs Harbour:	253 km
Coffs Harbour – Port Macquarie:	171 km
Port Macquarie – Newcastle:	250 km
Newcastle – Sydney:	170 km

Routenvorschlag
1. Tag: Brisbane – Lamington NP (Binna Burra Lodge oder O'Reilly's)
2. Tag: Lamington NP – Aufenthalt
3. Tag: Lamington – Byron Bay
4. Tag: Byron Bay – Coffs Harbour
5. Tag: Coffs Harbour – Ausflug Dorrigo NP/New England NP
6. Tag: Coffs Harbour – Port Macquarie
7. Tag: Port Macquarie – Port Stephens/Nelson Bay
8. Tag: Nelson Bay – Hunter Valley – Sydney

Übersicht

Der Pacific Hwy. führt entlang der Küste zunächst zur **Gold Coast**, dann über Byron Bay (östlichster Punkt des Kontinents), Coffs Harbour, Port Macquarie nach Port Stevens/Nelson. Von dort bietet sich vor der Fahrt nach Sydney ein Abstecher in das Weinbaugebiet **Hunter Valley** oder eine Rundfahrt durch die **Blue Mountains** an. Auch der Hawkesbury River mit der Mündungsbucht Broken Bay ist einen Besuch wert. Unterwegs laden unzählige **Sandstrände** und **Buchten** zum Baden ein. In den Ferienorten gibt es ein breit gefächertes Angebot an Hotels, Motels und Caravan Parks. Einsame **Küstennationalparks** locken mit unberührten Stränden und ruhigen Campingplätzen.

Einsame National Parks und unberührte Strände

 **Streckenhinweis**
Der Pacific Hwy. (Hwy. 1) beginnt in Brisbane als **South East Freeway** (Fwy. 3). Der Abzweig zur Gold Coast ist über den Gold Coast Hwy. ausgeschildert.

Küstenroute: Gold Coast – Byron Bay – Sydney

Gold Coast

Mehrere Städte von Southport im Norden bis Coolangatta im Süden sind unter dem Namen **Gold Coast** zusammengefasst. Die Goldküste ist eine der populärsten Urlaubsdestinationen Australiens. Fürsprecher loben die **300 Tage** Sonnen-

Blick auf die Gold Coast

schein im Jahr, zahlreiche Unterhaltungsmöglichkeiten und kilometerlange Sandstrände. Böse Zungen hingegen behaupten, sie sei das „**Mallorca Australiens**". Für Outback-Australier, Minenarbeiter und Provinzbewohner ist der Trip an die Ostküste eine willkommene Abwechslung zum eintönigen Landleben. Die Fluggesellschaften und Reiseveranstalter des Landes bieten dazu maßgeschneiderte Urlaubspakete von fast jedem Ort Australiens an. Die Apartment- und Hoteltürme stellen über viele Kilometer eine ziemlich unschöne Kulisse dar. Ein herausragendes (teures) Hotel ist das **Palazzo Versace** des verstorbenen Modedesigners (*Sea Word Drive, Main Beach, www.palazzoversace.com.au*). Campingplätze findet man nur noch äußerst wenige – die meisten mussten aufgrund der Immobilienpreise modernen Apartmentblocks weichen.

Orte wie **South Port**, **Surfers Paradise**, **Broadbeach**, **Burleigh Heads**, **Miami** und **Palm Beach** gehen nahtlos ineinander über. Nur ein Ortsschild erinnert daran, dass man auf dem von Nord nach Süd führenden Gold Coast Hwy. in einen neuen Ort einfährt. Wegen zahlreicher Ampelkreuzungen und viel Verkehr ist die Fahrt eine zähe Angelegenheit. Wer es eilig hat, sollte auf dem Pacific Hwy. bleiben. Naturverbundene Reisende wählen die Hinterland-Route über den Lamington NP.

Attraktionen und Sehenswürdigkeiten entlang der Gold Coast

Teure Themenparks   Die **Hauptattraktionen** an der Gold Coast sind die **Themenparks**. Die Eintrittsgelder sind deftig: Ein Themenpark kostet zwischen A\$ 49 und A\$ 110 pro Person/Tag, für mehrere Parks wird der „Super Park Pass" angeboten. Nähere Infos: www.goldcoast-themeparks.com.au. Online buchen lohnt sich.

Warner Bros Movie World
Der 1991 eröffnete Themenpark ist das „Hollywood der Goldküste". Geboten werden Stuntvorführungen, Kinogeschichte, Kulissenstadt, Achterbahn und vieles mehr.
Warner Bros Movie World, *Pacific Hwy., südlich von Oxenford,* ☎ *133386, www. movieworld.com.au. Tgl. 9.30–17 Uhr, Erwachsene A\$ 93, 3–13 Jahre A\$ 78.*

Wet & Wild
Hier geht es recht nass zur Sache! Eine Reihe von Pools, Wasserrutschen und Schlauchboot-Rampen machen den Besuch bei großer Hitze zu einem erfrischenden Vergnügen.

Flaggen am Strand

„Patrolled Beaches" heißen die überwachten Strandabschnitte. Hunderte ehrenamtlicher Helfer kontrollieren als Mitglieder der Surf Life Saving Association zur Sicherheit der Urlauber die Badestrände, Wind- und Wellenverhältnisse. Je nach Strand erfolgt die Kontrolle täglich, nur in den Schulferien oder nur an Wochenenden. Zumindest bei starkem Wellengang sollte man sich nur innerhalb der Markierungen ins Wasser begeben. Unkontrollierte Strände sollten gemieden werden, wenn Warntafeln auf heftige Strömungen oder andere Gefahren hinweisen.

Was bedeuten die Flaggen?

Grün   Sicheres Baden ohne Gefahr möglich
Rot/Gelb Ständig überwachter Strandabschnitt
Gelb   Baden mit Vorsicht gestattet
Rot   Gefahr! Nicht baden!

Ein rotes Hinweisschild mit durchgestrichenem Schwimmer zeigt an: Schwimmen und Baden verboten! Ein blaues Schild mit Wellenreiter verweist auf bestimmte Strandabschnitte, an denen Surfen erlaubt ist. Dort sollten Schwimmer vorsichtig sein, denn die über die Wellenkämme herangleitenden Boarder sind praktisch kaum zu sehen.

Wet & Wild, *Pacific Hwy., südlich von Movie World,* ☎ *133386, www.wetnwild.com.au. Tgl. 10–17 Uhr, Erwachsene A$ 63, 3–13 Jahre A$ 48.*

Dreamworld
Der Vergnügungspark ist dem amerikanischen Disneyland nachempfunden. Zahlreiche Fahrgeschäfte, Achterbahnen, 3-D-Kino und einiges mehr sind vorhanden. **Dreamworld**, *Pacific Hwy., Coomera,* ☎ *1800-073300, www.dreamworld.com.au. Tgl. 10–17 Uhr, Erwachsene A$ 109,99, 3–13 Jahre A$ 89,99.*

Seaworld
Die große Wassershow bietet Vorführungen mit Seelöwen und Delfinen, außerdem ein Hai-Aquarium, Wasserskivorführungen und Wasserrutschen. **Seaworld**, *The Spit (Landzunge vor Southport), Main Beach,* ☎ *133386, www.seaworld.com.au. Tgl. 9.30–17.30 Uhr, Erwachsene A$ 93, 3–13 Jahre A$ 78.*

Currumbin Wildlife Sanctuary
Viele Vogelarten, Kängurus, Wallabies und Koalas leben auf dem weiträumigen Gelände. **Currumbin Wildlife Sanctuary**, *Gold Coast Hwy., Currumbin,* ☎ *1300-886511, www.cws.org.au. Tgl. 8–17 Uhr, Erwachsene A$ 49, 4–14 Jahre A$ 35.*

Beenleigh Rum Distillery
In Australiens ältester Rum-Destille werden täglich ab 10 Uhr Führungen angeboten. Auf dem Albert River werden außerdem Flussfahrten durchgeführt. **Beenleigh Rum Distillery**, *Pacific Hwy., Beenleigh,* ☎ *07-38073737.*

Gold Coast und Hinterland

© *graphic*

Reisepraktische Informationen Gold Coast

Information

Gold Coast Tourism, *Übernachtungsinformationen sind in jedem Ort der Gold Coast und in zahlreichen Broschüren zu finden. Infos: www.visitgoldcoast.com.*

Verkehrsverbindungen

Surfside Buslines, ☎ *131230, www.surfside.com.au, verbinden die Städte der Küste miteinander.* **Coachtrans Airporter Service**, ☎ *1300-664700, www. coachtransonline.com.au, betreibt einen Flughafentransfer vom Brisbane Airport zur Gold Coast und fährt ebenso zu den beliebten „Theme Parks", wie die Freizeitparks auch genannt werden. Von Brisbane fahren auch Züge bis nach Coolangatta.*

Der **Flughafen** *Gold Coast Airport (www.goldcoastairport.com.au) ist eigentlich der von Coolangatta. Von dort verkehrt ein Airport Bus nach Surfers Paradise und in die anderen nördlich gelegenen Orte.*

Übernachten

Während die Apartments in den großen Bettenburgen manchmal nur wochenweise vermietet werden, sind die kleinen Motels froh über jeden zahlenden Gast. In der Hochsaison (Ferienzeit der Australier im Dez. und Jan.) kann es trotzdem schwierig werden, ein Zimmer zu bekommen. Es empfiehlt sich dann, die außerhalb des Zentrums gelegenen Orte **Coolangatta** und **Tweed Heads** an der Grenze zu NSW anzufahren. Schöner als die endlos langen, verbauten und ampelbewehrten Straßen der Gold Coast ist ohnehin die Fahrt durch das Hinterland.

RACV Royal Pines Resort $$$$, *Ross St., Ashmore, ☎ 1300-785139, www.royalpines.etourism.com.au. Etwas von der Küste entferntes Golfresort mit Shuttle-Bus zum eigenen Strand und 36-Loch-Golfplatz.*

Surfers Paradise YHA $, *Mariners Cove, 70 Seaworld Drive, Main Beach, ☎ 07-55711776, yha.com.au. Jugendherberge.*

Camping

Gold Coast Tourist Parks *(www.goldcoasttouristparks.com.au) sind gut ausgestattete Caravan Parks mit Stellplätzen für Zelte und Wohnmobile. Sie befinden sich (von Nord nach Süd) in Broadwater, Main Beach, Ocean Beach, Burleigh Beach und Kirra Beach. Weitere Caravan Parks sind vorhanden, verfügen aber nicht immer über Zeltplätze bzw. sind sehr klein und direkt an lauten Highways gelegen.*

Golf

Der Golfsport ist extrem populär entlang der Gold Coast. Die meisten Plätze stehen Besuchern offen, Ausrüstung wird gegen Gebühr verliehen.

Robina Woods, *Ron Penhaligon Way, Robina, www.robinawoods.au-golf.net. Hügeliger, teilweise bewaldeter Golfplatz.*

Palm Meadows, *Palm Meadows Drive, Carrara, www.palmmeadows.com.au. 240 ha große 18-Loch-Anlage.*

Royal Pines Resort, *Ross St., Ashmore, dem Luxus-Resort angeschlossener 36-Loch-Golfplatz (s. o.)*

In das Hinterland zum Lamington National Park

Streckenhinweis

Der Lamington NP liegt nur eine knappe Autostunde von der Hektik des Massentourismus entfernt. In Nerang (Pacific Hwy.) zweigt die Straße nach Beechmont – Binna Burra oder Canungra – O'Reilly's/Green Mountain ab.

Die **McPherson Range** und das **Lamington Plateau** bilden den nordwestlichen Kraterrand des Mt. Warning Beckens. Auf der kurvenreichen Fahrt in Richtung O'Reilly's oder Binna Burra bemerkt man einen immer dichter werdenden, subtropischen Regenwald, der mit zunehmender Höhe grüner und feuchter wird. Hier findet man auch die **höchsten Bäume** australischer Regenwälder, die „Antarctic Beeches". Bedingt durch die Lage bekommt der Norden des Parks deutlich weniger Regen ab als der Südteil und weist dadurch andere Vegetationsmerkmale auf. Eine **reiche Vogelwelt** und über 160 km Wanderwege sind im 20.000 ha großen NP vorhanden. Sie führen zu Wasserfällen, rauschenden Bächen und vulkanischen Klippen. Als Basis dienen die Unterkünfte Binna Burra im Nordosten und O'Reilly's Guesthouse in den Green Mountains. Die westlich gelegenen NPs **Border Ranges** und **Mt. Barney** sind wesentlich trockener und von lichten Eukalyptuswäldern bedeckt.

Reisepraktische Informationen Lamington National Park

i Information
Rangerstation Binna Burra *(2 km vor der Lodge, ☎ 07-55333584) und Rangerstation* **Green Mountain** *(bei O'Reilly's, ☎ 07-55440634). Die Ranger und Faltblätter informieren über die ausgedehnten Wanderwege durch den NP.*

Übernachten
Binna Burra Mountain Lodge $$$ *und Campsite, ☎ 07-55333622, www. binnaburralodge.com.au. Sowohl Lodge (mit schönen Holzbungalows) als auch Campingplatz überblicken das dicht bewachsene Numinbah Tal.*
O'Reilly's Rainforest Resort $$$ *& NP-Campground, Green Mountain (südwestlich von Binna Burra, über Canungra zu erreichen), ☎ 1800-688722, www.oreillys.com. au. Das komfortable Gästehaus mit Laden und Restaurant wurde schon 1926 eröffnet. Ein NP-Campground (mit Toiletten und Duschen) ist vorhanden.*

Wanderungen und Ausflüge im Lamington NP

info

Wanderungen ab/bis Binna Burra (zurück zur Lodge führen alle bergauf):
• **Caves Circuit**: 5 km (leicht) zu den Talangai-Höhlen.
• **Ballunji Falls**: 9 km mit gelegentlichen steilen Abstiegen durch dichten Farnwald und hochaufragende Bäume. Die Steinformation Egg Rock ist vom Bellbird Lookout zu sehen. Die Verlängerung (21 km) führt noch zu Ships Stern mit Blicken auf die Abbruchkanten des einstigen Kraters.
• **Dave's Creek Circuit**: 10 km durch Regenwald und offenes Buschland.
Wanderungen ab/bis O'Reilly's:
• **Tree Top Walk**: 2 km Wanderung zu einer 15 m hohen Hängebrücke mit Aussichtsplattform in Baumwipfelhöhe auf 30 m.
• **Blue Pool-Canungra Creek**: 14 km lange, nicht einfache Wanderung durch dichten, dschungelartigen Regenwald mit Badepools, Wasserfällen und zahlreichen Bachquerungen (ohne Brücken). Im Blue Pool leben Schnabeltiere.
Beide Unterkünfte sind durch den Wanderweg Border Track, nicht aber durch Straßen miteinander verbunden!

Coolangatta und Tweed Heads

In Coolangatta endet das internationale Flair der Goldküste. Hier befindet sich der offizielle **Flughafen der Gold Coast**. Auf der Boundary Rd. geht die Stadt nahtlos in den Bundesstaat New South Wales über, wo die Stadt dann Tweed Heads heißt. Gesetzesdifferenzen beider Staaten rufen einen lebhaften „Grenzverkehr" hervor. Entlang der Marine Parade befinden sich die schöne Strände von Coolangatta. In der Ferne erkennt man die Skyline der Gold Coast mit ihren Bettenburgen. Die Staatengrenze verläuft genau durch den östlichen Küstenpunkt Point Danger mit dem **Captain Cook Lighthouse**. Flagstaff's Beach am Fuße des Leuchtturm ist für seine Brandung unter Surfern berühmt. Vor der Küste liegt die Insel **Cook Island** und das **Nine Mile Reef** – zwei Tauchspots mit einer reichen Tierwelt, u. a. mit Kontakt zu Grey Nurse Sharks. Im fruchtbaren **Tweed Valley** am gleichnamigen Fluss werden Zuckerrohr, Tee und Bananen angepflanzt. Die Madura Teeplantage und die Condong Sugar Mill (nur Juni–Nov.) können besichtigt werden. In Duranbah (16 km östlich) gibt es eine in Australien seltene Avocadoplantage.

Fahrt entlang der Tweed Coast

Im Hinterland kann der 1.156 m hohe Vulkankrater **Mt. Warning** bestiegen werden (grandiose Aussicht!). Die Wanderung dauert ca. 4 Std. und ist sehr steil. Ausgangspunkt der Wanderung ist der Parkplatz beim Abzweig bei Uki. Tagestouren von Byron Bay besuchen den Berg in den frühen Morgenstunden (Aufbruch um Mitternacht), sodass der Sonnenaufgang auf dem Gipfel gesehen wird. Zum Millennium wurde dort das neue Jahrtausend in Australien als Erstes begrüßt. Der kleine Ferienort **Brunswick Heads** an der Mündung des Brunswick River verfügt über sichere, familienfreundliche Strände und gute Angelmöglichkeiten. Das in den 1930er-Jahren erbaute Brunswick Hotel hat einen schönen Biergarten mit Livemusik an Wochenenden. In Ewingsdale zweigt die Zufahrtsstraße vom Pacific Hwy. nach Byron Bay (6 km) ab.

Byron Bay

Byron Bay (35.000 Ew.) hat sich einem trendigen **Ferienort** entwickelt. Viele Sydneysider haben sich hier ihre Sommerresidenzen erbaut. Die Strände bieten hervorragende Surfbedingungen, aber auch wer die Ruhe sucht, wird sie finden: Nördlich und südlich des Cape Byron liegen 30 km unberührte Sandstrände, die vom Feinsten sind. Der **Watego Beach** (nördlich des Kaps) ist wegen seiner Brandung vor allem unter Surfern bekannt und beliebt (Bretter können in der Stadt geliehen werden). An **Clarkes Beach**, **Main Beach** und **Belongil Beach** (Hauptstrände vor der Stadt) sind die Wellen etwas ruhiger. **Tallow Beach**

Blick auf die Tallow Beach bei Byron Bay

schließlich erstreckt sich rund 6 km nach Süden bis **Suffolk Park**. Die vorgelagerte Felsinsel **Julian Rocks** eignet sich gut für Tauchexkursionen, welche vor Ort angeboten werden.

Reisepraktische Informationen Byron Bay

ℹ Information
Visitor Centre, *80 Jonson St., ☎ 02-6688558, www.visitbyronbay.com, www.nationalparks.nsw.gov.au.*

🛏 Übernachten
Lord Byron Resort $$$, *120 Jonson St., ☎ 02-66857444, www.lordbyronresort.net. Schöne Anlage in zentraler Lage.*
Cape Byron YHA $, *Ecke Byron/Middleton St., ☎ 02-66858788, www.yha.com.au. Jugendherberge, nur 100 m zum Strand.*

⚠ Camping
Zwischen Sydney und Byron Bay befinden sich zahlreiche schöne Plätze der Kette **North Coast Holiday Parks**, *www.northcoastholidayparks.com.au.*
Clarkes Beach CP, *Lighthouse Rd. (1 km zum Zentrum), ☎ 02-66856496, www.clarkesbeach.com.au. Direkt am Strand gelegener Campingplatz mit schattigen Stellplätzen.*
First Sun CP, *Lawson St., ☎ 02-66856544, www.firstsunholidaypark.com.au. Sehr zentral gelegener Campingplatz am Main Beach, leider oft überfüllt und sehr windig. Reservierung empfehlenswert!*

🍴 Restaurants
Etliche Gastonomien sind in der Jonson und Fletcher St. Mit Blick aufs Meer speist man bei **Fisheads Restaurant and Takeaway**, *Jonson St., ☎ 02-66807632.*

Cape Byron – östlichster Punkt des Kontinents
Kein Punkt auf dem Festland des Kontinents liegt östlicher als das Cape Byron (153° östlicher Länge, 28° südlicher Breite). Der Spaziergang vom Parkplatz zum **Leuchtturm** zum äußersten Zipfel ist unbedingt lohnend, liegt doch dann nur noch der unendliche Pazifik vor einem. Auf dem **Cape Byron Walk** kann man bis zum **Watego Beach** wandern. Mit etwas Glück entdeckt man Delfine oder Buckelwale (Juni–Nov.) im Meer. Ein weiterer schöner Spaziergang am Kap ist der **Palm Valley Walk Loop**.

Willkommen am östlichsten Punkt Australiens

Lennox Head
Von Byron Bay sollte man die Küstenstraße nach Süden wählen. Der Hwy. in Richtung Sydney ist zu einem schnurgeraden, vierspurigen Hwy. aufgeblasen worden. Der herrlich gelegene Ort Lennox Head bietet einen der **besten Surfstrände** der Ostküste. Cafés, Restaurants und ein kleines Einkaufszentrum laden zum Verweilen ein. Der Süßwassersee **Lake Ainsworth** ist nicht weit vom Strand entfernt und für Kinder besser geeignet als die heftige Brandung des Meeres.

Ballina

Durch eine hügelige Küstenlandschaft windet sich die Straße nach Ballina. Die **große Garnele** (The Big Prawn) am Stadteingang weist auf die heimische Spezialität hin. Am **Richmond River**, der hier in das Meer mündet, wurde um die Jahrhundertwende Gold gefunden. Aus dieser Zeit ist allerdings kaum noch etwas zu sehen – die Stadt ist zu einer Feriensiedlung geworden. Ein **Maritime Museum** (*Las Balsas Plaza, River St., www.ballinamaritimemuseum.org.au, tgl. 9–16 Uhr*) beherbergt das **Holzfloß Atzlan**, mit der Thor Heyerdahl den Pazifik, von Ecuador kommend, im Jahr 1973 überquert hatte. Im Sommer ist die Stadt recht lebhaft. Das Angebot an Hotels und Motels ist groß, wobei zwischen Ballina West und Ballina East unterschieden wird. Beide Stadtteile sind durch eine Brücke miteinander verbunden. Zahlreiche Hotels, Motels und Caravan Parks stehen Urlaubern zur Verfügung. 5 km östlich liegt der **Flat Rock Tent Park** (*☎ 02-66864848, www.flatrockcamping.com.au*) an der Küstenstraße. Der einfache Campingplatz (kein Stromanschluss an den Stellplätzen) verwöhnt mit einer schönen Lage direkt am Strand.

Evans Head, Iluka und Yamba

Selbst Sydneysider scheuen die langen Distanzen nicht und kommen übers Wochenende an die Surfstrände. Abstecher vom Hwy. zu den Küstendörfern **Evans Head**, **Iluka** und **Yamba** lohnen, sofern genügend Zeit vorhanden ist. Campingplätze findet man in fast jeder Bucht, Hotels und Motels in den etwas größeren Orten. Die Orte Yamba und Iluka, beide an der Mündung des Clarence River gelegen, sind durch eine Fähre miteinander verbunden. Südlich von Yamba beginnt der **Yuraygir NP**, der über einige sehr idyllisch gelegene NP-Campgrounds verfügt. Nördlich von Iluka schließt sich der Bujalung NP an, ein küstennahes Regenwaldgebiet. *Kleine Küstenorte mit einsamen Stränden*

Ein typischer Abstecher, unweit des Pacific Hwy. (Abzweig bei Corindi), führt nach **Red Rock**, zu einem der schönsten Campingplätze, der direkt hinter den Dünen liegt (www.northcoastholidayparks.com.au). Wanderungen in den südlichen Teil des Yuraygir NP sind möglich. 10 km nördlich von Woolgoolga befindet sich das **Yarrawarra Aboriginal Cultural Centre** (*170 Red Rock Rd., Corindi, ☎ 02-66407104, www.yarrawarra.org. Mi–So 9–16 Uhr*). Auf Wunsch werden geführte Touren durchgeführt.

Grafton

Angesichts der vielen beschaulichen Küstenstädte fällt es schwer, sein Quartier ausgerechnet im landeinwärts gelegenen Grafton zu suchen. Mit ihren breiten, baumgesäumten Alleen ist die 19.000 Einwohner zählende Stadt ein gutes Beispiel aus der kolonialen Gründerzeit in Nord-New South Wales. Im Frühling erstrahlen die Straßen mit blühenden, farbenprächtigen **Jacarandabäumen**. Das Jacaranda Festival (letzte Oktoberwoche) bildet mit zahlreichen Musikveranstaltungen den passenden Rahmen. *Koloniale Gründerzeit*

Landeinwärts führt der Gwydir Hwy. zum zusammenhängenden **Washpool NP**, **Gibraltar Range NP** und **Nymboida NP**. Die auf dem New England Plateau gelegenen Schutzgebiete zeichnen sich durch bis zu 1.200 m hohe Granitberge aus, die von zerklüfteten Schluchten unterbrochen sind. Die Zugänglichkeit beschränkt sich auf Wanderpfade und eine Schotterpiste. Der National Park Service in Grafton oder ein Visitor Centre am Hwy. (Dandahra Picknick Area) informieren über die Naturschutzgebiete. Folgt man dem Gwydir Hwy. weiter nach Westen, so trifft man in **Glen Innes** auf den New England Hwy.

Woolgoolga

Indische Gläubige einer Sikh-Gemeinschaft haben sich im Ferienort Woolgoolga niedergelassen und den strahlend weißen **Tempel Guru Nanak** erbaut. Der schöne Strand und gut gelegene Campingplätze laden zum Verweilen ein. 12 km südlich ist das **Moonee Beach Reserve** eine weitere ideale Möglichkeit zum Baden. Der Strand gilt als ruhig und familienfreundlich, wenngleich Unterwasserströmungen beachtet werden müssen. Picknickeinrichtungen, ein Campingplatz und ein Kiosk (mit Fish & Chips) sind vorhanden.

Coffs Harbour

Auf den Landkarten ist die Stadt eher klein und unscheinbar vermerkt, und das, obwohl sie mit rund 60.000 Einwohnern zu den größeren Orten zwischen Brisbane und Sydney gehört. Schon am Ortseingang fällt die **Big Banana** auf. Innerhalb der riesigen Betonbanane erfahren Besucher mehr über den Anbau. Mehrmals täglich werden Besichtigungen der Bananenplantage angeboten (auch per Monorail-Bahn). Zum schnelleren Wachstum der Früchte werden die Stauden häufig in Plastikfolien gepackt, um ein tropisches Klima zu erzeugen.

Alles rund um die Banane

Sehenswert ist auch der Tierpark **Dolphin Marine Magic** (*Orlando St., www.dolphinmarinemagic.com.au für Fütterungszeiten*) mit einer **Delfin- und Seehundshow**. Der **Botanische Garten**, der an den Ufern des Coffs Creek angelegt wurde, zeigt Pflanzen aus subtropischen und gemäßigten Zonen. Das Stadtzentrum ist von der Fußgängerzone High Street Mall und einem großen Einkaufszentrum geprägt. Die Strände der Stadt sind in den Sommermonaten gut frequentiert.

Im Hinterland beginnt das ländliche New South Wales. Dort fließen der Nymboida River und Bellinger River durch grüne Hügellandschaften. Floßfahrten, Rafting- und Angeltouren (Forellen) werden im Tourist Centre von Coffs Harbour angeboten. Im wenig erschlossenen New England NP erreichen die Berge Höhen von 1.600 m.

Reisepraktische Informationen Lamington Coffs Harbour

i **Information**
Tourist Centre, *Ecke Pacific Hwy./Marcia St.,* ☎ *1800-025650, www.visit coffsharbour.com.*

Übernachten
Aanuka Beach Resort $$$, *Firman Drive, Diggers Beach (4 km nördlich),* ☎ *02-66527555, www.breakfreeaanukabeachresort.com.au. Schöne Anlage mit Motelzimmern, Apartments und Strandbungalows.*

Country Comfort Coffs Harbour $$$, *353 Pacific Hwy.,* ☎ *02-66528222, www. countrycomfortcoffs.com.au. Mittelklasse-Hotel.*
Coffs Harbour YHA $, *110 Albany St.,* ☎ *02-66526462, www.yha.com.au. Jugendherberge im Stadtzentrum mit Shuttle-Service zum Strand.*

⚠ **Camping**
   Park Beach Holiday Park, *Ocean Parade,* ☎ *1800-200111, www.coffs coastholidayparks.com.au. Direkt am Strand gelegener Campingplatz mit Cabins.*
Emerald Beach Holiday Park, *Fishermans Drive, Emerald Beach (18 km nördlich),* ☎ *1800-681521, www.emerald-beach.com. Sehr schöner Strand-Campingplatz, auch Cabins.*

Die ältesten Urwälder Australiens

info

Nördlich von Sydney bis kurz hinter der Grenze von Queensland liegen die National Parks der **„Central Eastern Rainforest Reserves of Australia"** (CERRA). Hier findet sich der älteste Vegetationstyp Australiens, Urwälder, die seit über 100 Mio. Jahren im Wandel der Evolution existieren. Die Parks sind Rückzugsgebiet der Regenwälder, die einst ganz Australien bedeckten, als es noch Bestandteil des südlichen Urkontinents Gondwana war. Auf Grund ihrer Bedeutung als lebende Zeugen der Evolution über Millionen Jahre wurden diese Reservate zum Weltnaturerbe erklärt.

Die Parks erstrecken sich von 100–1.550 m über dem Meeresspiegel. Mächtige **Antarctic Beeches** bedecken die höchsten Teile der CERRA-Gruppe, während üppiger subtropischer Dschungel die unteren Hänge besiedelt. Größere Teile dieser Parks wurden nie vom Menschen genutzt und lassen ahnen, wie die australische Ostküste vor der europäischen Einwanderung ausgesehen hat. Die Parks liegen zwischen 40 und 100 km landeinwärts vom Pacific Hwy. und sind daher gut zu erreichen. Bis zu den Eingängen der Parks ist das Wegenetz gut ausgebaut und kann durchgehend mit normalem PKW befahren werden. In den Parks herrscht **striktes Autoverbot** und alle weiterführenden Wanderwege sind für PKW durch Schranken geschlossen.

Die Parks sind ein **ideales Wander- und Trekkinggebiet**. Dramatische Felsabbrüche eröffnen einen Blick in die Weiten dieses grünen Outbacks, und bei klarem Wetter sieht man bis an den Pazifik. Viele Wanderwege führen an Wildbächen mit wunderschönen Wasserfällen entlang.

Ein besonderes Juwel ist der **New England NP**, der auf Grund seiner Ursprünglichkeit zur „Wilderness-Area" erklärt wurde. Das heißt: Es werden keinerlei infrastrukturelle Maßnahmen zum Erhalt, Bau von Wegen usw. ergriffen. Alle Wanderwege oder Zeltplätze befinden sich in den Randzonen des Parks.

Dorrigo National Park

Sehenswert und nicht gleich eine Tagesreise von der Küste entfernt ist der Dorrigo NP (42 km westlich von Raleigh/Pacific Hwy.). Ein modernes Besucherzentrum illustriert zudem das Leben der Aborigines in früherer Zeit. Spektakulär ist der **Skywalk**, ein Laufsteg über dem Regenwald mit ganz neuen „Einsichten". Der Steg ist von 5–22 Uhr geöffnet – so ist es möglich, auch die nächtlichen Tiere und Geräusche wahrzunehmen. Übernachtungsmöglichkeiten sind im **Dorrigo Mountain Resort** (*I Bellingen St., Dorrigo,* ☏ *02-66572564, www.dorrigomountainresort. com.au*) mit Cabins und Campingplatz geboten. National Park Infos: www.national parks.nsw.gov.au.

Laufsteg über dem Regenwald

Auf dem Weg nach Süden passiert man die kleinen Ferienorte **Mylestom**, **Uranga**, **Nambucca Heads**, alle mit herrlichen Stränden, Hotels, Motels und Campingplätzen versehen. Der Pacific Hwy. entfernt sich im weiteren Verlauf immer wieder von der Küste. Wer mit einem Camper oder einem Zelt reist, sollte die Städte meiden und die Stichstraßen zu den Küstenorten wählen, die über Motels und Caravan Parks (Scotts Head, Stuarts Point) verfügen. In **Clybucca** führt eine Stichstraße zu den **South West Rocks** und nach **Arakoon** an der Trial Bay, wo sich eine alte Gefängnisruine befindet. Das Gefängnis wurde Ende des 19. Jahrhunderts gebaut. Ein **Museum** dokumentiert die Geschichte des Baus. Mit etwas Glück sind vom Leuchtturm aus Walbeobachtungen möglich. Südlich davon liegt der Hat Head NP mit schöner Dünenlandschaft und einem NP-Campground.

Port Macquarie

Port Macquarie Town Beach

Die **Hafenstadt** (39.000 Ew.) wurde 1821 als Sträflingskolonie gegründet. Allerdings währte dieses Schicksal nur bis 1830. Siedler hatten die günstigen Möglichkeiten für Holz- und Milchwirtschaft entdeckt, woraufhin das „Penal Settlement" aufgelöst wurde. Einen echten Aufschwung erlebte der Hafen nach der Erschließung des fruchtbaren New England Plateaus durch den Bau des Oxley Hwy. Viele Gebäude aus der Jahrhundertwende sind noch gut erhalten. Es kam jedoch so viel Neues hinzu, dass das Alte heute im Straßenbild geradezu gesucht werden muss (Court House, St. Thomas Church).

Die Stadt an der Mündung des **Hastings River** lebt von der Landwirtschaft (Holz, Milcherzeugnisse, Rinderzucht) und dem Tourismus. Gern besuchte Strände (sofern das Wasser nicht zu kalt ist) sind **Town Beach**, **Oxley Beach**, **Flynns Beach**, **Nobbys Beach** und **Shelley Beach**. Der **North Beach** befindet sich am anderen Ufer des Hastings River und ist nur über Umwege erreichbar.

Die Umgebung ist reich an den putzigen Koalas. Ihre träge Art lässt sie allerdings überdurchschnittlich häufig zu Unfallopfern durch Autokollisionen werden. Am Schwund der Koala-Habitate hat natürlich auch eine rücksichtslose Siedlungspolitik Schuld. Weiterhin leiden Koalas häufig an Infektionskrankheiten, die den Bestand schmälern. Australiens erstes **Koala Hospital** (www.koala hospital.org.au) nimmt angefahrene und kranke Koalas auf. Das Hospital (Lord St., Roto) ist tgl. von 8–16.30 Uhr für Besucher geöffnet und nimmt gerne Spenden entgegen.

Im Koala Hospital

Reisepraktische Informationen Port Macquarie

ℹ️ Information
Visitor Information Centre, *Ecke Clarence/Hay St.,* ☎ *1300-303155,* *www.portmacquarieinfo.com.au.*

🛏️ Übernachten
Rydges Port Macquarie $$$$, *2 Hay St.,* ☎ *02-65892888, www.rydges. com. Eines der besten Hotels der Stadt.*
Country Comfort Port Macquarie $$$, *Ecke Buller/Hollingworth St.,* ☎ *02-65832955, www.countrycomforthotels.com.au. Komfortables Motel, direkt am sauberen Hastings River Strand.*
Beachside Backpackers $, *40 Church St.,* ☎ *02-65835512, www.beachsideback packer.com.au. Backpacker-Unterkunft in Strandnähe.*

🔺 Camping
Lighthouse Beach Holiday Village, *140 Matthew Flinders Drive,* ☎ *02-65820581, www.lighthousebeachholidayvillage.com.au. Schöner Platz in Strandnähe.*
Sundowner Breakwall Tourist Park (Big4), *1 Munster St., Town Beach,* ☎ *02-65832755, www.sundownerholidays.com. Großer und sehr gut ausgestatteter Campingplatz am Town Beach.*
Flynns Beach CP, *22 Ocean St., Flynn Beach (2 km südlich),* ☎ *02-65835754, www. flynnsbeachcaravanpark.com.au. Campingplatz mit schönen Cabins, nur 5 Gehminuten zum Strand.*

Die Kleinstadt **Taree** am Pacific Hwy. (73 km südlich von Port Macquarie) ist das Herz des ertragreichen **Manney River Valley** (Milchwirtschaft), das sich nach Westen über Wingham und Mt. George erstreckt.

Hauptattraktion des Gebiets sind die 160 m hohen Ellenborough Falls (Bulga Forest Drive, Schotterstraße). In **Coopernook** am Pacific Hwy. ist ein Abstecher in den Küstennationalpark **Crowdy Bay** möglich – eine Dünenlandschaft mit Lagunen und Wäldern.

Barrington Tops National Park

Subtropischer
National Park
im
Hinterland

Eine halbe Tagesreise entfernt liegt der Barrington Tops NP mit dem 1.585 m hohen **Mt. Barrington**. Durch die Temperaturdifferenzen zwischen dem subtropischen Tiefland und dem kühlen Hochplateau bilden sich interessante Vegetationsmerkmale: unten Regenwälder mit dichten Farnen, oben lichte Wälder aus Snow Gums und alpinen Wiesen. Die Anfahrt in den südlichen Teil des Parks erfolgt über den Ort **Dungog** (Chichester Dam & State Forest, Williams and Allyn River Area), in den nördlichen Teil über den Ort **Gloucester** (Barrington Tops Plateau, Gloucester River and Tops Area). In beiden Teilen sind viele Wanderwege markiert. Höhepunkt ist der 5-stündige **Barrington Tops Walk**, der durch eine der ursprünglichsten, subalpinen Landschaften des australischen Südostens führt. Camping ist an vielen Stellen auf NP-Campgrounds möglich. Hotels, Lodges und B&Bs findet man in Gloucester, Dungog oder ein Stück südlich im Upper Hunter Valley in Maitland. Infos: NPWS, Gloucester, Church St., www.nationalparks.nsw.gov.au.

Great Lakes

Abwechslungs-
reiches
Seengebiet

Südlich von Taree sollte man den Hwy. noch einmal verlassen und zum populären **Seengebiet** Great Lakes abzweigen. Es besteht aus dem **Wallis Lake** und dem **Myall Lake**, die mit ihrer Lage an skandinavische Seenplatten erinnern, wäre da nicht der Pazifik im Hintergrund. Rund um die Seen gibt es Hotels, Motels, Campingplätze, Picknickeinrichtungen und Wanderwege. Bademöglichkeiten bieten sowohl die Seen als auch das Meer.

Die Halbinseln, auf denen die Städtchen **Tuncurry** und **Forster** liegen, sind durch eine Brücke miteinander verbunden. Ein paar Kilometer südlich von Forster liegt das **Cape Hawke**. Vom Parkplatz gelangt man zu einem Aussichtspunkt über 450 m Treppen, die jedoch ausgesprochen lohnend sind. Hervorragend der Aussichtspunkt Cape Hawke mit herrlichem Blick auf die Küste (Abzweig vom Lakes Way gleich südlich von Forster). Weiter südlich, nach einer Fahrt entlang der Elisabeth Bay (Booti Booti NP), führt eine 11 km lange Straße zum Leuchtturm bei den **Seal Rocks** (mit einfachem Campground). Wanderwege führen auch in den **Myall Lakes NP** (www.greatlakes.org.au), der wie eine lang gestreckte Landzunge den Pazifik vom Binnensee trennt. Der Sugar Loaf Point Leuchtturm ist zu Fuß schnell erreicht und an manchen Tagen geöffnet. Der Myall See hat mit seinen palmengesäumten Ufern beinahe tropisches Flair und bietet viele Wassersportmöglichkeiten.

Port Stephens Bay

Wenige Kilometer vor Newcastle zweigt in Hexham eine Straße nach Nordosten zur Port Stephens Bay ab. Wer die Großstadt Newcastle meiden möchte, sollte in einem der kleinen Ferienorte der Bucht übernachten. Der Name Port Stephens fasst dabei die Orte **Nelson Bay**, **Dutchmans Bay**, **Shoals Bay**, **Salamander Bay**, **Cromarty Bay** und **Boat Harbour** zusammen. In der Bucht leben das ganze Jahr über Delfine, die auf zahlreichen Bootsausflügen besucht werden. Segeln, Angeln, Golfen und Wasserskifahren sind weitere Aktivitäten, mit denen sich Australier die Zeit vertreiben. Allradausflüge und spaßige Quad-Touren nach Stockton Bight, zu **Australiens größten Sanddünen**, sind möglich.

Newcastle

Die Stadt an der Mündung des Hunter River ist mit rund 585.000 Einwohnern (Region Newcastle/Hunter) die zweitgrößte von NSW. Sie war lange Jahre in erster Linie eine Industriestadt, deren Schwerindustrie (Stahlverarbeitung, Kohle) sich weit in die Vororte ausgebreitet hatte. Doch Newcastle in den letzten Jahren eine erstaunliche Entwicklung vom Kohlerevier zur **Lifestyle-Metropole** vollzogen. Backsteinsiedlungen im Einheitslook und Kohlenhalden verschwanden aus dem Stadtbild, Fußgängerzonen, Theater und Kinos hielten Einzug. Der Hafen ist der umschlagsstärkste Australiens. Er befindet sich 6 km westlich in **Port Waratah**. Dort beschäftigt das Stahlwerk BHP (Broken Hill Proprietary) allein 6.000 Menschen.

Industrie- und Hafenstadt

Ein kleines Viertel im Bereich der Hunter St., die Waterfront und die Halbinsel **Nobby's Head**, sind liebevoll für Besucher hergerichtet worden. Mit Nobby's Beach verfügt die Stadt über einen schönen Strand. Übernachten sollte man indes in der **Port Stephens Bucht** mit ihren schönen Stränden. Eine Tourist Information (www.visitnewcastle.com.au) an der Queens Wharf gibt nähere Informationen zum Stahlwerk BHP und möglichen Hafenrundfahrten.

Weinbaugebiet Hunter Valley

Neben dem **Barossa Valley** in South Australia zählt das Hunter Valley zu den bedeutendsten und **ältesten Weinbaugebieten** Australiens. Wichtiger noch als der Weinbau ist die Devisen bringende Steinkohle, die vorwiegend im Upper Hunter Valley abgebaut wird. Hauptverbraucher sind die BHP-Steelworks in Newcastle, Kraftwerke und die beiden Aluminiumfabriken von Kurri Kurri und Tomago. Der Abtransport der Kohle erfolgt per Eisenbahn nach Newcastle. Im Upper Hunter Valley mit den Städten Maitland, Singleton und Muswellbrook tritt die industrielle Förderung von Kohle in den Vordergrund.

Cessnock ist der Mittelpunkt des **Lower Hunter Valley** und gleichzeitig Zentrum des Weinbaus. Rund um Cessnock und seiner Nachbarstadt Pokolbin befinden sich rund **60 Weingüter**, die normalerweise tgl. von 10–16 Uhr Weinproben und Besichtigungstouren anbieten. Üblicherweise wird Weißwein produziert, seltener Rotwein. Ähnlich wie in Südaustralien wird der Wein auf großen Flächen angebaut – steile Weinberge, wie sie von Neckar, Rhein und Mosel bekannt sind, gibt es nicht.

Blickt auf eine lange Tradition: Weinbau im Hunter Valley

Aufgrund der rechtwinklig angeordneten Straßen fällt die Orientierung bei einer Fahrt durch die Umgebung leicht. 30 km südlich von Cessnock liegt das historische **Wollombi Village**, eine originalgetreue Siedlung mit kolonialen Gebäuden.

Reisepraktische Informationen Hunter Valley

Information
Vintage Hunter Wine & Visitors Centre, *455 Wine Country Drive, Pokolbin,* ☎ *02-49900900, www.winecountry.com.au. Informationen über Weingüter und Übernachtungsmöglichkeiten.*

Übernachten
Cypress Lakes Resort $$$$$, *Pokolbin,* ☎ *02-49931555, www.cypress lakes.com.au. First-Class Unterkunft (Villen) mit 18-Loch Golfplatz*
Comfort Inn Cumberland $$$, *57 Cumberland St., Cessnock,* ☎ *02-49906633, www.comfortcumberland.com.au. Gutes Mittelklasse-Hotels. Idealer Ausgangspunkt für Touren durch das Weinbaugebiet.*

Camping
Valley Vineyard CP, *Mount View Rd., Cessnock,* ☎ *02-49902573, www. valleyvineyard.com.au. Campingplatz mit Blick auf das Hunter Valley.*

Weingüter
Mehr als 60 kleinere und größere **Weinbaubetriebe** *sind über das Hunter Valley verteilt. Fast alle bieten die Möglichkeit zur Weinprobe. Eine kleine Auswahl:*
Draytons *(555 Oakey Creek Road, Pokolbin, www.draytonswines.com.au). Altes Familienunternehmen, das auch hervorragenden Portwein herstellt.*
Lindemans *(McDonalds Road, Pokolbin, www.lindemans.com). Größtes und erstes Weingut des Tals von 1842. Das Museum zeigt eine Sammlung typischer Herstellungswerkzeuge.*

The Central Coast

Streckenhinweis
Der Streckenabschnitt Newcastle – Sydney ist zunächst durch den zunehmenden Verkehr auf dem Sydney-Newcastle Freeway gekennzeichnet. Besonders an Wochenenden oder in den Morgenstunden kann es passieren, dass man in dichten Verkehr und Staus gerät: Alles drängt in die 4-Mio.-Metropole. Wer es weniger eilig hat, sollte die Route entlang der **Central Coast** nehmen (Abzweig in Richtung Doyalson vom Freeway).

Schöne Strände und Aussichtspunkte

Eine weitläufige Seenlandschaft breitet sich mit dem **Lake Macquarie**, **Lake Munmorah**, **Budgewoi Lake** und **Lake Tuggerah** nach Süden aus. Ein schmaler Küstenstreifen und die Pazifikstrände trennen diese Seenplatte vom Meer. In den Küstendörfern Budgewoi, Noraville und Norah Head findet man immer wieder schöne Strände oder Aussichtspunkte. Man durchquert den **Wyrrabalong NP** (Tuggerah Beach) und erreicht bei **The Entrance** weitere Strände (Blue Bay, Toowoon Bay, Shelley Beach). Hotels, Motels, B&B und Caravan Parks finden sich in allen Orten.

12 km östlich von Gosford liegen bei Terrigal „The Skellions", über 100 m hohe Klippen. Eine Bucht weiter folgt Avoca Beach, Copacabana (gut für ein Foto), McMasters Beach und der Bouddi NP. Achtung: Der Rückweg von hier muss über Gosford erfolgen, da der westlich angrenzende **Brisbane Water NP** keine direkte Durchfahrt ermöglicht.

Terrigal Beach

Gosford

Gosford (39.400 Ew.) ist ein wichtiges wirtschaftliches Zentrum vor Sydney. Die Stadt liegt in einem nördlichen Seitenarm der Broken Bay, in die auch der Hawkesbury River mündet. Gosford wurde bereits 1839 gegründet, erlangte aber aufgrund der ungünstigen Verkehrsverbindungen jenseits der breiten Bucht nie nennenswerte Bedeutung. Über die umliegenden National Parks **Bouddi** und **Brisbane Waters** informiert der National Park Service in Gosford (207 Albury St.).

Broken Bay

Ausgangspunkt vieler Ausflüge im Mündungsbereich des Hawkesbury River ist die alte Stadt **Brooklyn** am Südufer des Flusses. Die Stadt war ursprünglich eine Siedlung amerikanischer Arbeiter, die eine Eisenbahnbrücke über den Fluss bauten. Nach dem US-Vorbild nannten sie ihr Dorf „Brooklyn". Die **Brooklyn Ferries** versorgen auf ihrem „River Boat Mail Run" abgelegene Siedlungen entlang dem Fluss und nehmen auch Touristen mit (*www.riverboatpostman.com.au, Mo–Fr 9.30 Uhr ab Ferry Wharf*).

Der Hawkesbury River

info

Schon 1770 notierte James Cook beim Passieren der Ostküste: „Zerbrochenes Land tauchte auf, um eine Bucht zu formen". Er nannte diese daraufhin **Broken Bay**. 1789 führte der damalige Gouverneur von NSW, Arthur Phillip, eine Expedition bis zur Flussmündung über 30 km landeinwärts. Nach einer weiteren Fahrt, die bis in das heutige Richmond führte, nannten sie den Fluss **Hawkesbury**, zu Ehren von Charles Jenkinson, dem Baron von Hawkesbury. Die ersten Siedler kamen 1794 in die fruchtbaren Hügel Green Hills, dem späteren Windsor. Der Straßenbau ließ auf sich warten, und die gesamte Ernte, hauptsächlich Getreide und Mais, wurde per Schiff nach Sydney verfrachtet. 1810 plante und gründete Gouverneur Lachlan Macquarie die sogenannten **Five Macquarie Towns**: Windsor, Richmond, Castlereagh, Pitt Town und Wilberforce. Vier sind davon noch heute verblieben – Castlereagh verschwand von der Landkarte. Zum Schutz vor Überflutungen wurden alle Städte auf Hügeln erbaut.
Weitere Infos: www.hawkesburytourism.com.au.

Rings um die Broken Bay liegen verschiedene **National Parks**:

Bouddi National Park

Ein kleiner NP im Nordosten der Broken Bay bzw. auf der Halbinsel südlich von Gosford. Wanderungen zu den Stränden unterhalb der Straße sind möglich. Einfache NP-Campgrounds bei Putty Beach, Little Beach und Tallow Beach.

Brisbane Waters National Park

Südlich von Gosford am Nordufer des Hawkesbury River gelegen. Nur zwei Pkw-taugliche Straßen führen durch den Park: eine zum Aussichtspunkt **Staples Lookout**, die andere in den Südteil des Parks zum **Patonga Beach** (einfacher Campingplatz) und „Warrah Lookout". Wanderungen zu den zerklüfteten Sandsteinfelsen mit Höhen bis zu 250 m sind auf ausgeschilderten Wanderwegen möglich. Sehenswert sind auch die einzigartigen Felsgravuren von Bulgandry. Die Anfahrt in den NP erfolgt über die Woy Woy Road, 6 km westlich von Gosford.

Am Warrah Lookout

Ku-Ring-Gai Chase National Park

Der bedeutendste NP der Bucht liegt am Südufer des Hawkesbury River. Größtenteils handelt es sich um **unerschlossenes, bergiges Gelände**, das von einigen Wanderwegen durchzogen ist. Eine schöne Rundfahrt ist der „Coal & Candle Drive" (Zufahrt vom Süden über die Mona Vale Road) zu den Aussichtspunkten Cottage Point und West Head. Die **östliche Halbinsel**, die vom Ku-Ring-Gai Chase NP durch die Pittwater Bay getrennt ist, bietet **wunderschöne Strände** mit kleinen, z. T. recht exklusiven Feriendörfern und edlen Strandvillen: Palm Beach, Whale Beach, Avalon, Bilgola, Newport, Mona Vale, Narrabeen, Dee Why und schließlich Manly, dem pazifischen Vorort Sydneys. Ein Ausflug mit Fähre (Circular Quay, Manly) und öffentlichen Bussen ist von Sydney aus möglich.

Windsor

Die historische Stadt Windsor und ihre Schwesterstadt Richmond liegen beide am Hawkesbury River, rund 140 km landeinwärts. Sehenswert sind vor allem die **alten Gebäude** im Zentrum Windsors, wie die 1822 erbaute **St. Matthew's Church** oder das **Macquarie Arms Hotel** von 1815 (www.macquariearms.com.au) – der älteste Pub Australiens, in dem man noch heute ein Bier bekommt. Im **Hawkesbury River Museum** erfährt man mehr über die Geschichte des Flusses.

Ältester Pub Australiens

Nördlich von Windsor überquert die **Wisemans Ferry** den Fluss. Die Einrichtung dieser Fährverbindung erfolgte bereits 1827 durch Solomon Wiseman, um Sydney mit dem Hunter Valley zu verbinden. Mithilfe dieser Fähre gelingt auch die Zufahrt in den Dharug NP, ein weit gehend unerschlossener Park, dessen Aborigine-Stätten nur unter Ranger-Führung besucht werden können. Die **Old Great North Road** nach Norden ist nur für Reiter, Radfahrer und Wanderer offen (56 km bis Bucketty).

Alternativroute: Auf dem New England Highway

Der New England Hwy. verläuft auf seinem Weg nach Süden praktisch immer auf den Höhen des New England-Plateaus, der Hochfläche der Great Dividing Range. Die **milde Bergregion** im südlichen Hinterland Queenslands und die sanft abfallenden Westhänge (Western Slopes) der Great Dividing Range heißen **Darling Downs** oder, wegen ihrer Fruchtbarkeit, **Goldener Westen**.

Streckenhinweis
Entfernungen

Brisbane – Warwick:	161 km
Tamworth – Newcastle:	255 km
Warwick – Glen Innes:	207 km
Newcastle – Sydney:	170 km
Glen Innes – Tamworth:	208 km

Toowoomba
128 km westlich von Ipswich liegt Toowoomba, das **Zentrum** der agrarorientierten Darling Downs. Die Stadt ist im Osten von den Bergen der Mt. Lofty Range eingerahmt und wird wegen ihrer vielen Parks und Gärten auch **Garden City** genannt. Neben der Rinder- und Schafzucht lebt die Stadt vor allem vom Getreide- und Baumwollanbau.

Main Range National Park
Die Fahrt von Ipswich nach Warwick auf dem Cunningham Hwy. führt nach ca. 90 km durch den bergigen **Main Range NP**. Cunninghams Gap ist dabei ein tiefer Einschnitt, der den nördlichen vom südlichen Teil des NP trennt. Bergwanderungen sind auf den **Mt. Mitchell** und **Bare Rock** möglich, **Mt. Mistake** im Norden hingegen ist ein kaum zugängliches Wildnisgebiet. In Gap befindet sich ein Ranger-Büro für nähere Informationen. *Industrie- und Hafenstadt*

Die National Parks Main Range und Mt. Barney beschreiben in ihrer Geografie den westlichen Abbruch der Great Dividing Range. Im Gegensatz zum feuchteren Ostrand ist die Vegetation spärlicher, und subtropische Regenwälder sind nur noch in vereinzelten Niederungen anzutreffen.

Warwick und Stanthorpe
Die Kleinstädte Warwick und Stanthorpe bilden das Zentrum der südlichen Darling Downs. Von den Granitbergen vor allzu heftigen Witterungseinflüssen geschützt, wird hier sogar Wein angebaut.

Girraween und Bald Rock National Park
An der Grenze zu NSW sind die bewaldeten Girraween NP und Bald Rock NP wegen ihrer relativen Unberührtheit und **eindrucksvollen Felsformationen** unbedingt einen Besuch wert. Die Zufahrt in den **Girraween NP** (Visitor Centre, ☎ 02-46845157) erfolgt über die Pyramids Rd. (Tenterfield – Wallangarra – Wyberba). Mehrere **gigantische Granitfelsen**, die man schon von Ferne erkennt, liegen *Unbedingt sehenswert*

im Park verstreut. Ausgangspunkt für Wanderungen ist das Info-Zentrum (Pyramids Rd.). Dort beginnen die Wanderwege zu **Granite Arch** (I km), **Pyramids** (5 km H/R), **Castle Rock** (5 km H/R) oder **Mt. Norman** (10 km H/R). Besteigen lässt sich einer der mächtigen Pyramids-Felsen. Auf dem Gipfel findet man einige „balancing rocks", die **eindrucksvolle Fotomotive** abgeben. Vorsicht ist frühmorgens geboten, wenn der steile Fels noch feucht und glatt ist. Die höchsten Berge im NP sind Castle Rock (I.122 m) und Mt. Norman (I.267 m). Übernachtungsmöglichkeiten bestehen auf dem NP Campground (beim Visitor Centre), in der Girraween Environmental Lodge (NP-Einfahrt, www.girraweenlodge.com.au) oder in Tenterfield.

Grandiose Aussichten im Bald Rock NP

Die Zufahrt in den **Bald Rock NP** erfolgt von Tenterfield über den Mt. Lindesay Hwy. (Tourist Drive No. 7) bzw. von Norden über **Stanthorpe**. Der National Park, auf dem Gebiet von New South Wales gelegen, birgt einen relativ unbekannten Superlativ: den **drittgrößten Monolithen Australiens**. Vom 260 m hohen (I.277 m über NN), 750 m langen und 500 m breiten Granitfelsen **Bald Rock** genießt man eine grandiose Aussicht auf die Umgebung, hinüber nach Queensland zur einen Seite und in den Staat New South Wales zur anderen. Der Aufstieg erfolgt an der Nordostseite des Felsens und ist teilweise recht steil. Ebenfalls sehenswert ist der **South Bald Rock**, der 5 km südlich liegt (nur zu Fuß erreichbar). Ein NP-Campground befindet sich direkt am Bald Rock. 13 km westlich liegt der **Boonoo Boonoo NP** mit den 210 m hohen Wasserfällen Boonoo Falls. Genaues Kartenmaterial über beide NPs ist im Visitor Centre von Tenterfield erhältlich. Der Campingplatz sollte in der Ferienzeit reserviert werden (NPWS Glen Innes, www.npws.nsw.gov.au).

Tenterfield

Ländliche Gemeinden in New-England

„New England" ändert sein Gesicht auch nach Übertreten der NSW-Grenze kaum, und die häufig angestellten Vergleiche zu **britischen Landschaften** und Dörfern treffen durchaus zu: grüne Hügel, wo immer das Auge hinblickt, dazwischen kurvenreiche Straßen und einzelne Farmen oder Siedlungen. Besonders bezaubernd wirkt Neu-England, wenn in den kühlen Morgenstunden noch Nebelschwaden in den Tälern liegen. **Tenterfield** (Tourist Office, ☏ 02-67361082, *www.tenterfield.com*) ist der erste nennenswerte Ort in New South Wales. Sir Henry Parkes, dem die **„Memorial School Of Arts"** gewidmet ist, hielt hier die Rede, die zur Einigung der Kolonien und zur Gründung des Commonwealth of Australia führte. Einige **alte Gebäude**, die unter dem Denkmalschutz des National Trust stehen, wurden schon vor der Jahrhundertwende von den ersten Siedlern errichtet.

Glen Innes

Entlang der Hauptwasserscheide der Great Dividing Range führt der Hwy. in die Saphirstadt Glen Innes. Wer möchte, kann hier – ähnlich wie in Emerald/QLD – auf die Suche nach den wertvollen **Edelsteinen** gehen (Fossicking). Nähere Informationen dazu erteilt das Tourist Office der Stadt (www.gleninnestourism.com). Sehenswert sind die südlich der Stadt gelegenen Felsformationen **Stonehenge** und **Balancing Rock**. Letzterer liegt auf Privatgelände und kann nur von der Straße aus betrachtet werden.

Armidale

Nach dem Städtchen Guyra, das immerhin auf 1.320 m liegt, gelangt man nach Armidale, zweifellos **eine der schönsten Städte Neu-Englands**. Typisch englisch sind hier nicht nur die University Of New England, sondern auch die Kathedralen (St. Mary's Cathedral und St. Peter's Cathedral) und gepflegten Parks. Obwohl die Stadt nur rund 30.000 Einwohner hat, zählt sie zu den bedeutendsten Universitätsstädten des Staates New South Wales und ist unter Studenten außerordentlich beliebt.

Beliebte Universitäts-Stadt

Tamworth

In ganz Australien ist die Stadt (35.000 Ew.) im Tal des Peel River als die **Hauptstadt der Country Music** bekannt. Der **Country Music Award** wird alljährlich während des zweiwöchigen Festivals im Januar vergeben. Zur Zeit des Festivals ist die Stadt vollkommen ausgebucht! Doch auch außerhalb der Festival-Woche wird in den Pubs beinahe täglich Livemusik gespielt. Bekannte Größen der australischen Country-Szene können im **Country Centre** (Gonoo Gonoo St.) in der **Gallery Of Stars Wax Museum** (☎ 02-67652688, tgl. 9–17 Uhr, Erwachsene A$ 10, Kinder A$ 4) besichtigt werden. Von der Bergkuppe nördlich der Stadt, wo auch ein Planetarium steht, bietet sich ein guter Blick auf die Stadt.

In der Umgebung von Tamworth liegt die ehemalige **Goldgräberstadt Nundle** (50 km südöstlich). Sie ist über die Straße, die zum Stausee Chaffey Dam führt, erreichbar. Eine kleine, noch **arbeitende Mine** und ein **historisches Museum** sind allerdings die einzigen Überbleibsel vergangener Epochen.

🖙 Streckenhinweis

Über die ländlichen Kleinstädte **Wallabadah** (sehenswerter Felsmonolith) und **Scone** (Zentrum der Pferdezucht) führt die Reiseroute in das Upper Hunter-Valley. Neben dem Felsmonolithen befinden sich die **First Fleet Memorial Gardens**, ein ansprechende Parkanlage, die an die First Fleet erinnert. Hier sind alle Namen der 756 Strafgefangenen und 550 Besatzungsmitgliedern genannt, die mit ihrer Flotte am 13. Mai 1787 Porthsmouth verließen, um schließlich in Australien zu enden. Eintritt frei.

Mahnmal für die „Erste Flotte"

Das **Upper Hunter-Valley** ist im Bereich der nördlichen Städte **Muswellbrook** und Singleton von Kohleabbau und Kohlekraftwerken (liefern 75 % der von NSW benötigten Energie) geprägt. Weiter südlich, im Lower Hunter Valley – um Cessnock – liegt das zweitwichtigste Weinbaugebiet Australiens.

18. WESTAUSTRALIEN

Überblick

Was beim Blick auf die Karte auffällt, ist die unglaubliche **Flächenausdehnung** Westaustraliens (WA) im Vergleich zu den anderen Bundesstaaten. Dabei ist das Land bis auf die Millionenstadt Perth und einige Kleinstädte kaum besiedelt. Die **menschenleere Weite** im Verbund mit faszinierenden Küsten und abwechslungsreichen Landschaften machen den Reiz Westaustraliens aus.

Zur Geschichte des Staates

Die ersten Europäer, die in WA an Land gingen, waren die **Portugiesen** im 16. Jahrhundert. Von ihren Landungen liegen allerdings keine gesicherten Erkenntnisse vor. 1619 ankerte der Holländer Dirk Hartog in der Shark Bay und hinterließ dort jene berühmt gewordene **Zinntafel**, die er an einen Baum nagelte. Seine Berichte von „wüstenhaftem Land" stießen auf wenig Begeisterung, und es dauerte bis 1688, als der Engländer William Dampier die Küsten „Neu-Hollands" besegelte – wiederum mit negativer Berichterstattung. *„Wüstenähnliches Land"*

Nach den Kolonialgründungen im Osten des Landes wurde 1826 die Stadt **Albany** von Major Lockyer gegründet, was hauptsächlich aus Furcht vor französischen Expansionsplänen geschah. Wenig später, am 2. Mai 1829, gründete Captain Charles Fremantle an der Mündung des Swan River die Westaustralische Kolonie und das spätere **Fremantle**. Zunächst wuchs die Kolonie nur durch den Zuzug von Sträflingen, am Ende des 19. Jahrhunderts folgte durch die Goldfunde von Kalgoorlie und Coolgardie ein massiver Bevölkerungszuwachs. In diese Jahre fiel auch die Gründung von **Perth**.

Perth

Die Millionenstadt Perth liegt **fernab der übrigen Metropolen** des Landes. Die Entfernung zur nächstgelegenen Großstadt Adelaide (SA) beträgt immerhin gute 2.700 km! Trotzdem ist Perth eine der attraktivsten und modernsten Städte des Landes. Der Reichtum an Bodenschätzen und die damit verbundenen Einnahmen machten die Stadt zu dem, was sie heute ist: eine **Metropole** mit Hochhaustürmen, Fußgängerzonen, Einkaufszentren, Parks und einer breit gefächerten Kunst- und Kulturszene. Perth und seine Vororte sind großzügig gestaltet worden. Das Straßensystem funktioniert so gut, dass kaum jemand länger als 10 Min. in das Stadtzentrum benötigt. Der Graham Farmer Freeway verkürzt vor allem die Entfernung vom Flughafen in die Innenstadt. *Attraktive Großstadt*

Klimatisch erlebt man Perth meist von seiner besten Seite, denn die **Sonne** scheint beinahe täglich acht Stunden lang. Perth hat trockene und heiße Sommer, die gelegentlich von der steifen Brise des „Fremantle Doctor" abgekühlt werden. Die Winter sind mit Durchschnittstemperaturen von 18 Grad sehr mild.

Redaktionstipps

➤ Ausflug nach **Fremantle**: Mit der Fähre von der Barrack St. Jetty auf dem Swan River nach Fremantle, dort über den „Cappuccino-Strip" bummeln und zurück mit dem Zug (S. 492).

➤ Ein Tagesausflug zu den **Pinnacles** ist beinahe ein „Muss", wenn man sich in Perth aufhält. Eine Reihe von Anbietern offerieren Tagesausflüge. Hierbei sollte man sich für eine Fahrt mit dem Allradfahrzeug entscheiden, denn dann führt Hin- oder Rückfahrt auf sandigen Pfaden durch eine grandiose Dünenlandschaft (S. 520).

➤ Im **WA Museum** (Francis St., Northbridge) gibt es eine eindrucksvolle geologische Sammlung mit Bruchstücken von Meteoriten (S. 434).

➤ Am Abend findet jeder Besucher garantiert ein Restaurant oder einen Pub nach seinem Geschmack, wenn man durch das Viertel **Northbridge** schlendert (S. 486).

➤ **Joggen am Morgen**: Ein Lauf könnte beginnen am markanten Bell Tower (Barrack Square) am Swan River, dann dem Flussufer (Riverside Drive) folgen. Wendepunkt ist die Causeway-Brücke. Gleich darunter liegt Heirisson Island, ein kleines Naturparadies inmitten der Stadt. Hier grasen Western Grey Kangaroos und man sieht eine reiche Vogelwelt.

Die Stadt liegt am breiten Mündungsbereich des **Swan River**, der 19 km südlich bei Fremantle in den Indischen Ozean mündet. Das Zentrum von Perth befindet sich am **Nordufer** des Flusses, der an dieser Stelle aufgrund seiner Breite eher einem See gleicht. Entlang der **Promenade** sieht man nicht nur viele Boote, sondern auch schwarze Schwäne, das Tiersymbol Westaustraliens. Das **Geschäftsviertel** am Nordufer hat rechtwinklig angelegte Straßen: Hauptstraßen sind St. George's Terrace, Hay St. (mit Fußgängerzone) und Murray St. (mit Fußgängerzone). Der Bahnhof und die Eisenbahngleise bilden die Grenze zu Northbridge, dem Unterhaltungsviertel der Stadt.

Fast die gesamte **Industrie** von Perth ist außerhalb des Zentrums angesiedelt. Am Indischen Ozean liegen die herrlichen Badestrände der Stadt: **Cottleshoe Beach**, **Swanbourne Beach** und **Scarborough Beach**. Wer Perth von Okt.–März besucht, sollte sein Hotel dort buchen. So wird aus einem Stadtbesuch gleichzeitig ein Badeaufenthalt.

Sehenswürdigkeiten

Überschaubares Zentrum Das Zentrum der Stadt wird von den Straßen St. George's Terrace, Milligan Street, Wellington Street und Hill Street begrenzt und reicht bis an die Ufer des Swan River. Die meisten Sehenswürdigkeiten liegen innerhalb dieses Geschäftsviertels und sind gut zu Fuß zu erreichen. Als Ausgangspunkt eines Rundgangs bietet sich der Bahnhof/Busbahnhof an der Wellington Street an. Die Bahngleise trennen die Innenstadt vom Kultur- und Unterhaltungsviertel Northbridge.

Stadtzentrum

Vom Busbahnhof gelangt man über die Fußgängerbrücke **Horseshoe Bridge** zum **Raine Square**, einem kleinen, von niedrigen Backsteinhäusern eingerahmten Platz mit hübschen Cafés. Die Murry Street in Richtung Osten trifft auf die belebte Fußgängerzone **Murray Street Mall**. Das pompöse Sandsteingebäude linker

Hand ist die Commonwealth Bank. Der zentrale **Forrest Place** mit der **Forrest Chase Mall** ist vom modernen Myers Einkaufszentrum und dem säulengeschmückten **Post Office** geprägt.

Am Ende des Platzes liegt das **WA Tourist Centre (WATC) (1)**, im Albert Facey House. Hier gibt es umfangreiche Informationen über Perth und WA.

Die Murray Street Mall endet in der Barrack St., an deren südlichem Ende die Barrack Street Jetty, der Fährhafen, liegt. An der Ecke Barrack St./Hay St. steht die **Town Hall (2)**. Das Gebäude wurde von 1867–1870, wie viele andere Gebäude der Stadt, von Sträflingen errichtet.

London Court (3)
Die Fußgängerzone **Hay Street Mall** und der Boulevard **St. George's Terrace** sind über den London Court miteinander verbunden. Dabei handelt es sich um eine 1936 im angelsächsischen Fachwerkstil erbaute Einkaufsgasse mit vielen Souvenirläden.

The Perth Mint (4)
In der aus dem Jahr 1899 stammenden Handels- und Tauschbörse für Gold, Silber und Platin wird heute noch wie Anno dazumal gehandelt. Besuchern wird außerdem die Goldschmelze präsentiert.

Die Perth Mint

The Perth Mint, *310 Hay St./Ecke Hill St., ☏ 08-94217223, www.perthmint.com. au. Tgl. 9–17 Uhr, Erwachsene A$ 19, 4–15 Jahre A$ 8.*

St. George's Terrace
Zahlreiche Sehenswürdigkeiten befinden sich entlang dem breiten Boulevard St. George's Terrace. Die Straße ändert in Richtung Osten ihren Namen und heißt (ab der Victoria Ave.) Adelaide Terrace. Das 1895 erbaute Wohnhaus **The Deanery** (Ecke St. George Terrace/Pier St.) des ersten Dekans der St. George's Kathedrale ist ein Beispiel dafür, wie die Stadt ausgesehen haben mag, bevor die Hochhäuser errichtet wurden. Die anglikanische **St. George's Cathedral (5)** steht an dem Ort, an dem die Siedler bereits 1829 eine Kirche errichtet hatten. Das **Government House** (www.govhouse.wa.gov.au) gegenüber ist die im englischen Tudorstil gebaute Residenz des ersten Gouverneurs von WA. Das Haus und der schöne Garten können nur gegen vorherige Anmeldung besichtigt werden. *Zahlreiche Sehenswürdigkeiten*

Entlang der Barrack St. erstreckt sich der **Stirling Garden Park** mit Norfolk-Pinien, Palmen und vielen Grasflächen. Im Park befindet sich der **WA Supreme Court**, das oberste Gericht des Staates, und das **Old Court House** von 1836. Um die Mittagszeit wird der Park gerne von Geschäftsleuten der nahen Büros besucht. Ein weiteres Beispiel kolonialer Architektur ist das **Treasury Building** (Ecke Barrack St./St. George's Terrace).

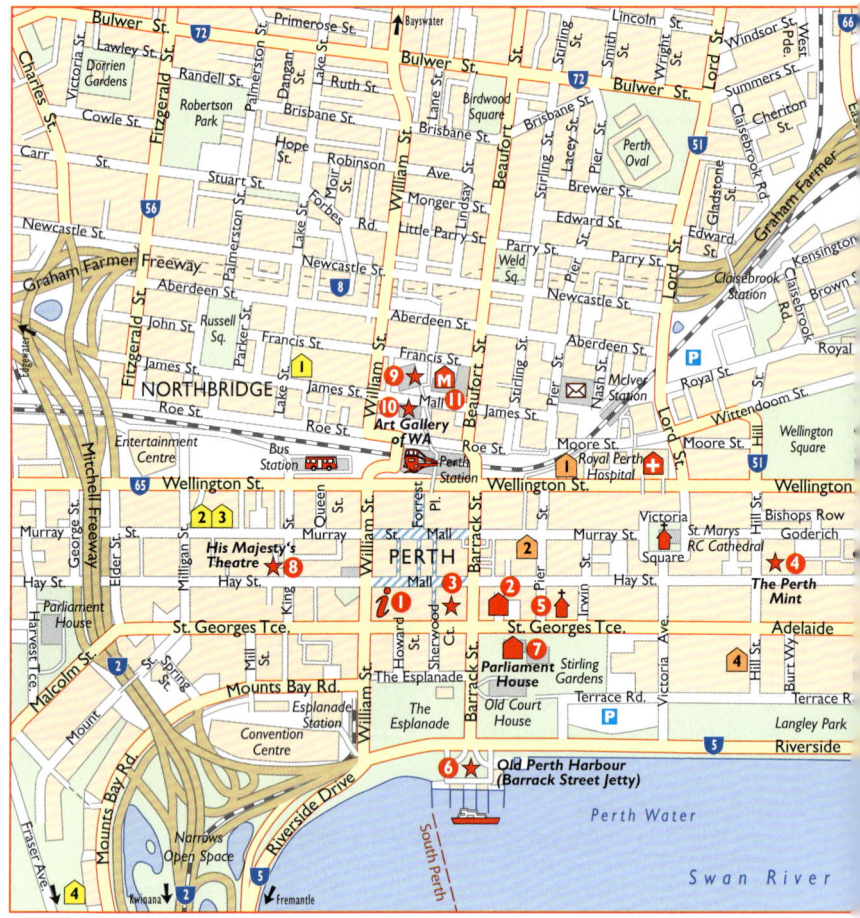

Im Schatten der Hochhäuser gelangt man über die **Esplanade** und **William Street** zurück auf die St. George's Terrace. Auch die weitläufigen Wiesen hinunter zum Swan River laden zum Verweilen ein, leider verhindert der Freeway den direkten Zugang zum Wasser. Gleich nach der modernen Skulptur Swan Bells liegt der **Old Perth Harbour (Barrack Street Jetty) (6)**, die Anlegestelle der Fähren und Ausflugsboote. Zudem befindet sich hier eine Reihe netter Cafés und Imbissbuden. Das interessante Backsteingebäude **The Cloisters** (220 St. Georges Terrace) wurde 1858 als Bischofssitz errichtet und war später Klosterschule.

Am Ende der St. George's Terrace steht der Torbogen **Barrack's Archway**. Der Ziegelbau ist der Rest einer Kriegsveteranenkaserne (Pensioner Guards). Sie bewachten von 1850–1868 die Sträflinge der Kolonie. Nach deren Freilassung diente

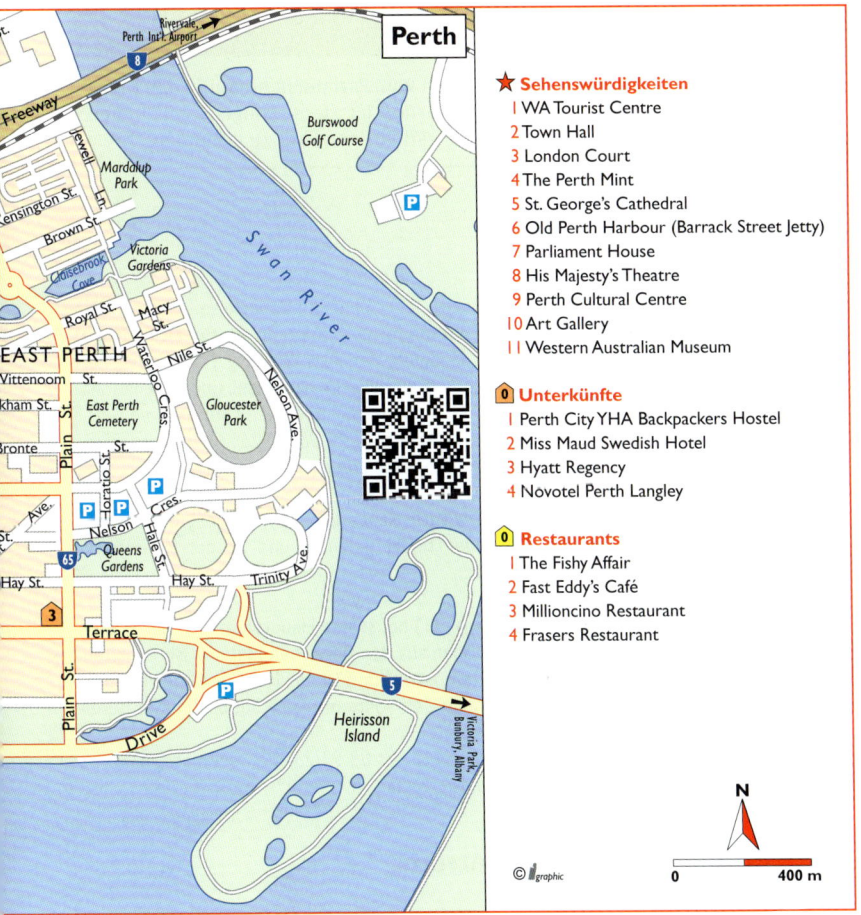

Perth

★ **Sehenswürdigkeiten**
1 WA Tourist Centre
2 Town Hall
3 London Court
4 The Perth Mint
5 St. George's Cathedral
6 Old Perth Harbour (Barrack Street Jetty)
7 Parliament House
8 His Majesty's Theatre
9 Perth Cultural Centre
10 Art Gallery
11 Western Australian Museum

Unterkünfte
1 Perth City YHA Backpackers Hostel
2 Miss Maud Swedish Hotel
3 Hyatt Regency
4 Novotel Perth Langley

Restaurants
1 The Fishy Affair
2 Fast Eddy's Café
3 Millioncino Restaurant
4 Frasers Restaurant

das Gebäude als Wohnhaus altgedienter Offiziere und später als Verwaltungsgebäude. Die Kasernen mussten dem Bau des Mitchell Freeway weichen, allein öffentlicher Protest bewirkte den Erhalt des Bogens.

Parlament

Hinter dem Barrack's Archway, getrennt durch die Schnellstraße, blickt das moderne **Parliament House (7)** auf die Stadt. Führungen werden, soweit nicht getagt wird, wochentags angeboten (☎ *08-92227259, www.parliament.wa.gov.au*). Zurück in der St. George's Terrace, führt der Weg über die King St., die einige hübsche Restaurants und Galerien hat, zur Wellington St. **His Majesty's Theatre (8)** von 1904 (The Maj, 825 Hay St.) bietet fast allabendlich hervorragende Unterhaltung mit Theater, Comedy, Oper und Ballett.

Hinweis

Ein ausgedehnter Spaziergang führt vom Parlament hinauf in den Kings Park – den großen botanischen Garten der Stadt. Einige Hotels bieten Leihfahrräder an – ideal, um den weitläufigen Park zu erkunden.

Northbridge

Perth Cultural Centre

Kulturviertel Northbridge Die Fußgängerbrücke Horseshoe Bridge führt über die Bahngleise hinweg in den Stadtteil Northbridge. Dort wurde das moderne Kulturzentrum **Perth Cultural Centre (9)** aufgebaut: Das eckige Gebäude der **Art Gallery (10)** erhielt verschiedene Architekturpreise. Gezeigt werden Werke nationaler und internationaler Künstler sowie eine einzigartige Sammlung von Aboriginal-Kunstwerken. **Art Gallery of Western Australia**, *James St.,* ☎ *08-94926622, www.artgallery. wa.gov.au. Mi–Mo 10–17 Uhr, Eintritt frei, Spende erbeten.*

Gegenüber steht die moderne **Alexander State Library**, die größte Bibliothek des Staates. Zwischen den Gebäuden findet jeden Sa und So der Kunstmarkt **Galleria Art & Craft Market** statt.

Das **Western Australian Museum (11)** hat seinen Haupteingang in der Francis St.. Es enthält sehenswerte Kollektionen aus den Bereichen Naturwissenschaften, Völkerkunde, Technik und Kolonialzeit. Attraktion ist ein 11 t schwerer Meteorit, der in Mundabilla niederging. Bei wenig Zeit sollte man sich auf bestimmte Bereiche des großen Museums beschränken. **Western Australian Museum**, *James St.,* ☎ *08-92123700, www.museum.wa.gov. au. Tgl. 9.30–17 Uhr, Eintritt frei, Spende erbeten.*

Außerhalb des Stadtzentrums

Botanischer Garten

Am Westende des Zentrums schließt sich der 404 ha große **Kings Park** (www. bgpa.wa.gov.au) an, die grüne Lunge der Stadt. Ein 7 km langer Tourist Drive führt durch den Park. Von der Erhebung Mt. Eliza und von anderen Aussichtspunkten genießt man einen wunderbaren Blick auf die Skyline der Stadt und den Swan River. Teil des Parks ist auch ein großer botanischer Garten.

Perth Zoo/South Perth

Der Perth Zoo liegt am Südufer (South Perth) des Swan River und ist am einfachsten mit der Fähre zu erreichen (ab Barrack St. Jetty). Er reicht zwar nicht an die berühmten Zoos von Sydney oder Melbourne heran, ist aber dennoch eine gute Einstimmung bzw. ein guter Ausklang einer Australienreise. **Perth Zoo**, *20 Labouchere Rd.,* ☎ *08-94740444, www.perthzoo.wa.gov.au. Tgl. 9–17 Uhr. Erwachsene A$ 27, Kinder A$ 13.*

Reisepraktische Informationen Perth

Information

Western Australian Visitor Centre, 55 William St., ☏ 1800-812808, www.bestofwa.com.au. Mo–Fr 9–17.30, Sa 9.30–16.30, So 11–16.30 Uhr. Das freundliche Personal berät eingehend über die Stadt und die Vielzahl der angebotenen Ausflüge.
Weitere Infos: www.westernaustralia.com, www.westaustralien.de, www.caravanwa.com.au. **Aboriginal-Tourismus**: www.waitoc.com.
Department Of Conservation And Landmanagement (CALM), The Atrium,168 St. Georges Terrace, ☏ 08-64675000, www.parks.dpaw.wa.gov.au. Informationen über die National Parks des Staates. Der einmalige Eintritt in einen NP kostet A$ 12 pro Fahrzeug, ein Holiday Park Pass (vier Wochen gültig) für alle NPs in WA kostet A$ 44, der Jahrespass A$ 88 pro Fahrzeug, zzgl. Campinggebühren. Die Pässe können in fast allen NPs erworben werden.
Department of Indigenous Affairs, 151 Royal St., East Perth, ☏ 1300-651077, www.dia.wa.gov.au. Erteilung von Fahr-Permits zur Durchquerung von Aboriginal-Land (z. B. Warburton-Laverton Rd. = Great Central Rd.).

Konsulate
Deutsches Konsulat, 18 Exchange Plaza, ☏ 08-92212941.
Schweizer Konsulat, 85 Tyrell St., Nedlands ☏ 08-07452666.
Österreichisches Konsulat, 132 Terrace Rd., ☏ 08-63645225.

Wichtige Telefonnummern
Vorwahl Perth und Westaustralien: 08
Notruf: 000 (gebührenfrei).
Polizei: 2 Adelaide Terrace, ☏ 08-92221111.
Krankenhaus: Royal Perth Hospital, Wellington St., ☏ 08-92242244.

Post
General Post Office (GPO), Forrest Chase Mall, ☏ 131318, Mo–Fr 8–17.30, Sa 9–12.30 Uhr.

Überregionale Verkehrsmittel
Flughafen: Der Flughafen ist zweigeteilt: Der Domestic Terminal (Inlandsflüge) liegt 12 km nördöstlich des Zentrums, der International Terminal nochmals 5 km weiter. Der **Airport-City-Shuttle** (☏ 1300-666806, www.perthairportconnect.com.au) kostet A$ 15 und bringt die Fahrgäste bis zum Hotel.
Ein **Taxi** kostet ca. A$ 35 pro Strecke.

Überlandbusse
Bevor man in Perth den Bus besteigt, sollte man sich der immensen Dauer einer Busfahrt bewusst werden: Perth–Darwin 56 Std., Perth–Adelaide 35 Std. Für Teilstrecken ist der Bus dennoch ein günstiges und zuverlässiges Verkehrsmittel.
TransWA: ☏ 1300-662205, www.transwa.wa.gov.au, hat ein umfassendes Bus- und Bahnnetz in Westaustralien und fährt auch kleinere Städte, vor allem im Südwesten, an.
Greyhound: ☏ 132030, www.greyhound.com.au, bedient die Langstrecken (Perth –

Adelaide, Perth – Darwin via Monkey Mia, Exmouth, Broome).
Integrity Coach Lines: ☎ *1800-226339, www.integritycoachlines.com.au, Bus-Service bis Exmouth und Port Hedland.*
Nullarbor Traveller: ☎ *1800-816858, www.thetraveller.net.au, Backpacker-Bus Perth – Adelaide.*

Züge

Transperth *(www.transperth.wa.gov.au) fährt mit modernen Vorortzügen von der City Railway Station (Wellington St.) nach Fremantle, Midland und Armadale.*
TransWA *bedient mit täglichen Verbindungen Bunbury (The Australind) und Kalgoorlie (The Prospector).*
Berühmtester Fernreisezug ist der **Indian Pacific** *(Great Southern Railway), der bis Sydney am Pazifischen Ozean fährt. Die Fahrtstrecke beträgt 4.352 km, die in 64 Std. zurückgelegt werden. Rechtzeitige Buchung ist unerlässlich! Der Zug verlässt Perth vom Bahnhof East Perth Terminal, Mi und So um 11.55 Uhr (Ankunft Adelaide Fr und Di 7.20 Uhr). Infos: TransWA und Great Southern Railway, ☎ 1800-703357, www.gsr.com.au.*

Öffentlicher Nahverkehr

Der öffentliche Nahverkehr ist gut ausgebaut: Der **Busbahnhof** *Transperth City Busport befindet sich in der Wellington St. gleich neben dem Stadtbahnhof City Railway Station (☎ 136213, www.transperth.wa.gov.au) Busse und Züge fahren regelmäßig in die Vororte. Ein Einzelticket kostet je nach Zone ab A$ 2,90, eine Tageskarte A$ 12,10.*
Eine Besonderheit stellen die **kostenlosen CAT Busse** *(CAT = Central Area Transport) dar, die in kurzen Zeitabständen auf festgelegten Routen operieren: Mo–Fr 7–18, Sa von 8.30–13, So 10–17 Uhr (mit Einschränkungen).*
Blue CAT: *Barrack Street Jetty – Northbridge (Nord-Süd-Route)*
Red CAT: *East Perth – West Perth*
Yellow Cat: *Wellington Bus Station – Claisebrook Station*
Fremantle Orange CAT: *innerhalb Fremantles.*
Die Bahnfahrt nach Fremantle ist alle 15 Min. möglich und kostet A$ 4 einfach.

Die **Fähren** *und* **Ausflugsschiffe** *(Transperth Ferries, Captain Cook Cruises, Boat Torque Cruises u. a.) nach South Perth (Zoo), Fremantle und Rottnest Island legen an der* **Barrack Square Jetty** *(Südende der Barrack St.) ab. Eine Fahrt nach Fremantle kostet A$ 14 einfach, A$ 22 H/R. An der Jetty befindet sich eine Reihe hübscher Cafés und Imbissstände direkt am Wasser.*

Stadtrundfahrten *führt The Perth Tram (☎ 08-93222006, www.perthtram.com.au) durch. Weitere Infos: www.citysightseeingperth.com.*

Sonstige Verkehrsmittel
Taxis
Black & White Taxis, ☎ *133222, www.blackandwhitecabs.com.au.*
Swan Taxis, ☎ *131330, www.swantaxis.com.au.*

Autoverleih

Da WA von den Vermietern in weiten Teilen als Country- (Land) oder Remote Area (abgelegenes Gebiet) eingestuft ist, gelten besondere Regelungen: Einwegmieten, unbegrenzte

Freikilometer und Fahrten in andere Bundesstaaten sind bei Buchung vor Ort stark einge-schränkt. Alle großen Autovermieter haben Stationen in der Stadt und am Flughafen.
Avis, 46 Hill St., ☎ 08-92370022, www.avis.com.au.
Hertz, 39 Milligan St., ☎ 08-93217777, www.hertz.com.au.
Thrifty, 198 Adelaide Terrace, ☎ 08-92254466, www.thrifty.com.au.

Fahrradverleih
Der Swan River eignet sich mit seinen Uferwegen hervorragend für einen Radausflug: Wer möchte, kann bis Fremantle radeln (Nordufer hin, Südufer zurück). Außerdem bietet sich der hügelige Kings Park zum Radfahren an. Verleihstationen. Barrack St. Jetty und Kings Park.

Automobilclub
Royal Automobilclub Of WA (RACWA), 832 Wellington St., ☎ 131703, www.racwa.com.au. Gutes Kartenmaterial, Unterkunftsverzeichnisse und Informationen. Straßenzustand: www.mrwa.wa.gov.au.

Camper
Britz/Maui, 471 Great Eastern Hwy., Redcliffe, ☎ 08-94795208, www.britz.com.au.
Apollo Camper, 65 Worrell Ave., High Wycombe, ☎ 1800-777779, www.apollo camper.com.

Organisierte Ausflüge
Tagesausflüge werden u. a. zum Wave Rock, zu den Pinnacles, in das Swan Valley und in den Südwesten (Albany, Karriwälder und Margaret River) angeboten. Information und Buchung vor Ort am besten über das WA Travel Centre.
WA-NT Tours, Willagee, ☎ 08-93313933, www.want-tours.au.com Deutschsprachi-ge Touren durch Westaustralien, auch Tages- und Kurztouren – sehr empfehlenswert.
Pinnacle Tours, ☎ 1300-551687, www.australianpinnacletours.com.au. Führt auch mehrtägige Touren durch, z. B. komfortable Hotel-Allradtouren entlang der Westküste. Mehrtägige Fahrten, beispielsweise entlang der Westküste bis Broome oder in den Süd-westen, sollten wegen der begrenzten Teilnehmerzahl im Voraus gebucht werden.

Hafenrundfahrten
Captain Cook Cruises, **Boat Torque Cruises** u. a. Barrack St. Jetty: Ausflüge (River Cruises) auf dem Swan River bis Fremantle am Tage und am Abend. Der Blick auf die erleuchtete Skyline lohnt sich – nicht umsonst wird Perth „The City Of Lights" genannt.

Hotels/Motels
Als Millionenstadt hat Perth sehr gute Hotels und Motels aller Kategorien zu bie-ten. Die meisten befinden sich im Stadtzentrum, Northbridge oder entlang der Strände. Am Great Eastern Hwy. (in Richtung Flughafen) liegen die meisten günstigen Motels. Das Preisniveau, generell in Westaustralien, ist hoch. Ursache ist der anhaltende Rohstoff-boom, der zur Hochpreisigkeit geführt hat.
Hyatt Regency $$$$$ (3), 99 Adelaide Terrace, ☎ 08-92251234, www.perth.re gency.hyatt.com. Eines der besten Häuser der Stadt, zentral gelegen.
Esplanade Hotel Fremantle $$$$, Ecke Marine Terrace/Essex St., ☎ 08-94324000, www.esplanadehotelfremantle.com.au. Klassisch aufgemachtes Hotel – lohnt auch für einen Restaurantbesuch beim Besuch von Fremantle.

Seashells Resort Scarborough Beach $$$$, *178 Esplanade,* ☎ *08-93416644, www.seashells.com.au. Schönes Apartment-Hotel im Strand-Vorort.*

Miss Maud Swedish Hotel $$$ (2), *97 Murray St.,* ☎ *08-93253900, www.miss maudhotel.com.au. Freundliches, etwas älteres Hotel in der Innenstadt, hervorragendes Restaurant, u. a. Smorgasbord-Frühstück.*

Novotel Perth Langley $$$ (4), *Ecke Adelaide Terrace/Hill St.,* ☎ *08-92211200, www.novotelperthlangley.com.au. Empfehlenswertes, sehr zentral gelegenes Mittel-klasse-Hotel mit großen Zimmern und viel Komfort.*

Comfort Inn Bel Eyre $$, *285 Great Eastern Hwy.,* ☎ *08-92593888, www.beley remotel.com.au. Flughafenhotel mit Shuttle-Service.*

🛏 Jugendherbergen/Backpacker-Hostels

Perth City YHA Backpackers Hostel $ (1), *300 Wellington St.,* ☎ *08-92873333, www.yha.com.au. Preisgekrönte, zentral gelegene Jugendherberge mit Dop-pel- und Familienzimmer.*

⚠ Camping

Alle Campingplätze liegen außerhalb des Stadtzentrums.

Perth Central CP, *34 Central Ave., Ascot (7 km östlich),* ☎ *1300-760060, www. perthcentral.com.au. Der stadtnächste Campingplatz, auch günstig zum Flughafen gele-gen, jedoch relativ klein und eng. Busverbindung in die City.*

Perth International Tourist Park *(Big4), 186 Hale Rd., Forrestfield,* ☎ *1800-626677, www.perth-international-tourist-park.wa.big4.com.au. 18 km östlich des Stadt-zentrums (Nähe Flughafen), mit Busverbindungen in die Stadt. Auch Cabins.*

Perth Vineyard Holiday Park *(Big4), 91 Benara Rd., Caversham (12 km nordöst-lich),* ☎ *1800-679992, www.perth-vineyards-holiday-park.wa.big4.com.au, direkt am Swan River gelegener Campingplatz, Zug- und Busverbindung.*

Karrinyup Waters Resort CP, *467 North Beach Rd., Gwelup (13 km nördlich),* ☎ *08-94476665, www.kwr.net.au. Angenehmer und sauberer Top-Tourist-Campingplatz in Strandnähe (5 Min.), auch Cabins.*

🍴 Restaurants

Das kulinarische Angebot Perths hält dem Vergleich mit anderen Großstädten des Landes zweifellos stand. Für eine **exotische Bandbreite** *sorgen die vielen Einwande-rer, darunter Chinesen, Vietnamesen, Japaner, Griechen und Italiener. Lokale Spezialität sind Meeresfrüchte aller Art (Fisch, Krabben, Hummer). Zu einem guten Essen gehört ein guter Wein (oder ein gutes Bier). Der westaustralische Wein stammt aus dem Swan Val-ley und der Margaret River Region, das Bier (Swan und Emu) aus der lokalen Swan Bre-wery.* **Northbridge** *ist das Restaurantviertel der Stadt. Allein im Bereich der Lake St., James St. und William St. reihen sich 46 Restaurants aneinander. Überall in der Stadt fin-den Hungrige kleine Imbissläden und Bistros, in denen auch Frühstück serviert wird. Die neuesten Tipps stehen in der Tagespresse oder im gratis „Dining and Restaurant Guide".*

The Fishy Affair (1), *132 James St., Northbridge,* ☎ *08-93283939. Ausgezeichnetes Seafood-Restaurant.*

Fast Eddy's Café Restaurant (2), *454 Murray St. Berühmtes Hamburger-Res-taurant, 24 Std. geöffnet.*

Millioncino (3), *451 Murray St.,* ☎ *08-94803884. Sehr gutes italienisches Restau-rant.*

Fraser's Restaurant (4), *Kings Park,* ☎ *08-94817100. Toller Blick auf die Stadt, auch Frühstück erhältlich.*
City Arcade Food Mall, *zwischen Hay St. Mall und Murray St. Mall. Idealer Treffpunkt für einen Imbiss zwischendurch.*
Royal India, *1134 Hay St., West Perth,* ☎ *08-93271368. Bekannt als gutes indisches Restaurant.*
Miss Maud Swedish Restaurant, *Ecke Murray St./Pier St. Schwedisches Restaurant mit Smorgasbord, Lunch und Dinner, gehört zum gleichnamigen Hotel.*

▽ Unterhaltung

Rock, Pop, Folk, Country, Jazz, Klassik, Kino und Theater – es gibt nichts, was das Unterhaltungsangebot von Perth nicht bietet. Über die stattfindenden Veranstaltungen informieren die Tagespresse „The West Australian" (Donnerstagsausgabe) und die Broschüre „This Week in Perth". In Kneipen und Plattenläden liegt „X-Press" aus, ein Infoblatt der Rockszene.
Tickets: *Konzert- und Theaterkarten können online, unter Angabe einer Kreditkartennummer, bei Ticketek, www.ticketek.com.au bestellt werden.*

Theater und Konzerte
Perth Concert Hall *(www.perthconcerthall.com.au), 5 St George's Terrace. Moderner Flachdachbau für Opern und Konzerte.*
His Majesty's Theatre *(www.hismajestystheatre.com.au), Ecke Hay St./King St. Altehrwürdiges Theater aus der Goldgräberzeit. Das Theater war ursprünglich mit Veranden geschmückt, die nach einem Umbau 1948 abgetragen wurden. Es finden vorwiegend Opern und Ballettaufführungen statt. Führungen Mo–Fr 10.30 und 15.30 Uhr.*
Perth Entertainment Centre, *Wellington St. Großes Unterhaltungszentrum für Rockkonzerte etc.*

Kino
Die großen Kinozentren sind **Hoyts Cinema** *Centre (Barrack St.),* **Greater Union CineCenter** *(Murray St.),* **Piccadilly Cinemas** *(Hay St. Mall),* **Lumiere Cinema** *(Perth Entertainment Centre, Wellington St.). Außerdem gibt es ein* **IMAX-Kino** *im Omni Theatre (City West Complex, Sutherland St., West Perth).*

Casino
Burswood Casino, *Great Eastern Hwy., Riverdale (über die Causeway-Brücke zu erreichen): riesiger Casino-, Hotel- und Kongresskomplex, 24 Std. geöffnet.*

Livemusik und Clubs
Auch hier ist der Stadtteil Northbridge der Hauptanziehungspunkt bei Nacht.
Brannigans, *Mercuer Hotel, 10 Irwin St. Pub mit moderner Musik und internationalem Publikum.*
Brass Monkey Hotel, *Ecke William St./James St., Northbridge. Populäre Kneipe mit Livemusik.*
Fenians, *Ecke Hill St./Adelaide Terrace. Irish Pub mit häufiger Livemusik, zentral zu vielen Hotels gelegen.*

Aktivitäten

Der Swan River wird tagtäglich von **Seglern** *genutzt, an den Stränden tummeln sich zahllose* **Surfer**. *Fremantle wurde nach dem Gewinn des America's Cup der Segler 1983 weltbekannt.* **Football**, **Cricket** *und* **Rugby** *sind Zuschauermagnete – über die Spielpläne informiert die Tageszeitung „The West Australian".* **Golf** *kann auf dem öffentlichen Burswood Park Golf Course (beim Burswood Casino/Hotel) gespielt werden.*

Einkaufen

Geschäftszeiten: *Mo–Fr 9–17.30 Uhr, Fr bis 21 Uhr (City), Sa 9–16 Uhr, So 12–17 Uhr (nur City).*
Haupteinkaufsstraßen sind die Murray St. und Hay St. mit den parallel verlaufenden **Fußgängerzonen**. *Dazu sind beide Straßen durch Arkaden miteinander verbunden* (**City Arcade** *mit Food Mall,* **Piccadilly Arcade**). *Von der* **Hay Street Mall** *zweigt der London Court ab, eine im altenglischen Stil gehaltene Einkaufsgasse.*
Souvenirs: *An Souvenirläden fehlt es in der Innenstadt nicht.*

Diamanten und Gold: *Was Opale für Südaustralien sind, sind Diamanten und Gold für den Westen: Diamanten aus der Argyle-Mine in den Kimberleys, darunter auch die seltenen „Pink Diamonds", werden z. B. bei Rosendorff's (673 Hay Street Mall) feilgeboten. Goldschmuck ist z. B. bei Exclusive Gold (Plaza Arcade/Hay Street Mall) zu kaufen.*

Märkte: *In den* **Perth Central Markets** *(100 Roe St., Northbridge) werden frische Lebensmittel angeboten. Der* **Galleria Art & Craft Market** *findet jeden Sa und So von 9–17 Uhr im Perth Cultural Centre statt (zwischen dem WA Museum und der WA Art Gallery). Im Vorort Subiaco findet Fr–So von 9–17 Uhr der* **Station Street Market** *mit Kunsthandwerk statt. An der South Terrace in Fremantle wird der schöne* **Fremantle Market** *am Fr 9–21, Sa und So 9–17 Uhr abgehalten.*

Strände

Insgesamt hat Perth 19 Strände, die sich entlang des Indischen Ozeans über 30 km erstrecken – von Mullaloo bis Fremantle. Die besten Strände in Stadtnähe sind **Scarborough Beach** *(beliebt unter Surfern),* **North Cottleshoe Beach**, **City Beach** *und* **Swanbourne Beach**. *Außer im Winter werden die Strände tgl. von der Surf Guard überwacht. Alle sind mit öffentlichen Verkehrsmitteln erreichbar.*

Umgebung von Perth

Fremantle

Fremantle liegt 19 km südlich von Perth an der Mündung des Swan River. Der Hwy. 5 (Stirling Hwy.) führt über die Stadtteile Nedland und Cottleshoe nach Fremantle. Auf der Rückfahrt kann man auf der Route 207 die **Strände von Perth** in Augenschein nehmen. **Züge** von der City Railway Station in Perth fahren in regelmäßigen Abständen nach Fremantle. Alternativ kann auch über den Swan River mit dem **Schiff** hingefahren werden.

Allgemeine Hinweis

- Der **Gratisbus Fremantle CAT** fährt auf einem Rundkurs zu den wichtigsten Sehenswürdigkeiten.
- Der **Town Hall Shop (1)** (King's Square, ☎ 08-94317878) ist ein kleines Informationsbüro an der restaurierten Town Hall. Eine Stadtrundfahrt mit der „Fremantle Tram" startet hier stündlich von 10–16 Uhr.
- Am **Cappuccino Strip**, South Terrace, reihen sich die Restaurants. Zu den stilechten Pubs zählt z. B. Sail & Anchor Hotel (64 South Terrace).
- Die Markthallen des **Fremantle Market** (South Terrace) sind Fr, Sa und So geöffnet und bieten neben Obst, Gemüse, Fleisch und Fisch auch Kleidung und Kunstgegenstände zum Verkauf.
- Fremantle ist eine gute Alternative zur Großstadt Perth, insbesondere das **Esplanade Hotel Fremantle** (Ecke Marine Terrace & Essex St.) ist ein großartiges First-Class-Hotel im traditionellen Kolonialstil.
- Man sollte sich im Town Hall Shop das **Fremantle Book** besorgen, eine Broschüre mit aktuellen Informationen und Hinweisen. Weitere Infos unter: www.fremantlewesternaustralia.com.au.

Fremantle wurde 1829 von Captain Charles Howe Fremantle gegründet. Mit der Grundsteinlegung wurde der Name Neu Holland endgültig aus den Büchern gestrichen. Die ersten Gebäude wurden mit Hilfe tausender von Sträflingen errichtet. Mit dem Einsetzen des Goldrauschs entwickelte sich die zunächst unbedeutende Siedlung zu einem **florierenden Hafen**. Viel von der kolonialen Architektur ist bis heute erhalten bzw. wurde liebevoll restauriert. Fremantle erlangte als Austragungsort des **America's Cup** von 1983–1987 weltweite Bekanntheit. Die Stadt hat sich mit ihren vielen Restaurants und Pubs zu einem echten **Szenetreffpunkt** entwickelt. Kaum eine andere Stadt in Australien hatte in den letzten Jahren eine solch schnelle und boomende Entwicklung. Ein schöner Blick auf die Hafenstadt bietet sich vom **Monument Hill**.

Liebevoll restaurierte Gebäude

Maritime Museum (2)

Das WA Maritime Museum beherbergt eine Darstellung der australischen Seefahrernation und ein Rumpfteil der 1629 gesunkenen „Batavia". Das Schiff war, wie drei andere, Teil der holländischen **Handelsgesellschaft VOC** (Vereinigte Oostindische Compagnie) mit Sitz in Batavia, dem späteren Jakarta. Die Batavia war auf dem Weg von Texel/Niederlande nach Indonesien, als sie auf das Mornington Reef vor den Abrolhos Islands (nordöstlich von Geralton) auflief. Die Überlebenden wurden gerettet. Zwei Meuterer mit Namen Pelgrom und Looes wurden auf dem Festland ausgesetzt und waren damit die ersten europäischen Siedler in Australien. **WA Maritime Museum**, *Cliff St.,* ☎ *08-94318334, www.museum.wa.gov.au. Tgl. 9.30–17 Uhr, Erwachsene A$ 10, Kinder A$ 3.*

Die originalgetreue Nachbildung von James Cooks „HMS Endeavour" wurde im Juni 1993 fertig gestellt und zu Wasser gelassen. Für das 12-Mio.-Dollar-Projekt verwendete man statt des englischen Eichenholzes westaustralischen Jarrah. Möglich, dass das Schiff gerade einmal wieder im Heimathafen vor Anker liegt.

Fremantle

Sehenswürdigkeiten
1 Tourist Information und Town Hall Shop
2 Maritime Museum
3 Fremantle Prison

Fremantle Prison (3)

Zwischen 1850 und 1868 kamen allein 9.000 Sträflinge in Fremantle an. Das Fremantle Prison wurde 1855 erbaut und bis November 1991 genutzt. Die Gefängnisblocks können besichtigt werden, im Inneren befindet sich eine ständige Fotoausstellung.

Fremantle Prison, *16 The Terrace,* ☎ *08-93369200, www.fremantleprison.com.au. Tgl. 9–17 Uhr, regelmäßige Führungen gegen Gebühr, als Attraktion werden nächtliche Rundgänge angeboten, Day Tour: Erwachsene A$ 20, 4–15 Jahre A$ 11.*

Fremantle Arts Centre

Das hervorragende Kunst- und Kulturzentrum ist in einem Gebäudekomplex von 1860 untergebracht. Das Museum zeigt die Geschichte Fremantles, das Arts Centre besteht aus verschiedenen Galerien mit wechselnden Ausstellungen.
Fremantle Arts Centre, *1 Finnerty St., ☎ 08-94329555, www.fac.org.au. Tgl. 10–17 Uhr, Eintritt frei.*

Swan Valley

Das **Hauptweinanbaugebiet Westaustraliens** liegt keine 30 Autominuten nordöstlich von Perth. Nach Anfahrt über die Guildford Rd. (Hwy. 51) empfiehlt es sich, dem Tourist Drive 203 zu folgen. Er führt an mehreren Weingütern vorbei nach Midland, dem Zentrum des „Tals", das eigentlich kein solches ist. Weinproben können in den meisten „Wineries" von 10–17 Uhr unternommen werden (sonntags oft nur ein paar Stunden am Nachmittag).

Rottnest Island

1658 wurde die Insel erstmals vom Holländer Samuel Volkerson gesichtet. Willem de Vlamingh, der die Insel 1696 besuchte, glaubte, dass die zahlreichen Baumkänguruhs (Quokkas) Ratten seien und nannte das Eiland daraufhin „Rats Nest". Die weitere Geschichte von „Rotto" ist vielschichtig: Sie diente als **Gefangeneninsel** für Aborigines, **Kriegsgefangenenlager** und **Verteidigungsbastion**. Heute wird Rottnest alljährlich von hunderten von Studenten heimgesucht, die dort ihre **Examensfeste** feiern. Hauptort ist **Thomson Bay** im Osten. Die schönsten Badestrände sind **The Basin**, **Fays Bay** und **Parakeet Bay** im Norden. Kleinere Korallenriffs und Schiffswracks haben Rottnest auch für Taucher interessant werden lassen. Quokkas können vor allem im Inselinneren beobachtet werden und scheinen sich an die Menschen gewöhnt zu haben. Von Okt.–Nov. können Buckelwale und sogar Blauwale vor der Küste beobachtet werden.

Am besten per Fahrrad erkunden

Reisepraktische Informationen Rottnest Island

ℹ️ Information
Rottnest Information, *Main Jetty (Schiffsanlegestelle), ☎ 08-94329111, www.rottnestisland.com. MO–Fr 8.30–17 Uhr.*
Rottnest Island liegt nur 20 km vor der Küste Perths. Mit einer Länge von 11 km und einer Breite von 4½ km ist die Insel gut überschaubar und eignet sich hervorragend für einen **Tagesausflug**. *Rottnest Island ist* **autofrei**. *Inselbusse (Bay Seeker Bus) führen Rundfahrten ab Thomson Bay durch. Die beste Möglichkeit, die flache Insel kennen zu lernen, ist per Fahrrad.*

🚢 Fähren
Boat Torque Cruises (*☎ 08-92215844*) *betreibt mit mehreren Schiffen regelmäßige Verbindungen zur Insel (keine Autofähren). Abfahrtsorte sind in Perth (Barrack*

St. Jetty), Fremantle (Northport) und Hillarys Boat Harbour. Ab Perth 9.45 Uhr, Rückfahrt 16.45 Uhr.

 Übernachten

Quokka Arms Hotel $$$$, *Thomson Bay Settlement,* ☎ *08-92925011. Gepflegtes Hotel mit Restaurant.*
Rottnest Island Hostel $, ☎ *08-93729780. Von Stränden umgebenes, einfaches Hostel – auch ideal für einen erholsamen Abschluss der Reise.*

Wave Rock (s. Karte S. 504)

Macht mehr her auf dem Foto als in der Realität: Wave Rock

Die Fahrt führt zunächst landeinwärts über den Great Eastern Hwy. Die Darling Range, die dabei überwunden wird, ist ein Höhenzug, der mit 700 km Länge eine wirksame Barriere gegen die heißen Inlandswinde darstellt. Typisch sind die vielen Jarrahbäume – eine westaustralische Eukalyptusart mit extrem hartem Holz. Schafsweiden und Weizenfelder prägen die Landschaft. Die kuriose Form des Felsens **Wave Rock** entstand durch jahrtausendelange Wind- und Wassererosion. Dabei wurde die Basis abgetragen, und ein runder Überhang, der einer sich überschlagenden Welle gleicht, blieb bestehen. Der **Granitfelsen** ist 110 m lang und 15 m hoch. Bilder zeigen ihn meist eindrucksvoller, als er in Wirklichkeit ist. In der Umgebung des Felsens befinden sich die Felshöhlen **Hippo's Yawn** und **Mulka Cave** und die Felsformation **The Humps**.

 Hinweis

Kein Reisender sollte seine Reiseroute umstellen, nur um den berühmten **„Wellenfelsen"** zu sehen. Erstens ist der Fels weit weniger imposant als auf Abbildungen dargestellt, zweitens beträgt die Entfernung von Perth immerhin rund 350 km pro Weg. Wenn schon, dann nicht selbst fahren, sondern einen günstigen Tagesausflug buchen!

York

Die historische Stadt York im Avon Valley wird auf dem Weg nach Osten passiert. Sie wurde bereits 1831 gegründet, verfiel aber nach anfänglichem Wachstum fast zur Geisterstadt. Nach einem Erdbeben 1969 wurden viele Gebäude originalgetreu wieder hergerichtet, sodass die Stadt heute vom Tourismus der durchreisenden Busse profitiert. *Bustourismus*

Hyden

Die Kleinstadt Hyden schließlich lebt von der Anziehungskraft des **Wave Rock**. Ein Campingplatz *(Wave Rock CP,* ☎ *08-98805022)*, ein Kiosk und ein Restaurant liegen gleich neben dem Wave Rock. Das **Hyden Wave Rock Motel** $$ (*2 Lynch St.,* ☎ *08-98805052, www.waverock.com.au*) ist ein einfaches Motel im Ort.

Nördlich von Perth

Yanchep National Park

Der 2.842 ha große National Park (70 km nördlich von Perth) verfügt über **Tropfsteinhöhlen** und ausgedehnte **Feuchtgebiete** (Lake McNess) mit vielfältiger Tierwelt. Vom Visitor Centre werden Führungen in die Crystal Caves durchgeführt, ein Rundwanderweg über 4 Std. führt durch den Park. Keine Campingmöglichkeit, aber Grillplätze am Seeufer.

Lancelin

Nach weiteren 39 km ist das **Windsurfing-Mekka Australiens**, die Stadt Lancelin, erreicht. Dort endet die geteerte Straße. Von Mitte Okt.–März bläst der „Fremantle Doctor" mit besonderer Stärke – eine wachsende Kolonie von europäischen Surfern hat dies längst erkannt und überwintert in der gemütlichen Stadt. Das besondere Spektakel ist der im Januar stattfindende Surfmarathon Lancelin Blue Water Classics. Bei den **riesigen Sanddünen** von Lancelin wird Sand-Boarding angeboten. Der Lancelin Caravan Park

Unterwegs in den Dünen von Lancelin

(☎ 08-96551056) und die **Lancelin Lodge YHA** (☎ *08-96552020, www.lancelin lodge.com.au*) und weitere Unterkünfte sind vorhanden.

👉 Streckenhinweis

Von Lancelin gibt es eine sandige 4-WD-Piste, die weiter nach Norden in den Nambung NP führen. Teilweise geht es durch die Dünen und über einen tiefsandigen Sandstrand, besser nicht alleine versuchen! Der lokale Veranstalter **Sandgroper Safaris** (☎ 0417-170982) bietet mit einem megagroßen Allradbus (Bigfoot) Touren in Richtung Nambung NP an.

Der Südwesten

Über die Nullarbor Plain nach Westen

 Streckenhinweis
Entfernungen

Port Augusta – Norseman:	1.670 km (Gesamtstrecke)
Port Augusta – Ceduna:	465 km
Cocklebiddy – Balladonia:	247 km
Ceduna – Border Village:	481 km
Balladonia – Norseman:	190 km
Border Village – Cocklebiddy:	287 km

„If there is any road not previously travelled then that is the one I must take"
(Edward John Eyre, 1815–1901)

Die baumlose Zone geht zuende

Die baumlose Ebene (lat. „nullus arbor" = kein Baum) wird vom Eyre Hwy. durchzogen und war lange Zeit ein abenteuerliches Stück Weg. Edward John Eyre war 1841 der erste Forscher, der die Ost-West-Durchquerung des Kontinents in fünf Monaten erfolgreich bewältigen konnte. 1877 wurde die Telegrafenleitung entlang der später folgenden Straße gelegt. Bis 1924 schafften gerade ein Fahrrad (1896) und drei Autos die Strecke. Erst der Zweite Weltkrieg führte 1941 zur Planung einer Straßenverbindung, die zunächst aus einer **üblen Rüttelpiste** bestand. 1976 wurde das letzte Teilstück geteert. Damit hat der Eyre Hwy. viel von seinem Schrecken verloren: Die Versorgungsstützpunkte liegen kaum mehr als 200 km auseinander, allein die Hitze und die trostlose Einöde werden wohl auf ewig ein abwechslungsreiches Reiseerlebnis vereiteln. Der Zugang zur Küste ist nur an wenigen Stellen in Südaustralien möglich. Dort kann die raue Felsküste der **Great Australian Bight** von Aussichtspunkten eingesehen werden.

 Tipp

Quasi parallel zum Hwy., rund 100 km nördlich, verläuft die Bahnlinie des Indian Pacific, die in der Nullarbor Plain mit 478 km den längsten schnurgeraden Schienenstrang der Welt aufweist. Nochmals 260 km nördlich verläuft der Anne Beadell Hwy. von West nach Ost, eine längst nicht mehr gepflegte Outbackroute des berühmten Straßenbauers Len Beadell.

Der Indian Pacific

Der **Indian Pacific** fährt von Sydney über Adelaide nach Perth in zwei Tagen und drei Nächten. Das ist wohl die Hauptroute, aber nur die halbe Wahrheit, denn viele kleine und kleinste Orte liegen dazwischen. Nur ein Beispiel: Die Strecke Kalgoorlie – Port Augusta führt über Randell, Chifley, Coonana, Zanthus, Kitchener, Naretha, Rawlinna, Haig, Nurina, Loongana, Forrest, Reid, Deakin, Cook, Malbooma, Tarcoola, Kingoonya, Wirraminna, Pimba, Oakden Hills, Bookaloo, Hesso, Tent Hill. Interessant auch: Der Güterzug **The Sugar** versorgte bis 1998 die Nullarbor-Siedlungen über die gleichen Gleise mit allem Notwendigen. Nicht nur Zucker und Mehl wurden geliefert – Sozialarbeiter, Zahnärzte, eine Bücherei und sogar der **Nikolaus** kamen vorbei und sorgten für wichtige soziale Kontakte. The Sugar war die **Institution** der Nullarbor Plain.

Der Eyre Highway in der Streckenübersicht

👉 Streckenhinweis
Folgt man dem Eyre Hwy. von Port Augusta nach Westen (und lässt die südlich gelegene Eyre Peninsula links liegen) erreicht man auf dem schnellsten Wege Westaustralien. **Infos**: www.nullarbornet.com.au, www.mynrma.com.au, www.west-oz.com. 68 km nach Port Augusta passiert man die Eisenerzminen von **Iron Knob**, einer der Geburtsorte des australischen Bergbaus. Anno 1894 wurde hier das erste Erz gefördert. BHB Iron Ore Mines führt auf Anfrage täglich Touren durch.

Eyre Peninsula (South Australia)
Edward John Eyre benötigte in den 1840er-Jahren einige Monate, um die vom Spencer Gulf und dem südlichen Ozean begrenzte Halbinsel zu erkunden. Das Landesinnere wird in Teilen zum Getreideanbau (Weizen) und zur Schafzucht genutzt, während der andere, weitaus größere Teil trockenes, wüstenartiges Buschland ist.

Ganz im Süden liegt die Hafenstadt **Port Lincoln**, von der aus Getreide in alle Welt verschifft wird. Die größten Fischfangflotten des Landes beginnen hier ihre Fangzüge – heiß begehrt sind **Southern Rock Lobsters** (Hummer), **King Prawns** (Garnelen) und **Thunfisch**. Auch für das Käfigtauchen mit Weißen Haien ist Port Lincoln berühmt. Dort, an der Südostspitze der Halbinsel, liegt auch der **Lincoln NP** mit reicher Tierwelt und geschützten Buchten, Wanderdünen und hohen Klippen. Der Park ist für Wanderer und durch 4-WD-Pisten teilweise erschlossen. Die **Westküste** mit ihren steilen Klippen und abgeschiedenen Buchten vermag Besucher in **wahre Begeisterung** zu versetzen. Die südwestliche Spitze wird vom Coffin Bay NP eingenommen, welcher über eine der vielfältigsten Küstenlandschaften des Kontinents verfügt. Im Ort Coffin Bay erhält man die für die Übernachtung im NP notwendigen Permits. Auf Wanderwegen, wie z. B. dem **Oyster Walk** (5 km), lernt man sowohl das Buschland als auch die Küste bei **Crinolin Point** kennen.

Größte Fischfangflotte des Landes

Die **Austernzucht** lässt sich auf der berühmten Oyster-Farm in Coffin Bay besichtigen. Auf dem **Yangie Trail** ist eine Rundfahrt durch den NP per Auto möglich. Seeadler und Albatrosse sind dabei kein seltener Anblick.

Gawler Ranges National Park (South Australia)

Outback-Enthusiasten sollten den nördlich der Eyre-Halbinsel gelegenen, weitgehend unbekannten Gawler Ranges NP besuchen. 17.000 km², die auf kaum einer Karte ordentlich verzeichnet sind, **riesige Schaffarmen** und freies Gelände inmitten von Bergen und Salzseen. Die Pisten sind gepflegt, die Hauptrouten mittlerweile ordentlich markiert. Um alle interessanten Stellen zu sehen, sollte evtl. eine geführte Tour ab/bis Wudinna mit **Gawler Ranges Wilderness Safaris** (in Wudinna, ☎ 1800-243343, www.gawlerrangessafaris.com) mit Übernachtung im herrlichen Kangaluna Safari Camp in Betracht gezogen werden.

Die Hauptroute durch den NP führt vorbei an interessanten geologischen Formationen vulkanischen Ursprungs, so z. B. dem riesigen Salzsee **Lake Gairdner** (drittgrößter Salzsee Australiens) oder dem durch einen Meteoriteneinschlag entstandenen **Lake Acraman**. Einsame Farmen zeugen vom Pioniergeist im vorigen Jahrhundert. Sie bieten meist auch eine Übernachtungsmöglichkeit (z. B. Mount Ive Station, mit Tankstelle, ☎ 08-86481817, www.mtive.com.au). Die Ausfahrt in Richtung Norden ist über **Kingoonya** (Ghan-„Bahnhof") nach **Glendambo** (Roadhouse, Stuart Hwy.) möglich. Ein Allradfahrzeug/-Camper ist Pflicht für die Gawler Ranges, ebenso gutes Kartenmaterial und evtl. ein GPS.

Nach weiteren 155 km auf dem Eyre Hwy. ist das Städtchen **Kimba** erreicht, dessen 800 Einwohner hauptsächlich vom Weizenanbau und der Schafzucht leben. Per Eisenbahn werden die Erzeugnisse in den Hafen von Port Lincoln verfrachtet.

Nördlich der Kleinstadt **Wudinna** wölbt sich der 261 m hohe Mt. Wudinna über der Ebene, einer der größten Granitmonolithen Australiens. 35 km südlich (Cocata Rd., Ucontitchie Rd.) befindet sich der markant in der Ebene stehende Granitmonolith **Ucontitchie Hill**, dessen eine Felsflanke an den Wave Rock in WA erinnert. Beide Berge lassen sich leicht besteigen. Die Aussicht ist besonders zur Wildblumenblüte im Frühling (Sept./Okt.) beeindruckend.

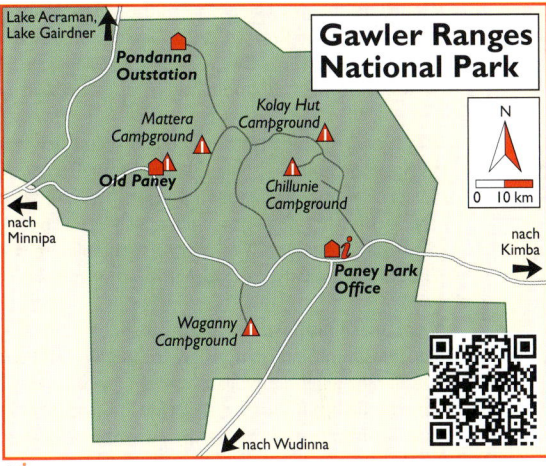

Bevor es in Richtung **Ceduna** geht, sollte ein Abstecher nach Süden nach **Streaky Bay** bzw. **Bairds Bay** unternommen werden. Dort hat man auf Bootsausflügen von Okt.–April die Möglichkeit, mit Seehunden und Delfinen zu schwimmen – ein unvergessliches Erlebnis. Man sollte aufgrund der kühlen Wassertemperaturen der südlichen Gewässer auf einen Neopren-Anzug bestehen. Einsame, lange Sandstrände findet man in **Venus Bay** und **Talia Beach**.

Ceduna an der **Mural Bay** ist die letzte Stadt, bevor die Einsamkeit der Nullarbor beginnt. Ein letztes Mal Proviant fassen, ein letztes Mal tanken – Ceduna ist für die Belange der Fernreisenden bestens gerüstet. Informationen über die Stadt erteilt das **Tourist Office** (*58 Poynton St.,* ☎ *08-86253343, www.ceduna.net. Mo–Fr 9–17.30, Sa und So 9.30–17 Uhr*), zahlreiche Caravan Parks und Motels sind vorhanden. Sehenswert sind die **Sonnenuntergänge** über der Murat Bay an der Ceduna Jetty. Schöne Strände findet man im **Wittelbee Conservation Park** 10 km südlich der Stadt. *Die Einsamkeit beginnt*

Kleine Orte und Rasthäuser sind die wenigen Abwechslungen auf den nächsten 480 km bis zur westaustralischen Grenze. Zugang zum Meer besteht relativ selten, südlich von **Penong** am **Cactus Beach** und Point Sinclair – ein berühmter Surfstrand mit rechts und links brechenden Wellen. Camping ist am Cactus Beach mit

 Achtung

An der Grenze von South Australia nach Western Australia besteht eine Fruit Control Station zur Eindämmung der Fruchtfliegen. Obst und Honig müssen hier rigoros abgegeben werden. Also entweder vorher alles verzehren oder nichts einkaufen!

Genehmigung des Eigners (☎ 08-86251036) möglich. Die Windmühlen von Penong dienen der Wasserversorgung der Stadt. Bei **Nundroo** besteht Zugang zum Meer zur **Fowler's Bay** – beliebt bei Anglern. Das Nundroo Motel/Roadhouse (www.nundrooaccommodation.com) ist ein willkommener Stopp für Reisende.

Am **Head of the Bight** bei **Yalata** ergibt sich von Mai–Sept. die Gelegenheit zur Walbeobachtung – für die Zufahrt ist ein Permit der **Yalata Community** (www.yalata.org) notwendig (beim Ranger in White Well, 7 km südlich, abholen). Südliche Richtwale kalben genau unterhalb der Klippen im Meer und sind von oben optimal zu beobachten. Weitere Aussichtspunkte bieten in der Folge großartige Blicke auf die Steilküste der Great Australian Bight.

Das famose **Nullarbor Roadhouse** (letzte Tankstelle vor Border Village) hat eine Landepiste mit internationaler Kodierung. Tiefe und weit verzweigte Höhlensysteme durchziehen die Nullarbor Plain im Norden. Der Einstieg war jahrelang ohne Einschränkungen durch die Löcher im Boden möglich. Heute ist der Zugang nur noch **geführten Höhlenexpeditionen** gestattet. Informationen erteilt die Nationalparkbehörde in Esperance (☎ 08-90713733) oder in Ceduna (☎ 08-86253144).

Das Roadhouse (mit Motel, ☎ 08-90393474) von **Border Village** markiert die Grenze zwischen Süd- und Westaustralien. Im **Eucla NP** (12 km westlich) fallen die *Eucla wurde* steilen Kalksteinklippen von Wilson Bluff ins Meer hinab. Eucla selbst wurde wieder *von* erbaut, nachdem die einst in Küstennähe befindliche Ortschaft von Sanddünen *Sanddünen* „überrollt" wurde. Ruinen der alten Telegrafenstation gibt es noch. Weitere Über- *überrollt* nachtungsmöglichkeiten (und Tankstellen) sind in **Mundrabilla** und **Madura** vorhanden. Eine sandige 4-WD-Piste führt von Cocklebiddy zum **Eyre Bird Observatory**, der alten Telegrafenstation mit Vogelwarte und Übernachtungsmöglichkeit (☎ 08-90393450). Die **Cocklebiddy Cave** ist eines der längsten und tiefsten Unterwasserhöhlensysteme der Welt. Der Taucher Chris Brown erreichte eine Tiefe von 6,25 km! 32 km südlich von Cocklebiddy (sandiger 4-WD Track) liegt **Twilight Cove**, eine weitere Möglichkeit zur Walbeobachtung und zum Angeln.

Das Straßenschild ist ein beliebtes Fotomotiv

Über 182 km führt der Hwy. von **Caiguna** nach **Balladonia**, davon sind gut 146 km schnurgerade. „The Ninety Mile Straight" ist einer der längsten geraden (aber gleichwohl welligen) Straßenabschnitte der Erde. Das Straßenschild stellt ein beliebtes Fotomotiv dar. Beide Orte sind mit Motel und Caravan Park ausgestattet. Balladonia erlangte 1979 Berühmtheit, als Teile der US Skylab-Raumstation dort niedergingen.

Eine einsame Route (ca. 100 km asphaltiert, 95 km sandiger 4-WD-Piste) führt südlich bis in den Küstennationalpark **Cape Arid** (120 km östlich von Esperance). Nach weiteren 191 km westlich von Balladonia ist **Norseman** erreicht: „I crossed the Nullarbor" kann nun voller Stolz berichtet und der Aufkleber auf dem Fahrzeug befestigt werden.

Rundreise durch den Südwesten

Streckenhinweis
Entfernungen

Perth – Coolgardie:	559 km
Kalgoorlie – Norseman:	168 km
Coolgardie – Kalgoorlie:	39 km
Norseman – Esperance:	209 km
Esperance – Albany:	480 km
Albany – Walpole:	120 km
Walpole – Pemberton:	125 km
Pemberton – Margaret River:	210 km
Margaret River – Bunbury:	112 km
Bunbury – Perth:	180 km

Routenvorschlag: Der Südwesten in zehn Tagen
1. Tag: Perth – Hyden (Wave Rock)
2. Tag: Hyden – Kalgoorlie
3. Tag: Kalgoorlie – Norseman – Esperance
4. Tag: Esperance und Umgebung
5. Tag: Esperance – Albany
6. Tag: Albany und Umgebung
7. Tag: Albany–Denmark – Walpole
8. Tag: Walpole – Pemberton – Margaret River
9. Tag: Margaret River und Umgebung
10. Tag: Margaret River – Bunbury – Perth

Information
www.australiassouthwest.com

Die Rundfahrt durch den Südwesten beginnt in Perth und führt über den Great Eastern Hwy. zunächst in das Gebiet der **Goldfelder** (Kalgoorlie – Boulder), dann über **Norseman** zur Südküste nach **Esperance**. Entlang der südlichen und westlichen Küste (mit Abstechern in das Hinterland) führt die Reise zurück nach Perth. *Rundreise ab/bis Perth*

Die Fahrt über den Great Eastern Hwy. (Hwy. 94) ist ohne große Höhepunkte. Das Gebiet ist von großer Trockenheit, Schaffarmen und Weizenfeldern geprägt. Die schönste Jahreszeit ist der Frühling (ab Sept.), wenn tausende von Wildblumen auf den Wiesen blühen. In **Merridin** (262 km östlich von Perth) oder **Southern Cross** (370 km östlich von Perth) kann ein Abstecher nach **Hyden** zum berühmten Wave Rock (vgl. „Perth und Umgebung") unternommen werden.

Die Goldfelder

1892 fanden Arthur Bayley und sein Partner William Ford das erste Gold in Coolgardie, ein Jahr später wurde der Ire Paddy Hannan in Kalgoorlie-Boulder fündig.

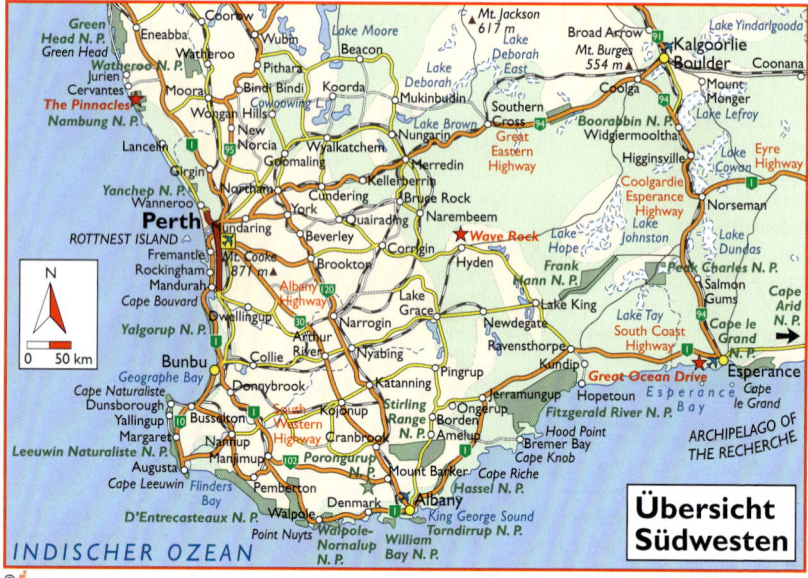

Noch heute wird in Kalgoorlie und den Städten der Umgebung (Coolgardie und Norseman) nach Gold gesucht, allerdings maschinell und im Tagebau. Die Minen bieten einen imposanten Anblick, hinterlassen aber Wunden in der Landschaft.

Coolgardie

Wenig übrig vom Glanz vergangener Tage

Die Kleinstadt liegt nur 39 km westlich von Kalgoorlie. Ihre Blütezeit mit einstmals 15.000 Einwohnern hat sie nicht in die Gegenwart retten können – gerade 1.500 Bewohner sind übrig geblieben. Mit der Schließung der großen Goldminen ist es still um Coolgardie geworden, und der Glanz früherer Tage verblasst zunehmend. Unter den historischen Gebäuden sollte man sich die **Goldfields Exhibition** (*62 Bayley St., Mo–Fr 9–16, Sa und So 10–15 Uhr*) ansehen – ein Museum, das von Abenteurern, Entdeckern, Goldboom und Niedergang der Stadt erzählt. 4 km westlich befindet sich die **Coolgardie Camel Farm** von Noel McKay. Er führt neben kurzen Ritten auch Tagestouren durch. Im Sept. finden Kamelrennen statt.

Kalgoorlie-Boulder

Die Zwillingsstadt Kalgoorlie-Boulder, die rund 600 km östlich von Perth liegt, ist der wichtigste Ort der Goldfelder und versprüht mit seinen gut erhaltenen Gebäuden noch immer den **Charme einer Goldgräberstadt** der 1930er-Jahre. Hauptstraße ist die Hannan St., die sich wie ein breites Band von Norden nach Süden durch die ganze Stadt zieht. Die Stadt Boulder liegt östlich und ist in ihrer Architektur weit weniger eindrucksvoll als der Nachbar. Nördlich an beide Städte grenzt die **Super Pit Mine** an – die größte offene Goldmine der Welt. Die Mine lässt sich vom Super Pit Lookout (Eastern Bypass Rd.) überblicken. Im Nordosten der Stadt liegt die Goldene Meile mit historischen Gebäuden und der sich ständig verändernden, aber immer noch außerordentlich ertragreichen Super Pit Goldmine. Seit 1989 unterstehen alle arbeitenden Goldminen der Kalgoorlie Consolidated Gold Mines (KCGM). Im Tagebau wird mit riesigen Lastwagen aus dem gigantischen, 3 km langen, 2 km breiten und 400 m tiefen Loch Erz heraufbefördert. In einem aufwendigen Crushing-Prozess werden tonnenschwere Gesteinsbrocken zerkleinert. Mit chemischen und elektrischen Verfahren wird dann das Gold herausgefiltert. Ein einzelner Lastwagen (Wert A$ 4 Mio.) wiegt leer 144 t und kann bis zu 225 t Ladung aufnehmen. Die Mine ist rund

Super Pit Goldmine

um die Uhr in Betrieb. Das Gold soll noch bis zum Jahr 2018 ausreichen.

In der wiedereröffneten **Hannans North Tourist Mine** (☎ 08-90933488) wird seit Februar 2013 neben einer 66 m tiefen Untergrundmine auch das damalige Leben mit historischen Gebäuden gezeigt. Der Goldgewinnungsprozess wird ebenso *Ausstellung* dargestellt wie das traditionelle Goldwaschen. Eine umfassende Ausstellung zum *zum Thema* Thema Goldsuchen findet sich im **Museum of the Goldfields** (*17 Hannan St., tgl.* *Goldsuchen* *10–16.30 Uhr, Eintritt frei, Spende erbeten*), das schon von weitem an seinem roten Bohrturm erkennbar ist. Weitere Infos zu den Goldminen der Region, ihrer Geschichte und der Besuchsmöglichkeiten: www.goldfieldstourism.com.au. Beim Flughafen befindet sich der **Royal Flying Doctor Service** (Mo–Fr 11–15 Uhr).

Reisepraktische Informationen Kalgoorlie-Boulder

Information
Tourist Information, *316 Hannan St., ☎ 08-90212180, www.kalgoorlietou rism.com. Mo–Fr 8.30–17, Sa und So 9–14 Uhr. Informatives Besucherzentrum, Buchung von Ausflügen und Goldminen-Führungen.*

Übernachten
BW Hospitality Inn Motel $$$, *Ecke Hannan St./Throssell St., ☎ 08-90212888, www.hinnkalgoorlie.bestwestern.com.au. Modernes, gut ausgestattetes Hotel, 3 km zum Zentrum.*

Camping
Prospector Holiday Park, *9 Ochiltree St. (Great Eastern Hwy., 3 km westlich), ☎ 08-90212524. Campingplatz mit Cabins.*

Streckenhinweis
238 km nördlich von Kalgoorlie beginnt bei Leonora/Laverton die Great Central Rd. in Richtung Ayers Rock. Ein Permit für die Durchquerung der Aboriginal-Gebiete muss vorab besorgt werden. Infos: www.daa.wa.gov.au.

Weitere 298 km nördlich von Leonora befindet sich in Wiluna der Ausgangspunkt für den Gunbarrel Hwy. und die **Canning Stock Route** (CSR). Beide Outback-Tracks sind schwere Expeditionspisten, möglichst nur im Konvoi zu befahren.

Norseman
Die östlichste Stadt von WA ist der End- bzw. Anfangspunkt des Eyre Hwy. Seit 1892 wurden in den **Dundee-Goldfeldern** über 4 Mio. Unzen Gold (= 133 t) zu Tage gefördert. Die Norseman Gold PLC arbeitet noch heute und führt Besichtigungen ihrer Goldminen durch. 70 km südlich von Norseman befindet sich der kleine und kaum erschlossene **Peak Charles National Park** mit zwei Granitbergen: Peak Charles und Peak Eleanora.

Esperance

Die Stadt an der Bay of Isles hat ihren Namen von dem französischen Schiff „L'Espérance", das 1792 wegen eines Sturms Zuflucht in der Bay Of Isles suchte. 1860 kamen die Gebrüder Dempster mit ihrem Vieh aus Osten und gründeten Es-

info

Abenteuer auf der Canning Stock Route

Eines der letzten Abenteuer im großen Kontinent Australien erwartet den Reisenden bei einer Durchquerung der **vier großen Wüsten** Westaustraliens: Little Sandy Desert, Gibson Desert, Great Sandy Desert, Tanami Desert.

Fernab der großen Flüsse und abseits der Farmen verläuft die berühmt-berüchtigte **Canning Stock Route** (CSR) von Wiluna im Mittleren Westen bis Halls Creek im Nordwesten über fast 2.000 km. Kein Grader pflegt die Piste, die als solche oftmals kaum vorhanden scheint oder nur als zwei schmale Fahrspuren erkennbar ist. Die Tagesetappen orientieren sich an den 52 Brunnen (Wells), die von Alfred Canning in den Jahren von 1906–1910 angelegt wurden. Er war von der Regierung beauftragt, eine Viehtriebsroute vom Südwesten in den Norden zu finden, um die dortige Rinderzucht zu unterstützen. 1958 wurden die letzten Rinder über die CSR getrieben, die erst seit Ende der 1970er-Jahre von den ersten Abenteurern wieder entdeckt wird.

Selbstfahrer müssen über eine gute Ausrüstung und Navigationskenntnisse verfügen. Keinesfalls sollte die Route allein in Angriff genommen werden. Man sollte sich immer einen erfahrenen Reisepartner suchen oder sich in Wiluna einem Konvoi anschließen. Das erforderliche Spritdepot muss vorab über die Carnegie Station organisiert werden. Viele **Autovermieter** erlauben das Befahren der CSR nicht. Eine Genehmigung sollte vorab bei Buchung erfolgen. Sicherheitsbewusste Reisende schließen sich deshalb einer geführten Tour an, wie sie z. B. Ottos Tours (in Deutschland über www.karawane.de buchbar) anbietet. Otto hat die Tour über 50 Mal gefahren und kennt sie wie kaum ein zweiter.

perance, das während des Goldrauschs zu einer bedeutenden Hafenstadt heranwuchs. Esperance bietet eine abwechslungsreiche Küste, die durch die Granitfelsen zwischen den Sandbuchten besonders markant wirkt. Das angenehme Klima mit häufigen „kühlen Brisen" hat die Stadt zu einem **beliebten Ferienort** werden lassen. Esperance ist von Perth „nur" 721 km entfernt, für die Minenarbeiter der Goldfelder ist die Stadt der nächstgelegene Küstenort. Während der Fahrt auf dem 37 km langen **Great Ocean Drive** (Scenic Rd., ausgeschildert, westlich von Esperance) passiert man den **Pink Lake** (er leuchtet wegen seiner salzresistenten Algen zuweilen rosa) und die Strände Eleven Mile Beach und **Twilight Bay** mit unvergesslichen Ausblicken auf die Granitfelsen der Küste. Die **Windanlagen** (Wind Farm) können auf einem Abstecher erkundet werden.

Die Inselwelt vor der Küste, das **Archipelago of the Recherche**, bietet eine einzigartige Tierwelt. Bootsausflüge in die **Bay of Isles** mit Landung auf Woody Island *Einzigartige* (Seehunde, Delfine) werden von MacKenzie Island Cruises (☎ 08-90715757, Bu- *Tierwelt* chung über Tourist Office) während der Monate Nov.–Febr. durchgeführt. Es ist auch möglich, sich auf Woody Island zum Camping aussetzen zu lassen (ein kleiner Kiosk ist in den Sommermonaten auf der Insel besetzt).

Reisepraktische Informationen Esperance

Information
Visitor Centre, Dempster St., ☎ 1300-664455, www.visitesperance.com.
Department of Environment, Dempster St., ☎ 08-90713733, www.dec.wa.gov.au.

Übernachten
Hospitality Inn $$$, The Esplanade, ☎ 08-90711999, www.hinnesperance.bestwestern.com.au. Motel mit Meerblick, Restaurant.
Blue Waters Lodge YHA $, 299 Goldfields Rd. (2 km östlich), ☎ 08-90711040, www.yha.com.au. Jugendherberge mit Meerblick.

Camping
Esperance Seafront CP Holiday Units, Goldfields Rd. (2 km nördlich), ☎ 08-90711251, www.esperanceseafront.com. Campingplatz mit Cabins.

Umgebung von Esperance

Die **Strände** der östlich von Esperance gelegenen National Parks zählen zu den schönsten in ganz Australien. Feinsandig, weiß und einsam findet man sie in den Buchten der National Parks **Cape Le Grand** und **Cape Arid**. In alle NPs sollte immer genügend Wasser mitgeführt werden, da dies dort Mangelware ist.

Cape Le Grand National Park
56 km östlich von Esperance liegt der Cape Le Grand NP mit seiner markanten Felsküste und **einsamen weißen Sandstränden**. Der immense und skurril ge-

formte Granitfels **Frenchman Peak** (262 m) dominiert den Park. Der Gipfel kann auf einer 3 km langen, am Ende recht steilen Wanderung bestiegen werden – die Aussicht auf die Küste ist fantastisch! Ein Küstenwanderweg über 15 km (Le Grand Beach bis Rossiter Bay) verbindet den Ost- mit dem Westteil des NP. Ein Ranger Office am Parkeingang gibt nähere Informationen zum Park und erteilt die notwendigen Camping-Permits. Die meisten Straßen zum und im NP sind asphaltiert. Zwei einfache NP-Campgrounds befinden sich bei Le Grand Beach und in Lucky Bay.

Duke of Orleans Bay

The Duke ist eine der schönsten Buchten der Südküste. Sie ist östlich des Cape Le Grand NP über eine Stichstraße zu erreichen. Weitere Buchten Richtung Osten lassen sich nur per 4-WD erreichen. Der Orleans Bay CP (88 km östlich von Esperance, ☏ 08-90750033) ist ein komfortabler Campingplatz mit Cabins und Tankstelle.

Cape Arid National Park

Weite Sandebenen und Buschland

Weitere 50 km östlich liegt der kaum bekannte Cape Arid NP. Weite Sandebenen, Buschland, großartige Strände und vereinzelte Granitfelsen bestimmen das Bild des viertgrößten NP Westaustraliens. **Mt. Ragged** ist mit 594 m die höchste Erhebung. Zusammen mit dem östlich anschließenden **Nuytsland Nature Reserve** wird ein Küstenschutzgebiet bis fast zur südaustralischen Staatsgrenze gebildet. Für den Besuch des NP ist ein 4-WD Pflicht, da die Pisten häufig versandet sind. Wanderungen von 1–7 km Länge sind ausgeschildert. In Thomas River, Thomas Fishery und Poison Creek befinden sich einfache NP-Campgrounds. Über die nach Norden führende Piste Balladonia Rd. besteht eine Verbindung zum Eyre Hwy.

Stokes National Park

7 km südlich des Hwy. **Richtung Westen** umrahmt das Stokes Inlet eine Lagune mit schmalem Meereszugang – beliebt vor allem unter Anglern. Einfacher Campground vorhanden.

Fitzgerald River National Park

Relativ unerschlossener Park

Der 329.039 ha große NP ist aufgrund seiner Pflanzenwelt als **Biosphären-Reservat** der UNESCO anerkannt. Bislang wurden 1784 Pflanzen erfasst, davon sind 75 Arten einzigartig im Park. 184 Vogelarten wurden identifiziert, darunter seltene Papageien (Ground Parrots). Die Zufahrt in den Ostteil des Parks erfolgt über die kleine Feriensiedlung **Hopetoun** (50 km südlich von Ravensthorpe) oder den West River Rd./Hamersley Drive. Der Westteil ist über die Quiss Rd. oder Devils Rd. erreichbar (beide am Hwy. ausgeschildert).

Die Pisten führen durch hügeliges, dicht bewachsenes Gelände. Schöne Sandstrände liegen bei Hopetoun (Four Mile Beach) und am Ende mehrerer Stichstraßen, die in einsamen Buchten enden. Die beiden höchsten Berge, **Mt. East** und **Mt. West Barren**, lassen sich besteigen (kaum markierte Pfade). Von Aug.–Nov. können Wale vor der Küste beobachtet werden. Mehrere einfache NP-Campgrounds befinden sich in Küstennähe, z. T. nur per 4-WD über steile Tracks erreichbar (z. B. Quoin Head Campsite). Infos im **Ranger Office**, Jerramungup, ☏ 08-98355043.

Bremer Bay

Südlich des Fitzgerald River NP und 63 km östlich des South Coast Hwy. liegt der **Ferienort Bremer Bay** etwas abseits der Reiseroute. Dadurch hat sich der Ort sehr viel Ruhe und Abgeschiedenheit bewahren können. Schon in den 1820er-Jahren war die Bucht unter Seehundjägern und Walfängern bekannt, eine Siedlung wurde jedoch erst 1850 vom Engländer John Wellstead gegründet. Eine kleine Kupfermine sorgte später für den Unterhalt der Bevölkerung – heute ist es der Tourismus. Bootstouren zur Walbeobachtung werden von **Naturaliste Charters** (www.whales-australia.com.au) angeboten.

Stirling Range National Park

Schon von weitem erkennt man das hochaufragende Felsgebirge der Stirling Ranges. Die Anfahrt erfolgt (von Osten kommend) über die Chester Pass Rd. (Jerramungup – Ongerup – Borden – Amelup) an die Nordgrenze des Parks. Dort befinden sich auch das Büro des Parkrangers und ein kommerzieller Caravan Park (Stirling Range Retreat). Ein NP-Campground existiert bei Moingup Springs. *Markantes Gebirge*

Der 115.740 ha große Stirling Range NP bietet mit seinen über 1.000 m hohen Bergen (**Bluff Knoll, Toolbrunup**) ausgezeichnete Wandermöglichkeiten. Aufgrund der Höhenlage und relativ hoher Niederschläge hat sich eine vielfältige Vegetation aus Eukalyptuswäldern, Buschlandschaft und Wildblumenwiesen (Blütezeit im Frühjahr) entwickelt. Das Gebirge ist vor 1 Mrd. Jahren durch den Rückzug des Meeres entstanden. Durch Erosion wurden die umgebenden Landmassen allmählich abgetragen und die Granitberge auf ihr jetziges Niveau gehoben. Die Straßen Chester Pass und Red Gum Pass markieren heute den Verlauf der Flussläufe nach Süden.

Wandern
- **Bluffs Knoll** (1.075 m), 6 km Bergwanderung.
- **Toolbrunup Peak** (1.052 m), schwere, 4 km lange Bergwanderung.

Reisepraktische Informationen Stirling Range NP

Information
Ranger Office, *Chester Pass Rd. (Amelup via Borden)*, ☎ *08-98279230.*

Übernachten
The Lily Stirling Range $$$$, *Chester Pass Rd.,* ☎ *08-98279205. Selbstversorger-Chalets mit gehobener Ausstattung.*
Stirling Range Retreat $$, *Chester Pass Rd.,* ☎ *08-98279229, www.stirlingrange.com.au. An der Nordgrenze gelegener Campingplatz, mit Chalets und Cabins.*

Porongurup National Park

Nach Albany sind es ca. 100 km. Auf halber Strecke passiert man den kleinen Porongurup NP, der durch die Granitberge der gleichnamigen Range gebildet wird –

geschätztes Alter ca. 1,1 Mrd. Jahre. An den höher gelegenen Hängen finden sich die am weitesten östlich wachsenden **Karriwälder**. Wanderwege führen hinauf auf die markanten Granitgipfel Castle Rock, Hayward Peak und Marmabup Rock. Übernachten ist im Ort **Porongurup** (z. B. Karribank Country Retreat, ☎ 08-98531022, www.karribank.com.au, und Porongurup Range Tourist Park CP, ☎ 08-98531057, www.poronguruprangetouristpark.com.au) möglich. Kein Camping im NP.

Albany

Albany ist die älteste Stadt Westaustraliens: 1826 wurde sie von Major Edmund Lockyer zusammen mit 50 Sträflingen und ein paar Soldaten im geschützten Princes Royal Harbour gegründet. Von dort aus wurde das Farmland der „Lower Great Southern Region" urbar gemacht. Später diente die Stadt als Stützpunkt der Walfänger. Heute ist Albany (32.000 Ew.) die wichtigste Handels- und Hafenstadt im Südwesten und durch seine Lage ein beliebter **Ferienort** der Perth-Großstädter.

Ehemaliger Stützpunkt der Walfänger

Hauptstraße ist die von Nord nach Süd verlaufende York St., in der sich auch eine Reihe empfehlenswerter Restaurants befindet. Entlang der Stirling Terrace stehen einige gut erhaltene historische Gebäude: **Old Post Office** (1869), **Old Gaol** (1851), **Residency Museum** (1850). Zu Letzterem gehört die Nachbildung der **Barkasse Amity**, mit der Edmund Lockyer die ersten Sträflinge brachte. Von den Hügeln Mt. Clarence und Mt. Melville lassen sich Stadt und Bucht sehr schön überblicken.

Walbeobachtungstouren werden von Juli–Okt. angeboten (Buchung im Tourist Office). Über die Frenchman Bay Rd. gelangt man auf die südliche Halbinsel, den Torndirrup National Park. An seiner Küste befinden sich spektakuläre Felsformationen (Natural Bridge, The Gap, Blow Holes, The Gorge). Die alte Cheynes Beach Whaling Station wurde 1978 geschlossen und zu einem Walmuseum umfunktioniert: die **Historic Whaling Station** (☎ 08-98444021, www.whaleworld.org. Tgl. 9–17 Uhr, Erwachsene A$ 29, 6–12 Jahre A$ 12). Sehr schön sind die Strände **Little Beach** und **Waterfall Beach** bei Albany – traumhafte Buchten!

Traumhafte Buchten

Östlich von Albany befindet sich das **Oyster Harbour Inlet**, ein beliebtes Angelrevier. Am **Middleton Beach** und der Meerenge **Emu Point** liegen zahlreiche Campingplätze und Motels. 30 km westlich von Albany umfasst der **West Cape Howe NP** das gesamte südliche Kap. Der Park ist kaum erschlossen – eine tiefsandige, schlecht markierte Piste führt zum Strand von Shelley Beach. Empfehlenswert ist der Strand von Cosy Corner (einfacher Campground von Mai–Dez.).

Reisepraktische Informationen Albany

Information
Visitor Centre, Old Railway Station, 55 Proudlove Parade, ☎ 08-98419290, www.amazingalbany.com.au, tgl. 9–17 Uhr.

Übernachten
The Esplanade Hotel $$$$, Flinders Parade, Middleton Beach, ☎ 08-93002993. Sehr gutes Hotel mit guter Lage.
Beulah Downs Farm $$, Kojaneeruup, Many Peaks, ☎ 08-98477032. Große Schaf- und Weizenfarm in der Nähe der Stirling Ranges. Empfehlenswert sind ein paar Tage Aufenthalt, um das Farmleben bei den Arnolds kennen zu lernen. Anreise mit dem Mietwagen.
Bayview YHA $, 49 Duke St., ☎ 08-98423388, www.yha.com.au. Jugendherberge (400 m zur Bahnstation).

Camping
Middleton Beach CP, 28 Flinders Parade, Middleton Beach (3 km östlich), ☎ 08-98413593, www.holidayalbany.com.au.

Streckenhinweis
Der Albany Hwy. stellt eine direkte Straßenverbindung mit Perth her (443 km) – ideal für diejenigen, die eine verkürzte Südwestrundfahrt unternehmen möchten. Wer von Albany in Richtung Wave Rock fährt, kann in Lake Grace im Saltbush Inn (☎ 08-98651180) übernachten.

Denmark

Denmark ist die nächstgrößere Stadt am South Coast Hwy. (54 km westlich von Albany). Die Landschaft der Region vermittelt ein völlig neues Bild des Südwestens:

info

Tauchen am Schiffswrack

Am 24. November 2001 wurde der ehemalige Zerstörer „HMAS Perth" in den Gewässern des King Sound nahe der Stadt Albany versenkt. Nur der Mast ragt noch aus dem Wasser. Westaustralien schaffte damit erneut ein künstliches Riff, das Tauchern und Schnorchlern zur Verfügung steht. Korallen und Wasserpflanzen haben die HMAS Perth bereits erobert. Die Bedingungen zum Tauchen und Schnorcheln sind ideal: bis zu 30 Meter Sicht, 16–22 Grad Wassertemperatur und meist ruhige Gewässer.

Im Umland grüne Wiesen Die Stadt ist umgeben von Wiesen und Weiden, und, würde man nicht links fahren, könnte man glauben, im Allgäu unterwegs zu sein. Denmark selbst ist ein eher verträumter Ort, der vor allem auch ein Versorgungsstützpunkt der umliegenden Farmen ist. Er verdankt seine Gründung im Jahr 1895 den großen Wäldern, deren Holz für den Schiffsbau verwendet wurde. Später kam die Rinderzucht hinzu, die heute, neben einer bescheidenen Holzindustrie, die Hauptrolle spielt.

Rund um das geschützte **Wilson Inlet** befinden sich ruhige Strände mit zahlreichen Caravan Parks. Die fischreichen Gewässer ziehen vor allem Angler an. Der 6 km lange **Wilson Inlet Trail** Wanderweg beginnt an der Flussmündung. Der **William Bay NP** (14 km westlich) deckt einen 10 km breiten Küstenstreifen entlang der gleichnamigen Bucht ab. Attraktion sind der grünspiegelnde **Green's Pool** mit umgebenden Granitfelsen sowie ein Wäldchen mit bis zu 60 m hohen Karribäumen, die von hier bis weit in den Westen häufig anzutreffen sind. Campieren ist direkt an der Steinklippenbucht möglich.

Reisepraktische Informationen Denmark

i **Information**
Tourist Information, *Ecke South Coast Hwy./Ocean Beach Rd.*, ☎ *08-98482055, www.denmark.com.au, tgl. 9–17 Uhr.*

Übernachten
Denmark Waterfront Motel $$$, *63 Inlet Drive*, ☎ *08-98481147, www. denmarkwaterfront.com.au. Preiswertes Motel, auch mit Backpackerbetten.*
Windrose B&B $$$, *6 Harington Break*, ☎ *08-98483502, www.windrose.com.au. Deutsch geführtes Bed & Breakfast.*
Valley of the Giants Hostel $, *Dingo Flat Rd. (16 km nordwestlich von Peaceful Bay)*, ☎ *08-98408073. Idyllisch gelegenes Hostel.*

Camping
Ocean Beach CP, *Ocean Beach Rd. (8 km südlich)*, ☎ *08-98481105, www. ocean-beach-caravan-park.wa.big4.com.au. Campingplatz mit Cabins.*

Die Karriwälder

Das Land zwischen Denmark und Nannup (nördlich von Pemberton) wird als das Karri Country bezeichnet. 172.000 ha hochaufragende Karriwälder sind hier in mehreren National Parks oder Staatsforsten in unterschiedlichen Stufen geschützt. Wie es dagegen vor dem Eintreffen der Europäer ausgesehen haben mag, lässt sich nur erahnen. Vor Beginn der Besiedlung war der Waldanteil fast doppelt so hoch wie heute – die meisten Rodungen wurden für den Schiffsbau vorgenommen, für den das Karriholz vorzüglich geeignet ist. Heute werden die wertvollen Waldreserven nach modernen forstwirtschaftlichen Erkenntnissen verwaltet. Nur noch in den State Forests wird ein kontrollierter Holzschlag mit Wiederanpflanzungen betrieben.

Walpole-Nornalup National Park

Der South Coast Hwy. setzt sich nach Westen fort, meist weit entfernt von der Küste. Bei Bow Bridge zweigt eine Straße zur 12 km langen Rundfahrt durch das **Valley of the Giants** ab – nicht verpassen! Bis zu 60 m hohe Karri- und Red Tingle-Bäume stehen hier dicht beieinander. Infos: www.valleyofthegiants.com.au.

Die besondere Attraktion ist der in luftiger Höhe gebaute **Tree Top Walk**, ein Rundweg, der in 38 m Höhe in den Baumkronen erbaut wurde. Dem (schwindel-

Valley of the Giants, Tree Top Walk

freien) Besucher wird so ein neues Bild des Waldes vermittelt. Eine weitere Rundfahrt (kurz vor Walepole) führt zum **Giant Tingle Tree**, einem riesigen Eukalyptusbaum, unter dessen Stamm einst Autos parken konnten (heute ein Fußweg). Zugang zum Meer besteht über mehrere Stichstraßen, teilweise nicht geteert. Ein schöner Strand mit Campingmöglichkeit ist Peaceful Bay (Abzweig bei Bow Bridge).

Im weiteren Verlauf, der Hwy. heißt jetzt South Western Hwy. (Nr. 1), führt die Reise durch den **Mt. Frankland NP** und **Shannon NP**. Die Landschaft ist geprägt von ausgedehnten Waldflächen, grünen Weiden und kleinen Farmen. Entlang der Küste erstreckt sich der 130 km lange, erst in den 1980er-Jahren gegründete **D'Entrecasteaux NP** (von Walpole bis Augusta). Riesige Sanddünen, aber auch Felsklippen, Feuchtgebiete und vereinzelte Karriwälder kennzeichnen den Park. Einige der schönen Strände sind per Fahrzeug zugänglich, so z. B. der **Salmon Beach** über die Windy Harbour Rd. Für die meisten anderen Parkzufahrten gilt bislang noch Allradpflicht. **Northcliffe** ist eines der Zentren der Holz verarbeitenden Industrie. **Pemberton** ist über die Spring Gully Rd. schnell erreicht (Abzweig 6 km nördl. von Northcliffe). *Riesige Sanddünen und Felsklippen*

Pemberton

Pemberton ist das zweite Zentrum der Holzindustrie. Attraktion der Karri- und Jarrahwälder sind die **Lookout Trees** – Bäume, auf denen Plattformen installiert wurden, um Waldbrände zu erkennen. Besucher können ebenfalls hinaufklettern, bestimmt kein Fall für Höhenängstliche! Folgende Bäume sind zu besteigen: Gloucester Tree (mit 60 m höchster Baum, 3 km östlich), Diamond Tree (zwischen Pemberton und Manjimup) und Dave Evans Tree (Warren NP, Old Vasse Rd.).

Das **Karri Forest Discovery Centre** informiert umfassend über die außergewöhnliche Flora. Große Bestände der Baumriesen – insgesamt 4.000 ha – wachsen auch im nahen **Warren NP**, **Gloucester NP** und **Beedelup NP**.

Reisepraktische Informationen Pemberton

i **Information**
Karri Forest Discovery Centre/Visitor Centre, *Brockman St.,* ☎ *08-97761133, www.pembertonvisitor.com.au.*

🛏 **Übernachten**
Karri Valley Resort $$$, *Vasse Hwy. (20 km westlich),* ☎ *08-97762020, www.karrivalleyresort.com.au. Herrlich gelegene Lodge am Seeufer.*

⚠ **Camping**
Pemberton CP, *1 Pump Hill Rd.,* ☎ *08-97761300, Campingplatz.*

Cape to Cape Walk

info

Einer der klassischen **Fernwanderwege** Australiens ist der **Bibbulmun Track**, welcher Kalamunda (bei Perth) bis Walpole und weiter nach Albany führt – insgesamt 964 km lang! Der vielleicht schönste Teil des Trails besteht in der 7-tägigen Wanderung, welche „von Kap zu Kap" innerhalb des Leeuwin Naturaliste NP führt. Hier sind es gut 140 km, die entlang von Stränden und Felsküsten zwischen Cape Naturaliste im Norden und Cape Leeuwin im Süden durch **endemischen Strauchbewuchs** bewältigt werden müssen. Granitfelsen, Dünenlandschaften und herrliche Aussichtspunkte auf das türkisblaue Meer begleiten den Wanderer auf den einsamen Teilen des Weges, Sandetappen fordern die Kondition und das Durchhaltevermögen. Die schönste Zeit ist Sept./Okt., wenn gleichzeitig die Wildblumenblüte ein **Blütenmeer** hervorzaubert.

Weitere Informationen zum Cape to Cape Walk erteilt die National-Park-Behörde in Perth oder Busselton (☎ 08-97521677).

Die **südliche Westküste** von Cape Leeuwin im Süden bis Cape Naturaliste im Norden ist ca. 130 km lang. Mit seinen kleinen Ferienorten, Stränden und National Parks ist der Küstenabschnitt ein beliebtes Ferienziel und wird allgemein nur als die Süd-West-Ecke (South West Corner) bezeichnet.

Augusta

Der Ferienort Augusta bietet sichere Strände und einige Ausflugsmöglichkeiten. Das **Cape Leeuwin** mit seinem Leuchtturm (Di–So 9.30–15.30 Uhr) liegt nur 8 km südlich. Südlicher Ozean und Indischer Ozean treffen hier oft recht stürmisch aufeinander. Westlich der Stadt bietet der **Green Hill Lookout** einen Blick auf die Küste und das Hardy Inlet. Die Tropfsteinhöhle **Jewel Cave** (8 km nördlich) mit Stalaktiten von bis zu 6 m Länge kann besichtigt werden. *Tropfstein-höhle*

Der Küstennationalpark **Leeuwin-Naturaliste NP** zieht sich über viele km nach Norden. Unterbrochen wird er durch einige Stichstraßen, die zum Meer führen (z. B. Cosy Corner, 15 km nördlich von Augusta).

Reisepraktische Informationen Augusta

Übernachten
Augusta's Georgiana Molloy Motel $$$, *84 Blackwood Ave.,* ☎ *08-97581255, www.augustasmolloymotel.com.au. Mittelklasse-Motel.*
Baywatch-Manor YHA $, *9 Heppingstone View,* ☎ *08-97581290, www.baywatch manor.com.au. Jugendherberge.*

Camping
Flinders Bay CP, *Albany Terrace (4 km südlich),* ☎ *08-97581380, www. flindersbaypark.com.au. Direkt am Meer gelegener Campingplatz.*
Hamelin Bay CP, ☎ *08-97585540. 20 km nördlich von Augusta gelegener Camping-platz, direkt am Meer, auch Cabins.*

Margaret River

Margaret River ist ein populärer **Ferienort** und ein bekanntes **Weinbaugebiet**. Unter Surfern genießt die Küste einen ausgezeichneten Ruf – jährlich finden Meisterschaften an den Stränden um Prevelly Park statt. Gute Sandstrände sind auch in **Gracetown** (20 km nördlich) und **Redgate** (15 km südlich) zu finden. Außerdem sind hier einige von insgesamt 250 Höhlen der Umgebung für Besucher geöffnet: **Jewel Cave**, **Lake Cave** und **Mammoth Cave** (17 km südlich, täglich geöffnet). Im Freiluftgehege **Eagle Heritage Raptor Wildlife Centre** (*Lot 303, Boodjidup Rd., Abzweig 1 km südlich, www.eaglesheritage.com.au, Sa–Do 10–16.15, Fr geschlossen, Erwachsene A$ 17, Kinder A$ 10*) findet jeden Tag um 11 und 13.30 Uhr eine Vorführung mit mehr als 80 in Australien heimischen Raubvogelarten statt. *Surf-Mekka Westaustraliens*

Reisepraktische Informationen Margaret River

i Information
Visitor Centre, *100 Bussell Hwy.*, ☏ *08-97805911, www.margaretriver.com, tgl. 9–17 Uhr. Infos zum* **Weinanbau** *in der Region: www.margaretriverwine.org.au.*
Weingut: **Chateau Xanadu**, *Terry Rd. (3 km südwestlich)*, ☏ *08-97572581. Eines von mehreren Weingütern der Umgebung, in denen es auch Weinproben gibt.*

Übernachten
In Ferienzeiten und an „langen Wochenenden" unbedingt vorbuchen!
Margarets Beach Resort $$$$, *1 Resort Place, Gnarabup Beach*, ☏ *08-97571227, www.margaretsbeachresort.com.au. 4-Sterne-Hotel mit Meerblick-Zimmern.*
Prevelly Villas $$$, *Prevelly Park (10 km westlich)*, ☏ *08-97572277, www.prevelly villas.com.au. Selbstversorgerunterkunft.*
Margaret River Lodge YHA $, *220 Railway Terrace*, ☏ *08-97579532, www.yha. com.au. Günstiges Hostel.*

⚠ Camping
Gracetown CP, *Cowaramup Bay Rd.*, ☏ *08-97555301, www.gracetowncara vanpark.com.au. Nur 2,5 km vom Strand entfernt gelegener CP, auch mit schönen Cabins.*

Yallingup

Ein weiterer Ferienort, der für seine exzellenten Surfstrände berühmt ist. Die nahen Tropfsteinhöhlen **Yallingup (Ngilgi) Caves** können tgl. 9.30–15.30 Uhr besichtigt werden.

Dunsborough und Busselton

Die Ferienorte Dunsborough und Busselton haben durch ihre geschützte Lage an der **Geographe Bay** ruhige Strände mit flach abfallendem Wasser und sind deshalb bei Familien sehr beliebt.

360-Grad-Blick Von Dunsborough lassen sich Fahrten zum **Cape Naturaliste** und seinem Leuchtturm unternehmen, wo sich ebenfalls herrliche Surfstrände befinden (z. B. in der Bunkers Bay). Der **Leuchtturm** (*Lighthouse & Discovery Centre, tgl. 9.30–15.30 Uhr*) sollte unbedingt bestiegen werden, bietet sich doch von oben ein 360-Grad-Blick auf die Geographe Bay, den Indischen Ozean und das Cape Naturaliste. Vor der Küste Dunsboroughs liegt das wohl berühmteste Wrack von Westaustralien, das Wrack der „HMS Swan". Das 113 m lange Schiff liegt seit Dez. 1997 auf 30 m Tiefe. Infos: www.capedive.com.

Der 2 km lange Holzsteg **Busselton Jetty** wurde ursprünglich zum Verladen von Holz verwandt – heute ein Treffpunkt der Angler. Taucher finden an der berühmten Jetty ausgezeichnete Bedingungen. 10 m rund um das sehenswerte Underwater Observatorium ist Tauchen allerdings verboten.

Zahlreiche Motels, Hotels und Caravan Parks befinden sich in beiden Orten, die sich wie Straßendörfer entlang der Küste ziehen. Außerhalb der Hauptferienzeiten sollte es nie ein Problem geben, eine Unterkunft zu finden. Ein guter Tipp ist die Jugendherberge (YHA) von Dunsborough, die sich direkt am Strand befindet.

Bunbury

Bunbury (28.000 Ew.) ist die Hauptstadt des Südwestens. Nach ihrer Gründung im Jahr 1803 hieß der Hafen zunächst Port Leschenault. Zu Ehren des Stadtgründers Lieutenant Bunbury wurde die Siedlung umbenannt. Holz und Bodenschätze waren für Bunbury stets die wichtigste Einkommensquelle. Der Hafen zählt zu den bedeutenden Frachthäfen der Westküste. Vom **Marlston Hill Lookout** (ursprünglich Standort des Leuchtturms, Apex Drive) überblickt man die gesamte Bucht.

Delfine in Bunbury: Seit Mitte der 1960er-Jahre kommen regelmäßig Delfine in die Koombana Bay (Koombana Drive), oft auch in Strandnähe (keine Fütterung). Die besten Tageszeiten sind von 8–12 Uhr. Dies ist insoweit bemerkenswert, da sich auch industrielle Hafenanlagen an der Bucht befinden. Das **Dolphin Discovery Centre** (www.dolphindiscovery.com.au) erteilt weitere Informationen. Bunbury Dolphin Tours (tgl. 11 Uhr, Buchung über Visitor Centre) führt Bootsausflüge in die Bucht durch. Auf Wunsch ist schwimmen mit Delfinen möglich.

Küste Margaret River

Reisepraktische Informationen Bunbury

ℹ️ Information
Visitor Centre, *Carmody Place (Old Railway Station)*, ☎ *08-97927205, www.visitbunbury.com.au. Mo–Fr 9–17, Sa 9.30–16.30, So 10–14 Uhr.*

🛏️ Übernachten
Welcome Inn Motel $$$, *71 Ocean Drive*, ☎ *08-97923400, www.welcomeinnmotel.com.au. Direkt am Meer gelegenes Motel mit großzügigen Motel-Units.*
Clifton Motel $$, *2 Molloy St.*, ☎ *1800-017570, www.theclifton.com.au. Gepflegtes Motel.*

⚠️ Camping
Bunbury Glade CP, *Timberley Rd./Bussell Hwy.*, ☎ *1800-113800, www.glade.com.au. Großer Campingplatz, auch Cabins.*

🍴 Essen und Trinken
Spezialität in Bunbury sind die „Blue Manna Crabs".

🤿 Wracktauchen
Das 55 m lange Wrack „Lena" ist im Dez. 2003 versenkt worden, liegt auf 18 m Tiefe und hat sich unter Tauchern als interessanter Spot entwickelt.

👉 Streckenhinweis
Die Old Coast Rd. (Hwy. 1) ist attraktiver als der landeinwärts verlaufende Hwy. 20, der dafür schneller nach Perth führt.

7 km nördlich von Bunbury – über die alte Küstenstraße – liegt **Australind**. Die Stadt am Leschenault Inlet hat ihren Namen von den Plänen, mit Indien Handel zu treiben (= Australia-India) und für dessen Armee Pferde zu züchten – ein Versuch, der fehlschlug. Die St. Nicholas Church, angeblich die kleinste Kirche Australiens, stammt aus dem Jahr 1840. Das **Leschenault Waterway Discovery Centre** (Old Coast Rd., 2 km südlich der Stadt) informiert über Flora und Fauna der Region.

Rockingham

Die zweitgrößte Stadt des Staates (66.000 Ew.) wurde 1872 gegründet und war bis zur Jahrhundertwende der wichtigste Hafen. Dann übernahm Fremantle seine Funktion. **Delfine** besuchen die Gewässer des **Cockburn Sound** vor Rockingham immer wieder. In den Sommermonaten werden Bootsfahrten angeboten (Rockingham Dolphins, Palm Beach Jetty). Das ebenfalls angebotene Delfinschwimmen leidet unter hohen Teilnehmerzahlen.

Bootsfahrten zu den Delfinen

Penguin Island (www.penguinisland.com.au): Vor der Küste liegt die kleine Insel Penguin Island. Von März–Dez. kommen dort Pinguine an Land. Die Penguin Island Ferries (Mersy Point, Shoalwater Bay) bieten regelmäßige Bootsausflüge an.

Perth – Broome

Die Westküste hat viel zu bieten, zählt aber durch ihre relative Unbekanntheit zu den eher selten besuchten Gebieten einer Australienreise. Als Anhaltspunkte lassen sich folgende Sehenswürdigkeiten festhalten:
• **Nambung National Park** mit den berühmten Felsnadeln Pinnacles
• **Kalbarri National Park** mit der spektakulären Schlucht des Murchison River
• **Shark Bay National Park** mit den Delfinen von Monkey Mia
• Korallenriff und Unterwasserwelt im **Ningaloo Reef Marine Park** und der **Cape Range National Park** auf der Halbinsel rund um Exmouth
• **Hamersley Ranges National Park** (Karijini NP) mit einem eindrucksvollen Schluchtensystem
• **Eighty Mile Beach**
• **Perlenstadt Broome**

☞ **Streckenhinweis**
Keine Illusionen sollte man sich über die **Entfernungen** machen: Sie sind in Westaustralien extrem. Zwischen vielen Sehenswürdigkeiten ist einfach „Nichts", *Extreme* d. h. es muss gefahren werden, zur Not auch einmal 400–600 km am Stück. Die *Entfernungen* Benzinversorgung stellt durch die Roadhouses kein Problem dar. Man sollte jedoch daran denken, regelmäßig zu tanken und einen Wasservorrat mitzuführen.

Perth – Cervantes (Nambung NP):	245 km
Carnarvon – Exmouth:	367 km
Cervantes – Geraldton:	270 km
Exmouth – Tom Price:	588 km
Geraldton – Kalbarri:	167 km
Tom Price – Port Hedland:	475 km
Kalbarri – Monkey Mia:	400 km
Port Hedland – Broome:	578 km
Monkey Mia – Carnarvon:	330 km

Routenvorschlag
Von Perth nach Broome in 14 Tagen
1. Tag: Perth – Cervantes (Nambung NP)
2. Tag: Cervantes – Geraldton – Kalbarri
3. Tag: Kalbarri – Monkey Mia
4. Tag: Aufenthalt Monkey Mia
5. Tag: Monkey Mia – Coral Bay/Exmouth
6. Tag: Aufenthalt Ningaloo Reef
7. Tag: Aufenthalt Ningaloo Reef und Cape Range NP
8. Tag: Coral Bay – Giralia Station
9. Tag: Giralia Station – Tom Price (Karijini NP)
10. Tag: Aufenthalt Karijini NP
11. Tag: Karijini NP – Port Hedland
12. Tag: Port Hedland – Eighty Mile Beach – Broome
13. Tag: Aufenthalt Broome
14. Tag: Aufenthalt Broome

Perth – Geraldton

Nambung National Park (The Pinnacles)

Der Brand Hwy. (Hwy. 1) führt von Perth nach Norden. Das Fischerdorf Cervantes, das über einen Abzweig vom Hwy. erreicht wird, ist Ausgangsort für den Besuch des National Parks und der Pinnacle Desert. 130 km nördlich von Perth (Hwy. 95), abseits der Route, befindet sich in **New Norcia** (www.newnorcia.wa.edu.au) der einzige Klosterort Australiens. Das Kloster wurde 1846 von spanischen Benediktinermönchen gegründet und steht heute mit seinen 65 Gebäuden unter Denkmalschutz. Die Teerstraße von **Cervantes** bis zum Kontrollpunkt an der Einfahrt in den National Park ist 16 km lang. Bei Dämmerung unbedingt auf Kängurus und Emus achten!

Faszinierende Farbenspiele

Die **Pinnacles** sind hunderte verwitterter Kalksteinfelsen, die sich bis zu 3 m Höhe erheben und über ein mehrere Quadratkilometer großes Gebiet verstreut liegen. Zusammen mit dem hellen Wüstensand ergeben sich faszinierende Farbenspiele, die besonders in den frühen Morgen- oder Abendstunden das Herz des Fotografen erfreuen. Man kann das Gelände zu Fuß oder per Auto erkunden.

Reisepraktische Informationen Nambung NP

ℹ Information

Pinnacles Visitor Centre, *Cadiz St. (Post Office)*, ☎ *08-96527672, www. visitpinnaclescountry.com.au.*
Empfehlenswert sind 4-WD-Tagesausflüge ab/bis Perth, wenn man nicht selbst fahren will/kann.

🛏 Übernachten

Cervantes Pinnacles Motel $$$, *7 Aragon St., Cervantes,* ☎ *08-96527145, www.cervantespinnaclesmotel.com.au. Einfaches Motel.*
Pinnacle Beach Backpackers $, *91 Seville St.,* ☎ *08-96527377. Preiswerte Backpacker-Unterkunft.*

⚠ Camping

Pinnacles CP, *Aragon St., Beachfront, Cervantes,* ☎ *08-96527060, www. pinnaclespark.com.au. Campingplatz, auch Cabins.*
Im National Park darf nicht campiert werden!

☞ Streckenhinweis

Die Weiterfahrt nach Norden sollte auf der abwechslungsreichen Teerstraße entlang der Küste erfolgen. Über Jurien (Campingplatz), Jurien Bay, **Drovers Cave NP**, **Lesueur NP**, **Green Head**, **Leeman**, **Coolimba** (Stockyard Gully NP), **Illawong** und **Cliff Head** ist der Hwy. nach ca. 180 km wieder erreicht.

Nördlich von Perth

© *graphic*

Dongara

Der Ort am Brand Hwy. (208 km nördlich von Cervantes) wurde schon 1859 gegründet. Zusammen mit dem Nachbarort **Port Denison** bietet Dongara historische Gebäude und schöne Strände. Vom **Point Leander Obelisk** (südlich von Port Denison) hat man einen schönen Küstenblick. Das Büro der Tourist Information (9 Waldeck St., Dongara, ☎ 08-99271404) befindet sich in der alten Polizeistation, hat ein kleines Museum und alte Gefängniszellen.

Historische Gebäude und schöne Strände

Eine Broschüre informiert über den **Heritage Trail**, der 17 denkmalgeschützte Gebäude beschreibt. Schön ist die **Dongara YHA** (Jugendherberge, Waldeck St., ☎ 08-99271581), wo auf Wunsch in alten Eisenbahnwaggons genächtigt werden kann. Für Camper ist der Dongara Tourist Park (8 George St., ☎ 08-99271210) mit Busch- und Meerblick-Stellplätzen ein gute Wahl.

In **Greenough** (41 km nördlich) sollte man sich bei genügend Zeit das **Pioneer Museum** ansehen, außerdem ist ein Spaziergang entlang restaurierter Gebäude möglich. Die Stadt lebt, wie die gesamte Region, von der Schaf- und Rinderzucht und teils noch vom Weizenanbau. Am Strand bzw. an der Flussmündung des Greenough River befindet sich ein schöner Campingplatz (☎ 08-99215845).

Geraldton

In Geraldton gibt es einiges zu entdecken

Geraldton (24.000 Ew.) ist das Verwaltungszentrum des Mittleren Westens (Midwest) und Hauptort der Batavia Coast. Die Stadt wurde aufgrund von Kupfer- und Bleivorkommen 1842 gegründet. Die Goldsucher, die im Murchison-Becken fündig wurden, nutzten die Stadt schon früh als Hafen. Die industriellen Hafenanlagen sind heute unübersehbar, wenngleich es auch beliebte Surfstrände nördlich und südlich der Stadt gibt.

Die Haupteinkaufsstraße ist die Marine Terrace. Sehenswert ist die ganz und gar „unaustralisch" aussehende **St. Francis Xavier Cathedral** (Cathedral Ave.) im byzantinischen Stil. Im **Western Australian Museum of Geraldton** (Foreshore Drive, Batavia Coast Marina, ☎ 08-99215080, Eintritt frei) sind zahlreiche Fundgegenstände der Schiffe „Batavia", „Zeewijk" und „Zuytdorp" ausgestellt. Alle Schiffe gehörten der holländischen Handelsgesellschaft VOC an und sind vor der westaustralischen Küste gesunken. Der Bahnhof **Old Railway Station** (Chapman Rd.) beherbergt ebenfalls ein kleines Museum. Von Fisherman's Wharf legen die Hummerfangboote ab.

Reisepraktische Informationen Geraldton

ℹ️ Information
Visitor Centre, Chapman Rd., ☎ 1800-818881, www.geraldtonvisitorcentre. com.au. Das schöne Gebäude am nördlichen Stadtausgang stammt von 1884 und wurde bis 1985 als Stadtgefängnis genutzt. Ein „Heritage Trail" zeigt 30 denkmalgeschützte Gebäude.

🛏️ Übernachten
BW Hospitality Inn $$$, 169 Cathedral Ave., ☎ 08-99211422, www.hinn geraldton.bestwestern.com.au. Komfortables Motel im Stadtzentrum.
Foreshore Backpackers YHA $, 172 Marine Terrace, ☎ 08-99213275. Zentral in der Hauptstraße gelegene Jugendherberge.

🔺 Camping
Sunset Beach Holiday Park, Bosley St., Sunset Beach (3 km nördlich), ☎ 08-99381655, www.sunsetbeachpark.com.au. Schön gelegener Campingplatz direkt am Strand, auch Cabins.

Abrolhos-Inseln

info

1497 ist es erstmals Vasco da Gama gelungen, entlang der Westküste Australiens zu segeln. Dass die Küste mit ihren flachen Riffs voller Tücken ist, erkannte auch schon Don Jorge Menenes, der 1527 den Archipel vor der Küste „Abrolhos" (port.: „Halt die Augen offen!") nannte. Berühmt wurde die Inselgruppe durch das Stranden der Batavia 1629 (s. S. 493, Fremantle Maritime Museum). Das Houtman-Abrolhos-Archipel umfasst mehr als 100 Inseln, Besucher dürfen aus Naturschutzgründen nicht auf den Inseln übernachten. Rundflüge und Bootstouren werden jedoch von Geraldton aus angeboten.

Geraldton – Carnarvon

Northampton
In der Kleinstadt Northampton (52 km nördlich) wurde 1849 die Geraldton Lead Mining Company gegründet. Heute ist die Förderung von Kupfer und Blei zugunsten der Schaf- und Rinderzucht (Pastoral Industry) zurückgetreten.

☞ Streckenhinweis
In Northampton zweigt eine nicht geteerte Stichstraße nach **Horrocks Beach** (Strand und Campingplatz, 23 km westlich) ab. Die Teerstraße nach **Gregory** (historische Hafenstadt, 47 km westlich) führt mittlerweile weiter bis **Kalbarri** (ausgeschilderter Tourist Drive). So vermeidet man den sonst eher drögen Brand Hwy.

Principality of Hutt River

info

75 km nordwestlich von Northhampton (Port Gregory Rd.) befindet sich das „Land" des Farmers Leonard George Casley, die unabhängige Enklave **Principality of Hutt River** (www.principality-hutt-river.com). Aus Zorn über die Weizenexportquoten Westaustraliens trat er 1970 aus dem Commonwealth aus und ernannte sich zum **Prinz Leonard of Hutt**. Hintergrund war eine Gesetzeslücke, die Bürgern bei wirtschaftlicher Not und drohendem Landverlust die Möglichkeit einräumt, eine selbstverwaltete Regierung zu gründen. Mittlerweile, über 30 Jahre später, nennt His Royal Highness 13.000 Menschen seine Untertanen: all jene, die für 250 Dollar einen 5-Jahres-Pass bei ihm gekauft haben. Die 20 eigentlichen Einwohner von Prince Leonard's Land zahlen keine Steuern, erhalten aber im Gegenzug auch keinerlei Zuwendungen des australischen Staates. Allen anderen wird nach einem Rundgang über die königlichen Güter gerne ein Stempel in den Reisepass gedrückt. Zahlreiche Konsulate sind über die ganze Welt verteilt.

Kalbarri

Kalbarri ist eine populäre Feriensiedlung mit einer Vielzahl guter Übernachtungsmöglichkeiten. Ganzjährig kann hier mit mildem bis warmem Klima gerechnet werden – eine Tatsache, die viele **Langzeiturlauber**, vor allem Rentner, zu schätzen
wissen. Die Küste genießt einen guten Ruf unter Anglern.

Populärer
Ferienort

An vielfältigen Ausflugsmöglichkeiten mangelt es nicht: Neben den Schluchten und
der Küste des Kalbarri National Park, die erwandert werden können, werden Pfer-
deausritte von der Big River Ranch (am Ortseingang) angeboten.

Reisepraktische Informationen Kalbarri

Information
Visitor Centre, Grey St., ☎ 08-99371104, www.kalbarri.org.au.
Ausflüge
Kalbarri Reefwalker, ☎ 08-99371356, www.reefwalker.com.au. *Walbeobachtungs-*
touren und Angelausflüge ab/bis Kalbarri.

Übernachten
Eine Reservierung von Hotel oder Campingplatz ist empfehlenswert!
Kalbarri Palm Resort $$$, Porter St., ☎ 08-99372333, www.palmresort.com.au.
Gutes Motel.
YHA Kalbarri $, 2 Mortimer St., ☎ 08-99371430, www.yha.com.au. *Jugendherberge.*

Camping
Anchorage CP, Anchorage Lane, ☎ 08-99371181, www.kalbarrianchorage.
com.au. Campingplatz an der Flussmündung.
Murchison Park CP, Ecke Woods/Grey St., ☎ 08-99371005, www.murcp.com.
Zentral gelegener CP.

Kalbarri National Park

Streckenhinweis
Vom Brand Hwy. zweigt kurz nach Binnu die geteerte Ajana Kalbarri Rd.
nach Kalbarri ab. Der gleichnamige National Park (186.096 ha) besteht aus zwei
Teilen: dem **River NP** und dem **Coastal NP**.

Südlich des Ferienortes Kalbarri beginnen die **Coastal Gorges**. Über eine Teer-
straße sind die Felsklippen Red Bluff, Mushroom Rock, Rainbow Valley, Pot Alley,
Eagle Gorge, Shellhouse Grandstand, Island Rock und Natural Bridges erreichbar.
Ein 8 km langer Küstenwanderweg verbindet Eagle Gorge mit den Natural Bridges.

Tiefe
Schlucht

Der **Murchison River** hat sich auf seinen letzten 80 km in über 400 Mio. Jahren
eine tiefe Schlucht in das dicke Sandsteinplateau gegraben. Der Fluss führt fast
ganzjährig Wasser, im Sommer oft nur an Wasserlöchern (ideale Badestellen!).

Nach Regenfällen oder Zyklonen kann das Wasser bis zu 7 m Höhe ansteigen. Dann ergießt sich eine schmutzigbraune Flut kilometerweit sichtbar in den Indischen Ozean. Die **roten Felsen** (Tumblagooda Sandstone) lassen die Schlucht in der Morgen- oder Abenddämmerung besonders farbenprächtig erscheinen.

Nach Einfahrt in den National Park bekommt man einen ersten Eindruck von dem rauen Murchison-Canyon, der sich ein tiefes Felsbett gegraben hat: dem Abzweig zum **Hawk's Head Lookout** folgen (teilweise asphaltiert). Von den überhängenden Felsen

Am Murchinson River mit seinem tiefen Canyon

des Aussichtspunkts hat man einen fantastischen Blick auf den Fluss. Mit ein wenig Glück können in den Felsen nistenden Falken beobachtet werden. Der Ausblick vom **Ross Graham Lookout** ist weniger aufregend, dafür kann man hier zum Fluss hinunterlaufen. Weiter westlich beschreibt der Murchison weitere Schleifen: Vom Aussichtspunkt **The Loop** (26 km, teilweise asphaltiert) ist eine 6-Std.-Wanderung entlang der Felskante möglich. Bei **Z-Bend** führt eine 500 m lange Wanderung zu einem weiteren spektakulären Aussichtspunkt. Ein 38 km langer Wanderpfad geht vom **Ross Graham Lookout** nach The Loop. Der Trail ist markiert, enthält einige Flussdurchquerungen und wird erfahrenen Wanderern empfohlen.

Hamelin Pool

Nach dem **Overlander Roadhouse** folgt der Abzweig zur **Peron-Halbinsel** an der Shark Bay. Nach 26 km sollte der Straße nach Hamelin Pool gefolgt werden: Eine alte **Telegrafenstation**, die ursprünglich Bestandteil der WA Telegraph Line war, ist durch rührige Einheimische vor dem Verfall gerettet worden und enthält eine kleine Ausstellung. Naturwissenschaftlich hochinteressant sind die **Stromatoliten** des Hamelin Pool. Es handelt sich dabei um die ältesten fossilen Lebewesen der Erde: Vor 3,5 Mrd. Jahren begannen Bakterien mit der Sauerstoffproduktion und formten im salzhaltigen Wasser des Beckens die charakteristischen „lebenden Felsen". Der Mitarbeiter in der Old Telegraph Station zeigt dazu gerne einen Videofilm. Ein kleiner Campingplatz ist nebenan vorhanden.

Älteste fossile Lebewesen

Die Piste, die nach **Useless Loop** auf der westlichen Halbinsel führt, ist in Privatbesitz. Fahrer eines 4-WD können nach Steep Point, dem westlichsten Punkt des Kontinents, gelangen (Permit im Tourist Office von Denham). Auf dem Weg nach **Denham** passiert man Nanga Station/Nanga Bay Resort, eine arbeitende Schaffarm mit komfortablen Cabins und Campingplatz. Sollte das Monkey Mia Resort ausgebucht sein, so besteht hier eine interessante Übernachtungsmöglichkeit. **Shell Beach** (südlich von Denham) ist ein 110 km langer, aus meterhohen Muscheln gebildeter Strand. Bis vor wenigen Jahren wurde das gepresste Muschelgestein als Baumaterial für Häuser in der Shark Bay verwendet.

Dirk Hartog Island

Die Insel Dirk Hartog Island ist ebenfalls in Privatbesitz. Die Insel markiert den **ersten Landepunkt eines Europäers** auf dem Subkontinent: Der holländische Kapitän Dirk Hartog hinterließ am 25. Oktober 1616 eine Pewter Plate (Zinntafel) als Beweis seines Landgangs. 80 Jahre später wurde sie von Willem de Vlamingh gefunden und zurück nach Holland gebracht. Die Insel gehört zum **Shark Bay National Park** und ist damit ebenfalls Teil der UNESCO World Heritage Area. Seit 1868 wird auf der Insel eine Schaffarm betrieben, in deren alten Shearers Sheds (Schafscherer-Unterkünfte) heute auch die Gäste übernachten können.

Monkey Mia

Vor Erreichen von Monkey Mia wird zunächst **Denham** passiert. Der Ferienort liegt an der Westküste der Peron Peninsula und ist die westlichste Stadt Australiens – vor allem ein beliebter Hafen für Hochseeangler. Sehenswert ist das aus Muschelblocks des Shell Beach gebaute **Old Pearler Restaurant**.

26 km östlich von Denham ist Monkey Mia einer der wenigen Strände der Erde, der von **frei lebenden Delfinen** regelmäßig besucht wird. 1964 begann Alice „Nin" Watts, die vorbeiziehenden Bottlenose Dolphins zu füttern. Seitdem besuchen die Tiere fast täglich den Strand. Dabei nehmen längst nicht alle den angebotenen Fisch an, einige Delfine kommen seit Jahren, ohne jemals Futter akzeptiert zu haben.

Meist sieht man acht Delfine mehr oder weniger täglich. Weitere 70 schauen sporadisch vorbei.

Monkey Mia hat sich zu einem großen **Touristenmagneten** entwickelt und das Monkey Mia Resort hat eine beispiellose Entwicklung vollzogen. Seit 1986 überwachen und schützen Ranger die Delfine und beantworten gerne Fragen. Im Umgang mit den Tieren haben sie bestimmte Verhaltensregeln entwickelt, die unbedingt beachtet werden müssen. Das **Dolphin Information Centre** (www.monkeymiadolphins.org, tgl. 7.30–16 Uhr) ist herausragend. Von der Anlegestelle werden Bootsausflüge zu einer Perlenzuchtfarm (5 km nördlich), nach **Faure Island**, **Pippy Island** und **Cape Peron** angeboten. Immer populärer wird auch das Tauchen in der großartigen Unterwasserwelt des Shark Bay NP.

Reisepraktische Informationen Monkey Mia

Information
Denham and Monkey Mia Visitor Centre, *199 Elderberry Drive,* ☎ *1300-135887, www.sharkbaywa.com.au.*

Ausflüge
Monkey Mia Wildsights (Shotover), ☎ *1800-241481, www.monkeymiawildsights. com.au. Empfehlenswerte Segeltörns, um Dugongs und Delfine zu beobachten.*

Übernachten
Eine Reservierung von Hotel oder Campingplatz ist empfehlenswert!
Monkey Mia Dolphin Resort $$-$$$$, *Monkey Mia,* ☎ *08-99481320, www. monkeymia.com.au. Hotelzimmer, Cabins, Backpacker-Unterkunft und Caravan Park direkt am Strand, Swimming-Pool, Tennisplätze, Restaurant. In den Schulferien ist das Monkey Mia Resort oft ausgebucht. Der Eintritt zu den Delfinen kostet A$ 15 pro Person.*
Tradewinds Seafront Apartments $$$, *Knight Terrace, Denham,* ☎ *08-99481222, www.tradewindsdenham.com.au. Apartment-Anlage direkt am Wasser.*
Bay Lodge Denham $$$, *113 Knight Terrace, Denham,* ☎ *08-99481278, www.bay lodge.info. Gute Selbstversorger-Apartments.*
Dirk Hartog Eco Lodge $$$$$, ☎ *08-99481211, www.dirkhartogisland.com. Luxus-Unterkunft auf der Dirk Hartog Island Schaffarm.*
Nanga Bay Resort $$, *Shell Beach/Nanga Station,* ☎ *08-99483992, www.nanga bayresort.com.au. Südlich von Denham gelegene Schaffarm mit schöner Ferienanlage mit Motel, Campingplatz und Cabins.*

Camping
Denham Seaside Tourist Village, *Denham, Knight Terrace,* ☎ *08-99481242, www.sharkbayfun.com. Direkt an der Strandpromenade gelegener Campingplatz. Alternative, falls Monkey Mia voll.*

Peron Halbinsel

Über eine Piste (Abzweig von der Monkey Mia Rd., 4 km östlich von Denham), die an der alten **Peron Homestead** (Visitor Centre) vorbeiführt, kann bis zur felsigen Nordspitze Cape Peron gefahren werden (4-WD). Gefährlich sind dabei die großen Salzpfannen (Birridas), die zu einem plötzlichen und aussichtslosen Versacken des Fahrzeugs führen können. Einfache NP-Campgrounds gibt es bei **Big Lagoon**, **Gregories**, **Bottle Bay**, **South Gregories** und **Herald Bay**. Um den Park in seiner ganzen Schönheit zu erleben, empfiehlt sich ein naturkundlich geführter Tagesausflug ab Denham.

Das Project Eden im Francois Peron National Park

Sandpiste auf der Peron Halbinsel

Der nördliche Teil der Halbinsel wird vom Francois Peron NP eingenommen, benannt nach dem französischen Naturwissenschaftler, der an Bord der „Geographe" in den Jahren 1801 und 1803 an Expeditionen teilgenommen hat. Bis in das Jahr 1990 war die Peron Halbinsel eine große Schaffarm, dann ging sie in den Besitz des Staats über und wurde zum geschützten Gebiet erklärt. 1994 verwirklichte CALM (Conservation And Land Management), die Naturschutzbehörde des Staates Westaustralien, ein ehrgeiziges Vorhaben, das den Namen **Project Eden** trägt. Ein Zaun, der die Halbinsel vom Festland trennt, wurde so errichtet, dass keine eingeführten Tierarten wie Füchse, Wildkatzen, Kaninchen oder Ziegen mehr eindringen können. Gleichzeitig wurden diese Tiere auf der Halbinsel systematisch ausgerottet, um viele vom Aussterben bedrohte einheimische Tierarten zu schützen und in ihrem Bestand zu bewahren. Mittlerweile hat sich die Natur zu einer unerkannten Vielfalt „zurückentwickelt": Seltene, kaum noch gekannte Pflanzen wuchsen plötzlich wieder, als in der dortigen Region für ausgestorben erklärte Kleinstbeuteltiere (**Bilby**, **Numbat** u. a.) tauchten wieder auf und vermehrten sich durch das Fehlen ihrer Jäger. Das Project Eden hat heute **Vorbildfunktion** für ein erfolgreich verlaufenes Naturschutzprojekt für ganz Australien. Weitere Infos: www.sharkbay.org/project_eden.aspx.

Carnarvon

Plantagenstadt

Carnarvon (7.200 Ew.) markiert mit seinem sonnigen Klima den Beginn der subtropischen Zone. Die **Distrikthauptstadt** lebt von den Erträgen seiner Plantagen: Jedes Jahr werden gute Erträge durch Bananen, Ananas, Melonen, Tomaten und Bohnen erwirtschaftet. Mehrere Plantagen können besichtigt werden (Information im Tourist Office). Am Ortseingang fällt „The Big Dish" auf, eine Satellitenantenne der OTC (Overseas Telecommunications). Die Anlage ist stillgelegt, man kann eine Aussichtsplattform besteigen. Am **Pelican Point** auf Babbage Island (per Autobrücke mit der Stadt verbunden) hat die Stadt einen schmalen Strand.

Reisepraktische Informationen Carnarvon

Information
Tourist Information, *3 Francis St.,* ☏ *08-99410000, www.carnarvon.wa. gov.au. Vermittelt auch Farmaufenthalte.*

Übernachten
Best Western Hospitality Inn $$$, *West St.,* ☏ *08-99411600, www. carnarvon.wa.hospitalityinns.com.au. Komfortable Motel-Unit, am Flussufer gelegen.*
Backpackers Paradise $, *97 Olivia Terrace,* ☏ *08-99412966. Preiswertes Hostel mit zentraler Lage.*

Camping
Coral Coast Tourist Park, *108 Robinson St.,* ☏ *08-99411438, www.coral coasttouristpark.com.au. Gepflegter Campingplatz mit schattigen Plätzen*

Nördlich von Carnarvon

12 km nördlich (noch Teerstraße) befindet sich das **Bibbawarra Artesian Bore**, ein 1 km tiefes Bohrloch, aus dem 69 Grad heißes Wasser strömt. 73 km nördlich (Abzweig vom Hwy.) liegen die **Blow Holes** bei Point Quobba – Felslöcher, durch die ankommende Wellen bis zu 20 m in die Höhe gepresst werden. Übernachten ist auf der **Schaffarm Quobba Station** (10 km nach den Blow Holes, ☏ *08-99485098, www.quobba.com.au*) möglich. Am **Cape Cuiver** wird Meersalz (Dampier Salt Works) gewonnen und nach Japan exportiert. Nördlich des Kaps strandete 1988 der Frachter „Korean Star". Das Wrack ist von der Straße sichtbar. Die auf einigen Karten noch verzeichnete Küstenstraße von Carnarvon nach Coral Bay endet in Gnaraloo (Übernachtung: **Gnaraloo Station**, ☏ *08-99425927, www.gnara loo.com*).

Abstecher zum Mt. Augustus National Park

Eine meist gut befahrbare Piste zweigt 7 km nördlich von Carnarvon zum **Mt. Augustus** nach Osten ab. Der Berg liegt weitere 450 km nordöstlich. Für die Fahrt empfiehlt sich ein 4-WD-Fahrzeug. Auf dem Weg über die Carnarvon-Mullewa Rd. wird der **Kennedy NP** durchquert, eine aus dem Nichts aufsteigende Bergkette. *Bergkette aus dem Nichts*

Vor Erreichen des Mt. Augustus wird auf der **Cobra Bangemall Station** eine Übernachtungs- und Campingmöglichkeit (☏ *08-99430565*) angeboten. Wer das Outback intensiv erkunden möchte, findet mit der **Erong Springs Station** (170 km südlich des Mt. Augustus, ☏ *08-99812910*) oder der **Wooleen Station** (193 km nördlich von Mullewa, ☏ *08-99637973, www.wooleen.com.au*) weitere Unterkünfte.

Redaktionstipps

> **Zu Gast auf einer Outback Station**
„It doesn't get any more Australian than this" –
könnte das Motto eines **Farmaufenthalts** lauten. Die wenigen Farmen (Stations) im Landesinneren Westaustraliens bieten Reisenden die Möglichkeit, das Leben im wahren Outback des Kontinents kennen zu lernen. Fast überall bieten sie eine **Übernachtungsmöglichkeit** in einfach eingerichteten Zimmern oder Hütten, in anderen Fällen schläft man in den gleichen Unterkünften wie die saisonal angestellten Schafscherer oder Jackaroos, wie die australischen Cowboys heißen. Gegessen wird im Homestead mit der Familie – eine wunderbare Gelegenheit, mehr über das entbehrungsreiche Leben dort draußen zu erfahren. Die **Menschen im Outback** haben nicht viel Kontakt zur übrigen Welt – man sollte sich deshalb nicht über eine anfängliche Wortkargheit wundern. Wer einen Outback-Abstecher zu einer Farm plant, ruft am besten vorher an, um sich anzumelden. Diejenigen Farmen, die den Tourismus als eine bescheidene zusätzliche Einnahmequelle entdeckt haben, bieten ihren Gästen Führungen über ihre Ländereien an. Oft werden, sofern ein Flugzeug oder Helikopter vorhanden ist, auch **Rundflüge** offeriert.

Mt. Augustus ist der **größte Fels** der Erde. Mit seinen Ausmaßen ist der Berg rund zweieinhalb Mal größer als der Ayers Rock, wenngleich er nicht dessen markante Form besitzt. Seine Spitze liegt 1.105 m über dem Meeresspiegel und 858 m über der umgebenden Ebene.

Das gesamte Gebiet ist aufgrund zahlreicher Aboriginal-Fundstätten und einer vielfältigen Flora und Fauna zum National Park erklärt worden. Ein 49 km langer Rundweg (Burringurrah Drive) führt um den Felsen. Mt. Augustus kann auf einer 12 km langen Wanderung (6 Std., Summit Trail) bestiegen werden. Weitere kürzere Wanderungen sind größtenteils markiert und führen u. a. zu gut erhaltenen Felsgravuren. Eine Weiterfahrt in den **Karijini NP** (südlich von Tom Price) ist auf einsamen Outbackpisten möglich (vorher unbedingt informieren).

Die Anreise per Flugzeug ist durch Paggi's Aviation (8 Morrell Court, Carnarvon, ☎ 08-99411587) möglich. Übernachtung bietet das einfache Mt. Augustus Outback Tourist Resort (nicht immer in Betrieb – vorher anrufen: ☎ 08-99430527) in einfachen Motel-Units. Außerdem sind ein Campingplatz, Tankstelle und Laden vorhanden. Die Eigner bieten auf Anfrage geführte Touren auf den Berg oder rund um den Berg an.

☞ **Streckenhinweis**
Eine 4-WD-Piste führt über **Dooley Downs Homestead** und **Pingandy Station** nach Nordwesten und weiter nach **Paraburdoo** (ca. 420 km, sehr einsame Strecke) und in den **Karijini National Park**.

Carnarvon – Port Hedland

Beliebter Marine Park

Das **North West Cape** erstreckt sich wie ein ausgestreckter Daumen rund 200 km in den Indischen Ozean. Es ist im Westen und Norden weitgehend vom Ningaloo Reef umgeben. Der gleichnamige **Marine Park** wurde 1987 gegründet und ist unter Tauchern wie Anglern gleichermaßen beliebt.

Carnarvon – Port Hedland

Montebello Islands Marine Park
TRIMOUILLE ISLAND
HERMITE ISLAND

DAMPIER ARCHIPELAGO
LEGENDRE I.
ENDERBY I.
Point Samson

Port Hedland
Cape Thouin
South Hedland
Whim Creek
95

BARROW ISLAND
Barrow Island Marine Park

Cape Preston
Dampier
Karratha
Wickham
Roebourne
Woogina

MANGROVE ISLAND
Mardie

Millstream Chichester N. P.

THEVENARD ISLAND
Onslow
Fortescue Roadhouse
Pannawonica
Fortescue R.
Wittenoom

North West Cape
North West Coastal Highway
Mt. Brockman 1132 m
Mt. Bruce 1233 m

Cape Range N. P.
Yardie Creek Gorge
Exmouth
Exmouth Gulf
Learmonth
Mount Stuart
136
Tom Price
Rocklea
Karijini N. P.

Ningaloo Marine Park
Nanutarra Roadhouse
Hardey R.
Ashburton Downs
Paraburdoo

Bullara
Giralia
Burkett Road
Barradale

P   i   l   b   a   r   a

Point Maud
Coral Bay
Winning
Ullawarra
Mt. Breshnahan 680 m

Red Bluff
Lyndon R.
Lyndon
Kenneth Range
Mt. Boggola 680 m

Lyons R.
Mount Vernon

Gnaraloo
Minilya Roadhouse
Kennedy Range N. P.
Minnie Creek
Gilford Creek

Lake Mac Leod
Mt. Augustus 1105 m
Mt. Augustus N. P.

Cape Cuvier
Boologoora
Yinnietharra
Woodlands

Point Quobba
BERNIER ISLAND
Gascoyne R.
Carnarvon
Mullewa Road
Gascoyne Junction
Dairy Creek
Mt. Gascoyne 789 m
Landor

Cape Ronsard
Carnarvon
Dalgety Downs

© graphic

Streckenhinweis

Die Straße nach Coral Bay und Exmouth zweigt am Minilya Roadhouse in nordwestlicher Richtung ab. Wegen der vielen Kängurus und Emus Nachtfahrten vermeiden!

Coral Bay

Der kleine Ort Coral Bay hat sich in den letzten Jahren von einem verschlafenen Fischerdorf zu einem **lebhaften Ferienort** gewandelt. Das schöne Korallenriff liegt zum größten Teil innerhalb der Lagune und beginnt nur wenige Meter vom Strand entfernt. Schnorchelausrüstung kann geliehen werden, ebenso werden

Tauchexkursionen oder Fahrten in **Glasbodenbooten** angeboten. Von März–Juni gibt es Ausflüge zur Beobachtung der Walhaie. Die Fische tauchen wohl zunächst in Coral Bay auf, um dann nach Norden in Richtung Exmouth zu ziehen. Dort bleiben sie bis ungefähr Juni. Sind die Walhaie nicht da, können Manta-Rochen und Seekühe im Wasser beobachtet werden.

Reisepraktische Informationen Coral Bay

Information
Coral Bay Supermarket & Outdoor Centre, *Einkaufs- und Informationszentrum zur Buchung von Ausflügen. Ein offizielles Visitor Centre existiert nicht, jedoch betreibt die NP-Behörde einen Info-Stand.*
Organisierte Ausflüge
Eine Reihe von Anbietern offeriert Bootsausflüge an das Ningaloo Riff – zum Tauchen oder zum Schnorcheln. Auch eine Quad-Tour durch die Dünen macht Laune.

Übernachten
Eine Reservierung von Hotel oder Campingplatz ist empfehlenswert!
Ningaloo Reef Resort $$$, *1 Robinson St., Coral Bay,* ☎ *08-99425934, www.ningalooreefresort.com.au. Schmuckes kleines Hotel gutem Restaurant und Bar.*
Bayview Coral Bay $$$$, ☎ *08-93856655, www.coralbaywa.com.au. Komfortable Motelunits.*
Ningaloo Club Backpackers $, ☎ *08-99485100, www.ningalooclub.com. Preiswertes Hostel.*
Giralia Station und Bullara Station, *Burkett Rd.,* ☎ *08-99425938, www.bullarastation.com.au. Arbeitende Schaffarmen – ideal für ein echtes Aussie-Outback-Erlebnis. Unbedingt vorher anrufen und reservieren. Campingplätze vorhanden.*

Camping
Peoples Park CP, *Robinson St.,* ☎ *08-99425933, www.peoplesparkcoralbay. com. Großer Campingplatz, auch Cabins.*

Ningaloo Reef

Das Korallenriff ist das **größte Westaustraliens**: Der Ningaloo Reef Marine Park erstreckt sich über 260 km von Point Murat im Nordosten der Halbinsel bis Bulbari Point im Südwesten (4.300 km² Fläche). Das Riff bietet mit über 500 Fischarten und 220 riffbildenden Korallen eine außerordentliche Vielfalt. Die Korallenbänke sind ein **Paradies für Schnorchler und Taucher** und im Gegensatz zum Great Barrier Reef weitgehend unverbraucht. Das Riff kann zum Schnorcheln und Tauchen ganzjährig besucht werden, es gibt keine Quallen und keine Krokodile. Kilometerlange, menschenleere Strände sind weitere Höhepunkte.

Die größten Fische
Eine der Attraktionen sind die zur Laichzeit der Korallen (Mitte März–Ende Mai/Anfang Juni) vorbeiziehenden **Walhaie** (Whale-Sharks). Die sanften Riesen werden bis zu 40 t schwer und 18 m lang – die größten vorkommenden Fische! Da die

Tiere aber harmlose Planktonfresser sind und dicht unter der Wasseroberfläche schwimmen, können sie auf speziellen Bootsausflügen schnorchelnd beobachtet werden (ab Exmouth oder Coral Bay). Das Ningaloo-Riff ist der einzige Platz auf der Welt, an dem man zu einer bestimmten Zeit „garantiert" mit Walhaien schnorcheln kann.

Weitere, für Schnorchler und Taucher interessante Begegnungen sind mit **Manta-Rochen** (bis 5 m Spannweite) und **Dugongs** (Seekühen) möglich und

Begegnung mit Walhai am Ningaloo Reef

beileibe keine Seltenheit. Von Nov.– März legen Grüne **Seeschildkröten** ihre Eier an den Stränden ab. Man schätzt, dass rund 6.000 **Buckelwale** von Aug.–Dez. vorbeiziehen und im Golf von Exmouth Station machen, um ihre Jungen zu füttern.

Exmouth

Exmouth wurde 1967 als Stützpunkt der US-Navy gegründet und ist die **jüngste Stadt Australiens**. Ihre reichen Fischgründe, schönen Strände, das Ningaloo Reef und der Cape Range NP haben die Stadt zu einem beliebten Ferienort werden lassen. Die Navy-Pier wird heute noch genutzt und hat sich als erstklassiges Tauchrevier (Pier Dive) etabliert.

Erstklassiges Tauchrevier

Im äußersten Norden stehen die Antennenmasten der V. L. F. Antenna Fields (Very Low Frequency), die für die Verbindung zu amerikanischen und australischen U-Booten im Indischen Ozean sorgen. Der höchste Mast misst 388 m. Im nördlichen Teil der ehemaligen Base ist das Seabreeze Resort (unter deutscher Leitung).

Reisepraktische Informationen Exmouth

ℹ **Information**
   Visitor Centre, *Murat Rd.,* ☎ *08-99491176, www.visitningaloo.com.au.* Buchung von Tauchexkursionen, Rundflügen, Ausflügen in den Cape Range NP.
Organisierte Ausflüge und Walhai-Touren
Ningaloo Dreaming, ☎ *1800-994210, www.ningaloodreaming.com.*
Sea Kajaking Blue Lagoon, ☎ *08-99491776, Kanu-Ausflüge.*

🚐 **Anreise und Verkehrsmittel**
   Skywest, ☎ *1300-660088, www.skywest.com.au, fliegt den Flughafen Learmonth (LEA), 37 km südlich von Exmouth, an. Von dort werden Bustransfers nach Exmouth und nach Coral Bay angeboten.* **Greyhound**, ☎ *132030, www.greyhound.com.au,* und **Integrity Coach Lines** *(Perth – Exmouth,* ☎ *1800-226339, www.integrity*

coachlines.com.au) halten auf der Fahrt nach Exmouth auch in Coral Bay. **Mietwagen** *können am Flughafen oder in Exmouth gemietet werden.*

Übernachten
Eine Reservierung von Hotel oder Campingplatz ist empfehlenswert!

Sal Salis, Cape Range NP $$$$$, ☎ 1300-790561, www.salsalis.com.au. *Luxus-Zeltunterkunft mitten im National Park.*

Best Western Seabreeze Resort $$$, *Naval Base,* ☎ 08-99491800, *www.sea breezeresort.com.au. Auf der ehemaligen US Navy Base gelegenes Hotel mit deutscher Leitung. Sehr gute Tauch-Tipps erhältlich.*

Potshot Hotel Resort $$$, *1 Murat Rd.,* ☎ 08-99491200, www.potshotresort.com. *Komfortables Hotel.*

Excape Backpackers YHA $, *Murat Rd.,* ☎ 08-99491200. *Jugendherberge auf dem Gelände des Potshot Hotels.*

Camping
Ningaloo Caravan and Holiday Resort, *Murat Rd.,* ☎ 08-99492377, *www.exmouthresort.com. Großer Caravan Park mit Cabins, Backpackerhütten, Mietwagenverleih.*

Ningaloo Lighthouse CP, *Vlamingh Head (19 km nordwestlich),* ☎ 08-99491478, *www.ningaloolighthouse.com. Gepflegter Campingplatz am Fuße des alten Leuchtturms.*

Yardie Homestead CP, *Yardie Creek Rd., Cape Range NP,* ☎ 08-99491389, *www. yardie.com.au. An der Westküste (auf dem Weg in den Cape Range NP) gelegene Farm mit komfortabler Übernachtungsmöglichkeit, auch Zeltplätze.*

Cape Range National Park

Streckenhinweis
Die Anfahrt in den NP erfolgt, von Exmouth kommend über die Nordspitze der Halbinsel. Die Straße ist bis **Yardie Creek** asphaltiert. Bei Ebbe kann der Yardie Creek überquert werden (nur mit 4-WD, am besten nicht alleine probieren) und entlang der Westküste auf Sandpisten bis Coral Bay gefahren werden. Das **Milyering Visitor Centre**, Cape Range NP, 52 km von Exmouth, ist ein ausgezeichnetes Informationszentrum mit Filmen und Ausstellungen. Der 1974 gegründete Cape Range NP bedeckt insgesamt 50.581 ha Fläche. Typisch für das Kalksteinplateau sind seine tiefen Täler und Schluchten, die an verschiedenen Stellen besucht werden können. Noch interessanter erscheinen jedoch die zahlreichen Strände, von denen aus direkt zu den nur 20–50 m entfernten Korallenriffen geschnorchelt werden kann. Die besten Stellen sind bei **Lakes Side** und **Oysters Stacks**. Nicht selten sieht man auch **Delfine** in unmittelbarer Küstennähe vorbeiziehen.

Korallenriffe direkt am Strand

Turquoise Bay und **Osprey Bay** sind die bekanntesten und schönsten Buchten. Landschaftlicher Höhepunkt ist der **Yardie Creek Canyon** (90 km südlich), wo sich ein kurzer Wanderweg befindet. Auf dem Fluss werden Bootstouren angeboten. Quert man den Fluss (Achtung, gefährlich wegen Strömungen und Hochwasser!) führt eine Piste in Richtung **Coral Bay** (nur 4-WD). Überall sieht man Kängurus und Emus.

Streckenhinweis
Burkett Rd.

Zurück zum North West Coastal Hwy kann die Fahrt über die geteerte Burkett Rd. um fast 100 km verkürzt werden. Outback-Stopovers kann man auf der Bullara Station oder auf der **Giralia Station** (☎ 08-99425937) einlegen.

Central Pilbara Coast

Info

Aufgrund der Tatsache, dass die meisten Reisenden den sehenswerten Karijini NP im Landesinneren besuchen, entfällt aus Zeitgründen ein Stück Küstenlandschaft, welche als **Central Pilbara Coast** bezeichnet wird und durchaus seine Reize hat. Der wichtigste Ort ist die rund 10.000 Einwohner zählende Stadt **Karratha**, die vom Geschäft mit Eisenerz (Hamersley Iron Ltd.) und Erdgas. (Woodside Liquified Natural Gas) lebt. Die Stadt ist ein idealer Versorgungsstützpunkt auf dem Weg in den Millstream Chichester NP oder wenn Ausflüge nach Dampier oder Point Samson unternommen werden.

Das Hafenstädtchen **Dampier** mit der Eisenerz- und Salz-Verladestation liegt nur 20 km entfernt und gilt als Ausgangsort für Bootstouren auf die 42 Inseln des **Dampier Archipels**. Die Inseln bieten eine Fülle einsamer Strände und gute Angel- und Schnorchelmöglichkeiten. Doch auch auf dem Festland, auf der 88 km² großen Burrup Peninsula nördlich von Dampier, befinden sich großartige Strände (überwiegend 4-WD-Tracks).

Bootstouren werden auch zu den 120 km entfernt liegenden **Montebello Islands** angeboten. Dabei handelt es sich um rund 100 flache Kalksteinfelsen und -inseln, die noch vor einigen tausend Jahren mit dem Festland verbunden waren. Im 19. Jahrhundert wurden die Montebellos von Perlenfischern besiedelt. Unrühmlich indes waren drei Atombombenversuche, welche die Briten im Jahr 1952 in einer Bucht nahe **Trimouille Island** unternahmen. Heutzutage können die Inseln wieder besucht werden. Angler, Strandläufer, Naturliebhaber und Walbeobachter kommen auf ihre Kosten.

Auf der Fahrt in Richtung Port Hedland passiert man **Roebourne**, die älteste Stadt im Nordwesten. Am Ende der Halbinsel befindet sich das **Cape Lambert** mit einer Eisenerz-Verladung. Östlich liegt die Feriensiedlung **Point Samson** mit herrlichen Stränden und einer guten Auswahl an Unterkünften und Caravan Parks – ein Muss für jeden Reisenden, der die Extrazeit erübrigen kann. Point Samson ist außerdem Heimat einer modernen Fischfangflotte.

Information
www.australiasnorthwest.com.
Karratha Visitor Centre, ☎ 08-91444600, www.karrathavisitorcentre.com.au
Roebourne Visitor Centre, ☎ 08-91821060, www.roebourne.org.au

Pilbara-Region

Ursprüngliches Westaustralien

Die Region **The Pilbara** gehört zu den wenig erschlossenen Regionen des Kontinents. Sie umfasst rund 500.000 km² und reicht von der **Nordwestküste** bis an die großen Wüsten des Landes – **Great Sandy Desert** und **Gibson Desert**. Das Terrain wird von Australiern gemeinhin als „Rugged Country" bezeichnet, was so viel wie raues, wildes, zerfurchtes Land heißt.

Das Pilbara-Outback mit Mt. Nameless

Von der flachen Küste kommend, erheben sich abgebrochene, nur spärlich bewachsene Gebirgszüge aus dem westaustralischen Plateau – ein Gebiet, dem Geologen das sagenhafte Alter von 2 Mrd. Jahren zuschreiben. Die Pilbara gehört zu den heißesten Regionen der Erde. Den Weltrekord hält das Outback-Nest **Marble Bar**: Im Jahre 1923/24 wurde an 160 aufeinander folgenden Tagen über 38,7 Grad gemessen. Die wenigen Städte (Tom Price, Newman) haben sich durchweg dem gewinnträchtigen Mining verschrieben: Der Wohlstand

Wohlstand basiert auf Eisenerz

Westaustraliens gründet sich auf die überaus reichhaltigen **Eisenerzvorkommen** in der roten Erde der Pilbara. Schätzungen gehen davon aus, dass allein hier 40 Mrd. t hochwertiges Erz lagern. Die Rohstoffe werden per Eisenbahn in die Häfen **Dampier** und **Port Hedland** verfrachtet und von dort auch verschifft. Neben Bodenschätzen werden die Erdgasfelder des Nord-West-Schelfs vor Dampier ausgebeutet. Touristisch interessant sind die Felsschluchten und Wasserfälle des **Karijini NP**, der 300 km landeinwärts liegt. Die Erschließung der Region schreitet mit dem Ausbau der Straßen schnell voran.

Die Pilbara-Region verfügt noch über viele sehenswerte Flecken, die auf eigene Faust nicht gefunden werden oder nicht bekannt sind. Einige lokale Veranstalter haben sich spezialisiert und bieten Tagestouren an, die auch für Mietwagen- und Camperreisende sehr empfehlenswert sind.

Tom Price

Mit 747 m über dem Meeresspiegel ist Tom Price „Top Town of WA", die höchstgelegene Stadt Westaustraliens. Sehenswert an der 4.300-Einwohner-Stadt ist das wahrhaft **beeindruckende Eisenerz-Abbaugebiet** der Hamersley Iron Pty. Ltd. Touren werden vom Visitor Centre angeboten, allerdings nur bei ausreichender Teilnehmerzahl (Dauer ca. 2 Std.). Vom 1.245 m hohen **Mt. Mehary** (Anfahrt über Juna Downs Station, extrem steile Straße, nur 4-WD, Permit erforderlich) lässt sich das Gebiet überblicken.

Reisepraktische Informationen Tom Price

Information
Visitor Centre, *Central Rd.,* ☎ *08-91885488, www.tomprice.org.au.*

Anreise und Verkehrsmittel
Die Anreise per **Auto** *erfolgt vom North West Coastal Hwy. beim Roadhouse Nanutarra auf einer geteerten Straße (294 km bis Tom Price). Per* **Flugzeug** *(Qantas Link) zum Flughafen Paraburdoo.* **Überlandbusse** *lassen die Pilbara bislang meist „rechts" liegen und folgen dem Küsten-Highway.*

Übernachten
Die Stadt Tom Price ist der wichtigste Versorgungsstützpunkt neben der Minenstadt Paraburdoo. Das Tom Price Motel ist nur bedingt empfehlenswert!
Karijini Eco Retreat $$$, ☎ *08-94255591, www.karijiniecoretreat.com.au. Die beste Unterkunft, direkt im National Park gelegen. Komfortable Zelte mit Du/WC, im Stil von Afrikas Lodges.*
Mt. Florance Station $$, *zwischen Karijini und Millstream NP gelegen,* ☎ *08-91898151. Ruhige Outback-Farm, nur von April–Okt. geöffnet. Mit Campingmöglichkeit.*

Camping
Tom Price Tourist Park *(4 km westlich),* ☎ *08-91891515, www.tomprice touristpark.com.au. Campingplatz.*
Näher der Natur lässt es sich auf den **Campgrounds im Karinjini NP** *nächtigen. Diese befinden sich an der* **Weano Gorge**, **Joffre Gorge** *und* **Dales Gorge**.

Karijini National Park (Hamersley Range Gorges)

Der 617.606 ha große National Park, der zweitgrößte WAs, ist nur in seinem Nordteil erschlossen. Tiefe Felsschluchten, die sich in das Hochplateau der Range gegraben haben, führen ganzjährig Wasser. Das rote, eisenhaltige Gestein und die spärlich bewachsenen Flächen (Spinifex, Eukalyptusbäume) stehen in einem faszinierenden Kontrast zu der reichen Vegetation am Fuße der Schluchten. Die Entfernungen zwischen den Schluchten sind erheblich, daher ist es sinnvoll, sich den Besuch auf wenige Canyons zu beschränken. Das **Karijini Visitor Centre**, Banjima Drive, ☎ 08-91898121, befindet sich zentral im NP und hält alle wichtigen Informationen bereit. Übersichtskarten des NP sind auch in Tom Price erhältlich.

Faszinierende Kontraste

Die Hauptroute ist der **Banjima Drive** (gut trassierte Piste). Er führt in das magische Schluchtendreieck **Hancock Gorge**, **Weano Gorge** und **Red Gorge** (nur geführte Touren). Separate Zufahrten bestehen zu den **Joffre Falls** (Joffre Gorge) und zur Knox Gorge, sowie zu den **Kalamina Falls** und zur **Dales Gorge**. Die Ausfahrt Karijini Drive in Richtung Great Northern Hwy. (Newman, Port Hedland) ist geteert.

Karijini N. P.

© *i graphic*

info

Wanderungen und Ausflüge im National Park

Folgende Schluchten sind zugänglich bzw. über Wanderwege erreichbar:
- **Hamersley Gorge** mit permanentem Wasserloch, vom Parkplatz über eine kurze Wanderung zu erreichen.
- **Hancock Gorge**, **Joffre Gorge**, **Weano Gorge**, **Knox Gorge**: Zusammenhängendes Schluchtensystem. Zahlreiche, z. T. schwere Wanderwege, permanent Wasser führend, bester Blick vom **Oxer Lookout**.
- **Kalamina Gorge**: Leicht zugänglich, schattiger Felspool.
- **Dales Gorge**: Abwechslungsreiche Schlucht mit Wasserfall Fortescue Falls, Wasserlöcher Circular Pool (oft trocken) und Fern Pool. Wanderung durch die Schlucht möglich.
- **Yampire Gorge** ist nur von der Munjina-Wittenom-Straße zugänglich, und es wird vor Asbest gewarnt.

Millstream Chichester National Park

Rund 220 km nördlich von Tom Price (und 120 km südlich von Karratha) liegt der 200.000 ha große NP, dessen Felspools schon von **afghanischen Kameltreibern** als Wasserstellen genutzt wurden.

Entlang des Fortescue River liegen tier- und **pflanzenreiche Oasen** (Deep Reach, Crossing Pool) inmitten der Halbwüste. In Millstream gibt es ein Visitor

Centre. An der Ausfallstraße in Richtung Roebourne (North West Coastal Hwy., 90 km nördlich) liegt **Python Pool**, der bekannteste und schönste Felspool.

Anfahrt und Streckenhinweis
Die **Zufahrt** ist wie folgt möglich:
1. Roebourne – Wittenoom Rd. (öffentlich)
2. Privatstraße Hamersley Iron Access Rd.: Dampier – Millstream–Tom Price
Für die private Zufahrtspiste in den NP ist ein Permit der Minengesellschaft erforderlich, welches man entweder in Tom Price oder in Karratha im Visitor Centre erhält. Die Ausfallstraße nach Norden endet auf dem North West Coastal Hwy. In Richtung Port Hedland passiert man das **Whim Creek Hotel**, einen urigen Pub von 1886 mit Übernachtungsmöglichkeit.

Port Hedland

Die Hafenstadt Port Hedland ist kaum mehr als eine **Durchgangsstation** und bietet mit ihren Industrie- und Hafenanlagen nicht viel Sehenswertes. Dies mag Anfang des Jahrhunderts noch anders gewesen sein, als Gold aus Marble Bar mit Kamelen und Maultieren an die kleine Jetty von Port Hedland geschafft wurde. Die einschneidende Veränderung erfuhr die Stadt in den 1960er-Jahren mit dem Beginn der Eisenerzförderung in der Pilbara. Mit kilometerlangen Zügen wird seitdem der Rohstoff von **Mt. Newman/Mt. Whaleback** zur BHP Iron Ore Ltd. transportiert und auf Frachter verladen, meist in Richtung China. Durch den rund um die Uhr laufenden Betrieb sind alle Gebäude und Fahrzeuge von einer rotbraunen Staubschicht überzogen. Hafentouren können im Visitor Centre gebucht werden. Während der Walsaison werden Bootstouren zur Beobachtung angeboten. *Industriell geprägte Hafenstadt*

Die Leslie Salt Company, das zweite wichtige Industrieunternehmen der Stadt, gewinnt **Salz durch Wasserverdunstung** und verschifft es ebenfalls vom Hafen. Angesichts des Frachtaufkommens von annähernd 45 Mio. t jährlich ist dieser Hafen der größte des Kontinents.

Eighty Mile Beach

In Port Hedland gilt es, noch einmal günstigen Sprit zu tanken, bevor die lange Etappe nach **Broome** auf dem Great Northern Hwy. ansteht. Die nächste Übernachtungsmöglichkeit bietet sich an der **Pardoo Station** (120 km nördlich von Port Hedland, ☎ *08-91764930, www.pardoostation.com*), etwas abseits des Highways.

Eine Möglichkeit, überhaupt zum traumhaften Eighty Mile Beach zu gelangen, bietet in **Wallal Downs** (250 km nordöstlich von Port Hedland) der Campingplatz Eighty Miles Beach CP, Anfahrt über eine ca. 10 km lange Piste. Baden ist gleichwohl schwierig, denn der Strand fällt extrem flach ab und bei 9 m Tidenhub ist bei Ebbe das Wasser kilometerweit entfernt. Mit einem Allradfahrzeug kann am Strand entlang gefahren werden (Achtung, Wasserschäden sind nie versichert!) *Langer Strand*

Immer am Strand entlang: mit dem Allradfahrzeug an der Eighty Mile Beach

Reisepraktische Informationen Port Hedland/Eighty Mile Beach

Information
Port Hedland Visitor Centre, *13 Wedge St., ☎ 08-91731711, www.visit porthedland.com. Es werden Führungen auf das BHP-Gelände (BHP Iron Ore Tour), Ausflüge in die Hamersley Range und Walbeobachtungen (Juni–Sept.) vermittelt.*

Übernachten
Das größte Problem in Zeiten des Mining Booms ist die Verfügbarkeit von Hotelzimmern. Ohne langfristige Voranmeldung geht oft nichts. Hotelzimmer sind zudem teuer.
Ibis styles Port Hedland $$$$, *Ecke Lukis/McGregor St., ☎ 08-91731511, www.accorhotels.com. Mittelklasse-Ketten-Hotel.*
Hospitality Inn $$$, *Webster St. (4 km östlich), ☎ 08-91731044, www.porthed land.wa.hospitalityinns.com.au. Mittelklasse-Hotel.*

Camping
Cooke Point Ocean Beach CP, *Athol St. (nahe Pretty Pool, 4 km östlich), ☎ 08-91731271, www.cooke-point-holiday-park.wa.big4.com.au. Direkt am Strand „Pretty Pool" gelegen, auch Backpacker-Unterkünfte.*
Eighty Mile Beach CP, *☎ 08-91765941, www.eightymilebeach.com.au. Auf halber Strecke zwischen Port Hedland und Broome gelegener CP mit direktem Strandzugang.*

Einkaufen
Ein großes Einkaufszentrum befindet sich in der Wohnstadt South Hedland.

Streckenhinweis
In der immer feuchter werdenden Hitze bietet die weitere Strecke bis Broome kaum Abwechslung. Im **Sandfire Roadhouse** ist eine weitere Rast mit Tankmöglichkeit gegeben. Etwa 130 km südwestlich von Broome bietet das **Eco Beach Resort** (☎ 08-91938015, www.ecobeach.com.au) luxuriöse Villen und komfortable Safari-Zelte (immer „Ocean View" buchen!). Restaurant und Bar sind vorhanden. Der Strand ist herrlich, auch als Abstecher (ca. 10 km Piste) empfehlenswert, bevor es weiter nach Broome geht.

Broome – Darwin
– die Kimberley-Region

Die Kimberley-Region oder schlicht **The Kimberley** umfasst ein 320.000 km² *Uner-*
großes Gebiet im Nordwesten des Kontinents (The Far North West). Ihrer un- *schlossene*
glaublichen Ausdehnung und Unerschlossenheit verdanken die Kimberleys den Ruf, *Küsten-*
eines der letzten Wildnisgebiete der Erde zu sein. *gebiete*

Zwischen der Perlenstadt **Broome** im Westen und der Diamantenstadt Kununurra im Osten gibt es nur ein Dutzend kleinerer Städte oder Versorgungsstützpunkte mit gerade 15.000 Einwohnern. Bizarre Bergketten, tropische Regenwälder,
breite Steppen, zerfurchte Schluchten – die Aufzählung von **Naturerlebnissen**
ließe sich endlos fortsetzen.

Die Nordküste einschließlich der Inseln ist kaum besiedelt – kein Wunder angesichts flutartiger Regenfälle, die das Land in der Wet Season bis zu 10 m unter
Wasser setzen. Einige Rinderfarmer trotzen den Unbilden des Landes: Zwei Drittel des Kimberley-Gebiets sind auf 99 Farmen aufgeteilt – mit insgesamt 600.000
Rindern. Daneben existieren verschiedene Aboriginal-Gemeinden, die aus den
ehemaligen Missionsstationen heraus entstanden sind. Der Norden ist Crocodile
Country: In vielen Flüssen leben **Johnston-Krokodile** (Freshwater Crocodiles),

Kimberley-Region

- Gibb River Road
- - - Alternativroute

N

0   50 km

Timor Sea

Cape Scott
Hyland Bay
Cape Hay Peppimenarti
Wadeye
Napier *Cape Talbot* LESEUR ISLAND
Broome Bay
CASSINI ISLAND
Cape Bougainville
Cape Voltaire Admiralty Gulf Kalumburu
Montague Sound
BIGGE ISLAND
Mitchell River N. P.
Prince Regent N. P. Port Warrender
CHAMPAGNY ISLANDS
AUGUSTUS ISLAND
Joseph Bonaparte Gulf
Keyling Inlet
LACROSSE I.
Drysdale River N. P.
Mitchell River
Kalumburu Road
Wyndham
Leguno Bradshow
Keep River N. P. nach Darwin
Auvergne
ADELE I.
MONTGOMERY ISLANDS
BUCCANEER ARCHIPELAGO
Cape Leveque
Lombadina
Pender Bay
Beagle Bay
LACEPEDE I.
Carnot Bay
Yampi Sound
Collier Bay
King Sound
Dampier Land
Beagle Bay
Yeeda
Derby
Mowanjum
K i m b e r l e y
Mt. Elizabeth
Old Beverley Springs (Ruinen)
Oobagooma
Silent Grove
Windjana Gorge N. P.
Gibb River Road
Tunnel Creek N. P.
Ellendale
Drysdale River
Ellenbrae
Gibb River Road
Gibb River
Mt. Barnett Roadhouse
Mt. House
Tableland
Lansdowne
El Questro **Gorge**
Kununurra
Lake Argyle
Great Northern Highway
Lake Argyle
Warmun (Turkey Creek)
Manning Gorge
Bedford Downs
Mt. Wells 970 m
Newry
Rosewood
Lissadell
Mt. Parker 724 m
Purnululu N. P.
Mistake Creek
Victoria Highway
Gregory National Park
Stirling Creek Limbunya
Ord River
Mt. Napier 487 m
Buchanan Highway
Inverway
Fitzroy Crossing
Looma
Noonkanbah
Nerrima
Broome
Roebuck Bay
Port Smith Caravan Park
Bidyadanga
Great Northern Highway
Barbrongan Tower 363 m
Geikie Gorge N. P.
Christmas Creek
Mt. Tuckfield 310 m
Great Northern Highway
Mt. Amhurst 689 m
Margaret River
Christmas Creek
Tanami Road
Halls Creek
Duncan Highway
Wolfe Creek Meteorite Crater
Sturt Creek
Nicholson
Birrindudu
Gordon Downs

© graphic

die als ungefährlich gelten. In den Küstengebieten, beispielsweise rund um Wyndham, sollten Warntafeln unbedingt beachtet werden, denn dort gibt es die gefährlichen **Leistenkrokodile** (Saltwater Crocodiles).

The Kimberley verfügt über mehrere National Parks und einige Naturreservate. Davon sind längst nicht alle zugänglich: Es führen z. B. keine Straßen in den **Prince Regent Nature Reserve**, und es besteht keine offizielle Zufahrt in den **Drysdale River National Park**. Die einzige Möglichkeit, sich einen Überblick über diese großartigen Regionen zu verschaffen, besteht mittels **Rundflügen** oder, von See aus, auf **Kreuzfahrten**.

Reisepraktische Informationen The Kimberley

Reisezeit
Die beste Reisezeit ist von Mai–Okt., wenn die Temperaturen tagsüber auf 25–34 Grad steigen und nachts auf erträgliche 14–20 Grad fallen. Die Regenzeit dauert von Dez.–März/April, wobei vereinzelte Starkregenfälle auch noch später im Jahr auftreten und Straßen unter Wasser setzen können.

Aktivitäten
Kreuzfahrten
Schiffe wie „Coral Princess", „True North", „North Star", „Kimberley Quest" u. a. bieten hervorragende Erlebnis-Kreuzfahrten entlang der Kimberley Küste an. Buchungen sollten **ein Jahr im Voraus** *erfolgen, da diese Kreuzfahrten auch auf dem lokalen Markt außerordentlich beliebt und die Saison von Mai–Okt. sehr kurz ist).*
Tauchen an den Rowley Shoals
Die drei Korallenatolle liegen 300 km vor der Nordwestküste von Australien und gelten unter Tauchern als der absolute Geheimtipp. Es herrschen Sichtweiten bis zu 70 m und eine unberührte Unterwasserwelt. **Pearl Sea Coastal Cruises** *und* **North Start Cruises** *bieten exklusive Tauchexkursionen an.*

Broome

Broome ist das südwestliche Eingangstor der Kimberley-Region. Ihre Vergangenheit und Gegenwart machen die Stadt (19.000 Ew.) zu einer der interessantesten des Westens: Die Entdeckung der Pintada Maxima, der größten Perlenmuschel, führte um 1880 zur Gründung einer Siedlung in der **Roebuck Bay**. Mit der Verlegung des Unterwasserkabels nach Java (1889) – deshalb „Cable Beach" – wurde die Kommunikation zu den Perlenmärkten hergestellt. Der 25 km lange Sandstrand **Cable Beach** hat Broome als Ferienort berühmt und populär gemacht.

Eingangstor der Kimberleys

Die Perlenindustrie erlebte 1913 ihre Blütezeit, als bis zu 400 Perlenboote und 3.000 Perlentaucher beschäftigt wurden. Die bildeten ein buntes Völkergemisch: Aborigines, Chinesen, Malaien, Philippinos und Araber bestritten ihren Lebensunterhalt mit dem lukrativen **Muschelfang**, und Broome kontrollierte 80 % des

Broome

Broome International Airport

Paspalayas Shopping Centre

Frederick St.
P. Haynes Oval
Frederick
Chinatown
Roebuck Bay Hotel

Matso's Broome Brewery

Roebuck Bay

Broome Historical Museum

Pioneer Cemetery

Town Beach

N
0   250 m

INDIAN OCEAN

Gantheaume Point

Broome Race Course

Reddell Beach

Kavite Rd.

Gantheaume Point Rd.

Cable Beach

Millington Rd.
Sanctuary Rd.
Koolama Dr.
Cable Beach Rd. West
Gubinge Rd.
Lulifitz Dr.
Fairway Dr.

Gubinge Rd.
Lorikeet Dr.
Jigal Dr.
Spoonbill Ave.
Sandpiper Ave.
Gus Winckel Rd.

Broome International Airport

Cable Beach Rd. East
Gubinge Rd.
De Marchi Rd.
Reid
Howe Dr.
Banu Ave.
Dakas St.
Reid St.

Boulevard Shopping Centre
Frederick
P. Haynes Oval
Anne
Dampier
Guy
Dora St.
Walcott
Robinson St.
Hamersley St.
Carnarvon St.

Outdoor Picture Garden (Sun Pictures)

Town Beach
Vergrößerung siehe Nebenkarte

Blackman St.
Hunter St.
Pembroke
Dora St.
Hopton St.
Robert St.
Clementson St.

Broome Golf Course

Port Drive
Gubinge Rd.
McDaniel Rd.

Roebuck Bay

Riddell Point
Deep Water Port
Aquaculture Park
Entrance Point

N
0   1000 m

Unterkünfte
1 The Kimberley Club
2 Cable Beach Club
3 Seashells Resort
4 Cable Beach Caravan Park
5 Palm Grove Caravan Resort

Fairway Dr.
Tanami Dr.
Gubinge Rd.
Broome Rd.
Malcolm Douglas Wildlife Park and Animal Refuge
Derby, Halls Creek

weltweiten Perlenmarktes. Der I. Weltkrieg, ein verheerender Zyklon 1935, das Bombardement durch die Japaner 1942 und nicht zuletzt die Entwicklung von künstlichen Perlen und Perlmutt führten zum vorübergehenden Niedergang.

Florierendes Perlengeschäft

Anfang der 1980er-Jahre wurde dank eines gestiegenen Interesses wieder damit begonnen, Perlmuscheln auf Farmen zu züchten. So ist Firma Paspalay Pearls zum **weltgrößten Perlenproduzenten** aufgestiegen. Mit den Perlen kam der Tourismus: Der Hwy. 1 von Port Hedland wurde 1984 vollends asphaltiert, und die Stadt erlebte dank finanzkräftiger Investoren einen großen Aufschwung. Einen erheblichen Anteil daran hatte Lord Alistair McAlpine, Mitglied im Oberhaus des britischen Parlaments. Er gründete u. a. den Pearl Coast Zoo (mittlerweile wieder geschlossen) und die Ferienanlage Cable Beach Club. Broome gehört mittlerweile zu den zukunftsträchtigsten **Urlaubsdestinationen** des Kontinents und ist Ausgangspunkt für Expeditionen und Touren in die Kimberleys.

Im einst chinesischen Viertel **Chinatown** (Carnarvon St./Dampier Terrace) hat sich in den letzten 100 Jahren nur wenig verändert. Es ist bis heute Handels- und Einkaufsbezirk der Stadt. Vom multikulturellen Flair ist allerdings wenig übrig geblieben. Das gemütliche **Open-Air-Kino Sun Pictures** (*Carnarvon St., www. broomemovies.com.au*) von 1916 ist mit Liegestühlen bestückt und lohnt den abendlichen Besuch. Im **Broome Historical Museum** (*Old Customs House, Saville St., ☎ 08-91922075, www.broomemuseum.org.au. Mo–Fr 10–16, Sa und So 10–13 Uhr, Erwachsene A$ 5, bis 12 Jahre Eintritt frei*) erfährt man mehr über die fassettenreiche Geschichte der Stadt. Der Friedhof **Pioneer Cemetery** mit chinesischen Gräbern liegt am Ende der Robert St.

Fünfmal im Jahr, bei extremer Ebbe (bis zu 10 m Tidenhub) und Vollmond, entsteht am Town Beach das Schauspiel **„Stairway to the Moon"**. Durch Lichtreflektionen erscheint der wellige Sand als Lichttreppe, die in Richtung Mond führt. Das Visitor Centre hält die genauen Termine bereit.

25 km langer Strand

Cable Beach ist der schönste Strand der Stadt (5 km westlich) und verwöhnt mit **traumhaften Sonnenuntergängen** – einer der schönsten Strände der Welt. Abends im Licht der untergehenden Sonne werden Kamelritte angeboten, und auch Hochzeiten sind in dieser malerischen Umgebung möglich. Der Strand ist fast 25 km lang, und jeder findet hier ein einsames Fleckchen, wenn er nur bereit ist, ein Stück zu gehen. Geländewagen können den nördlichen Strandabschnitt befahren.

Der frühere Broome Crocodile Park, gegründet vom berühmten Kimberley-Abenteurer Malcom Douglas („Unterwegs mit Malcom Douglas") ist umgezogen in den **Malcolm Douglas Wilderness Wildlife Park And Animal Refuge**, 16 km von Broome entfernt. 2010 war Douglas bei einem Autounfall ums Leben gekommen und seine Erben entschlossen sich, sein Vermächtnis in einem Park außerhalb weiterzuführen.
Malcolm Douglas Wilderness Wildlife Park And Animal Refuge, *Broome Hwy., 16 km von Broome, ☎ 08-91936580, www.malcolmdouglas.com.au. Tgl. 14–17 Uhr, Krokodilfütterung 15 Uhr, Erwachsene A$ 35, 5–15 Jahre A$ 20.*

An der südwestlichen Landspitze **Gantheaume Point** (7 km südlich) bilden die Felsen bizarre Formen. Bei Ebbe können 130 Mio. Jahre alte Dinosaurier-Fußstapfen erkannt werden. Der schöne Strand **Reddell Beach** lädt zum Verweilen ein, auch hier kann mit dem Auto am Strand gefahren werden.

Jährlich kommen bis zu 25.000 Zugvögel in die Roebuck Bay, um auf ihrem Weg nach Norden Nahrung aufzunehmen. Die beste Beobachtungszeit ist von Feb.–April (**Birds Observatory**, *18 km nordöstlich, ausgeschildert, ☎ 08-91935600, Führungen auf Anfrage*). Empfehlenswert sind Whale Watching-Touren zur Beobachtung der Buckelwale, die von Juni bis November entlang der Küste ziehen.

Willie Creek Pearl Farm (☎ *08-91920000, www.williecreekpearls.com.au*), 35 km nordwestlich, Tourbuchung über Visitor Centre, ist die einzige, öffentlich zugängliche Zuchtperlenfarm der Umgebung. Auf der interessanten Führung erfährt man alles über Perlen. Von Okt.–März ist die Straße nach Willie Creek meist nur mit 4-WD befahrbar. Ausflüge werden täglich ab Broome angeboten.

Reisepraktische Informationen Broome

ℹ Information
Broome Visitor Centre, *Great Northern Hwy., am Ortseingang*, ☎ *08-91952200, www.broomevisitorcentre.com.au. Ausflüge, Infos über Straßenzustände etc.* **National Park Office** (CALM), *Herbert St. (nähe Townbeach)*, ☎ *08-91921036, www.dec.wa.gov.au. Informationen über die NPs der Kimberley-Region.*

Anreise und Verkehrsmittel
Qantas (*www.qantas.com.au*), **Air North** (*www.airnorth.com.au*), **Virgin Australia** (*www.virginaustralia.com*) und **Skywest** (*www.skywest.com*) *fliegen Broome an, z. B von Darwin, Perth, Adelaide, Melbourne oder Sydney. Der Flughafen liegt nur 2 km von Chinatown entfernt. Taxis, Airport-Shuttle oder Hotelbusse stehen bereit.* **Greyhound** *und* **Integrity Busse** *fahren Broome auf der Westküstenroute an. Von der Innenstadt/Chinatown fährt halbstündlich ein* **Bus** *zum Cable Beach oder zum Boulevard Shopping Centre.*
Mietwagen
Zahlreiche Straßen der Kimberleys machen einen 4-WD vonnöten (vor allem nach der Regenzeit und für die Gibb River Rd.). Vorher buchen und die Konditionen (insbesondere Einwegmieten) erkunden! **Straßenberichte**: *www.racwa.com.au.*
Avis, *14–16 Coghlan St.*, ☎ *08-91935980, www.avis.com.au.*
Thrifty/Territory, *Airport*, ☎ *08-91937712, www.rentacar.com.au.*
Hertz Kimberley, *Airport*, ☎ *08-91921428, www.hertz.com.au.*
Camper
Apollo (*5 Farrell St.*, ☎ *1800-777779, www.apollocamper.de*) *und* **Britz/Maui** (*10 Livingstone St.*, ☎ *08-91922647, www.britz.com.au*), *bieten Broome als Anmiet- und Abgabestation an, allerdings ist dann eine Extra-Gebühr zu bezahlen. Plant man, die Gibb River Rd. zu fahren (nur Mai–Okt.) ist es deshalb meist günstiger, für die Gesamtstrecke Perth–Darwin oder eine Miete ab/bis Darwin oder ab/bis Perth einen Allrad-Camper zu nehmen anstatt das Fahrzeug in Broome anzunehmen oder abzugeben.*

Organisierte Ausflüge

Broome bietet ein großes Angebot an Tages- und Mehrtagesausflügen, sei es in die Kimberleys oder einfach nur in die näheren Umgebung.

Willie Creek Pearl Farm Tours, 32 Blackman St., ☎ 08-91920000, www.willie creekpearls.com.au. Ausflüge zur Perlenfarm Willie Creek.

Red Sun Camel Safaris, 19 Dampier Terrace, ☎ 08-91937423, www.redsuncamels. com.au. Kamelritte am Cable Beach.

Kimberley Wilderness Adventures, ☎ 1300-334872, www.kimberleywilder ness.com.au. 4-WD-Touren ab Broome oder Kununurra mit permanenten Camps oder Übernachtung auf Farmen.

Broome Aviation, ☎ 08-91921369, www.broomeaviation.com. Rundflüge über die Kimberleys und die Küste oder zu entfernten Outback Stations.

Absolute Ocean Charters, ☎ 0427-798155, www.absoluteoceancharters.com.au. Walbeobachtungs- und Hochseeangel-Touren

Kreuzfahrten entlang der Kimberley-Küste werden z. B. mit der „Kimberley Quest", „True North" (www.northstarcruises.com.au) oder der „Coral Princess" (www.coral princess.com.au) angeboten. Am besten ein Jahr im Voraus buchen!

Übernachten

Das Preisniveau in den Kimberleys ist aufgrund der kurzen Saison hoch. Reservierung unbedingt empfehlenswert.

Cable Beach Club $$$$$ **(2)**, Cable Beach Rd., ☎ 08-91920400, www.cablebeach club.com. Luxuriöse Ferienanlage oberhalb des Strandes – die beste Lage in Broome. Ausgezeichnete Restaurants und Bars (z. B. Sunset Bar während des Sonnenuntergangs).

Seashells Resort $$$$ **(3)**, 4–6 Challenor Drive, ☎1800-800850, www.seashells. com.au. Schöne Apartment-Anlage.

The Kimberley Club $ **(1)**, 62 Frederick St., ☎ 08-91923233, www.kimberleyklub. com. Modernes Backpacker-Resort.

Camping

Cable Beach CP (4), 8 Millington Rd./Cable Beach, ☎ 08-91922066. Gepflegter Campingplatz in Strandnähe, auch Cabins. Im Juli/August vorab reservieren.

Palm Grove Caravan Resort (5) (Top Tourist Park), Ecke Cable Beach Rd./Murray Drive, ☎ 08-91923336, www.palmgrove.com.au. Schön gelegener CP in Strandnähe, mit Cabins. Von Juli–Aug. Reservierung empfehlenswert.

Restaurants

Zahlreiche China-Restaurants laden in Chinatown zu Lunch und Dinner ein. Im „klassischen" **Roebuck Bay Hotel** *geht es laut und lebhaft zu.* **Matso's Broome Brewery** *(Hamersley St.) ist ein schönes Lokal mit Biergarten und Blick auf die Bucht.*

Einkaufen

Broome verfügt über zwei größere Einkaufszentren: **Paspalays Shopping Centre** *(Carnavon St./Chinatown) mit Post und Supermarkt und* **Boulevard Shopping Centre** *(Frederick St.) mit Supermarkt und zahlreichen Geschäften. Daneben reihen sich viele Boutiquen und Souvenirläden in Chinatown aneinander.*

Berühmt ist Broome für seine **Perlen***, die es bei Paspalay Pearls (2 Short St.) gibt. In der* **Monsoon Gallery** *(60 Hamersley St.) gibt es indonesische Kunst zu kaufen.*

Nördlich von Broome

Cape Leveque – Dampier Peninsula

Nördlich von Broome ist die **Dampier-Halbinsel** ein lohnendes Ausflugsziel. Das gesamte Gebiet ist Aboriginal-Land, dessen Bewohner in verschiedenen Communities leben. Sie bieten Reisenden geführte Wanderungen oder Mud-Crabbing-Tours auf Anfrage an. Die Piste nach Cape Leveque (220 km nördlich von Broome) ist auf den ersten Kilometern asphaltiert, später sandig. Man passiert nach 120 km die Beagle Bay Missionsstation, die 1890 gegründet wurde und deren herausragendes Merkmal die weiß getünchte Sacred Heart Church von 1918 ist. Die Ornamente im Inneren und der Altar sind reich mit Perlmutt verziert. Weiter nördlich (150 km) befindet sich an der Middle Lagoon nicht nur eine verträumte Bucht, sondern auch ein herrlich gelegener Campingplatz, der von den Aborigines Peter und Tracy Howard liebevoll erbaut und geführt wird. In Lombadina (200 km) befinden sich eine weitere alte Missionskirche und eine kleine Siedlung mit Laden und Tankstelle (nur Mo–Fr).

Ausflug in den Norden

Schließlich erreicht man das Cape Leveque mit seinen weitläufigen Stränden und markanten roten Sandsteinfelsen. Im **Kooljaman Cape Leveque** (☎ *08-91924970, www.kooljaman.com.au*) findet man einfache Cabins, einen Campingplatz und ein Restaurant. Wer nicht ganz bis zum Kap fahren will, kann gleich nach 15 km zu den schönen Stränden von Point Coloumb (Manan Rd.) abzweigen.

An der Nordspitze des Cape Leveque

Die Highway-Route von Broome nach Kununurra

👉 Streckenhinweis
Die Highway-Route von Broome über **Fitzroy Crossing** und **Halls Creek** nach **Kununurra** kann im Prinzip ganzjährig mit zweiradgetriebenen Fahrzeugen befahren werden. Während der Regenzeit (Nov.–April) muss allerdings mit Straßensperrungen durch überflutete Abschnitte gerechnet werden. Angenehmer und sicherer ist in jedem Fall der australische Winter.

Über die **Gibb River Road** (siehe Alternativ-Route) kann die Gesamtstrecke Broome – Kununurra um rund 160 km verkürzt werden. Die landschaftlich ausgesprochen reizvolle Strecke sei allen empfohlen, die auf die eher langweilige Highway-Route verzichten möchten und über ein **Allradfahrzeug** verfügen. Die Piste ist nur von Mai–Okt. geöffnet (wetterbedingte Schwankungen möglich).

Entfernungen

Broome – Derby:	220 km
Halls Creek – Kununurra:	359 km
Derby – Fitzroy Crossing:	292 km
Kununurra – Katherine (NT):	513 km
Fitzroy Crossing – Halls Creek:	288 km

Vor 350 Mio. Jahren bedeckte ein tropisches Meer beträchtliche Teile des Nordwestens. Kalk bildende Algenarten (Stromatoporoiden) formten in dem warmen Wasser das **Devonische Great Barrier Reef**, welches die heutigen Kalksteingebirge Napier Range, Oscar Range und Geikie Range bildet. Die Schluchten Windjana Gorge, Tunnel Creek und Geikie Gorge sind Bestandteile des Riffs.

Auffallende Flaschenbäume

Auf der Fahrt nach Derby fallen die kurios geformten Boab Trees (Flaschenbäume, s. Bild S. 555) auf. Eines der größten Exemplare ist der **Prison Tree** (4 km vor Derby), der einst als Gefängniszelle für aufsässige Aborigines diente. In diesem Zusammenhang muss die **Pigeon-Legende** erwähnt werden: Um 1890 setzten sich bewaffnete Ureinwohner gegen Land nehmende Viehzüchter zur Wehr. Einer von ihnen, Jundumurra, genannt „The Pigeon" („Die Taube"), arbeitete aufgrund seiner Fähigkeiten zunächst für die Polizei, brachte dann selbst einen Polizisten um und versteckte sich in den Höhlen der Windjana Gorge und des Tunnel Creek. Der Freiheitskampf von Pigeon war einer von wenigen Versuchen, bei denen eine organisierte Aboriginal-Gruppe den Aufstand gegen die weißen Kolonialherren probte.

Derby

Die 3.000 Einwohner der Stadt sind fast das ganze Jahr über einer erbarmungslosen, tropischen Hitze ausgesetzt, die nur von der Regenzeit unterbrochen wird. Die **tropischen Regenfälle**, die dann Straßen, Häuser und Landschaften meterhoch unter Wasser setzen, werden jeden Sommer mit Spannung erwartet.

Derby, am **King Sound** gelegen, hat mit durchschnittlich 8 m (zu Springfluten bis 14 m) den **größten Tidenhub** der südlichen Hemisphäre. Das Meer weicht bei Ebbe so weit zurück, dass es kaum noch zu sehen ist. Die Stadt, auf einer Halbinsel gelegen, scheint, aus der Luft gesehen, komplett von braunem Schlamm umgeben. Der Hafen Derbys hat deshalb seit 1983 kein größeres Schiff mehr gesehen. The Marsh wird nur zweimal im Jahr von Springfluten unter Wasser gesetzt und ist dann Schauplatz des berühmten **„Derby Mud-Football"**. Eine Straße und ein Fußweg führen von der Stadt hinaus zur Jetty, wo sich abends die Angler treffen und ein schön gelegenes Restaurant (inkl. Take-away) zum Verweilen lockt. Zuweilen gibt es wegen der Mangroven recht viele Moskitos.

Horizontale Wasserfälle

Spektakulär, aber nicht auf dem Landweg zu erreichen, sind die **Horizontal Water Falls** der Talbot Bay, die sich nur rund 60 km Luftlinie von Derby entfernt befinden. Dabei handelt es sich um zwei hintereinander liegende Buchten, die nur durch jeweils einen schmalen Ausgang mit dem Meer verbunden sind. Bei Ebbe und Flut bilden sich dann die sogenannten horizontalen Wasserfälle – aus der Luft ein

faszinierender Anblick. Ansonsten dient Derby (Gateway to the Gorges) normalerweise als Ausgangspunkt für die Fahrt zu den Schluchten der **Kimberleys** und
auf der Gibb River Rd.. Diese ist auf den ersten 65 km geteert.

Reisepraktische Informationen Derby

Information
Visitor Centre, *Clarendon St., ☎ 08-91911426, www.derbytourism.com.au.*

Übernachten
King Sound Resort Hotel $$$, *Loch St., ☎ 08-91931044, www.kingsound
resort.com.au. Bestes Hotel der Stadt.*

Camping
Kimberly Entrance CP, *Rowan St., ☎ 08-91931055, www.kimberleyentran
cecaravanpark.com. Großer Campingplatz mit kleinen Stellplätzen.*

Fitzroy Crossing

Die Stadt am Great Northern Hwy. ist ein wichtiger Stützpunkt der umliegenden
Rinderfarmen. Das Roadhouse und ein Supermarkt bieten alles Wichtige zum Ver-
kauf an. Am breiten, ganzjährig wasserführenden **Fitzroy River** sichtet man zu-
weilen Krokodile. Hauptattraktion ist der nahe Geikie Gorge NP.

Reisepraktische Informationen Fitzroy Crossing

Information
Fitzroy River Visitor Centre, *Flynn Drive, ☎ 08-91915355.*

Übernachten
Fitzroy River Lodge/CP $$, *Great Northern Hwy. (2 km östlich), ☎ 08-
91915141, www.fitzroyriverlodge.com.au. Standard-Motel und Campingplatz und Swim-
ming-Pool.*
The Crossing Inn $$, *☎ 08-91915080, www.crossinginn.com.au. Alter Pub mit ein-
fachen Zimmern.*

Geikie Gorge National Park
Der Fitzroy River hat sich ein 30 m tiefes Tal in die Geikie Range gegraben. Um die
Schlucht in ihrer ganzen Pracht zu sehen, empfiehlt sich eine Bootstour (ab Mitte
April, 8, 9.30 und 15 Uhr, A$ 30, nur Barzahlung). Die Ufer, auf denen sich ab und
zu Krokodile sonnen, dürfen nicht betreten werden. Wanderungen sind am west-
lichen Ufer (Reef Walk) möglich. Kein Camping.

Wolfe Creek Crater

16 km westlich von Halls Creek beginnt die Tanami Rd. nach Alice Springs. Sie führt vorbei am Wolfe Creek Crater, dem **zweitgrößten Meteoritenkrater der Welt** (137 km südlich), sein Durchmesser beträgt 850 m. Geologen gehen davon aus, dass der Meteorit vor 1 Mio. Jahren eingeschlagen und mehrere tausend Tonnen gewogen hat. Ein kurzer Wanderpfad ist entlang der „Kraterlippe" angelegt worden. (s. Kap. „Outbackrouten im Zentrum"). Gruselig-berühmt wurde die Gegend durch den australischen Horrorfilm „Wolf Creek".

Halls Creek

Der erste westaustralische Goldrausch fand 1885 in Halls Creek statt, war aber nur von kurzer Dauer. Heute dominiert die Suche nach mineralischen Bodenschätzen. Die Ruinen von **Old Halls Creek** (15 km südlich) und alte **Goldminen** (Ruby Queen Mine, Bradley Mine, 50 km südlich) können besichtigt werden. Weitere Abstecher führen zur **China Wall**, einer aus Quarzsand geformten Felswand (5 km südlich), oder zu den Badestellen **Sawpit Gorge**, **Palm Springs**, **Marella Gorge** und **Caroline Pool**.

Reisepraktische Informationen Halls Creek

Information
Visitor Centre, ☎ 08-91686262, *www.hallscreektourism.com.au*.

Übernachten
Kimberley Hotel $$, *9 Roberta Ave.,* ☎ *08-91686101, www.kimberleyhotel. com.au. Hotel/Motel und Backpacker-Unterkunft.*
Warmun/Turkey Creek Roadhouse $, *Warmun, zwischen Halls Creek und Kununurra,* ☎ *08-91687882, www.warmunroadhouse.com.au. Das Roadhouse bietet ein einfaches Motel und einen Campingplatz. Sehenswert ist das Warmun Art Centre in der Aboriginal Community. Alternative: Bungle Bungle Caravan Park (am NP-Eingang, www. bunglebungleexpeditions.com.au).*

Tipp
Wer über kein Allradfahrzeug verfügt, parkt das Fahrzeug am Roadhouse oder am Bungle Bungle Caravan Park (gleich nach der Einfahrt in den NP), übernachtet dort und schließt sich dem Veranstalter East Kimberley Tours (www.eastkimberleytours.com.au) zu einem Ein- oder Zweitagesausflug (inkl. Übernachtung im NP in fest stehenden Zelten, nur Mai–Okt., Vorausbuchung erforderlich) an. Abholung am Roadhouse.

Bungle Bungle National Park (Purnululu)

Das Bungle Bungle-Massiv gehört sicher zu den bekanntesten Attraktionen der Kimberley-Region und wurde im Jahr 2003 zum Weltkulturerbe der UNESCO er-

klärt. Auf mehr als 45.000 ha breiten sich die ge-
rundeten **Felskuppen wie Honigwaben** aus.
Der Name „Purnululu" bedeutet in der Sprache
der Kija-Aborigines „Sandstein". Das Massiv wurde durch die Flüsse der umgebenden Berge tief
ausgewaschen, der Sandstein dadurch Schicht für
Schicht komprimiert. Die heftigen Regenfälle im
Sommer bewirkten die Entstehung von Tälern
und Schluchten. Mittlerweile liegt die Oberfläche
der Bungles 200 m über der Basis. Die sehenswerten und überhaupt anfahrbaren (und erwan-
derbaren) Teile des NP liegen im nördlichen und
im südlichen Bereich.

Wie Honigwaben – die Bungle Bungles

Die Einschlüsse von Silizium und Flechten, die den Bergen ihre zebraähnlichen
Streifen verleihen, verhindern allzu schnelle Erosion. Interessanterweise waren die
Bungles bis Mitte der 1980er-Jahre vom Tourismus vollkommen unentdeckt. Der
NP ist witterungsbedingt nur von Mai–Okt. geöffnet. Ein einziger starker Regen
lässt die raue Zufahrtspiste unpassierbar werden.

Sehenswertes im National Park:
- **Echidna Chasm**: 21 km nördlich, tiefer, am Ende nur ein Meter breiter Felsein-
schnitt, leichte 45 Min. Wanderung vom Parkplatz.
- **Mini Palms**: 20 km nördlich, in beide Schluchten führt eine kurze Wanderung.
Saisonales Wasserloch bei Froghole.
- **Walanginjdji Lookout**: 2,5 km nördlich, leichter Spaziergang zum Aussichtspunkt.
- **Cathedral Gorge**: 25 km südlich, spektakuläre Schlucht, 2 km Wanderung.
- **Piccaninny Gorge**: 25 km südlich, schwere 30 km Zweitageswanderung in das
Zentrum des Massivs, die ersten km lohnen auch.

Reisepraktische Informationen Bungle Bungle NP

Streckenhinweis und Verkehrsmittel
*Vom Hwy. führt der 53 km lange Spring Creek Track, eine gut befahrbare 4-WD-
Piste mit etwa 5 leichten Wasserfurten zur Ranger-Station (Park Entry).*

Rundflüge
*Die Einzigartigkeit der Bungles können am besten auf einem Rundflug (ab ca.
A$ 280) ermessen werden. Hubschrauber führen Flüge ab Warmun/Turkey Creek Road-
house durch. Spektakulär sind Flüge mit offenen Helikoptern ab Bellburn Camp (im NP).
Rundflüge starten auch in Halls Creek und Kununurra.*

Camping
Einfache NP-Campgrounds gibt es in **Kurrajong** *(7 km nördlich von Three
Ways) und* **Walardi** *(13 km südlich).* **East Kimberley Tours**, **Kimberley Adventure Tours** *(APT) und* **Kimberley Wild Expeditions** *haben feststehende Camps
im NP eingerichtet, die auch von Selbstfahrern gebucht werden können.*

Wyndham

Auf dem Weg in die Stadt (50 km südlich von Wyndham) wird die **Parry Lagoon Reserve** passiert. Das Schutzgebiet ist Lebensraum vieler Vogelarten. Die Parry Creek Farm (☎ *08-9161139, www.parrycreekfarm.com.au*) ist eine Übernachtungs-Alternative zu Wyndham. Ein natürlicher Felspool – Baden erlaubt – ist **The Grotto**. Während der Regenzeit fällt ein 15 m hoher Wasserfall in das tiefe Becken.

Nördlichste Stadt West-australiens   Am Ende des Great Northern Hwy., rund 100 km nordwestlich von Kununurra und immerhin schon 3.300 km nördlich von Perth, nennt sich Wyndham „Top Town Of The West". Am Stadteingang grüßt ein 20 m hohes **Zementkrokodil** – als Hinweis auf die vielen lebenden Spezies entlang der Küste.

Fünf Flüsse – King, Pentecost, Durack, Forrest und Ord River – treffen sich hier, um in den Cambridge Gulf zu münden. Vom **Mt. Bastion Five River Lookout** bietet sich ein guter Blick darauf. 30 km südlich von Wyndham werden von der **Diggers Rest Station** geführte Reitausflüge entlang der Kurinji-King River Rd. angeboten (*Bed & Breakfast, Camping*, ☎ *08-9161029, www.diggersreststation.com.au*). Die Farm war Schauplatz im Film „Australia".

Reisepraktische Informationen Wyndham

Information
Tourist Information Centre, *Old Post Office*, ☎ *08-91611054.*

Übernachten
Wyndham Town Hotel $$$, *O'Donnell St.,* ☎ *08-91611202. Ordentliches Hotel.*
Wyndham Caravan Park, *Baker St.,* ☎ *08-91611064. Einfacher Campingplatz.*

Kununurra

An einer damals wie heute wichtigen Viehroute gelegen, gründete Kimberley Durack 1937 eine experimentelle Farm (Durack Argyle Homestead) am Ufer des Behn River. Versuchsweise pflanzte er verschiedene Getreidesorten an. Die Regierung unterstützte 1941 die Gründung einer Forschungsfarm (Ivanhoe Station) und beschloss 1958, aufgrund erfolgreicher Versuche, die Gründung der Stadt Kununurra und den Bau des **Lake Kununurra** mittels des Diversion Dam. Kununurra bedeutet treffend „Ort des Wassers".

Ort des Wassers

Der kleine, nur 2 km von nordöstlich von Kununurra gelegene Mirima NP (ehemals Hidden Valley NP) wird auch „Mini Bungle Bungle" genannt und lohnt einen Besuch am frühen Morgen. Schöne Sandsteinfelsen mit Aussichtspunkten können auf gut ausgeschilderten Spazierwegen erkundet werden. Die Anfahrt erfolgt über die Baringtonia Ave. und Hidden Valley Rd.

Reisepraktische Informationen Kununurra

ℹ️ Information

Kununurra Visitor Centre, *Coolibah Drive*, ☎ *08-91681177, www.visit kununurra.com. Buchung von Ausflügen, 4-WD-Touren, Rundflügen in den Bungle Bungle NP, Bootstouren auf dem Lake Argyle.*

National Park-Office CALM (Conservation & Land Management), *Messmate Way*, ☎ *08-91680200. Informationen über die NPs der Umgebung. Für die Übernachtung auf einem NP-Campground im Purnululu NP muss ein Permit vorab besorgt werden!*

👉 Organisierte Ausflüge

Kimberley Wilderness Adventures, ☎ *1300-334872, www.kimberley wilderness.com.au,* **East Kimberley Tours**, ☎ *08-91682213, www.eastkimberley tours.com.au* und **Kimberley Wild Expeditions**, ☎ *(08) 9193 7778, www.kimber leywild.com.au, bieten mehrtägige Bungle-Bungle-Safaris und Kimberley-Touren ab/bis Kununurra. Alle drei Veranstalter verfügen über feste Camps im Purnululu NP.*

Triple J Boat Cruises, ☎ *08-91682682, www.triplejtours.com.au. Lake-Argyle- und Ord-River-Bootstouren – sehr empfehlenswert! Pullover oder Jacke mitnehmen – abends wird's kühl!*

Slingair/Heliwork, ☎ *08-91691300, www.slingair.com.au. Großes Rundflugprogramm, auch mit Helikoptern über die Bungles oder das Mitchell Plateau.*

Belray Diamond Tours, ☎ *08-91681014. Rundflüge über Lake Argyle, Diamantenmine und Bungle Bungle NP.*

🛏️ Übernachten

Faraway Bay Bush Camp $$$$$, ☎ *0419-918953, www.farawaybay.com. au. Nur per Flugzeug (300 km nordwestlich von Kununurra) zu erreichen. Absolute Einsamkeit, grandiose Landschaften, Super-Service (nur Mai–Okt., unbedingt vorbuchen).*

Bullo River Station $$$$$, *200 km östlich von Kununurra*, ☎ *1300-652095, www. bulloriver.com. Marlee Ranache, Tochter der berühmten Outback-Australierin Sara Henderson, bewirtschaftet gemeinsam mit ihrem Mann Franz aus Österreich die Farm. Angelausflüge, Helikopterrundflüge, Reiten und Cattle-Mustering sind einige der angebotenen Aktivitäten – allesamt im All-Inclusive-Preis von ca. A$ 700/Nacht drin.*

Country Club Resort $$$$, *47 Coolibah Drive*, ☎ *08-91681024, www.kununurra countryclub.com.au. Bestes Hotel der Stadt*

Kimberley Croc Backpackers YHA $, *120 Konkerberry Drive*, ☎ *08-91682702, www.kimberleycroc.com.au. Preisgekrönte Jugendherberge.*

⚠️ Camping

Lake Argyle Tourist Village CP, *72 km südlich*, ☎ *08-91687777, www. lakeargyle.com.au. Direkt am Seeufer gelegener Campingplatz. Häufig sind kleine Krokodile im Wasser zu beobachten!*

🎁 Einkaufen

Kimberley Fine Diamonds *(553 Papuana St.) ist autorisierter Händler der Argyle-Diamanten. Preislich sollte man eine ungefähre Vorstellung von Diamanten haben.*

Lake Argyle

1972 wurde der Ord River flussaufwärts ein zweites Mal gestaut (Ord River Dam), was zur Schaffung des riesigen, **740 km² großen Lake Argyle** führte. Es ist der größte künstliche Wasserspeicher des Kontinents. Nur die Reste ursprünglicher Berggipfel ragen über die Wasseroberfläche und formen dutzende kleiner Inseln.

Riesiger Wasserspeicher Lake Kununurra und Lake Argyle bewässern zusammen 72.000 ha Felder. So können im an sich trockenen Norden eine Vielzahl von Nutzpflanzen angebaut werden: Sonnenblumen, Bananen, Sojabohnen, Mais, Melonen u. a. Bei Interesse arrangiert das Visitor Centre in Kununurra eine Führung durch das **Institute of Tropical Agriculture**. Die Fahrt zum 72 km südlich gelegenen See und seiner großen Staumauer lohnt sich insbesondere dann, wenn der Rückweg auf dem **Ord River** an Bord eines Bootes unternommen wird (Triple J Cruises).

Diamantenmine

Die **größte Diamantenmine der Welt**, Argyle Diamond Mines, produziert fast 40 % aller weltweit geförderten Rohdiamanten mit jährlich ca. 30 Mio. Karat. Dabei wurden die ersten Diamanten erst 1979 gefunden. Die Mine kann nur im Rahmen von Rundflügen (ab/bis Kununurra) besucht werden. Den traurigen Part spielten nach der Entdeckung der Diamanten wieder die Ureinwohner, die zwangsläufig umgesiedelt wurden. Sie leben heute in Communities nahe Warmun (Turkey Creek).

Alternativroute Gibb River Road (GRR)

Streckenhinweis
Routenvorschlag für Allradfahrer

In 16 Tagen von Broome nach Darwin über die Gibb River Road
1. Tag: Broome – Fitzroy Crossing
2. Tag: Fitzroy Crossing – Tunnel Creek – Windjana Gorge
3. Tag: Windjana Gorge – Bell Gorge
4. Tag: Bell Gorge – Manning Gorge
5. Tag: Manning Gorge – Miners Pool
6. Tag: Miners Pool – Mitchell Falls
7. Tag: Aufenthalt Mitchell Falls
8. Tag: Mitchell Falls – Gibb River
9. Tag: Gibb River – El Questro
10. Tag: Aufenthalt in El Questro
11. Tag: El Questro – Bungle Bungles
12. Tag: Bungle Bungles – Kununurra
13. Tag: Kununurra
14. Tag: Kununurra – Timber Creek
15. Tag: Timber Creek – Nitmiluk (Katherine Gorge)
16. Tag: Katherine – Darwin

Information
Karte S. 541, www.exploroz.com, www.australiasnorthwest.com, www.rac.com.au, www.kimberleyaustralia.com.

Für die Fahrt ist grundsätzlich ein Allradcamper die richtige Wahl. Bis auf die ersten 62 km handelt es sich um eine sehr gut befahrbare Schotterpiste bzw. festgefahrene Erdstraße, auf der strecken-weise mit bis zu 100 km/h gefahren werden kann. Einige Steigungen sind asphaltiert. Die Fluss-durchquerungen sind in der Trockenzeit prob-lemlos zu meistern, allein beim breiten Pentecost River ist Vorsicht geboten. Alle Abstecher in die Schluchten links und rechts der GRR sind Allrad-pisten und -tracks, die teilweise in schlechtem Zustand sind. Eine reifen- und materialschonende (sprich langsame) Fahrweise sei hier in eigenem

Auf der Gibb River Road mit Baob Tree

Interesse angeraten. Die Campingplätze und Campgrounds nehmen nur eine be-grenzte Zahl an Campern auf. Angesichts der Popularität der GRR in den australi-schen Wintermonaten kann es durchaus passieren, dass man bei zu später Ankunft vom Ranger abgewiesen wird oder schlichtweg keinen Stellplatz mehr bekommt. Da hilft nur weiterfahren oder ggf. am Wegesrand ein einfaches Bushcamp auf- *Campen am* schlagen. Eine Reservierung der Campgrounds (z. B. Bell Gorge) ist nicht möglich. *Wegesrand*

Als **beste Reisezeit** gelten die Monate Mai–Okt. Man sollte sich stets über den Straßenzustand erkundigen – je nach Intensität der vorangegangenen Regenzeit kann die Piste auch bis in den Juni gesperrt sein. Im Mai/Juni fährt man deshalb am besten von Perth nach Darwin („Süd-Nord"-Richtung). Wer erst Ende Okt. los-fährt (Darwin – Perth in „Nord-Süd"-Richtung) muss sich ebenfalls des Risikos ei-ner bereits gesperrten GRR bewusst sein.

Die Gibb River Rd., die einst eine historische Viehtriebsroute war, führt vom Great Northern Hwy. bei Derby bis zum Great Northern Hwy. bei Kununurra und folgt einer direkten Route. Die Gesamtlänge beträgt 647 km. Zahlreiche Schluchten mit ganzjährigen Bademöglichkeiten liegen am Wegesrand, Übernachtungen sind auf Rinderfarmen (Homesteads, Stations) und in einige Camps möglich. Für diesen „festen Unterkünfte" benötigt man auf jeden Falle eine Reservierung.

Die Gibb River Road im Überblick

km 0   Derby, Beginn der Gibb River Rd.
Bereits nach 35 km erfolgt der erste Abzweig zur Meda Station, ein populärer Platz zum Angeln und zum Campen (Achtung: Krokodile!). Die Teerstraße endet 62 km nach Derby und das „Abenteuer" beginnt.

km 119   Windjana Gorge (20 km) und Tunnel Creek (30 km)
Die eindrucksvolle Windjana-Schlucht ist von Derby aus über die Gibb River Rd. erreichbar (Abzweig nach 119 km). Wegen einiger sandiger Passagen empfiehlt sich ein Allradfahrzeug. Die Felswände der Windjana Gorge erheben sich abrupt aus dem Flussbett des Lennard River, bis zu 100 m hoch. Die Schlucht ist von einem 3,5 km langen Uferpfad durchzogen. Auf ruhigen Sandbänken und im flachen Wasser können Freshwater-Krokodile beobachtet werden. Ein großer NP-Campground

mit Duschen ist vorhanden. 2 km südlich befinden sich die Ruinen der Lillmooloora Police Station, die die ersten Siedler schützen sollte. 35 km südlich der Windjana Gorge gräbt sich ein 750 m langer Tunnel, der **Tunnel Creek**, durch die Napier Range. Der 12 m hohe und bis zu 15 m breite Durchgang kann von Abenteuerlustigen je nach Wasserstand durchwatet werden – Taschenlampe und Turnschuhe bzw. Badeschuhe nicht vergessen.

km 145   Durchquerung der King Leopold Range
Die Fahrt führt vorbei an der Felsformation Queen Victoria's Head, welche im Relief an den Kopf der britischen Königin erinnern soll.

km 184   Mt. Hart Wilderness Lodge (50 km pro Weg)
Zurück auf der GRR passiert man die Mt. Hart Wilderness Lodge (☎ 08-91914645) mit einem schönen Garten und einem Wasserloch zum Baden. Die Farm bietet eine Bed & Breakfast-Unterkunft, jedoch kein Camping und kein Benzin. Die Farm liegt rund 50 km von der GRR auf guter Piste entfernt.

km 191   Lennard River Gorge (8 km pro Weg)
Am Nachmittag nach links abzweigen zur Lennard River Gorge. Die Schlucht vermittelt einen guten Eindruck von der Pracht der Kimberley. Der Track dorthin ist über 8 km relativ rau, weshalb man es langsam angehen sollte. Kein Camping.

km 214   Bell Gorge (29 km pro Weg)
Zurück auf der GRR folgt nach wenigen Kilometern der Abzweig zur Bell Gorge. Der folgende 29 km lange Track ist recht rau und man sollte materialschonend fahren. Die Schlucht zählt zu den schönsten der gesamten Kimberley. Baden ist in malerischen Felspools möglich. Der Campingplatz bei Silent Grove (nach 19 km) bietet Toiletten und Duschen. Eine Wanderung vom Parkplatz zur Schlucht lohnt sich.

km 237   Imintji Store & Community
Der General Store (☎ 08-91917471) bietet kühle Getränke, Mahlzeiten, Verpflegung sowie eine Tankstelle mit Werkstatt, für den Fall, dass ein Plattfuß geflickt werden muss. Kimberley Adventure Tours betreibt hier die Bell Gorge Wilderness Lodge (ehemals Imintji Wilderness Camp). Nach weiteren 9 km folgen Mt. House Station und Moll Gorge, welche für Reisende nur nach Rücksprache (☎ 08-91914649) zugänglich ist.

km 247   Mornington Wildlife Sanctuary (90 km pro Weg)
Das 320.000 ha große Gebiet ist einer der abwechslungsreichsten Landstriche der Kimberley-Region. Der Fitzroy River windet sich über 40 km Anfahrt durch die Sir John- und Diamond-Schlucht der King Leopold Range. Das Resort wird von der Non-Profit Organisation Australia Wildlife Conservancy betrieben und hat neben festen Safari-Zelten einen Campingplatz (☎ 08-93809633, *www.australianwildlife.org*). Ein weiter, aber lohnender Weg dorthin!

km 251   Charnley River Station (43 km pro Weg)
Ein typische Kimberley-Rinderfarm (☎ 08-91914646) in schöner Umgebung mit Wasserlöchern und kleineren Schluchten. Neben der Übernachtung im Homestead selbst stehen einfache Hütten (Chalets) und ein Campingplatz zur Verfügung. Einige Kilometer weiter folgt die Adcock Gorge (5 km) und die unweit der GRR gelegene Galvans Gorge (700 m). Vom Parkplatz bis zum kleinen Badepool (mit Wasserfall) ist es nur ein Spaziergang. Camping ist bei beiden Schluchten nicht möglich.

km 280   Mt. Barnett Roadhouse (☎ 08-91917007) liegt 14 km nordöstlich der Galvans Gorge, direkt an der GRR. Der Laden ist zum Auffüllen der wichtigsten Vorräte als auch zum Tanken ein geeigneter Stopp, allerdings auch der wohl

teuerste entlang der GRR. Ein etwa 4 km langer Wanderpfad führt zur herrlichen Manning Gorge mit großem Pool und Wasserfall. Im Roadhouse ist das Camping-Permit erhältlich. Badespots sind am Fluss oder in der Manning Gorge vorhanden. An den Felswänden befinden sich einige Gwion-Figuren (Bradshaw Paintings).

km 300   **Piste zur Barnett River Gorge**. Der Badepool entschädigt für die Anfahrt und es gibt schöne Campingstellplätze.

km 338   **Mt. Elisabeth Station (30 km pro Weg)**
Im weiteren Verlauf der GRR folgt der Abzweig zur klassischen Rinderfarm Mt. Elisabeth Station (☎ *08-91914644, www.mountelizabethstation.com*). Die Farm bietet Unterkünfte in der Homestead und einen Campingplatz. Keine Tankstelle.

Abstecher bei km 419 zur Kalumburu Rd. (Mitchell Plateau) ...

Die raue Piste zum Mitchell Plateau ist nur wenig befahren und wird praktisch nicht in Stand gehalten. Unterwegs gibt es kaum die Möglichkeit, Verpflegung zu kaufen. Man sollte deshalb wohl präpariert losfahren und es langsam angehen lassen!

km 0   **Kreuzung Gibb River Rd. – Kalumburu Rd.**
Bereits nach 3 km erfolgt die Überquerung des Gibb River. Ein Platz mit Picknick-einrichtungen und der Möglichkeit zu einem Bushcamp befindet sich am Flussufer. Ein Stück weiter, bei Plain Creek (km 16), ein weiterer Campground.

km 59   **Drysdale River Homestead (1 km)**
Auf der Farm (☎ *08-91614326, www.drysdaleriver.com.au*) sollten noch einmal die Vorräte aufgefüllt werden (Tankstelle, Verpflegung), bevor die Tour nach Norden auf das Mitchell Plateau geht. Wer nicht ganz so weit fahren möchte, sollte von hier aus einen Rundflug unternehmen. Die Farm bietet einfache Zimmer (teilweise ohne Klimaanlage), einen Laden und eine Tankstelle. Camper sollten sich hier das Permit für den Campground bei **Miner's Pool** besorgen – ein herrlicher Badespot, der ca. 4 km entfernt liegt (vor der Flussdurchquerung rechts halten).
Bei **km 62,5** muss der Drysdale River überquert werden. Bevor man den King Edward River überquert, Wassertiefe prüfen und den Untergrund inspizieren. Am Flussufer befindet sich ein einfacher Campground und schöner Badespot. Kimberley Wilderness Adventures betreibt in der Nähe das Marunbabidi Wilderness Camp (auch für Selbstfahrer buchbar).

Abzweig nach links zum Mitchell Plateau
Das Plateau selbst beginnt nun weitern 70 km auf relativ guter Piste. Zu den Wasserfällen dauert der Fußmarsch vom Parkplatz ca. 1 Std. (3 km). An den Little Merton Falls befinden sich hervorragende Felszeichnungen an den Überhängen, und auch im weiteren Verlauf können weitere „Bradshaws" besichtigt werden.
Während der Saison (Mai–Okt.) betreibt **Heliwork WA** (☎ *08-91691300, www. slingair.com.au*) ein Camp am Mitchell Falls Car Park und führt spektakuläre (teure) Rundflüge über die zerklüftete Küstenregion durch. **Bademöglichkeiten** bestehen auch am King Edward River und bei Surveyers Pool. Die Region ist aufgrund ihrer überaus reichen Pflanzenwelt, u. a. mit den seltenen Livistona-Eastonii-Palmen, von besonderer Bedeutung. Wenn möglich, sollte der Aufenthalt am Mitchell Plateau schon einen Tag lang dauern – sonst lohnt die ganze Fahrt nicht ... Ein einfacher NP Campground befindet sich am Parkplatz. Kimberley Wilderness Adventures betreibt in der Nähe das **Mitchell Falls Wilderness Camp**/Lodge (auch für Selbstfahrer buchbar). An der Küste, auf der östlichen Seite der Port-Warren-

der-Bucht, befindet sich das bei Anglern beliebte, exklusive Kimberley Coastal Camp (☎ 0417-902006, www.kimberleycoastalcamp.com.au, max. 8 Gäste).

Abzweig nach rechts nach Kalumburu

Folgt man dem Abzweig nach rechts in Richtung Kalumburu, so erreicht man nach einem Kilometer die **Rinderfarm Theda Station** (☎ 08-91614329). Nach Anmeldung werden Touren zu Bradshaw-Felsmalereien angeboten. Vor Erreichen der **Kalumburu Community** muss der Carson River (bei km 247) überquert werden – normalerweise kein großes Problem. Bei der Carson River Homestead besteht die Möglichkeit zur Zufahrt in den Drysdale River NP, allerdings nur mit vorheriger Genehmigung der Kalumburu Aboriginal Community.

km 267   **Kalumburu Aboriginal Community**

Nach vorheriger Anmeldung kann die Gemeinde besucht werden, ein Permit ist notwendig (☎ 08-91614300, Mo–Fr 7–12 Uhr). Eintritt: A$ 25 pro Fahrzeug. Campingplätze mit Duschen sind bei McGowan's Island und am Honeymoon Beach vorhanden. Tankstelle vorhanden (So geschlossen, keine Kreditkarten).

... und zurück auf der Gibb River Road

km 476   **Ellenbrae Station (6 km pro Weg)**

Die Rinderfarm (☎ 08-91614325) am Campbell Creek befindet sich zwischen zwei Billabongs (Wasserlöchern) und verfügt über eine kleine Badegelegenheit am Fluss. Der Campingplatz ist staubig und verfügt über eine Toilette und Dusche.

km 524   **Durack River Station & Jack's Waterhole**

Unweit der GRR ist Jack's Waterhole (☎ 08-91614324) einer der wenigen bewirtschafteten Campingplätze – er gehört zur Durack River Station. Die Stellplätze befinden sich am Ufer einer schönen Wasserstelle mit einer reichen Vogelwelt. Einfache Zimmer, Mahlzeiten und ordentliche sanitäre Anlagen sind vorhanden. Wanderungen sind zu den spektakulären Oomaloo-Wasserfällen möglich. Im weiteren Verlauf der GRR wird das Gelände entlang der Cockburn Range welliger und ist teilweise mit steilen Anstiegen versehen.

km 581   **Home Valley Homestead (1 km)**

Der abendliche Blick auf die rot glühende Cockburn Range lohnt allein schon den Aufenthalt auf der Home Valley Homestead (☎ 02-82968010, www.homevalley.com. au). Angeln, Vogelbeobachtungen und kurze Bushwalks sind weitere Aktivitäten. Die Farm verfügt über Bed & Breakfast/Dinner und Campingplätze, einen gut sortierten Laden sowie über eine kleine Werkstatt für Reifenreparaturen.

Bei km 590 wird der Pentecost River gequert. Untersetzung einlegen und im 2. Gang langsam durchfahren. Auf weitere Autos warten. **Achtung**: Krokodile im Fluss!

km 614   **El Questro Station (16 km)**

Die wohl bekannteste Rinderfarm der Kimberley (☎ 1300-863248, www.elquestro. com.au) ist 1 Mio. ha groß. In großartiger Lage liegt das Haupthaus (Homestead) oberhalb der Klippen des Chamberlain River. Günstiger als die Homestead sind die Bungalows oder das Emma Gorge Camp. Großer Campingplatz, Restaurant, Bar, Tankstelle und kleine Werkstatt sind vorhanden.

km 623   **Emma Gorge (2 km)**

Die fest stehenden Zelte (mit oder ohne Dusche/WC) sind relativ preiswerte Unterkünfte. Sie gehören noch zur El-Questro-Farm und liegen malerisch inmitten der Schlucht. Für Tagesbesucher wird eine Gebühr erhoben, die auch für El Questro gilt. Restaurant und Bar sind vorhanden. Kein Camping!

Kununurra – Katherine

Nach Überfahren der Grenze in das Northern Territory müssen die Uhren um eine halbe Stunde Stunden vorgestellt werden. Der geteerte Victoria Hwy. ist mittlerweile gut ausgebaut. Eine Quarantäne-Kontrolle für Obst und Pflanzen erfolgt an der Grenze der Bundesstaaten.

Keep River National Park

Der kleine National Park beginnt unweit des Highways (185 km westlich von Timber Creek) und ist mit seinen Sandsteinfelsen, Boabbäumen und Felsmalereien lohnend. Von den beiden NP-Campgrounds beginnen markierte Wanderwege zu **Aboriginal-Fundstätten**. Eine Rangerstation ist bei Fragen behilflich.

Timber Creek

In der Kleinstadt (228 km östlich von Kununurra) leben gerade einmal 80 Menschen. Hier reparierte um 1855 der Pioneer A. C. Gregory sein Boot, das er für die Erforschung des Victoria River benutzte. Interessante Bootsfahrten auf dem Victoria River werden von Max' Victoria River Tours (☎ 08-89750850) von April–Okt. durchgeführt. Der **Victoria River** ist 800 km lang und endet in einem breiten Mündungsgebiet in die Timor-See. Sehenswert sind auch die beiden Pubs der Stadt. Übernachten und Camping ist im **Circle F CP & Motel** (Victoria Hwy., ☎ 08-89750722, *www.timber creekhotel.com.au*) möglich.

80 Einwohner, eine Tankstelle: Timber Creek

Gregory National Park

Der riesige und kaum erschlossene Gregory National Park ist von Timber Creek oder Victoria River Inn zugänglich (nur 4-WD-Pisten). Er ist der zweitgrößte NP des Northern Territory und beginnt 11 km östlich von Timber Creek. Eine genaue Karte ist in Timber Creek erhältlich.

57 km südlich von Timber Creek befindet sich innerhalb des NP die **Limestone Gorge**, eine beeindruckende Kalksteinschlucht, die noch mit dem Pkw erreichbar ist. Ein Wanderpfad führt zu einem (krokodilfreien) Badepool. Einige Kilometer weiter erreicht man die **Bullita Homestead** (☎ 08-89750833) am East Baines River. Hier beginnt eine 90 km lange 4-WD-Rundfahrt auf der alten Bullita Stockroute zu mächtigen Kalksteinklippen (vorher in Timber Creek informieren). Nach Süden sind es 140 km in Richtung **Kalkarindji** am Buntine Hwy. bzw. via Victoria Downs auf dem Humbert Track zum Buchanan Hwy. Beide Strecken sind von großer Einsamkeit geprägt und von Flussdurchquerungen durchsetzt.

Mächtige Kalksteinklippen

Das **Victoria River Roadhouse** (90 km westlich von Timber Creek, ☎ 08-89750744) ist die letzte Tank- und Übernachtungsmöglichkeit vor **Katherine**.

19. TASMANIEN

Überblick

Geschichte des Staates

Vor rund 13.000 Jahren, bis zum Ende der letzten Eiszeit, war Tasmanien noch mit dem Festland verbunden. Aborigines lebten hier bereits seit 35.000 Jahren, wie neuere Funde beweisen. Der steigende Wasserpegel machte Tasmanien zu einer **isolierten Insel**, auf der sich Flora, Fauna und Ureinwohner nach völlig eigenständigen Maßstäben entwickeln konnten. So kommt es, dass auf der Insel mehr endemische Pflanzen und Tiere auftreten als irgendwo sonst in Australien.

Im 17. Jahrhundert wurde Tasmanien erstmals von Europäern gesichtet: Der Holländer Abel Janszon Tasman passierte die Insel 1642 auf seiner Entdeckungsreise, die ihn im weiteren Verlauf nach Neuseeland führte. Er nannte das Land zu Ehren des damaligen Gouverneurs der holländischen Ostindienkolonie **Van-Diemen-Land**. Bis 1803 blieb der Name erhalten und die Insel praktisch unberührt. Allein James Cook (1777), William Bligh (1788) und die Franzosen Bruni D'Entrecasteaux (1792) und Nicholas Baudin (1802) betraten vor der offiziellen Annektierung durch Großbritannien die Insel.

Um den Franzosen in der Kolonisierung neuer Länder zuvorzukommen, gründeten die Briten 1803 **Hobart** und 1824 **Launceston**. Bis 1853 war die „Teufelsinsel der Südsee" eine reine Sträflingskolonie. Die dort lebenden Aborigines waren ohne Chance: In regelrechten Hetzjagden wurden sie zusammengetrieben und massakriert, so lange, bis 1876 die Rasse der Tasmanier als ausgestorben galt. Tasmanien war der letzte australische Staat, in den Sträflinge deportiert wurden, erst 1877 wurde die **Sträflingskolonie Port Arthur** aufgelöst. Freie Siedler hatten sich in der Zwischenzeit darangemacht, das fruchtbare Land urbar zu machen und für sich zu vereinnahmen – mit Erfolg, wie die Erträge von Land- und Forstwirtschaft beweisen.

Redaktionstipps

➤ Man sollte Tasmanien nicht als dreitägiges Anhängsel einer Australienreise behandeln, sondern sich mindestens **7 Tage Zeit** nehmen für die schöne Insel.
➤ Übernachten in den kolonialen **Bed&Breakfast-Häusern**, den stilvollen **National Park-Hotels** (z. B. Cradle Mountain Lodge) oder direkt in der Natur auf den herrlich gelegenen **Campgrounds**.
➤ Besser Wanderschuhe und Regenbekleidung einpacken!

Tasmanien heute – Under Down Under

Im Vergleich zum Festland bietet Tasmanien dem Besucher ein völlig anderes, eigenständiges Bild. Die **Landschaft** ist grün bewachsen und erinnert in vielem an britische Inseln. Auf demselben Breitengrad wie das südamerikanische, windumtoste Patagonien gelegen, aber mit wesentlich milderem Klima versehen, bietet die wenig bevölkerte Insel zerklüftete Gebirge, kühlgemäßigte Regenwälder, einsame Seen, raue Küsten und reichlich unerschlossene Regionen. Im Kontrast dazu stehen oft grüne Weiden, duftende Lavendelfelder und ausgedehnte Obstplantagen.

Eigenständiges Landschaftsbild

info

Aborigines auf Tasmanien

Ursprünglich war Tasmanien von rund **6.000 Aborigines** (The Toogee People) besiedelt, die sich in neun Stämmen auf der Insel verteilten. Sie führten ein Nomadenleben als Jäger und Sammler. Mit weitaus primitiveren Waffen und Werkzeugen als auf dem Festland sorgten sie für ihren Lebensunterhalt. Die Stämme untergliederten sich in Familien und Gruppen, die entlang der Küsten von den reichlich vorhandenen Meeresfrüchten lebten. Zum Schutz vor Kälte rieben sie ihre Körper mit tierischen Fetten ein.

Die ersten Kontakte mit Europäern an der Südostküste verliefen zunächst freundlich. Später jedoch, als die Seehundjäger und Walfänger ihre Basen auf Van Diemens Land aufschlugen, wurden die Frauen als **Sklavinnen** gehalten. Die Eroberer gingen als die berüchtigten „Straitsmen" in die Geschichte ein. Mit der Landnahme durch Vieh züchtende Siedler begann die **Apokalypse der Tasmanier**: Ganze Stämme im Südosten, Osten und in den Midlands wurden brutal ausgerottet. Nach 30 Jahren britischer Besiedlung waren gerade 150 Ureinwohner den Massakern und Hetzjagden entgangen. Der britische Missionar George Augusus Robinson machte sich 1830 auf, die letzten Überlebenden „einzusammeln", um sie in das eigens gegründete **Reservat Wybalenna** auf Flinders Island zu bringen. Die Mission verlief für ihn erfolgreich, allerdings mit der Folge, dass 1834 kein einziger Tasmanier mehr in seiner ursprünglichen Heimat lebte. 15 Jahre später entstand in Oyster Cove (südlich von Hobart) eine Gefangenensiedlung mit 47 überlebenden Flinders Island Aborigines. Mit dem Tod von Truganinni (1876) starb die letzte reinrassige Tasmanierin.

Heute identifizieren sich rund **6.500 Nachfahren** mit ihr und fordern die Rückgabe von Gebieten in Tasmanien und Flinders Island. Archäologische Forschungen begannen in den letzten Jahren mit der Schaffung der Archeology Section des Department of Parks, Wildlife & Heritage. Historische Stätten können auf der ganzen Insel gesehen werden. Charakteristisch sind **Muschelhaufen** (Shell Middens) und **Steindenkmäler**. Nähere Informationen zu den historischen Stätten erteilt der Parks & Wildlife Service Tasmania (www.parks.tas.gov.au) in Hobart.

Flora und Fauna sparen nicht mit Überraschungen: **Tasmanische Teufel** (Tasmanian Devil) sind schwarze, lebhafte Beutelratten. Sie sind die einzigen Fleisch fressenden Beuteltiere Australiens. Seit einigen Jahren aber wird die Tierart von einem unerklärlichen Augenkrebs heimgesucht. Der **Tasmanische Tiger** gilt als ausgestorben, jedoch wird immer wieder von geheimnisvollen Sichtungen berichtet. Die Beutelwölfe sind/waren etwa so groß wie Schäferhunde und trugen ein gestreiftes Fell. An den Küsten sind viele **Wasservögel** heimisch. Einzigartig, durch Abholzung aber selten geworden, sind **Huonbäume** (Huon Pines), die sehr langsam wachsen und über 1.000 Jahre alt werden. In den Tälern des Südwestens und Nordostens wachsen kalifornische **Redwoods** und **Swamp Gums** (Eukalypten), die bis zu 95 m hoch werden.

„Tassie" ist von **zwei Zentren** geprägt: **Hobart** an der Südostküste und **Launceston** im Nordosten an der Mündung des Tamar River. Als größere Städte sind außerdem noch **Devonport** und **Burnie** an der Nordküste nennenswert. Ansonsten findet man verstreute Siedlungen, weite, unbesiedelte Gebiete und Urlandschaften, wie den **South West National Park** – als Welterbe von der UNESCO geschützt.

Die **Menschen** gelten als zurückhaltend und sind Besuchern gegenüber überaus freundlich gestimmt. Tasmanien leidet, so hat es den Anschein, unter mangelnder Anerkennung seitens der Kontinentalaustralier, die gerne ihre Witze über die Langsamkeit der Tasmanier machen. Umgekehrt wird das Festland stets Mainland genannt, dort sind die Metropolen, dort fallen die Entscheidungen. *Freundliche Menschen*

In Tasmanien finden **Urlauber** außerhalb der Ferienzeit (Weihnachtsferien) in der empfehlenswerten Reisezeit von Okt.–April ausgesprochen viel Ruhe und schönste Natur.

Reisepraktische Informationen Tasmanien

i Information

In jeder Stadt Tasmaniens gibt es eine **Tourist Information**, *die bei Fragen behilflich ist. Im* **Internet**: *www.discovertasmania.com.au, www.tourismtasmania.com. au.* **National Parks**: *www.parks.tas.gov.au.*

Telefon
Vorwahl für ganz Tasmanien: 03

Gesundheit
Das Ozonloch ist wegen der südlichen Lage und z. T. beträchtlichen Höhen noch deutlicher spürbar, d. h. die Intensität der Sonne ist auch bei wolkenverhangenem Himmel enorm. Man sollte sich durch entsprechende Kleidung, Hut und Sonnencreme schützen.

Anreise und Verkehrsmittel

Möglich ist die Anreise per **Fähre** *(Melbourne – Devonport) mit der „Spirit of Tasmania" (www.spiritoftasmania.com.au).*
Per **Flugzeug** *mit Qantas (www.qantas.com.au), Jetstar (www.jetstar.com) und Virgin Australia (www.virginaustralia.com) mehrmals täglich ab Sydney und Melbourne nach Hobart und Launceston. Regionale Fluggesellschaften verbinden Melbourne mit King Island und Flinders Island. Wird der Flug bereits in Europa gebucht (günstigere Tarife in Verbindung mit dem Langstreckenticket), kommt die Fähre (je nach Saisonzeit und Sondertarifen) meist etwas teurer (und vor allem zeitaufwendiger).*
Die meisten **Autovermieter** *verbieten die Überführung des Fahrzeug nach Tasmanien. Hingegen kann dies bei Wohnmobilvermietern problemlos angefragt werden – allerdings muss das Fahrzeug i. d. R. auch wieder auf dem Festland zurückgegeben werden, sodass die Fährkosten zweimal anfallen. Empfehlenswert und günstiger ist das Anmieten eines Mietwagens oder Wohnmobils in der Hauptstadt Hobart.*

Überlandbusse
Tasmanian Redline Coaches, *TRC*, ☎ *1300-360000, www.redlinecoaches.com. au, und* **Tassie Link Coaches**, ☎ *1300-300520, www.tassielink.com.au, verbinden die wichtigsten Orte und Städte miteinander. Der* **Tassie Pass** *von TRC gilt 7, 15 oder 30 Tage auf dem gesamten Streckennetz mit beliebig vielen Unterbrechungen. Auf dem Festland ist er in allen TAS Travel Centres erhältlich.*

Autoverleih
Das „eigene" Fahrzeug ist die ideale Möglichkeit, frei und flexibel die Insel kennenzulernen. Die Mietpreise der großen Autovermieter entsprechen denen des Festlands. Lokale Vermieter bieten auch ältere Fahrzeuge zu Discountpreisen an.

Rundreisen
Organisierte Busrundreisen mit Hotelübernachtungen werden z. B. von **AAT Kings** *(www.aatkings.com) oder* **Premier Travel Tasmania** *(www.premiertraveltasmania. com) angeboten. Die Dauer beträgt i. d. R. 7–14 Tage.*

Übernachten

Hotels, **Motels**, **Hostels** *und* **YHAs** *sind in ausreichender Zahl vorhanden. Außerhalb der Schulferien sollten Besucher keine Probleme bekommen, eine angemessene Unterkunft zu finden. Während der Ferien empfehlen sich Vorausbuchungen. Die Hotelketten* **Choice**, **Best Western**, **TasVillas** *und* **Innkeepers** *bieten preiswerte*

Hotelpässe für flexibles Reisen an. Etwas Besonderes sind die kolonialen Unterkünfte, wo in mindestens 100 Jahre alten Gebäuden übernachtet wird.
Campingplätze *und* **NP-Campgrounds** *sind zahlreich vorhanden.*
Infos *unter: www.caravanparkstasmania.com und www.parks.tas.gov.au.*

Aktivitäten
Wandern

Kaum ein anderer Staat eignet sich so gut für das populäre **Bushwalking** *wie Tasmanien. Alle National Parks bieten eine Fülle von Wanderwegen, die Stunden bis Tage dauern können. Dabei gilt es vor allem im Zentrum und im Südwesten, sich gegen plötzliche Wetterumschwünge zu wappnen. Regen, Schnee, Sturm und strahlender Sonnenschein sind in Minutenabständen möglich, gute Ausrüstung ist deshalb Pflicht. Das Wasser ist kaum irgendwo so rein und klar wie in Tasmanien. Es kann aus Bächen und Quellen bedenkenlos getrunken werden.*

Berühmt sind die **Fernwanderwege**. *Sie verfügen teilweise über Schutzhütten, sonst aber über keinerlei Einrichtungen. Ein Zelt, die Verpflegung und ein Kocher (keine offenen Feuer!) müssen mitgenommen werden. Alle Wanderer müssen sich an- und abmelden!*

The Overland Track: *80 km Lake St. Clair bis Cradle Mountain, 4–8 Tage, Schutzhütten vorhanden, organisierte Touren möglich. Anmeldung/Registrierung erforderlich.*

South Coast *und* **Port Davey Track**: *Cockle Creek – Melaleuca (54 km) und Melaleuca – Scotts Peak Rd. (66 km), Wasserflugzeug nach Melaleuca möglich, 5–9 Tage, keine Schutzhütten, matschige Wege.*

Frenchman Cap: *46 km im Franklin Gordon Wild Rivers NP, gleicher Weg hin und zurück, 3–5 Tage, zwei Schutzhütten.*

Tasmanian Trail: *ca. 400 km von Devonport (Nordküste) bis Dover (Südwesten), ca. 3 Wochen Wanderzeit, Teilstrecken möglich.*

Topografische Karten gibt es bei den TASMAP Centres von Launceston und Hobart.

National Parks

Tasmanien verfügt über **14 National Parks** *unterschiedlicher Größe, hinzu kommen über 80 weitere Gebiete (State Parks, Reserves) unterschiedlichen Schutzcharakters. 20 % der Landfläche, vom Cradle Mountain Lake St. Clair NP bis zum South West NP, sind als World Heritage Area der UNESCO eingestuft.*

Die Verwaltung der Parks durch den **Parks and Wildlife Service** *ist vorbildlich (Beschilderung, Wanderwege, Campingplätze). Der zwei Monate gültige* **National Park Pass** *deckt die Eintrittsgebühr für alle NPs ab (A$ 60/Fahrzeug mit bis zu 8 Personen). In jedem Park kann ein Stempel am Visitor Centre abgeholt werden.*

Infos: **Parks & Wildlife Service**, *134 Macquarie St., Hobart,* ☎ *1300-135513, www.parks.tas.gov.au.*

Fahrrad fahren

Tasmanien ist zwar wegen seiner vielen Steigungen kein einfaches Terrain, aber dennoch Australiens Radlerparadies. Ein guter Regenschutz sollte nicht fehlen. Räder für Stadtrundfahrten können in Hobart, Launceston und Devonport geliehen werden.

Veranstaltungen

Ein ungewöhnliches Motorsportereignis ist die **Targa Tasmania** *(www.targa.com.au), die 1992 nach europäischem Vorbild erstmals ausgetragen wurde. Das Oldtimer-Straßenrennen ist 2.000 km lang und führt über die ganze Insel.*

The **Great Tasmanian Bike Ride** *ist eine organisierte Touristikfahrt, die über 9 Tage geht und alljährlich im Febr. tausende von Radfahrern anzieht.*

Rundreise durch Tasmanien

Tasmanien lässt sich aufgrund seiner kompakten Größe in 1–2 Wochen kennenlernen – wobei längere Wanderungen oder Ausflüge noch nicht möglich sind. Eine Rundreise über die Insel könnte folgendermaßen aussehen:

- **Südwesten**: Hauptstadt Hobart und Umgebung: Sträflingskolonie Port Arthur/ Tasman Peninsula, Huon Valley, Mt. Field NP, evtl. Abstecher nach Strathgordon oder Rundflug über den South West NP.
- **Zentrum**: Cradle Mt.–Lake St. Clair NP, evtl. Abstecher zum Walls of Jerusalem NP und zu den Höhlen von Mole Creek.
- **Westküste**: Strahan, Arthur River, Marrawah.
- **Nordküste**: Stanley, Devonport, Launceston, Weinbaugebiet Tamar Valley.
- **Ostküste**: Mt. William NP, Ben Lomond NP, St. Helens, Bicheno, Freycinet NP.

 Streckenhinweis
Entfernungen

Hobart – Port Arthur:	100 km	Somerset – Marrawah:	155 km
Hobart – Hastings Caves:	112 km	Somerset – Launceston:	155 km
Hobart – Mt. Field NP:	90 km	Launceston – St. Helens:	169 km
Mt. Field NP – Queenstown:	205 km	St. Helens – Hobart:	270 km
Queenstown – Somerset:	186 km		

Routenvorschlag: In 14 Tagen Tasmanien entdecken

1. Tag: Ankunft in Hobart – Stadtbesichtigung
2. Tag: Ausflug Huon Valley
3. Tag: Hobart – Mount Field NP
4. Tag: Mount Field NP – Lake St. Clair
5. Tag: Lake St. Clair – Strahan
6. Tag: Aufenthalt Strahan
7. Tag: Strahan – Cradle Mountain NP (Cradle Valley)
8. Tag: Aufenthalt Cradle Mountains
9. Tag: Cradle Mountain NP – Launceston
10. Tag: Launceston – Mount William NP
11. Tag: Mount William NP – Coles Bay (Freycinet NP)
12. Tag: Aufenthalt Freycinet NP
13. Tag: Coles Bay – Port Arthur
14. Tag: Port Arthur – Hobart (Abflug)

Hobart

Hauptstadt der Insel

Hobart ist die Hauptstadt Tasmaniens. Gegründet wurde sie bereits 1803, zunächst als **Sträflingskolonie**. Die Ausrufung zur Hauptstadt der Kolonie und des späteren Staates geschah 1842. Mit seinem breiten Mündungsbereich bildet der **Derwent River** einen idealen, vor allem tiefen Naturhafen, den schon die Walfänger als Stützpunkt nutzten. Problemlos können auch große Frachtschiffe den Hafen anlaufen.

Die 195.000 Einwohner zählende Stadt schmiegt sich mit all ihren Vororten entlang der Flussufer und ist einfach und übersichtlich aufgebaut. Die lang geschwungene Tasman-Brücke überquert den Fluss an seiner schmalsten Stelle und stellt die direkte Verbindung zwischen der City und den westlich gelegenen Vororten her. Im Hinterland, hoch über der Stadt, thront der 1.270 m hohe **Mt. Wellington** (22 km westlich), ein beliebter Aussichtspunkt bei gutem Wetter. Weitere Hügel mit Höhen von 200 bis 400 m umgeben die Stadt.

Höhepunkt im Jahresablauf Hobarts ist das am 26. Dez. startende **Sydney-Hobart-Race**. Rechtzeitig zur Ankunft der Yachten verwandelt sich der Hafen am Constitution Dock (Franklin Wharf) in ein einziges Volksfest. Das **Hobart Summer Festival** (www.hobartsummerfestival.com.au) voller Musik, Kunst, Kino und anderen kulturellen Ereignissen findet von Ende Dez.–Mitte Jan. statt. Höhepunkt ist das Gourmettreffen „Taste of Tasmania" am Hafen.

Höhepunkte im Jahresablauf

Sehenswürdigkeiten

Das Stadtzentrum liegt am Westufer des weit verzweigten Derwent River an der **Sullivan Cove**. Es wird von rechtwinkligen Straßenzügen gebildet. Hauptstraßen sind die an historischen Gebäuden reiche Macquarie Street und die Elisabeth Street mit Fußgängerzone. Eine Stadtbesichtigung kann ohne weiteres **zu Fuß** unternommen werden und sollte auch die von alten Lagerhäusern gesäumte Uferpromenade (Waterfront) mit Hunter Street und Franklin Wharf beinhalten. Dort befinden sich das farbenprächtige und **Constitution Dock (2)** und **Victoria Dock (3)** mit kolonialer Architektur. Abfahrtspunkt für Ausflugsboote ist die Brooke St. Pier. Ein guter Orientierungspunkt für einen Stadtrundgang ist der zentrale **Franklin Square** (Ecke Macquarie St./Elisabeth St.). Die Innenstadt Hobarts ist eines der besten Beispiele unversehrt **erhaltener kolonialer Architektur** – insgesamt hat der National Trust 90 Gebäude als denkmalgeschützt klassifiziert. Sehenswert sind die Townhall, das **General Post Office** (Macquarie St.), das alte **Parliament (4)** (Murray St.) und das **Theatre Royal** (Campbell St.).

Reich an historischen Gebäuden

Tasmanian Museum and Art Gallery (5)
Das interessante Museum schließt den Commissariat Store ein, welches das älteste Gebäude Tasmaniens (1808) darstellt. In Museum und Kunstgalerie werden Funde der tasmanischen Aborigines gezeigt und Kolonialgeschichte dargestellt. **Tasmanian Museum and Art Gallery**, *40 Macquarie St.*, ☎ *03-62114134, www.tmag.tas.gov.au. Tgl. 10–17 Uhr, Eintritt frei.*

Carnegie Gallery and Maritime Museum (8)
Im 1831 erstellten Secheron House sind die Carnegie Gallery für zeitgenössische Kunst und das Schifffahrtsmuseum untergebracht. In einer sehenswerten Ausstellung wird die Geschichte der tasmanischen Seefahrt geschildert. Im oberen Stockwerk befindet sich die Carnegie Gallery mit wechselnden Ausstellungen. **Maritime Museum**, *16 Argyle St.*, ☎ *03-62341427, www.maritimetas.org. Tgl. 9–17 Uhr, Erwachsene A$ 9, Kinder frei.*

Salamanca Place (6)

Südlich der Innenstadt schließt sich der aufwendig restaurierte Salamanca Place (www.salamanca.com.au) an. Große, aus dem typischen tasmanischen Sandstein errichtete Lagerhäuser wurden zu Galerien und Restaurants umfunktioniert.

Battery Point (7)

Das Stadtviertel südöstlich der Sullivan Bucht (in Verlängerung des Salamanca Place) heißt Battery Point. Das koloniale Hafenviertel entstand bereits 1804 und erlebte sein Blüte von 1840–1880. Aus der ursprünglichen Verteidigungsbastion ist ein schönes Wohn- und Touristenviertel geworden. Der Bummel durch die schmalen Gassen mit den liebevoll restaurierten Stadthäusern und traditionellen Pubs sollte nicht versäumt werden. Vom Salamanca Place lässt sich das Viertel über die hinaufführenden Kellys Steps (1839) bequem zu Fuß erreichen. Das **Narryna Heritage Museum** (*103 Hamden Rd., www.narryna.com.au, Mo–Sa 10–16.30, So 12–16.30 Uhr, Erwachsene A$ 10, 3–15 Jahre A$ 4*) ist eine kleines, historisches Museum in einem typischen Sandsteingebäude aus dem Jahr 1836. Sehenswert außerdem das **Hotel Lenna's of Hobart** (1880), in dem noch heute stilvoll genächtigt werden kann. Rund um den Platz **Arthur Circus** befindet sich eine Reihe schöner georgischer Sandsteinhäuser aus dem vorigen Jahrhundert.

Queens Domain/Royal Tasmanian Botanical Gardens

Nördlich des Zentrums liegt Queens Domain, eine weitläufige Parklandschaft, die auch den Botanischen Garten (täglich ab 8 Uhr) und das historische Government House einschließt. Im Park sind die beschilderten einheimischen Pflanzen sehenswert – sicherlich wird man viele davon im Laufe des Tasmanien-Aufenthalts in der freien Natur wieder entdecken.
Royal Tasmanian Botanical Gardens, ☎ 03-62363075, www.rtbg.tas.gov.au, Tgl. 8–17 Uhr, Eintritt frei.

Außerhalb des Zentrums

Um einen Blick auf die malerische Lage Hobarts zu werfen, empfiehlt sich auch eine Fahrt auf den westlich gelegenen „Hausberg" **Mt. Wellington** (22 km westlich). Bei klarem Wetter bietet sich eine grandiose Sicht auf die Stadt und den natürlichen Hafen. Organisierte Ausflüge werden täglich zu günstigen Preisen angeboten.

Spektakuläres Kunstmuseum **MONA** (Museum of Old and New Art) heißt das spektakuläre Kunstmuseum, das einen Besuch unbedingt lohnt. Die Räume wurden unterirdisch in den Sandstein gefräst und es gibt einige sehenswerte und teils skurrile Dinge zu sehen. Ein Shuttle-Bus verkehrt direkt vom Hafen in Hobart (MONA Brooke St. Ferry Terminal). **MONA**, 655 Main Rd. Berriedale, ☎ 03-62779900, www.mona.net.au. Mi–Mo 10–18 Uhr, Erwachsene A$ 20, bis 18 Jahre Eintritt frei.

Südlich des Battery Point liegt der Vorort **Sandy Bay**, der vor allem durch die Präsenz des imposanten Wrest-Point-Casinos geprägt ist – am Abend sicherlich einen Besuch wert. Tagsüber ist eher der Yachthafen des Royal Yacht Club sehenswert.

Die **Cadbury Chocolate Factory** kann im Vorort Claremont besichtigt werden (*Cadbury Rd., Claremont, Führungen täglich außer Sa und So, www.cadbury.com.au*).

Hobart

© *graphic*

Reisepraktische Informationen Hobart

i Information
Hobart Travel Centre (1), *Ecke Davey/Elisabeth St.,* ☎ *03-62384222, www.hobarttravelcentre.com.au. Mo–Fr 8.30–17.30, Sa und So 9–17 Uhr.
Magazine wie „Tasmanian Travelways", „Let's talk about ..." geben die neuesten Tipps.*
Department of Parks, Wildlife & Heritage, *134 Macquarie St.,* ☎ *1300-135513, www.parks.tas.gov.au. Informationen über alle National Parks. Im selben Gebäude: das Tasmap Centre, ein bestens sortierter Landkartenladen.*

Wichtige Telefonnummern
Notruf: *000 (gebührenfrei).*
Polizei: ☎ *03-62302111.0*
Krankenhaus: *Royal Hobart Hospital, Liverpool St.,* ☎ *03-62228308.*

Verkehrsmittel
Flughafenbus: *Der Flughafen liegt 20 km östlich des Stadtzentrums. Flughafenbusse verkehren regelmäßig nach Hobart (direkt zum Hotel) für A$ 19,* **Taxis** *ca. A$ 45.*
Metro Transport Trust *(MTT, 18 Elisabeth St.,* ☎ *132201, www.metrotas.com.au) betreibt ein gut ausgebautes lokales Busnetz, das alle Vororte bis Mitternacht bedient. Fast alle Busse fahren ab/bis Elisabeth St. (gegenüber dem General Post Office). Empfehlenswert und günstig ist das* **Tagesticket** *(Day Rover Ticket), das von 9–16.30 Uhr und wieder ab 18 Uhr gilt und A$ 5,30 kostet. Fahrkarten sind bei den Busfahrern erhältlich.*
Busse
Der Busterminal von Tasmanian Redline Coaches (TRC) und Tassie Link ist das **Hobart Transit Centre**, *199 Collins St.. TRC bedient die Hauptrouten der Inseln und verbindet die Städte miteinander.*
Tassie Link fährt auch kleinere Orte und National Parks an.
Tasmania Redline Coaches, ☎ *1300-360000, www.tasredline.com.au.*
Tassie Link, ☎ *1300-300520, www.tassielink.com.au.*
Taxi
City Cabs, ☎ *131008.*
Autoverleih
Die großen Vermieter haben neben den Stadtbüros auch Schalter am Flughafen, z. B.
Hertz, *122 Harrington St.,* ☎ *03-62371111 oder Airport,* ☎ *03-62484444, www.hertz.com.au.*
Automobilclub
Royal Automobil Club of Tasmania *(RACT), Ecke Murray St./Patrick St.,* ☎ *132722, www.ract.com.au. Kartenmaterial und Straßeninformationen.*
Camper
Britz/Maui, *14 Long St., Hobart,* ☎ *03-62484168, www.britz.com.au.*
Apollo, *Hobart Airport,* ☎ *1800-777779, www.apollocamper.com.au.*

☞ Organisierte Ausflüge
Mehrere Anbieter bieten von den Anlegestellen am Constitution Dock Hafenrundfahrten an. Lunch und Dinner Cruises beinhalten Mittag- bzw. Abendessen.
Tassie Link *und* **Redline Travel**. *Geführte Tagestouren und Ausflüge.*

Par-Avion Wilderness Tours, ☎ 03-62485390, www.paravion.com.au. Flüge nach Melaleuca im South West NP als Ausgangspunkt für den South West Coast Track, auch Tagesausflüge und Rundflüge in den Südwesten – empfehlenswert bei gutem Wetter!

Übernachten

Eine Besonderheit sind die Bed & Breakfast-Häuser, die in historischen Gebäuden untergebracht sind. Besonders Ende Dez./Anfang Jan. zur Zeit der Sydney-Hobart-Regatta sollte unbedingt frühzeitig reserviert werden.

Henry Jones Art Hotel $$$$$ (1), 25 Hunter St., ☎ 03-62107700, www.thehenry jones.com. Herausragendes 5-Sterne Hotel mit herrlichen Zimmern in kolonialem Gebäude.

Wrest Point Hotel Casino $$$$, 410 Sandy Bay Rd. (3 km südlich), ☎ 1800-703006, www.wrestpoint.com.au. Eines der besten Hotels der Stadt, gute Restaurants, Australiens erstes Casino.

Rydges Hobart Hotel $$$$ (3), Ecke Argyle/Lewis St., ☎ 1300-857922, www.rydges.com. Stilvolles Kolonialhotel.

Lenna of Hobart $$$ (2), 20 Runnymede St., Battery Point, ☎ 03-62323900, www.lenna.com.au. Koloniale Villa über dem Salamanca Place.

YHA Adelphi Court $, 17 Stoke St., New Town (3 km nördlich), ☎ 03-62284829, www.yha.com.au. Gute Jugendherberge mit Guest House mit EZ und DZ.

Camping

Barilla Holiday Park, 75 Richmond Rd., 14 km östlich, ☎ 03-62485453, www.barilla.com.au. Einer der stadtnächsten Campingplätze mit guter Ausstattung.

Restaurants

Das Angebot an frischen Meeresfrüchten (besonders die großen Tasmanian Crabs) und Fisch könnte kaum besser sein. Fast alle Restaurants sind licenced (führen alkoholische Getränke auf der Karte). Sonntags haben viele Pubs und Restaurants geschlossen.

Constitution Dock, **Franklin Wharf**. Günstige Imbissstände am Hafen.

Salamanca Place. Vielfältiges Angebot an Restaurants und Cafés.

Drunken Admiral (1), 17 Hunter St., ☎ 03-62341903. Populäres Seafood Restaurant.

Mt. Nelson Signal Station, Nelson Rd., Mt. Nelson (ca. 20 km südlich), ☎ 03-62233407. Panorama-Restaurant im Signalturm von 1811. Superblick bei klarem Wetter!

Unterhaltung und Nachtleben

Shipswright's Arms Hotel (2), Ecke Colville/Trumpeter St., Battery Point. Beliebte Seglerkneipe mit günstigen Gerichten.

Irish Murphys, 21 Salamanca Place. Irish Pub mit Live Musik von Mi–So.

Duke of Wellington Hotel (3), 192 Macquarie St. Beliebter Pub, Do–Sa Livemusik.

Einkaufen

Geschäftszeiten: Mo–Do 9–18, Fr 9–21, Sa 9–12 Uhr.

Haupteinkaufsstraßen sind die **Elisabeth Street Mall** (zwischen Collins und Liverpool St.). Zur Murray St. erstreckt sich die **Cat and Fiddle Arcade** mit kleinen Geschäften. Rund um den **Salamanca Place** haben sich zahlreiche kleine Boutiquen, Galerien, Restaurants und Cafés niedergelassen. Jeden Sa 8.30–15 Uhr findet der sehenswerte Salamanca Market statt, ein schöner Künstlermarkt.

Umgebung von Hobart

Auf der Fahrt in die rund 100 km entfernte Sträflingssiedlung **Port Arthur**, die wohl bekannteste Touristenattraktion Tasmaniens, passiert man eine Reihe sehenswerter Orte und Landschaftsmerkmale:

Das historische **Richmond** (26 km nordöstlich von Hobart) liegt an der alten Port-Arthur-Straße, die nördlich um die Pitt Water Bay herumführt. Die Stadt ist eine der ersten Siedlungen Tasmaniens – über 50 Bauwerke stammen aus dem 19. Jahrhundert, darunter einige Kirchen. Die Brücke, die den Coal River quert, ist die älteste Australiens (1823). Einen Besuch ist auch das Gefängnis **Richmond Gaol** (www.richmondgaol.com.au) von 1825 wert, das ausgesprochen gut erhalten ist.

Sorell ist die letzte größere Stadt vor Erreichen des Isthmus, der die tasmanische Halbinsel vom Rest der Insel Tasmanien trennt. Entlang des Arthur Hwy. in Richtung Süden lohnt vor der Landenge Eaglehawk Neck ein Abstecher zum Pirates Lookout mit Blick auf die Steilküste der Tasman Peninsula.

Die **Tasman Peninsula** sollte bei ausreichender Zeit näher besichtigt werden. Mit dem Auto und auf Wanderungen können auch entlegene Winkel besucht werden, z. B. die **Remarkable Caves** unweit südlich von Port Arthur oder die erste tasmanische Kohlemine (Coal Mine Historic Site) – malerisch am Saltwater River gelegen (einfacher Campground nebenan). Weitere Wanderwege befinden sich im Tasman National Park, welcher den Südzipfel der Halbinsel markiert.

Erste Kohlenmine Tasmaniens

Der **Tasmanian Devil Conservation Park** (*Arthur Hwy., Taranna, 10 km nördlich von Port Arthur, ☎ 03-62503230, www.tasmaniandevilpark.com, tgl. 9-17 Uhr*) bietet eine gute Gelegenheit, die scheuen Tasmanischen Teufel und andere einheimische Tier- und Pflanzenarten zu sehen. Interessant ist auch das **Tigersnake Centre**, in dem die hochgiftigen Schlangen für medizinische Zwecke gezüchtet werden – ihr Gift wird zur Blutverdünnung gesammelt.

Port Arthur

Die Sträflingssiedlung Port Arthur auf der Halbinsel entstand 1830 auf Geheiß des damaligen Gouverneurs Arthur. Sie hatte bis 1877 Bestand und zählte zeitweise 12.000 Gefangene. Diese kamen vom Festland, wo Sträflinge nicht mehr erwünscht waren. Viele von ihnen überlebten den unerbittlichen Drill nicht und wurden auf der **Isle of the Dead** begraben. Junge Sträflinge wurden auf der **Isle of the Boys** wieder auf den Pfad der Tugend gebracht. Einer der berühmtesten Gefangenen war William Smith O'Brian, Symbolfigur der irischen Unabhängigkeitsbewegung.

Port Arthur: eine der Hauptattraktionen Tasmaniens

Reisepraktische Informationen Port Arthur

Information

Port Arthur Historic Site, ☎ 03-62512371, www.portarthur.org.au. Führungen tgl. 9-17 Uhr, Verschiedene „Pässe", ab Erwachsene A$ 35 (Bronze-Pass), Kinder A$ 16. Ende Bootsfahrt zu den Gefängnisinseln geht ebenfalls mehrmals täglich.

Organisierte Ausflüge

Von Hobart werden täglich preisgünstige Tagesausflüge nach Port Arthur angeboten (ab A$ 35). Empfehlenswert ist die nächtliche **Ghost Tour,** *ein Rundgang zu nächtlicher Geisterstunde, bei dem allerhand Schabernack mit den Besuchern getrieben wird.*

Übernachten

Port Arthur Motor Inn $$, ☎ 03-62502101, www.portarthur-inn.com.au. *Einzige Unterkunft auf dem historischen Gelände mit Blick auf die Ruinen.*
Roseview YHA $, *Champ St., Roseview*, ☎ 03-62502311, www.yha.com.au.

Camping

Garden Point CP, *Port Arthur (3 km nördlich)*, ☎ 03-62502340.

Der Südwesten

Südwestlich von Hobart erstreckt sich entlang des **Huon River** das Huon Valley mit großen Apfelplantagen. Zunehmend wird auch Wein angebaut. Viele Städte und Dörfer haben, für australische Maßstäbe, eine lange Geschichte. Zahlreiche Gebäude datieren in das 19. Jahrhundert zurück. An der Küste des D'Entrecasteaux Channel, der Meerenge zwischen „Tassie" und Bruny Island, gibt es einige schöne Strände – allerdings wagen nur wenige den Sprung in die kalten Fluten.

In der **Australian Antarctic Division** in Kingston (*17 km südlich von Hobart, www.antarctica.gov.au*) sind viele Informationen über den polaren Kontinent zusammengetragen und der Öffentlichkeit zugänglich gemacht. Australien beansprucht einen Teil der Antarktis, das so genannte Australian Antarctic Territory. *Antarktisausstellung*

Bruny Island

Der **D'Entrecasteaux Channel** trennt die lang gezogene Bruny Island von der Südostküste Tasmaniens. Als Ferienziel wird die Insel vor allem an Wochenenden von vielen Besuchern frequentiert. Etliche kleine Buchten mit einsamen Sandstränden und Wanderwegen in den State Reserves machen den Aufenthalt zu einem lohnenden und kurzweiligen Landschaftserlebnis.

Der Nordteil der Insel ist eher flach und von Landwirtschaft geprägt. Auf der schmalen Landverbindung zwischen Nord- und Südinsel (The Neck) können bei Einbruch der Dunkelheit **Fairy Penguins**, die kleinsten ihrer Gattung, beim Landgang zu den Nestern beobachtet werden. Die beste Zeit zur Beobachtung der Pinguine ist von Okt.–Febr. Steigt man die Treppen auf **The Neck** empor, bietet sich eine grandiose Aussicht auf den Isthmus.

An der Südspitze steht der älteste bemannte Leuchtturm Australiens, **Cape Bruny Lighthouse**, (1836). Sehenswert auch das **Bligh Museum of Pacific Exploration** (*Adventure Bay Rd.*, ☎ *03-62931117, tgl. 10–17 Uhr, Erwachsene A$ 4, Kinder A$ 2*) mit der Geschichte der Entdecker Bligh, Cook und Furneaux. Dichter Regenwald bestimmt das Bild bei einer Durchquerung der Südhälfte von Lunawanna nach Adventure Bay.

Reisepraktische Informationen Bruny Island

Fähre
Mehrmals täglich überquert eine Autofähre den D'Entrecasteaux Channel von Kettering nach Roberts Point: Mo–Sa von 7.15–18.30, So 8–18.30 Uhr.

Übernachten
Adventure Bay Retreat $$$$, *49 Hayes Rd., Adventure Bay,* ☎ *1300-889557, www.adventurebayretreat.com.au. Komfortable Cottages.*
Lumeah YHA Hostel $, *Main Rd., Adventure Bay,* ☎ *03-62931265.*
Weitere Übernachtungsmöglichkeiten bestehen in Barnes Bay und Lunawanna.

Camping
Captain Cook Caravan Park, *Adventure Bay,* ☎ *03-62931128, www.capcookolkid.com.au. Campingplatz mit Cabins.*

Der kleine Ort **Geeveston**, der sich ganz der Forstwirtschaft verschrieben hat, markiert südlich von Huonville das Eingangstor in den einsamen Südwesten. **Im Forest & Heritage Centre** (www.forestrytas.com.au) erfährt man einiges über den Wald und seine Nutzung. Bis zu 90 m hohe Swamp Gum Trees (Eukalypten) wachsen hier und können auf einem Rundweg (Arve Loop Rd.) erkundet werden. Eine Attraktion ist der **Tahune Airwalk**, ein in den Baumwipfeln auf ca. 40 m Höhe befestigter, 597 m langer und spektakulärer Laufsteg. Spektakulär sind die Schlauchbootfahrten von **Bruny Cruises** (*Adventure Bay, tgl. 11 Uhr, www.brunycruises.com.au*), die zu rauen Felsküsten mit Seehunden führen.

Hartz Mountain National Park
Blick auf grandiose Wildnis

Eine schmale Straße führt 25 km westlich von Geeveston (Huon Hwy.) in den bei Tagesausflüglern beliebten Hartz Mountain National Park. In den Hochmooren des 7.140 ha großen NP erheben sich steile Felsen, dazwischen Regenwälder und tiefe Schluchten. Der **Hartz Peak** (1.255 m) kann auf einer 5-Std.-Tour erwandert werden. Vom **Waratah Lookout** (24 km von Geeveston) bietet sich ebenfalls ein Blick auf die grandiose Wildnis des Südwestens. Die Berge sind, wie auch der in der Ferne erkennbare **Mt. Picton** (1.328 m), oft schneebedeckt!

South Coast Walking Track

Für erfahrene und gut ausgerüstete Wanderer stellt der Südwesten ein besonders reizvolles Terrain dar: Der **Fernwanderweg** von Cockle Creek nach Melaleuca (oder umgekehrt) führt über 66 km auf schmalen Pfaden durch abwechslungsreiche und vor allem unberührte Landschaften.

Der Track setzt sich im **Port Davey Track** in den nördlichen Teil des South West National Park fort. Die Strecke von Melaleuca zur Scotts Peak Rd. beträgt 54 km. Rund 1.400 Wanderer gehen einen oder beide Fernwanderwege pro Jahr, davon die meisten von Dez.–März. Die durchschnittliche Gehzeit beträgt 5–9 Tage, die größten Höhen betragen rund 800 m.

Eine der besten Möglichkeiten, den South Coast Walking Track zu gehen, besteht darin, von Hobart mit dem Wasserflugzeug nach Melaleuca zu fliegen (Par-Avion, www.paravion.com.au) und nach Cockle Creek zu wandern. Von dort erfolgt die Abholung durch einen Bus von Tassie Link (vorher die Fahrzeiten abklären). Es gibt auf dem gesamten Track keine Hütten. Ein Zelt, Kocher und der gesamte Nahrungsvorrat müssen mitgenommen werden. Notwendig sind warme, regendichte Bekleidung (es regnet im Schnitt jeden zweiten Tag) und wasserfeste Schuhe mit Gamaschen zum Schutz vor teilweise tiefem Matsch.

Alle Wanderer müssen sich am Start der Wanderung ein- und am Ende wieder ausschreiben. Weitere Infos: www.parks.tas.gov.au.

Auf der Fahrt nach Süden wird als nächstgrößerer Ort das Städtchen **Dover** erreicht. Das einstige Fischerdorf ist immer mehr zu einer Feriensiedlung geworden und liegt malerisch in der geschützten Bucht Port of Esperance. Mit dem alten Segelschoner **Olive May** (☎ 03-62981062) lassen sich Ausflüge zu Tasmaniens größter Lachszucht unternehmen. Übernachtungen sind im **Dover Hotel** (Main Rd., ☎ 03-62981210), dem südlichsten Hotel Australiens, oder dem Beachside CP (Kent Beach Rd., ☎ 03-62981301) empfehlenswert.

Hastings Caves

Einige Kilometer südlich von Dover zweigt eine schmale Straße zu den Höhlen von Hastings ab. Die Fahrt führt durch dichten Regenwald. Vor dem Erreichen der imposanten Tropfsteinhöhlen passiert man den Hastings Springs Thermal Pool mit 28 Grad warmem Wasser. Nur eine Höhle des weit verzweigten Systems ist der Öffentlichkeit zugänglich: Führungen in der Newdegate Cave finden mehrmals tgl statt.

Imposante Tropfstein-höhlen

Weiter südlich beginnen die einsamsten Gebiete Tasmaniens. **Lune River** ist der südlichste Ort Australiens. In Ida Bay kann mit einer kleinen Eisenbahn, Ida Bay Railway (www.idabayrailway.com.au), eine Rundfahrt zur Deep Hole Bay unternommen werden (nur in den Sommermonaten). Die **Lune River Cottages** (☎ 03-62983107) sind einfache Unterkünfte im Bed-&-Breakfast-Stil, während die Jugendherberge Lune River YHA (Main Rd., ☎ 03-62983163) über günstige Unterkünfte, Kanu- und MTB-Verleih verfügt (Lebensmittel unbedingt selbst mitbringen).

South West National Park

Uner-schlossene Wildnis im Südwesten

Ein besserer Feldweg führt bis nach **Cockle Creek** und **Ramsgate**, den südlichsten Punkten der Insel, die per Fahrzeug erreichbar sind. Einst waren diese Orte betriebsame Walfänger- oder Holzfällerstandorte – heute steht das Gebiet ganz im Zeichen unberührter und ungezähmter Natur, dem riesigen South West National Park, der den gesamten Südwesten des Inselstaates einnimmt und dabei frei von jeglicher moderner Infrastruktur ist. Mit 605.000 ha ist der National Park mit Abstand der größte Tasmaniens. Dichte Wälder, hochaufragende Berggipfel und unberührte Buchten sind weit gehend unerschlossen.

☞ **Tipp**
Um dieses Naturwunder, das als Weltkulturerbe der UNESCO höchsten Schutzstatus genießt, in seiner ganzen Schönheit zu erfassen, empfiehlt sich zumindest ein Rundflug ab Hobart.

Hobart – Cradle Mountains

☞ **Streckenhinweis**
Die vorgeschlagene Fahrtroute führt von Hobart über den Lyell Hwy. zunächst in das Inselinnere – mit einem Abstecher zum Mt. Field NP. Die **Cradle Mountains** und der **Gordon River** bilden weitere Höhepunkte. Der Highway A 10, der im Verlauf nach Norden öfter seinen Namen ändert, endet in Somerset an der Nordküste.

Mount Field National Park

Der Eingangsort des Mount Field NP heißt sinnigerweise **National Park**. Der NP gehört zu den **ersten geschützten Gebieten Tasmaniens** – er wurde bereits 1916 gegründet. Die Einwohner von Hobart schätzen den Park als Naherholungsgebiet, d. h., an Sommerwochenenden ist der Campground häufig voll (vorher reservieren!). Das 16.265 ha große Gebiet ist vor allem wegen seiner reichhaltigen und unterschiedlichen Vegetation einen Besuch wert: In den tiefer gelegenen Zonen wachsen Regenwälder mit bis zu 90 m hohen Eukalypten (Swamp Gum Trees) und Baumfarnen, in den Bergregionen wird die Landschaft mit Hochmooren und lichten Wäldern schon fast alpin. Am Fuße der Berggipfel findet man Gletscherseen und Wasserfälle. Die beiden Berge **Mt. Field West** (1.439 m) und **Mt. Field East** (1.270 m) sind die höchsten Berge des NP.

Eine lohnende Wanderung führt zu den Wasserfällen **Russell Falls** (15 Min., rollstuhltauglicher Weg), **Horseshoe Falls** und **Lady Barron Falls** (45 Min.), die inmitten mächtiger Eukalyptuswälder liegen. Längere Wanderungen sind in vielen Varianten möglich. Die High Country Walks sind mittelschwer bis anspruchsvoll. Die **Lake Dobson Skifields** (Mt. Mawson) ermöglichen von Juli–Okt. Wintersport.

Tasmaniens Regenwälder

Die Ursprünge der tasmanischen Regenwälder reichen 60 Mio. Jahre zurück, als der Urkontinent Gondwana die Teile Australien, Afrika, Südamerika und die Antarktis miteinander verband. Tasmaniens Landfläche besteht heute zu rund 10 % aus sogenannten **„kalten" Regenwäldern**. Regenwälder existieren nicht nur am Amazonas und in tropischen Regionen, sondern kommen auch in wesentlich weiter nördlich (z. B. Vancouver Island) oder südlich gelegenen Breitengraden (Tasmanien) vor.

Natürlich unterscheiden sich die kalten Regenwälder deutlich von den tropischen Regenwäldern: Farne, Moose und Pilze bilden die Grundlage, darauf wachsen die einheimischen Baum- und Straucharten Myrtle, Leatherwood, Sassafras, Huon Pine, Pencie Pine, King Billy Pine und viele andere. Mindestens 5 % der Bäume müssen Eukalypten sein, damit der Wald in der Definition als Regenwald gilt. Ein jährlicher Niederschlag von mindestens 1,20 m ist notwendig, um den Regenwald am Leben zu erhalten.

Das Leben im kühlgemäßigten Regenwald Tasmaniens spielt sich hauptsächlich **am Boden** ab. Mäuse, Kleinstbeuteltiere wie Possums, Pademelons, Quolls, Würmer, Frösche und Schlangen sind meist scheu und nachtaktiv. 21 Vogelarten leben im Regenwald – nicht allzu viele, weshalb der tasmanische Regenwald als stiller und einsamer Wald gilt.

Mittel-Tasmanien ist in seinem Zentrum durch viele **glasklare Seen** geprägt. Das Gebiet wird deshalb auch „Lake Country" genannt. Nur wenige der einstigen Gletscherseen in der Derwent Area sind von Menschenhand unberührt geblieben: Viele wurden durch Staudämme vergrößert, andere sind gänzlich verschwunden. 1983 wurden der gesamte Südwesten und die nördlich angrenzenden Gebiete als **World Heritage Area** unter Schutz gestellt und weitere Staudammprojekte gestoppt. Heute decken Wasserkraftwerke 100 % des tasmanischen Energiebedarfs.

Reisepraktische Informationen Mount Field NP

Anfahrt
Tassie Link *fährt den Mt. Field NP von Hobart aus regelmäßig an.*
Mit dem **Auto** *über die B 61 von Hobart (ca. 75 km) durch das fruchtbare Derwent Valley.*

Übernachten
Russel Falls Holiday Cottages $$$, *Lake Dobson Rd., (8 km westlich), National Park,* ☎ *03-62881198, www.russellfallscottages.com.au. Gepflegte, recht einfach ausgestattete Hütten.*
Mount Field National Park YHA $, *Main Rd., National Park,* ☎ *03-62881369.*
Ein großer **NP-Campground** *befindet sich im Ort National Park am Tyenna River (Parkeingang).*

Cradle Mountains – Lake St. Clair National Park

Der **bekannteste National Park Tasmaniens** umfasst die Central Highlands, die auch „Tasmanische Alpen" genannt werden. Die 161.000 ha des NP sind durch

das einmalige Zusammenspiel von schroffen Bergen, klaren Seen und einer artenreichen Flora und Fauna geprägt. Die höchsten Gipfel sind **Mt. Ossa** (1.617 m, höchster Berg von Tasmanien), **Cradle Mountain** (1.545 m) und **Mt. Olympus** (1.447 m). Nicht zuletzt hat der NP durch den immer populärer gewordenen **Overland Track** einzigartige Bekanntheit erlangt. Doch auch die Tageswanderungen gehören zum Besten, was Tasmanien zu bieten hat.

Das Visitor Centre heißt Besucher willkommen

Die Berge sind aus grobkörnigem Basalt, dem sogenannten Dolorit, aufgebaut, was auf einstigen Vulkanismus schließen lässt. Die vor rund 30.000 Jahren noch vorhandenen Gletscher schmolzen mit dem Ende der Eiszeit – übrig blieben die kahlen Berggipfel. Nachdem im 19. Jahrhundert auch die Baumbestände in den Tälern gerodet wurden, setzte sich 1922 der bergbegeisterte Österreicher Gustav Weinberger für die Gründung eines **Naturreservats** ein. 1936 wurde der Gletschersee St. Clair ein Teil des National Parks.

☞ Streckenhinweis

In **Derwent Bridge** (Roadhouse, Motel, 173 km nördlich von Hobart) zweigt eine Straße vom Lyell Hwy. zum Lake St. Clair, dem tiefsten Gletschersee des Landes, ab. Am Seeufer liegt **Cynthia Bay** (5 km nördlich von Derwent Bridge) – Zentrum des südlichen National Parks und Ausgangsort für zahlreiche Wanderungen.

Reisepraktische Informationen Lake St. Clair NP

ℹ Information

Lake St. Clair Visitor Centre, *Derwent Bridge*, ☎ *03-62891172. Detaillierte Informationen über Wanderungen, Übernachtungen, Wetterbedingungen usw. Empfehlenswert ist die 1:100.000 Karte für Wanderungen. Registrierung für den „Overland Track" (muss vorher per Internet angemeldet werden).*
Cradle Mountain Visitor Centre, *Cradle Mountain Rd.,* ☎ *03-64921110. Großes Besucherzentrum mit wichtigen Informationen zum NP.*

🛏 Übernachten

Egal wo man übernachtet, in den Sommermonaten (Dez./Jan.) sollte wegen des Andrangs unbedingt eine Unterkunft reserviert werden.
Cradle Mt. Lodge $$$$, *Cradle Mountain, 1 km nördlich des Visitor Centre,*

☎ 1300-806192, www.cradlemountainlodge.com.au. Beste Unterkunft des NP. Transfer-service zum Waldheim-Chalet und Lake Dove (für Wanderungen).
Lake St. Clair Lodge $$$, Lake St. Clair, ☎ 03-62891137, www.lakestclairlodge.com.au. Komfortable Lodge in herrlicher Lage, direkt am Lake St. Clair. Neben den rustikal eingerichteten Zimmern gibt es eine preiswerte Backpacker-Lodge mit Mehrbett-zimmern. Die Lodge bietet Mietkanus und spezielle Fliegenfischer-Ausflüge an.
Cosy Cabins Cradle Mountains $$, Cradle Mountain/Waldheim (6 km südlich des Visitor Centre), ☎ 03-64921395. Mehrere kleine Cabins mit Selbstversorgereinrichtun-gen, Campingplätze und Backpackerunterkünften.

Camping
Lake St. Clair CP, ☎ 03-62891137, www.lakestclairlodge.com.au. Direkt am Seeufer gelegener Campingplatz, der zur Lodge gehört.
Cradle Mt. Campground, 2 km nördlich des Visitor Centre, ☎ 03-64921395, www.cradle-mountain.tas.big4.com.au. Gut ausgestatteter, großer Campingplatz, zusätzlich 6-Bett-Bunkhouses und Cabins verfügbar.

Fähre
Von Cynthia Bay nach Narcissus Hut am Nordufer fährt die **Ida Clair** (☎ 03-62891137) mehrmals tgl. – passt gut zu einer Tageswanderung (Cuvier Valley Track).

Wandern
Für alle Wanderungen gilt: Sich in den Logbooks ein- und austragen. Wasser, Ver-pflegung, festes Schuhwerk und Regenkleidung mitnehmen!
• **Shadow Lake**: 4-Std.-Wanderung hin und zurück ab Lake St. Clair, kombinierbar mit einem Aufstieg auf den Mt. Hugel (+ 2 Std.).
• **Mt. Rufus Track**: 18-km-Tageswanderung auf den Gipfel des Mt. Rufus – bei gutem Wetter tolle Ausblicke!
• **Watersmeet Nature Walk**: 4-km-Wanderung entlang des Seeufers.
• **Cuvier Valley Track**: 16 km zur Narcissus Hut am Nordufer, lohnende Blicke auf den See, hin oder zurück mit der Fähre.

Cradle Valley

Der Nordteil des National Parks liegt 60 km Luftlinie von Lake St. Clair entfernt. Da keine Straßenverbindung innerhalb des NP besteht, muss in einem weiten Bo-gen (rund 220 km) über Queenstown und Rosebery nach Cradle Valley gefahren werden. Die Cradle Mt. Link Rd. verlässt den Murchison Hwy. nördlich des Que River. Cradle Valley ist der nördliche Zugangspunkt dieser World Heritage Area.

Streckenhinweis
Man kann von Cradle Valley direkt nach Launceston fahren. Die Route führt über **Mole Creek** (Höhlen) und Deloraine. Sind die Unterkünfte im Cradle Valley ausgebucht, so befinden sich in **Moina** (ca. 25 km südöstlich) weitere Möglichkei-ten, z. B. die hervorragende Lemonthyme Lodge (☎ 03-64921112, www.lemonthyme.com.au).

Der Overland Track

Die meisten Wanderer gehen den 80 km langen Weg von Nord nach Süd in ca. 4–6 Tagen. Zusätzliche Abstecher (z. B. Aufstieg Mt. Ossa) können die Wanderung ausdehnen. Die beste Jahreszeit ist von Nov.–März. Unterwegs stehen für Übernachtungen zwölf einfache Hütten zur Verfügung. Für den Fall, dass diese voll sind, ist die Mitnahme eines Zeltes Pflicht. Lagerfeuer sind verboten, es muss ein Kocher mitsamt Verpflegung mitgenommen werden. Transfers übernimmt die Busgesellschaft Tassie Link oder Maxwells.

Wichtig: Für die Wanderung ist vom 1. Nov.–30. April ein **Permit** (A$ 200 pro Person) erforderlich, das rechtzeitig besorgt werden sollte. Information und Buchung über www.parks.tas.gov.au. Die Trackgebühr dient dem Naturschutz und der Erhaltung der Wege.

Routenführung
1. Tag (11 km): Der Weg beginnt am Waldheim Chalet/Cradle Valley und führt in hochalpines Gelände.
2. Tag (12 km): Durch das Sedgeland-Hochmoor, vorbei am Gletschersee Lake Windermere.
3. Tag (10 km): Wanderung durch kühl-gemäßigte Regenwälder auf dem historischen Innes Track.
4. Tag (6 km): Gelegenheit zum Aufstieg auf den Mt. Ossa (1.617 m).
5. Tag (18 km): Am Fuße der hohen Berge durch Regenwald zu den Wasserfällen Fergusson und Hartnett und weiter durch Myrtenwälder.
6. Tag (9 km): Eukalyptuswälder säumen den Pfad zum Nordufer des Lake St. Clair. Fähre nach Cynthia Bay oder Übernachtung in der Narcissus Hut.
7. Tag (16 km): Cuvier Valley Track oder entlang des Seeufers nach Cynthia Bay/Lake St. Clair.

Organisierte Wanderungen
Eine 6-tägige, geführte Wanderung wird vom tasmanischen Veranstalter Cradle Mountain Huts (www.cradlehuts.com.au) angeboten.

Neben dem **Overland Track** sind viele kürzere Wanderungen möglich, die von 1 Std. bis zu einem ganzen Tag dauern. Alle Wanderwege sind hervorragend beschildert und häufig mit Holzbohlen zum Schutz der sensiblen Flora beplankt. Die Karte „Day Walk Map" ist empfehlenswert.
• **Lake Dove Walk**: 6 km lange Wanderung rund um den See, Blick auf den imposanten Cradle Mountain.
• **Pencil Pines Falls**: 1-km-Spaziergang ab Visitor Centre, rollstuhltauglich.
• **Weindorfer Forest Walk**: 5-km-Wanderung ab Waldheim Chalet.
• **Marian Lookout Walk**: 3–5 Std.-Wanderungen H/R mit tollen Ausblicken und der Möglichkeit zur Besteigung des Cradle Mountain (1.545 m).

Die Westküste

Franklin-Gordon Wild Rivers National Park

Der NP wurde 1981 durch die Zusammenfassung des alten **Frenchman Cap NP** mit dem **Gordon River State Reserve** geschaffen. Der Lyell Hwy. trennt heute den nördlichen Teil des 440.000 ha großen Franklin NP vom Südteil ab. Beide Teile sind weit gehend unerschlossen. Der den Park durchquerende Franklin River hat sich seit ein paar Jahren zum Paradies des **Wildwasser-Rafting** entwickelt, z. B. mit **Water by Nature** (www.franklinriverrafting.com). *Weitgehend uner-schlossenes Gelände*

Wandern
Der Fernwanderweg **Frenchmans Cap Track** führt zum mächtigen Felsdom „Frenchmans Cap" (1.443 m), der der Form einer französischen Baskenkappe gleicht. Die Distanz beträgt 23 km pro Weg, es muss derselbe Weg zurückgegangen werden. Zwei einfache Hütten sind vorhanden, trotzdem wird die Mitnahme eines Zeltes empfohlen. Der Beginn des Pfads liegt direkt am Lyell Hwy., ca. 55 km südlich von Queenstown. Am Hwy. weisen kleine Schilder auf weitere, kürzere Wanderungen hin, z. B. **Nelson Falls Walk** oder **Donaghys Hill Lookout** (guter Blick auf den Berg Frenchmans Cap).

Streckenhinweis
Der Lyell Hwy. zeigt in seinem weiteren Verlauf, dass er zu Recht als eine der **eindrucksvollsten Straßen Tasmaniens** gilt: Vom Victoria Pass fällt die Straße steil und kurvenreich in die Bergbaustadt Queenstown ab, die ein völlig neues Tasmanienbild vermittelt. Die Berghänge rund um die Stadt sind kahl und grau, eine Folge der jahrelangen Abholzung durch die Minengesellschaften.

Queenstown

1881 wurde am Mt. Lyell damit begonnen, Gold und Silber abzubauen. Später besann sich der Mt. Lyell Mining Company auf die reichen Kupfervorkommen, die seit Anfang des Jahrhunderts auch gleich in einer Schmelze verarbeitet wurden. Um die Öfen zu betreiben, wurden die Bäume der Umgebung abgeholzt. Ein Übriges tat die Luftverschmutzung, die den letzten Grashalmen den Todesstoß versetzte. Die Hügel rund um Queenstown gleichen deshalb einer von Bodenerosion geprägten Mondlandschaft (Lunar Landscape) – eine Tatsache, die als

Die Wilderness Railway von Queenstown

zweifelhafte Sehenswürdigkeit gepriesen wird. Das **Galley Museum** beherbergt eine Sammlung alter Fotos, welche die Entwicklung der Stadt schildern. Die **West Coast Wilderness Railway** (www.westcoastwildernessrail way.com.au) ist ein historischer, restaurierter Zug von 1896. Er verbindet Queenstown mit Strahan. Der Zug verkehrt zumindest an Wochenenden regelmäßig.

Streckenhinweis

Statt über die direkte Route nach Norden zu fahren (Murchison Hwy.), soll-te von Queenstown ein Abstecher nach **Strahan** an die Westküste unternommen werden. Die B 24 führt zum Macquarie Harbour. Die Bucht hat nur den gefährlich engen Ausgang „Hells Gate" zum Meer, ist aber so von Wind und Wetter ge-schützt.

Strahan

Am Nordende der Bucht liegt der malerische Ferienort Strahan. Von der einst blü-hende Hafenstadt wurde um die Jahrhundertwende Kupfer aus Queenstown ver-schifft. 1897 wurde dafür die Bahnverbindung der Mt. Lyell Mining and Railway Company des Iren James Crotty eröffnet. Aus dieser Zeit stammen einige der his-torischen Gebäude, wie z. B. das **Ormiston Homestead** und das **Customs House**. An der Westküste locken die Sanddünen am 40 km langen Ocean Beach.

Malerischer Ferienort

Eine erholsame Aktivität sind **Bootsausflüge**, die durch die tiefe Bucht bis in den Mündungsbereich des auf 32 km schiffbaren Gordon River führen. Dabei wird auch die kleine, aber berüchtigte **Gefängnisinsel Sarah Island** (1822–1834) passiert.

Reisepraktische Informationen Strahan

Information
West Coast Visitor Information & Booking Centre, *The Esplanade,* ☎ *03-64726800, www.tasmaniaswesternwilderness.com.au.*

Übernachten
Strahan Village $$$, ☎ *1800-420155, www.strahanvillage.com.au. Komfor-tables Hotel mit Blick auf den Macquarie Harbour.*
Strahan YHA $, *43 Harvey St.,* ☎ *03-64717255, www.yha.com.au. Jugendherberge.*

Camping
Strahan Caravan & Tourist Park, *Ecke Andrews/Innes St.,* ☎ *03-64717239. Strand-Campingplatz.*
Macquarie Heads Campground, *17 km südwestlich, einfacher Campingplatz.*

Restaurant
Ormiston House, *3 Bay St. Gemütliches, sehr gutes Restaurant im Hotel.*

Zeehan

Entlang der alten Eisenbahnlinie West Coast Railway von Strahan nach Zeehan führt die Straße zeitweise direkt an den hohen Sanddünen vorbei. Die historische Minenstadt Zeehan liegt 5 km westlich des Murchison Hwy. 1890–1910 wurden hier erstmals Silber- und Bleivorkommen entdeckt. Die ergiebigen Funde führten zu einem wahren Bevölkerungsboom: Zur Blütezeit der Stadt

Die historische Minenstadt Zeehan

hatte Zeehan unglaubliche 10.000 Einwohner und 26 Hotels, verfiel dann aber wieder zu bescheidener Größe. Vor gut 20 Jahren wurde die **Renison Bell Tinmine** (34 km nördlich) wieder eröffnet. Historische Gebäude, wie das **Grand Hotel**, **Gaiety Theatre** und das **West Coast Pioneer Museum** mit alten Loks, sind gut erhalten.

Von Zeehan an die Nordküste

Als Folge reicher Goldfunde wurde 1893 die Stadt **Rosebery** gegründet. Heute sind es die Blei-, Zink-, Gold- und Silberminen, die für ein Auskommen sorgen.

☞ Streckenhinweis
Zwei Kilometer südlich von Rosebery weist ein Schild auf einen Wanderpfad zu den **Montezuma Falls** hin – mit 104 m die höchsten Wasserfälle Tasmaniens. Dort können auch Reste der alten **North East Dundas Tramway** gesehen werden.

Nordöstlich von Rosebery am Murchison Highway (A 10) gelegen, ist **Tullah** in erster Linie eine Arbeitersiedlung für den 56 km langen Lake Pieman-Stausee und der dazugehörigen Reece Power Station. Daneben sind **Lake MacIntosh** und **Lake Murchison** als gute (Forellen-) Angelreviere bekannt. Die historische **Wee Georgie Wood-Dampfeisenbahn** (www.weegeorgiewood.com.au) wurde restauriert und fährt heute (unregelmäßig) auf einer 2 km langen Strecke.

Die ehemalige Minenstadt **Warratah** liegt am **Mt. Bishoff**, unweit der Hauptstraße A 10. Warratah war einst eine der reichsten Zinnminen der Welt. Der Lake Warratah liegt im Herzen der Stadt und hat angeblich das klarste Wasser der Insel. Folgt man der „B 23" nach Westen, trifft man auf das Städtchen **Savage River**, das von einer Eisenerzmine lebt. Das Erz wird über eine 85 km lange Pipeline zum Hafen **Port Latta** geschickt. Ab Savage River wird die Straße zur Piste und endet in Corinna am Pieman River.

Das klarste Wasser der Insel

☞ Streckenhinweis
Auf halbem Weg zur Nordküste windet sich der Highway durch die eindrucksvolle **Hellyer Gorge**. Picknickplätze in den Myrtenwäldern laden zur Rast ein, zudem gibt es Wanderpfade am Ufer des Hellyer River.

Alternativroute in den Nordwesten: Zeehan – Marrawah

Die **Western Explorer Route** (keine Tankmöglichkeit) im Überblick:

Windsurfer am Bluff Beach/Marrawah

Von Zeehan ist, nach Norden fahrend, der kleine Ort **Corinna** (einst 2.000 Ew.) schnell erreicht. Der breite Piemann River muss hier mit einer Fähre überquert werden (9–19 Uhr im Sommer). Die Fortsetzung der Strecke bis **Balfour** ist völlig abgeschieden und unbewohnt. Bei **Couta Rocks**, einem verschlafenen Fischerdorf, wird erstmals das Meer, mit einer meist tosenden Brandung, erreicht. Im Ferienort **Arthur River** mündet der gleichnamige Fluss ins Meer. In **Marrawah** schließlich trifft man auf die asphaltierte A 2, die nach Osten zur Nordküste führt.

Die Nordküste

Für die Fahrt in den **Nordwesten** benötigt man 1–2 Tage. Was auch davon abhängt, wie viele Abstecher zu Felsklippen und einsamen Sandbuchten unternommen werden.

Streckenhinweis
Entfernungen

Somerset – Wynyard:	13 km
Stanley – Marrawah:	77 km
Wynyard – Stanley:	65 km

Somerset

Der Ort an der Kreuzung von Bass Hwy. und Waratah Hwy. hat sich in den letzten Jahren zu einem Vorort von **Burnie** (6 km östlich) entwickelt. Neben Wohnvierteln findet man Leichtindustrie und Holzverarbeitung. 40 km südlich befindet sich die **Hellyer Gorge**, eine Schlucht, durch die sich der Highway schlängelt.

Wynyard

Bedeutender Verwaltungsstützpunkt

Mit 12.500 Einwohnern ist die Stadt an der Mündung des Inglis River ein bedeutender Verwaltungsstützpunkt für die umliegende Landwirtschaft. Einer von zwei Flughäfen der Nordwestküste liegt in Wynyard, nur wenige hundert Meter vom Stadtzentrum entfernt. Ein lohnender Ausflug führt über die beschilderte Scenic Rd. über Farmland zu den Felsen des vorgelagerten **Table Cape** und zu Fossilien.

Auf der Fahrt nach Westen passiert man den Ferienort **Boat Harbour**. Ein feiner Sandstrand und kristallklares Wasser laden zum Baden ein.

Rocky Cape National Park

Zugang zum NP besteht in **Sister Beach** (Anfahrt über Boat Harbour) und weiter westlich in Rocky Cape. Beide Zugangspunkte sind durch einen Wanderweg miteinander verbunden. Der Ferienort Sister Beach bietet Übernachtungsmöglichkeiten und einen weißen Sandstrand. Die lokale Attraktion ist der Vogelpark **Birdland Native Gardens** (tgl. 9–17 Uhr). Es gibt Fahrten auf die kleine Insel Sister Island, wo seltene Seeadler brüten. Der kleine Küstennationalpark (3.064 ha) umfasst eine 12 km lange, zerklüftete Felsküste mit geschützten Buchten. Höhlen mit Felsmalereien der Aborigines sind ausgeschildert und zu Fuß zu erreichen. Kein Camping.

Küsten-nationalpark

Stanley

Auf einer nach Norden ragenden Landzunge gelegen, wurde in der heutigen Ortschaft Stanley (700 Ew.) im Jahre 1825 erstmals ein Stück Land an die Van Diemens Land Company zur Schafzucht verpachtet. Aus dem Hauptquartier Highfield Point (2 km nördlich) entwickelte sich die Stadt Stanley, die bis heute praktisch unverändert Bestand hat. Die Nordspitze wurde von Flinders und Bass **Circular Head** getauft, die Einheimischen nennen das 152 m hohe, angeblich 12 Mio. Jahre alte Felsmassiv schlicht **The Nut**. Ein Sessellift und ein steiler Fußweg führen auf die Spitze des „Berges", von dem man eine prachtvolle Aussicht auf das Meer genießt.

Smithton

Die Umgebung von Smithton und die Stadt selbst sind von Landwirtschaft und Holzindustrie geprägt: In einer modernen Fabrik werden verschiedene Gemüse, vor allem aber Kartoffeln verarbeitet und tiefgefroren. Die Kauri Timber Mill ist das größte Sägewerk der südlichen Hemisphäre. Eine der ältesten Schaffarmen Australiens, Woolnorth Homestead, ist noch immer im Besitz der Van Diemens Land Company und kann im äußersten Nordwesten auf einem Ausflug besucht werden. Bei Cape Grim kann man die **angeblich sauberste Luft der Welt** atmen.

Landwirt-schaft und Holzindustrie

Marrawah

48 km westlich von Smithton liegt Marrawah, Endpunkt des Bass Hwy. und westlichste Stadt Tasmaniens. Interessant sind die historischen Stätten der Aborigines,
die in der Umgebung Marrawahs entdeckt wurden. Die Straßen zu den Fundorten
Historische sind nicht einfach zu finden – am besten, man erkundigt sich im Ort danach. Am
Stätten der **Mt. Cameron West** (10 km nördlich) befinden sich Felsmalereien, die eine ver-
Aborigines blüffende Ähnlichkeit zu denen in Zentralaustralien besitzen. Bekannt sind außerdem die Aboriginal-Stätten **West Point** (8 km südwestlich) und **Sundown Point**
(30 km südlich). Sehenswert ist die Bucht vor Marrawah bei **Green Point** – ein
beliebter Treffpunkt der tasmanischen Surfer, die hier an Ostern ihre Meister-
schaften abhalten. Marrawah besitzt außer einem einfachen Campground bei
Green Point und den Glendonald Cottages (Arthur River Rd., ☎ 03-64571191) keine Übernachtungsmöglichkeiten. Das kleine Feriendorf **Arthur River** liegt 15 km
südlich von Marrawah am gleichnamigen Fluss.

Burnie – Launceston

 Streckenhinweis
Entfernungen

Burnie – Ulverstone:	28 km
Devonport – Launceston:	88 km
Ulverstone – Devonport:	21 km

Burnie

Entlang des Bass Hwy. ist die 21.000 Einwohner zählende Stadt ein wichtiges Han-
dels- und Geschäftszentrum. Benannt wurde die Stadt nach dem ersten Direktor
der Van Diemens Land Company, William Burnie. Wie ein langes **Straßendorf**
nimmt Burnie etliche Küstenkilometer ein. Ein Frachthafen und Fabrikschlote weisen auf ausgedehnte **Industrieanlagen** hin: Tasmanian Plywood Mills (Holzverarbeitung), Creative Paper Mill (Papierfabrik), Dioxide Australia (Titan-Produkte),
Gut Blue Ribbon Meat Products (Fleischerzeugung) und Lactos (Käserei mit Laden) sind
erreichbar die größten Arbeitgeber der Region. Burnie hat einen Flughafen und wird von allen
Überlandbussen angefahren. Übernachtungsmöglichkeiten bietet z. B. der Treasure Island CP (☎ 03-64311925, mit Hostelzimmern) und das **Ocean View Motel**
(Bass Hwy., ☎ 03-64311925, www.burniebeachaccommodation.com.au).

Über den Old Bass Hwy., der direkt am Meer entlangführt, wird der Ort **Penguin** erreicht (17 km westlich von Burnie). Dort können zur Brutzeit (Nov.–März)
Pinguine beobachtet werden.

Ulverstone (10.200 Ew.) wirbt seit einigen Jahren verstärkt für einen wachsenden
Tourismus. Die moderne Stadt bietet zahlreiche **Freizeitangebote**. Von hier
kann man durch das **Hinterland** auf einer abwechslungsreichen Fahrt auf schmalen Landstraßen durch das bergige und in vielen Bereichen von intensiver Landwirtschaft geprägte Hinterland nach **Launceston** kommen.

An den **nördlichen Ausläufern** des Hochplateaus der Great Western Tiers befinden sich zahlreiche Tropfsteinhöhlen. Ausgangspunkt zur Besichtigung für Ausflüge ist das Städtchen **Mole Creek** (25 km westlich von Deloraine).

Walls of Jerusalem National Park

An den King Solomon Caves erfolgt der Abzweig nach Süden, von dort über eine Schotterpiste entlang der Ostseite des Lake Rowallan zum Parkplatz bei **Howells Bluff**. Der NP verfügt über kein Besucherzentrum und über keine Einrichtungen. An der Westseite des Zentralplateaus erhebt sich eine Bergkette mit fünf schroffen Gipfeln, die ein **natürliches Amphitheater** mit einsamen Seen und Pinienwäldern (Pencil Pines) bilden. Der Park ist nur zu Fuß zugänglich. Ein 7 km langer Wanderweg führt zum Central Basin. Spektakulär öffnet sich der Blick von **Damaskus Gate** auf die Gipfel des westlich gelegenen Cradle Mountain-Lake St. Clair NP.

Einsame Seen und Pinienwälder

The Central Plateau

Verkehrstechnisch ist das Zentralplateau über die A 5/B 11 (auch Lake Hwy. genannt) erschlossen. Der Highway führt von **Deloraine** nach **Bronte Park** und **Derwent Bridge** bzw. nach der Gabelung in östlicher Richtung über Bothwell nach Hobart. Die Hochfläche südlich von Deloraine wird das Central Plateau genannt. Begrenzt wird es im Norden und Westen durch die steilen Felswände der „Great Western Tiers" mit Gipfeln von über 1.400 m. Im Winter herrscht auf der Hochfläche ein beständig raues Klima, im Sommer sind es die Angler, die sich den **Great Lake** und weitere kleine Seen als Reviere ausgewählt haben. An Unterkünften mangelt es deshalb nicht – meist sind es B&Bs, kleine Hütten und Cabins, die vermietet werden. Ein großer Teil des westlichen Central Plateau, das auch das „Land der 3.000 Seen" genannt wird, ist nicht erschlossen.

Devonport

An der Mündung des Mersey River gelegen und vom Leuchtturm bei Mersey Bluff „beschattet", liegt die große **Hafenstadt Devonport**. Ursprünglich bestand sie aus zwei Teilen: Formby (Westufer) und Torquay (Ostufer). 1890 verbanden sich beide zu „Devonport", das die Teilung in West und East Devonport aber beibehielt. Eine Brücke verbindet die Stadtteile.

Als Landungspunkt für die Fähre „Spirit of Tasmania" (Melbourne – Devonport) ist die Stadt ein „Eingangstor Tasmaniens". Mit günstigen Flugpreisen ist es jedoch ruhiger um Devonport geworden – mehr und mehr Menschen fliegen heute nach „Tassie", wobei dann Hobart oder Launceston als Ausgangspunkt einer Tasmanienreise stehen. **Tiagarra** heißt das Aboriginal-Kulturzentrum (*Bluff Rd., ca. 3 km nördlich, Mo–Sa 9–16.30 Uhr, Erwachsene A$ 10, Kinder A$ 5*), das über die tasmanischen Ureinwohner informiert. Ein Fußweg führt zu über 250 Felsgravuren und -merkmalen. Diese befinden sich direkt beim Leuchtturm von **Mersey Bluff**. Von dort bietet sich auch ein guter Blick auf die Hafenmündung.

Ausgangspunkt einer Tasmanienreise

Im kleinen Schifffahrtsmuseum (**Devonport Maritime Museum**, *6 Gloucester Ave., ☎ 03-64247100, www.julieburgess.com.au. Tgl. 10–16.30 Uhr, Erwachsene A$ 5,*

Kinder A\$ 2) sind Modelle alter Segler aufgestellt, die über die frühe Seefahrtsgeschichte Tasmaniens berichten. Für Freunde des Schienenverkehrs gibt es ein kleines Eisenbahnmuseum.

Don River Railway Museum, *Bass Highway, 5 km westlich,* ☎ *0364246335, www. donriverrailway.com.au. Tgl. 10–16 Uhr, Erwachsene A\$ 19, 4–15 Jahre A\$ 14.*

Reisepraktische Informationen Devonport

i Information
Devonport Visitor Centre, *92 Formby Rd.,* ☎ *1800-649514, www.devon porttasmania.travel.*

Verkehrsmittel
Fähre
Das Bass Strait Ferry Terminal *(TT-Terminal) befindet sich an der Esplanade, East-Devonport. Nähere Informationen zur Fährverbindung Melbourne – Devonport mit der Spirit of Tasmania,* ☎ *132010, www.spiritoftasmania.com.au.*
Merry River Ferrys *verbindet beide Stadtteile und quert den Fluss alle 15 Min.*
Busse
Direkte Busverbindungen bestehen von der Fähre nach Launceston und Hobart.
Tasmanian Redline Coaches, *9 Edward St.,* ☎ *1300-360000, www.tasredline. com.au, hat Direktverbindungen nach Burnie, Launceston und Hobart.*
Tassie Link, *14 King St.,* ☎ *1300-300520, www.tassielink.com.au, Buchung über TAS Travel Centre, fährt nach Cradle Mountain, Lake St. Clair und Strahan.*
Stadtbusse *bedienen die Stadt mit Vororten und verkehren auch zum Fährterminal.*
Autoverleih
Avis, *Ferry Terminal East,* ☎ *03-64279797, www.avis.com.au.*
Hertz, *26 Oldaker St., Airport,* ☎ *03-64241013, www.autorent.com.au.*
Thrifty, *10 Esplanade,* ☎ *03-64279119, www.thrifty.com.au.*

Übernachten
Sunrise Motor Inn \$\$\$, *140 North Fenton St. (2 km nordwestlich),* ☎ *03-64248411, www.sunrise-inn.com.au. Komfortables Motel in Strand- und Zentrumsnähe.*
MacWright House YHA \$, *115 Middle Rd.,* ☎ *03-64245696. Jugendherberge (Bus Nr. 40 ins Zentrum).*

Camping
Abel Tasman CP, *6 Wright St. (1 km östlich),* ☎ *03-64278794. Am East-Devonport-Strand gelegener Caravan Park mit Cabins, nicht weit zum Fährterminal.*
Mersey Bluff CP, ☎ *03-64248655. Campingplatz an der Halbinsel von Mersey Bluff.*

Narawntapu National Park (Bakers Beach)
Auf dem Weg von Devonport nach Launceston lohnt der Narawntapu NP (25 km östlich von Devonport, Park Office in der Bakers Beach Rd., ☎ *03-64286277, www.parks.tas.gov.au*) einen Besuch und auch eine Übernachtung im Zelt oder Wohnmobil. Drei Pisten, eine im Westen (Baker's Beach Rd.), die beiden anderen

im Osten (Badgers Head Rd., Greens Beach Rd.), führen in den Park. Dieser erstreckt sich über 4.281 ha entlang der Nordküste. An zahlreichen Stellen entlang des verzweigten Inlets besteht ein Zugang zum Meer. Der NP bietet mit Kängurus, Wallabies und Wombats eine reiche Tierwelt, die vor allem in der Dämmerung zu beobachten ist.

Launceston

Die Cataract Gorge, nur 15 Min. von Launceston entfernt

Launceston ist die Hauptstadt des tasmanischen Nordens und zweitgrößte Stadt des Inselstaates. Die Stadt liegt am Zusammenfluss von South und North Esk River, die hier in den **Tamar River** münden. Bereits 1798 segelten Flinders und Bass in die Tamar-Bucht. Ihren Landungsplatz, nahe dem späteren George Town, nannten sie Port Darylympie. 1804 gründete Colonel William Paterson eine Siedlung, genannt „Paterson". Wenige Jahre später wurde sie in „Launceston" umgetauft, nach dem **englischen Geburtsort** des damaligen Gouverneur King.

Zweitgrößte Stadt der Insel

Alle Sehenswürdigkeiten, selbst die Cataract Gorge westlich der Stadt, lassen sich zu Fuß erreichen. Das Zentrum besteht aus den Straßen York Street (mit Yorktown Square), Brisbane Street (mit Fußgängerzone Brisbane Street Mall), Paterson Street, Cameron Street (mit Fußgängerzone Civic Square) und George Street. Historische Gebäude im typischen „Georgian Style" Launcestons sind der **Old Umbrella Shop** (60 George St.), der Pub **Batman Faulkner Inn** (35 Cameron St.), das Lagerhaus **Macquarie House** (Civic Square), die **Ritchies Flourmill Art Gallery** (Brisbane St.), das alte **Post Office** und die **Albert Hall** (Cimitiere St.).

Das Queen **Victoria Museum & Art Gallery** ist ein schönes Beispiel spätkolonialer Baukunst. Im Inneren befinden sich eine sehenswerte Ausstellung tasmanischer Flora und Fauna sowie archäologische Funde der tasmanischen Ureinwohner. **Queen Victoria Museum & Art Gallery**, 2 Wellington St., ☎ 03-63233777, www.qvmag.tas.gov.au. Tgl. 10–17 Uhr, Eintritt frei.

Weitere sehenswerte Museen sind das **Pilot Station Maritime Museum** (399 Low Head Rd., ☎ 03-63821143, www.museum.lowhead.com. Tgl. 10–16 Uhr, Erwachsene A$ 5, Kinder A$ 3) und das **National Automobile Museum of TAS** (Cimitiere St., gegenüber City Park, ☎ 03-63348888, www.namt.com.au. Tgl. 9–17 Uhr, Erwachsene AS 12,75, Kinder A$ 7).

Cataract Gorge: Die tief eingeschnittene Felsschlucht (15 Gehminuten vom Zentrum entfernt) ist das Ergebnis von Erdbeben, die Tasmanien vor 40 Mio. Jahren erschütterten. Entlang dem **South Esk River** findet man an beiden Ufern schöne Picknickplätze und Spazierwege. Flussaufwärts (First Basin) queren eine Hängebrücke und ein Sessellift die Schlucht.

Schöne Picknickplätze

Reisepraktische Informationen Launceston

Information

Launceston Travel and Information Centre, *68–72 Cameron St.,* ☎ *1800-651827, www.visitlauncestontamar.com.au. Mo–Fr 9–17, Sa und So 9–13 Uhr.*
Organisierte Ausflüge
Bootsfahrten auf dem Tamar River und dem South Esk River (Cataract Gorge) werden von verschiedenen Veranstaltern angeboten. Buchung über das **TAS Travel Centre**.

Busse

TAS Redline Coaches (TRC), *Cornwall Square Transit Centre,* ☎ *1300-360000, www.tasredline.com.au.*
Tassie Link, *Cornwall Square Transit Centre,* ☎ *1300-300520, www.tassielink.com.au.*

Übernachten

Clarion Country Club Resort $$$$, *Prospect Vale (8 km südwestlich),* ☎ *03-63355777. Komfortables Landhotel mit herrlicher Lage*
Metro Backpackers YHA $, *16 Brisbane St.,* ☎ *03-63344505. Jugendherberge mit Radverleih.*

Camping

Treasure Island CP, *94 Glen Dhu St. (2 km südl.),* ☎ *03-63442600, www.treasureislandtasmania.com.au. Campingplatz in ungünstiger, lauter Lage an der Autobahn, aber der einzige CP der Stadt, im Sommer oft ausgebucht.*

Umgebung von Launceston

Tamar Valley

Der Tamar River mündet nach 60 km in die offene See. Das Tamar Valley gliedert sich in ein westliches und ein östliches Tal – je nachdem, welche Uferseite des Tamar River gewählt wird. Die Gebiete zählen zu den fruchtbarsten **Obst- und Weinbaugebieten** der Insel. Die bekannten Weinbaugebiete Tasmaniens sind im Westteil angesiedelt: Rund um die Städte **Rosevears** und **Deviot** (Western Tamar Valley) werden in verschiedenen Wineries Weinproben angeboten.

Schweizer Ort in Tasmanien
Die Stadt **Beaconsfield** war Stätte eines kurzen Goldbooms im 19. Jahrhundert. Das **Grubb Shaft Museum** zeigt Relikte aus alten Tagen. Kurios ist das Städtchen **Grindelwald**, das eine Nachbildung des gleichnamigen Schweizer Orts darstellt. Die einzige Brücke über den Fluss ist Batman Bridge (B 73).

Ben Lomond National Park

Der Ben Lomond NP liegt 50 km südöstlich von Launceston und ca. 90 km westlich der Ostküste (St. Marys). Über die Straße C 401 gelangt man auf den Zufahrtsweg Ben Lomond Rd. Der Schotterpass **„Jacob's Ladder"** ist dabei das schwerste Stück auf das Hochplateau mit zahlreichen engen Haarnadelkurven. Der populäre National Park in den North-Midlands bietet eines der **besten Skigebiete** der Insel. Der **Legges Tor** ist mit 1.572 m der zweithöchste Berg Tasmaniens. Er kann auf dem Legges Tor Track in ca. 2 Std. bestiegen werden – man sollte sich dabei auf schnelle Wetterumschwünge gefasst machen! Bei gutem Wetter allerdings reicht der Blick vom Jacob's Ladder Lookout bis hinüber nach **Flinders Island** oder auf den südlich gelegenen Gipfel **Stacks Bluff** (1.527 m). Zentrum des Parks ist der Ort **Alpine Village**. Im Sommer geht es dort verhältnismäßig ruhig zu, das Creek Inn (☎ 03-63906199) hat indes ganzjährig geöffnet und bietet Cabins und Backpacker-Betten an.

☞ **Streckenhinweis**
Die nicht durchgängig geteerten Straßen C 401 und B 43 führen von Ben Lomond nach Fingal und weiter nach St. Marys an der Ostküste. Soll die Fahrt an die Nordküste gehen, geht es über schmale Sträßchen nach Scottsdale und dann über die B 84 nach Bridport.

Die Ostküste: Launceston – Hobart

Die **touristisch interessanteste Fahrtroute** führt zunächst über den Tasman Hwy. (A 3) an die Nordostküste. Dort ist ein Abstecher in den abwechslungsreichen **Küstennationalpark Mt. William** möglich. Der Tasman Hwy. verläuft dann nach Süden – entlang einer malerischen Küste durch die Ferienorte **St. Helens** und **Bicheno**. Auf der **Freycinet-Halbinsel** sind im gleichnamigen National Park ausgedehnte Wanderungen möglich. Auch ein Besuch des Inselnationalparks **Maria Island** kann bei ausreichender Reisezeit eingeplant werden.

☞ **Streckenhinweis**
Entfernungen

Launceston – Scottsdale:	64 km
Mt. William NP – St. Helen:	49 km
Scottsdale – Bridport:	19 km
St. Helen – Bicheno:	85 km
Bridport – Mt. William NP:	90 km
Bicheno – Hobart:	180 km

Die Besiedlung der Ostküste ließ nach der Gründung Hobarts nicht lange auf sich warten. Aus den frühen Walfängerstützpunkten, wie z. B. Bicheno, entstanden erste Fischerhäfen. Die Ostküste ist für ihre **herrlichen Ozeanblicke** und Sandstrände bekannt und bürgt für eine genussreiche Fahrt. Das Wetter ist im Allgemeinen stabiler und sonniger als an der Westküste – einem Bad in der kühlen Tasman Sea steht also nichts im Wege. *Zeit für ein Bad in der Tasman Sea*

Scottsdale wurde benannt nach dem Landvermesser James Scott, der 1855 den Nordosten der Insel erforschte. Der Ort hat sich zu einem wichtigen Landwirtschaftszentrum entwickelt. Die Umgebung ist von weiten Feldern, aber auch von dichten Pinienwäldern (Tonganah, 7 km östlich) geprägt.

20 km nördlich von Scottsdale liegt der beliebte Ferienort **Bridport** mit Fährverbindung (Southern Shipping Company, ☎ 03-63561753) nach Flinders Island. Die Stadt hat gute Strände, ausreichend Unterkünfte und Campingplätze und gute Seafood-Restaurants.

Im späten 19. Jahrhundert wurden in **Derby** reiche Zinnvorkommen gefunden. An die Geschichte erinnern restaurierte Gebäude (u. a. das **Freilichtmuseum Shanty Town**) und das **Derby Tin Mine Centre**, ein hübsches Museum.

Mt. William National Park

In **Gladstone** wurde früher einmal Zinn und Gold abgebaut, interessanterweise gehörten Chinesen zu den ersten Siedlern. Das **Gladstone Hotel** (☎ 03-63572143), ein einfaches B&B-Haus, ist die nächstgelegene Unterkunft zum NP. Weitere 12 km westlich erreicht man auf guten Schotterstraßen den **Küstennationalpark Mt. William**. Der Park ist vor allem für seinen reichen Bestand an *Blick bis* grauen Forester-Kängurus bekannt. Außerdem sieht man Wallabies, Pademelons *Flinders* (Kleinkängurus) und Wombats. Straßen führen zur **Musselroe Bay**, zum Leucht- *Island* turm **Eddystone** und in die **Ansons Bay**. Die Wanderung auf den 261 m hohen „Berg" Mt. William lohnt sich: Bei gutem Wetter blickt man über die Bass Strait bis Flinders Island.

Südlich des National Parks schließt sich die **Bay of Fires** (Coastal Reserve) an – ein Küstenschutzgebiet mit herrlichen Wanderwegen und fantastischen Ausblicken. Sandstrände, Felsen und Lagunen wechseln sich stetig ab. Anfahren kann man die Bucht über die C 843 (von Norden kommend).

> ☞ **Streckenhinweis**
> Auf dem Hwy. A 3 steht in **Weldborough** Tasmaniens angeblich übelster Pub (Tassies Wors Pub) mit einer grauenhaften Speisekarte! Der Weldborough Pass führt die A 3 durch dichten Regenwald nach St. Helens. Bei Pyengana führt eine Stichstraße zu den sehenswerten 90 m hohen **Columbus Falls** (10 Min. Spaziergang vom Parkplatz).

St. Helens

Stützpunkt Mit 1.500 Einwohnern ist die Stadt die größte und gleichzeitig die älteste der Ost- *der* küste. Aus dem ursprünglichen **Walfanghafen** wurde 1830, nach der Gründung *bedeutendsten* Hobarts, der Fischerhafen St. Helens gegründet. In der geschützten Georges Bay *Fischfangflotte* gelegen, hat heute die bedeutendste Fangflotte Tasmaniens ihren Stützpunkt.

Gute Strände findet man entlang der Halbinseln **Humbug Point** und **St. Helens Point**, welche die Georges Bay nach Norden und Süden einrahmen. Im Norden verwöhnt die **Binalong Bay** mit großartigen Stränden. Der südliche Ausläufer verfügt ebenfalls über herrliche Badestrände (z. B. Stieglitz Beach) und einsame Buchten. Eine Stichstraße führt bis zum äußersten Zipfel, St. Helens Point, wo sich die spektakulären **Peron Dunes** (Sanddünen) befinden.

Reisepraktische Informationen St. Helens

🛏 Übernachten

Es gibt zahlreiche Hotels, Motels und Selbstversorger-Apartments. Außerhalb der Ferienmonaten sollte man eigentlich immer eine Unterkunft finden.

Bayside Inn $$$, *2 Cecilia St.,* ☎ *03-63761466, www.baysideinn.com.au. Direkt an der Bucht gelegenes Motel, gut ausgestattet, gepflegte Zimmer.*

St. Helens YHA Hostel $, *5 Cameron St.,* ☎ *03-63761661. Jugendherberge.*

⚠ Camping

St. Helens Caravan Park, *Penelope St. (1,5 km südlich),* ☎ *03-63761290, www.sthelenscp.com.au. Campingplatz, auch Cabins.*

Scamander

Der Tasman Hwy. verläuft auf den folgenden Kilometern in Richtung Süden direkt an der Küste entlang. Bademöglichkeiten an der „Sonnenküste Tasmaniens" bestehen in den populären Feriensiedlungen **Beaumaris** und **Scamander**.

👉 Streckenhinweis

Alternativ zur Küstenstraße (schöne Strände rund um Four Mile Creek) kann in einem Bogen landeinwärts gefahren werden: Nach Überquerung des St. Marys Pass folgt die Kleinstadt St. Marys. Sie liegt im Schatten des 857 m hohen Mt. Nicholas.

Douglas Apsley National Park

Wenige Kilometer nördlich von Bicheno führt die Rosedale Rd. vom Tasman Hwy. in den erst 1990 geschaffenen Douglas Apsley NP. Dort sind es vor allem die **Felsschluchten**, kleine **Wasserfälle** und großflächige, trockene **Eukalyptuswälder**, die den Naturfreund begeistern. Durch den Park führt der 27 km lange **Leeaberra Track**, der nur von Nord nach Süd begangen werden sollte. Grund dafür sind die eingeführten Phytophthora-Wurzeln, die sich immer weiter nach Norden ausbreiten und eine Gefahr für einheimische Pflanzen darstellen. Wanderer werden aufgefordert, die Sohlen ihrer Schuhe immer wieder zu reinigen, um die Plage nicht zu verschleppen. Eine kurze Wanderung führt vom Südende des NP zum herrlich gelegenen **Apsley Waterhole**, wo sich auch ein einfacher NP-Campground befindet.

Wanderer müssen die Schuhe reinigen

Bicheno

Bicheno ist eine der **bekanntesten Ferienstädte der Ostküste**. Mildes Klima, flache Ozeanstrände, gute Hotels und Caravan Parks locken vor allem die „Tassies" aus Hobart und Launceston nach Bicheno. Bereits 1803 suchten die ersten Wal- und Seehundjäger im sicheren **Waubs Boat Harbour** Schutz. Später wurde Kohle aus den nahen Denison River Mines verschifft. Dafür wurden Sträflinge eingesetzt. Deren Gebäude sind, gut erhalten, im Bootshafen **The Gulch** zu besichtigen. Das **SeaLife Centre** (*Tasman Hwy.,* ☎ *03-63751121, www.sealifecentre.com.au,* *tgl. 10–17 Uhr*) ist ein Aquarium mit den Meerestieren Tasmaniens – angeschlossen ist ein Fischrestaurant.

Reiche Unterwasser-welt

Ausflüge sind vor allem entlang der abwechslungsreichen Küste möglich: **Diamond Island** kann bei Ebbe zu Fuß besucht werden. Dort nisten die kleinen, nur 30 cm großen **Fairy Penguins**. Während der Brutzeit, von Aug.–Nov., werden örtliche Touren angeboten (Buchung im Information Centre). Südlich von Bicheno liegen die **Sandsteinklippen von Butler's Point**. Taucher finden im geschützten Marine Reserve des vorgelagerten **Governor Island** klares Wasser und eine reiche Unterwasserwelt (bis 22 m Tiefe) vor. Überdies besuchen Wale und Delfine die Gewässer vor Bicheno regelmäßig.

Reisepraktische Informationen Bicheno

ℹ️ Information

Visitor Information Centre, 41b Foster St., ☎ 03-63751500, www.tasmaniaseastcoast.com.au, tgl. 9–17 Uhr.
Organisierte Ausflüge
Bicheno Penguin Tours, Tasman Hwy., ☎ 03-63751333, www.bichenopenguintours.com.au. Breites Angebot an Freizeitaktivitäten. Empfehlenswert: die Pinguinwanderungen nach Diamond Island.

🛏️ Übernachten

Silver Sands Resort $$$, Peggy's Point, ☎ 03-63751266, www.silversandsbicheno.com.au. Gepflegte Ferienanlage für Selbstversorger.
Bicheno Backpackers Hostel $, 11 Morrison St, ☎ 03-63751651, www.bichenobackpackers.com. Kleines Hostel im Zentrum.

⚠️ Camping

Bicheno Cabins & Tourist Park, 30 Tasman Hwy., ☎ 03-63751117, www.bicheno-cabins-tourist-park.tas.big4.com.au. Gepflegter Campingplatz mit Cabins.

👉 Streckenhinweis

Südlich von Bicheno zweigt die Straße C 302 zur **Freycinet-Halbinsel** ab. Zunächst passiert man die Moulting Lagoon, Brutstätte von Schwarzen Schwänen und Wildenten. Den Abzweig Wildbird Sanctuary mit Schautafeln beachten.
Tipp: Weiter südlich führt eine Straße zu den Friendly Beaches. Dort gibt es herrliche NP-Campsites (nicht reservierbar) und nach mit wenigen Schritten ist man am Strand – eine gute Alternative zu den Campingplätzen in Coles Bay und Freycinet.

Coles Bay

Der beliebte Ferienort Coles Bay ist das **Eingangstor** der Freycinet Peninsula, die sich südlich anschließt. Wahrzeichen von Coles Bay sind die mächtigen Granitfelsen (**The Hazards**) der Freycinet-Halbinsel.

Beliebtes Fotomotiv: Wineglass Bay im Freycinet NP

Freycinet National Park

Der 10.010 ha große National Park umfasst die Halbinsel und die daran anschließende Insel **Schouten Island** (nur per Boot ab Coles Bay erreichbar). Der Park *Idyllische*
wird von steilen, braunroten Granitfelsen dominiert. Idyllische Sandbuchten mit *Sandbuchten*
klangvollen Namen wie Wineglass Bay (das beliebteste Fotomotiv Tasmaniens!)
oder **Sleepy Bay** können auf Wanderungen erreicht werden. Durch das milde Klima und die Abgeschiedenheit von der übrigen Insel entwickelte sich eine reiche
Flora und Fauna. Bemerkenswert ist die Vielzahl der dort wachsenden Wildblumen
während des Frühlings. Kleine Felswallabies und viele Vögel vervollständigen das
Bild der intakten Natur.

Wanderungen und Ausflüge

Es gibt (ab dem letzten Parkplatz) keine Straßen mehr auf der Halbinsel,
sondern nur Wanderwege. Beim Wandern über den Granit sollten feste Schuhe
getragen werden.
- **Sleepy Bay**: 10-Min.-Wanderung vom Parkplatz zu mächtigen Granitfelsen.
- **Mt. Atmos Track**: 3-Std.-Wanderung auf einen der „Hazards" – sehr steiler
und anstrengender Weg!
- **Wineglass Bay Lookout**: 1-Std.-Bergwanderung zum Aussichtspunkt auf die
viel fotografierte Wineglass Bay.
- **Wineglass Bay/Hazards Beach**: 4-Std.-Rundwanderung zur Wineglass Bay
und zurück über den Hazards Beach Track. Wasser mitnehmen!
- **Peninsula Track**: 2-tägige Inselumrundung – vorher den Ranger kontaktieren.

Reisepraktische Informationen Coles Bay/Freycinet NP

Information
Visitor Reception, *am Parkeingang,* ☎ *03-62570107, www.freycinetcoles
bay.com. Eine NP-Gebühr für Pkw (A$ 24/Tag, bis 8 Pers.) und Besucher (A$ 12) wird am
Parkeingang erhoben.*

Übernachten

Saffire Lodge $$$$$, *Coles Bay,* ☎ *03-62567888, www.saffire-freycinet. com.au. Luxus-Lodge mit großzügig ausgestatteten Bungalows.*
Freycinet Lodge $$$$$, *Coles Bay,* ☎ *03-62567222, www.freycinetlodge.com.au. Herrlich gelegene, recht exklusive Lodge unterhalb der „Hazards". Komfortable Zimmer oder frei stehende Bungalows, gutes Restaurant, geführte Ausflüge in den NP. Oft ausgebucht, deshalb frühzeitig reservieren.*
Coles Bay Holiday Villas $$$, *Coles Bay Rd., Hepburn Point,* ☎ *03-62570102. Komfortable Apartments.*
Coles Bay YHA $, *Freycinet NP,* ☎ *03-62349617, www.yha.com.au. Jugendherberge, direkt im NP gelegen – sehr einfache Ausstattung. Betten werden in der Hochsaison per Losverfahren vergeben.*

Camping

Der große NP-Campground am Parkeingang verfügt über viele (enge) Stellplätze und ist mit dem Auto anzufahren. Nur zu Fuß sind die **NP-Campgrounds** *bei Wineglass Bay, Hazards Beach und Cooks Beach zu erreichen (Permit des Rangers einholen). Die Campingplätze von Coles Bay erscheinen die bessere Alternative zum reichlich engen und überfüllten Freycinet NP-Campground.*

Swansea

Die ersten Siedler der Ostküste waren Lieutnant George Meredith und die Brüder Adam und John Amos. Sie kamen 1821 von Hobart angesegelt und siedelten am *Frühe* späteren **Meredith River**. Viele der heute noch bestehenden Farmen werden von *Besiedlung* Abkömmlingen der einstigen Pioniere bewirtschaftet. Swansea entwickelte sich in *an der* den späten 1820er-Jahren: In einer Sträflingskolonie bei Rocky Hills arbeiteten *Ostküste* zeitweise bis zu 400 Sträflinge. Viele der alten, meist gut restaurierten Gebäude stammen aus dieser Zeit: Auffällig ist Morris General Store aus dem Jahr 1868. Sehenswert ist auch das **Bark Mill Tavern Museum** am Ortseingang (*96 Tasman Highway, www.barkmilltavern.com.au*).

Maria Island National Park

Deutlich vor der Küste erkennbar, erhebt sich die Insel Maria Island aus dem Meer. Aufgrund ihrer geschichtlichen Entwicklung wurde die Insel zum National Park erhoben. 1825–1832 gab es dort eine Sträflingssiedlung mit Namen **Darlington**. Im Vordergrund eines heutigen Besuchs steht das Erlebnis der ruhigen Natur und der reichen Tierwelt mit Kängurus, Emus, Wildgänsen und weiteren 130 Vogelarten. Ein- oder mehrtägige Ausflüge organisieren **Maria Island Walk** (www.maria islandwalk.com.au) und **East Coast Cruises** (www.eastcoastcruises.com.au).

Streckenhinweis

Die Rundreise durch Tasmanien ist nun fast beendet: Der Tasman Highway führt über **Orford** und **Sorell** zurück nach Hobart. Der Besuch von **Richmond** oder der **Tasman Peninsula (Port Arthur)** liegt dabei auf dem Weg.

20. AUSTRALIENS INSELN
Überblick über abgelegene und kaum besuchte Inseln

Flinders Island (Bass Strait)
Die 137.400 ha große Insel ist die größte der sogenannten Furneaux-Gruppe, einer Ansammlung von Inseln inmitten der Bass Strait zwischen der Südspitze des Festlands (Wilsons Promontory) und Tasmaniens Cape Portland gelegen. Insgesamt leben hier 1.100 Menschen von Fischfang und Viehwirtschaft. Herrliche Strände befinden sich rund um die Insel. **Infos**: www.visitflindersisland.com.au.

King Island (Bass Strait)
Im Westen der Bass Strait liegt King Island, mit 110.000 ha die zweite größere Insel der Meerenge neben Flinders Island. Rund 70 Schiffswracks säumen die 145 km lange Küstenlinie. Die einstige Seehundjägerkolonie ist heute ein verträumtes Urlaubsziel. Im 1880 erbauten Leuchtturm befindet sich das **Currie Museum** mit einer Darstellung der Inselgeschichte (tgl. 14–16 Uhr). **Infos**: www.kingisland.net.au.

Norfolk Island (Tasman Sea)
Das nur 3.455 ha kleine Eiland, 1.450 km östlich von Brisbane und 1.050 km nordwestlich von Auckland und damit praktisch inmitten der Tasman-See zwischen Australien und Neuseeland gelegen, zählt kaum 2.000 überaus freundliche Bewohner in einem steuerfreien Paradies. Die pazifische Insel ist vulkanischen Ursprungs, grüne Hügel, Sandbuchten, geschützte Lagunen und subtropische Regenwälder bestimmen meist die Landschaft. **Infos**: www.norfolk.nf, www.pinetreetours.com.

Lord Howe Island (Tasman Sea)
Die kleine vulkanische Insel (World Heritage Site der UNESCO) liegt 783 km nordöstlich von Sydney, ist nur 11 km lang und 3 km breit und ein exklusives Refugium betuchter Australier. Zwei mächtige Berge (Mt. Gower 875 m, Mt. Lidgbird 777 m) bestimmen die Insellandschaft, über zwei Drittel davon stehen unter Naturschutz. Zahlreiche endemische Pflanzen, seltene Vogelarten sowie Korallenriffe vor der Küste begeistern Naturliebhaber. **Infos**: www.lordhoweisland.info.

Christmas Island (Indischer Ozean)
Christmas Island liegt ca. 2.300 km nordwestlich von Perth inmitten des Indischen Ozeans. Die abgelegene, rund 137 km² große Insel ist Heimat seltener Vogelarten. Die Insel bekam ihren Namen an Weihnachten 1643, als sie Captain William Mynors auf dem Weg nach Sumatra entdeckte. Die Insel ist einer der besten „Drop-off"-Tauchspots der Welt. Strände finden sich indes kaum. **Infos**: www.christmas.net.au.

Cocos Islands (Indischer Ozean)
Die Cocos (Keeling) Islands liegen ungefähr 2.750 km nordwestlich von Perth. Die kleine, halbmondförmige Inselgruppe gehört zu den am wenigsten besuchten tropischen Inselparadiesen der Welt. Nur zwei von 27 Inseln sind bewohnt. Die Inseln sind mit maximal 5 m Erhebung sehr flach und von Sandstränden umgeben. Cocos zählt zu den besten Tauchrevieren der Welt. **Infos**: www.cocoskeelingislands.com.au.

ANHANG

Literaturverzeichnis

Deutschsprachige Literatur

- **Bryson, Bill**: Frühstück mit Kängurus. Hervorragend geschriebener Reisebericht des bekannten Autors über die Eigenheiten und das Land Australien. Ein Muss für jeden Touristen.
- **Buchspieß, Andrea**: Australien: Reisen und Jobben. Reise Know-How
- **Chatwin, Bruce**: Traumpfade. Chatwin folgt den mystischen Traumpfaden der Ureinwohner – erfolgreiches literarisches Werk.
- **Fehling, Lutz**: Australien Natur-Reiseführer. Detaillierte Beschreibung von Pflanzen und Tieren.
- **Pilkington, Doris**: Long Walk Home (engl. Rabbit Prove Fence). Erschütternder und mutiger Bericht über die „Stolen Generation", das staatlich verordnete Kidnapping junger Aboriginal-Kinder, das bis in die 1970er-Jahre andauerte. Das Buch wurde erfolgreich verfilmt.
- **Shaw, Patricia**: Die Große Australien Saga. Spannende Romane über Pioniere und Abenteurer, u. a. „Südland", „Sonnenfeuer", „Weites Wildes Land", „Heiße Erde".

Englischsprachige Literatur

- **Beadell, Len**: Too Long in the Bush u. a. Geschichten des letzten Erforschers und berühmten Straßenbauers Len Beadell.
- **Chapman, John**: Bushwalking in Australia, Lonely Planet. Detaillierte Beschreibung der australischen Fernwanderwege.
- **MacDonald, J. D.**: Birds Of Australia. Umfassender ornithologischer Führer.
- **Nicholson, Margaret**: Little Aussie Fact Book. Jährlich neu erscheinendes Faktenbuch über Australien: Politik, Wirtschaft, Geschichte, Kunst, Kultur, Sport, Prominente und mehr in Kurzform.

Abbildungsverzeichnis

Alle Bilder Steffen Albrecht, außer:

AAT Kings: S. 120; Apollo: S. 119, 128, 134. Fotolia.com: S. 265, 480; Mount Gambier Tourist Information, S. 246; Murray Princess, S. 266/267; New South Wales Tourism: S. 140, 470; Northern Territory Tourism Commission: S. 136, 322, 338, 342, 348, 354; Rail Australia: S. 58; South Australia Tourism Commission: S. 56, 262, 268, 291, 301, 309; THL: S. 76; Thredbo Visitor Centre: S. 182; Tourism Australia: S. 14, 294; Tourism Queensland: S. 139, 390, 393, 408, 411, 446, 460; Tourism Tasmania: S. 572; Tourism Victoria: S. 221, 225, 226, 230, 241, 246, 250; Western Australia Tourism Commission: S. 99, 132, 533, 536, 555. wikipedia.org: S. 21, 167, 168, 176 (Eugene Regis), 180, 179, 181, 182, 202, 210/211, 222, 230, 235, 253, 261, 272, 275, 320.

Hintere Umschlagklappe: Tourism Australia (oben), Delaware North Companies (mitte und unten).

Outback-Pisten

Auf eine Reihe von Pisten, wie z.B. die **Canning-Stock-Route**, **Simpson Desert Crossing**, die **Bomb Roads** im Süden und einige andere, wird in diesem Buch nicht näher eingegangen. Sie sind nur in absolut gut ausgerüsteten Allradfahrzeugen, mit Wüstenerfahrung und am besten im Konvoi machbar – Dinge, über die der durchschnittliche Australienreisende i. d. R. nicht verfügt.

• Moon, Ron: Outback Australia, Loneley Planet. Kompakte, aber umfassende Zusammenstellung aller Outback-Routen des Landes mit Hintergrundinformationen zur Erschließung des Landes (englischsprachig).

Kartenmaterial

Hier zählen die herausragenden Landkarten von Hema Maps (www.hemamaps.de oder www.hemamaps.com.au) zum besten Material, das es weltweit gibt. GPS Koordinaten und Outbackpisten sind im Detail eingezeichnet.

Legende		
Information	Flughafen, Flugplatz	Autobahn mit Nr.
Sehenswürdigkeit	Aussichtspunkt	Fernstraße mit Nr.
Kirche	Camping	Hauptstraße
Kathedrale	Strand	Nebenstraße, befest. mit Pass
Museum	Baden	Nebenstraße, meist unbefestigt
wichtiges Gebäude	Wandern	Wanderweg
Krankenhaus	Picknick	Nationalpark/ Naturpark
Markt, Supermarkt	Höhle	Aboriginal-Reservat
Schiffsanleger, Fähre	Leuchtturm	Salzsee
Bahnhof	Unterkünfte	Sumpf
Busbahnhof	Essen und Trinken	Dünen
Hafen	© graphic	Wüste

Stichwortverzeichnis

N

WIR LIEBEN REISEN

Viermal im Jahr schwärmen wir in
**reisen EXCLUSIV – dem Magazin
für Reisen und Lifestyle –**
von den schönsten Ecken der Welt.
Schwärmen Sie mit für
nur 26 Euro im Jahr!

www.reisenexclusiv.com/abo

Foto:idiz

reisen
EXCLUSI

Australien-Urlaub?
Machen wir ständig!

Deshalb möchten wir Sie überzeugen, dass Sie Ihren Australienurlaub mit TravelEssence planen sollten. Wir sind Reiseveranstalter für massgeschneiderten Australien-Urlaub, fernab von jedem Massentourismus und langjährige Experten im Realisieren Ihrer Urlaubswünsche.

Australien à la TravelEssence!

Unser besonderer Tipp:

Machen Sie in Queensland neben dem Great Barrier Reef auch einen Abstecher in den Daintree Regenwald. Hier kommen Sie in engen Kontakt mit der Heimat von Juan Walker, einem Aborigine des Kuku Yalanji Stammes. Ihr Weg führt Sie über Strände, Riffe, Mangrovenwälder und traumhaft-ursprüngliche Regenwaldkulissen. Ein unvergessliches Erlebnis!

Lassen Sie uns gemeinsam Ihre Traumreise zusammenstellen! Je mehr Sie über Australien wissen, um so mehr werden Sie „à la TravelEssence" zu schätzen wissen! In unseren Büros in Frankfurt, Hamburg, Düsseldorf und bei München freuen wir uns auf Ihren Besuch. Natürlich kommen wir für ein persönliches Beratungsgespräch auch gerne zu Ihnen nach Hause.

Gönnen Sie sich das Besondere:

Australien von seiner besten Seite!

Büro Frankfurt   Tel. 069 90 43 75 73
Büro Hamburg   Tel. 040 688 798 39
Büro Düsseldorf Tel. 0211 9559 21 00
Büro München   Tel. 08444 76 23
info@travelessence.de · www.travelessence.de